Karl Peters (1904 – 1998)

Rechtshistorische Reihe

Band 496

Zur Qualitätssicherung und Peer Review der vorliegenden Publikation

Die Qualität der in dieser Reihe erscheinenden Arbeiten wird vor der Publikation durch einen der Herausgeber der Reihe geprüft.

Notes on the quality assurance and peer review of this publication

Prior to publication, the quality of the work published in this series is reviewed by one of the editors of the series.

Hannah Andres

Karl Peters (1904 – 1998)

Verantwortung und Anspruch eines Juristen

PETER LANG

Bibliografische Information der Deutschen Nationalbibliothek
Die Deutsche Nationalbibliothek verzeichnet diese Publikation in der Deutschen Nationalbibliografie; detaillierte bibliografische Daten sind im Internet über http://dnb.d-nb.de abrufbar.

Zugl.: Potsdam, Univ., Diss., 2021

Die vorliegende Arbeit wurde von Prof. Dr. Stefan Chr. Saar zur Aufnahme in die Reihe empfohlen.

Umschlagabbildung:
Justitia. Allegorie der Gerechtigkeit. Druck aus dem 17. Jahrhundert.

Gedruckt auf alterungsbeständigem, säurefreiem Papier.

D 517
ISSN 0344-290X
ISBN 978-3-631-85384-9 (Print)
E-ISBN 978-3-631-87190-4 (E-PDF)
E-ISBN 978-3-631-87287-1 (EPUB)
DOI 10.3726/ b19447

Peter Lang – Berlin · Bern · Bruxelles · New York ·
Oxford · Warszawa · Wien

Diese Publikation wurde begutachtet.

www.peterlang.com

Vorwort

Die vorliegende Arbeit wurde im Juni 2020 von der Juristischen Fakultät der Universität Potsdam als Dissertation angenommen, mit Literaturstand Juni 2020.

Mein besonderes rechtshistorisches Interesse und die dankenswerte Anregung durch meinen Doktorvater Herrn Prof. Dr. Stefan Chr. Saar brachten mich zu dem Thema einer Juristenbiographie zu dem Strafrechtler Karl Peters. In glücklicher Verbindung bot sich einerseits die Möglichkeit, das Leben und Wirken eines Juristen insbesondere in der Zeit des Nationalsozialismus nachzeichnen und analysieren zu können; andererseits war eine Darstellung des Strafrechts in seinem gesamten Spektrum aus der individuellen, von Erfahrungen und Wertvorstellungen durchdrungenen Perspektive Peters‘ möglich.

Mit Blick auf Peters‘ Herzensthema, der Ursachenforschung zu den Fehlbarkeiten juristischer Entscheidungen, ist mit besonderer Freude auf das aktuelle Forschungsprojekt „Fehlurteil und Wiederaufnahme“ der Freien Universität Berlin und der Georg-August-Universität Göttingen hinzuweisen. Auf der Basis von Peters‘ Untersuchung zu den „Fehlerquellen im Strafprozeß“ hat die statistische und systematische Auswertung von Wiederaufnahmeverfahren bzw. Fehlurteilen und seinen Ursachen nunmehr einen größeren wissenschaftlichen Stellenwert erhalten.

Getragen ist die Arbeit von dem Ziel, die Person Peters‘ unter nahezu erschöpfender Einbeziehung seines Schrifttums und seiner unveröffentlichten privaten Manuskripte möglichst authentisch und im Kontext seiner Zeit darzustellen. Mit dem Anspruch um Auswertung primärer Quellen führte mich der Weg in zahlreiche Archive. Den Mitarbeiterinnen und Mitarbeitern in den Universitätsarchiven von Berlin (HU), Köln, Jena, Greifswald, Münster und Tübingen sowie im Bundesarchiv Berlin, Landesarchiv Nordrhein-Westfalen und Geheimen Staatsarchiv Preußischer Kulturbesitz gilt mein Dank für ihre Hilfsbereitschaft. Bedanken möchte ich mich auch für die bereichernden Gespräche mit Familie und Wegbegleitern, insbesondere Frau Diethild Peters und Herrn Dr. Hans-Dietrich Quedenfeld.

Für die Betreuung meines Promotionsvorhabens und die vielen konstruktiven Hinweise möchte ich meinem Doktorvater Herrn Prof. Dr. Chr. Saar herzlich danken sowie ebenfalls meinem Zweitgutachter, Herrn Prof. Dr. Wolfgang Mitsch, für die zügige Durchsicht und inspirierenden Anmerkungen.

Als wichtige, jederzeit kompetente und herzliche Unterstützung während meiner Promotionszeit ist Herr Prof. Dr. Christian Bickenbach, an dessen Professur für Verwaltungsrecht ich eine spannende Zeit verbringen durfte, besonders hervorzuheben. Nicht unerwähnt bleiben darf auch die leibliche Verköstigung in Ulf's Café – vielen Dank. Und natürlich braucht jedes Promotionsvorhaben seine „Selbsthilfegruppe": Insbesondere Dr. Anja Meier-Hoffmann und Michael Hoffmann gilt mein herzlicher Dank.

Schließlich gilt der größte Dank meiner Familie. Für seine Liebe und Unterstützung kann ich meinem Mann, Dr. Julian Klagge, nicht genug danken. Zum Gelingen dieser Arbeit haben zudem maßgeblich die Liebe und Unterstützung meiner Eltern beigetragen. Ihnen ist diese Arbeit gewidmet.

Inhaltsübersicht

Vorwort 5

Abkürzungsverzeichnis 19

A. Einleitung 23

I. Forschungsstand 23

II. Untersuchungsziel 25

III. Vorgehensweise 26

IV. Quellenlage 27

V. Methodik 28

B. Karl Peters – Eine Lebensbeschreibung 33

I. Familiärer Hintergrund 33

II. Karl Peters' Jugendjahre (1904 – 1922) 49

III. Juristenausbildung in der Weimarer Republik 55

IV. Erste Berufsjahre (1929 – 1932) 60

V. Beruflicher Werdegang während der NS-Zeit und in der Nachkriegszeit 1945/46 70

VI. Münster (1946 – 1962) 213

VII. Tübingen (1962 – 1972) 230

VIII. „Ruhestand" 237

C. Wirken von Karl Peters nach 1945 243

I. Grundanschauungen und Leitlinien 243

II. Rechtspolitik 268

III. Strafverfahrensrecht 304

IV. Jugendstrafrecht 367
V. Strafvollzug 383

D. Zusammenfassende Betrachtungen zum Leben und Wirken von Karl Peters 403
I. Juristenausbildung und Berufsethik 403
II. Bilanz 406

Anhang 413
Doktoranden 413
Habilitanden 419
Bibliographie 420

Quellenverzeichnis 435

Literaturverzeichnis 441

Inhaltsverzeichnis

Vorwort ... 5

Abkürzungsverzeichnis ... 19

A. Einleitung ... 23

I. Forschungsstand ... 23
II. Untersuchungsziel ... 25
III. Vorgehensweise ... 26
IV. Quellenlage ... 27
V. Methodik ... 28
1. Biographik ... 28
2. Rechtsgeschichtlicher Ertrag ... 29

B. Karl Peters – Eine Lebensbeschreibung ... 33

I. Familiärer Hintergrund ... 33
1. Groß- und Urgroßeltern ... 33
2. Vater Franz Peters ... 34
3. Bruder Hans Peters ... 39
a) Ausbildung und Zeit im Verwaltungsdienst ... 40
b) Wissenschaftliche Laufbahn ... 42
c) „Politischer Professor" ... 45
II. Karl Peters' Jugendjahre (1904 – 1922) ... 49
1. Koblenzer Zeit ... 49
2. Schulzeit in Münster ... 50
3. Kriegs- und Nachkriegsjahre ... 52
III. Juristenausbildung in der Weimarer Republik ... 55
1. Studium (1922 – 1925) ... 56

2. Referendariat (1925 – 1929) 58

IV. Erste Berufsjahre (1929 – 1932) 60

1. Assessorenzeit: Hilfsarbeiter bei der Staatsanwaltschaft 60

2. Beginn der wissenschaftlichen Laufbahn 63

a) Promotion 63

b) Habilitation 64

c) Privatdozentur 68

3. Heirat und Familiengründung 69

V. Beruflicher Werdegang während der NS-Zeit und in der Nachkriegszeit 1945/46 70

1. Deutungsmuster „nationalsozialistisches Recht“ 72

a) „Perversionsansatz“ und Kritik 72

b) Alternative Ansätze 76

c) Abschließende Bemerkungen 79

2. Kölner Jahre: Weg bis zum Ersten Staatsanwalt und Beitrag „zum kommenden Strafrecht“ 80

a) Strafrecht im Nationalsozialismus 81

aa) Rechtsentwicklung 82

(1) Vorkriegszeit, 1933 bis 1938 83

(2) Kriegszeit, 1939 bis 1945 86

bb) Erwartungen: „Nationalsozialismus und Strafrecht“ und „Aufgaben der Rechtsanwendung im Strafrecht“ . 88

cc) „Das gesunde Volksempfinden“ 93

dd) „Zur Neuordnung des Strafverfahrens“ 96

(1) Stellung des Richters und Staatsanwalts im Strafprozess 96

(2) Karl Peters‘ Vorstellungen 102

b) Kölner Justizapparat im Nationalsozialismus 105

aa) Machtwechsel 105

bb) Personalpolitik und Parteibuch 106

c) Staatsanwalt am Kölner Landgericht (1932 – 1941) 111

aa) Buchstabendezernat 113

bb) Umgang mit Verfahrenseinstellungen 115

(1) Der Fall „Dumm“ ... 115
(2) Der Fall „Werner Beinhauer“ ... 116
cc) Meineidskomplex: Anfänge der Fehlerquellenforschung ... 119
(1) Sonderdezernat für Straftaten wegen Meineid ... 119
(2) „Zeugenlüge und Prozeßausgang“ ... 120
dd) Referendarausbildung ... 123
ee) Jugenddezernat ... 125
(1) Jugendstrafrecht als eigenständiges Rechtsgebiet 125
(2) Jugendstrafrecht im Nationalsozialismus ... 127
(3) Reformbestrebungen und Reform im Jugendstrafrecht ... 130
(4) Jugendgerichtsgesetz (RJGG) von 1943 ... 132
(5) Kommentierung zum Jugendgerichtsgesetz ... 135
(6) Profil des Jugendstaatsanwalts ... 136
(7) Handhabung des Jugendgerichtsgesetzes ... 138
d) Staatsanwalt am Kölner Oberlandesgericht (1941 - 1942) ... 143
e) Abschließende Bemerkungen ... 146
3. Weg zum Ordinariat ... 148
a) Nationalsozialistische Hochschul- und Berufungspolitik ... 149
b) Lehrstuhlvertretungen in Bonn und Jena ... 155
c) Weitere Berufungsverfahren ... 161
d) Berufung nach Greifswald ... 161
e) Abschließende Bemerkungen ... 166
4. Professor in Greifswald (1942 - 1946) ... 167
a) Persönliches Umfeld ... 167
aa) Erich Molitor ... 168
bb) „Ersatzfamilie“ Peters ... 169
b) Die Universität im Krieg ... 170
aa) Universitätsbetrieb ... 172
bb) Lehre und Forschung ... 173
c) Die katholische Gemeinde und der Fall Wachsmann ... 176
d) Kriegsende ... 183

5. Die unmittelbaren Nachkriegsjahre (1945/46) ... 184
a) Entnazifizierungsverfahren ... 184
aa) In der sowjetischen Besatzungszone ... 185
bb) In der britischen Besatzungszone ... 188
b) Tätigkeit für den Deutschen Caritasverband ... 194
6. Bewertung von Mitgliedschaften in der NSDAP und ihren Gliederungen ... 194
a) NSDAP und SA ... 195
aa) Hoffnung und Enttäuschung ... 196
bb) Opportunität und Konformität ... 200
b) NS-Rechtswahrerbund ... 202
c) Sonstige Mitgliedschaften ... 205
7. Abschließende Bewertung zu Peters‘ in der Zeit des Nationalsozialismus ... 206

VI. Münster (1946 – 1962) ... 213
1. „Stunde Null“: Der Wiederaufbau ... 214
2. Lehrbetrieb ... 216
3. Forschung ... 218
a) Institut für Strafprozeßrecht und Strafvollzug ... 218
b) Forschungsreisen, Tagungen, Mitgliedschaften ... 220
c) Akademische Schüler ... 221
4. Wilhelm Sauer ... 222
5. „Kampf dem Atomtod“ ... 223
6. Der Fall „Hagemann“ ... 224
7. Wendepunkte: Arthur Wegner ... 227

VII. Tübingen (1962 – 1972) ... 230
1. Ruf an die Eberhard Karls Universität in Tübingen ... 230
2. „Universitätsalltag“ ... 231
a) Lehre und wissenschaftlicher Nachwuchs ... 231
b) Publikationen und Forschungsstelle für Strafverfahren und Strafvollzug ... 232
c) Studentenunruhen 1968 ... 234
3. Tätigkeit in der Strafrechtspflege ... 236

4. Emeritierung 236

VIII. „Ruhestand“ 237

1. Wissenschaftliches und literarisches Wirken 237
2. Ehrenamtliches Engagement 238
3. Ehrungen und Würdigungen 239
4. Abschied 241

C. Wirken von Karl Peters nach 1945 243

I. Grundanschauungen und Leitlinien 243

1. Christliches Menschenbild 243
2. Rechtsverständnis 247
a) Grundlagen 247
b) Recht und Sittlichkeit 249
aa) Rechtspflichten und sittliche Pflichten 249
bb) Verhältnis von Recht und Sittlichkeit 250
cc) Wertungsharmonie 252
c) Strafrecht 254
aa) Sichtbarmachung der sittlichen Grundordnung 254
bb) Straftat als Versagen 254
cc) Täter-Tatstrafrecht 256
dd) Schuldstrafrecht 257
ee) Willensfreiheit 258
ff) Strafzwecke 260
gg) Strafe 261
3. Eintreten für die Zeugen Jehovas 263
a) Sachverhalt und Rechtsprobleme 264
b) Peters‘ Lösungsansatz 265

II. Rechtspolitik 268

1. Das Reformzeitalter 268
a) Die Bundesrepublik der Nachkriegsjahre 268
b) Die Große Strafrechtsreform 270
aa) Kritik am E 1962 271

(1) Aufgabe des Strafgesetzgebers 271
(2) Sanktionssystem 272
(3) Dogmatik und Gesetzestechnik 273
bb) Reform in Raten 274
c) Weitere Strafrechtsentwicklung 276
d) Peters‘ Thesen zur Reform des Strafrechts 278
aa) Sittliche Fundierung 278
bb) Gesamtheit und Einheitlichkeit der Reform 280
cc) Konzept zur Strafrechtsbeschränkung 282
(1) Begründungsansatz 282
(2) Entbehrlichkeit materieller Straftatbestände 284
(3) Tatbestandsformulierung und Auslegung 286
(4) Prozessuale Instrumente 288
(5) Personelle Veränderungen 289
(6) Resonanz, Wertung und Diskussionsstand 290
2. Debatte um gesellschafts- und rechtspolitische Themen 292
a) Schwangerschaftsabbruch 292
aa) Stimmungslage 293
bb) Peters‘ Haltung zum Schwangerschaftsabbruch 293
cc) Juristische Konstruktion 294
dd) Gesetzliche Regelung 297
b) Sittlichkeitsdelikte 299
aa) Kritik am AE 299
bb) Homosexualität 300
c) Todesstrafe 301
3. Abschließende Bemerkungen 303
III. Strafverfahrensrecht 304
1. Strafprozess: Strafprozesslehre und Strafprozessrecht 305
a) Begrifflichkeiten 305
b) Zielsetzung 306
c) Methodik der Fehlerquellenforschung 307
d) Systematisierung des Strafprozesses 310

e) Resonanz in der Forschung ... 311
2. Lehrbuch „Strafprozeß“ ... 313
a) Konzeption ... 313
b) Resonanz ... 315
3. Strafrechtsgestaltende Kraft des Strafprozesses ... 316
a) Zielsetzung ... 316
b) Beispiel 1: Der Tatbegriff ... 318
aa) Prozessuale Tat und Prozessgegenstand ... 318
bb) Einheitsstrafe und Konkurrenzlehre ... 320
c) Beispiel 2: Sozialadäquanz ... 322
4. Beweislehre und Lehre von den Fehlerquellen ... 323
a) Ermittlungsverfahren: Sachverhaltsermittlung ... 325
aa) Kriminalistik ... 325
bb) Umfang der Sachverhaltsermittlung ... 327
cc) Anklageerhebung ... 328
b) Beweisverbote ... 328
aa) Systematisierung ... 329
bb) Zielkonflikte ... 330
(1) Polygraph ... 331
(2) Tonband- und Tagebuch-Entscheidung ... 331
c) Beweisaufnahme ... 333
aa) Umfang und Durchführung der Beweisaufnahme .. 333
bb) Psychologie des Strafverfahrens ... 334
(1) Ansatz ... 334
(2) Forschungsstand ... 336
cc) Rollenproblematik ... 337
(1) Rollenverteilung ... 337
(2) Rollenverknüpfung und Rollendenken ... 339
(3) Abblock-Verhalten ... 340
(4) Rollenvertauschung ... 342
(a) Rolle des verdeckten Ermittlers ... 342
(b) Beschuldigter und Zeugenrolle ... 345
dd) Aussagepsychologie ... 347

(1) Aussage als Persönlichkeitsleistung ... 348
(2) Aussageanalyse ... 349
ee) Sachverständigenbeweis ... 351
d) Beweiswürdigung ... 354
aa) Maßstab ... 354
bb) „Vorsichtsregeln“ ... 356
5. Wiederaufnahme des Strafverfahrens ... 357
a) Grundlagen ... 358
b) Ursachen für das Scheitern von Wiederaufnahmeverfahren ... 360
c) Reformvorschläge ... 361
aa) Zulässigkeit ... 361
bb) Begriff der „Tatsache“ ... 362
cc) Beibringung neuer Beweise und Tatsachen ... 365
dd) Zuständigkeit ... 365
6. Abschließende Bemerkungen ... 366
IV. Jugendstrafrecht ... 367
1. Ansatz ... 367
2. Jugendgerichtsgesetz von 1953 ... 368
3. Rechtsstaatsmodell vs. Wohlfahrtsmodell ... 369
a) Jugendkonfliktrecht ... 370
aa) Ausgangslage: Hineinwachsen des Jugendlichen in die Rechtsordnung ... 371
(1) Fähigkeit zu Einsicht und Willensbildung ... 372
(2) Werterleben ... 373
bb) Folgerungen ... 374
b) Änderungsvorschläge ... 375
c) Weitere Rechtsentwicklung ... 377
4. „Innere Reform“ ... 378
a) Diversion ... 378
b) Etikettierung und Normalität von Kriminalität ... 380
5. Abschließende Bemerkungen ... 381
V. Strafvollzug ... 383

1. Ausgangslage 384
a) Rechtslage seit 1871 und Große Strafrechtsreform 384
b) Kriminalpolitischer Wandel 385
c) Rechtsstellung der Strafgefangenen 386
2. Kriminalpädagogik 387
a) Begriff und Einordnung 387
b) Kriminalpädagogik vs. Resozialisierung 389
c) „Fremderziehung zur Selbsterziehung" 390
3. Diskussion um das Strafvollzugsziel 393
4. Ausgestaltung des Behandlungsvollzugs 397
a) Behandlungsgrundsatz der Kooperation und Aktivität 397
b) Vollzugsplan: Klassifizierung und Individualisierung 398
c) Erziehungsvorgang und Erziehungsbeteiligte 400
5. Abschließende Bemerkungen 401

D. Zusammenfassende Betrachtungen zum Leben und Wirken von Karl Peters 403

I. Juristenausbildung und Berufsethik 403

II. Bilanz 406

Anhang 413

Doktoranden 413

Habilitanden 419

Bibliographie 420

Quellenverzeichnis 435

Literaturverzeichnis 441

Abkürzungsverzeichnis

a.D.	außer Dienst
AG	Amtsgericht
AE	Alternativentwurf
APuZ	Aus Politik und Zeitgeschichte *(Zeitschrift)*
a.o. Prof.	außerordentlicher Professor
ArchKrim	Archiv für Kriminologie *(Zeitschrift)*
BA Berlin	Bundesarchiv Berlin
BBG	Berufsbeamtengesetz
BGBl.	Bundesgesetzblatt
BGH	Bundesgerichtshof
BJM	Bundesjustizministerium
BNSDJ	Bund Nationalsozialistischer Deutscher Juristen
BVerfG	Bundesverfassungsgericht
CDU	Christliche Demokratische Union Deutschlands
DBG	Deutsches Beamtengesetz
DEWV	Deutsche Wissenschaft, Erziehung und Volksbildung
Diss.	Dissertation
DJ	Deutsche Justiz *(Zeitschrift)*
DJZ	Deutsche Juristen-Zeitung *(Zeitschrift)*
DR	Deutsches Recht *(Zeitschrift)*
d.R.	der Reserve
DRiZ	Deutsche Richterzeitung *(Zeitschrift)*
DStR	Deutsches Strafrecht *(Zeitschrift)*
E	Entwurf
EG	Erinnerungsgabe
Fak.	Fakultät
FamRZ	Zeitschrift für das gesamte Familienrecht *(Zeitschrift)*
FG	Festgabe
FS	Festschrift
GA	Goltdammer's Archiv für Strafrecht *(Zeitschrift)*
Gestapo	Geheime Staatspolizei
GS	Gedächtnisschrift
GStA	Geheimes Staatsarchiv Preußischer Kulturbesitz
GenStA	Generalstaatsanwaltschaft/-anwalt

OGH	Oberste Gerichtshof (für die Britische Besatzungszone, bestehend von März 1948 bis September 1950)
OLG	Oberlandesgericht
OStA	Oberstaatsanwaltschaft/Oberstaatsanwalt
PDA	Personal- und Dienstakte
PrMfWKV	Preußischer Minister/Preußisches Ministerium für Wissenschaft, Kunst und Volksbildung (Bezeichnung 1918 – 1933)
REM	Reichsminister/Reichsministerium für Wissenschaft, Erziehung und Volksbildung (Bezeichnung 1933 – 1945)
Rewi. Fak.	Rechtswissenschaftliche Fakultät
RG	Reichsgericht
RGBl.	Reichsgesetzblatt
RGSt	Entscheidungen des Reichsgerichts in Strafsachen
RJGG	Reichsjugendgerichtsgesetz (von 1943)
RJM	Reichsjustizminister/Reichsjustizministerium (Bezeichnung 1919 – 1945)
RSHA	Reichssicherheitshauptamt
RSW Fak.	Rechts- und Staatswissenschaftliche Fakultät
RWW Fak.	Rechts- und Wirtschaftswissenschaftliche Fakultät
RuP	Recht und Politik *(Zeitschrift)*
SA	Sturmabteilung
SchwZStrW	Schweizerische Zeitschrift für Strafrecht *(Zeitschrift)*
SMAD	Sowjetische Militäradministration
Habil.	Habilitation
HdK	Handwörterbuch der Kriminologie
HdS	Handbuch der Sozialerziehung
HRG	Handwörterbuch zur deutschen Rechtsgeschichte
IKV	Internationale Kriminalistische Vereinigung
i.H.v.	in Höhe von
i.V.m.	in Verbindung mit
JGG	Jugendgerichtsgesetz
JMBl.	Justiz-Ministerial-Blatt
Jur. Fak.	Juristische Fakultät
JR	Juristische Rundschau *(Zeitschrift)*
JW	Juristische Wochenschrift *(Zeitschrift)*
JZ	Juristische Zeitschrift *(Zeitschrift)*
KE	Kommissionsentwurf
KPD	Kommunistische Partei Deutschlands

KritV	Kritische Vierteljahresschrift für Gesetzgebung und Rechtswissenschaft
KSSVO	Kriegssonderstrafrechtsverordnung
LG	Landgericht
LdP	Lexikon der Pädagogik
LPD	Liberal-Demokratische Partei Deutschlands
LThK	Lexikon für Theologie und Kirche
MdB	Mitglied des Deutschen Bundestages
MschKrimBiol	Monatsschrift für Kriminalbiologie
MschrKrim	Monatsschrift für Kriminologie und Strafrechtsreform *(Zeitschrift)*
NDB	Neue Deutsche Biographie
NSD-Dozentenbund	Nationalsozialistischer Deutscher Dozentenbund
NSDAP	Nationalsozialistische Deutsche Arbeiterpartei
NSRB	Nationalsozialistische Rechtswahrerbund
NSV	Nationalsozialistische Volkswohlwahrt
NJW	Neue Juristische Wochenschrift *(Zeitschrift)*
o. Prof.	ordentlicher Professor
SoSe	Sommersemester
SPD	Sozialdemokratische Partei Deutschlands
SS	Schutzstaffel
StA	Staatsanwaltschaft/Staatsanwalt
StraFO	Strafverteidiger Forum *(Zeitschrift)*
StV	Strafverteidiger *(Zeitschrift)*
ThVM	Thüringisches Volksbildungs-ministerium
uk-gestellt	Unabkömmlichstellung
VG	Verwaltungsgericht
VjZ	Vierteljahreshefte für Zeitgeschichte *(Zeitschrift)*
WS	Wintersemester
ZAkdR	Zeitschrift der Akademie für Deutsches Recht *(Zeitschrift)*
ZDRW	Zeitschrift für Didaktik der Rechtswissenschaften *(Zeitschrift)*
ZBl.JR	Zentralblatt für Jugendrecht und Jugendwohlfahrt *(Zeitschrift)*
ZNR	Zeitschrift für Neuere Rechtsgeschichte *(Zeitschrift)*
ZRG GA	Zeitschrift der Savigny-Stiftung für Rechtsgeschichte, Germanistische Abteilung *(Zeitschrift)*
ZRP	Zeitschrift für Rechtspolitik *(Zeitschrift)*

ZStW Zeitschrift für die gesamte Strafrechtswissenschaft *(Zeitschrift)*

Die Abkürzung „a.a.O." steht, wenn in einer Anmerkung auf einen zuvor genannten Fundort oder eine zuvor genannte Quelle verwiesen wird. „Ebd." steht, wenn auf eine zuvor genannte Quelle und die gleiche Seite bzw. das gleiche Blatt verwiesen wird.

A. Einleitung

I. Forschungsstand

Ein Gesamtwerk über Leben und Schaffen von Karl Peters sowie dessen Kritik und Würdigung bis hin zur Bedeutung für unsere heutige Zeit fehlen bisher. Vorhanden sind ein Eintrag in ein Personenlexikon[1], akademische Ehrungen[2] bzw. öffentliche Geburtstagsgratulationen[3], Laudationes[4], zwei Festschriften – eine aus der Wissenschaft[5], die andere aus der anwaltlichen Praxis[6] –, ein Sammelband mit ausgewählten Schriften[7], diverse Nachrufe[8]. In Kommentaren und Lehrbüchern findet Peters noch vielfältige Berücksichtigung, wenn auch häufig mit dem Hinweis, dass er eine andere Ansicht vertritt. Schließlich finden sich in Dissertationen und Monographien über die Universitätsgeschichte bzw. die Geschichte der Juristischen Fakultäten Berichte über Peters' Wirken an der jeweiligen Universität[9].

Die Erforschung der jeweiligen Universitäts-, Fakultäts- sowie Wissenschaftsgeschichte während des Nationalsozialismus und der Nachkriegszeit ist weit

---

1 *K. Tiedemann*, Peters, Karl, in: NDB 20 (2001), S. 241 f.

2 *J. Baumann*, Glückwunsch. Karl Peters 70 Jahre, JZ 1974, S. 66 f.; *ders.*, Glückwunsch. Karl Peters 80 Jahre, JZ 1984, S. 81 f.; *K. Tiedemann*, Karl Peters zum 80. Geburtstag, NJW 1984, S. 161 f.; *J. Baumann*, Karl Peters zum 85. Geburtstag, NJW 1989, S. 210 f.; *K. Tiedemann*, Karl Peters zum 90. Geburtstag, NJW 1994, S. 237.

3 FAZ vom 23. Jan. 1984, Nr. 19, S. 4; FAZ vom 22. Jan. 1994, Nr. 18, S. 4.

4 *J. Baumann*, in: Kriminologische Aktualität, S. 21 – 27; *C. Richter II*, FS Koch (1989), S. 299 (301 – 303).

5 *J. Baumann/K. Tiedemann* (Hrsg.), Einheit und Vielfalt des Strafrechts. FS für K. Peters zum 70. Geburtstag, Tübingen 1974; vgl. dazu *H. Tröndle*, JR 1974, S. 221 ff.

6 *K. Wasserburg/W. Haddenhorst* (Hrsg.), Wahrheit und Gerechtigkeit im Strafverfahren. Festgabe für Karl Peters aus Anlaß seines 80. Geburtstages, Heidelberg 1984.

7 *W. Küper/K. Wasserburg* (Hrsg.), Karl Peters. Strafrechtspflege und Menschlichkeit. Ausgewählte Schriften, Heidelberg 1988.

8 *K. Tiedemann*, NJW 1998, S. 2956 f.; *K. Rehbein*, MschrKrim 1998, S. 377 ff.; *U. Weber*, JZ 1998, S. 892 f.; Gestorben, in: Der Spiegel, Nr. 29, 1998, S. 186; *K. Wasserburg*, StV 1999, S. 176 ff.; *K. Tiedemann*, JZ 2000, S. 139 ff.

9 *H. Eberle*, „Ein wertvolles Instrument", S. 406 – 411; *S. Felz*, Recht zwischen Wissenschaft und Politik, insbes. S. 168 – 172; *M. Heghmanns*, in: Hoeren (Hrsg.), Münsteraner Juraprofessoren, S. 112 – 129; *L. Steveling*, Juristen in Münster, insbes. S. 561, 605 – 607, 704 f.; *I. Vorholz*, Greifswald, insbes. S. 153 – 161.

fortgeschritten. In der biographischen Forschung liegt ein Hauptaugenmerk nicht mehr nur auf Juristen, die während des Nationalsozialismus zu den führenden Persönlichkeiten gehörten und nach 1945 einflussreich geblieben sind. In den Blick genommen werden nunmehr auch die übrigen Akteure in der Rechtswissenschaft, wodurch das Bild vervollständigt wird. Zu einem weiteren Feld der NS-Forschung gehört die Erforschung des Justizwesens. Die hierzu erschienenen Studien konzentrieren sich neben der Rechtsprechungspraxis des Reichsgerichts[10], des Volksgerichtshofs[11] und der Sondergerichte[12] auch auf die ordentliche Gerichtsbarkeit an den Amts-, Land- und Oberlandesgerichten[13] sowie auf die Richterpersönlichkeiten[14]. Neben der Erfassung der Richterschaft während des Nationalsozialismus wird verstärkt – häufig aber immer noch mehr am Rande – auch ein Fokus auf die Rolle der Staatsanwaltschaft und Polizei geworfen[15]. Insbesondere die Untersuchungen über den Bezirk des OLG

---

10 *F. K. Kaul*, Geschichte des Reichsgerichts, Bd. IV (1933-1945), Glashütten 1971; *G. Pauli*, Die Rechtsprechung des Reichsgerichts in Strafsachen zwischen 1933 und 1945 und ihre Fortwirkung in der Rechtsprechung des Bundesgerichtshofes, Berlin-New York 1992.

11 *K. Marxen*, Das Volk und sein Gerichtshof. Eine Studie zum nationalsozialistischen Volksgerichtshof, Frankfurt a. M. 1994; *ders./H. Schlüter*, Terror und „Normalität".

12 Untersuchungen gibt es u.a. zu den Sondergerichten in Sachsen und Schleswig-Holstein, Altona/Kiel, Bayreuth, Berlin, Bielefeld, Bonn, Braunschweig, Darmstadt, Dresden, Duisburg, Düsseldorf, Essen, Frankfurt a. M., Freiburg, Halle, Hannover, Köln, Mannheim, München, Salzburg.

13 Untersuchungen gibt es u.a. zu den Gerichtsbezirken Bamberg, Braunschweig, Berlin, Celle, Düsseldorf, Hamburg, Hamm, Kiel, Koblenz, Köln, Krefeld, München, Naumburg, Stettin, Zweibrücken, von mehreren hessischen Gerichten, Literaturhinweise bei *D. Laum/R. Pamp*, in: Laum/Klein/Strauch (Hrsg.), Rheinische Justiz, S. 626 f.

14 Allgemein etwa *R. Angermund*, Dt. Richterschaft; *B. Manthe*, Richter in der nationalsozialistischen Kriegsgesellschaft. Herauszugreifen sind die Biographien über Erwin Bumke, Hans Frank, Roland Freisler, Franz Gürtner, Franz Schlegelberger, Carl Schmitt oder Otto Georg Thierack. Ein Überblick zu Juristen-Biographien mit Literaturverweis bei *T. Vormbaum*, FS Stree/Wessels (1993), S. 1247 (1248 f., 1252 f.).

15 Etwa *T. Bichat*, Die Staatsanwaltschaft als rechts- und kriminalpolitische Steuerungsinstanz im NS-Regime. Dargestellt am Beispiel des Kölner Sondergerichts von 1933 – 1945, Diss., Baden-Baden 2014; *O. Kleinknecht*, „Im Sturm der Zeiten", Aus den Erinnerungen eines württembergischen Staatsanwalts 1929 bis 1949; *H. Maas* (Hrsg.), Furchtlose Juristen, Richter und Staatsanwälte gegen das NS-Unrecht, München 2017; *K. U. Scheib*, Justiz unterm Hakenkreuz, Strafjustiz im Nationalsozialismus bei der Staatsanwaltschaft Ulm und den Gerichten im Landesgerichtsbezirk Ulm, Diss., Ulm 2012.

Köln im Rahmen des Verbundprojekts „Justiz im Krieg" der Universität zu Köln geben Auskunft über die Rahmenbedingungen von Karl Peters' Tätigkeit als Staatsanwalt[16].

II. Untersuchungsziel

Das Denken und Wirken von Peters nicht in Vergessenheit geraten zu lassen ist ein Grundgedanke dieser Arbeit[17]. Insofern gilt es eine Lücke zu schließen und eine zusammenfassende Arbeit über die Person und das Besondere seines Wirkens in Form einer biographischen Abhandlung zu verfassen. Darüber hinaus wird eine Ergänzung und Fortführung der vorhandenen Untersuchungen zur Rechtswissenschafts-, Universitäts- und Justizgeschichte vor und nach 1945 geliefert.

Ein wichtiger Aspekt dieser Arbeit besteht darin, dass Peters' Arbeit an Aktualität und Bedeutung nichts verloren hat. Neben der Grundfrage nach der Verantwortung des Juristen ist im Zusammenhang mit Peters' Untersuchung zu den Fehlerquellen im Strafprozess auf extreme Fälle von Justizirrtümern in der jüngeren Geschichte zu verweisen, die beispielsweise mit den Namen Horst Arnold, Ulvi Kulac, Norbert Kuß, Gustl Mollath oder Harry Wörz verbunden sind[18].

Peters verstand sich nicht nur auf die Verbindung von Theorie und Praxis, sondern war auch gegen eine trennende Betrachtung von materiellem und formellem Recht. In seinen Arbeiten war er bemüht, die ganze Bandbreite verschiedener Themenbereiche und Disziplinen wie Kriminologie, Soziologie, Psychologie, Medizin und Pädagogik bis hin zu moralisch-ethischen Fragen zu erfassen. Dieses Spektrum beschreibt zugleich eine Herausforderung dieser Arbeit. So bemerkt Peters' Schüler Jürgen Baumann: „Eine Würdigung des wissenschaftlichen Werkes von Karl Peters begegnet wegen der Weitgespanntheit

---

16 *H.-P. Haferkamp/M. Szöllösi-Janze/H.-P. Ullmann* (Hrsg.), Justiz im Krieg. Der Oberlandesgerichtsbezirk Köln 1939 – 1945, Berlin-Münster 2012; *M. Herbers*, OLG-Bezirk Köln; *M. Löffelsender*, Strafjustiz an der Heimatfront; *B. Manthe*, Richter. Siehe zudem *T. Roth*, „Verbrechensbekämpfung".

17 Vgl. *K. Peters*, Justiz als Schicksal, S. 7 – 20.

18 Der Fall Harry Wörz wird als „Super-Gau" in der bundesdeutschen Justizgeschichte bezeichnet, *C. Püschel*, StraFO 2015, S. 269 (270). 2014 wurde aus der Causa Wörz ein Spielfilm gemacht. Weitere Beispiele siehe bei *T. Darnstädt*, Der Richter und sein Opfer – wenn die Justiz sich irrt, München 2013; *H.-D. Otto*, Das Lexikon der Justizirrtümer, skandalöse Fälle, unschuldige Opfer, hartnäckige Ermittler, München 2003; *M. Steller*, Nichts als die Wahrheit? Vom Versagen der Justiz, München 2015.

seiner Interessen nicht geringen Schwierigkeiten“[19]. In dieser Abhandlung bleibt daher kaum ein Bereich unberücksichtigt, der nicht im Zusammenhang mit der Gesamtthematik des Strafrechts steht. Unerlässlich ist eine Begrenzung, indem auf einzelne Bereiche nur in Grundzügen aus Peters‘ Sicht eingegangen werden kann. Neben einer Darstellung von Leben und Wirken steht die Herausarbeitung Peters‘ christlich-humanistischen Ansatzes im Vordergrund, denn „gleich, welches Gebiet man ansieht“, wird dieser Ansatz „überall erkennbar“[20].

III. Vorgehensweise

Zunächst erfolgt eine Auseinandersetzung mit dem Lebensweg. Ein chronologisches Vorgehen bietet sich an, da wesentliche Lebensabschnitte mit rechtlichen, politischen, gesellschaftlichen und/oder wirtschaftlichen Umbrüchen zusammentreffen. Untersucht werden das Verhalten und Handeln Peters‘ in der Weimarer Republik, im Nationalsozialismus, in der Besatzungs- und Nachkriegszeit und in der Bundesrepublik Deutschland. Dabei geht es insbesondere um die Anforderungen und die Integrität eines Juristen während der NS-Zeit. Speziell geht es bei Peters um ein Verständnis für die Person, deren Charakter und Grundanschauungen sowie um die Nachzeichnung des akademischen und beruflichen Werdegangs als Jurist. Dabei stellt sich die Frage, ob Peters in der Zerrissenheit des totalitären NS-Systems seinem moralischen Anspruch gerecht geworden ist. Aus Gründen der Darstellbarkeit und wegen des unmittelbaren Zusammenhangs zwischen Lebensumständen und Werk in den Jahren 1933 bis 1945 erfolgt bereits im biographischen Teil dieser Arbeit eine Auseinandersetzung mit Peters‘ wissenschaftlichem Wirken während der Weimarer Republik und der NS-Zeit.

Der zweite Teil wird sich mit der wissenschaftlichen Arbeit und dem Wirken von Peters nach 1945 auseinandersetzen. Dabei soll eine Antwort auf folgende Fragen gefunden werden: Welchen Einfluss hatte Peters‘ Wirken auf Gesetzgebung, (Strafrechts-)Wissenschaft und Praxis? In welchen Forschungsdiskurs ist seine Arbeit einzuordnen? War Peters ein Reformer und moderner Strafrechtler? Wie veränderten sich seine Ansätze und sein Denken im Laufe der Zeit? Welche Kritikpunkte und Forderungen sind auch heute noch aktuell? Den einzelnen Themenbereichen wird ein Leitfaden, das „Programm“ für Peters‘ Handeln und Denken vorangestellt (C. I.). Neben der ganzheitlichen Betrachtungsweise

19 *J. Baumann*, in: Kriminologische Aktualität, S. 22.
20 *J. Baumann*, in: Kriminologische Aktualität, S. 22.

wird es in diesem Zusammenhang um das christlich-humanistische Fundament von Peters gehen. Es folgt ein Kapitel zur Rechtspolitik in der Bundesrepublik zwischen 1949 und 1990 (C. II.). Hierbei wird es um die Reformdiskussion zur Großen Strafrechtsreform und die wesentlichen Entwicklungen im Straf- und Strafverfahrensrecht gehen, ergänzt durch eine Darstellung konkreter rechts- und gesellschaftspolitischer Themen. Ein zweiter Schwerpunkt der Abhandlung bildet das Strafverfahrensrecht (C. III.). Aus der Untersuchung zu den Fehlerquellen im Strafprozess hat Peters wichtige Folgerungen für das Beweisverfahren und das Wiederaufnahmerecht gezogen. Es folgt eine Auseinandersetzung mit Peters' Beitrag zum Jugendstrafrecht (C. IV.) und zum Strafvollzugsrecht (C. V.).

Enden wird die Abhandlung mit einer abschließenden Betrachtung. Als Ergänzung und Zusammenfassung wird es dabei um Peters' Anspruch an die Juristenausbildung gehen. Peters' Lebensweg soll mit seinen prägenden Zeitgeschehnissen und Erkenntnisstufen skizziert werden. Als Anhang ist ein Verzeichnis der von Peters betreuten Promotionen und Habilitationen und eine Bibliographie beigefügt.

IV. Quellenlage

Ausgangspunkt ist die Auswertung der Archivalien im Bundesarchiv Berlin, Landesarchiv Nordrhein-Westfalen Abteilung Westfalen und in den Archiven der universitären Wirkstätten, namentlich Köln, Jena, Greifswald, Münster und Tübingen. Im Zusammenhang mit der Familiengeschichte wurde Aktenmaterial in dem Landesarchiv Nordrhein-Westfalen Abteilung Rheinland, dem Universitätsarchiv der Humboldt-Universität zu Berlin und in dem Geheimen Staatsarchiv Preußischer Kulturbesitz ausgewertet. Eine Anfrage bei der Behörde des Bundesbeauftragten für Stasi-Unterlagen war unergiebig; es existieren jedoch Unterlagen über den Bruder Hans Peters. Ein weiterer Zugang zu Peters hat sich durch Gespräche mit Zeitzeugen (Tochter, Schüler und Kollegen) eröffnet.

Wichtigste Quelle und Informationsgrundlage bieten Peters' Schriften und sein Nachlass im Tübinger Universitätsarchiv, in dem sich insbesondere das unveröffentlichte Manuskript „Aus meinem Leben. Euer Vater und Großvater" – eine Mischung aus Autobiographie und Lebenserinnerungen – befindet. Bezeichnend ist, dass Peters in seinen Veröffentlichungen – egal ob Aufsatz, Lehrbuch oder Monographie – den Leser klar und deutlich an eigenen Erfahrungen, Ansichten und (Wert-)Vorstellungen teilhaben lässt. Dadurch wird er oft selbst zu Wort kommen.

V. Methodik

1. Biographik

Die Biographie im geschichtswissenschaftlichen Sinne bezeichnet „eine individuelle Lebensgeschichte, die sowohl den äußeren Lebensablauf als auch die geistige und psychische Entwicklung umfasst. Als historiographisches Genre stellt sie das Leben eines Individuums in seinem historisch-sozialen und kulturellen Kontext dar“[21]. Moderne Biographien, die sich nicht mehr nur mit großen Persönlichkeiten von historischer Bedeutung befassen[22] und sich hinsichtlich Methodik und Fragestellungen breiter aufstellen, liefern Beiträge zur Alltags-, Wissenschafts-, Kultur-, Sozial- oder Mentalitätsgeschichte[23] und stellen so den Zusammenhang zwischen dem Einzelnen und sozialen, kulturellen oder politischen Umständen her. Diese Untersuchung soll einerseits einen Beitrag zur (Rechts-)Wissenschaftsgeschichte leisten. Dabei soll es um das Verständnis für die Rechtswissenschaft und Praxis Anfang der 1920er bis Anfang der 1990er Jahre gehen. Das erfordert eine Auseinandersetzung mit den rechtswissenschaftlichen Diskursen. Andererseits ist die Alltagsgeschichte berührt. Da diese Arbeit von einer Juristin mit rechtsgeschichtlicher Ausrichtung verfasst ist, steht die Lebensgeschichte des Juristen in seiner Zeit und deren Rechtssystem im Mittelpunkt der Betrachtung. Gleichwohl wird der gesellschaftliche, politische und wirtschaftliche Kontext erfasst.

Neben den allgemein in der Biographie zu stellenden Fragen, wie etwa nach dem familiären Hintergrund und dessen Einfluss sowie der Bedeutung von Ethik und Religion im Leben und Wirken, stellt sich bei einem Juristen die Frage nach dem Zusammenhang von persönlicher Biographie und Recht sowie der persönlichen Idee von Gerechtigkeit und Recht. Daher gilt es das Rechts- und Gerechtigkeitsverständnis von Peters herauszuarbeiten. Vor allem soll der Frage nachgegangen werden, woher der bei Peters tiefverwurzelte Gerechtigkeitssinn stammte: War dieser eher aus einem grundsätzlichen Charakterzug, der Erziehung oder aus erlebter Ungerechtigkeit erwachsen?

Wissenschaftlicher Maßstab für eine Biographie bilden Objektivität, Faktengenauigkeit und Authentizität durch eine kritische Quellenauswertung und

---

21 *M. Szöllösi-Janze*, in: Jordan (Hrsg.), Lexikon, S. 44; vgl. *T. Vormbaum*, FS Stree/Wessels (1993), S. 1247 (1254).

22 *H. E. Bödeker*, in: ders. (Hrsg.), Biographie, S. 14, 21.

23 *M. Stolleis*, Rechtsgeschichte schreiben, S. 17 f.; *M. Szöllösi-Janze*, in: Jordan (Hrsg.), Lexikon, S. 47.

unter Berücksichtigung möglichst persönlicher, primärer Quellen[24]. Dabei ist zu beachten, dass eine Biographie nicht eine bloße Beschreibung von vermeintlich Vorgefundenem ist, sondern in einer sprachlichen Gestaltung besteht, in der erst durch den Biographen Handlungen und historische Realitäten gefunden und rekonstruiert würden[25]. Der Biographie darf daher weder das Konzept eines geradlinig oder sinnvoll verlaufenden Lebens und Werdegangs zugrunde gelegt werden[26], noch dürfe ein „bürgerlicher Entwicklungsroman" oder eine lückenlose Aneinanderreihung biographischer Details verfasst werden[27]. Die Biographie als Teil der Geschichtswissenschaft kann nur ein Interpretationsangebot machen. Ein weiteres methodisches Problem stellt die Herstellung eines angemessenen Verhältnisses von individueller Lebensbeschreibung, Werk und Einordnung in den allgemeinen historischen Kontext dar[28]. Als Lösung biete sich die Darstellung der geistigen Strömungen und des Gesamtzusammenhangs anhand einer Gegenfigur an[29], wie sie hier der Bruder Hans Peters stellenweise darstellt. Jedenfalls muss die Biographie von Peters – vor allem im Hinblick auf die Zeit des Nationalsozialismus – mit anderen Biographien von Juristen verglichen werden. Nur so lassen sich biographische Tatsachen sachgerecht einordnen und bewerten. In diesem Zusammenhang stellt sich die Frage, ob Peters eher als Repräsentant seiner Zeit, als Gesinnungsüberzeugter, als Mitläufer oder als nicht Angepasster und Kritiker zu charakterisieren ist. Schließlich gilt es zu betonen, dass ein weiteres wesentliches Problem in der Qualität und Quantität der verfügbaren (archivierten) Quellen besteht[30].

2. Rechtsgeschichtlicher Ertrag

Neben der Biographik berührt diese Arbeit Fragen der Rechtsgeschichte. Die Konkretisierung des *rechts*historischen Erkenntnisgegenstandes ist nicht

24 *T. Söderqvist*, in: Bödeker (Hrsg.), Biographie, S. 301; *M. Szöllösi-Janze*, in: Jordan (Hrsg.), Lexikon, S. 46.

25 *H. E. Bödeker*, in: ders. (Hrsg.), Biographie, S. 51; *C. Klein*, in: ders. (Hrsg.), Grundlagen der Biographik, S. 14 f. So auch *T. Vormbaum*, FS Stree/Wessels (1993), S. 1247 (1256 f.); *M. Stolleis*, Art. Methode der Rechtsgeschichte, in: HRG^2, Sp. 1478 f.

26 *H. E. Bödeker*, in: ders. (Hrsg.), Biographie, S. 37; *M. Szöllösi-Janze*, Fritz Haber, S. 9, 13.

27 *T. Karlauf*, in: Klein (Hrsg.), Handbuch Biographie, S. 432.

28 Vgl. *T. Vormbaum*, FS Stree/Wessels (1993), S. 1247 (1257), der von Werkbeschreibung und -analyse spricht.

29 *T. Karlauf*, in: Klein (Hrsg.), Handbuch Biographie, S. 430.

30 *M. Szöllösi-Janze*, Fritz Haber, S. 10; vgl. *H. Mommsen*, APuZ 14-15/2007, S. 14 (16).

unproblematisch. Anders als die das 19. Jahrhundert beherrschende Historische Rechtsschule, die sich die Erarbeitung des geltenden Rechts mittels Geschichte zum Ziel machte, sieht sich heutige rechtshistorische Forschung der Sinnfrage ausgesetzt[31]. Die heutige Rechtswissenschaft sei eine grundsätzlich anwendungs- und praxisbezogene Disziplin. Da der Rechtsgeschichte demgegenüber die Verknüpfung zum geltenden Recht fehle, ist sie eine Wissenschaft des vergangenen Rechts[32].

Festzuhalten ist, dass sich rechtsgeschichtliche Forschung neben einer traditionellen Untergliederung in Romanistik, Germanistik und Kanonistik und einer zeitlichen Untergliederung (Römische Rechtsgeschichte, germanische und fränkische Zeit, Mittelalter, Neuere und Neueste Rechtsgeschichte, Juristische Zeitgeschichte[33]) auch im Hinblick auf ihren Forschungsgegenstand untergliedern lässt: einerseits die Rechtsgeschichte des Privatrechts, Strafrechts und öffentlichen Rechts; andererseits die Rechtsgeschichte im abstrakten Sinne als Fokussierung auf die Entwicklung von Rechtsordnungen, -normen und -institutionen sowie im individuellen Sinne als Auseinandersetzung mit rechtlich bedeutsamen Einzelerscheinungen und -ereignisse, wie Juristenbiographien[34].

Als Wert für sich trägt Rechtsgeschichte zum reinen Erkenntnisgewinn bei und erfüllt dadurch eine Bildungsfunktion[35]. Indem Rechtsgeschichte die Selbstbeobachtung und Reflexion über Recht zu ihrem Gegenstand macht, ermöglicht sie eine Erweiterung des Blickwinkels und regt zum Nachdenken über Grundfragen des Rechts an[36]. Dazu gehört, dass geschichtliches Denken „die Einsicht in die Relativität der Gegebenheiten“[37] lehrt und sich die Endlichkeit, Fehlbarkeit und Offenheit der Geschichte vergegenwärtigen lässt[38]. Das geltende Recht beinhaltet eben keinesfalls selbstverständliche Regelungen, sondern ist

---

31 Siehe hierzu *C. Dipper*, ZNR 27 (2005), S. 272 (279 f.); *R. M. Kiesow*, JZ 2000, S. 585 (586 - 591).

32 *J. Brand*, in: Eckert (Hrsg.), H. Hattenhauer, S. 63 (69); vgl. Definition bei *H. Mitteis*, Vom Lebenswert der Rechtsgeschichte, S. 9 und *K. Kroeschell*, Dt. Rechtsgeschichte, Bd. 1, S. 2.

33 Vgl. *H. Conrad*, Dt. Rechtsgeschichte, Bd. I, S. XX; *M. Stolleis*, Art. Methode der Rechtsgeschichte, in: HRG², Sp. 1475 f.

34 Vgl. *F. Wieacker*, Art. Methode der Rechtsgeschichte, in: HRG¹, Sp. 522.

35 *M. Stolleis*, JuS 1989, S. 871 (871, 875); *M. Senn*, FS Burmeister (2002), S. 341 (351).

36 *R. M. Kiesow*, JZ 2010, S. 585 (589); *M. Senn*, FS Burmeister (2002), S. 341 (342).

37 *M. Senn*, Rechtsgeschichte, S. 3.

38 *J. Gauck*, in: FAZ, Nr. 223 vom 25. Sept. 2014, S. 12, der auch von „kognitiven Geschichtsgewinnern“ spricht.

Produkt politischer, wirtschaftlicher und sozialer Umstände[39]. Die auch von Peters vor allem in den 60er und 70er Jahren vorangetriebene Fortentwicklung des Strafrechts muss daher in dessen politischen, sozialen und gesellschaftlichen Zusammenhang gestellt werden. Mit einem distanzierten Blick der individuellen Rechtsgeschichte kann in der Person Karl Peters' dessen Verständnis für die Rechtswissenschaft nachvollzogen werden: Als ein ganzheitliches und andere Wissenschaftsdisziplinen berücksichtigendes Fach sowie als eine Wissenschaft, die stets den einzelnen Menschen in den Vordergrund stellen sollte. Peters' rechtswissenschaftliches Grundverständnis findet dabei insbesondere Ausdruck in seinen Forderungen an die juristische Ausbildung.

Zugleich trägt Rechtsgeschichte zum besseren Verständnis des geltenden Rechts bei und kann als Hilfe bei dessen Auslegung sowie Neugestaltung herangezogen werden[40]. Zum einen wird dadurch eine kritische Auseinandersetzung und Bewertung in Bezug auf Versäumnisse und Fehler des gegenwärtigen Rechts möglich[41]. Bezogen auf Peters gilt es – vor allem im Hinblick auf seine Untersuchungen zu den Fehlerquellen im Strafprozess –, das Archiv seiner Erkenntnisse, Forderungen und Rechtsideen zu aktivieren und einen Grundstein dafür zu legen, an seine Arbeit anzuknüpfen, um die Zahl auch heutiger Justizirrtümer zu verringern. Zum anderen hat die Zeit des Nationalsozialismus gezeigt, welche Folgen es haben kann, wenn sich Juristen einem diktatorischen System unterwerfen und sich zu Erfüllungsgehilfen des Gesetzgebers machen. Damit betrifft Rechtsgeschichte grundsätzliche Fragen des Rechts, nämlich nach der Verantwortlichkeit von Juristen[42]. So schrieb Heinrich Mitteis 1947 unter dem Eindruck der Nachkriegserfahrungen, dass „die ständige Durchsetzung der Gerechtigkeit, der Kampf geistiger Macht gegen brutale Gewalt und den Zwang unrechten Rechtes […], kurz: Der Gang der Rechtsidee durch die Geschichte" einer der großartigsten Vorgänge der Rechtsgeschichte sei[43]. In der rechtsgeschichtlichen Forschung darf daher der Gerechtigkeitsaspekt nicht unberücksichtigt bleiben. Da die Rechtsgestaltung und -anwendung maßgeblich durch ihre Akteure bestimmt wird, eignet sich in diesem Zusammenhang

---

39 Vgl. *H. Conrad*, Dt. Rechtsgeschichte, Bd. I, S. XVII; *R. Schröder*, JuS 1993, S. 617 (627).

40 *H. Conrad*, Dt. Rechtsgeschichte, S. XVII; *M. Stolleis*, JuS 1989, S. 871 (873 f.); *M. Senn*, FS Burmeister (2002), S. 341 (342).

41 *T. Vormbaum*, Juristische Zeitgeschichte, S. 8. Vgl. *K. Peters*, FS Gmür (1983), S. 311 (312): „Der menschliche Glaube, ein vollkommenes [Rechts-]System erreicht zu haben, hat viel menschliches Leid in Gefolge gehabt".

42 Vgl. *D. Simon*, Die Verantwortung des Juristen heute, insbes. S. 18 f.

43 *H. Mitteis*, Vom Lebenswert der Rechtsgeschichte, S. 128.

besonders eine Juristenbiographie, die sich am Beispiel von Karl Peters mit dem persönlichen und berufsständischen Verständnis von Gerechtigkeit und Moral auseinandersetzt.

Schließlich gilt es das sprachliche und verständnisbedingte Problem der Rekonstruktion historischer Sachverhalte anzusprechen: Das heutige Rechtsverständnis dürfe nicht in das damalige gepresst werden[44]. Es ist zwar unvermeidbar, dass zeitgenössische Vorstellungen, Bedingungen und Probleme bei der Bewertung des Vergangenen Einfluss haben. Umso mehr gilt daher, sich um ein (vorurteilsfreies) Verstehen der in Frage stehenden Generation zu bemühen und vor allem bei der Übertragung historischer Situationen auf heutige äußerst vorsichtig und sorgfältig zu sein[45].

---

44 *M. Stolleis*, Rechtsgeschichte schreiben, S. 26; vgl. *ders.*, Rechtsgeschichte als Kunstprodukt.

45 *M. Senn*, Rechtsgeschichte, S. 2; *M. Stolleis*, Art. Methode der Rechtsgeschichte, in: HRG², Sp. 1479. Vgl. eindrücklich *J. Gauck*, in: FAZ, Nr. 223 vom 25. Sept. 2014, S. 12: „Aber wissen wir es wirklich besser als die Akteure von damals? Oder wissen wir lediglich etwas mehr, [...]? [...] Dass wir heute vieles genauer sehen können, weil wir später dran sind, darf uns nicht zu Besserwisserei und Hochmut verleiten. Wenn zum Beispiel unsere Vorfahren von Vorurteilen geleitet wurden: Mit welchem Recht und mit welcher Sicherheit können wir eigentlich glauben, dass wir nicht selbst zeitgeistigen Plausibilitäten oder schlichten Fehlurteilen aufsitzen?".

B. Karl Peters – Eine Lebensbeschreibung

„Einen kleinen Zeitspiegel kann der einzelne Mensch erleben, namentlich, wenn ihm ein langes Leben geschenkt worden ist. Ich selbst bin Zeuge des geschichtlichen Kommens und Vergehens. Als ich geboren wurde, bestand das Deutsche Reich von 1871 33 Jahre. 14 Jahre später versank es. Wir waren stolz auf unseren Kaiser und König. Der Erste Weltkrieg führte zum Ende. Die nun folgende Weimarer Zeit bestand nicht einmal 15 Jahre. Sie wurde durch das tausendjährige Reich, den Nationalsozialismus, ersetzt. 9 Jahre später brach auch dieses Reich zusammen. Es folgte die Bundesrepublik. Die baute auf einer christlichen Ethik, wie sie im Grundgesetz aufgrund der Verantwortung vor Gott und in mehreren Landesverfassungen zum Ausdruck kam. [...] Wiederum nach 20 Jahren entwickelte sich durch die Wiedervereinigung ein neues Gebilde, dessen Inhalt noch im Ungewissen liegt. Schon beginnt die neue Entwicklung zu einem zusammengefassten Europa, jedenfalls in Westeuropa“[46].

I. Familiärer Hintergrund

Bevor mit der Nachzeichnung der Lebensgeschichte von Peters im eigentlichen Sinne begonnen werden kann, soll zunächst ein Blick auf die Familie geworfen werden. Anhand der Familiengeschichte kann gezeigt werden, wovon Karl Peters geprägt und welcher Lebensweg ihm durch seine Familie, insbesondere seinem Vater und Bruder, vorgegeben wurde.

Konfessionell sind die Peters stets katholisch gewesen, deren familiären Wurzeln sich im schlesischen Breslau, in Westpreußen und vor allem im sauerländischen Westfalen (Allendorf) befinden.

1. Groß- und Urgroßeltern

Väterlicherseits waren die Peters über drei Generationen in Westfalen in der Landwirtschaft und im Tuchhandel tätig[47], bis der Großvater <u>Johannes</u> Kaspar Peters eine akademische Laufbahn einschlug und preußischer Beamter wurde. Für die Familie bedeutete dies einen sozialen und gesellschaftlichen Aufstieg. Geboren 1836 in Allendorf und gestorben 1909 in Breslau, studierte Johannes Peters in Münster, Bonn und Berlin und schloss seine Promotion zum Dr. phil.

---

46 UA-T, 198/29: Das Vergehen von Mächten, geschrieben 11. Dez. 1991.

47 *F. W. Euler*, Hans Peters, in: Moltke Almanach, Bd. I, S. 94.

ab[48]. Im höheren Schuldienst tätig wurde er Gymnasialprofessor[49]. Darüber hinaus war Peters als Politiker ein langjähriges Mitglied des preußischen Abgeordnetenhauses. Der Zentrumspartei zugehörig war er zunächst von 1867 bis 1873 Abgeordneter für den westfälischen Wahlkreis Arnsberg. Wegen des von Otto von Bismarck geführten Kulturkampfes gegen die katholische Kirche[50] entschloss sich Peters zum Wegzug nach Breslau[51]. Von 1882 bis 1888 war er Abgeordneter in Oberschlesien[52].

Die väterliche Großmutter Maria Lucina Silvestra, geborene Fleran, stammte aus einer bekannten westpreußischen Domänenpächterfamilie. Wegen seiner Verdienste in der Landwirtschaft wurde der Urgroßvater Friedrich Fleran zum Domänenrat in Kulm ernannt[53].

Mutter Clara, geboren 1874 in Breslau und gestorben 1960 in Köln, war Tochter des Apothekers Carl Pannes. Sie besuchte in Breslau von 1880 bis 1889 die höhere Mädchenschule und anschließend das dortige Lehrerinnen-Seminar[54]. Der Urgroßvater mütterlicherseits, Johann Gebauer, war Direktor der Kuratschule. Regional lebte die katholische Familie vor allem in Breslau und Köln[55].

2. Vater Franz Peters

Wie sein Vater Johannes Peters durchlief auch Franz Peters die Laufbahn im preußischen Beamtentum – allerdings nicht als Lehrer, sondern als Verwaltungsbeamter. Der soziale und gesellschaftliche Aufstieg wurde damit durch ihn fortgesetzt und er konnte die Voraussetzungen schaffen, dass auch seine Kinder eine akademische Karriere einschlugen. Die Peters gehörten damit zum aufstrebenden Bildungsbürgertum.

---

48 LAV NRW W, Schulkollegium Münster, A Nr. P 154, PDA über Referendar Franz Peters: Personalblatt.

49 *H. Booms/R. Morsey* (Hrsg.), Handbücher zur Geschichte des Parlamentarismus, Bd. 3, S. 297.

50 UA-T, 198/29: Das religiöse Leben, S. 1; *F. W. Euler*, Hans Peters, in: Moltke Almanach, Bd. I, S. 94.

51 Breslau war von 1815 – 1919 und 1938 – 1941 Hauptstadt der Provinz Schlesien und damit Regierungssitz.

52 *H. Booms/R. Morsey* (Hrsg.), Handbücher zur Geschichte des Parlamentarismus, Bd. 3, S. 15.

53 *F. W. Euler*, Hans Peters, in: Moltke Almanach, Bd. I, S. 94.

54 LAV NRW W, Schulkollegium Münster, A Nr. P 154, Akte Clara Peters: Entnazifizierungsfragebogen, April 1947.

55 *F. W. Euler*, Hans Peters, in: Moltke Almanach, Bd. I, S. 94.

Geboren am 6. Januar 1867 im westpreußischen Kulm, besuchte Adalbert Franz Josef Pius Peters in Beuthen (Oberschlesien) die Volksschule und das St. Matthias-Gymnasium. Dort legte er 1884 das Abitur ab[56]. Es folgte das Studium der Rechts- und Staatswissenschaften in Leipzig, Berlin und Breslau. Während der Studentenzeit war Peters Mitglied im Cartellverband der katholischen deutschen Studentenverbindungen (CV), wo er sich auch später als Alter Herr der Studentenvereinigung engagierte[57]. Die Erste Juristische Staatsprüfung, dessen Bestandteile eine Abschlussarbeit über Paul Laband und eine mündliche Prüfung waren, bestand Peters 1887 mit dem Prädikat „gut". Nach Beendigung des Referendariats als Gerichtsreferendar legte Peters 1892 die Große Staatsprüfung ebenfalls mit dem Prädikat „gut" ab[58]. Zuvor hatte er im Juli 1889 die Doktorwürde mit der magna cum laude bewerteten Arbeit „Die Regentschaft und Regierungsstellvertretung der deutschen Landesherren" erlangt[59].

Als Gerichtsassessor beim AG Breslau zur unentgeltlichen Beschäftigung überwiesen, übernahm Peters anschließend die vertretungsweise Verwaltung von Richterstellen im OLG-Bezirk Breslau und war zeitweise als Hilfsrichter tätig[60]. Mit dem Wechsel nach Berlin Oktober 1894[61] in das Preußische Ministerium der Geistlichen, Unterrichts- und Medizinangelegenheiten[62] begann

---

56 GStA, I. HA Rep. 76, I Sekt. 31, Lit. P Nr. 46: von Franz Peters Aug. 1894 geschriebener Lebenslauf; Lebenslauf siehe auch bei *J. Lilla*, Leitende Verwaltungsbeamte, S. 236.

57 LAV NRW W, Schulkollegium Münster, A Nr. P 154, Akte Clara Peters: Entnazifizierungsfragebogen zu Franz Peters, ausgefüllt von Ehefrau Clara 1947; GStA, I. HA Rep. 76, VA Nr. 10620, Bl. 104: Rudolf Smend an das Kultusministerium vom 19. Dez. 1917.

58 LAV NRW W, Schulkollegium Münster, A Nr. P 154, Akte betr. Oberregierungsrat Dr. Peters, Franz: Übersicht.

59 Auf Grund falscher Angabe durch Karl Peters selbst heißt es bei *F. W. Euler*, Hans Peters, in: Moltke Almanach, Bd. I, S. 93, dass Franz Peters Dr. phil. – statt richtigerweise Dr. jur. – war.

60 GStA, I. HA Rep. 76, I Sekt. 31, Lit. P Nr. 46: von Franz Peters Aug. 1894 geschriebener Lebenslauf; LAV NRW W, Schulkollegium Münster, A Nr. P 154, PDA über Referendar Dr. iur. Franz Peters: Personalbogen.

61 LAV NRW W, Schulkollegium Münster, A Nr. P 154, PDA über Referendar Dr. iur. Franz Peters, Bl. 102: Schreiben des Justizministeriums vom 3. Sept. 1894.

62 Das Ministerium wurde 1817 in Berlin als Kultusministerium des preuß. Staates gegründet und bestand unter wechselnder Bezeichnung und Zuständigkeit bis 1945. Die ursprüngliche Zuständigkeit war die staatliche Aufsicht über die Kirche sowie das preuß. Schul- und Hochschulwesen. 1849 kam die Zuständigkeit der staatlichen Medizinalverwaltung hinzu, welche 1910 wieder an das ursprünglich zuständige Innenministerium übertragen wurde. Ab 1918 hieß das Kultusministerium Ministerium

Peters' Aufstieg zum höheren Beamten in der preußischen Verwaltung. Fortan war er im Bereich der Schulpolitik für die höheren Lehranstalten zuständig. Für das preußische Kultusministerium und wohl auch für Franz Peters von personell prägender Bedeutung war der einflussreiche Kulturpolitiker Friedrich Althoff[63].

Von Berlin aus ging es zu den (königlichen) Provinzialschulkollegien, die in Preußen die Schulaufsicht über die höheren Schulen innehatten[64]. In zunächst nur kommissarisch übertragener Verwaltung der Stelle eines Justiziars und Verwaltungsrats kam Peters an das Provinzialschulkollegium in Posen[65] und Koblenz[66]. Die nächsten 7 ½ Jahre verbrachte die mittlerweile fünfköpfige Familie in Koblenz. Im Oktober 1895 hatten Franz Peters und Clara Maria Magdalena, geb. Pannes, geheiratet[67]. Der erste Sohn Hans war 1896 noch in Berlin geboren. Tochter Maria kam 1900 in Posen und Karl weitere 4 Jahre später in Koblenz zur Welt. Während Franz für den Lebensunterhalt der Familie sorgte[68], kümmerte

---

für Wissenschaft, Kunst und Volksbildung. Von 1933 – 1945 war es das Reichs- und Preuß. Ministerium für Wissenschaft, Erziehung und Volksbildung.

63 Vgl. *A. Hollerbach*, Beiträge zur Katholizismusforschung, S. 71. Zur Person Althoffs siehe *F. Schnabel*, Althoff, Friedrich Theodor, in: NDB 1, 1953, S. 222.

64 Als kollegial organisierte Verwaltungsbehörde setzte sich das Provinzialschulkollegium aus dem Oberpräsidenten der Provinz als Präsidenten, dem Vizepräsidenten (Direktor) sowie den Oberschul-, -studien- und -regierungsräten zusammen. Oberpräsidenten der Provinz Westfalen waren während der Amtszeit Peters' Prinz von Ratibor und Corvey (1911 – 1919), Wilhelm Wuermeling (bis 1922) und Franz Gronowski (bis 1933). Zu allen dreien bestand laut Aussage Karl Peters' ein angenehmes Verhältnis, UA-T, 198/13, S. 14.

65 GStA, I. HA Rep. 76, I Sekt. 31, Lit. P Nr. 46: Bestallung vom 7. Sept. 1896 zum 1. Jan. 1897.

66 LAV NRW W, Schulkollegium Münster, A Nr. P 154, Oberpräsidium der Rheinprovinz betr. den Regierungsrat Dr. Peters, Franz: Kultusministerium vom 15. Juli 1902.

67 LAV NRW W, Schulkollegium Münster, A Nr. P 154, Akte Clara Peters: Heiratsurkunde.

68 Als Direktor erhielt Franz Peters 1910 ein Grundgehalt i.H.v. 7.500 M, 1915 i.H.v. 8.700 M und mit der Beförderung zum Vizepräsidenten i.H.v. 12.600 RM – hinsichtlich des Geldwertes sind die Währungskrisen der 20er Jahre und die zur Bekämpfung der zunehmenden Geldentwertung durchgeführten Währungsreformen zu beachten. Die Ruhegeldbezüge ab 1932 betrugen 10.530 RM. Bei diesen Zahlungen bleiben etwaige Zuschüsse sowie Nebeneinkünfte unberücksichtigt; LAV NRW W, Schulkollegium Münster, A Nr. P 154, Akte betr. den Oberregierungsrat Dr. Peters, Franz: Bestallung zum Oberregierungsrat vom 23. Nov. 1910, Ausgabenanweisung für das Etatjahr 1915, Schreiben des Präsidenten des Provinzialschulkollegiums vom 11. Juni 1928 auf Grundlage des Preuß. Besoldungsgesetzes vom 17. Dez. 1927, PrMfWKV vom 23. Febr. 1932.

sich Mutter Clara um die drei Kinder, wobei ihr die gesellschaftliche und kulturelle Förderung ihrer Kinder ein Anliegen war[69].

Nach der Ernennung zum Regierungsrat 1901, folgte 1910 die Beförderung zum Oberregierungsrat, mit der die Stelle des Direktors am Provinzialschulkollegium verbunden war. Ende 1910 wurde Peters an das Provinzialschulkollegium in Münster versetzt[70]. Dort wurde er 1924 zum Vizepräsidenten befördert[71], der er bis zu seiner Pensionierung im April 1932 blieb. „Die technische und fachliche Leitung des Provinzialschulkollegiums", so heißt es anlässlich seiner Pensionierung, „war bei ihm in guten und geübten Händen. [...] Seine Arbeit [...] war geleitet von Sachlichkeit und Toleranz. Das Wohl der Schule und der Schüler ist ihm das erste Gesetz"[72].

Neben sonstigen kleineren Nebenämtern war Peters an der Westfälischen Wilhelms-Universität in Münster tätig. Von 1922 bis 1936 war er stellvertretender Universitätskurator im Nebenamt[73]. Zu seinen Aufgaben gehörte die Behebung der seit dem Krieg bestehenden Raumnot sowie der Bau und die Einrichtung der Kliniken und Institute[74]. Zum Dank für seine Verdienste wurde ihm anlässlich der Feier zum 150-jährigen Bestehen der Universität „ehrenhalber Titel, Recht und Würden eines Doktors der Medizin"[75] verliehen. Die

---

69 Nach Aussage von Diethild Peters, hatte Mutter Clara als kluge, intelligente und starke Persönlichkeit großen Einfluss auf Karl Peters, Interview mit Diethild Peters vom 25. Juli 2016.

70 LAV NRW W, Schulkollegium Münster, A Nr. P 154, Akte betr. den Oberregierungsrat Dr. Peters, Franz: Übersicht zur zivilen Dienstlaufbahn; Bestallung vom 15. Nov. 1910.

71 Mit dem Amt war die Oberaufsicht über das Schulwesen in wissenschaftlicher Hinsicht verbunden. Unterstellt war der Vizepräsident unmittelbar dem Kultusminister, LAV NRW W, Findbuch: Behörden und Einrichtungen des Staates und Selbstverwaltung nach 1816, Kultusverwaltung, etc. Münster: Bestandsgeschichte.

72 Münsterische Morgenpost vom 6. Jan. 1932, Nr. 5. Vgl. Münsterischer Anzeiger vom 14. Jan. 1938, Nr. 23: Traueranzeige des Oberpräsidenten Freiherr von Lüninck: „In seiner langjährigen Tätigkeit hat er sich um die Entwicklung des höheren Schulwesens in Westfalen große und bleibende Verdienste erworben".

73 LAV NRW W, Schulkollegium Münster, A Nr. P 154, Akte betr. den Oberregierungsrat Dr. Peters, Franz: Schreiben des PrMfWKV vom 23. Jan. 1920. Im Gegensatz zur akademischen Selbstverwaltung durch das Rektorat war der Kurator die Behörde der staatlichen Universitätsverwaltung, UA-M, Bestandsübersicht, Stand Dez. 2021, 1.4 Kurator (1888-1970), S. 11.

74 Münsterischer Anzeiger vom 13. Jan. 1938: Präsident Peters gestorben.

75 LAV NRW W, Schulkollegium Münster, A Nr. P 154, Akte betr. den Oberregierungsrat Dr. Peters, Franz: Verleihung der Ehrendoktorwürde vom 20. Juni 1930.

Anerkennung für Person und Arbeit lässt auch der vom Kurator, Rektor und Dekan der Universität verfasste Nachruf auf Franz Peters, der am 11. Januar 1938 während eines Besuchs bei seinem Sohn Karl in Köln verstarb[76], erkennen:

> „Er war ein überaus geschickter und erfahrender Verwaltungsbeamter, ein Mann von seltener Arbeitskraft und Arbeitsfreude und von aufrichtigster und lauterster Gesinnung. Sein Ehrgeiz war Pflichterfüllung bis zum äußersten. Unter seinen Eigenschaften leuchten besonders hervor: die glühende Liebe zum Volk und Vaterland, seine Selbstlosigkeit, seine unerschütterliche Gerechtigkeit, seine stets bewährte Herzensgüte und die Liebenswürdigkeit seines Charakters. Die Gesamtheit seines Wesens war überlagert von einem natürlichen Frohsinn und einer gewinnenden Herzlichkeit. Die Harmonie und die Lauterkeit seiner Persönlichkeit führten zu einem ersprießlichen Zusammenwirken mit allen seinen Mitarbeitern“[77].

Wie der berufliche Werdegang von Franz Peters zeigt, war dieser durch einen stetigen Aufstieg im höheren preußischen Staatsdienst gekennzeichnet. „In nimmermüder Arbeit“[78], mit Fleiß und in treuer, pflichtbewusster Verantwortung gegenüber dem preußischen Staat und der Allgemeinheit erarbeitete er sich Anerkennung. Dabei trug er seinen katholischen Glauben stets nach außen, was sich an der politischen Zugehörigkeit und der aktiven Betätigung des Vaters Johannes Peters in der Zentrumspartei zeigte – „Daß die Familie Peters im allgemeinen ziemlich ultramontan gesinnt ist, ist bekannt“[79]. In der Familientradition verbanden sich so „das geistige katholische Deutschland“ und „der preußische Staatsdienst“[80].

---

76 Auf Grund falscher Angabe durch Karl Peters selbst heißt es bei *F. W. Euler*, Hans Peters, in: Moltke Almanach, Bd. I, S. 93, dass Franz Peters in Münster – statt richtigerweise in Köln – verstorben ist.

77 Münsterischer Anzeiger vom 14. Jan. 1938, Nr. 22: Nachruf.

78 Westfälische Landeszeitung vom 7. Jan. 1932, Nr. 7: Vizepräsident Dr. Peters 65 Jahre alt.

79 GStA, I. HA Rep. 76, I Sekt. 31, Lit. P Nr. 46: Brief Stengel‘s betreffend Peters‘ Pläne hinsichtlich einer Habil. vom 12. Aug. 1894. Ultramontanismus bezeichnet den romtreuen politischen Katholizismus des 19. Jahrhunderts. Im Brief Smends an das Kultusministerium vom 19. Dez. 1917 schrieb dieser über Franz Peters, dass er „ein Mann von stark hervortretendem katholischem Standpunkt“ sei, GStA, I. HA Rep. 76, Va Nr. 10620, Bl. 104.

80 *L. von Trott zu Solz*, Hans Peters, S. 20.

3. Bruder Hans Peters

Mit dem Namen Peters sind hohe Erwartungen verbunden. So musste Karl Peters als Sprössling eines hohen Beamten im Staatsdienst nicht nur gegenüber Stellung und Ansehen seines Vaters, sondern auch der seines älteren Bruders Hans bestehen, der – die Familiengeschichte fortführend – Jurist im Staatsdienst, Soldat und Politiker wurde[81]. Zwischen den Brüdern lag zwar nur ein Altersunterschied von 8 Jahren, doch in den Umbruchsphasen zu Beginn des 20. Jahrhunderts macht dies gerade den Unterschied: Hans war zu Kriegsbeginn alt genug für die Teilnahme am Ersten Weltkrieg (Karl zu diesem Zeitpunkt gerade 10 Jahre alt); bei „Machtergreifung" 1933 war Hans 37 Jahre alt und hatte in beruflicher Hinsicht bereits vieles erreicht (Karl befand sich zu diesem Zeitpunkt noch am Beginn seiner beruflichen Karriere).

In diversen Schriften und Werken fand zwar bereits eine Würdigung Hans Peters' Persönlichkeit und Wirken statt[82], doch eine gesamtumfassende Biographie fehlt bisher. Auf Hans Peters wird in der vorliegenden Arbeit insofern eingegangen, als er zur Familiengeschichte gehört, sich die Lebenswege der beiden Brüder ab und an kreuzten und er als vergleichende Juristenpersönlichkeit herangezogen werden kann. Es sei vorweggenommen, dass Karl Peters einen ähnlich praxisbezogenen und ganzheitlichen Ansatz wie Hans Peters wählte und er, was das wissenschaftliche Renommee anbelangt, seinem Bruder kaum nachsteht. In Bezug auf die Haltung gegenüber dem Staat und generell zur Politik besaß Karl Peters allerdings ein ganz anderes, weniger offensives Naturell. Dabei gilt es hervorzuheben, dass vor allem im Hinblick auf die Zeit des Nationalsozialismus die Allerwenigsten den Charakter und den Mut von Hans Peters besessen haben[83].

---

81 Zu Maria Peters und ihrem Ehemann Erich Molitor siehe Kap. B. V. 4. a) aa).

82 *W. Berg*, Hans Peters (1896 - 1966), in: Häberle/Kilian/Wolff (Hrsg.), Staatsrechtslehrer des 20. Jahrhunderts, Berlin 2015, S. 471 ff.; *H. Conrad* (Hrsg.), GS Hans Peters (1967); *U. Karpen*, in: NDB 20 (2001), S. 240 f.; *ders.*, Hans Peters 1896 - 1966, DÖV 1996, S. 776 ff.; *U. Karpen/A. Schott* (Hrsg.), Der Kreisauer Kreis. Zu den Verfassungspolitischen Vorstellungen von Männern des Widerstandes um Helmuth Graf von Moltke, Heidelberg 1996; *K. Kleibert*, Die Jur. Fak. der HU, S. 21 – 34, 169 f.; *W. Loscheider*, in: Klein/Saar/Schulze (Hrsg.), S. 63 ff.; *R. Morsey*, in: Buchstab/Kaff/Kleinmann (Hrsg.), S. 392 ff.; *L. von Trott zu Solz*, Hans Peters; *K. Stern*, In memoriam Hans Peters, Rede anlässlich der Gedenkfeier für Prof. Dr. Dr. h.c. Hans Peters am 16. Jan. 1967, Köln 1967.

83 Vgl. *J. Gauck*, Rede zum 70. Jahrestag des 20. Juli 1944: „[…] jeder […] von uns [kennt] jene innere Frage, auf die es eine leichte und gleichzeitig wahrhaftige Antwort wohl nur

a) Ausbildung und Zeit im Verwaltungsdienst

Hans Carl Maria Alfons Peters wurde am 5. September 1896 geboren und wuchs in Berlin, Posen, Koblenz und Münster auf. Nach der Grundschule besuchte Peters das humanistische Kaiserin-Augusta-Gymnasium in Koblenz und mit Versetzung des Vaters das Münsteraner Gymnasium Paulinum[84]. Dort absolvierte er 1914 die Reifeprüfung und begann wenig später an der dortigen Universität ein Studium der Mathematik und Naturwissenschaften[85]. Nach zwei Semestern unterbrach er das Studium, da er sich zum 1. April 1915 als Freiwilliger zum Kriegsdienst bei der Artillerie gemeldet hatte. Für seine Verdienste in den Stellungskämpfen in den Vogesen sowie für die Verteidigung eines Wehrkreises wurde Peters das Eiserne Kreuz I. und II. Klasse verliehen[86]. Mit dem Offizierspatent eines Leutnants d.R. kehrte er Januar 1919 nach Münster zurück[87]. Zur Fortsetzung des Studiums war Peters bereits seit Juli 1918 während eines Fronturlaubs an die staats- und rechtswissenschaftliche Fakultät gewechselt. Das Sommersemester 1919 verbrachte er in Wien[88]. September 1920 bestand er die Erste Juristische Staatsprüfung „mit Auszeichnung“[89].

Militärisch war Peters auch in den nachfolgenden Revolutionskämpfen aktiv. Im Frühjahr 1920 beteiligte er sich für einige Wochen am Freikorps der

schwer oder gar nicht geben kann […]: Wie würde ich mich verhalten, wenn ich wüsste, dass der Preis meines Handelns Gefängnis, Folter oder gar das Ende meines eigenen Lebens sein kann? Brächte ich diesen Mut auf, und besäße ich ihn auch noch in der entscheidenden Stunde?“, abrufbar unter: http://www.bundespraesident.de/SharedDocs/Reden/DE/Joachim-Gauck/Reden/2014/07/140720-Gedenken-Widerstand-NS.html.

84 GStA, I. HA Rep. 76, XI Nr. 323, Bd. 1, Akte des OLG Hamm betr. erste jur. Prüfung, Bl. 3: von Hans Peters um 1920 geschriebener Lebenslauf. Zum Paulinum siehe Kap. B. II. 2.

85 GStA, a.a.O., Bl. 6 f.: Abgangszeugnis vom 8. April 1919 und Anmeldungsbuch der Universität Münster.

86 GStA, I. HA Rep. 76, XI Nr. 323, Bd. 1, Akte des OLG Hamm betr. Referendar Hans Peters, Bl. 13 f.: Kriegsranglisten-Auszug; UA-HU, PA Hans Peters: Personalbogen. Zugeteilt war Peters dem Feldartillerie Regiment 22 und dem Landwehr-Feldartillerie Regiment 251 an der Westfront (Ende 1915 – April 1916, Gefecht südlich von Dienze; Juni 1916 – März 1917 und Mai 1917 – Nov. 1918, Stellungskämpfe in den Vogesen).

87 GStA, I. HA Rep. 76, XI Nr. 323, Bd. 1, Akte des OLG Hamm betr. erste jur. Prüfung, Bl. 3: von Hans Peters um 1920 geschriebener Lebenslauf.

88 GStA, a.a.O., Bl. 8 f.: Abgangszeugnis der Universität Wien vom 7. Juli 1919.

89 GStA, a.a.O., Bl. 21, 26: Ergebnisse der 5 schriftlichen Klausuren und mündlichen Prüfung vom 20. Sept. 1920.

Akademischen Wehr der Universität Münster, das von Hubert Naendrup zur Bekämpfung der Kommunisten im Herbst 1919 gegründet worden war[90]. Im Ruhraufstand von März 1920 hatte sich das Korps die Sicherung von Bahnhöfen und Brücken rund um Münster gegen aufständische Arbeiter zur Aufgabe gemacht[91]. 1936 und 1938 nahm Peters an Reserveübungen teil und wurde – inzwischen befördert zum Hauptmann d.R. – Ende August 1940 zur Luftwaffe als Batteriechef eingezogen. Wegen „politischer Unzuverlässigkeit" folgte die Versetzung nach Berlin, wo er bis Kriegsende als Meldeoffizier, Wehrbetreuer und Stabsmajor eingesetzt war. Verliehen wurde ihm Januar 1944 das Kriegsverdienstkreuz II. Klasse mit Spange und Schwert[92].

An das Studium schloss sich die Promotion bei Ernst Heinrich Rosenfeld an. Anfang 1921 erlangte er mit der magna cum laude bewerteten Arbeit „Verwaltungswidrigkeit und Polizeiwidrigkeit und ihre Beziehungen zur Rechtswidrigkeit" den Doktortitel. Es folgte die Ausbildung im Referendariat zunächst als Gerichtsreferendar. Wunschgemäß wurde Peters April 1921 zum Regierungsreferendar ernannt und absolvierte seinen weiteren Ausbildungsdienst in den Regierungsbezirken Münster und Potsdam[93]. April 1923 bestand er die Große Juristische Staatsprüfung „mit Auszeichnung". Im gleichen Jahr heiratete Peters Margarete Biagini (1891 – 1957). Wegen langjähriger schwerer Erkrankung seiner Frau blieb die Ehe kinderlos.

Nach Vorbild des Vaters trat Hans Peters in den Verwaltungsdienst ein. Als Regierungsassessor war er knapp 2 Jahre Hilfsarbeiter in der Kommunalabteilung des Preußischen Ministeriums des Innern in Berlin und sodann bis Anfang 1928 Dezernent bei der Regierung in Breslau[94]. Von 1928 bis 1932 folgte die Beschäftigung im Preußischen Ministerium für Wissenschaft, Kunst und Volksbildung[95]. Unter Ministerialrat Werner Richter war Peters an den Reformplänen zur Hochschulordnung beteiligt, wodurch sein Interesse für die

---

90 BA Berlin, R/4901/13273: Personalbogen.

91 *L. Steveling*, Juristen in Münster, S. 194, 202.

92 UA-HU, PA Hans Peters: Mitteilung von Peters an den Universitätskurator vom 4. März 1944.

93 GStA, I. HA Rep. 76, XI Nr. 323, Bd. 1, Übersicht zur Beschäftigung während des Referendariats sowie Zeugnisheft. Wer mindestens sechs Monate bei Gerichtsbehörden beschäftigt war, konnte zum Regierungsreferendar ernannt werden und dadurch die Befähigung zum höheren Verwaltungsdienst erlangen.

94 UA-HU, PA Hans Peters: Personalbogen.

95 BA Berlin, R/4901/13273: Personalbogen. Siehe dazu *K. Kleibert*, Die Jur. Fak. der HU, S. 23.

Kommunalpolitik durch eine Vorliebe für die Kultur- und Hochschulpolitik ergänzt wurde. Prägend wirkte auch die Begegnung mit den Kultusministern Carl Heinrich Becker und Adolf Grimme[96]. Ende Januar 1932 beendete Peters seinen Dienst im Preußischen Ministerium für Wissenschaft, Erziehung und Volksbildung.

b) *Wissenschaftliche Laufbahn*

Schon frühzeitig suchte Peters den Kontakt zur Wissenschaft. Während des Referendariats bat er um Versetzung an die Regierung in Potsdam, da er hoffte, „durch Assistenz der staatswissenschaftlichen Übungen und Seminare mit den akademischen Kreisen in nähere Fühlung zu kommen"[97]. Im Wintersemester 1921/22 besuchte er als Gasthörer an der Berliner Universität u.a. die arbeitsrechtliche Vorlesung und Übung bei Walter Kaskel[98]. Neben Kaskel assistierte Peters auch Ottmar Bühler in Münster bei gutachterlichen Korrekturtätigkeiten[99] und war für Eduard Kohlrausch als außerplanmäßiger Assistent der Berliner Juristenfakultät tätig[100].

Am 24. Juli 1925 habilitierte sich Peters in Breslau bei Hans Helfritz für die Fächer Staats- und Verwaltungsrecht mit der Arbeit „Grenzen der kommunalen Selbstverwaltung in Preußen. Ein Beitrag zur Lehre vom Verhältnis der Gemeinden zu Staat und Reich". Anschließend war er zunächst als Privatdozent in Breslau tätig und wurde April 1928 zum nichtbeamteten außerordentlichen Professor ernannt. November 1928 wechselte er an die Berliner Friedrich-Wilhelms-Universität[101]. Zugleich lehrte er von Oktober 1932 bis 1949 als

---

96 *U. Karpen*, in: NDB 20 (2001), S. 240.

97 GStA, I. HA Rep. 76, XI Nr. 323, Bd. 1, PA der Regierung Münster: Schreiben des Regierungspräsidenten Münster an den Regierungspräsidenten in Potsdam vom 24. Okt. 1921.

98 GStA, I. HA Rep. 76, XI Nr. 323, Bd. 1, Akte des OLG Hamm betr. erste jur. Prüfung, Bl. 86 f.: Auflistung der bezahlten und gehörten Vorlesungen und Übungen als Gasthörer WS 1921/22.

99 GStA, I. HA Rep. 76, XI Nr. 323, Bd. 1, Zeugnisheft des Regierungsreferendars Hans Peters: Bescheinigung von Prof. Kaskel vom 28. März 1923 und von Prof. Bühler vom 23. Nov. 1923.

100 UA-HU, NS-Dozentenschaft Z-DI/793, Bl. 1: Fragebogen ausgefüllt 1935; UA-HU, Jur. Fak. nach 1945, Sig. 14, Teil zu Kohlrausch: Grabrede für Kohlrausch gehalten von Hans Peters.

101 UA-HU, PA Hans Peters: Ernennung zum a.o. Prof. durch das PrMfWKV vom 29. Nov. 1928.

Honorarprofessor an der Technischen Hochschule Berlin[102]. Ein Ordinariat blieb Peters bis 1946 allerdings verwehrt. Die katholische Gesinnung und die Zugehörigkeit zur Zentrumspartei verhinderten wegen „politischer Unzuverlässigkeit" eine Ernennung zum ordentlichen Professor[103].

Wie sehr Peters in teils offener Gegnerschaft zum Nationalsozialismus stand, lässt sich anschaulich an der Korrespondenz zwischen der Reichsamtsleitung des NSD-Dozentenbundes in München und des örtlichen Dozentenbundführers in Berlin, Dr. Erhard Landt zeigen. Im Einzelnen ging es um eine Vortragsreise nach Brasilien, an der Peters im Sommer 1937 teilgenommen hatte. Auf Mitteilung eines „Gewährsmanns" berichtete Landt:

> Peters' „wissenschaftlichen Qualitäten insbesondere aber sein gediegenes Wissen auf dem Gebiete des Verwaltungsrechtes sind unbestreitbar. […] P. bemüht sich, auch auf wissenschaftlichem Gebiete den Geist der Bewegung zu erfassen. Bei seiner großen Klugheit ist schwer zu erkennen, inwieweit er dies aus opportunistischen Beweggründen oder aus innerer Überzeugung tut. Die Vermutung spricht für ersteres. Ich persönlich habe die Überzeugung, daß ihm der wirkliche Zugang zu dem, was die Bewegung will, fehlt, und daß er in seinem Denken sehr stark im Liberalismus der Vergangenheit wurzelt. P. gehört von 1923 bis 1933 der Zentrumspartei an. In seinem heutigen Verhalten gibt P. keinen Anlaß zur Klage. Sein Bemühen, loyal zu erscheinen, ist unverkennbar"[104].

Die Reichsamtsleitung erwiderte hierauf, dass es die an Peters erteilte Ausreiseerlaubnis bedauere, obwohl dieser „als Exponent des politischen Katholizismus genannt wurde"[105]. Mitte 1938 bat das Reichswissenschaftsministerium um Stellungnahme, ob Peters erneut für Gastvorträge im Ausland in Frage komme[106]. Landt wiederholte seine Einschätzung von Oktober 1937 und fügte hinzu, dass es bedenklich erscheine „Prof. Peters, der früher als ausgesprochener Exponent des politischen Katholizismus tätig war, jetzt als Repräsentanten der Wissenschaft des nationalsozialistischen Deutschlands im Auslande Vorträge halten zu lassen". Abschließend heißt es im Brief an die Reichsamtsleitung, dass

---

102 UA-HU, PA Hans Peters: PrMfWKV an Peters vom 27. Okt. 1932.

103 *R. Morsey*, in: Buchstab/Kaff/Kleinmann (Hrsg.), S. 393; *L. von Trott zu Solz*, Hans Peters, S. 23.

104 UA-HU, Bestand NS-Dozentenschaft Z-DI/793, Bl. 5: Schreiben Landts vom 5. Okt. 1937.

105 UA-HU, a.a.O., Bl. 6: Reichsamtsleitung des NSDDB vom 15. Okt. 1937.

106 BA Berlin, R/9361/V/104098, Bl. 58 f.: Groh/REM an Landt/NSDDB vom 1. Juli 1938.

„es auf keinen Fall angeht, Peters zu Gastvorträgen an eine andere Universität zu beurlauben. Peters wird heute noch als Exponent des politischen Katholizismus angesehen. Er war in der Führung der katholischen Aktion bis jetzt tätig und ist nicht geeignet, die deutsche Wissenschaft in irgend einer Weise im Ausland zu vertreten. Auch seine Vorlesungen lassen heute, trotz der im allgemeinen vorsichtigen Ausdrucksweise, noch seine ablehnende Haltung gegenüber dem nationalsozialistischen Staate deutlich erkennen. Noch 1937 erklärte Peters in Vorlesungen z. B., die Partei befehle nicht dem Staat [...]. Wenn es auch heute verhältnismässig wenig Öffentlich-Rechtler gibt, die eine mehrwöchige Reihe von Gastvorträgen an einer Rechtswissenschaftlichen Fakultät einer ausländischen Universität halten können, so gibt es doch zweifellos geeignetere Persönlichkeiten als gerade Peters. Von hier aus wird jedenfalls die Erteilung einer solchen Genehmigung schärfstens widersprochen“[107].

Den Grund, dass Peters trotz solcher Äußerungen in seinen Ämtern belassen wurde, vermutet Ernst Friesenhahn darin, dass „es wohl auf das Konto seiner persönlichen Integrität, seines offenen, liebenswürdigen, auch den Andersdenkenden für ihn einnehmenden Wesens und seiner Beliebtheit als akademischer Lehrer“[108] gehen müsse. In der Tat war Peters durch seine Tätigkeit in Verwaltung und Universität nicht nur zu einer Autorität avanciert, sondern konnte auch auf umfassende Kontakte in unterschiedlichen Bereichen aufbauen.

Nach Zusammenbruch des Dritten Reichs folgte Hans Peters im Januar 1946 einem Ruf an die Berliner Universität und wurde zum Ordinarius für Öffentliches Recht ernannt. Zugleich wurde er erster Dekan der nun ostdeutschen Humboldt-Universität zu Berlin[109]. Doch so sehr Peters in Berlin auch am Wiederaufbau mitgearbeitet hatte und ihm die Universität am Herzen lag, war er an „ideologischen Schlammschlachten“ des Kalten Krieges nicht interessiert[110], weshalb er 1949 entschied, Berlin zu verlassen. Zu erheblichen Spannungen war es 1948 gekommen, als Peters die von West-Berlin geplante Gründung der Freien Universität strikt ablehnte, da sie seiner Ansicht nach zu einer weiteren Trennung der Stadt und des Landes führen würde[111]. Nachdem die CDU-Fraktion für die Gründung einer West-Berliner Universität gestimmt hatte, zog Peters

---

107 BA Berlin, DS B 0037, Bildnr. 2216 f.: Reichsamtsleitung des NSDDB vom 8. Okt. 1938.

108 *E. Friesenhahn*, GS H. Peters (1967), S. 1 (4).

109 UA-HU, Jur. Fak. nach 1945, Sig. 14, Teil zu Peters: Personalbogen vom 14. April 1946.

110 So *H. Arnold* zit. aus *K. Kleibert*, Die Jur. Fak. der HU, S. 32.

111 *K. Kleibert*, Die Jur. Fak. der HU, S. 30: „Die SED verachtete ihn [Peters] als CDU-Mitglied und Bürgerlichen, die Berliner SPD und CDU feindeten ihn an, weil er sich für die Humboldt-Universität und gegen die Gründung der Freien Universität ausgesprochen hatte“. Dazu im Einzelnen *K. Kleibert*, a.a.O., S. 28 – 32, 268 – 271.

die Konsequenz, in dem er seine politischen Ämter in der Partei niederlegte und zum 30. September 1949 bei der Universität kündigte. In seinem Schreiben an die Deutsche Verwaltung für Volksbildung, den Rektor der Universität und den Fakultätsdekan machte Peters deutlich: „Die durch die Spaltung Berlins entstandene Lage und die dadurch bedingte Haltung von Westberlin, wo ich meinen Wohnsitz und einen Teil meiner persönlichen und politischen Beziehungen habe, erschweren meine eigene Situation an der Humboldt-Universität derart, daß eine fruchtbare Arbeit auf immer neue Schwierigkeiten stößt“[112]. Zum 1. Oktober 1949 nahm Peters einen Ruf der Universität zu Köln an, wo er 1950 das Institut für Verwaltungswissenschaft gründete. Rufe nach Freiburg und München lehnte er ab.

Charakteristisch für Peters‘ wissenschaftliche Arbeit war die Verbindung von Recht und Rechtswirklichkeit, Dogmatik und Praxis[113]. In Würdigung von Person und Wirken resümiert Paul Mikat: „Peters, durch das Elternhaus in enger Berührung mit der alten preußischen Verwaltung und geprägt durch eigene praktische Erfahrung im preußischen Verwaltungsdienst, beobachtete schon frühzeitig, daß dem Staat mit der Veränderung des Verhältnisses von Staat und Gesellschaft ständig neue Aufgaben zuwachsen“[114]. Für Peters stand fest, dass sich die Rechtswissenschaft an praktischen Bedürfnissen orientieren müsse[115]. Thematisch lag neben dem Staats-, Kommunal- und Kirchenrecht ein Schwerpunkt seiner Arbeit auf dem Verwaltungsrecht und der Verwaltungswissenschaften. In seinem 1949 erschienenen „Lehrbuch der Verwaltung“ stellte er die Verwaltung in ihren unterschiedlichen Aspekten der Soziologie, Psychologie und Ökonomie dar und begründete damit eine „interdisziplinär-verwaltungswissenschaftliche Methode“[116]. Die Verbindung unterschiedlicher Perspektiven zu wechselseitiger Ergänzung und Vertiefung war ihm ein Anliegen.

c) „Politischer Professor“

Hans Peters war ein „politischer Professor“[117]. Seit 1923 war er – wie sein Großvater Johannes Peters – Mitglied der Zentrumspartei und von März 1933 bis zur Auflösung im Oktober 1933 Abgeordneter im preußischen Landtag. Nur wenige

---

112 UA-HU, Jur. Fak. nach 1945, Sig. 14, Teil zu Peters: Schreiben vom 5. Aug. 1949.

113 *W. Loschelder*, in: Klein/Saar/Schulze (Hrsg.), S. 68.

114 *P. Mikat*, in: Jahres- und Tagesbericht der Görres-Gesellschaft 1966, S. 48.

115 Vgl. *H. Peters*, Grenzen der kommunalen Selbstverwaltung, S. 1 f.

116 *U. Karpen*, in: NDB 20 (2001), S. 241.

117 So die von Karpen geprägte Bezeichnung, *U. Karpen*, in: NDB 20 (2001), S. 240.

Monate vor der Selbstauflösung seiner Partei hielt Peters auf Bitte von Brünings eine Grundsatzrede über den Rechtsstaat. In ihr sprach er sich für einen ethischen Rechtsstaatsbegriff aus, wonach unter Recht sowohl das positive Recht als auch jenes darüberstehende ethische Prinzip der Gerechtigkeit verstanden werden müsse[118]. In seiner Gedächtnisschrift wird Peters als aufrechter Demokrat „mit einem untrüglichen Gefühl für Recht und Gerechtigkeit" und mutiger Mann, „der jederzeit für das eintrat, was er für wahr erkannt hatte, ohne nach den Folgen zu fragen" gewürdigt[119]. In einem Brief an van Roon schrieb Peters: „Im politischen Bereich habe ich, als ich das Herankommen des Nationalsozialismus mit aller Deutlichkeit erkannte, mich noch im letzten preußischen Landtag als Abgeordneter der Zentrumspartei aufstellen lassen"[120]. Mut hatte Peters auch im Juli 1932 im sog. Preußenschlag-Prozess bewiesen, als er als Bevollmächtigter der Zentrumspartei des Preußischen Landtages auftrat und die Weimarer Reichsverfassung verteidigte[121]. Auch während des Nationalsozialismus bezog Hans Peters eine klare Position. Solange es ging, engagierte er sich in der Görres-Gesellschaft und machte vor allem in seinem Aufsatz „Der totale Staat und die Kirche" (1935) seine Ablehnung gegenüber dem nationalsozialistischen Totalitätsanspruch deutlich[122].

Die „Görres-Gesellschaft zur Pflege der Wissenschaft" wurde 1876 während des Kulturkampfes als Instrument der Selbstbehauptung katholischer Wissenschaftler begründet[123]. Laut Satzung hat sie „in Bewahrung ihres im katholischen Glauben wurzelnden Gründungsauftrages" die Förderung des wissenschaftlichen Lebens und des interdisziplinären Austausches zum Gegenstand. Seit 1933 Mitglied, wurde Peters 1940 deren Vorsitzender. 1941 wurde die Görres-Gesellschaft durch die Nationalsozialisten aufgelöst[124]. Nach der Neugründung 1948 wurde Peters erneut deren Präsident, der er bis zu seinem Tod 1966 blieb. Ein besonderes Verdienst war die Herausgabe der sechsten Auflage des „Staatslexikons" (1957 – 1963).

---

118 *H. Peters*, Rechtsstaat, S. 8, zit. aus *L. von Trott zu Solz*, Hans Peters, S. 94.

119 *E. Friesenhahn*, GS H. Peters (1967), S. 1 (3).

120 *L. von Trott zu Solz*, Hans Peters, S. 24.

121 Ausführlich hierzu *J. Bay*, Der Preußenkonflikt 1932/33, ein Kapitel aus der Verfassungsgeschichte der Weimarer Republik, Erlangen 1965; *L. von Trott zu Solz*, Hans Peters, S. 80 – 87.

122 *L. von Trott zu Solz*, Hans Peters, S. 25.

123 *W. Loschelder*, in: Klein/Saar/Schulze (Hrsg.), S. 67.

124 *E. Friesenhahn*, GS H. Peters (1967), S. 1 (5); *L. von Trott zu Solz*, Hans Peters, S. 25.

Darüber hinaus war Peters im Kreisauer Kreis sowie in der Berliner Widerstandsgruppe „Onkel Emil“ aktiv. Die Initiatoren des Kreisauer Kreises, Helmuth James Graf von Moltke und Peter Graf Yorck von Wartenburg, hatten einen inneren Kern von 20 Personen versammelt, mit denen sie sich auf die „Stunde des Zusammenbruchs des NS-Regimes“ und die Gestaltung des politischen und gesellschaftlichen Lebens vorbereiteten[125]. Peters war innerhalb des Kreisauer Kreises der Experte für Verfassungs- und Verwaltungsrecht und arbeitete in den sechs Arbeitsgruppen im Bereich Außenpolitik und Staatsordnung sowie Kirche, Kultur und Erziehung[126]. Zeugnis dieser Arbeit sind u.a. die Schriften „Zwischen Gestern und Morgen – Betrachtungen zur heutigen Kulturlage“ (1946) und „Verfassungs- und Verwaltungsreformbestrebungen innerhalb der Widerstandsbewegung gegen Hitler“ (1961)[127]. Sein Bruder Karl Peters wusste von der Mitarbeit im Widerstand wohl nichts[128].

Die Berliner Widerstandgruppe „Onkel Emil“ um Ruth Andreas-Friedrich und Leo Borchard bestand aus humanistisch orientierten Intellektuellen und organsierte vor allem für untergetauchte Juden Unterkunft, Lebensmittelkarten und falsche Papiere. Nach dem 20. Juli 1944 wurde diese Hilfe auf die Angehörigen der inhaftierten und verurteilten „Verschwörer“ ausgeweitet. Mit dem Kontakt zum Kreisauer Kreis wirkte Peters als Verbindungsmann zu „Onkel Emil“[129]. Ein Beleg für Peters‘ couragierte Hilfe liefert auch sein Eintreten für den zum Tode verurteilten Pfarrer Wachsmann in Greifswald[130].

---

125 *A. von Moltke*, zit. aus *Levin von Trott zu Solz*, Hans Peters, S. 134. Im Einzelnen siehe *H. Mommsen*, Alternative zu Hitler: Studien zur Geschichte des deutschen Widerstands, München 2000, S. 207 – 229; *G. van Roon*, Der Kreisauer Kreis zwischen Widerstand und Umbruch, 2. Aufl., Berlin 1988.

126 *R. Morsey*, in: Buchstab/Kaff/Kleinmann (Hrsg.), S. 394; *L. von Trott zu Solz*, Hans Peters, S. 136 f.

127 Zu den Grundzügen der Programmatik des Kreisauer Kreises und Peters‘ Beitrag siehe *U. Karpen*, Deutschland und Europa: Das Staatsrecht in den Plänen des Kreisauer Kreises, DÖV 2007, S. 867 – 876; *L. von Trott zu Solz*, Hans Peters, S. 140 – 150, 161 – 173.

128 Interview mit Diethild Peters vom 25. Juli 2016.

129 *R. Andreas-Friedrich*, Der Schattenmann, S. 277 – 283 (Nachwort von Klaus Drobisch). Ausführlich hierzu siehe *M. Düring*, Verdeckte soziale Netzwerke im Nationalsozialismus. Die Entstehung und Arbeitsweise von Berliner Hilfsnetzwerken für verfolgte Juden, Berlin-Boston 2015, S. 103 – 118.

130 Zum Fall Wachsmann siehe Kap. B. V. 4. c).

Hervorzuheben ist, dass Peters‘ Widerstandstätigkeit unentdeckt blieb. Das Schicksal seiner Mitstreiter Alfred Delp, Theo Haubach, Julius Leber, Adolf Reichwein, Hans Bernd von Haeften sowie Graf von Moltke und Graf York von Wartenburg, die im Zuge der Verhaftungen nach dem Stauffenberg-Attentat durch die Gestapo festgenommen und durch den Volksgerichtshof wegen Hochverrats zum Tode verurteilt wurden[131], blieb Peters erspart.

In Erwartung des Kriegsendes konnte sich Hans Peters im Februar 1945 nach Hamburg absetzen, wo er einige Tage in britischer Gefangenschaft verbrachte[132]. Entsprechend der Zielsetzung des Kreisauer Kreises galt seine Aufmerksamkeit fortan dem wissenschaftlichen und politischen Wiederaufbau Deutschlands. Als Zeuge im sog. Wilhelmstraßen-Prozess gegen Ernst von Weizsäcker u.a. referierte Peters über das Staatsrecht während der NS-Herrschaft[133]. In Hamburg war er Mitbegründer der CDU. Mit Rückkehr November 1945 nach Berlin wurde er dortiger Stadtverordneter und stellvertretender CDU-Fraktionsvorsitzender. Als Vorsitzender des Anfang 1946 eingesetzten Verfassungsausschusses beteiligte sich Peters an der Ausarbeitung der Berliner Verfassung[134]. In Köln betätigte sich Peters als Gemeindevertreter der Stadt (1952 bis 1961), wobei sein besonderes Interesse der Kultur- und Hochschulpolitik galt[135]. Da sich Peters ab 1961 aus der aktiven Politik zurückzog, blieb sein politisches Wirken auf die Kommunalpolitik beschränkt. An einer Berufung zum 1951 gegründeten Bundesverfassungsgericht hatte Peters kein Interesse, da er hinsichtlich seiner „weitgehenden Befugnisse“ grundsätzliche Zweifel hatte[136]. Zu einem Abgeordnetenmandat im nordrhein-westfälischen Landtag und im Deutschen Bundestag kam es nicht[137].

Äußerungen und Nachrufe belegen, dass Hans Peters als Wissenschaftler und Politiker, Katholik und widerständiger Demokrat höchstes Ansehen genoss. Nach seinem plötzlichen Tod am 16. Januar 1966 wurde er am 21. Januar 1966 auf dem Kölner Südfriedhof beigesetzt. Die Trauergemeinde „nahm Abschied von einem aufrechten Bürger, […] von einem mutigen Mann, der immer für das

---

131 *R. Morsey*, in: Buchstab/Kaff/Kleinmann (Hrsg.), S. 395.

132 *K. Kleibert*, Die Jur. Fak. der HU, S. 26.

133 UA-HU, PA Hans Peters, Rektorratsakten, Bl. 25; siehe *C. H. Tuerck* (Hrsg.), Das Urteil im Wilhelmstrassen-Prozeß, Schwäbisch Gmund 1950, S. XXIV.

134 *K. Kleibert*, Die Jur. Fak. der HU, S. 27 – 29; *L. von Trott zu Solz*, Hans Peters, S. 28, 33 f.

135 *E. Friesenhahn*, GS H. Peters (1967), S. 1 (6).

136 *R. Morsey*, in: Buchstab/Kaff/Kleinmann (Hrsg.), S. 395; *L. von Trott zu Solz*, Hans Peters, S. 29.

137 *L. von Trott zu Solz*, Hans Peters, S. 33 f.

eingetreten war, was er als wahr erkannt hatte, [...] von einem verehrten Lehrer und zuverlässiges Kollegen, [...] – kurz, von einem wahren Professor"[138].

II. Karl Peters' Jugendjahre (1904 - 1922)

Karl Peters' Jugend war durch die Wilhelminische Ära und die Kriegs- und Nachkriegszeit geprägt. Die Zeit bis 1914 war bestimmt durch die Aufbruchsstimmung infolge der Reichsgründung von 1871, dem Preußen- und Beamtentum, einer militarisierten Gesellschaft sowie durch eine fortschreitende Modernisierung infolge zahlreichender für das alltägliche Leben teils einschneidender technischer Innovationen. Einen tiefgreifenden politischen, wirtschaftlichen sowie gesellschaftlichen Bruch stellte der Erste Weltkrieg, das Ende des Deutschen Kaiserreichs und die folgende Revolutionszeit dar.

1. Koblenzer Zeit

Karl Albert Josef Peters wurde am 23. Januar 1904 als jüngster von drei Kindern in Koblenz geboren. Entsprechend des Karriereverlaufs des Vaters Franz, war Koblenz die letzte Zwischenstation auf dem Weg zur endgültigen Versetzung an das Provinzialschulkollegium in Münster und der dortigen Beförderung zum Vizepräsidenten. Die Kindheit, die Peters selbst als „vergnüglich"[139] beschrieb, verbrachte er somit in Koblenz und Münster.

Koblenz war Garnisonsstadt, sodass das Stadtbild vom Militär geprägt wurde. Übungen und Paraden, deren Höhepunkt die große Parade zu Kaisers Geburtstag am 27. Januar war, gehörten zum Alltag. Für den Vater war es zu solchen Anlässen üblich, Uniform zu tragen. Peters erinnert sich in seinen Memoiren an die große Truppenparade am Neuplatz in Münster[140]. Materiell dürfte es Peters angesichts der Stellung seines Vaters an nichts gefehlt haben; Bescheidenheit war der Familie aber wichtig. Vor dem Hintergrund der gesellschaftlichen Verhältnisse dürfte auch für Peters wahrnehmbar gewesen sein, dass „Wohlstand, Uniformen, Standesunterschiede und Titel" von großer Bedeutung waren[141].

Von bleibender Kindheitserinnerung blieb für Peters die Stadt Koblenz und dessen nähere Umgebung, die er mit seinen Eltern eingehend erkundete – „Samstag

138 *E. Friesenhahn*, GS H. Peters (1967), S. 1 (7).
139 UA-T, 198/13, S. 1.
140 UA-T, 198/13, S. 13.
141 So der Journalist Hans Wendt (*1903), *H. Wendt*, in: Pörtner (Hrsg.), Kindheit im Kaiserreich, S. 180.

war Wandertag“[142]. Bis ins Alter hinein behielt er das gesellige Wandern etwa im Wanderbund „Geographia“ bei. Fester Bestandteil seit frühster Kindheit wurde der Besuch des Gottesdienstes und eine durch die Erziehung tiefverwurzelte Religiosität: „Die Religiosität meiner Eltern war natürlich, klar und unaufdringlich. [...] Die Eltern haben in uns drei Kindern den Grund für unser religiöses Leben gelegt“[143].

Mit 6 Jahren wurde Peters in die Vorschule des Kaiserin-Viktoria Gymnasiums eingeschult. Infolge der Versetzung des Vaters Ende 1910 verbrachte er dort nur einige Monate. Trotz Freude über die Beförderung, verließen die Eltern wegen des engen Bekannten- und Verwandtenkreises Koblenz „nur schweren Herzens“[144].

2. Schulzeit in Münster

In Münster konnte sich die Familie schnell einleben. Neben dem engen Kontakt zu den Verwandten, legten die Eltern auch hier großen Wert auf die Pflege des gesellschaftlichen Kontakts. Im Schulkollegium des Vaters herrschte „ein enger persönlicher Zusammenhang“, der auch gemeinsame Familienausflüge mit sich brachte[145]. So kam Peters neben den verwandtschaftlichen und religiösen Kreisen der Eltern früh auch mit den beruflichen Kontakten des Vaters als preußischer Beamter in Berührung. Neben einem Kinder- und Dienstmädchen lebte im Haus der Familie zeitweise auch die Großmutter Emma Pannes, geb. Gebauer. Durch den engen Kontakt zur Großmutter, die von Peters als „fromme, lebensfrohe Frau“[146] beschrieben wird, gab es neben den Geschwistern eine weitere ihn prägende Bezugsperson.

In schulischer Hinsicht sollte Peters bereits nach dreijähriger Grundschule auf das Gymnasium gehen. Da die schulischen Leistungen aber zu wünschen übrig ließen – beim Auswendiglernen brachte er regelmäßig seine Mutter und seinen Religionslehrer zur Verzweiflung[147] –, erhielt Peters nach einem Jahr auf der Münsteraner Domschule Privatunterricht. Mit der so sichergestellten Aufnahmeprüfung, erfolgte Ostern 1913 der Wechsel auf das religiös-humanistisch

142 UA-T, 198/13, S. 6.
143 UA-T, 198/29: Das religiöse Leben, S. 2.
144 UA-T, 198/13, S. 10.
145 UA-T, 198/13, S. 13.
146 UA-T, 198/13, S. 12.
147 UA-T, 198/13, S. 9; UA-T, 198/29: Das religiöse Leben, S. 3.

geprägte Gymnasium Paulinum[148]. Am 10. Februar 1922 erlangte Peters dort das Abitur.

Als humanistisches Gymnasium lag ein Schwerpunkt in der Vermittlung der alten Sprachen Griechisch und vor allem Latein. Daneben standen in einem deutlich geringeren Umfang Deutsch, Französisch, Kunst, Geschichte, Mathematik, Naturwissenschaften und Religion auf dem Lehrplan. Aufsatzthemen Anfang der 20er Jahre im Deutschunterricht lauteten: „Worauf können wir Deutschen mit Recht stolz sein“, „Welchen Schaden hat ein Staat, wenn er kein Volksheer besitzt?“, „Wie zeigt die Geschichte der deutschen Dichtung, daß Elsaß ein gutes deutsches Land ist?“, „Weshalb muß der Rhein heute den Deutschen besonders teuer sein“[149]. Deutlich wird hieran die ablehnende Haltung gegenüber dem Versailler Vertrag. Auch die Lehrerschaft war trotz Abdankung des Kaisers konservativ und kaisertreu geblieben, zumal unter den Lehrern nicht wenige waren, die im Ersten Weltkrieg gekämpft hatten. Peters schrieb als Unterprimaner ein Schauspiel namens „Der Kaiser“, das der Vater dem Direktor des Paulinums zeigte und das Peters dem Kaiser im Dorner Exil schickte[150].

Sowohl die Lehrer- als auch Schülerschaft am Gymnasium Paulinum war konfessionell fast ausschließlich katholisch geprägt. Die Atmosphäre und Erziehung beschrieb Peters als offen und duldsam. „Die angenehme Erinnerung an die Schulzeit beruht sicherlich auf dem humanistischen, toleranten Geist, der sowohl das religiöse als auch das politische Leben betraf“[151].

Die Schulzeit war für Peters in zweierlei Hinsicht prägend. Zum einen waren es die dort entstandenen Freundschaften, die Peters bei regelmäßigen Abiturientrentreffen bis ins hohe Alter hinein pflegte. Peters‘ Erinnerungen an das Paulinum sind aber auch untrennbar mit der Zugehörigkeit zum gymnasialen

148 Das 797 gegründete Gymnasium Paulinum befand sich in seiner Geschichte sowohl unter kirchlich-katholischer als auch staatlicher Trägerschaft. Im 16. bis 18. Jahrhundert stand es unter der Leitung des Jesuiten-Ordens. Durch den Wiener Kongress wurde das Münsterland an Preußen als Provinz Westfalen angeschlossen, wodurch das Paulinum 1818/19 den preußischen Normen angepasst und zum Königlichen Gymnasium umgewandelt wurde. Die dem Gymnasium fortan unmittelbar unterstellte Behörde war das Provinzialschulkollegium und damit jene Behörde, dessen Vizepräsident Franz Peters von 1924 bis 1932 war.

149 *W. Jacobmeyer*, in: Lassalle (Hrsg.), 1200 Jahre Paulinum in Münster, S. 131.

150 UAT, 198/29: Wie entsteht eine Bibliothek. In der Schlesischen Volkszeitung, Sonntagsbeilage vom 22. Juni 1924 wurde von Peters der Aufsatz „Das Begräbnis des Kaisers“ veröffentlicht, UA-T, 198/37.

151 UA-T, 198/13, S. 20 f.

Gesangsverein Bardophonia verbunden, der eine seit 1858 bestehende farbetragende, nichtschlagende Schülerverbindung war. Nach den Vereinsstatuten bestand der Zweck des Vereins in der Pflege des mehrstimmigen Gesanges und der Gemütlichkeit[152]. Die Tagungen fanden in der Regel bei Gesang und Bier in den Wohnungen der Alten Herren statt[153]. 1919 war Peters als Obersekundaner der Bardophonia beigetreten[154]. Wie jeder Barde erhielt er einen Bierspitz: Karl Peters v/o Spätzchen – sein Bruder Hans, der 1914 das Abitur am Paulinum ablegte, trug den vulgo „Spatz". „Spätzchen" bekleidete das Amt des Schriftführers[155]. In der Festrede zum 100-jährigen Bestehen der Bardophonia hob Hans Peters hervor, dass „Das gemeinschaftsbildende Ideal des mehrstimmigen Gesangs und das allgemein-menschliche Ideal der Freundschaft [...] die Bardophonia über alle Wirrnisse der Geschichte hinweg getragen"[156] habe.

Zum anderen prägte die geistig-humane Ausbildung am Paulinum Peters' Denken und Handeln. So bemerkte Peters rückblickend: „All das führte zu einer doch wohl umfassenden humanistischen Bildung und damit zum Begreifen der abendländischen Kultur. Für diesen Schulweg kann ich nur dankbar sein. Dabei geht es nicht in erster Linie um die ‚Formalausbildung' [...]. Das Wesentliche ist das Nahebringen geistiger Werte [...]. Ich meine, daß das humanistische Gymnasium einen wesentlichen Beitrag zur menschlichen Entwicklung für mich bedeutet hat"[157]. In diesem Sinne hat er sich stets um ein tiefgründiges Verständnis eines Gegenstandes bemüht und dabei eine große Neugierde und Offenheit für andere, außerjuristische Fachgebiete gezeigt. Den Wert der eigenen Persönlichkeitsentwicklung hat Peters zu schätzen gewusst. Wie ernst es Peters mit dem humanistischen Bildungsideal war, zeigt anschaulich seine Kritik, die er später an der Juristenausbildung übte[158].

3. Kriegs- und Nachkriegsjahre

Der Beginn des Ersten Weltkrieges wurde auch von der Münsteraner Bevölkerung mit Euphorie und Begeisterung beantwortet und es herrschte die allgemeine Überzeugung, dass der Krieg nur von kurzer Dauer und für das Deutsche

152 *G. Lassalle*, Lexikon, in: ders. (Hrsg.), 1200 Jahre Paulinum in Münster, S. 250.
153 UA-T, 198/13, S. 21.
154 Mitgliederverzeichnis der Bardophonia: Karl Peters als Mitglied Nr. 428 verzeichnet.
155 Mitgliederverzeichnis der Bardophonia; UA-T, 198/13, S. 21.
156 *G. Lassalle*, Lexikon, in: ders. (Hrsg.), 1200 Jahre Paulinum in Münster, S. 260.
157 UA-T, 198/13, S. 18.
158 Siehe dazu Kap. D. I.

Reich siegreich sein werde[159]. Angesichts der Stationierung des stellvertretenden Generalkommandos des VII. Armeekorps in Münster und der Nähe zur Westfront war Westfalen von militärischer Bedeutung. So wurde Westfalen zu einem der Hauptsammelgebiete für ausländische Kriegsgefangene in Deutschland, was die Errichtung von Lazaretten zur Folge hatte. Neben dem Vater, der wegen „Körperschwäche“ vom Militärdienst zurückgestellt worden war, war in einem dieser Lazarette die Mutter Clara ab 1914 ehrenamtlich beim Deutschen Roten Kreuz tätig. Beide erhielten für ihre Verdienste 1917 die Rote Kreuz-Medaille[160]. Wahrscheinlich ist, dass auch die Kinder Maria und Karl beim Roten Kreuz mithalfen. Denn auch die für den Kriegsdienst zu jungen Schüler wetteiferten in der „Betätigung der Vaterlandsliebe, indem sie ihre Kräfte und Freistunden [...] teils zur Verfügung der Zivil- und Militärbehörden und des Roten Kreuzes stellten“[161]. Neben den vielen tausenden Kriegsfreiwilligen wie Hans Peters oder Erich Molitor - dem späteren Ehemann der Schwester Maria –, fühlte sich auch die sog. Heimatfront nicht nur moralisch, sondern auch materiell zur Unterstützung der Soldaten an der Front verpflichtet. Zur Unterstützung der Kriegsproduktion sammelten in den Kriegsjahren viele Kinder Rohstoffe und warben für Spenden zur Kriegsfinanzierung - „Gold gab ich für Eisen“.

Sowohl zu Hause (Vater und Mutter versorgten die verwundeten Soldaten) als auch an der Kriegsfront (der älteste Sohn war Soldat), erfüllten die Peters‘, was von treuen und vaterlandsliebenden Deutschen erwartet wurde. Anzumerken ist, dass der Militärdienst auch Bedeutung für das Ansehen hatte. In der höheren städtischen Gesellschaft und in (katholischen) Adelskreisen Westfalens war der Dienst beim Militär mit hohem Sozialprestige verbunden. Hinzu kam, dass mit zunehmender Bedeutung der Kriegstechnik bestimmte Waffengattungen wie die Feldartillerie und Marine als hochmodern galten und das Interesse breiter bürgerlicher Kreise anzog[162].

Entgegen den anfänglichen Erwartungen zeigte sich in der zweiten Kriegshälfte auch im Alltag der Bevölkerung fernab der Front die Kehrseite: Die Sorge um Ehemänner, Väter und Söhne oder gar deren Tod, Hunger und wirtschaftliche

---

159 Vgl. *V. Veltzke*, in: Mölich/ders./Walter (Hrsg.), Rheinland, Westfalen und Preußen, S. 271.

160 LAV NRW W, Schulkollegium Münster, A Nr. P 154, Akte Clara Peters: Entnazifizierungsfragebogen von Clara und Franz Peters, April 1947.

161 So der Direktor des Paulinums, *S. Dethlefs*, in: Lassalle (Hrsg.), 1200 Jahre Paulinum in Münster, S. 122.

162 V. *Veltzke*, in: Mölich/ders./Walter (Hrsg.), Rheinland, Westfalen und Preußen, S. 259 f.

Not. Da das Deutsche Reich im Bereich der Nahrungs- und Futtermittelversorgung so gut wie unvorbereitet in den Krieg eingetreten war, die Alliierten seit Ende 1914 mit ihrer Seeblockade wichtige Handelswege versperrten und der Austausch zwischen den ländlichen Überschuss- und den Bedarfsgebieten in den Städten und vor allem im Ruhrgebiet nicht funktionierte, verschlechterte sich die Versorgungslage zunehmend[163]. Höhepunkt der prekären Nahrungsversorgung bildete der Steckrübenwinter 1916/17. Unterernährung und nur noch eingeschränkt mögliche Körperhygiene führte vor allem unter jungen und alten Menschen zu Krankheit und Tod[164].

Auch der Schulalltag wurde in Mitleidenschaft gezogen. Weil schon in den ersten Kriegsjahren etliche Lehrer zur Armee eingezogen wurden, konnte ein regelmäßiger Schulunterricht kaum mehr erteilt werden[165]. Waren größere Erfolge an der Front zu verkünden, gab es ohnehin „siegfrei“. Vermutlich wurden auch in Peters‘ Unterricht der tägliche Heeresbericht und der aktuelle Frontverlauf studiert und diskutiert – ein Zeitzeuge beschrieb seine kindlichen Eindrücke als „großes, aufregend-begeisterndes Spiel“[166]. Auch am Kriegsende 1918 konnte der Schulalltag am Paulinum wegen des Todes von Lehrern und Schülern, der Einquartierungen im Schulgebäude und der Turnhalle im Zuge der Demobilmachung und der dabei stattgefundenen Plünderungen und Zerstörungen nicht ohne weiteres zur Normalität zurückkehren[167].

Peters wuchs in einer katholischen Familie des konservativen Bildungsbürgertums auf, das sich den preußischen Tugenden (Fleiß, Obrigkeits- und Kaisertreue, Liebe zum Vaterland), humanistischer Bildung und einem intensiven Familienleben verpflichtet sah. Er gehörte zur Kriegsjugendgeneration der zwischen 1900 bis 1910 geborenen Jahrgänge. Für den Frontdienst zu jung, aber doch alt genug, um den Ersten Weltkrieg und die Kriegsniederlage bewusst miterlebt zu haben, war die Jugend von den Kriegs- und Nachkriegsjahren

---

163 *A. Roerkohl*, Hungerblockade und Heimatfront, S. 16, 18.

164 In der Biographie Sebastian Haffners (*1907 in Berlin als Sohn eines höheren preuß. Beamten) heißt es über diese Zeit: „Daß an neue Kleidungsstücke und Schuhe nicht zu denken ist und man spätestens seit dem 'Kohlrübenwinter‘ 1916/17 auch in der privilegierten Lehrerfamilie weiß, was Hunger heißt, ist für ihn [Haffner] Teil des Abenteuers. In den letzten Kriegsjahren ist er oft krank und muß mit fiebrigen Infekten das Bett hüten.“, *U. Soukup*, Ich bin nun mal Deutscher, S. 24.

165 *S. Dethlefs*, in: Lassalle (Hrsg.), 1200 Jahre Paulinum in Münster, S. 121.

166 So *S. Haffner*, Geschichte eines Deutschen, S. 22.

167 *S. Dethlefs*, in: Lassalle (Hrsg.), 1200 Jahre Paulinum in Münster, S. 122.

geprägt[168]. Anzumerken ist, dass die politische und gesellschaftliche Orientierungslosigkeit nach dem Ende des Kaiserreichs bei Peters nicht zu politischem Engagement oder gar zu einer Radikalisierung und (frühen) Gefolgschaft der Nationalsozialisten geführt hat[169].

III. Juristenausbildung in der Weimarer Republik

> „Mit Dank kann ich an die doch im Wesentlichen unbekümmerte Zeit von 1922 - 1929 zurückdenken. Sie war sicherlich durch die völlige Geldentwertung (Inflationszeit) in mancher Beziehung nicht einfach. Der politische Umschwung 1918, der Übergang von der Monarchie zur Republik und der Druck des Versailler Vertrages sowie die immer stärker werdende Arbeitslosigkeit drängte die damalige Jugend im akademischen Bereich in die politisch rechte Richtung. Die Weimarer Republik hatte die Last der Nachkriegszeit zu tragen. Die Siegermächte haben ihr kaum geholfen mit dieser Bürde fertig zu werden. Brüning fand von außen und innen nicht die genügende Unterstützung. So richteten sich die Hoffnungen auf den Nationalsozialismus“[170].

Während des Studiums und des Referendariats wohnte Peters bei seinen Eltern. Der Bruder Hans war weitgehend selbstständig und lebte in Berlin, die Schwester Maria war seit 1921 mit Erich Molitor verheiratet und lebte in Leipzig. Trotz zunehmender Inflation scheint es der Familie wirtschaftlich gut gegangen zu sein. Nach eigenen Angaben hat Peters nur einmal in den Semesterferien gearbeitet und in einer Bank Notgeld gezählt; von dem Lohn kaufte er sich russische Literatur[171]. Studium, Aufenthalte in Königsberg und Leipzig, die Gebühren für beide Staatsexamina, die Promotion und der Unterhalt während des Referendariats kosteten die Familie viel Geld[172].

---

168 *M. Grüttner*, Das Dritte Reich, S. 46, 103; *U. Herbert*, Best, S. 43.

169 Beispielhaft sei der Jurist Werner Best (1903 - 1989) genannt, der sich selbst zu einer „politischen Generation“ zählte, *U. Herbert*, Best, S. 45.

170 UA-T, 198/13, S. 29a, 30. Diese Einschätzung Peters‘ wird in ähnlicher Beschreibung auch vom Zeitzeugen Sebastian Haffner geteilt, der die Zeit von 1924 bis 1929 als „einzige echte Friedenszeit“ bezeichnet, *S. Haffner*, Geschichte eines Deutschen, S. 68.

171 UA-T, 198/13, S. 25.

172 Prüfungsgebühr für das Erste Staatsexamen: 115 RM. Promotionsgebühr: 200 RM. Prüfungsgebühr für das Zweite Staatsexamen: 100 RM; UA-M, 33/762: Promotionsverfahren; *A. Weinmann*, Die Preuß. Ausbildungsordnung für Juristen vom 11. Aug. 1923, S. 17, 85.

1. Studium (1922 – 1925)

Wenige Monate nach der Abiturprüfung nahm Peters das Studium auf. In seiner Abschiedsvorlesung „Vom Abitur zur Emeritierung“ nannte er als Grund für seine Studienwahl die aussichtslose berufliche Situation nach einem altphilologischen Studium[173]. Abgesehen vom Vorbild des Vaters und Bruders spiegelt sich in der Entscheidung für das juristische Studium damit ein realistischer Blick auf die Berufs- und Wirtschaftslage wider. Peters hätte wohl auch Philologe oder Philosoph werden können, ein „typischer“ Jurist ist er nicht geworden[174]. Über die humanistische Bildung in Familie und Schule hinaus, beschäftigte sich Peters zeitlebens mit Kunst und Literatur und schrieb eigene Gedichte und Dramen[175]. Geprägt war seine Denk- und Arbeitsweise durch geistige Freiheit; seine Schriften zeichnen sich weniger durch präzise dogmatische Herleitungen aus, als durch lebendige und teils biographische Mitteilungen der eigenen Lebenserfahrungen und -erkenntnisse mit juristischem Bezug.

Grundlage des Studiums und des Referendariats war die Preußische Ausbildungsordnung für Juristen von 1923[176]. Zu den Studienfächern, die „unter verständiger Würdigung [...] nach eigenem Ermessen auf die Semester“ frei verteilt werden konnten[177], gehörten: Einführung in die Rechtswissenschaft, Zivilrecht, Strafrecht, Öffentliches Recht sowie Rechtsgeschichte und -philosophie. Neben den rechtswissenschaftlichen Vorlesungen war zudem die Teilnahme an volkswirtschaftlichen Vorlesungen erforderlich[178]. Im Übrigen mussten mindestens fünf (exegetische und/oder praktische) Übungen besucht werden.

---

173 UA-T, 198/20, S. 2.

174 Interview mit Diethild Peters vom 14. Mai 2014 und 25. Juli 2016. Vgl. Interview mit Klaus Wasserburg vom 26. Juli 2016: Peters war „als Jurist ein ungewöhnlicher Mensch“.

175 Bspw. hielt Peters 1959 in Bottrop einen Vortrag über „Dichtung und Recht“, in: UA-T, 198/68.

176 JMBl. S. 589; siehe *A. Weinmann*, Die Preuß. Ausbildungsordnung für Juristen vom 11. Aug. 1923.

177 Allgemeine Verfügung vom 3. Juli 1912, JMBl. S. 212.

178 Zivilrecht: BGB AT, Recht der Schuldverhältnisse, Sachen-, Familien-, Erb-, Handels-, Arbeits-, Zivilprozessrecht, privatrechtliche Nebengesetze, wie z.B. Urheber- und Erfinderrecht; Strafrecht: Kriminalpsychologie, Kriminalistik und gerichtliche Medizin als Hilfswissenschaften, Strafrecht AT und BT in einer einheitlichen Vorlesung, Strafprozessrecht; Öffentliches Recht: Staats-, Verwaltungs-, Völker-, Kirchen-, Steuerrecht; Rechtsgeschichte: Römische und Dt. Rechtsgeschichte, Rechtsentwicklung in Preußen; Volkswirtschaft: Allg. Volkswirtschaftslehre, Nationalökonomie, Finanzwissenschaft; UA-M, 30/117: Ratschläge für die Einrichtung des

Im Sommersemester 1922 begann Peters das rechts- und staatswissenschaftliche Studium an der Albertus-Universität Königsberg. Verbunden war dieser Studienort sicherlich mit dem Wunsch, sich mit den familiären Wurzeln in Westpreußen zu befassen[179]. Da sich Peters für die russische Literatur interessierte und Werke von Dostojewski, Gorki, Gogol, Leskos, Puschkin, Tolstoi oder Turgenjeff im Original lesen wollte, begann er Russisch zu lernen. In Königsberg hörte Peters Römisches Recht, Deutsche Rechtsgeschichte, Einführung in das Bürgerliche Recht sowie eine Vorlesung zur katholischen Theologie. Die meiste Zeit dieses Semesters verbrachte er allerdings krankheitsbedingt auf einem Gut in der Nähe von Tannenberg[180].

Die beiden folgenden Semester studierte Peters in Münster. Wie sein Vater, trat er dem katholischen Cartellverband bei und wurde 1922 Mitglied des A.V. Zollern[181]. Nach Ende des Nationalsozialismus, der den CV wie alle anderen Verbindungen dem Führerprinzip entsprechend gleichgeschaltet hatte, unterstützte Peters die Verbindung als Alter Herr beim Wiederaufbau und der Rückkehr zum alten Verbindungsleben[182]. Vor allem nach der Rückkehr 1972 nach Münster besuchte er regelmäßig den CV-Stammtisch[183]. Im Gegensatz dazu blieben seine Beziehungen zur Verbindung während der Studienzeit eher oberflächlicher Natur.

Prägend war für Peters unter der Münsteraner Professorenschaft Ernst Rosenfeld, bei dem er die Vorlesung Strafprozeß hörte und der sein Interesse an der Kriminologie weckte. „Von Liszt soll einmal erklärt haben, dass Rosenfeld sein bester Schüler sei. Literarisch ist er nicht so besonders hervorgetreten. Als Lehrer war er jedenfalls hervorragend“[184]. Als Zeichen besonderer Wertschätzung schrieb Peters als späterer Professor einen Beitrag für dessen Festschrift

Rechtsstudiums, S. 2 f.; *A. Weinmann*, Die Preuß. Ausbildungsordnung für Juristen vom 11. Aug. 1923, S. 13.

179 UA-T, 198/13, S. 22: „Den deutschen Osten kannte ich noch nicht. Wohl war ich als kleines Kind bei den Großeltern in Breslau. Sowohl die Eltern meines Vaters als auch meiner Mutter wohnten dort“.

180 UA-T, 198/20, S. 2; UA-T, 198/13, S. 22 f.

181 Die Akademische Verbindung Zollern ist eine kath., farbentragende, nichtschlagende Studentenverbindung im CV. Ihr Wahlspruch lautet *suum cuique* (= Jedem das Seine).

182 FAZ vom 9. Nov. 1992.

183 UA-T, 198/13, S. 114.

184 UA-T, 198/13, S. 60a. Neben Rosenfeld hörte Peters u.a. bei Ottmar Bühler, Heinrich Erman, Rudolf His, Ernst Jacobi, Paul Krückmann, Hugo Krüger, Josef Lukas sowie Andreas Thomsen, UA-T, 198/20, S. 3.

zum 80. Geburtstag (1949). Zudem war Peters sein indirekter Lehrstuhlnachfolger: Auf Ernst Rosenfeld folgte 1935 Wilhelm Sauer[185], dessen Nachfolger wiederum wurde 1946 Karl Peters.

Im Wintersemester 1923/24 wechselte Peters für ein Semester an die Universität Leipzig, die seinerzeit eine der angesehensten Hochschulen Preußens war und an der 35 Jahre zuvor sein Vater ein Teil seiner Studienzeit verbracht hatte. Er wohnte bei seiner Schwester Maria und dem Schwager Erich Molitor, der seit Ende 1922 eine außerordentliche Professur für Arbeitsrecht und Deutsches Bürgerliches Recht in Leipzig innehatte. Bei Molitor hörte Peters Arbeitsrecht. Im Strafrecht hatte er Gelegenheit Franz Exner zu hören. Als Sitz des Obersten Gerichtshofs nutzte er den Aufenthalt für die Teilnahme an einer Sitzung des Reichsgerichts[186].

Im sechsten Semester kehrte Peters nach Münster zurück[187], wo er sich auf das Examen vorbereitete. Im siebenten Semester meldete er sich zur Prüfung an. Um sich „in der Beweglichkeit des Denkens und der freien Rede zu üben", ging er zum Repetitor[188]. Ansonsten bestand die Examensvorbereitung im Besuch von Vorlesungen, der Teilnahme an Übungen und der Lektüre größerer Lehrbücher. Das Referendarexamen begann mit der Abfassung einer Hausarbeit, die Peters innerhalb von sechs Wochen im Zivilrecht schrieb. Sodann waren vier, jeweils fünfstündige Klausuren zuschreiben – zwei zivilrechtliche sowie jeweils eine straf- und staats- oder verwaltungsrechtliche Klausur. Den Schluss bildete die mündliche Prüfung am 16. und 17. Juli 1925. Die Erste Juristische Prüfung am OLG Hamm legte Peters mit dem Prädikat „gut" ab[189].

2. Referendariat (1925 – 1929)

Der Vorbereitungsdienst begann für Peters mit dem Tag der eidlichen Verpflichtung am 25. Juli 1925[190]. Während des dreijährigen Referendariats war Peters als

185 Zu Wilhelm Sauer siehe Kap. B. VI. 4.

186 UA-T, 198/13, S. 24, 51. Zu Molitor siehe Kap. B. V. 4. a) aa).

187 Universitätsmatrikel der Universität Münster, Verzeichnis WS 1924/25, Bl. 27: Nr. 53 Karl Peters.

188 UA-T, 198/13, S. 4.

189 BA Berlin, R/4901/23943: Personalbogen. In der Examenskampagne 1925 am OLG Hamm wurden 227 Kandidaten geprüft, von denen 72% bestanden haben, UA-M, 30/72: Statistik zur Ersten Juristischen Prüfung 1925.

190 BA Berlin, R/4901/23943: Personalbogen. Eidesverpflichtung nach Art. 78 der Verfassung des Freistaates Preußens vom 30. Nov. 1920.

Gerichtsreferendar zunächst bei der Staatsanwaltschaft, beim Schöffengericht, einer Strafkammer und beim Strafsenat tätig. Anschließend folgten die zivilrechtlichen Stationen beim Amtsrichter, bei einer Zivilkammer, beim Zivilsenat des OLG Hamm, kurzzeitig bei der Zwangsversteigerungs-, Erbschein- und Landwirtschaftsabteilung sowie beim Rechtsanwalt und Notar[191]. Da Peters an einer Übernahme als Regierungsreferendar zur Befähigung im höheren Verwaltungsdienst nicht interessiert war, fiel das öffentliche Recht weg. Wegen Überlastung der Richter und des Mangels an Personen mit richterlicher Vorbildung, wurden während der Wirtschaftskrise der 20er Jahre Referendare als Hilfsrichter bestellt[192]. Peters wurde daher für sechs Wochen als Grundbuch- und Vormundschaftsrichter beauftragt[193]. Ansonsten hatte der „damals unbesoldete Referendar [...] Zeit genug, um seinen persönlichen Interessen nachzugehen“[194]. So nutzte Peters seine Freizeit zum Lesen und Schreiben; insbesondere beschäftigte er sich eingehend mit russischer Literatur und verfasste ein Drama mit dem Titel „Godiva“[195].

Die Große Staatsprüfung bestand aus vier Teilen: einem wissenschaftlichen Rechtsgutachten oder wahlweise einer Arbeit zu einem theoretischen Thema, der häuslichen Vorbereitung eines Aktenvortrags, drei Klausuren auf dem Gebiet des Privat- und Strafrechts sowie einer mündlichen Prüfung[196]. Die Klausuren und die mündliche Prüfung fanden für alle preußischen Referendare am Berliner Kammergericht statt. Die theoretische Arbeit und den Aktenvortrag fertigte Peters mit „voll gut“ und „gut“ an. Die mündliche Prüfung fand am 22. März 1929 statt. Da von den drei Klausuren die strafrechtliche Klausur – so Peters – „danebenging“, erhielt er statt einem „gut“ insgesamt ein „vollbefriedigend“[197].

---

191 BA Berlin, R/3001/70561, Bl. 2: Nachweisung der Beschäftigung des Referendars Karl Peters.

192 *A. Weinmann*, Die Preuß. Ausbildungsordnung für Juristen vom 11. Aug. 1923, S. 47.

193 BA Berlin, R/4901/23943: Personalbogen, Hilfsrichtertätigkeit vom 11. Juli – 15. Sept. 1927; UA-T, 198/13, S. 48; UA-T, 198/20, S. 6.

194 UA-T, 198/13, S. 30. Vgl. UA-T, 198/20, S. 5: „Diesem finanziellen Nachteil stand der große Vorzug der Freiheit gegenüber. Nachmittags konnten wir machen, was wir wollten, abgesehen von einer zweistündigen Referendarübung und einem Kursus für Stenografie“.

195 UA-T, 198/13, S. 30.

196 §§ 57, 59, 60, 62 der Preuß. Ausbildungsordnung für Juristen vom 11. Aug. 1923.

197 UA-T, 198/20, S. 6; BA Berlin, R/4901/23943, Personalbogen. Notenskala nach § 64 der Preuß. Ausbildungsordnung für Juristen vom 11. Aug. 1923: ausreichend, vollbefriedigend, gut, mit Auszeichnung.

IV. Erste Berufsjahre (1929 – 1932)

Den juristischen Staatsexamina folgten Tätigkeiten bei verschiedenen Staatsanwaltschaften. Nach 3 ½-jähriger Bewährungsphase wurde Peters im November 1932 zum Staatsanwalt ernannt. Grundstein für seine wissenschaftliche Karriere legte Peters 1927 mit der Promotion und 1931 mit der Habilitation.

1. Assessorenzeit: Hilfsarbeiter bei der Staatsanwaltschaft

Da sich Peters „für die Probleme Schuld und Sühne, Kriminalität und ihre Bekämpfung interessierte“ [198] und er „glaubt, dass [...] das Strafrecht [...] in höherem Maße als die anderen Rechtsgebiete vor grundlegende menschliche Fragen stellt“[199], beschloss er, sich bei der Staatsanwaltschaft zu melden. Mit Ernennung zum Gerichtsassessor Ende März 1929 wurde Peters zunächst zur unentgeltlichen Beschäftigung dem Gerichtspräsidenten in Hamm überwiesen und ab April 1929 bei der Staatsanwaltschaft in Münster beschäftigt[200]. Nach einigen Wochen wechselte er zu der unter Leitung von Oberstaatsanwalt Heinrich Lingemann stehenden Staatsanwaltschaft in Essen und vertrat dort den Staatsanwalt im Pressedezernat[201]. Für das von Lingemann herausgegebene „Handwörterbuch der Kriminologie“ verfasste Peters später mehrere Beiträge. In Entnazifizierungsverfahren stellte sich Lingemann als Leumundszeuge für Peters zur Verfügung[202].

Durch die positiven Berichte der beiden leitenden Oberstaatsanwälte von Stockhausen (Münster) und Lingemann (Essen), in denen sie sich für eine Verwendung Peters‘ bei der Staatsanwaltschaft als selbstständiger Hilfsarbeiter (wissenschaftlicher Mitarbeiter) aussprachen[203], erhielt Peters zum 1. Juli 1929

---

198 UA-T, 198/13, S. 32.

199 UA-T, 198/20, S. 6.

200 BA Berlin, R/3001/70561, Bl. 3 – 5. Grds. waren die Gerichtsassessoren unbesoldet und wurden nur im Rahmen einzelner Aufträge bezahlt. Erst mit dem Dritten Gesetz zur Überleitung der Rechtspflege auf das Reich vom 24. Jan. 1935, RGBl. I, S. 68 fand eine grundlegende Änderung statt, siehe *R. Börker*, JR 1953, S. 237 (240).

201 UA-T, 198/13, S. 34.

202 Zu Lingemann siehe Kap. B. V. 5. a) bb), Fn. 922.

203 BA Berlin, R/3001/70561, Bl. 8: GenStA an das RJM vom 24. Juni 1929. Vgl. BA Berlin, R/4901/23943, Personalbogen: Äußerungen über Befähigung, Leistung und Führung von OStA von Stockhausen über Peters vom 14. Jan. 1931 – „Mit sehr regem Interesse, außergewöhnlichem Fleiss und praktischem Verständnis hat er sein Dezernat zur vollsten Zufriedenheit bearbeitet“.

ein besoldetes Kommissorium bei der Staatsanwaltschaft in Münster, wo er bis Ende 1931 blieb. Zeitweise leitete Peters Gemeinschaftsübungen für Referendare und war von Oktober 1930 bis Ende 1931 als Korrekturassistent der rechtswissenschaftlichen Fakultät in Münster tätig[204]. Zur Fertigstellung der Habilitation ließ sich Peters zweimal beurlauben[205]. Der Bitte um Versetzung folgend, wurde Peters November 1931 in den OLG-Bezirk Köln übernommen. Dort war er zunächst am Landgericht seiner Heimatstadt Koblenz tätig. Februar 1932 kam er schließlich zur Staatsanwaltschaft in Köln[206].

Zur Wiederbesetzung der offenen Stelle als ständiger Hilfsarbeiter bei der Staatsanwaltschaft am LG Köln schlug der leitende Generalstaatsanwalt Adolf Hepke an erster Stelle Peters vor. In seiner Begründung hob Hepke Peters' Noten in den Staatsexamina, seine Tätigkeit als Privatdozent und seine bisherige Arbeit bei der Staatsanwaltschaft hervor. „Zweifellos" genüge Peters „den Anforderungen, die in der zu besetzenden Stelle an ihn gestellt werden müssen, in jeder Beziehung", zumal seine Leistungen den Durchschnitt erheblich überragen[207]. Angesichts der wiederholt geäußerten Kritik von Seiten des leitenden Generalstaatsanwalts, des Oberstaatsanwalts sowie auch des Landgerichtspräsidenten, dass einige Staatsanwälte den besonderen Anforderungen bei der Bearbeitung der Geschäfte nicht oder nur teilweise gewachsen seien, wurde auf die Qualität der Neuzugänge am Landgericht geachtet. Zwar wird in den allgemeinen Lageberichten darauf hingewiesen, dass die angespannte politische und wirtschaftliche Lage einen ungewöhnlichen Anstieg der Kriminalität zur Folge habe und die Arbeitsbelastung bei der Kölner Staatsanwaltschaft durch eine unverhältnismäßig große Zahl von schwierigen und großen Strafsachen gekennzeichnet

---

204 UA-K, 598/247: Von Peters geschriebener Lebenslauf vom 23. Juli 1931. Vgl. UA-K, 598/247: Dekan Rewi. Fak. Münster an Dekan Rewi. Fak. Köln vom 25. Juli 1931: Peters habe seine Aufgaben zur „vollen Zufriedenheit ausgeübt [...]. Er hat sich nicht nur bei Durchsicht [...] stets grosse Mühe gegeben, sondern auch in der Bewertung der Arbeiten einen starken wissenschaftlichen Sinn und entscheidendes pädagogisches Geschick gezeigt".

205 BA Berlin, R/3001/70561, Personalbogen: Beurlaubung von Okt. – Dez. 1929, Nov. 1930 – April 1931.

206 LAV NRW R, Ger. Rep. 145 Nr. 257, Bl. 39: GenStA Hepke an Peters vom 27. Jan. 1932. Vgl. BA Berlin, R/3001/70561, Bl. 10: Schreiben Joseph Wirths/RJM an GenStA Hepke vom 22. Mai 1931, mit dem Hinweis, dass Peters bei der Stellenbesetzung bereits zu Gunsten eines anderen Kandidaten nicht berücksichtigt wurde.

207 LAV NRW R, Ger. Rep. 145 Nr. 257, Bl. 103: GenStA Hepke an das RJM vom 29. April 1932.

werde; doch seien bei einigen Sachbearbeitern die rechtliche Beurteilung sowie eine planlose und zu langsame Arbeitsweise zu bemängeln[208].

Zum 1. Juni wurde Peters eine ständige Hilfsarbeiterstelle übertragen. November 1932 folgte die Ernennung zum Staatsanwaltschaftsrat[209]. Hepke wiederholte in der Vorschlagsbegründung das Anforderungsprofil. Mit Blick auf Peters' wissenschaftliche Leistungen hielt er ihn für den Dienst bei der Kölner Staatsanwaltschaft und für besondere Aufgaben (Referendarausbildung) für ganz besonders geeignet[210]. Im Personalnachweis schrieb Hepke, dass Peters über ein gutes Wissen auf dem Gebiet des Strafrechts verfüge. „Mit einer schnellen Auffassungsgabe verbindet er ein sicheres Urteilsvermögen. Die ihm übertragenen Dezernatsgeschäfte hat er mit sehr grossem Fleiss und anerkennenswerter Gründlichkeit erledigt, wobei sich gezeigt hat, daß er die maßgebenden Gesichtspunkte klar zu erfassen und die Ermittlungen mit Umsicht zu fördern verstand". Mit der Bemerkung, dass sich Peters' Gesamtauftreten durch bescheidene Zurückhaltung auszeichne und er „mehr aus sich heraustreten" könnte, schloss Hepke die Beurteilung[211]. Mit der Ernennung zum Staatsanwalt in Köln endete Peters' Zeit als Assessor. Das „Herumkommen" zu den Staatsanwaltschaften in Münster, Essen und Koblenz bewertete er für sich selbst sowohl für die Ausbildung als auch für seine „menschliche Entwicklung" als vorteilhaft[212].

---

208 LAV NRW R, a.a.O, Bl. 13 f.: Bericht des leitenden OStA an den GenStA vom 7. Okt. 1931; LAV NRW R, a.a.O. Bl. 161: GenStA Hepke an das RJM vom 6. Okt. 1932; LAV NRW R, Ger. Rep. 145 Nr. 258, Bl. 8: Hagemann an GenStA Hepke vom 29. Jan. 1933; LAV NRW R, a.a.O., Bl. 25: GenStA Hepke an das RJM vom 4. Febr. 1933. Bspw. kritisiert Hepke die Ersten StA Scheffer und Brüggemann, die zwar ihre Geschäfte mit Fleiß, Gewissenhaftigkeit und Sorgfalt erledigen, jedoch die Leistungen ihrer unterstellten Sachbearbeiter nicht überragen und es ihnen an der erforderlichen Entschluss- und Tatkraft fehle.

209 LAV NRW R, Ger. Rep. 145 Nr. 257, Bl. 104, 167: RJM an Peters vom 17. Mai und 18. Okt. 1932; BA Berlin, R/3001/70561, Bl. 15, 18: Schreiben Peters' an das RJM vom 11. April 1932 und 19. Sept. 1932.
Die Bezeichnung „Staatsanwaltschaftsrat" geht auf eine preuß. Regelung von 1898 bzw. 1920 zurück, wonach alle Staatsanwälte zu Staatsanwaltschaftsräten ernannt werden konnten. Mit Gesetz vom 24. Jan. 1935 wurde diese Amtsbezeichnung wieder durch „Staatsanwalt" ersetzt, *R. Börker*, JR 1953, S. 237 (240).

210 LAV NRW R, Ger. Rep. 145 Nr. 257, Bl. 161: GenStA Hepke an das RJM vom 6. Okt. 1932.

211 BA Berlin, R/3001/70561, Bl. 17, 20: Personal- und Befähigungsnachweise von GenStA Hepke vom 16. April 1932 und 26. Sept. 1932.

212 UA-T, 198/13, S. 35a.

2. Beginn der wissenschaftlichen Laufbahn

a) Promotion

Aus einem Seminar bei Josef Lukas ging 1927 die staatsrechtliche Dissertation „Wesen und Stellung der neben dem Volkshause stehenden Kammern im parlamentarischen Mehrkammersystem“ hervor, die Peters während des Referendariats verfasst hatte. Angesichts der Tatsache, dass Peters später Strafrechtler wurde, mag die Wahl des Themas verwundern. Denkbar ist, dass sich der Einfluss des Bruders Hans bemerkbar gemacht hat[213].

Eingereicht wurde die Dissertation am 26. Juli 1926[214]. Anlass der Arbeit bot der Umstand, dass der Begriff der „Mehrkammer“ in der Literatur fehlte[215]. Im ersten Teil entwickelte Peters eine Definition des Begriffs einer „Kammer“[216]. Im zweiten Teil untersuchte er, inwiefern die einzelnen Staatsformen für die Gestaltung des Mehrkammersystems von Bedeutung sind. Als Fazit stellte er fest, dass das Mehrkammersystem im Zuge der staatspolitischen Entwicklungen zunehmende Schwächen aufweise[217]. Er forderte den Verfassungsgeber auf, „im Einzelfall ein den politischen Möglichkeiten Rechnung tragendes Mehrkammersystem zu schaffen“[218]. Als Anhang ist der Arbeit rechtsvergleichendes Material über Zusammensetzung und Zuständigkeit der Doppelkammer in den Verfassungen anderer europäischer Staaten angefügt.

Besonders lobend äußerten sich Doktorvater Lukas und Koreferent Ottmar Bühler über diese Materialsammlung, die sie eine „ausserordentlich mühevolle Zusammenstellung“ nennen und „eine sehr beachtliche Reife des Verf. bei

---

213 Vgl. UA-M, 207/74: Goldenes Doktorjubiläum, Laudatio Johannes Wessels, S. 2: „Daß dieser ‚Abstecher‘ in ein anderes Rechtsgebiet der späteren Karriere des Jubilars als Strafrechtslehrer keineswegs abträglich war, finde ich erfreulich und für mich persönlich ermutigend, da meine eigene Dissertation ebenfalls nicht aus dem Gebiet des Strafrechts stammt“.

214 UA-M, 33/762: Dekan Naendrup an Prof. Lukas vom 26. Juli 1925.

215 *K. Peters*, Wesen und Stellung der neben dem Volkshause stehenden Kammern, S. 11.

216 *K. Peters*, a.a.O., S. 22 f.: Parlament bzw. Kammer „ist das aus einer Personenvielfalt bestehende Staatsorgan, das im Kampf für gegensätzliche, im Volke vorhandene politische Strömungen grundsätzlich öffentlich unter Besorgung des Gesamtwohls wirksam an der Gesetzgebung oder an der Verwaltung oder an beiden verfassungsmäßig teilzunehmen berufen ist“.

217 *K. Peters*, a.a.O., S. 57. Schwächen seien u.a. die geringe Bedeutung der Mehrkammer und eine Beschränkung „des demokratischen Gedankens“.

218 *K. Peters*, a.a.O., S. 58.

der Bewertung des Materials“ zeige. Unter Berücksichtigung der begrifflichen Unklarheiten, mit denen Peters zu kämpfen hatte, kritisieren sie die inhaltliche Schwerpunktsetzung. Im Ergebnis bewertete Lukas die Dissertation mit „reichlich cum laude“, Bühler mit „nahezu cum laude“[219]. Am 20. Dezember 1926 fand die mündliche Prüfung statt. Die Prüfungskommission, die neben Doktorvater und Koreferent aus den Professoren Krückmann und Naendrup bestand, vergab für die mündliche Prüfung ein „reichlich cum laude“. Insgesamt erhielt Peters das Prädikat magna cum laude[220]. Im Hinblick auf diese Bewertung bemerkte Peters später, dass er Lukas „wohl viel zu verdanken habe“[221]. Verliehen durch Dekan Hubert Naendrup erlangte Peters am 24. März 1927 Doktortitel und -würde[222].

b) Habilitation

Die Habilitationsschrift verfasste Peters von Ende 1929 bis Anfang 1931 während seines Kommissoriums bei der Staatsanwaltschaft Münster. Da der Vater Franz an der Münsteraner Universität stellvertretender Universitätskurator war und es „guter Sitte“ entsprach sich an einer anderen Universität zu habilitieren[223], wechselte Peters an die Universität zu Köln und habilitierte sich bei dem Strafrechtler Albert Coenders. In seiner Arbeit „Die kriminalpolitische Stellung des Strafrichters bei der Bestimmung der Strafrechtsfolgen“ befasste sich Peters mit der Reichweite des freien strafrichterlichen Ermessens auf der Rechtsfolgenseite. Neben der Klärung der begrifflichen Grundlagen stehen die Begrenzung des Ermessens anhand der Strafzwecke und die Strafaussetzung auf Wohlverhalten im Mittelpunkt[224].

Politisches Ermessen definierte Peters als eine Ausrichtung der richterlichen Entscheidung an konkreten Zweckmäßigkeitserwägungen und präventiven Zwecken[225]. Richterliche Ermessensfreiheit auf tatbestandlicher Seite lehnte Peters

---

219 UA-M, 33/762 Referat von Lukas vom 7. Dez. 1926, Koreferat von Bühler vom 8. Dez. 1926.

220 UA-M, 33/762: Promotionsverfahren, Zulassungs- und Prüfungsverfahren.

221 Brief K. Peters‘ vom 5. Okt. 1976, in: *A. Hollerbach*, Beiträge zur Katholizismusforschung, S. 71.

222 UA-M, 33/762: Promotionsurkunde.

223 UA-T, 198/13, S. 50.

224 Vgl. Rezension *W. Gallas*, ZStW 54 (1935), S. 764 (767): Die Untersuchung über die Aussetzung auf Wohlverhalten helfe „in sehr dankenswerter Weise einem empfindlichen Mangel unseres Schrifttums“ ab.

225 *K. Peters*, Die kriminalpolitische Stellung des Strafrichters, S. 12, 28.

ab, da es hier um die Verwirklichung des gesetzgeberischen Willens und damit allein um Gesetzesanwendung und -auslegung gehe. Freies (Gestaltungs)Ermessen als „Akt individueller Beurteilung zur Herbeiführung einer von mehreren als gleichwertig hinzunehmenden Entscheidungen“[226] beschränke sich auf die Seite der Bestimmung der strafrechtlichen Folgen (Rechtsfolgenseite)[227]. Eine weitere Begrenzung des richterlichen Ermessensspielraums bilde der gesetzliche Strafrahmen sowie die Rücksichtnahme auf staatsbürgerliche Freiheit und Rechtssicherheit[228].

Den Maßstab und die konkrete Ausgestaltung für freies richterliches Ermessen suchte Peters in den Strafzwecken. Ausgangspunkt für die Feststellung der Strafzwecke stelle wiederum das positive Recht dar[229]. Auf dieser Grundlage, die sich in praktischer Ausrichtung am gesetzlichen Ist-Zustand und an der Rechtsprechung orientiert, vermied Peters eine Fortführung des Schulenstreits zwischen der klassischen und der modernen Schule. Basierend auf dem gesetzgeberischen Willen stellte er gleichwohl eine Rangordnung zwischen den Strafzwecken her und präsentiert sich als Vertreter einer ausgleichenden Vereinigungstheorie[230]. Unter Berücksichtigung der reichsgerichtlichen Rechtsprechung erkannte Peters als grundlegenden Strafzweck die Vergeltung an. Mit gleichwertigem Rang folgen General- und Spezialprävention[231]. Peters trat damit für eine vergeltende Vereinigungstheorie ein.

---

226 *K. Peters*, a.a.O., S. 19; vgl. auch *ders.*, Strafprozeß[2], S. 569.

227 *K. Peters*, a.a.O, S. 22, 37: Peters bezeichnete die Bestimmung der strafrechtlichen Folgen als das Gebiet der „Tatsachenschaffung“; *ders.*, Art. Strafzumessung, in: HdK 1936, S. 742. Gallas kritisierte diese scharfe Trennung von Tatbestands- und Rechtsfolgeermessen. Vor dem Hintergrund des seit 1933 stetig zum Durchbruch gelangten Gemeinschaftsgedankens lehnte er ab, dass der Richter auf der Straffolgenseite einen „individuellen“ Spielraum habe. Denn der Richter dürfe „nur als Gemeinschaftsorgan entscheiden“, *W. Gallas*, ZStW 54 (1935), S. 764 (766). Kritisch hierzu *K. Engisch*, FS K. Peters (1974), S. 15 (17 - 19).

228 *K. Peters*, Die kriminalpolitische Stellung des Strafrichters, S. 57, vgl. S. 45, 55.

229 *K. Peters*, a.a.O., S. 61.

230 Peters‘ kriminalpolitisches Grundverständnis wurde in diesem Zusammenhang von Robert von Hippel (vgl. *ders.*, Deutsches Strafrechts Bd. 1, Berlin 1925, S. 472 - 478) beeinflusst, so UA-T, 198/29: Wilfried Küper, S. 3.

231 *K. Peters*, Die Kriminalpolitische Stellung des Strafrichters, S. 68, 70; so auch *ders.*, Art. Strafzumessung, in: HdK 1936, S. 739. Den Vorrang des Vergeltungsgedankens vertrat Peters auch später noch, siehe dazu Kap. C. I. 2. c) ff): Strafzwecke. Vgl. *C. Roxin*, StrafR AT, Bd. 1, § 3 Rn. 33 f.

Als Vergeltung soll Strafe ein „Ausgleich der durch die Tat gestörten Rechtsordnung sein. [...] Die Rechtsordnung soll der Rechtsgemeinschaft Ordnung und Sicherheit gewährleisten. Jede strafbare Handlung verletzt Ordnung und Sicherheit“[232]. Kennzeichen jeder strafbaren Handlung und bei der Strafzumessung zu berücksichtigen seien Sozialschädlichkeit (Erfolg), Tätergefährlichkeit und Vorwerfbarkeit (Schuld). Anhand dieser Kriterien sei eine erste Einengung des gesetzlichen Strafrahmens möglich. Da weitere Aussagen über die Bestimmung der konkreten Strafhöhe damit noch nicht getroffen seien, bleibe Raum für die präventiven Strafzwecke. Die Generalprävention „bezweckt, durch Strafe der Entstehung verbrecherischer Neigungen entgegenzuwirken und bei bereits bestehenden verbrecherischen Neigungen zur Unterlassung strafbarer Handlungen zu motivieren“[233] (Abschreckung der Allgemeinheit). Als straferhöhende bzw. -mindernde Umstände in der Strafzumessung differenzierte Peters zwischen zunehmender und naheliegender Verbrechensneigung sowie steigender Verbrechensgefahr. Schließlich ziele die Spezialprävention mit den Mitteln der Abschreckung, Besserung und Sicherung auf die Prävention zur Begehung weiterer Straftaten ab. Die Mittel der Verbrechensvorbeugung korrespondieren bei Peters mit der Liszt'schen Verbrecherklassifizierung in Gelegenheitsverbrecher, verbesserliche und unverbesserliche Zustandsverbrecher[234]. Die Einteilung der Verbrecher und damit die Anwendung der Abschreckungs-, Besserungs- oder Sicherungsstrafe ordnete Peters der Tatbestandsebene zu, sodass sich der richterliche Ermessenspielraum wieder nur auf die Strafhöhe beziehe[235].

Auch wenn die bei den Strafzwecken zu berücksichtigenden Gesichtspunkte eine Richtung bei der Festlegung des konkreten Strafmaßes vorgeben, betonte Peters, dass der Maßstab des richterlichen Ermessens allein die Persönlichkeit des Richters sei, da eine einheitliche Auffassung der Rechtsgemeinschaft nicht bestehe. „Die Bewertung der für die Strafbemessung beachtlichen Gesichtspunkte und die Umwertung in eine Strafgröße“, der Bereich, in dem freies Ermessen besteht, „kann der Richter nur auf Grund seiner persönlichen Auffassung verwirklichen“[236].

---

232 *K. Peters*, Die Kriminalpolitische Stellung des Strafrichters, S. 74.

233 *K. Peters*, a.a.O., S. 82.

234 *K. Peters*, a.a.O., S. 86 f.

235 *K. Peters*, a.a.O., S. 88, Peters sprach hierbei auch von „Tatsacheneinreihung“.

236 *K. Peters*, a.a.O., S. 92. Hierzu nach 1933 kritisch *W. Gallas*, ZStW 54 (1935), S. 764 (766 f.): Der Richter dürfe „niemals als ‚Individuum‘, sondern immer nur als Gemeinschaftsorgan entscheiden. Vgl. Georg Dahm: „Die theoretischen Darlegungen über den Sinn und Zweck der Strafe und das Ermessen überhaupt sind heute weitgehend

Im Gutachten hob Habilitationsvater Coenders hervor, dass sich Peters in seiner Arbeit „mit dem wichtigsten und schwierigsten Grundproblem unserer Wissenschaft" befasst habe. Anerkennenswert sei, dass Peters den Aspekt des Politischen im Zusammenhang mit der Erläuterung des Begriffs des freien richterlichen Ermessens in den Vordergrund gestellt und sich besonders ausführlich mit der Strafaussetzung auf Wohlverhalten auseinandergesetzt habe. Insgesamt handele es sich „um eine außerordentlich fleißige und tüchtige Leistung, die über das bisherige Schrifttum hinaus die behandelten Probleme umfassend und gründlich" untersucht habe. Coenders lobte, dass anhand einer klaren Grundauffassung (Vereinigungstheorie, Ansatz der Kriminalpolitik) und Gedankenführung die Arbeit zielgerichtet vorangetrieben werde. Im Ergebnis bewertete er die Arbeit mit „voll gut"[237].

Deutlich kritischer war Zweitgutachter Gotthold Bohne. Er lobte zwar, dass Peters das Problem der richterlichen Ermessensfreiheit bei der Strafzumessung „in dogmatisch einwandfreier Weise behandelt" und sich dabei „frei von einer einseitigen, doktrinären Auffassung" hält. Jedoch bezeichnete er die Arbeit als nicht „originell", da kein neuer theoretischer oder argumentativer Impuls geliefert werde. Der Wert der Arbeit liege in der Zusammenfassung und Gesamtdarstellung – „zumindestens zeigt die Arbeit die Fähigkeit des Verfassers sich in streng wissenschaftlicher Weise mit einem schwierigen, über dogmatische Einzelfragen hinausliegenden Problem auseinanderzusetzen". Bohne bewertete daher nur mit „genügend"[238].

Der Begutachtung folgte am 11. Dezember 1931 die Probevorlesung mit anschließendem Kolloquium[239]. Der Probevorlesung zum Thema „Der Gemeinschaftsgedanke im Strafrecht" entsprach im Wesentlichen dem 1933 veröffentlichten Aufsatz „Nationalsozialismus und Strafrecht"[240]. Rückblickend erzählte Peters, dass seine Erinnerungen an das Kolloquium äußerst unangenehm seien: „Der Probevortrag über die Analogie wurde ziemlich

---

überholt und ließen auch vom Standpunkt der damaligen Theorie manches zu wünschen übrig", BA Berlin, R/4901/23934, Bl. 73 f. Zu Peters' gewandelter Ansicht nach 1933 siehe Kap. B. V. 2. a) cc).

237 UA-K, 598/247: Gutachten von Coenders vom 14. Juli 1931.

238 UA-K, 598/247: Gutachten von Bohne vom 15. Sept. 1931.

239 UA-K, 598/247: Mitteilung Planitz/Dekan Rewi. Fak. Köln an Peters vom 25. Nov. 1931; GStA, I. HA Rep. 76, Va Nr. 10563, Bl. 90: Planitz an das REM vom 14. Dez. 1931.

240 So LAV NRW R, NW 1039-P-1248, S. 19: Peters über sein Schrifttum vor 1945 vom 29. Jan. 1947. Da das Manuskript zur Probevorlesung fehlt, ist ein Textvergleich nicht möglich. Zum Aufsatz siehe Kap. B. V. 2. a) bb).

auseinandergenommen. Kelsen, ein Mann von bewundernswerter Kritikfähigkeit, sah aber auch jeden angreifbaren Punkt. Die Diskussion war hart – auf meine Kosten. Zu allem Unglück legte mir Bohne eine Corpus-juris-Stelle vor, was für einen schon zwei Jahre bei der Staatsanwaltschaft tätigen Juristen keine besondere Freude erweckte. […] Ich bin der sicheren Überzeugung, daß mich nur die Menschenfreundlichkeit von Coenders vor einem Fiasko bewahrt hat“[241]. Noch am gleichen Tag wurde Peters die venia legendi für Strafrecht und Strafprozessrecht durch die rechtswissenschaftliche Fakultät der Universität zu Köln erteilt[242].

c) Privatdozentur

Nach Erteilung der Lehrbefugnis hielt Peters am 22. Juli 1932 seine Antrittsvorlesung zum Thema „Soziale Gerichtshilfe und Strafverfahren“[243] und nahm ab Sommersemester 1932 seine Lehrtätigkeit an der Kölner Juristenfakultät auf. Vielfach übernahm er die Strafrechtsübungen und das Repetitorium sowie die Nebengebiete Jugendstrafrecht (besonders häufig), Wirtschaftsstrafrecht, Militärstrafrecht, Kriminologie sowie Psychologie der Aussage. Darüber hinaus las er in Köln viermal die Hauptvorlesung Strafrecht Besonderer Teil („Strafe und Verbrechen II“)[244]. Im 2. und 3. Trimester 1940 leitete Peters den Kursus „Einführung in die Strafrechtspraxis“, bei dem er die Studenten zu seinem Sitzungsdienst als Staatsanwalt mitnahm und die Gerichtsverhandlungen anschließend besprach[245].

Da Peters an der Universität nicht angestellt war, erfolgte die Entlohnung für seine Lehrtätigkeit über die studentischen Kolleggelder. Die Unterrichtsgebühr für eine Wochensemesterstunde betrug in der Regel 2,50 RM. Beispielsweise für die im Sommersemester 1934 gehaltenen Vorlesungen Strafrecht Besonderer Teil (67 Hörer) und Militärstrafrecht (41 Hörer) hatte Peters Einnahmen in Höhe von 437,50 RM[246] – eine nicht üppige, aber vorhandene Nebeneinnahme.

---

241 UA-T, 198/20, S. 8.

242 UA-K, 598/247: 92. Fakultätssitzung vom 11. Dez. 1931.

243 UA-K, 598/247: Schriftverkehr Planitzs/Dekan Rewi. Fak. Köln und Peters‘ vom 10. und 22. Juni 1932.

244 UA-K, 604/161 – 170, 175 – 183: Dozenten-Konten SoSe 1932 – SoSe 1936, WS 1938/39 – SoSe 1942.

245 UA-T, 198/20, S. 9; UA-K, 604/180 f.: Dozenten-Konten II. und III. Trimester 1940.

246 UA-K, 604/165: Dozenten-Konten SoSe 1934.

Als Doktorvater betreute Peters wohl nur die von Egon Rumberg verfasste Arbeit „Die Rassenschande“ (1937). Darin stellt Rumberg die geschichtliche Entwicklung zur Strafbarkeit von Juden bei außerehelichem Geschlechtsverkehr mit Nicht-Juden dar und liefert eine Kommentierung zum Tatbestand der Rassenschande nach dem sog. Blutschutzgesetz[247]. Inhaltlich hält sich die Arbeit auf der Linie der NS-Politik – „Erst der Nationalsozialismus hat die Bedeutung der Rassenfrage für die Fortentwicklung unseres Volkes klar[ge]legt. Die Judenfrage ist für ihn eine Rassenfrage. [...] Der Nationalsozialismus erhob die Forderung, das deutsche Blut gegen fremdrassige Einflüsse zu schützen“[248]. Überwiegend plädiert der Verfasser für eine extensive Handhabung der Begriffe Geschlechtsverkehr, Beischlaf und beischlafähnliche Handlungen, um die geschützten Rechtsgüter vollumfänglich zu erfassen[249]. Auch im Hinblick auf den antisemitischen und nationalsozialistischen Duktus identifiziert sich Rumberg mit dem Rassengedanken. Unsachlich oder besonders radikal äußert er sich nicht. Peters, der im Gutachten keine Wertung zum Thema abgab und sich im Wesentlichen auf eine Inhaltswiedergabe beschränkte, hob die praktische Verwertbarkeit der Ergebnisse hervor[250].

3. Heirat und Familiengründung

Am 24. April 1930 heiratete Karl Peters in der St. Mauritz Kirche in Münster Hatwig Maria Franziska Meister[251], geboren am 19. Januar 1906. Hatwigs Vater war der Historiker Aloys Meister[252]. Noch in Münster kam am 17. Mai 1931

247 Das Gesetz zum Schutze des deutschen Blutes und der deutschen Ehre vom 14. Nov. 1935, RGBl. I, S. 1146.

248 *E. Rumberg*, Die Rassenschande, S. 10.

249 *E. Rumberg*, Die Rassenschande, S. 46: „Das geschützte Rechtsgut gehört zu den Substanzwerten der Nation. Wer die Reinerhaltung des Blutes mißachtet, vergeht sich an der Grundordnung des deutschen Volkes. Er rüttelt an den Fundamenten, auf die der nationalsozialistische Staat aufgebaut ist“.

250 UA-K, 3260/42.

251 BA Berlin, R/3001/70561, Bl. 9: Mitteilung Peters‘ vom 26. April 1930; UA-T, 198/29: Das religiöse Leben, S. 6.

252 **Aloys Meister** (*7. Dez. 1866, †27. Jan. 1925): Studium der Theologie in Münster und der Geschichte in Straßburg. 1890 Promotion, 1894 Habil. Zunächst Privatdozent in Bonn. Berufung 1899 zum a.o. Prof. in Münster für mittlere und neuere Geschichte. 1903 Ernennung zum persönlichen Prof., 1908 zum o. Prof. Neben seinem Lehrstuhl nahm Meister die Funktion des Universitätsarchivars wahr und war in diversen Geschichtsvereinen tätig. 1900 wurde er ordentliches Mitglied in der Historischen

Tochter Gisela zur Welt. Ende 1931 zog die Familie erst in Peters' Heimatstadt Koblenz und lebte anschließend von Februar 1932 bis Mitte 1942 in Köln, wo am 24. März 1934 Diethild geboren wurde.

Abgesehen von beruflich bedingten Trennungen waren Hatwig und Karl Peters in ihrer 68-jährigen Ehe so gut wie nie voneinander getrennt. Da beide in einem ständigen Austausch über Peters' wissenschaftliche Arbeit und die ganze Bandbreite philosophischer, theologischer und sonstiger dem humanistischen Bildungsideal entsprechenden Themen standen, stellten sie eine „geistige Einheit" dar[253]. Ein besonderes Verdienst Hatwig Peters liegt in der unermüdlichen und geduldigen Bewältigung der umfangreichen redaktionellen Arbeit und Hilfe beim Korrekturlesen. Die Schriftensammlung „Strafrechtspflege und Menschlichkeit" wurde ihr gewidmet[254].

V. Beruflicher Werdegang während der NS-Zeit und in der Nachkriegszeit 1945/46

Die Frage, die bei biographischen Untersuchungen in der Zeit zwischen 1933 und 1945 im Raum steht, zielt auf eventuelle Verstrickungen im und mit dem Nationalsozialismus ab: Hat sich Peters dem NS-System angedient und dem „spezifisch nationalsozialistischen" Recht zur Geltung verholfen? Hat er eine Rolle der „Passivität" eingenommen oder eine Position des wie auch immer gearteten Widerstands? Hat sich Peters schuldig gemacht?[255]

Einen Baustein zur Beantwortung bietet Peters in seinen Lebenserinnerungen: „Es ist schwer, das Verhalten der Menschen in einer Diktatur zu beurteilen. [...] Um das Verhalten der Menschen in einer Diktatur beurteilen zu können,

---

Kommission für die Provinz Westfalen, deren Vorsitzender er von 1914 – 1925 war, *B. Mütter/R. Meyer*, in: NDB 16 (1990), S. 723 f.

253 *K. Wasserburg*, StV 1999, S. 176; so auch Interview mit Diethild Peters vom 25. Juli 2016; vgl. UA-T, 198/29. Im Interview mit Hans-Dietrich Quedenfeld vom 27. Juli 2016 spricht er von Hatwig Peters als „letzter Instanz" bei wichtigen Entscheidungen.

254 *W. Küper/K. Wasserburg* (Hrsg.), Karl Peters, Ausgewählte Schriften, S. VIII.

255 Vgl. *T. Ramm*, in: Pauli/Vormbaum (Hrsg.), Justiz und Nationalsozialismus, S. 63: „Möglich bleibt es die Juristen danach zu typisieren, ob sie sich mit der Herrschaftsordnung identifizieren und die funktionale Beteiligung an der Herrschaftssicherung zur bewußten Herrschaftsbeteiligung und -ausweitung ausbauten. Oder ob sie als Gegner die bestehende Herrschaftsordnung ablehnten. Dazwischen stehen die Indifferenten und Skeptischen".

muß man in einer solchen Staatsform gelebt haben“[256]. Richtig ist, dass die (biographische) Rekonstruktion um Unvoreingenommenheit bemüht sein muss; mit den heutigen Sichtweisen und (moralischen) Maßstäben können die Handlungen der damaligen Akteure nicht abschließend bewertet werden[257]. Unzutreffend ist allerdings, dass der Mangel des Miterlebthabens die Bewertung einer Diktatur für die nachfolgende Generation unmöglich macht. Aufgabe der Geschichtswissenschaften ist es, einen individuellen Lebensentwurf in den Kontext seiner Zeit zu stellen. Es geht darum, die Geschichte im Zusammenhang zu verstehen und für den heutigen Betrachter nachvollziehbar zu machen[258].

Eine Vielzahl von Äußerungen von und über Peters wurden in der vorliegenden Untersuchung dem Entnazifizierungsverfahren entnommen. Angesichts der Ungewissheit der beruflichen Zukunft sind diese Äußerungen kritisch zu würdigen. Elemente der Beschönigung, der Rechtfertigung, des Weglassens und dem Bestreben, den Anforderungen der Besatzungsmächte zu entsprechen, gehören zur Vergangenheitsbewältigung nach 1945[259]. Peters soll nichts unterstellt werden; aber seine eigenen Äußerungen müssen auf ihre Plausibilität geprüft werden und bedürfen einer kritischen Bewertung. Gleiches gilt für die Leumundsschreiben Dritter (sog. Persilscheine), die zumeist zu Gunsten der betreffenden Person ausfielen[260].

Die Untersuchung zu Peters‘ Leben und Wirken während des Nationalsozialismus wird sich zunächst mit dem Begriff „nationalsozialistisches Recht“

---

256 UA-T, 198/13, S. 30, weiter schrieb Peters: „Damit […] kann geschehenes Unrecht nicht verharmlost werden. Damit kann auch nicht die Schuld ausgeräumt werden, die der einzelne bei Greultaten und Verbrechen auf sich geladen hat. […] Die dunklen Flecken in der Geschichte […] vieler […] Menschen liegen unauslöschlich da“.

257 Vgl. *J. Gauck*, in: FAZ, Nr. 223 vom 25. Sept. 2014, S. 12.

258 Vgl. *O. Bachof*, in: Flitner (Hrsg.), Deutsches Geistesleben, S. 212, 214; *K. Hildebrand*, in: Scholtyseck/Studt (Hrsg.), Universitäten und Studenten im Dritten Reich, S. 19; *M. Stolleis*, in: ders./Simon, NS-Recht, S. 23 f., 35.

259 Exemplarisch für das Herunterspielen der eigenen Rolle während der NS-Zeit ist die Entnazifizierungsakte von Anton Fehr (*12. Dez. 1878, von 1932 – 1937 Richter am LG Köln), LAV NRW R, Br-Pe Nr. 2606.

260 Vgl. Hans Peters, der in Beantwortung auf die Bitte eines ehemaligen Studenten um ein Leumundszeugnis seinen Unmut über die Persilscheinpraxis zum Ausdruck brachte: „Da ich das in der britischen Besatzungszone geübte Entnazifizierungsverfahren als zu milde kennen gelernt habe, werden Sie es verstehen, daß ich nur dann Bescheinigungen für eine Entnazifizierung ausstellen kann, wenn mir damals die klar oppositionelle Haltung des Betreffenden bekannt war“, UA-HU, Jur. Fak. nach 1945, Sig. 14, Teil zu Hans Peters: Kurt Mertens an Hans Peters vom 29. Sept. 1947.

(1.) auseinandersetzen. Es folgt die Nachzeichnung des Werdegangs im Strafjustizwesen (2.) sowie Peters' Weg zur ordentlichen Professur in Greifswald (3.), woran sich die Beschreibung seines dortigen Lebens (4.) und die der Nachkriegsjahre 1945/46 (5.) anschließen wird. Gesondert erfolgt eine Auseinandersetzung mit Peters' Mitgliedschaften in nationalsozialistischen Organisationen und Gliederungen (6.). Enden wird das Kapitel mit zusammenfassenden und ergänzenden Bemerkungen (7.).

1. Deutungsmuster „nationalsozialistisches Recht"

Zwölf Jahre nationalsozialistische Herrschaft haben in der Geschichte des deutschen Rechts einen Schandfleck hinterlassen. Der Gedanke der Rechtsstaatlichkeit und der natürlichen Gleichheit der Menschen wurde mit der NS-Herrschaft beseitigt[261]. Die Ideologie der Ausgrenzung „lebensunwürdigen" und „nichtarischen" Lebens aus der Rechtsgemeinschaft bis hin zur „Ausmerzung" auf Grund von Religion, Herkunft oder körperlichen und geistigen Fähigkeiten ist aus humanistisch-ethischer Sicht unerträglich. Unter dem Gesichtspunkt *heutiger* Rechtsstaatlichkeit waren die faktische Aufhebung der Gewaltenteilung, die Revidierung des Bestimmtheitsgebots sowie des Rückwirkungs- und Analogieverbots, die Ausübung politischen Terrors losgelöst von justizieller Kontrolle und die Aufgabe eines dem Schutz des Einzelnen verpflichtenden Strafrechts unerträglich.

a) „Perversionsansatz" und Kritik

Um mit der Erkenntnis umgehen zu können, wozu Recht und Rechtswissenschaftler in Erfüllung der jeweiligen politischen Macht in der Lage sind, wurde und wird von einer „Pervertierung" des Rechts im Nationalsozialismus gesprochen[262]. Damit soll zum Ausdruck gebracht werden, dass Recht sich von der vorangegangenen Rechtsentwicklung, der „gesunden" Rechtsordnung und der Maxime der Verwirklichung von Gerechtigkeit durch Recht loslöste. „Die

261 *W. Bialas*, in: ders./Fritze (Hrsg.), Ideologie und Moral, S. 30 – 32; *I. Müller*, Furchtbare Juristen, S. 97; *M. Stolleis*, Art. NS Recht, in: HRG, Sp. 1819; *H. Rüping/G. Jerouschek*, Grundriss, S. 97.

262 Insbes. *F. von Hippel*, Die Perversion von Rechtsordnungen; vgl. zudem *M. Broszat*, VjZ 1958, S. 390 – 405; *U. Eisenhardt*, Dt. Rechtsgeschichte, Rn. 850; *G. Gribbohm*, in: Albrecht/Clausen (Hrsg.), Justiz im Dritten Reich, S. 16; *Arthur Kaufmann*, in: Hassemer/Neumann/Saliger (Hrsg.), Rechtsphilosophie, S. 73; *A. Laufs*, Rechtsentwicklungen, S. 400 – 412, 431; *B. Rüthers*, JZ 2007, S. 556 (557).

Verkehrung von Unrecht in Recht, von Recht in Unrecht bildet offenbar eine ständige stille Gefahr des Menschen im allgemeinen wie des Juristen im besonderen“[263]. Zugleich wird mit diesem Ansatz das Bild einer mit 1933 beginnenden Zäsur, die 1945 mit der Aufhebung nationalsozialistischen Rechts beendet wurde[264], und der Differenzierung in nicht-nationalsozialistisches und spezifisch nationalsozialistisches Strafrecht präsentiert. Verstehen lässt sich dieses Deutungsmuster der „Perversion“ als Verlaufsschema: Vor 1933 bestand ein naturrechtskonformes, rechtsstaatliches Strafrecht, ab 1933 kehrte sich dieses in ein „normales“, nicht-nationalsozialistisches und ein „perverses“, nationalsozialistisches Strafrecht um, das nach 1945 von Perversionen gereinigt und erneut zu einem naturrechtskonformen, rechtsstaatlichen Strafrecht gewandelt wurde[265].

Problematisch am Perversionsansatz ist, dass Brüche in der Rechtsentwicklung betont und die Kontinuitäten in den Hintergrund gedrängt werden. Dabei geht unter, dass der Nationalsozialismus von vielen Juristen nicht nur wegen der wirtschaftlichen und sozialen Schwierigkeiten der Weimarer Republik, sondern auch aus rechtspolitischen Gründen befürwortet wurde[266]. Methodisch knüpfte die Rechtswissenschaft an Grundhaltungen und Geistesströmungen an, die es bereits vor 1933 gegeben hatte: Antiliberalismus, Antiindividualismus, Antisemitismus, Irrationalismus, völkisches Denken, Ablehnung formalistischer Bindungen sowie Tendenzen antipositivistischen und autoritären Denkens[267]. In der Strafrechtswissenschaft machte sich der dominierende Einfluss der „modernen Schule“ Franz von Liszts bemerkbar, die für eine Flexibilisierung der Strafrechtspflege und eine Kriminalpolitik stand, die sich an einer zweckmäßigen und

263 *F. von Hippel*, Die Perversion von Rechtsordnungen, S. 1.

264 *G. Werle*, Justiz-Strafrecht, S. 16, 25 – 27.

265 *G. Werle*, Justiz-Strafrecht, S. 6 f.; ähnlich *W. Naucke*, Zerbrechlichkeit, S. 305.

266 Vgl. *K. Peters*, in: Flitner (Hrsg.), Deutsches Geistesleben, S. 162: „Der Weimarer Staat mußte aus den Trümmern, die der verlorene Erste Weltkrieg in politischer und gesellschaftlicher Hinsicht hinterlassen hatte, wiederaufgebaut werden“.

267 Hierzu allgemein: *R. Angermund*, Dt. Richterschaft, S. 44, 48 f.; *M. Grüttner*, Das Dritte Reich, S. 43 f., 326 f.; *K. Marxen*, Der Kampf gegen das liberale Strafrecht, S. 47 – 55; *I. Müller*, Furchtbare Juristen, S. 60 f., 90, 278; *T. Vormbaum*, Strafrechtsgeschichte, S. 159. Zur geistesgeschichtlichen Strömung im 19. Jh., dessen Anknüpfungspunkt bspw. bei Herder, Hegel und Savigny liegen: *H. Mitteis/H. Lieberich*, Dt. Rechtsgeschichte, S. 468 f., 475; *B. Schlink*, Erkundigungen, S. 35 f.; *M. Stolleis*, Art. NS Recht, in: HRG, Sp. 1820; *H. Rüping/G. Jerouschek*, Grundriss, S. 97 f. Zur Rassenideologie, die mit Gobineau, Darwin und Nietzsche verbunden ist *W. Bialas*, in: ders./Fritze (Hrsg.), Ideologie und Moral, S. 30 – 45.

effektiven Verbrechensbekämpfung orientierte[268]. Der Übergang zum „nationalsozialistischen" Recht war kein abrupter Bruch mit alten Traditionen.

So stellt sich die Entwicklung des Strafrechts von 1933 bis 1945 als zwiespältig dar. Einerseits bedeutete die NS-Gesetzgebung eine Fortführung von Reformplänen und -tendenzen, die vor allem in den Gesetzesentwürfen der 1920er Jahre angelegt waren, aber mangels politischen Konsenses nicht verwirklicht werden konnten – so z.B. die Einführung der Sicherungs- und Besserungsregelung[269], Änderungen im Bereich von Versuch und Teilnahme[270] oder die Reformierung des Jugendgerichtsgesetzes[271]. Peters bezeichnet diese Reformen als „echte strafrechtliche und soziale Fortschritte"[272]. Möglich war auch die Anknüpfung an bereits vorhandene Rechtsfiguren aus der Kaiserzeit und Weimarer Republik: Im Kolonial- und Kriegsstrafrecht wurden Grundzüge eines Sonderstrafrechts geschaffen, die auch später wiederauftauchten[273]; die Etablierung von Sondergerichten geht auf die Revolutionszeit 1918/19 zurück[274]. Andererseits zeigte sich durch die Entwertung der Rechtspflege ab 1933 ein klarer Bruch in der Rechtsentwicklung, da die Strafjustiz nicht mehr dem Recht, dem Schutz des Einzelnen und der Gerechtigkeit, sondern der „Volksgemeinschaft", der nationalsozialistischen Weltanschauung und damit dem Willen der Staatsführung zu dienen bestimmt war[275]. Die Gesetzgebung der Jahre 1933 bis 1945 hat ihre politische

---

268 *T. Roth*, „Verbrechensbekämpfung", S. 44.

269 Gesetz gegen gefährliche Gewohnheitsverbrecher und über Maßregeln der Sicherung und Besserung vom 24. Nov. 1933, RGBl. I, S. 995.

270 Mit der StrafangleichungsVO vom 29. Mai 1943, RGBl. I, S. 339 und der dazugehörigen DurchführungsVO vom 29. Mai 1943, RGBl. I, S. 341 wurden die obligatorische Minderbestrafung des versuchten gegenüber dem vollendeten Delikt und der Grundsatz der limitierten Akzessorietät eingeführt.

271 VO über die Vereinfachung und Vereinheitlichung des Jugendstrafrechts vom 6. Nov. 1943, RGBl. I, S. 635.

272 *K. Peters*, in: Flitner (Hrsg.), Deutsches Geistesleben, S. 163.

273 *W. Naucke*, Zerbrechlichkeit, S. 365, 368 f., zum Kolonialstrafrecht siehe S. 281 – 285, zum Ersten Ermächtigungsgesetz von 1914 und der Erweiterung des Nebenstrafrechts siehe S. 289 – 292, insbes. S. 299: Schon die zeitgenössische Literatur habe geahnt, dass der 1. Weltkrieg das Straf- und Strafprozessrecht dauernd und machtstärkend verändern werde.

274 Auf Grundlage von Art. 48 II WRV konnten „außerordentliche Gerichte" eingerichtet werden.

275 *M. Broszat*, VjZ 1958, S. 390 (398, 404); *I. Müller*, Furchtbare Juristen, S. 91, 95 f.; *Eb. Schmidt*, Strafrechtspflege, §§ 352, 358; *H. Schorn*, Die Gesetzgebung, S. 64 – 66; *G. Werle*, Justiz-Strafrecht, S. 16.

und weltanschauliche Ideologie zur Grundlage des Strafrechts gemacht[276]. Deutlich zeigte sich das an der Aufhebung des nulla poena sine lege-Grundsatzes, der Verschärfung der Rechtsfolgen insbesondere durch Ausweitung des Anwendungsbereichs der Todesstrafe, der rassenideologisch geprägten Gesetzgebung[277], der Einrichtung des Volksgerichtshofs sowie in der Verschlechterung der rechtlichen Stellung des Beschuldigten im Strafverfahren.

Das Bild einer Zäsur von 1933 bis 1945 liefert daher nur die Grundlage für eine vereinfachende Darstellung[278]. Die Strafjustiz im NS-Staat kann „nicht als Fremdkörper aus der allgemeinen Geschichte herausgeschnitten werden“[279]. Ungeachtet dessen, bestehen Kontinuitäten nicht nur von der Kaiserzeit und Weimarer Republik zum Nationalsozialismus, sondern auch von der NS-Zeit bis heute – exemplarisch sei der Mordparagraph genannt[280]. Mit diesem Hinweis beklagte auch Peters, dass zu viele Bestimmungen aus der NS-Zeit in die Nachkriegszeit übernommen worden seien und nur solche Gesetze revidiert wurden, „die typisch nationalsozialistischen Geist widerspiegelten. Aber was heißt das schon?“[281].

Der Perversionsgedanke führt aber auch insofern zu einer Verengung, als der Maßstab für die Zuordnung „pervertiertes“ bzw. „gesundes“ Strafrecht das Abweichen vom *rechts*staatlichen Recht ist. Dieser Maßstab aber setzt voraus, dass die Anforderungen an ein rechtsstaatliches Strafrecht klar definiert sind[282]. Als systemfremd und anachronistisch kann das heutige Verständnis nicht

---

276 *K. Peters*, in: Flitner (Hrsg.), Deutsches Geistesleben, S. 163, der als Kennzeichen der neuen Gesetzgebung den Aufbau eines Gewaltsystems und die Verfolgung des Rassengedankens benannte.

277 Bspw. die Einführung der Maßnahme der Zwangskastration durch Gesetz zur Verhütung erbkranken Nachwuchses vom 14. Juli 1933, RGBl. I, S. 529 und die Nürnberger Rassegesetze: u.a. das Reichsbürgergesetz vom 15. Sept. 1935, RGBl. I, S. 1146 und das Gesetz zum Schutze des deutschen Blutes und der deutschen Ehre (Blutschutzgesetz) vom 14. Nov. 1935, RGBl. I, S. 1146.

278 *W. Naucke*, Zerbrechlichkeit, S. 361, 363; *M. Stolleis*, Art. NS Recht, in: HRG, Sp. 1806; vgl. *M. Stolleis*, in: ders./Simon, NS-Recht, S. 21 – 23; *T. Vormbaum*, Strafrechtsgeschichte, S. 184 f., 280.

279 *H. Rüping*, GA 1984, S. 297 (307); so auch *B. Rüthers*, JZ 2007, S. 556 (560 f.).

280 Zur Diskussion um die Neugestaltung siehe *A. Kreuzer*, FAZ Nr. 129 vom 5. Juni 2009; *ders.*, Notwendigkeit der Reform des Tötungsstrafrechts und der „AE-Leben“, in: FS Schöch (2010), S. 495 – 510.

281 UA-T, 198/13, S. 63. Zu (bedenklichen) Gesetzeskontinuitäten nach 1945 siehe *I. Müller*, Furchtbare Juristen, S. 285 – 298; *G. Wolf*, JuS 1996, S. 189 (190 ff.).

282 *M. Stolleis*, RuP 1983, S. 1 (3); *G. Werle*, Justiz-Strafrecht, S. 28.

herangezogen werden. Eingangs wurde daher auch die Betonung auf das *heutige* Rechtsstaatsverständnis gelegt[283]. Als rechtsstaatliche Minimalanforderung muss das Strafrecht der Sicherheit der Allgemeinheit dienen, wobei zu betonen ist, dass Strafrecht letztlich auch immer der Organisation und Stärkung staatlicher Autorität dient[284]. Problematisch ist auch die Filterung, Darstellung und der Nachweis pervertierter Rechtssätze[285]. In Bezug auf den Bewertungsmaßstab treten insofern Abgrenzungsprobleme auf, als Gesetzesanwendung und -auslegung stets kontextabhängig sind und sich vor allem die Ausfüllung von Generalklauseln und unbestimmten Rechtsbegriffen nach veränderbaren Wertmaßstäben richte[286]. Das Konstrukt der „Perversion des Rechtsdenkens" verhüllt damit mehr als es klärt und trägt „die Patina der Vergangenheitsbewältigung" in sich[287].

b) Alternative Ansätze

Dem Begriff des „nationalsozialsozialistischen Rechts" können unterschiedliche Verständnismöglichkeiten zu Grunde gelegt werden: Es könne entweder (1.) das während des Nationalsozialismus neu geschaffene und überlagerte Gesetzes- und Richterrecht, (2.) das von Ideologie geprägte Recht oder (3.) gar die gesamte zwischen 1933 und 1945 geltende Rechtsordnung sein[288].

Die erste Variante ist aus den zum Bild der „Zäsur" genannten Gründen abzulehnen, zumal der NS-Gesetzgeber bemüht war, den Schein der Rechtlichkeit unter Verschleierung der wahren Absichten zu wahren, sodass zwischen dem Inhalt gesetzlicher Normen und der Rechtswirklichkeit eine Kluft entstand[289]. Die dritte Variante negiert die Differenzierung zwischen spezifisch „nationalsozialistischem" und „normalem" Strafrecht. Statt das nationalsozialistische

---

283 Die rechtsstaatliche Ausprägung des Grundgesetzes entspricht den humanistischen und rechtsstaatlichen Errungenschaften der Aufklärung. Die konkreten Ausprägungen und die Gewichtung des Rechtsstaatsprinzips gegenüber anderen Prinzipien wie Demokratie, Freiheit oder Gerechtigkeit unterliegt jedoch dem Zeitgeist.

284 *W. Naucke*, Zerbrechlichkeit, S. 367. Siehe dazu Kap. B. V. 2. a).

285 *F. von Hippel*, Die Perversion von Rechtsordnungen, S. 14.

286 *G. Werle*, Justiz-Strafrecht, S. 28 f. Zudem kritisiert Werle, dass das Bild der Zäsur stillschweigend das Fortbestehen rechtsstaatlichen Strafrechts während des Nationalsozialismus suggeriert.

287 *M. Stolleis*, RuP 1983, S. 1 (4).

288 *M. Stolleis*, Art. NS Recht, in: HRG, Sp. 1806.

289 *H. Mitteis/H. Lieberich*, Dt. Rechtsgeschichte, S. 481 f.; *Eb. Schmidt*, Strafrechtspflege, § 348. Siehe dazu Kap. B. V. 2. a).

gegen das nicht-nationalsozialistische Strafrecht zu stellen, geht diese Konzeption von einem einheitlichen Strafrechtssystem von 1933 bis 1945 aus, bei dem es die tragenden Systemteile herauszuarbeiten gilt[290]. Als tragende Elemente des Strafrechtssystems werden die Art und Weise der Rechtssetzungstechnik und Gesetzesformulierung, Rückwirkungs- und Analogieverbot, Auslegungsanweisungen, richterliche Unabhängigkeit und Garantie des gesetzlichen Richters, Legalitätsprinzip sowie das Verhältnis zwischen Bürger und Justiz benannt[291]. Kennzeichen dieser so zu beschreibenden strukturellen Einheit sei die fortlaufende Verknüpfung des Strafrechts mit den sozialen und politischen Veränderungen sowie eine entsprechende Ausformung strafrechtlicher Grundbegriffe[292]. Zu kritisieren ist an diesem Ansatz, dass keine Beschreibung der politischen Substanz geliefert wird, sondern nur eine Logik des Zerfalls rechtstaatlicher Grundbegriffe[293].

Es bleibt, „nationalsozialistisches“ Recht als politisiertes und im Sinne des Nationalsozialismus ideologisiertes Recht darzustellen. Dieser Ansatz geht davon aus, dass die schubweise Umsetzung der völkischen Ideologie die Grundlage des NS-Strafrechts bildete: Recht und Rechtsanwendung standen „im Bann der neuen Ideologie“[294]. Zentraler Begriff nationalsozialistischen Denkens ist demnach die völkische Gemeinschaft. Inhalt und Reichweite strafrechtlichen Schutzes richtete sich nur noch nach dem Nutzen für die Gemeinschaft Artgleicher; Artungleiche wurden von der Rechtsgemeinschaft ausgeschlossen, Volksgenossen konnten ihr Recht durch Verrat an der Volksgemeinschaft verwirken. Entscheidend für die Belastbarkeit dieses Ansatzes ist, dass der Inhalt der „nationalsozialistischen Weltanschauung“ klar bestimmt ist und die Leitprinzipien einer nationalsozialistischen Rechtslehre herausgearbeitet sind. Schwierigkeiten bereitet dabei die Frage, welche und wessen ideologische Vorstellungen zu Grunde gelegt werden müssen – in Betracht kommen die Vorstellungen Hitlers, auf ministerieller Reichsebene die des Reichsjustizministers und die „der“

---

290 *W. Naucke*, Zerbrechlichkeit, S. 304, 324, vgl. S. 306: „Die Annahme einer Neigung zur politischen Gleichstimmigkeit bestimmter praktisch bedeutsamer strafrechtlicher Grundbegriffe schärft das Interesse für Entwicklungen auf einer breiten Linie und macht auf Tendenzen aufmerksam, die bei getrennter Betrachtung jener Grundbegriffe nicht auffallen“.

291 *W. Naucke*, Zerbrechlichkeit, S. 304, im Einzelnen S. 307 – 324.

292 *W. Naucke*, Zerbrechlichkeit, S. 334.

293 So *G. Werle*, Justiz-Strafrecht, S. 39 f.

294 *H. Rüping*, GA 1984, S. 297 f.

Strafrechtswissenschaft[295]. Solange aber nicht feststehe, dass eine solche nationalsozialistische Weltanschauung mit bestimmten Inhalten überhaupt existiere, sei eine Beschreibung „des" nationalsozialistischen Strafrechtsprogramms nicht möglich[296]. Anhänger des Strukturalismus, die dem NS-Staat als Machtstruktur das Vorhandensein eines geplanten Konzepts absprechen, lehnen die Existenz einer kohärenten NS-Ideologie ab, zumal der Begriff der Volksgemeinschaft zumindest als Kategorie wissenschaftlicher Analyse unbrauchbar sei[297].

Auch was die Kategorisierung in „politisch" und „unpolitisch" anbelangt, ist Zurückhaltung geboten, da (Straf-)Recht in seiner Funktion immer auch der Anerkennung und Stärkung staatlicher Autorität dient und auf die Erfüllung des jeweiligen politischen Willens gerichtet ist. Die einzelnen Straftatbestände werden zwar zwecks Systematisierung anhand der geschützten Rechtsgüter verschiedenen Deliktsgruppen zugeordnet; hierzu gehört auch die Kategorie der politischen Straftaten „Friedensverrat, Hochverrat und Gefährdung des demokratischen Rechtsstaates"[298]. Doch wird gerade in einem autoritären Staat der Kreis der politischen Straftaten neu definiert, sodass selbst einfache Alltagskriminalität zu einer politischen, für die Gemeinschaft und den Staat gefährlichen Strafsache werden kann. Was als „politisches" oder „unpolitisches" Strafrecht bezeichnet werden kann, ist daher abhängig vom Staatsverständnis. „Alle (!) Rechtsnormen sind ein Stück normativ verfestigter Weltanschauung (Systemideologie) und Rechtspolitik der Normsetzer. Recht ist also eine zutiefst politisch, weltanschaulich geprägte Kategorie. Weltanschauungsfreies („wertfreies") Recht kann es nicht geben"[299].

Alternativ kann „nationalsozialistisches Recht" auch unter dem Gesichtspunkt des für eine diktatorische Herrschaftsform Kennzeichnenden beschrieben werden. Damit wird die Ebene des Diktaturvergleichs erreicht, wobei als theoretische Vergleichsgrundlage nur moderne Diktaturen seit dem 20. Jahrhundert in Abkehr vom demokratischen Verfassungsstaat gemeint sind. Einflussreich ist hier der Ansatz einer auf die „totale" Durchdringung von Staat und Gesellschaft gerichteten, diktatorischen Herrschaftsform[300]. Welche konkreten

---

295 *G. Werle*, Justiz-Strafrecht, S. 46.

296 So *G. Werle*, Justiz-Strafrecht, S. 47, 52; vgl. auch *G. Wolf*, JuS 1996, S. 189 (190).

297 Insbes. *H. Mommsen*, APuZ 14-15/2007, S. 14 (17 f.); siehe auch *M. Grüttner*, Das Dritte Reich, S. 334 f.

298 Vgl. Überschrift des ersten Abschnitts im BT des StGB in der Neufassung vom 2. Jan. 1975.

299 So in aller Deutlichkeit *B. Rüthers*, JZ 2007, S. 556 (558).

300 Siehe hierzu *E. Jesse*, Diktaturen, S. 11 – 28; *H. Maier*, „Totalitarismus" und „Politische Religion", in: Jesse (Hrsg.), Totalitarismus im 20. Jahrhundert. Eine Bilanz der

Merkmale der Totalitarismus-Forschung zu Grunde gelegt werden, richtet sich nach dem jeweiligen Konzept[301]. Zentrale Elemente bilden die Kombination von Terror und Ideologie, das Bestehen einer Massenpartei und gesellschaft bzw. die Monopolisierung staatlicher Gewalt auf verschiedenen Ebenen. Daneben stehen die Konzepte der „Politischen Religion"[302] und die Erforschung des Zusammenhangs von Ideologie und Moral[303].

c) *Abschließende Bemerkungen*

Der Wirkungsrahmen des Juristen ist das Recht im politischen und gesellschaftlichen Kontext seiner Zeit. Der Wirkungsrahmen eines Juristen im Nationalsozialismus ist das „nationalsozialistische" Recht im totalitären Staat. Sinnvoll erscheint es, die Systemfrage von der Frage nach individuellem Verhalten und individueller Verantwortung zu trennen. Für einen Gesamtblick gehört beides aber zusammen: Individuelles Verhalten und Handlungsspielräume bedingen sich durch das politische System. Die Herrschaft des Nationalsozialismus ist durch eine totalitäre, völkische Ideologie und teils gesetzlich legitimierten, teils willkürlich ausgeübten Terror gekennzeichnet. Vor diesem Hintergrund soll die Frage, ob Peters dem „nationalsozialistischen" Recht zur Geltung verholfen hat, dahin konkretisiert werden, inwiefern er als Praktiker, Wissenschaftler und Lehrer und damit als Teil einer Funktionselite stabilisierend und legitimierend zur Unterstützung von totalitärer Ideologie und Terror gewirkt hat.

---

internationalen Forschung, Baden-Baden 1996, S. 118 – 134; *I. Kershaw*, Der NS-Staat, S. 44 – 48. Zu Kritik und Grenzen des totalitären Herrschaftsanspruchs siehe *N. Frei*, Der Führerstaat, S. 210; *I. Kershaw*, Der NS-Staat, S. 63 – 69.

301 Beispielhaft seien Hannah Arendt („Elemente und Ursprünge totaler Herrschaft", 1951), Carl Joachim Friedrich und Zbigniew Brzezinski („Totalitäre Diktatur", 1957), Karl Dietrich Bracher („Die nationalsozialistische Machtergreifung", 1960) genannt. Siehe hierzu *M. Grüttner*, Das Dritte Reich, S. 561 f.; *C. J. Friedrich/Z. Brezezinski*, Die allgemeinen Merkmale der totalitären Diktatur, in: Jesse (Hrsg.), Totalitarismus im 20. Jahrhundert. Eine Bilanz der internationalen Forschung, Baden-Baden 1996, S. 225 – 236; *E. Jesse*, Diktaturen, S. 28 – 33.

302 Vgl. *C.-E. Bärsch*, Die politische Religion des Nationalsozialismus, 2. Aufl. München 2002; *E. Voegelin*, Die politischen Religionen, München 1993; vgl. *M. Grüttner*, Das Dritte Reich, S. 448 – 454.

303 Vgl. *H. Arendt*, Eichmann in Jerusalem. Ein Bericht von der Banalität des Bösen, München 1965; *W. Bialas/L. Fritze* (Hrsg.), Ideologie und Moral; *R. Gross*, Anständig geblieben, nationalsozialistische Moral, Frankfurt a. M. 2010; *W. Konitzer/R. Gross (Hrsg.)*, Moralität des Bösen, Frankfurt a. M. 2009.

Peters benutzt in seinem Beitrag „Die Umgestaltung des Strafgesetzes“ (1965) eine Argumentation der Trennung von ideologisch gefärbten und neutralen Rechtsbereichen[304]: Einerseits wurde in der Rechtsentwicklung an vorhandene Traditionen des Kaiserreichs und der Weimarer Republik angeknüpft; andererseits habe die Gestaltung des Strafrechts in der NS-Zeit „auch ihre politische und weltanschauliche Ideologie zur Grundlage des Strafrechts gemacht und damit nicht nur das Gewaltsystem mit einem Schutzwall umgeben, sondern auch durch konsequente Verfolgung des Rassegedankens und der damit verbundenen Vernichtung der angeblich Minderwertigen, […] ein ungeheures Blutbad angerichtet“[305]. Neben dem ideologisch geprägten Recht der Rassen- und Polengesetzgebung zählt Peters das Sonderstrafrecht – „das der Festigung und Erhaltung des politischen Systems, der Durchsetzung der ideologischen Grundlagen mit Mitteln des Strafrechts und der Vernichtung der Systemgegner“[306] diente – zur nationalsozialistischen Gesetzgebung. Von Terror und Willkür grenzt er sich ab und hält sich insofern zu Gute, dass er als Staatsanwalt nie die Todesstrafe zu beantragen hatte. Die Grenze zwischen Recht und Unrecht zieht er, wo gegen Gesetz, Vernunft und Humanität verstoßen wird[307].

2. Kölner Jahre: Weg bis zum Ersten Staatsanwalt und Beitrag „zum kommenden Strafrecht“

Als Staatsanwalt war Peters von 1932 bis 1941 bei der Staatsanwaltschaft am LG Köln und anschließend bis 1942 bei der Generalstaatsanwaltschaft am OLG Köln beschäftigt[308]. Parallel dazu suchte er sich als junger Privatdozent durch Lehrtätigkeiten und wissenschaftliche Veröffentlichungen für einen Lehrstuhl zu empfehlen. Mit Unterbrechung der staatsanwaltschaftlichen Tätigkeit war Peters von November 1936 bis Juli 1938 als Lehrstuhlvertreter in Bonn und Jena

---

304 Vgl. *G. Werle*, Justiz-Strafrecht, S. 33.

305 *K. Peters*, in: Flitner (Hrsg.), Deutsches Geistesleben, S. 163, vgl. S. 170 – 175, Peters spricht auch von „ideologischen Verbrechen“; *ders.*, Eichmann-Prozess, in: Eckart-Jahrbuch 1961, S. 240.

306 *K. Peters*, in: Flitner (Hrsg.), Deutsches Geistesleben, S. 169.

307 *K. Peters*, Eichmann-Prozess, in: Eckart-Jahrbuch 1961, S. 237, 239.

308 Von 12 Einzelfällen aus der staatsanwaltschaftlichen Tätigkeit berichtete Peters in seinen Lebenserinnerungen, UA-T, 198/13, S. 38 – 48. Zu zwei Fällen siehe Kap. B. V. 2. c) bb). Im Übrigen befindet sich im Nachlass eine Sammlung von Zeitungsartikeln, die über Strafsachen berichten (u.a. Kindstötung, Mord, Doppelehe), in denen Peters als Staatsanwalt beteiligt war, UA-T, 198/22 (1932 – 1934) und UA-T, 198/23 (1935 – 1940).

tätig. Zwischen 1933 und 1945 verfasste er zwei größere Werke – „Zeugenlüge und Prozeßausgang“ und die Kommentierung zum JGG in zwei Auflagen –, mehrere Aufsätze sowie Artikel für Zeitungen und für das Handwörterbuch der Kriminologie.

Um Peters‘ Arbeit als Staatsanwalt einordnen zu können, ist ein Überblick über die Strafrechtspflege während der NS-Zeit erforderlich. Da Praxis und Theorie für Peters zusammengehörende Bestandteile seiner Arbeit waren, wird in diesem Zusammenhang auf seine Veröffentlichungen aus der Zeit zwischen 1933 und 1945 eingegangen. Bei der Beurteilung der Schriften muss der Kontext der Zeit beachtet werden. Der Machtwechsel 1933 bewirkte keinen plötzlichen Übergang von der einen geistigen Grundhaltung zu einer anderen und keinen Bruch mit bestehenden Rechtsentwicklungen und Grundströmungen. Ein antiliberaler, antiindividualistischer, antiformalistischer und autoritärer Grundtenor ist dem Schrifttum zwischen 1933 und 1945 immanent. Daraus folgt, dass unterschieden werden muss zwischen üblichen Formulierungen und Forderungen Anfang des 20. Jahrhunderts in der (Straf-)Rechtswissenschaft und Äußerungen, die sich der NS-Ideologie anpassten und sie aktiv beförderten. In Peters‘ Nachruf heißt es: „Verschiedene seiner Veröffentlichungen aus jener Zeit sind für uns heute unverständlich und nicht akzeptabel“[309].

a) Strafrecht im Nationalsozialismus

Die Aufgabe des Strafrechts besteht im Schutz individueller und kollektiver Rechtsgüter sowie in der Sicherung und Integrität staatlicher Autorität[310]. Gerade in autoritären Staaten zeigt sich die zweite, politische Funktion des Strafrechts: Als Mittel zur Machterhaltung dient es der Einschüchterung und Unterdrückung von Gegnern, durch Kriminalisierung bestimmter Gruppen aber auch der Einschwörung der Bevölkerung auf einen vermeintlichen Feind[311]. Sowohl vor als auch nach 1933 gehört das Strafrecht zur Organisation und Verstärkung politischer Macht, sodass sich während des Nationalsozialismus nicht das Strafrecht, sondern die Politik, die auf ein anpassungsfähiges Strafrecht gestoßen

309 *K. Wasserburg*, StV 1999, S. 176 (177).

310 Vgl. Richtlinie für das Strafverfahren des RJM vom 13. April 1935, in der es unter der Überschrift „Aufgabe der Strafrechtspflege“ heißt, dass diese der „Schutz des Volkes vor dem Rechtsbrecher, Sühne für begangene und Warnung vor künftigen Frevel, aber auch Schutz des Unschuldigen vor ungerechtfertigter Verdächtigung“ ist, in: Strafrechtliche Verwaltungsvorschriften, S. 49.

311 *M. Stolleis*, Art. NS Recht, in: HRG, Sp. 1817.

war, geändert hat[312]. „Das Strafrecht, die Grundeinstellung zu ihm, sein Auf- und Ausbau und [...] der Geist seiner Handhabung sind wie in keiner anderen Rechtspflegeart bestimmt durch die herrschende politische Grundanschauung, die sich gewandelt hat", so Roland Freisler[313].

Kennzeichnend für die Rechtsordnung des Nationalsozialismus ist der Gegensatz zwischen „normaler" Gesetzgebung und Gesetzesanwendung (Normenstaat) und die außerhalb jeder normativer Bindung stehende Machtausübung (Maßnahmenstaat, nationalsozialistisch gesteuerte „unbegrenzte Auslegung")[314]. Darin zeigt sich das Auseinanderfallen von Legalität und Normativität auf der einen und Illegalität bzw. Scheinlegalität und Antipositivismus auf der anderen Seite. Weder Hitler noch die NSDAP hatten für die künftige Gestaltung des Strafrechts und des Justizwesens ein verbindliches Programm entwickelt. Vorhanden war lediglich eine Grundhaltung, die sich in „einer von praktischen Erwägungen beeinflussten Gesetzgebung [zeigte], die nach ihrer reinen Nützlichkeit für die neue Staatsführung formuliert"[315] wurde. Bezeichnend für das nationalsozialistische Recht und Ausdruck der Gesetzgebungstätigkeit nach politischer Opportunität und Notwendigkeit war eine Pluralität der Rechtsquellen. Neben Reichsregierungs- und Reichstagsgesetzen, Führerverordnungen, Führererlassen oder Parteitagsreden Hitlers gab es formlose, geheime Befehle und Ermächtigungen; hinzu kamen vor allem ab Kriegsbeginn die Konkretisierungen in Form von Erlassen, Rundverfügungen und Ausführungsbestimmungen der jeweils zuständigen Reichsministerien[316].

aa) Rechtsentwicklung

Die Rechtsentwicklung zwischen 1933 und 1945 lässt sich in zwei Phasen gliedern: Die Anfangsphase der Machtkonsolidierung (1933 bis 1935) mit einer

---

312 *W. Naucke*, Zerbrechlichkeit, S. 367; vgl. *B. Rüthers*, JZ 2007, S. 556 (558).

313 *R. Freisler*, DJ 1936, S. 90 (93).

314 *E. Fraenkel*, Der Doppelstaat, ein Beitrag zur Staatslehre der deutschen Diktatur, Frankfurt a. M. 1941; *B. Rüthers*, Die unbegrenzte Auslegung, zum Wandel der Privatrechtsordnung im Nationalsozialismus, 8. Aufl., Tübingen 2017; siehe *M. Broszat*, VjZ 1958, S. 390; *T. Roth*, „Verbrechensbekämpfung", S. 137; M. *Stolleis*, Art. NS Recht, in: HRG, Sp. 1812 f.; *D. Willoweit*, Dt. Verfassungsgeschichte, § 39 Rn. 5, § 40 Rn. 21 f.

315 *H.-E. Niermann*, in: Juristische Zeitgeschichte, S. 13; vgl. *U. Eisenhardt*, Dt. Rechtsgeschichte, Rn. 849; *T. Roth*, „Verbrechensbekämpfung", S. 46; *G. Wolf*, JuS 1996, S. 189 (191).

316 *T. Roth*, „Verbrechensbekämpfung", S. 49; *G. Werle*, Straf-Justiz, S. 690.

Zwischenphase (1936 bis 1938) und die Kriegsphase ab 1939 mit einer nochmaligen Radikalisierungsphase ab 1942/43.

(1) Vorkriegszeit, 1933 bis 1938

Die „Machtergreifung" – oder „nationale Revolution" – wurde bewusst in den Schein der Legalität gekleidet[317]. Einerseits konnte so die Bevölkerung beruhigt und konservativen Kreisen die Revolutionsangst genommen werden. Andererseits verhüllte die Scheinlegalität den insbesondere von der SA ausgeübten Terror. In nur zwei Jahren konnten die Nationalsozialisten die rechtlichen Voraussetzungen für die totale Unterwerfung des deutschen Staates und seiner Bürger unter ihren Willen vollziehen[318].

Beginnend mit der Reichstagsbrandverordnung vom 28. Februar 1933[319] wurden wesentliche Bürgerrechte der Weimarer Reichsverfassung außer Kraft gesetzt und die Grundlage für eine Welle polizeilicher Verhaftungs- und Terroraktionen gegenüber politischen Gegnern sowie die Zentralisierung des Staatsgefüges geschaffen. Das sich hinter dem „Gesetz zur Behebung der Not von Volk und Reich"[320] verbergende Ermächtigungsgesetz setzte die Gewaltenteilung zu Gunsten der Reichsregierung außer Kraft und übertrug – als Akt der Selbstauflösung der parlamentarischen Demokratie – die Staatsgewalt auf Adolf Hitler.

Die für die Festigung der Herrschaft bedeutsame Beseitigung innerparteilicher Gegner der Staats- und Parteiführung führte 1934 in der sog. „Nacht der langen Messer" – besser bekannt als Röhm-Putsch – zur Ausschaltung der SA. Mit dem rückwirkend erlassenen „Gesetz über Maßnahmen der Staatsnotwehr"[321] wurden die Ermordung von 88 Parteifunktionären und des SA-Führers Ernst Röhm als legaler Staatsakt deklariert[322]. In der Reichstagsrede vom 13. Juli 1934 erklärte Hitler: „In dieser Stunde war ich verantwortlich für das Schicksal der deutschen Nation und damit des deutschen Volkes oberster Gerichtsherr". Carl Schmitt folgerte in seiner Schrift „Der Führer schützt das Recht", dass der wahre Führer auch immer Richter sei („Aus dem Führertum

---

317 *U. Herbert*, Geschichte Deutschlands, S. 304: Hitler und die Partei vollzogen einen vollständigen Systemwechsel, der alle Elemente einer Revolution in sich trug. Vgl. *C. Schmitt*, Staat, Bewegung, Volk, S. 7 f.

318 *H. Mitteis/H. Lieberich*, Dt. Rechtsgeschichte, S. 485.

319 Gesetz zum Schutz von Volk und Staat vom 28. Febr. 1933, RGBl. I, S. 83.

320 Gesetz zur Behebung der Not von Volk und Reich vom 24. März 1933, RGBl. I, S. 141.

321 Gesetz über Maßnahme der Staatsnotwehr vom 3. Juli 1934, RGBl. I, S. 529.

322 *M. Grüttner*, Das Dritte Reich, S. 77; im Einzelnen *N. Frei*, Der Führerstaat, S. 29 – 41.

fließt das Richtertum“) und das Führerhandeln eine eigene, überpositive Rechtsquelle sei[323]. Mit der Betätigung Hitlers als Gesetzgeber und Richter hatte bereits 1934 eine offen erkennbare Gleichschaltung der Judikative stattgefunden, die ab 1939 mit Hitlers‘ Befugnis zu sog. Urteilskorrekturen ausgebaut wurde. In den Monaten ab März 1933 folgte ein umfassender Prozess der Umgestaltung. Zur Durchsetzung eines totalen Herrschaftsanspruchs wurden das politische und das gesellschaftliche Leben gleichgeschaltet und das Führerprinzip zum Verfassungs-, Organisations- und Gesellschaftsprinzip erhoben[324].

Mit dem Ziel der Sicherung staatlicher Autorität wurde alsbald auch die Arbeit zur Reform des Strafrechts aufgenommen. November 1933 wurden die „amtliche Strafrechtskommission“ sowie die „Kleine Strafprozeßkommission“, die 1937 ihre Arbeit in der „Großen Strafprozeßkommission“ fortführte, eingesetzt[325]. Keine der ausgearbeiteten Entwürfe wurde allerdings Gesetz. Angesichts der Machtstabilisierung wurden spätestens ab 1936 eine Festlegung und Selbstbindung durch eine Kodifizierung des materiellen Strafrechts abgelehnt[326]. In der gescheiterten – aber dennoch beabsichtigten – Strafrechtsreform zeigte sich erneut Hitlers‘ Geringschätzung für Recht und Gesetz[327]. Mit der Reform des materiellen Strafrechts scheiterte zugleich die Gesamtreform des Strafprozessrechts, zumal eine Reihe grundlegender und vordringlicher Änderungen bereits gesetzlich realisiert worden waren[328].

So fallen in die erste Phase der Machtkonsolidierung Gesetze zum Schutz des nationalsozialistischen Staates – z.B. die teils rückwirkende Einführung der Todesstrafe für gemeingefährliche und staatsgefährdende Delikte[329], die Einführung von Schnellverfahren[330] und die

---

323 *C. Schmitt*, DJZ 1934, S. 945 (947), daraus auch das Zitat Hitlers aus der Reichstagsrede, S. 946. Zu Carl Schmitt siehe *L. Gruchmann*, „Dummheiten eines Genies?“, JZ 2005, S. 763 - 770.

324 Siehe Zusammenstellung der relevanten Gesetze bei *M. Hirsch/D. Maier/J. Meinck* (Hrsg.), Recht, Verwaltung und Justiz im Nationalsozialismus, S. 11 - 16.

325 *L. Gruchmann*, Justiz im Dritten Reich, S. 752 f., 980, 1011.

326 *Eb. Schmidt*, Strafrechtspflege, § 359; *M. Stolleis*, Art. NS Recht, in: HRG, Sp. 1810.

327 *M. Broszat*, VjZ 1958, S. 390 (395); *M. Grüttner*, Das Dritte Reich, S. 119.

328 *L. Gruchmann*, Justiz im Dritten Reich, S. 1049, 1068; vgl. die amtliche Begründung zur vierten Strafgesetznovelle bei *G. Werle*, Justiz-Strafrecht, S. 141 f.

329 VO zum Schutz von Volk und Staat vom 28. Febr. 1933, RGBl. I, S. 83; VO zur Abwehr politischer Gewalttaten vom 4. April 1933, RGBl. I, S. 162; Gesetz über Verhängung von Vollzug der Todesstrafe vom 29. März 1933, RGBl. I, S. 151; Gesetz zur Gewährleistung des Rechtsfriedens vom 13. Okt. 1933, RGBl. I, S. 723.

330 VO zum Schutze des deutschen Volkes vom 4. Febr. 1933, RGBl. I, S. 35.

„Heimtückeverordnung“[331] – sowie Gesetze zur Verwirklichung der nationalsozialistischen Strafrechtsreform[332]. Zu dieser Kategorie gehören das „Gesetz gegen gefährliche Gewohnheitsverbrecher“[333], die Einführung des Volksgerichtshofs[334] sowie, durch die Novellen vom 28. Juni 1935[335], die Aufhebung des Analogieverbots durch Einfügung des Begriffs des „gesunden Volksempfindens“ mit Entsprechung in der Strafprozessordnung[336] sowie Abschaffung der Bindung des Reichsgerichts an frühere Urteile. Erkennbar standen die verfahrensrechtlichen Änderungen unter der Leitidee einer Lösung von formalen Bindungen zum Schutz von Individualrechten im Interesse „materiell gerechter“ Ergebnisse[337].

Zu dem bereits vor Kriegsbeginn erlassenen Sonderstrafrecht gehören insbesondere die Nürnberger Rassengesetze[338]. In Bezug auf die Organisation der Justiz stand die Verreichlichung der Justiz[339] und die Durchdringung des Führerprinzips im Mittelpunkt. Probleme bereiteten hier vor allem die Integration der

331 VO zur Abwehr heimtückischer Angriffe gegen die Regierung der nationalen Erhebung vom 21. März 1933, RGBl. I, S. 135.

332 *A. Buschmann*, Nationalsozialistische Weltanschauung, S. 699. Vgl. Auflistung aller Novellen von allg. strafrechtlicher Bedeutung bei *J. Regge/W. Schubert* (Hrsg.), Quellen, S. XVIII f.

333 Gesetz gegen gefährliche Gewohnheitsverbrecher und über Maßregeln der Sicherung und Besserung vom 24. Nov. 1933, RGBl. I, S. 995.

334 Gesetz zur Änderung von Vorschriften des Strafrechts und des Strafverfahrens vom 24. April 1934, RGBl. I, S. 341. Durch Gesetz vom 18. April 1936, RGBl. I, S. 369 wurde der Volksgerichtshof zum ordentlichen Gericht.

335 Gesetz zur Änderung des Strafgesetzbuches vom 28. Juni 1935, RGBl. I, S. 839 und Gesetz zur Änderung von Vorschriften des Strafverfahrens und des Gerichtsverfassungsgesetzes vom 28. Juni 1935 RGBl. I, S. 844.

336 Art. 1 § 170a ebd.: „Ist eine Tat, die nach gesundem Volksempfinden Bestrafung verdient, im Gesetz nicht für strafbar erklärt, so hat die Staatsanwaltschaft zu prüfen, ob auf die Tat der Grundgedanke eines Strafgesetzes zutrifft und ob durch entsprechende Anwendung dieses Strafgesetzes der Gerechtigkeit zum Siege verholfen werden kann (§ 2 des Strafgesetzbuchs)“. In Bezug auf die Hauptverhandlung nahezu wortgleich § 267a.

337 *H. Rüping/G. Jerouschek*, Grundriss, S. 101. Siehe bspw. *E. Schäfer*, Die Auflockerung des Verfahrens im künftigen Strafprozeß und der Gedanke der materiellen Gerechtigkeit, DStR 1935, S. 247 – 257.

338 Das Reichsbürgergesetz vom 15. Sept. 1935, RGBl. I, S. 1146, das Gesetz zum Schutze des deutschen Blutes und der deutschen Ehre (Blutschutzgesetz) vom 14. Nov. 1935, RGBl. I, S. 1146.

339 Gemeint ist die Übertragung der Länderzuständigkeit für die Justiz auf das Reich.

Richterschaft in die Struktur des Führerstaates[340]. Andererseits bildete die Schaffung neuer Gerichtsbarkeiten wie dem Volksgerichtshof und die die ordentliche Gerichtsbarkeit teils überlagernde, teils auch gänzlich der allgemeinen Justiz entzogene Sondergerichtsbarkeit einen Schwerpunkt der Gesetzestätigkeit[341].

(2) Kriegszeit, 1939 bis 1945

Im Krieg entstand eine umfangreiche Strafgesetzgebung, in der viele kriegsbedingte, aber schon lange diskutierte Reformen verwirklicht wurden. Jedoch wurde über das kriegsnotwendige Maß hinausgegangen und der Krieg zum Anlass genommen, um gegen „Reichsschädlinge" (Arbeitsscheue, Asoziale, Kriminelle, Fremdrassige und Systemgegner) ein übermäßig hartes Strafrecht zu schaffen[342]. Da das Strafrecht bereits seit 1933 durch Umdeutung der Begriffe ideologisiert und zur Durchsetzung der politischen Vorstellungen instrumentalisiert wurde, fand in den Kriegsjahren eine totale Politisierung des Rechts bis hin zur Entrechtung einzelner Gruppen statt[343].

In Vorbereitung des Krieges und zur Stabilisierung der „Heimatfront" war bereits im August 1938 ein Kriegssonderstrafrecht geschaffen worden, das beispielsweise den Straftatbestand der Wehrkraftzersetzung einführte[344]. Ausdruck eines Sonderstrafrechts mit „vage[n] Tatbestände[n] und vage[n] Strafandrohungen"[345] stellten die „Verordnung über außerordentliche Rundfunkmaßnahmen", die „Kriegswirtschaftsverordnung", die „Verordnung gegen Volksschädlinge"

340 *M. Hirsch/D. Majer/J. Meinck*, Recht, Verwaltung und Justiz im Nationalsozialismus, S. 169.

341 *A. Buschmann*, Nationalsozialistische Weltanschauung, S. 173.

342 *G. Gribbohm*, NJW 1988, S. 2842 (2844); *L. Gruchmann*, Justiz im Dritten Reich, S. 1068. Im Einzelnen: *M. Löffelsender*, Strafjustiz an der Heimatfront, S. 36 – 76; *T. Roth*, in: Dülffer/Szöllössi-Janze (Hrsg.), Schlagschatten, S. 131 – 156, der von einer kriminalpolitisch erweiterten „Dolchstoßtheorie" spricht, S. 133.

343 *H.-E. Niermann*, in: Juristische Zeitgeschichte, S. 21; vgl. *M. Hensle*, in: Nationalsozialistische Sondergerichtsbarkeit, S. 33; *K. Peters*, Strafprozeß[1], S. 60; *ders.*, Strafprozeß[4], S. 72.

344 Nach § 5 Abs. 1 der Kriegssonderstrafrechtsverordnung vom 26. Aug. 1939, RGBl. I, S. 1455 wurde wegen Zersetzung der Wehrkraft mit dem Tode bestraft, u.a. „Wer öffentlich dazu auffordert oder anreizt, die Erfüllung der Dienstpflicht in der deutschen oder einer verbündeten Wehrmacht zu verweigern, oder sonst öffentlich den Willen des deutschen oder verbündeten Volkes zur wehrhaften Selbstbehauptung zu lähmen oder zu zersetzen sucht". Nur in minder schweren Fällen war eine Zuchthaus- oder Gefängnisstrafe vorgesehen.

345 *K. Peters*, in: Flitner (Hrsg.), Deutsches Geistesleben, S. 167.

sowie die „Verordnung gegen Gewaltverbrecher" dar[346]. In einer Allgemeinverfügung des Reichsjustizministers zur Volksschädlingsverordnung heißt es: „Deutschland steht im Kampf um Ehre und Recht. [...] Wer [...] am Volk sich versündigt, hat keinen Platz mehr in unserer Gemeinschaft. Zur rücksichtslosen Bekämpfung dieser Volksschädlinge [... wurden] die erforderlichen gesetzlichen Grundlagen geschaffen. Von allen Richtern und Staatsanwälten erwarte ich, daß sie die Verordnung mit derselben rücksichtslosen, schnellen, scharf zupackenden Entschlossenheit und Tatkraft anwenden, mit der sie erlassen wurde"[347]. Abgerundet wurde die drakonische Verschärfung des materiellen Strafrechts mit Änderungen des Verfahrensrechts in Vereinfachungs- und Zuständigkeitsverordnungen[348]; beispielhaft seien die Errichtung neuer Sondergerichte, weitere Einschränkungen der Verteidigung sowie die Ausweitung der Aburteilung in Schnellverfahren genannt.

Auswirkungen hatte der Krieg auch auf die Konkurrenzkämpfe zwischen Partei, Justiz und Polizei. Ziel der NSDAP war es, ihrer Machtposition durch ein bestimmendes Mitspracherecht in der Personalpolitik der Justiz Ausdruck zu geben. Zum anderen ging es der Partei um Sonderregelungen für ihre Mitglieder, um strafrechtliche Ermittlungen gegen „eigene" Leute zu verhindern[349]. Demgegenüber beanspruchten die Polizei sowie SS und Gestapo nicht nur mehr Einfluss auf die Justiz, sondern zogen ganze Kompetenzbereiche an sich[350]. Auf Basis der Reichstagsbrandverordnung weiteten sich die Vollmachten und der Umfang der von justizieller Kontrolle unbeschränkten Polizeimaßnahmen vor allem ab 1936 aus[351]. Mit der Gleichschaltung der Kriminalpolizei lag der gesamte Polizeiapparat personell und institutionell in der Hand Heinrich

---

346 VO über außerordentliche Rundfunkmaßnahmen vom 1. Sept. 1939, RGBl. I, S. 1683; KriegswirtschaftsVO vom 4. Sept. 1939, RGBl. I, S. 1609; VO gegen Volksschädlinge vom 5. Sept. 1939, RGBl. I, S. 1679; VO gegen Gewaltverbrecher vom 5. Dez. 1939, RGBl. I, S. 2378. Dazu im Einzelnen: *M. Hensle*, in: Nationalsozialistische Sondergerichtsbarkeit, S. 34 – 45; *G. Werle*, Justiz-Strafrecht, S. 210 – 280.

347 Allg. Verfügung des RJM vom 12. Sept. 1939, in: Strafrechtliche Verwaltungsvorschriften, S. 536.

348 *M. Broszat*, VjZ 1958, S. 390 (397).

349 *L. Gruchmann*, Justiz im Dritten Reich, S. 203 – 221. Zur Situation im Kölner OLG-Bezirk siehe *T. Roth*, „Verbrechensbekämpfung", S. 97 f.

350 Vgl. *G. Werle*, Justiz-Strafrecht, S. 731, wonach das gesamte Justizstrafrecht unter Polizeivorbehalt stand.

351 *Eb. Schmidt*, Strafrechtspflege, § 353.

Himmlers[352]. Als Schlusspunkt dieses Kompetenzkampfes stand „der Ausverkauf der Justiz zu Gunsten der Exekutive“[353], indem ganze Tätergruppen der justiziellen Zuständigkeit entzogen wurden. Legitimiert durch eine Absprache zwischen Himmler und Reichsjustizminister Thierack wurden 1942 Strafsachen von Juden, Polen, Zigeunern, Russen und Ukrainern sowie die Bekämpfung „asozialer Elemente“ auf die Polizei und SS als ausschließliche Angelegenheit übertragen[354]. Aber auch die Kompetenzen der ordentlichen Gerichtsbarkeit und der Militärgerichtsbarkeit wurden beschnitten[355] und durch „eine eigene verfahrenslose Blutjustiz gegen sog. Kriegsverbrecher“[356] der Polizei und SS ersetzt.

bb) Erwartungen: „Nationalsozialismus und Strafrecht“ und „Aufgaben der Rechtsanwendung im Strafrecht“

Mitte 1933 verfasste Peters zwei Aufsätze: „Nationalsozialismus und Strafrecht“[357] und „Aufgabe der Rechtsanwendung im Strafrecht“[358]. Im Dezember 1934 folgte eine Zeitungsartikelreihe „Der Weg zum neuen Strafrecht“[359]. Was Inhalt und Duktus anbelangen, äußerte sich Peters in diesen ersten Veröffentlichungen nach der „nationalen Erhebung“ weder besonders radikal noch versuchte er, sich durch eigene Ideen im besonderen Maße hervorzutun. Ein Bekenntnis zum neuen Staat und eine Auseinandersetzung mit den Grundideen des Staates und dem von ihm angestrebten Recht fehlte aber auch nicht. „Ein neues Recht ist im Werden“[360]: Dieser Satz von 1939 fasst die Attraktivität des Nationalsozialismus für junge Juristen als Gelegenheit zur Mitgestaltung des Rechts nach eigenen, zeitgemäß erscheinenden Vorstellungen zusammen.

---

352 *M. Broszat*, VjZ 1958, S. 390 (394); *H. Mitteis/H. Lieberich*, Dt. Rechtsgeschichte, S. 481.

353 *H. Rüping/G. Jerouschek*, Grundriss, S. 105.

354 *H. Rüping*, GA 1984, S. 297 (302).

355 *M. Stolleis*, Art. NS Recht, in: HRG, Sp. 1818; *D. Willoweit*, Dt. Verfassungsgeschichte, § 40 Rn. 16.

356 *M. Broszat*, VjZ 1958, S. 390 (398).

357 *K. Peters*, JW 1933, S. 1561 – 1564.

358 *K. Peters*, DR 1933, S. 178 – 180. Die Zeitschrift „Deutsches Recht“ war ein Organ des NSRB.

359 *K. Peters*, Kölnische Zeitung Nr. 615 vom 5. Dez. 1934, Nr. 649 vom 23. Dez. 1934, Nr. 655 vom 29. Dez. 1934.

360 *K. Peters*, Zeugenlüge und Prozeßausgang, erster Satz im Vorwort S. 1.

Mit dem zeittypischen Pathos bekannte sich Peters zum Nationalsozialismus und zu dessen Zielen[361] und ging auf die wesentlichen Forderungen der nationalsozialistischen Strafrechtswissenschaft ein. Als Kennzeichen der „neuen Bewegung" nannte er (1.) die Orientierung der Rechtsordnung am Ideengehalt des Nationalsozialismus und Abkehr von der liberalistisch-individualistischen Weltanschauung, (2.) die Ausrichtung des Strafrechts am Schutz der (Volks-) Gemeinschaft[362] sowie (3.) die Absolutheit der nationalsozialistischen Werte[363] und den autoritären Charakter des Strafrechts[364]. Oberstes Ideal des werdenden Rechts sei die Verwirklichung materieller Gerechtigkeit in Abkehr vom Formalismus, der für die „Loslösung des Rechtes von den Notwendigkeiten und Bedürfnissen der Allgemeinheit" sowie für die „Behandlung des Rechts als einer Erscheinung im luftdicht abgeschlossenen Raum" verantwortlich sei[365]. Als

361 *K. Peters*, JW 1933, S. 1561: „Das deutsche Schicksal steht an einem Wendepunkt. Die Wogen der nationalen Revolution haben mit unwiderstehlicher Kraft die Dämme des alten Reiches eingerissen und durchfluten unser gesamtes politisches, wirtschaftliches und geistiges Leben. Die nationale Revolution ist ein universelles Ereignis. Nicht daran, daß an Stelle alter Machtinhaber neue getreten sind, liegt ihr Wesen, sondern darin, daß sie mit unbezwingbarem Willen [...] ein neues Fühlen und Denken begründet hat [...]. Die Idee der Revolution geht an keinem Wissenszweig vorüber. Überall stellt sie neue Forderungen, neue Gebote und neue Blickrichtungen auf. [...] Die Revolution der nationalen Erhebung hat die noch äußerlich bestehende Herrschaft überalteter Gedanken beseitigt. Sie hat klare Ziele gesetzt, hat eine Grundlage geschaffen, die für die Zukunft maßgebend sein wird, und auf der sich daher ein neues Strafrecht aufbauen kann".

362 *K. Peters*, JW 1933, S. 1561 (1562): „Will man die Gemeinschaft definieren, so kann man sie bezeichnen als eine natürlich oder sich organisch ergebende fortdauernde Einheit, in der [...] Menschen durch Gemeinsamkeit des Wollens und Strebens in gegenseitiger Wechselwirkung derart verbunden sind, daß die Verbundenheit überindividuelle Werte und Kräfte erzeugt und somit dem einzelnen Glied gegenüber einen selbständigen Wertgehalt besitzt". Vgl. hierzu *K. Marxen*, Der Kampf gegen das liberale Strafrecht, S. 60 – 64.

363 *K. Peters*, Kölnische Zeitung Nr. 655 vom 29. Dez. 1934: „In den nationalsozialistischen Staat, der sein Strafrecht auf dem sittlichen Bewußtsein des Volkes aufbaut, der getragen ist von der Überzeugung an die Absolutheit der von ihm geschützten Werte, ist kein Raum für den „anständigen" Verbrecher".

364 *K. Peters*, JW 1933, S. 1561 f. mit Verweis auf *G. Dahm/F. Schaffstein*, Autoritäres oder liberales Strafrecht?, Berlin 1933.

365 *K. Peters*, DR 1933, S. 178 (179). Im Zusammenhang mit dem Institut der Rechtskraft sprach Peters davon, dass dessen Grenzen dort seien, „wo der Grundsatz in unerträglicher Weise der materiellen Gerechtigkeit und der Vernunft widersprechen würde" und die Annahme von Tateinheit im Einklang mit „der Grundausrichtung eines auf

weitere Kennzeichen des neuen Strafrechts sah Peters (allein) den Strafzweck der Vergeltung und Sühne[366] unter Berücksichtigung einer lebensnahen, sittlich-einheitlichen Anschauung. Kriterien für die Bestimmung des Strafmaßes seien die Weltanschauung und der Bezug zum Gemeinschaftsgedanken, die Schwere der Störung und des angerichteten Schadens sowie die Gefährlichkeit von Tat und Täter – wobei zu berücksichtigen sei, dass die Gefährlichkeit bei minderwertigen Tätern meist erhöht sei[367].

Wie viele andere Juristen, so bemängelte auch Peters die Gesetzgebungsarbeit in der Weimarer Republik. Da das Reichsstrafgesetzbuch von 1871 weniger ein Reformwerk als der gesetzliche Niederschlag einer Epoche des generalpräventiven Vergeltungsstrafrechts war, galt es als veraltet und reformbedürftig; insbesondere die zu geringen Freiheitsstrafen wurde kritisiert[368]. Obwohl Franz von Liszt im „Marburger Programm" von 1882[369] einer „modernen" Straftheorie zum Durchbruch verholfen hatte, fanden soziologisch-spezialpräventive Gesichtspunkte kaum Berücksichtigung. Die Einführung des Jugendgerichtsgesetzes 1923 und die Zurückdrängung der Freiheitsstrafe zu Gunsten der Geldstrafe[370] waren zwar Belege für erfolgreiche Reformarbeiten, aber insgesamt konnte unter den Akteuren keine einheitliche Linie gefunden werden und Gesetzesentwürfe blieben Entwürfe.

Lebensnähe und Lebenswirklichkeit gerichteten Rechtsdenkens" stehen müsse, *ders.*, FS Kohlrausch (1944), S. 199 (204, 208). So auch Peters' Ansatz nach 1945, siehe dazu Kap. C. III. 3. b).

366 In der Denkschrift des Preuß. Justizministers Kerrl wurde daneben der Strafzweck der Abschreckung und Unschädlichmachung hervorgehoben, Preußische Denkschrift, S. 114 f., 140. Kasseckert kommt in seiner Arbeit zu dem Schluss, dass vor und nach 1933 eine nicht unerhebliche Zahl von Strafrechtlern eine stärkere Betonung der reinen Vergeltungsstrafe forderten, *C. Kasseckert*, Straftheorien im Dritten Reich, S. 191. Den Unterschied zwischen Vergeltung und Sühne sah Peters darin, dass Vergeltung an dem Täter vollzogen werde, wohingegen Sühne vom Täter selbst zu leisten sei, *K. Peters*, ZStW 58 (1939), S. 567 (569); *ders.*, Kriminalpädagogik, S. 101.

367 *K. Peters*, DR 1933, S. 178 (180); vgl. *ders.*, Kölnische Zeitung Nr. 615 vom 5. Dez. 1934: darin nannte er noch Rasse und Erhaltung der Volkskraft als zu berücksichtigenden Interessen bei der Strafzumessung.

368 *A. Eser/B. Hecker*, in: Schönke/Schröder, StGB[29], Einf. Rn. 8; *C. Roxin*, StrafR AT, Bd. 1, § 4 Rn. 2 f.

369 *F. von Liszt*, ZStW 3 (1883), S. 1 – 47.

370 Zuletzt die Verordnung über Vermögensstrafen und Bußen vom 6. Febr. 1924, RGBl. I, S. 44.

Die Ansicht, dass die in der Weimarer Republik angestrebten Reformen im Geiste des 19. Jahrhunderts individualistisch, liberalistisch und rationalistisch gewesen seien, wurde vor allem von dem wissenschaftlichen Nachwuchs vertreten[371]. So meinte auch Peters, dass es für eine erfolgreiche Reform während der Weimarer Zeit an den politischen Voraussetzungen einer hinreichend starken Staatsgewalt mit einem einheitlichen Wollen gefehlt habe und das Reformwerk von einer verfehlten, überalterten liberalistisch-individualistischen Weltanschauung getragen gewesen sei[372]. Rückblickend fasste Peters die Geisteshaltung seiner Generation dahin zusammen, dass die starke Betonung des Individuums in der liberalen Strafrechtsauffassung als Verweichlichung und mangelnde Berücksichtigung der Gemeinschaftserfordernisse erschienen sei[373]. Die vom NS-Gesetzgeber erlassenen Gesetze trügen den neuen Geist eines Strafrechts als „Kampfrecht um das Wohl der Gemeinschaft" in sich und seien „eine Absage an den zersetzenden und verweichlichenden Geist der vergangenen Jahre"[374]. Charakterisiert werde dieser Umschwung durch die vom Führer wiederholt geäußerte Betonung der Verbindung von Rechtlichem und Sittlichem[375].

Im Sinne der Kritik der Strafrechtswissenschaft am Liberalismus als „eine Entartung des Freiheitsgedankens"[376] befürwortete Peters die „Auflockerung" der Rechtsgarantie des nulla poena sine lege-Grundsatzes (§ 2 Abs. 1 RStGB) „als Fundament des [abzulehnenden] liberalistischen Strafrechts"[377]. Anfang des 19. Jahrhunderts hatte Feuerbach mit diesem Grundsatz ein rechtsstaatlich-liberales Strafrecht geprägt. Angesichts der dominierenden antiliberalen Grundstimmung wurde dieser Grundsatz in der Rechtswissenschaft der Weimarer Zeit demgegenüber nicht als unverzichtbarer Bestandteil der Rechtsordnung angesehen[378], zumal mit der „modernen Schule" von Liszts eher ein rechtsstaatlich-soziales Strafrecht befürwortet wurde.

---

371 *Eb. Schmidt*, Strafrechtspflege, § 338.

372 *K. Peters*, JW 1933, S. 1561; *ders.*, Kölnische Zeitung Nr. 615 von 5. Dez. 1934: „Die Verweichlichung des Strafrechts ist [...] Ausfluß der schwindenden Macht des Staates und seiner untergrabenen Autorität".

373 *K. Peters*, in: Flitner (Hrsg.), Deutsches Geistesleben, S. 162.

374 *K. Peters*, Kölnische Zeitung Nr. 615 vom 5. Dez. 1934.

375 UA-T, 198/64: Vortrag „Recht und Sittlichkeit", 1944.

376 *H. Lange*, zit. aus *K. Marxen*, Der Kampf gegen das liberale Strafrecht, S. 57.

377 *K. Peters*, JW 1933, S. 1561 (1564); vgl. *ders.*, Kölnische Zeitung Nr. 615 vom 5. Dez. 1934.

378 *W. Naucke*, Zerbrechlichkeit, S. 324 f.; *H.-E. Niermann*, in: Juristische Zeitgeschichte, S. 23, *T. Vormbaum*, Strafrechtsgeschichte, S. 159.

„Der liberale Individualismus", so von Liszt 1893 in einem Gutachten für die IKV, „der die Interessen des einzelnen gegenüber jenen der Gesamtheit in erster Linie betonte, [...] hat uns die scharfe Begrenzung der staatlichen Strafgewalt gebracht. [...] Ich begrüße [... die hereinbrechende sozialistische] Strömung; und ich würde sie selbst dann begrüßen, wenn sie das Strafgesetzbuch samt seinen Erklärern und Anwendern hinwegspülen sollte"[379]. Von Liszt lieferte damit eine Grundlage für den Abbau rechtsstaatlich-liberaler Grundsätze; doch er sah auch die Gefahren, die kriminalistisches Zweckmäßigkeitsdenken hervorbrachte[380]. So sei das Strafgesetzbuch „paradoxerweise" die „Magna Charta des Verbrechers", denn es schütze „nicht die Rechtsordnung, [...] sondern den [...] Einzelnen. Es verbrieft ihm das Recht, nur unter den gesetzlichen Voraussetzungen und nur innerhalb der gesetzlichen Grenzen bestraft zu werden. Der Doppelsatz: nullum crimen sine lege, nulla poena sine lege ist das Bollwerk des Staatsbürgers gegenüber der staatlichen Allgewalt"[381]. Ebenso betonte Peters, dass die Ausrichtung des Strafrechts am kollektivistischen Gemeinschaftsdenken nicht mit einem Ausschluss individuellen Rechtsschutzes gleichzusetzen sei. Auch das moderne Strafrecht bleibe an der individuellen Verantwortung des Täters ausgerichtet, der Gemeinschaftsgedanke zeige sich nur in der Verpflichtung des Täters gegenüber der Gemeinschaft[382].

In Abkehr zu von Liszt war Peters gleichwohl der Ansicht, dass die Analogie zu Lasten des Täters im Interesse materieller Gerechtigkeit zulässig sei – und das auch unabhängig von einer gesetzlichen Normierung[383]. Denn das Rückwirkungsverbot, das Bestimmtheitsgebot, der Ausschluss des Gewohnheitsrechts und der Analogie seien „Garant der Freiheit und Rechtssicherheit des einzelnen, selbst dort, wo es auf Kosten der Rechtsidee und der Gerechtigkeit" gehe[384].

---

379 *F. von Liszt*, in: Strafrechtliche Aufsätze und Vorträge, Bd. 2, S. 81.

380 *Eb. Schmidt*, Strafrechtspflege, §§ 274, 310; vgl. *T. Roth*, „Verbrechensbekämpfung", S. 44, 46 zur selektiven Rezeption von Liszts.

381 *F. von Liszt*, in: Strafrechtliche Aufsätze und Vorträge, Bd. 2, S. 80.

382 *K. Peters*, JW 1933, S. 1561 (1562 f.); so auch Hervorhebung LAV NRW R, NW 1039-P-1248, S. 19: Peters über sein Schrifttum vor 1945 vom 29. Jan. 1947.

383 *K. Peters*, JW 1933, S. 1561 (1563 f.); *ders.*, DR 1933, S. 178; *ders.*, DStR 1938, S. 337; so auch bspw. *L. Zimmerl*, FS Gleispach (1936), S. 173 (174, 176). Das Analogieverbot wurde erst mit dem Gesetz zur Änderung des Strafgesetzbuches vom 28. Juni 1935, RGBl. I, S. 839 beseitigt. Unter Verweis auf den „Ambivalenzcharakter" des gesunden Volksempfindens wiederholte Peters nach 1945 seine Sichtweise, *K. Peters*, in: Flitner (Hrsg.), Deutsches Geistesleben, S. 167.

384 *K. Peters*, JW 1933, S. 1561 (1563).

Die Gesetzesanwendung dürfe sich jedoch nicht in einer einengenden Auslegung und in der Bindung an den Wortlaut erschöpfen[385]. Der Staat erscheine aus Sicht liberaler Ideologie als ein Feind, der nur darauf aus sei, die Freiheitssphäre des Einzelnen mehr als nötig zu beschränken. „Einen naturgegebenen Gegensatz zwischen der im Staat organisierten Volksgemeinschaft und dem einzelnen Volksgenossen, der nur als Glied der Volksgemeinschaft Sinn und Daseinsberechtigung erhält, kann der Nationalsozialismus niemals anerkennen“[386]. Mit der Abschaffung des Analogieverbots und der Einfügung des „gesunden Volksempfindens“ in § 2 RStGB fand die Ideologie der Einheit von Volksgenosse und Volksgemeinschaft ihren gesetzlichen Ausdruck.

cc) „Das gesunde Volksempfinden“

1938 erschien in der Zeitschrift Deutsches Strafrecht der Aufsatz „Das gesunde Volksempfinden“[387], in dem sich Peters mit den Wurzeln des völkischen Denkens in der Historischen Schule und mit dem Problem des gesunden Volksempfindens bei der Rechtsanwendung beschäftigte. Zugleich positionierte sich Peters in der Streitfrage, ob das Volksempfinden eine Rechtsquelle mit Ausnahmecharakter gegenüber dem positiven Recht[388] oder Gewohnheitsrecht sei, dass gegenüber dem geschriebenen Recht Vorrang genieße[389]. Peters teilte die erstgenannte Ansicht: Das Analogiegebotsgesetz von 1935 sei „der Ausdruck einer neuen Gesamteinstellung, der Ausdruck des Grundsatzes, daß das Recht seinen Ursprung im Volke findet. Es ist die gesetzliche Verkündung des Satzes: Das Volk ist die Quelle unseren Rechtes“[390].

Mit Peters knüpften viele Juristen bei der Beschreibung des sich verändernden, neuen Strafrechts an die Rechtstradition Savignys an. Zugleich wurde die

---

385 *K. Peters*, DR 1933, S. 178.

386 *L. Zimmerl*, FS Gleispach (1936), S. 173.

387 Der Aufsatz gibt einen Vortrag wieder, den Peters 1937 anlässlich der Feier des 25-jährigen Bestehens des strafrechtlichen Seminars unter Leitung von Prof. Gerland in Jena hielt, LAV NRW R, NW 1039-P-1248, S. 19: Peters über sein Schrifttum vor 1945 vom 29. Jan. 1947.

388 So *E. Mezger*, DJZ 1936, S. 602: § 2 RStGB eröffne neben dem Gesetz – als „Ergänzung, aber auch zur sinngemäßen Handhabung des Gesetzes selbst – eine neue Rechtsquelle: das gesunde Volksempfinden“.

389 So *R. Freisler*, DJ 1936, S. 90 (94): „unmittelbare Rechtsschöpfung aus dem gesunden Volksempfinden“.

390 *K. Peters*, DStR 1938, S. 337 (338); ähnliche Formulierungen bei *J. Rückert*, ZRG GA 103 (1986), S. 199 (220).

Historische Rechtsschule kritisiert – zu seelenlos und unpersönlich, zu individualistisch und undeutsch, zu wertungsfrei und ohne Bezug zur Volksethik[391] –, wogegen sich aber Peters in seinem Aufsatz wendete. Für ihn war entscheidend, dass der Volksbegriff der Historischen Rechtsschule wesentliche Merkmale des nationalsozialistischen Volksbegriffs enthielt, nämlich „die Einheit des Blutes, des Bodens, des historischen Erlebnisses, die Einheit des Wirkens und Schaffens, die Einheit der Vergangenheit, Gegenwart und Zukunft"[392]. Tatsächlich lassen sich Gemeinsamkeiten zwischen der savigny'schen und der nationalsozialistischen Begrifflichkeit finden. In beiden Fällen wurde die Denkfigur des Volksempfindens als verbindend-organisch, ganzheitlich, nichtempirisch und letztlich ideologisch definiert, indem „das Volk" als Rechtsquelle, aber nicht in tatsächlicher Hinsicht zur Geltung gebracht wurde[393]. Der entscheidende Unterschied, den auch Peters zum Ausdruck brachte, besteht in der Durchsetzungsintensität. Bei Savigny ging es darum, das Lebendige vom Abgestorbenen unter Rückgriff auf den Willen des Volkes zu trennen[394]. Denn Recht werde zuerst durch Sitte und Volksglaube, dann durch die Jurisprudenz erzeugt, „überall also durch innere, stillwirkende Kräfte, nicht durch die Willkür eines Gesetzgebers"[395]. Die Volksgeistlehre bei Savigny hatte damit eine klar begrenzte Funktion, die nicht der Umformung, sondern der Konservierung des Vorhandenen diente[396]. In nationalsozialistischen Schriften wird dem Begriff dagegen ein absoluter Verwirklichungsgrad zugesprochen[397]. Das Volksempfinden wird zu einer neuen Rechtquelle erhoben, deren Ursprung sich nicht in vorhandenen

---

391 *K. Peters*, DStR 1938, S. 337 (339 – 342). Vgl. auch *J. Rückert*, ZRG GA 103 (1986), S. 199 (202).

392 *K. Peters*, DStR 1938, S. 337 (339). Vgl. UA-T, 198/64: Vortrag „Recht und Sittlichkeit", 1944: „Es handelt sich bei dem Volksempfinden um eine Anschauungswelt, die der historischen, rassischen und wirtschaftlichen Entwicklung entspricht und das Volk in den Grundzügen ideell beherrscht, es handelt sich um die Prägung des Geistes, der für ein Volk typisch ist".

393 *J. Rückert*, ZRG GA 103 (1986), S. 199 (229, 239). Vgl. *K. Peters*, DStR 1938, S. 337 (340) mit der Betonung, dass sowohl Savignys als auch das Rechtsverständnis der 30er Jahre von Irrationalität geprägt worden sei und es daher entscheidend auf „die Wirksamkeit eines das Volk als Einheit kennzeichnenden Denkens, Fühlens und Wertens, eben des Volksgeistes", ankomme.

394 *F. C. von Savigny*, Vom Berufe unserer Zeit, S. 11.

395 *F. C. von Savigny*, Vom Berufe unserer Zeit, S. 14.

396 *J. Rückert*, ZRG GA 103 (1986), S. 199 (241 f.).

397 Vgl. *J. Rückert*, ZRG GA 103 (1986), S. 199 (235): „Als Substanz aller Rechtserscheinungen hat das gesunde Volksempfinden die Funktion der Funktionen".

Rechtsquellen widerspiegeln muss und zur Grundlage neuen, willkürlichen Rechts werden kann.

Peters schrieb dem gesunden Volksempfinden die Funktion der Kontrolle und der Konstituierung zu. Eine Entscheidung komme zunächst aus dem Gesetz unter Anwendung juristischer Auslegungsmethoden zustande – Peters lehnte den Gesetzespositivismus damit nicht gänzlich ab. Kontrollierend müsse das Ergebnis sodann auf seine Haltbarkeit in Bezug auf das Volksempfinden überprüft werden. In konstituierender Hinsicht beruhe ein Ergebnis nicht allein auf dem Gesetz, sondern werde bereits von vornherein durch das Volksempfinden bestimmt[398]. Die damit befürwortete Ideologisierung des Rechts wird besonders deutlich in den Überlegungen zur Ermittlung des gesunden Volksempfindens. Peters differenzierte nach eindeutigen Fällen, in denen die Volksauffassung offen liege und ohne weiteres erfasst werden könne, da „der Richter eben selbst ein Glied des Volkes" sei[399], und uneindeutigen Fällen. In diesen Fällen komme es auf einen einheitlichen Weg zur Auffindung des gesunden Volksempfindens an, das sich in den Kundgebungen der Staatsführung zu politischen Grundanschauungen zeige und durch die Ausbildung und Erziehung der Rechtswahrer sichergestellt werden könne. „Gleichartigkeit der politischen Anschauung, Gleichartigkeit der Schulung, Gleichartigkeit der Bildung, Gleichartigkeit des Berufsethos bringen auch eine gewisse gleichartige Stellung des Richters zum Volksempfinden mit sich"[400]. Die Grundidee der Volksgemeinschaft, mit der der Nationalsozialismus soziale Gemeinschaft, Überwindung der Klassengesellschaft und politische Einheit versprach und die Grundlage für die Neubestimmung des Verhältnisses von Recht, Gesetz, Richter und politischer Führung lieferte[401], kommt deutlich zum Ausdruck. Anders als in seiner Habilitation von 1931 beklagte Peters nicht mehr das Fehlen einer einheitlichen Auffassung in der Rechtsgemeinschaft und setzte die Grenzen des freien richterlichen Ermessens noch enger[402].

---

398 *K. Peters*, DStR 1938, S. 337 (343); vgl. *L. Zimmerl*, FS Gleispach (1936), S. 173 (176), der von einer regulierenden Funktion des Volksempfindens spricht.

399 *K. Peters*, DStR 1938, S. 337 (349).

400 *K. Peters*, DStR 1938, S. 337 (349).

401 *F. Bajohr/M. Wildt*, in: dies. (Hrsg.), Volksgemeinschaft, S. 8; *M. Grüttner*, Das Dritte Reich, S. 334; *U. Herbert*, Geschichte Deutschlands, S. 544; vgl. *C. Schmitt*, Staat, Bewegung, Volk, S. 11 f., 32 f., 40 f.

402 *K. Peters*, Art. Strafzumessung, in: HdK 1936, S. 741 f.: „In seinem Urteil gibt der Richter trotz entscheidender Mitwirkung seiner Persönlichkeit die Auffassung und

dd) „Zur Neuordnung des Strafverfahrens“

Im Aufsatz „Zur Neuordnung des Strafverfahrens“[403] von 1937 setzte sich Peters im Vergleich mit den beiden Aufsätzen von 1933 deutlich kritischer mit der Rechtsentwicklung und der strafrechtlichen Diskussion auseinander. Das dürfte darauf beruhen, dass die Ausrichtung des „kommenden Strafrechts“ deutlicher geworden war und die Strafrechts- und Strafprozesskommission erste Entwürfe präsentiert hatte. Zudem positionierte sich Peters zu vorhandenen Ansätzen und konkretisierte die Rechtserneuerung mit Änderungsvorschlägen zum Strafverfahrensablauf und zur Stellung der Beteiligten[404]. Innovative Ansichten formulierte Peters nur im Bereich des Jugendstrafrechts, in der Diskussion um die Einheitsstrafe und zur Problematik falscher Aussagen im Strafverfahren[405]. Dass die Reformierung und Anpassung des Strafprozesses an die Gegebenheiten des neuen Staates im engen Zusammenhang mit dessen ideologischen, politischen und gesellschaftlichen Grundlagen stand, hatte Franz Exner mit dem Satz „Anderer Staat – anderer Strafprozeß“[406] deutlich zum Ausdruck gebracht.

(1) Stellung des Richters und Staatsanwalts im Strafprozess

Seit den Reichsjustizgesetzen von 1877 und auf Grundlage der von Liszt geprägten Kriminalpolitik fanden umfassende Diskussionen zur Stellung des Richters und Staatsanwalts statt[407]. Ausgangspunkt war der Wunsch nach Vereinfachung, Reduzierung formaler Bindungen und Verfahrensbeschleunigung. Hinzu kam eine antiliberale Grundströmung, die im Ruf nach einer starken Staatsautorität und der Ausrichtung an der Volksgemeinschaft zu Lasten des Individualschutzes

---

den Willen der Rechtsgemeinschaft kund. In seiner Bewertung hat er daher von ihren sittlichen und rechtlichen Anschauungen auszugehen“; vgl. Kap. B. IV. 2. b).

403 *K. Peters*, ZStW 56 (1937), S. 34 – 68.

404 Im Aufsatz „Tat-, Rechts- und Ermessensfragen in der Revisionsinstanz“, ZStW 57 (1938), S. 53 – 85, erläuterte Peters am Beispiel der Revision die Rechtserneuerung. Der Aufsatz ist ein Abdruck des Referats, das er März 1937 bei der Tagung der Strafrechtsarbeitsgemeinschaft der Reichsfachgruppe „Hochschullehrer“ im NSRB hielt.

405 Zum Jugendstrafrecht siehe Kap. B. V. 2. c) ee). Zur Einheitsstrafendiskussion siehe Kap. B. V. 4. b) bb) und Kap. C. III. 3. b) bb). Zur Aussageproblematik siehe Kap. B. V. 2. c) cc) (2) „Zeugenlüge und Prozeßausgang“.

406 *F. Exner*, ZStW 54 (1935), S. 1 (4); vgl. so auch *K. Peters*, FS van der Ven (1972), S. 315 (316).

407 Zur Staatsanwaltschaft siehe *U. Schumacher*, Staatsanwaltschaft, S. 31 – 33.

Ausdruck fand[408]. Die Veränderungen im Verfahrensrecht gingen aber nach 1933 über die Reformansätze der Weimarer Zeit hinaus, indem die rechtsstaatliche Funktion des Strafverfahrens durch Auflockerung und Abbau von schützenden Rechten und Verteidigungsmöglichkeiten sowie Abschwächung des richterlichen gegenüber den staatsanwaltschaftlichen Einflüssen aufgewichen worden war[409].

Für den Richter wurde die Einräumung eines größeren Gestaltungsspielraums bei der Strafzumessung gefordert[410]. Statt an die Funktion „normativistischer Legalität" gebunden und „nur der bekannte Gesetzesanwendungsautomat"[411] zu sein, solle der Richter durch Konkretisierung des Gemeinschaftswillens das Recht schöpferisch gestalten: „Grundlage der Auslegung aller Rechtsquellen ist die nationalsozialistische Weltanschauung, wie sie insbesondere in dem Parteiprogramm und den Äußerungen unseres Führers ihren Ausdruck findet"[412]. Mit der Entkoppelung des Richters von gesetzlichen Bindungen war allerdings nur scheinbar ein Machtzuwachs verbunden. Vielmehr wurde der Richter „zum Werkzeug der politischen Führer", da der Wille der Volksgemeinschaft „keinen soziologischen bestimmbaren, realen Willen der Mehrheit" bezeichne, sondern „sich fortgesetzt im Willen des Führers" offenbare[413]. Die Bindung des Richters an das Gesetz blieb zwar formal bestehen (§§ 2, 2a RStGB 1935 i.V.m. §§ 1, 8, 16 GVG in der fortgeltenden Fassung von 1924), hatte jedoch in der Realität nur noch wenig Bestand. Nach dem Entwurf eines Reichsstrafgesetzbuchs von 1937 sollte die richterliche Gesetzesbindung sogar gänzlich durch die Bindung an den Führer ersetzt werden[414]. Der formal nicht angetasteten Weisungsfreiheit des Richters stand insbesondere die Beschränkung der persönlichen und sachlichen Unabhängigkeit gegenüber[415]. Das „Gesetz zur Wiederherstellung

---

408 *W. Sellert*, in: Justiz und Nationalsozialismus, S. 62 f.; vgl. *W. Jung*, DJ 1935, S. 473 (474); Kap. B. V. 2. a) bb).

409 *Eb. Schmidt*, Strafrechtspflege, § 354.

410 *T. Vormbaum*, Strafrechtsgeschichte, S. 209.

411 *C. Schmitt*, Staat, Bewegung, Volk, S. 45.

412 *G. Dahm/E. Eckhardt/R. Höhn/P. Ritterbusch/W. Siebert*, DJZ 1936, Sp. 179.

413 *H. Rüping*, GA 1984, S. 297 (298).

414 Entwurf eines Deutschen Strafgesetzbuches, zur Kabinettssitzung am 9.3.1937, § 2: „Wegweiser der Rechtsfindung sind die Kundmachungen des Führers. Jedes Strafgesetz ist nach seinen Grundgedanken sinngemäß auszulegen", in: *J. Regge/W. Schubert* (Hrsg.), Quellen, S. 307.

415 *L. Gruchmann*, Justiz im Dritten Reich, S. 1140; *D. Willoweit*, Dt. Verfassungsgeschichte, § 40 Rn. 16.

des Berufsbeamtentums“[416] lieferte die Grundlage für die Entfernung jüdischer und politisch missliebiger, „unzuverlässiger“ Richter und Staatsanwälte aus dem Justizdienst und beseitigte so das Prinzip der richterlichen Unabsetzbarkeit.

Verbunden waren die Eingriffe in die Unabhängigkeit des Richters vielfach mit einem erheblichen Machtzuwachs der Staatsanwaltschaft, wobei diese Tendenz bereits vor 1933 bestand[417]. Beschleunigt wurde die Entwicklung mit dem Beginn des Krieges 1939. Zunehmend wurde die Staatsanwaltschaft der gerichtlichen Kontrolle entzogen und die Unabhängigkeit der Justiz durch Herstellung möglichst weitgehender Abhängigkeit von der Verwaltung unterlaufen[418]. Die Stärkung der staatsanwaltschaftlichen Befugnisse diente der „organisatorischen Durchführung des Primats der politischen Führung im Justizstrafrecht“[419]. Die Staatsanwaltschaft ist „zu einem Werkzeug in der Hand des Führers geworden […], daß ihm […] in treuem und unbedingtem Gehorsam zur Verfügung steht“[420]. Zweiter Eckpfeiler der Umstrukturierung war „der Kampf gegen den Parteigedanken“, d.h. die Auffassung von einer gleichberechtigten, „waffengleichen“ Stellung von Staatsanwalt und Beschuldigten im Strafverfahren[421]. Im Wesentlichen lässt sich der Machtzuwachs der Staatsanwaltschaft durch vier Aspekte zusammenfassen[422]:

(1.) Die staatsanwaltschaftliche Verwaltung des Gerichtsstands. Mit der Zuständigkeitsverordnung vom 21. Februar 1940 erhielt die Staatsanwaltschaft die Befugnis für den konkreten Fall diejenige Spruchbehörde auszuwählen, die „mit Rücksicht auf den Umfang oder die Bedeutung der Sache […] angezeigt ist“[423] bzw. die „mit Rücksicht auf die Schwere oder die Verwerflichkeit

---

416 Gesetz vom 7. April 1933, RGBl. I, S. 175 sowie DurchführungsVO‘en vom 11. April 1933, RGBl. I, S. 195 und 6. Mai 1933, RGBl. I, S. 245.

417 *U. Schumacher*, Staatsanwaltschaft, S. 51 f.

418 *Eb. Schmidt*, Strafrechtspflege, § 354. Vgl. *K. Peters*, Werdendes Jugendstrafrecht, S. 91: Die Beseitigung der richterlichen Mitwirkung bei der Verfahrenseinstellung während der NS-Zeit habe „auf der für die vergangene Zeit kennzeichnende Tendenz der Verstärkung der Macht der Verwaltungsbehörden“ beruht.

419 *G. Werle*, Justiz-Strafrecht, S. 696, vgl. S. 21.

420 *W. Jung*, DJ 1935, S. 473 (474).

421 *U. Schumacher*, Staatsanwaltschaft, S. 57 f.; dazu etwa *H. Henkel*, Der Staatsanwalt, DR 1935, S. 277 – 279; Kap. B. V. 2. a) dd) (2).

422 Im Folgenden *G. Werle*, Justiz-Strafrecht, S. 696 f. mit Nennung weiterer Erscheinungsformen.

423 § 4 I der VO über die Zuständigkeit der Strafgerichte, die Sondergerichte und sonstige strafverfahrensrechtliche Vorschriften vom 21. Febr. 1940, RGBl. I, S. 405 (Wahl

der Tat, wegen der in der Öffentlichkeit hervorgerufenen Erregung oder wegen ernster Gefährdung der öffentlichen Ordnung der Sicherheit geboten ist“[424]. In das staatsanwaltschaftliche Ermessen wurde damit die Anklageerhebung wahlweise vor das Amtsgericht, die Strafkammer oder das Sondergericht gestellt, wodurch de facto der Anspruch auf den gesetzlichen Richter beseitigt wurde. Mittels zielgerichteter Wahl des Gerichtsstandes konnte zudem Einfluss auf die Rechtsmittel und die Wiederaufnahmemöglichkeiten genommen werden[425]; beispielsweise gab es seit September 1939 gegen sondergerichtliche Urteile überhaupt kein Rechtsmittel mehr.

Der Staatsanwaltschaft kam damit (2.) zugleich die Entscheidungsbefugnis über die Rechtskraft zu, zumal ihr mit dem sog. außerordentlichen Einspruch[426] und der Nichtigkeitsbeschwerde[427] weitere Anfechtungsmöglichkeiten gegeben wurden, mit denen sie die Rechtskraft richterlicher Urteile erheblich einschränken konnte.

Im Zusammenhang mit der Auswahl des zuständigen Gerichts konnte die Staatsanwaltschaft (3.) über die Anwendbarkeit von Erwachsenen- oder Jugendstrafrecht entscheiden[428].

Gestärkt wurde die Staatsanwaltschaft (4.) durch die Zunahme der Einstellungsbefugnisse. Indem der Staatsanwalt ab 1942 auch ohne Zustimmung des Gerichts von der Anklage absehen konnte, wurde das Legalitätsprinzip gelockert[429]. Mit der Verordnung vom 13. Dezember 1944 wurde der Verfolgungszwang

---

zwischen AG und LG); siehe bereits Art. I der VO über die Erweiterung und Zuständigkeit des Sondergerichts vom 20. Nov. 1938, RGBl. I, S. 1632.

424 VO über Maßnahmen auf dem Gebiet der Gerichtsverfassung und der Rechtspflege vom 1. Sept. 1939, RGBl. I, S. 1658; § 14 I der VO über die Zuständigkeit der Strafgerichte, die Sondergerichte und sonstige strafverfahrensrechtliche Vorschriften vom 21. Febr. 1940, RGBl. I, S. 405 (sondergerichtliche Zuständigkeit).

425 *L. Gruchmann*, Justiz im Dritten Reich, S. 1083 f.; *Eb. Schmidt*, Strafrechtspflege, § 354.

426 Art. 2 § 3 des Gesetzes zur Änderung von Vorschriften des allgemeinen Strafverfahrens, des Wehrmachtstrafverfahrens und des Strafgesetzbuchs vom 16. Sept. 1939, RGBl. I, S. 1841.

427 Art. 5 § 34 der VO über die Zuständigkeit der Strafgerichte, die Sondergerichte und sonstige strafverfahrensrechtliche Vorschriften vom 21. Febr. 1940, RGBl. I, S. 405.

428 Siehe hierzu Kap. B. V. 2. c) ee), insbes. (7).

429 Durch VO zur weiteren Vereinfachung der Strafrechtspflege vom 13. Aug. 1942, RGBl. I, S. 508 wurde § 153 II RStPO dahingehend geändert, dass „Zustimmung des Amtsrichters“ gestrichen wurde und nun lautete: „Ist bei einem Vergehen die Schuld des Täters gering und sind die Folgen der Tat unbedeutend, so kann *die Staatsanwaltschaft* von der Erhebung der öffentlichen Klage absehen“. Gesamtüberblick zu den Änderungen siehe bei *U. Schumacher*, Staatsanwaltschaft, S. 108 – 116. Darauf hinzuweisen

schließlich für jede Strafsache abgeschafft und gänzlich in die Opportunität der staatsanwaltschaftlichen Entscheidung gelegt[430]. Weitere Befreiungen von gerichtlicher Kontrolle stellten die Abschaffung des Eröffnungsbeschlusses und des Klageerzwingungsverfahrens[431] sowie die Lockerung der gerichtlichen Voruntersuchung dar. Indem die Voruntersuchung zur Ausnahme und die Verfügungsgewalt der Staatsanwaltschaft im gesamten Verfahrensabschnitt bis zur Eröffnung des Hauptverfahrens zur Regel gemacht wurde[432], avancierte die Staatsanwaltschaft zur Herrin des Ermittlungsverfahrens.

Im Hinblick auf die rechtliche Stellung der Staatsanwaltschaft wurden die Staatsanwälte auf Grundlage von § 24 DBG[433] nicht mehr durch den Reichspräsidenten, sondern durch den „Führer und Reichskanzler" ernannt. Die Kontrolle der Staatsbeamten oblag damit fortan der Partei bzw. dem Stellvertreter des Führers[434]. Zudem ermöglichte § 44 Abs. 1 Nr. 7 DBG die jederzeitige Versetzung in den Wartestand oder Abberufung eines *jeden* Staatsanwalts ohne besondere Voraussetzungen. Zu den sog. politischen Beamten zählten nicht mehr nur die (Ober-)Reichsanwälte und anderen höheren Beamten, sondern ausnahmslos

---

ist, dass die Grundlage für die Durchbrechung des Legalitätsprinzips bereits in der Emminger-Verordnung (VO über Gerichtsverfassung und Strafrechtspflege vom 4. Jan. 1924, RGBl. I, S. 15) gelegt wurde.

430 VO zur weiteren Anpassung der Strafrechtspflege an die Erfordernisse des Krieges vom 13. Dez. 1944, RGBl. I, S. 399; *G. Werle*, Justiz-Strafrecht, S. 368 f., 697 f.: Als Pilotprojekt für die Verwaltung des gesamten politischen Strafrechts nach politischer Opportunität diente das Polenstrafrecht.

431 Erlaß des Führers über die Vereinfachung der Rechtspflege vom 21. März 1942, RGBl. I, S. 139. Die Lockerung der Notwendigkeit eines Eröffnungsbeschlusses erfolgte bereits durch die VO zur Beschleunigung des Verfahrens in Hochverrats- und Landesverratssachen vom 18. März 1933, RGBl. I, S. 131 und die VO über Bildung von Sondergerichten vom 21. März 1933, RGBl. I, S. 136.

432 Grundlage für die Änderung bildete Art. 4 der Strafprozessnovelle vom 28. Juni 1935 „Freiere Stellung der Staatsanwaltschaft". § 178 RStPO in der Fassung von Sept. 1935: (1) In den zur Zuständigkeit des Volksgerichtshofs, der Oberlandesgerichte oder der Schwurgerichte gehörenden Strafsachen findet auf Antrag der Staatsanwaltschaft die Voruntersuchung statt, wenn die Staatsanwaltschaft sie nach pflichtgemäßem Ermessen für erforderlich hält. (2) Auch in anderen Strafsachen findet die Voruntersuchung statt, wenn die Staatsanwaltschaft es beantragt. Die Staatsanwaltschaft soll den Antrag nur stellen, wenn außergewöhnliche Umstände die Führung der Voruntersuchung durch einen Richter gebieten.

433 Deutsches Beamtengesetz vom 16. Jan. 1937, RGBl. I, S. 39.

434 *H.-E. Niermann*, in: Juristische Zeitgeschichte, S. 28.

alle Staatsanwälte. Auf diesem Wege wurden der staatliche Einfluss und der Konformitätsdruck erhöht.

Neben der Änderung von Kompetenzen und formaler Stellung griff die Justizführung auch auf das Mittel der Justizlenkung zurück. Zu den Lenkungsmaßnahmen gegenüber der Richterschaft zählten die Tagungen und Besprechungen im Reichsjustizministerium mit Gerichtspräsidenten, Oberreichs- und Generalstaatsanwälten. Daneben gab es im Amtsblatt des Ministeriums oder in juristischen Zeitungen veröffentlichte Entscheidungsbesprechungen, Allgemeinverfügungen sowie unveröffentlichte Rundverfügungen (ab 1942 die sog. Richterbriefe), in denen den Richtern Hinweise für die Rechtsanwendung einschließlich Empfehlungen zur Strafzumessung gegeben wurden[435]. Hinzu kamen die sog. Vor- und Nachschauen anhängiger oder abgeschlossener Verfahren durch die Justizverwaltung, die Urteilskorrektur durch Hitler[436] und die Einflussnahme über die weisungsgebundenen Staatsanwälte. Auch wenn der Richter im Prinzip die Alleinverantwortung für sein Urteil trug, übten die Lenkungs- und Einwirkungsmöglichkeiten erheblichen Druck aus und sorgten für die gewünschte Konformität in der Richterschaft[437].

Für die Staatsanwälte stellten die Rundverfügungen verbindliche Weisungen oder Richtlinien der Justizführung dar. Durch Verlagerung der Länderjustizhoheit erlangte das Reichsjustizministerium die Führungsgewalt über die gesamte Staatsanwaltschaft[438]. Über die Oberreichs- oder Generalstaatsanwälte konnte das Ministerium jedem Staatsanwalt im Reichsgebiet eine Weisung erteilen – so geschehen beispielsweise bei Beantragung der Todesstrafe, wovon das Gericht häufig schon vor der mündlichen Verhandlung erfuhr[439]. Die nötige Kenntnis über relevante Vorgänge verschaffte sich die Justizführung über die immer umfangreicher werdenden Berichtspflichten der Staatsanwaltschaft, die sich beispielsweise auf Hoch- und Landesverrat, sondergerichtliche Strafsachen und Verfahren mit politischer Bedeutung etwa gegen wichtige Persönlichkeiten der Öffentlichkeit oder gegen „Rassenschänder“ erstreckten[440].

---

435 *M. Broszat*, VjZ 1958, S. 390 (402); *L. Gruchmann*, Justiz im Dritten Reich, S. 1141.

436 *G. Gribbohm*, NJW 1988, S. 2842 (2845); *L. Gruchmann*, Justiz im Dritten Reich, S. 1142.

437 *L. Gruchmann*, Justiz im Dritten Reich, S. 1142.

438 Drittes Gesetz zur Überleitung der Rechtspflege auf das Reich vom 24. Jan. 1935, RGBl. I, S. 68.

439 *G. Gribbohm*, NJW 1988, S. 2842 (2845).

440 *L. Gruchmann*, Justiz im Dritten Reich, S. 1141. Zusammenstellung einschlägiger Rundverfügungen des RJM, in: Strafrechtliche Verwaltungsvorschriften, S. 555 f.

(2) Karl Peters' Vorstellungen

Vor dem Hintergrund eines antiliberalen Grundverständnisses charakterisierte Peters das Strafverfahren als Kampf: „Kampf um die Rechtsordnung, Kampf um die Durchsetzung des Gemeinschaftswillens. Ziel des Kampfes ist die Niederzwingung des Rechtsbrechers, die Beugung seines rechtsfeindlichen Willens, die Beseitigung seiner Rechtsgleichgültigkeit, die Sicherheit der Gemeinschaft und die Herbeiführung der Sühne. Volksgemeinschaft und Rechtsbrecher stehen in einem Gegensatz, der im Strafverfahren seinen Ausdruck findet"[441]. Die liberale Umschreibung des Strafverfahrens als ein Parteiprozess, bei dem sich Staatsanwalt und Beschuldigter gleichberechtigt gegenüberstehen, ist damit unvereinbar. Dem Angeklagten wies Peters eine Objektstellung zu.

In Einklang mit anderen Strafrechtlern und den stattgefundenen Gesetzesänderungen befürwortete Peters die Stärkung des Staatsanwalts. Uneinigkeit bestand allerdings in der Frage, welche konkrete Funktion der Staatsanwaltschaft im neuen Recht zuzuordnen sei. Das Konzept eines ehrengerichtlichen Strafverfahrens, bei dem das Urteil einen Ausspruch über die Ehre des Angeklagten darstelle und somit über dessen Zugehörigkeit zur Gemeinschaft entschieden werde, lehnte Peters ab[442]. Gleiches galt für die Überlegung, den Täter als ein Glied der Volksgemeinschaft zu betrachten, das sich durch die als „Ehrung des Verbrechers" zu verstehende Strafe sühnt und damit an der Seite des Staates gegen die eigene Tat kämpft[443]. Ebenso wendete sich Peters gegen Ansätze, die eine Entwicklung aller Verfahrensfunktionen hin zu Gemeinschaftsfunktionen befürworteten, sodass Richter, Staatsanwalt und Angeklagter zu „Sachwaltern der Gemeinschaft" würden und in ihrer Funktion vorrangig auf die Gemeinschaft bezogen seien[444]. An diesen Ansätzen kritisierte Peters, dass der „Gedanke

---

441 *K. Peters*, ZStW 56 (1937), S. 34 (36); vgl. *ders.*, Kölnische Zeitung Nr. 615 vom 5. Dez. 1934: Strafrecht als „Kampf- und Sühnerecht". Wesentlich radikaler heißt es bei *R. Freisler*, Willensstrafrecht, in: Gürtner (Hrsg.), Das kommende deutsche Strafrecht, S. 12: Strafrecht sei ein „Kampfrecht" gegen denjenigen, der „das Prinzip des Asozialen, Anarchischen, Unrechten, Bösen in seinem Leben zu verwirklichen bereit" sei, ein Kampf nicht nur gegen „den tatsächlichen Friedensstörer", sondern auch gegen „den Typus Friedensstörer im Volk, den Träger des asozialen Prinzips im Volk überhaupt". Von der „Möglichkeit eines erfolgreichen Kampfes gegen das Verbrechertum" mit Hilfe der Strafrechtswissenschaften und ihrer Disziplinen Kriminalanthropologie, -psychologie und -statistik spricht bereits *F. von Liszt*, ZStW 3 (1883), S. 1 (46 f.).

442 So *G. Dahm*, DStR 1935, S. 257 (261); vgl. *K. Peters*, ZStW 56 (1937), S. 34 (38 f.).

443 So *H. Henkel*, DStR 1935, S. 129 (143 f.); vgl. *K. Peters*, ZStW 56 (1937), S. 34 (36 f.).

444 So *G. Dahm*, DStR 1935, S. 257 (263); vgl. *K. Peters*, ZStW 56 (1937), S. 34 (36 f.).

der Gegensätzlichkeit" abgeschwächt werde. Lediglich Staatsanwalt und Richter sah er als gleichrangige Parteien im Strafverfahren an. In der konkreten Aufgabenverteilung habe der Staatsanwalt mehr die kämpfende Funktion und sei „das eigentliche strafverfolgende Organ". Der Richter habe demgegenüber die entscheidende Funktion[445]. In der Konsequenz werde der Staatsanwalt zum Herrn des Vorverfahrens und leite das Ermittlungsverfahren in eigenverantwortlicher Stellung gegenüber dem Richter[446]. Daraus folgerte Peters, dass der Staatsanwalt im Ermittlungsverfahren über alle Zwangsmaßnahmen selbst entscheiden müsse und ein richterlicher Eröffnungsbeschluss im Zwischenverfahren – so auch geschehen – entbehrlich sei[447]. Im Hauptverfahren habe der Staatsanwalt keine selbstständige Aufgabe. Im Sinne eines „Klagevorwurfs" soll er lediglich die Anklage in mündlicher Rede vertreten, die Hauptverhandlung eröffnen und als Berater des Gerichts tätig werden[448]. In der Tat wurde die Staatsanwaltschaft während des Nationalsozialismus zur Herrin des Vorverfahrens[449].

Als weitere Entwicklungslinie im Strafrecht benannte Peters die Hinwendung zum Täterstrafrecht[450] und die Forderung, die Persönlichkeit des Täters

---

445 *K. Peters*, ZStW 56 (1937), S. 34 (49), ähnlich S. 39.

446 *K. Peters*, ZStW 56 (1937), S. 34 (40); vgl. *K. Siegert*, ZStW 54 (1935), S. 14 (25), der zudem die Beseitigung des Legalitäts- zu Gunsten des Opportunitätsprinzips forderte.

447 *K. Peters*, ZStW 56 (1937), S. 34 (40 f., 45); so bspw. auch *G. Dahm*, DStR 1935, S. 257 (264 f.).

448 *K. Peters*, ZStW 56 (1937), S. 34 (47); so bspw. auch *W. Jung*, DJ 1942, S. 94 (96). Vgl. Richtlinie für das Strafverfahren des RJM vom 13. April 1935, in: Strafrechtliche Verwaltungsvorschriften, S. 131, 137: „Der Staatsanwalt darf sich grundsätzlich nicht darauf beschränken, dem Gericht lediglich nach Schluß der Beweisaufnahme seine Ausführungen und Anträge vorzutragen. Vielmehr ist es seine Pflicht, während der ganzen Hauptverhandlung in strenger Unbefangenheit und Sachlichkeit [...] auf sorgfältige Beachtung aller gesetzlichen Vorschriften und auf gründliche Erforschung der Wahrheit hinzuwirken. [...] Der Staatsanwalt erörtert in seinem Schlußvortrag das Gesamtergebnis der Hauptverhandlung und würdigt es in tatsächlicher und rechtlicher Beziehung. Dabei hat er in geeigneten Fällen die staats- und rechtspolitischen Grundlagen der anzuwendenden Strafvorschrift herauszustellen, sie zu den Rechtsanschauungen des neuen Staates in Beziehung zu bringen und diese mit allem Nachdruck zu vertreten".

449 Siehe Kap. B. V. 2. a) dd) (1).

450 Allg. Verfügung des RJM vom 7. Okt. 1937, DJ 1937, S. 1564: „Das nationalsozialistische Strafrecht will den Rechtsbrecher nach seiner Persönlichkeit beurteilen. Aufgabe des Staatsanwalts und des Richters ist deshalb, sich von der Gesamtpersönlichkeit des Täters, von seinem Wollen und Wirken im allgemeinen, wie auch in dem zur

in den Mittelpunkt des Strafverfahrens zu stellen. Im Sinne der Stellung des Täters als Verfahrensobjekt müssten die „Hemmungen zu Gunsten vielleicht Unschuldiger" aber beseitigt werden[451]. Zudem werde das Strafverfahren durch die Verreichlichung der Justiz, die Verwirklichung des Führerprinzips und die Hinwendung vom formalen zum materiellen Recht gekennzeichnet[452]. Angesichts der gängigen Formalismusschelte betonte Peters aber, dass in der Abkehr von formellen Bindungen nicht übertrieben werden dürfe, da gewisse Formalitäten im Interesse der Rechtssicherheit, der Gleichförmigkeit der Rechtsanwendung und der Funktionsfähigkeit der Justiz geboten seien. Daher dürfe es beim Abbau formeller Bindungen lediglich darum gehen, den Verfahrensablauf auf das Wesentliche zu beschränken[453]. Daran zeigt sich, dass sich Peters eine Sensibilität für die Notwendigkeiten verfahrensrechtlicher Bindungen bewahrt hat.

Peters betonte, dass als Recht nur gelten kann, „was gerecht ist, was sittlich ist. Über der Rechtsordnung steht die sittliche Ordnung, die, soweit sie als Sozialethik das Recht berührt, in Gesetz und Rechtsanwendung einen bewußten und klaren Niederschlag finden muß, wie es auch dem Volksdenken entspricht, das ein Gegeneinander und Auseinander der beiden Ordnungen [Recht und Moral] nicht versteht"[454]. Recht als „in der Sittlichkeit wurzelnde Ordnung führt im Zusammenhang mit der Zurückdrängung der Interessen der Einzelpersönlichkeit gegenüber den Gemeinschaftsanschauungen und Gemeinschaftsinteressen zu einer Erweiterung des Kreises der strafbaren Handlungen"[455].

Beurteilung stehenden Einzelfall ein möglichst vollständiges und zutreffendes Bild zu verschaffen".

451 *K. Peters*, ZStW 56 (1937), S. 34 (38); *ders.*, FS Kohlrausch (1944), S. 199 (218): „Die Entwicklung des Strafrechts führt zum Persönlichkeitsstrafrecht". Vgl. zur Umkehrung des Grundsatzes in dubio pro reo siehe *K. Siegert*, ZStW 54 (1935), S. 14 (31).

452 Siehe Kap. B. V. 2. a) aa) und bb).

453 *K. Peters*, DStR 1938, S. 337 (340, 348); *ders.*, ZStW 57 (1938), S. 53 (58). Vgl. *K. Siegert*, ZStW 54 (1935), S. 14 (16): „Wenn aber diese Bollwerke des reformierten Strafprozesses fallen", gemeint ist der Formalismus, „so geraten wir noch nicht in eine prozessuale Anarchie". Formale Bindungen seien nur dort haltbar, wo sie dem Gesamtzweck dienen.

454 *K. Peters*, ZStW 56 (1937), S. 34 (56). Siehe dazu Peters' Rechtsverständnis nach 1945 Kap. C. I. 2. b).

455 *K. Peters*, Kölnische Zeitung Nr. 649 vom 23. Dez. 1934.

b) Kölner Justizapparat im Nationalsozialismus

Um Karl Peters' Haltung gegenüber dem Nationalsozialismus und seinen Wirkungsrahmen als Staatsanwalt zu verstehen, sind geschichtliche Rückblicke auf Köln und damit zur Justizgeschichte des Kölner Land- und Oberlandesgerichts nach 1933 erforderlich.

aa) Machtwechsel

Wie überall in Deutschland wurde der 30. Januar 1933 auch in Köln mit einem Marsch der SA durch die Stadt und als Fest mit Musik, Standarten und Fahnen gefeiert[456]. Einen Tag später feierten die Kölner Nationalsozialisten die Ernennung Hitlers zum Reichskanzler mit einer „nationalen Weihestunde". Am 13. März 1933 wurde der seit 1917 amtierende Oberbürgermeister Konrad Adenauer nach verlorenen Kommunalwahlen des Amtes enthoben und durch einen Nationalsozialisten ersetzt[457]. Als katholisch und liberal geprägte Stadt war Köln keine Hochburg der Nationalsozialisten: In den Reichstagswahlen 1928 bis 1933 und vor Gleichschaltung der politischen Parteien erzielte die NSDAP im Wahlkreis Köln-Aachen unterdurchschnittliche Ergebnisse[458].

Das zweite Zeichen der neuen Herrschaft war der erste Zugriff auf die jüdische Bevölkerung. Am 31. März 1933, einen Tag vor Beginn des offiziellen „Judenboykotttages", umstellten SA- und SS-Männer das Kölner Justizgebäude am Reichenspergerplatz, trieben mit der Aufforderung „Juden raus!" alle jüdischen oder auch nur jüdisch aussehenden Juristen teils unter Misshandlungen in den Plenarsaal des Oberlandesgerichts. Die verhafteten Richter und Rechtsanwälte wurden auf zwei Bereitschaftswagen der Polizei und zusammengepfercht

---

456 *A. Klein*, in: ders./Rennen (Hrsg.), Justitia Coloniensis, S. 130. Zur NS-Selbstinszenierung siehe *N. Frei*, Der Führerstaat, S. 113 f.; *H. Matzerath*, in: Dülffer/Szöllössi-Janze (Hrsg.), Schlagschatten, S. 32 f.

457 *C. Dietmar*, Köln in der NS-Zeit, S. 12 – 15.

458 Der Stimmanteil der NSDAP in Wahlkreis Köln-Aachen lag in der Reichstagswahl: von 1928 bei 1,1 % (Reichsdurchschnitt 2,6%), von Sept. 1930 bei 14,5% (Reichsdurchschnitt 18,3%), von Juli 1932 bei 20,4% (Reichsdurchschnitt 37,4%), von Nov. 1932 bei 17,4% (Reichsdurchschnitt 33,1%), von Mai 1933 bei 30,1% (Reichsdurchschnitt 43,9%), von Nov. 1933 bei 81% (Reichsdurschnitt 92%). Eine Erklärung für das Ergebnis der Novemberwahl versuchte die Gestapo damit zu geben, dass „staatsfeindliche Hetze früherer Zentrumskreise", „wirtschaftliche Verhältnisse und Sorgen" sowie „Versagen mancher Ortsgruppenleiter" schuld gewesen seien, Lageberichte Rheinischer Gestapostellen, Bd. I, S. 308.

auf einem Müllwagen zum Polizeipräsidium verbracht und dort wieder freigelassen[459]. Höhepunkt der für jedermann sichtbaren Radikalisierung gegenüber der jüdischen Bevölkerung war das Novemberpogrom in der Nacht vom 9. zum 10. November 1938, in der alle sieben Kölner Synagogen geplündert und niedergebrannt, jüdische Geschäfte demoliert und hunderte von Männern deportiert wurden[460]: „Zu den bedrückendsten Ereignissen gehörte die Judenverfolgung, wie sie in der Brandlegung der Synagogen und jüdischer Geschäftshäuser zum Ausdruck kam. Machtlos mussten die gerecht Denkenden zusehen. Der planmäßige staatliche Terror zeigte sich jetzt in aller Deutlichkeit"[461]. Diese Aussage ist wohl als Eingeständnis eigener Untätigkeit aufzufassen, denn Peters sprach 1965 selbst „vom Hinnehmen offenbaren Unrechts"[462].

bb) Personalpolitik und Parteibuch

Die Kölner Justizbeamtenschaft wurde in den Folgejahren partiell ausgetauscht. Neben einer größeren Zahl von entlassenen jüdischen Assessoren und Referendaren beriefen sich einige jüdische Richter am Kölner Gericht auf das „Frontkämpferprivileg". Auf Grundlage des Reichsbürgergesetzes von September 1935 wurden sie jedoch endgültig aus dem Justizdienst entfernt[463]. Politisch aktive Richter und Staatsanwälte wurden wohl nur in zwei Fällen aus parteipolitischen Gründen entlassen; in der Regel wurde politisch nicht-konformes Verhalten mit Versetzung oder dienstlicher Herabsetzung beantwortet[464]. Ein politisch geprägter Austausch

---

459 *C. Dietmar*, Köln in der NS-Zeit, S. 18 f., 29; *D. Laum/R. Pamp*, in: Laum/Klein/Strauch (Hrsg.), Rheinische Justiz, S. 634.

460 *C. Dietmar*, Köln in der NS-Zeit, S. 68 f. Deutlich dazu *K. Peters*, in: Flitner (Hrsg.), Deutsches Geistesleben, S. 175: „Die allen Juristen und allen Deutschen bekannte »Reichskristallnacht« war das Signal zur »Endlösung der Judenfrage« mit mehreren Millionen Vernichteter".

461 UA-T, 198/13, S. 30.

462 *K. Peters*, in: Flitner (Hrsg.), Deutsches Geistesleben, S. 174. Vgl. dazu Kap. B. V. 1. c).

463 *D. Laum/R. Pamp*, in: Laum/Klein/Strauch (Hrsg.), Rheinische Justiz, S. 632, zum Einzelschicksal vier jüdischer Richter S. 634 – 639.

464 So *T. Roth*, „Verbrechensbekämpfung", S. 80 f. Beispiel: **Franz Mecker** (*21. Juni 1881, kath.), der 1924 zum Ersten StA, 1932 zum OStA am LG Aachen befördert wurde, dann jedoch auf Betreiben der NSDAP auf Grundlage von § 5 BBG an das LG Köln versetzt und als einfacher StA verabgestuft zum Dezernent für gewöhnliche Strafsachen gemacht wurde. Politisch und weltanschaulich galt er als unzuverlässig. In der politischen Beurteilung heißt es: „Mecker galt vor der Machtübernahme als Zentrums-Anhänger, wenn er auch nicht eingeschriebenes Mitglied dieser Partei war, noch politisch hervorgetreten ist. Mecker war in Aachen Sachbearbeiter der

mit „weltanschaulich gefestigten" und „national zuverlässigen" Juristen, die sich teils schon vor dem Machtwechsel dem Nationalsozialismus zugewandt hatten, fand – wie insgesamt bei der Mehrzahl dieser Stellen[465] – bei den leitenden Positionen statt: Neuer Kölner Oberlandesgerichtspräsident wurde Alexander Bergmann[466]; neuer Präsident am LG Köln wurde Walter Müller[467]; zum neuen Generalstaatsanwalt am OLG Köln wurde Paul Windhausen[468] ernannt. Im Vergleich zu anderen Verwaltungen sind die personellen Umstrukturierungen der Kölner Justizverwaltung als gemäßigt einzustufen[469].

Der Anteil der Kölner Juristen mit Parteibuch vor der „Machtergreifung" (sog. „Alte Kämpfer") ist nach Schätzungen von 5 bis 7 Prozent – auch unter Berücksichtigung sog. „stiller" NSDAP-Mitglieder wie Walter Müller[470] –

---

politischen Strafsachen und ist daher auch in mehreren politischen Prozessen gegen Nationalsozialisten als Vertreter der Anklage hervorgetreten". Durch Eintritt in die NSDAP 1938 konnte sich Mecker bei der Parteiführung rehabilitieren, LAV NRW R, NW 1079 Nr. 14465; BA Berlin, R/3001/67892, Bl. 43: Politische Beurteilung durch die Gauleitung Köln-Aachen vom 24. Febr. 1938. Exemplarisch zum Einfluss der politischen Haltung und Aktivität auf die Beförderung am OLG Celle *R. Schröder*, Die Urteile des OLG Celle, S. 249 – 252.

465 *R. Angermund*, Dt. Richterschaft, S. 55; *M. Grüttner*, Das Dritte Reich, S. 130.

466 **Alexander Bergmann** (*1878, †1965): Seit 1. Dez. 1933 Präsident des OLG Köln. Er galt zwar nicht als Nationalsozialist, aber „national" zuverlässig. Er war ein förderndes Mitglied der SS und seit Mai 1933 der NSDAP, *M. Herbers*, OLG-Bezirk Köln, S. 73 f.; *D. Laum/R. Pamp*, in: Laum/Klein/Strauch (Hrsg.), Rheinische Justiz, S. 642.

467 **Walter Müller** (*1889) trat 1929 auf Bitten von Gauleiter Grohé inoffiziell der NSDAP bei. Allgemein galt er als fanatischer Nationalsozialist, *A. Klein*, in: ders./Rennen (Hrsg.), Justitia Coloniensis, S. 154 – 156.

468 **Paul Windhausen** (*1883): Von 1928 – Sept. 1933 bei der StA Duisburg, anschließend Beförderung zum GenStA am OLG Köln. Nov. 1943 Wechsel nach Düsseldorf als OLG-Präsident. Seit Dez. 1929 Mitglied der NSDAP (Nr. 178.694) und seit Mai 1932 der SA (ab Sept. 1944 im Rang eines Standartenführers). Kriegsteilnahme an beiden Weltkriegen. Im Entnazifizierungsverfahren wurde Windhausen auf Grund der schnellen Beförderung zum GenStA und seiner Ämter als „Aktiver und Nutznießer der NSDAP" bewertet. 1949 wurde er in den Ruhestand versetzt und in die Kategorie III eingestuft, womit die Kürzung von Bezügen verbunden war. Nach 1949 arbeitete Windhausen als Rechtsanwalt, LAV NRW R, 1000-EUE-7625, LAV NRW R, NW 252 Nr. 730.

469 So *M. Herbers*, OLG-Bezirk Köln, S. 90.

470 LAV NRW R, NW-Pe Nr. 692, Bl. 20: Gauleiter Josef Grohé an das RJM vom 28. April 1933. Zur In- und Exklusion durch die NSDAP siehe *A. Nolzen*, in: Bajohr/Wildt (Hrsg.), Volksgemeinschaft, S. 62 f., 71 – 76.

gering[471]. Die Gründe hierfür liegen einerseits in der Dominanz der Zentrumspartei im Rheinland und andererseits im beamtenrechtlichen Verbot der Mitgliedschaft in der NSDAP und KPD durch die preußische Regierung[472]. Als Ausdruck politischer Sympathie und Überzeugung waren – zumindest was die Kölner Richter anbelangt – tendenziell jüngere Juristen vor 1933 der Partei beigetreten[473]. Im Gegenzug dazu stellte der Eintritt in die NSDAP nach dem 30. Januar 1933 (sog. „Märzgefallene") die Überzeugungskraft der Nationalsozialisten unter Beweis und ist zugleich Ausdruck von Opportunität sowie der Anpassungs- und Zustimmungsbereitschaft an die neuen politischen Gegebenheiten[474].

Neben der in Abkehr von der Weimarer Republik gewünschten und von den Nationalsozialisten in Aussicht gestellten Stärkung des Staates und den an die Strafjustiz gerichteten Versprechen nach mehr Ausstattung, Ansehen, Einfluss und Gestaltungsspielräumen[475], wirkte sich eine Versammlung der Kölner Justizbeamtenschaft im Frühjahr 1933 „motivierend" auf den Beitritt zur NSDAP aus[476]. Die Ortsgruppe des preußischen Richtervereins hatte in Zusammenarbeit mit dem Juristenbund Ende April 1933 eine zentrale Parteiversammlung organisiert, in der den Anwesenden der Eintritt in den NS-Juristenbund und die NSDAP nicht nur empfohlen, sondern als ein naheliegender Schritt angetragen wurde. Josef Krämer[477] erklärte eindringlich, dass der Staat der Zukunft

---

471 *R. Angermund*, Dt. Richterschaft, S. 43; *D. Laum/R. Pamp*, in: Laum/Klein/Strauch (Hrsg.), Rheinische Justiz, S. 645; *T. Roth*, „Verbrechensbekämpfung", S. 83.

472 Beschluß des Preuß. Staatsministeriums vom 9. Juli 1930, Ministerialbl. für die preuß. innere Verwaltung 1930, Sp. 599; *H. Mommsen*, Beamtentum, S. 21; *H.-E. Niermann*, in: Juristische Zeitgeschichte, S. 68.

473 Zusammenstellung bei *B. Manthe*, Richter, S. 89. Zur Altersstruktur *I. Haar*, in: Benz (Hrsg.), Wie wurde man Parteigenosse?, S. 62. Vgl. NSDAP-Mitgliedschaft der Richterschaft am OLG-Bezirk Hamm *H.-E. Niermann*, in: Juristische Zeitgeschichte, S. 66 – 68.

474 *B. Manthe*, Richter, S. 90.

475 *T. Roth*, „Verbrechensbekämpfung", S. 90; vgl. *R. Angermund*, Dt. Richterschaft, S. 67, wonach der NSDAP-Eintritt und die zügige Anpassung an den neuen Staat eng mit „sozialen, politischen und rechtspolitischen Frustration aus der Zeit der Republik" im Zusammenhang stehe.

476 Hierzu LAV NRW R, Br-Pe Nr. 2606: Stellungnahme Anton Fehrs an den Pensionsausschuss des Entnazifizierungshausschusses vom 18. März 1949; *M. Herbers*, OLG-Bezirk Köln, S. 70; *A. Klein*, in: ders./Rennen (Hrsg.), Justitia Coloniensis, S. 136; *T. Roth*, „Verbrechensbekämpfung", S. 89; *H. Schorn*, Der Richter im Dritten Reich, S. 36 f., 365 f.

477 Der promovierte Rechtsanwalt **Josef Krämer** (*30. Jan. 1904, †26. Dez. 1980) war 1931 in die SA und NSDAP eingetreten. Ab 1933 Gauführer im BNSDJ und später Gauobmann des NSRB. April 1933 wurde Krämer zum Kreisleiter der Stadt Köln ernannt.

ein Ständestaat sein werde, in dem der NS-Juristenbund die Juristenschaft repräsentiere. Da aber der Juristenbund nur eine Nebenorganisation der Partei sei, gehöre jeder Jurist sowohl in den Bund als auch in die Partei – wer nicht in der Partei sei, gebe seine Gleichgültigkeit oder Gegnerschaft kund. Im einen wie im anderen Falle sei er für den Dienst in der staatlichen Rechtspflege ungeeignet. Schließlich sei der Jurist als Akademiker verpflichtet, seinen geistigen Einfluss auf die Partei zur Geltung zu bringen, damit aus der Revolution eine Evolution werde[478]. Beim Verlassen des Saals wurden die Versammlungsteilnehmer von uniformierten Nationalsozialisten zur Rückgabe der zuvor verteilten Beitrittsformulare aufgefordert.

Die meisten teilnehmenden Juristen entzogen sich dieser „höchst geschickt und wirksam aufgezogenen Massenbeeinflussung nicht" und unterzeichneten das Formular entweder an Ort und Stelle oder einige Tage später; nur wenige Richter verblieben „mutvoll bei der Nichtanmeldung zur Partei"[479]. Noch vor Beginn des am 1. Mai 1933 verhängten Parteiaufnahmestopps war die Mehrzahl der Justizbeamtenschaft zu Mitgliedern der NSDAP geworden. Etwa 65 Prozent der Kölner Richter sind Ende April bzw. am 1. Mai 1933 in die Partei eingetreten. Nach Lockerung der Aufnahmebedingungen stieg der Anteil der Mitglieder unter den Richtern bis 1937 auf 80 Prozent – reichsweit lag der Anteil je nach Region bei 75 bis 95 Prozent[480]. Denn nicht nur in Köln, sondern flächendeckend wohl auch in den übrigen Gerichtsbezirken hielten der preußische Richterbund und die lokalen Parteistellen Beitrittsversammlungen ab[481].

Auch auf die übrigen Mitarbeiter am LG Köln wurde Druck hinsichtlich eines Parteieintritts ausgeübt. So berichtete nach dem Krieg der ehemalige Justizassistent Richard Hoffstadt, dass auch er der Werbung der NSDAP zum Opfer

---

1933 Stadtverordneter und von 1934 – 1943 Ratsherr der Okt. 1935 umbenannten „Hansestadt Köln". Seit 1938 Gaurechtsamtsleiter der Gaue Köln-Aachen.

478 Zit. aus *A. Klein*, in: ders./Rennen (Hrsg.), Justitia Coloniensis, S. 136.

479 *H. Schorn*, Der Richter im Dritten Reich, S. 36 f. Vgl. die Darstellung Kölner Landgerichtsdirektor Karl Wirtz: „In der bekannten Versammlung [...] April 1933 lagen die Formblätter für die Eintrittserklärung auf dem Tisch und die Mehrzahl der Anwesenden hat sie am Schluss der Versammlung unterzeichnet. Ich habe dies nicht getan, sondern habe die Eintrittserklärung erst nach tagelangen inneren Kämpfen am letzten Tag vor der Eintrittssperre, am 30. April abends [...] abgeben lassen", LAV NRW R, Br-Pe Nr. 1592: Anlage zum Entnazifizierungsfragebogen.

480 *T. Roth*, „Verbrechensbekämpfung", S. 716; zur Parteimitgliedschaft und sonstigen Gliederungen der Kölner Richterschaft siehe *B. Manthe*, Richter, S. 88 – 98.

481 *H.-E. Niermann*, in: Juristische Zeitgeschichte, S. 66; *R. Schröder*, Die Urteile des OLG Celle, S. 248.

gefallen und am 1. Mai der Partei beigetreten sei: „Ich möchte dabei besonders bemerken, daß die übergeordneten Stellen stets und ständige Hinweise machten, wir müßten mitmachen und uns der Partei anschließen“[482]. Nicht außer Acht bleiben darf allerdings, dass die Mitgliedschaft in der NSDAP nicht zwingend war und eine Reihe von Justizbeamten sich dem Druck nicht beugten. Gleichwohl war manch einer bemüht, seinen Status als „Nicht-Pg.“ durch Mitgliedschaften in anderen Parteigliederungen wie dem NSRechtswahrerbund, der NS-Volkswohlfahrt oder im Reichsluftschutzbund zu überdecken[483].

Tabelle: NSDAP-Mitgliedschaft der Staatsanwaltschaft am LG Köln (kein Anspruch auf Vollständigkeit*3).

Name*1	**Tätigkeit in Köln**	**NSDAP**	**Eintritts-datum**
Leitende Oberstaatsanwälte			
Hagemann, Franz (*1885)	Nov. 1932 – Okt. 1934	Ja	01.05.1933
Seebens, Melle (*1881)	Nov. 1934 – Sept. 1937	Ja	01.05.1933
Meißner, Werner (*1882)	Okt. 1937 – Aug. 1944	Ja	01.05.1933
Erste Staatsanwälte (4*2 *3)			
Brüggemann, Franz (*1879)	Jan. 1928 – Sept. 1944	Ja	01.05.1933
Kother, Franz (*1880)	Jan. 1934 (vorher OberStA)	Nein	
Trenckmann, Adolf (*1888)	Juni 1937 – April 1940	Ja	01.11.1939
Thissen, Karl (*1889)	Febr. 1933 – Aug. 1935	Ja	01.05.1933
Staatsanwälte (29*2 *3)			
Best, Ernst (*1903)	Sept. 1932	Ja	01.05.1933
Düntzer, Karl (*1904)	Okt. 1936 (seit 1931 Hilfsarbeiter)	Ja	01.05.1933

482 LAV NRW R, NW 1049 Nr. 43600: Einlassung Richard Hoffstadts (*27. Nov. 1904) vom 13. Febr. 1948 im Rahmen seiner Entnazifizierung.

483 *B. Manthe*, Richter, S. 92; *T. Roth*, „Verbrechensbekämpfung“, S. 90. Vgl. Kap. B. V. 6. c).

Name*1	Tätigkeit in Köln	NSDAP	Eintrittsdatum
Leitende Oberstaatsanwälte			
Franke, Hermann (*1902)	Nov. 1936	Ja	01.05.1933
Klodt, Hans (*1904)	Okt. 1936	Ja	01.05.1933
Hackstein, Johannes (*1902)	Juni 1939	Ja	01.05.1933
Hofstadt, Alfred (*1898)	Mai 1939	Ja	01.05.1933
Irsfeld, Franz (*1899)	Nov. 1930	Ja	01.05.1933
Lewerenz, Hermann (*1899)	Jan. 1934 - 1945 (seit 1931 Hilfsrichter, seit Dez. 1933 HilfsStA)	Ja	01.05.1933
Mecker, Franz (*1881)	Aug. 1933 - Sept. 1939 (vorher OberStA)	Ja	01.07.1937
Morschbach, Josef (*1905)	Juli 1937 - Juni 1941	Ja	01.05.1933
Peters, Karl (*1904)	**Nov. 1932 - Febr. 1941**	**Ja**	**01.05.1933**
Porten, Matthias (*1883)	Febr. 1926	Ja	01.05.1933
Stiehl, Hermann (*1885)	Sept. 1921	Ja	01.05.1933

*1 Die Zusammenstellung der am LG Köln tätigen Staatsanwälte erfolgte anhand der Personal- und Entnazifizierungsakten im LAV NRW R und BA (siehe Quellenverzeichnis) und der Auflistung des Personals am LG-Bezirk Köln im Handbuch der Justizverwaltung, herausgegeben vom Reichsjustizministerium, Berlin 1942.

*2 Anzahl der Planstellen.

*3 Angaben fehlen zu: Erste Staatsanwälte Dr. Doßen und Dr. Koenig; Staatsanwälte Arnold, Werner André, Josef Gansen, Hansen, Kemper, Klar und Manteufel.

c) *Staatsanwalt am Kölner Landgericht (1932 - 1941)*

Die Staatsanwaltschaft am Kölner Landgericht war eine große Behörde - 1933 arbeiten dort 20 Staatsanwälte[484]. Leiter der dortigen Staatsanwaltschaft waren

484 LAV NRW R, Ger. Rep. 145 Nr. 258, Bl. 56: Bericht von OStA Hagemann vom 13. Juni 1933; vgl. zur Gesamtlage und Einstellungspolitik siehe Kap. B. IV. 1. und Handbuch der Justizverwaltung, 1942, S. 2 f., 6 f.

zu Peters' Zeit die Oberstaatsanwälte Klemens Sprickmann-Kerkerinck, Franz Hagemann[485], Melle Seebens[486] und Werner Meißner[487]. Peters war seit Mai 1933 Mitglied in der NSDAP und im NS-Rechtswahrerbund, kurzeitiges SA-Mitglied und seit 1934 Mitglied der NS-Volkswohlfahrt und im Reichsluftschutzbund[488].

In den üblichen Beurteilungen bemerkte Hagemann 1932 zu Peters' Tätigkeit als Staatsanwalt, in der Referendarausbildung sowie als wissenschaftlicher Autor: „Seine Leistungen übersteigen […] den Durchschnitt erheblich. […] Peters ist mir ein Beweis dafür, daß nicht allein eine […] praktische Gewandtheit zu wirklich erfolgreicher Arbeit bei der Staatsanwaltschaft befähigt, sondern daß dazu auch gute juristische Durchbildung nötig ist"[489]. Der spätere Leiter der Staatsanwaltschaft Seebens schloss sich der Beurteilung an und fügte angesichts des Machtwechsels 1933 an, dass Peters den neuen Staat durchaus bejahe: „Er ist Mitglied der NSDAP und hat sich dadurch hervorgetan, dass er Vorträge über die Verbreitung des nationalsozialistischen Gedankenguts vor den Beamten des Gerichts und der Staatsanwaltschaft gehalten hat. Er befasst sich eingehend mit

---

485 **Franz Hagemann** (*24. Juli 1885, †13. Jan. 1972): Seit Nov. 1932 OStA am LG Köln. Wechsel Okt. 1934 an die Königsberger GenStA. Seit 1933 Mitglied der NSDAP, Hagemann galt als „hitlertreu". Das gegen Hagemann 1965 eingeleitete Verfahren wegen Beihilfe zum Mord im Rahmen von Euthanasie-Aktionen 1941 wurde Febr. 1969 wegen dauerhafter Verhandlungsunfähigkeit eingestellt, LAV NRW R, NW-Pe Nr. 3716.

486 **Melle Seebens** (*1881): OStA am LG Köln von Nov. 1934 – Sept. 1937. Danach Wechsel zur GenStA Berlin.

487 **Werner Meißner** (*12. Juni 1882, †9. Sept. 1962): Beförderung Juni 1933 zum OStA in Wiesbaden. Seit Okt. 1937 der OStA am LG Köln. Aug. 1944 Wechsel nach Braunschweig als GenStA. Kriegsteilnahme an beiden Weltkriegen. 1919 – 1933 Mitglied der Deutschen Volkspartei. NSDAP-Mitglied seit 1. Mai 1933, BA Berlin, R/3001/68028, Personalbogen. Fachlich und persönlich wird Meißner geschätzt. Bei der Frage, ob er 1936 die Leitung einer größeren Staatsanwaltschaft übernehmen soll, spricht sich die NSDAP gegen seine Eignung aus. „Nachprüfungen haben nun ergeben, daß Meißner charakterlich und persönlich doch nicht die Gewähr dafür biete, daß das Amt des [OStA] in Frankfurt mit jener einwandfreien Sachlichkeit geführt werden wird […]. Er hat es nicht verstanden, in Wiesbaden den Eindruck zu erwecken, daß er dem heutigen Staat unbedingt bejahend gegenüber steht, so daß ich seine politische Zuverlässigkeit noch nicht bejahen kann", BA Berlin, R/3001/68028, Bl. 33: Gauleitung Hessen-Nassau an Schlegelberger/RJM vom 9. April 1936.

488 Im Einzelnen siehe Kap. B. V. 6.

489 BA Berlin, R/4901/23943, Personalbogen: Äußerungen über Befähigung, Leistung und Führung von OStA Hagemann über Peters von Ende 1932.

der Rechtserneuerung durch den neuen Staat“[490]. Nahezu wortgleich wurde in den Beurteilungen hervorgehoben, dass Peters als Praktiker und Theoretiker gute Arbeit leiste und sich politisch konform zeige[491].

aa) Buchstabendezernat

Am LG Köln hatte Peters zunächst das Buchstaben-Dezernat D und E inne, d.h. er war für alle Strafsachen eines Beschuldigten mit dem Anfangsbuchstaben D und E zuständig[492]. Entsprechend der sachlichen Zuständigkeit der Landgerichte[493] war Peters mit Körperverletzungs- und Tötungsdelikten, Sittlichkeitsdelikten (z.B. Unzucht nach § 175 RStGB oder sog. Rassenschande[494]), Brandstiftung sowie vor allem mit schwereren Eigentums- und Vermögensdelikten befasst. Die Zuständigkeit für politische Strafsachen und Wirtschaftsstrafsachen war anderen Dezernaten zugewiesen. Bei politischen Strafsachen bestand die Möglichkeit der Anklageerhebung vor dem Ende März 1933 am LG Köln eingerichteten Sondergericht, dessen Zuständigkeit 1939 auch auf unpolitische Straftaten ausgeweitet wurde, so z.B. Eigentumsdelikte, die teils als Verstoß gegen die Volksschädlingsverordnung gewertet wurden[495].

490 BA Berlin, R/4901/23943, Personalbogen: Äußerungen über Befähigung, Leistung und Führung von OStA Seebens über Peters von Ende 1934; vgl. Kap. B. V. 2. c) dd).

491 BA Berlin, R/4901/23943, Personalbogen: Äußerungen über Befähigung, Leistung und Führung über Peters von Anfang 1937 (Seebens), Anfang 1939 (Meißner) und von Dez. 1941 (Windhausen).

492 UA-T, 198/13, S. 37.

493 Als Berufungsinstanz war das Landgericht für Strafurteile des Amtsgerichts zuständig. Erstinstanzlich war es zuständig für umfangreiche oder mit hohem Strafmaß zu erwartende Strafsachen, die die Zuständigkeit des Amtsgerichts für Übertretungen, Vergehen und bestimmte Verbrechen, die das RStGB mit Zuchthaus, Gefängnis- oder Festungshaft von bis zu 5 Jahren ahndet, übersteigen (§§ 24, 74 GVG in der geänderten Fassung durch die VO des Reichspräsidenten über Maßnahmen auf dem Gebiete der Rechtspflege und Verwaltung vom 14. Juni 1932, RGBl. I, S. 285).

494 Dazu *T. Roth*, „Verbrechensbekämpfung“, S. 184 – 197. Eine Hoch- und Radikalisierungsphase bestand in der Strafverfolgung wegen Rassenschande Mitte/Ende der 30er Jahre. Okt. 1936 – Aug. 1938 war Peters zwecks Wahrnehmung einer Lehrstuhlvertretung als StA beurlaubt. Vgl. die von Peters betreute Diss. Kap. B. IV. 2. c).

495 VO der Reichsregierung über die Bildung von Sondergerichten vom 21. März 1933. Zum Kölner Sondergericht: *R. Angermund*, Dt. Richterschaft, S. 145 – 150; *S. S. Bremer*, Die Rechtsprechungspraxis des Sondergerichts Köln, in: „*...eifrigster Diener und Schützer des Rechts, des nationalsozialistischen Rechts...*“. Nationalsozialistische Sondergerichtsbarkeit, Düsseldorf 2007, S. 73 – 108; *A. Klein*, in: ders./Rennen (Hrsg.),

Wie Peters in seinen Lebenserinnerungen schrieb, war er „seinem Schicksal dankbar“, dass er nicht in einem politischen Dezernat tätig war. „Es waren durchaus keine wilden Leute, die zu politischen Dezernenten gemacht wurden. [...] Es ist im Grunde nur ein dankenswerter Zufall, dass ich niemals mit einem Fall zu tun hatte, wo ich die Todesstrafe beantragen musste“[496]. An politisch motivierten Schauprozessen, wie dem „Kölner Kommunistenprozess“ von Juli 1933, dem „Görreshaus-Prozess“ im August 1933 sowie einigen anderen Korruptions- und Sittlichkeitsprozessen von 1936/37 gegen katholische Geistliche, war Peters nicht beteiligt. Das Dezernat für Pressestrafsachen und politische Strafsachen stand zunächst unter der Leitung des 1933 berufenen Ersten Staatsanwalts Karl Thissen[497]. Zusammen mit Staatsanwalt Franz Thomas (Sonderbearbeiter in der Korruptionssache „Görres“) zeigte sich Thissen in den Schauprozessen als loyaler Anhänger der neuen Machthaber[498].

Nicht übersehen werden darf allerdings, dass die Justizgeschichte der Jahre 1933 bis 1945 nicht nur unter dem Gesichtspunkt der ideologischen Instrumentalisierung der Justiz als Schaubühne für die moralische oder physische Unterdrückung von Regimegegnern betrachtet werden darf. Denn „ein großer Bereich des Rechtslebens“ ist „lange oder sogar bis zuletzt politikfrei geblieben“[499]. Auch ein Blick auf die Rechtsprechung des Reichsgerichts, des Volksgerichtshofes, der

---

Justitia Coloniensis, S. 145 – 154. Von 123 Todesurteilen wurden mind. 119 vom Kölner Sondergericht gefällt.

496 UA-T, 198/13, S. 38. Eine vollständige Überprüfung der von Peters‘ bearbeiteten Strafsachen konnte wegen des Umfangs des zu sichtenden Materials nicht geleistet werden, zumal die Aktenbestände nicht vollständig sind. Anlass zu Zweifel an Peters‘ Aussage haben sich bei einer stichprobenhaften Durchsicht einzelner Verfahren nicht ergeben. Bestätigung der Aussage im Rahmen der Entnazifizierung z.B. durch Justizamtsmann Josef Simon, LAV NRW R, NW 1039-P-1248, Bl. 40.

497 Vgl. LAV NRW R, Ger. Rep. 449 Nr. 85, Bl. 15: Besetzung Sachbearbeiter für Presse- und politische Strafsachen, Köln 16. Nov. 1937. Abteilungsleiter nach Thissen waren die Ersten StA Reuter und Trenckmann. Sachbearbeiter waren die StA Dr. Büchser, Dr. Düntzer, Esser, Dr. Franke, Ganser, Kirschbaum, Rebmann, Winckler.

498 LAV NRW R, Ger. Rep. 145 Nr. 258, Bl. 55 f., 60; *T. Roth*, „Verbrechensbekämpfung“, S. 83. Später bezeichnete der Mitangeklagte Wilhelm Conrad den LG-Direktor Werner Fehr (Vorsitzender im Görreshaus-Prozess) und StA Franz Thomas als „Nazivertreter aufs Hervorragendste“, die während der Verhandlung „aufs Beste Stimmung gegen die zur Anklage stehenden Zentrumskreise“ machten, LAV NRW R, Br-Pe Nr. 2606, Bl. 44: Stellungnahme Conrads vom 18. Okt. 1946.

499 *A. Klein*, in: ders./Rennen (Hrsg.), Justitia Coloniensis, S. 131. Zur Unterscheidung „politisch“ „unpolitisch“ siehe Kap. B. V. 1. c).

Sondergerichte und der ordentlichen Gerichtsbarkeit ergibt kein homogenes Bild einer Justiz als Terrorinstrument zur Unterdrückung der eigenen Bevölkerung[500] und trug „Züge justitieller Normalität“ in sich[501]. Andererseits darf eine solche Feststellung nicht als moralische Rechtfertigung für ein Hinwegsehen und Beschönigen herangezogen werden.

bb) Umgang mit Verfahrenseinstellungen

Der Staatsanwaltschaft kam als Herrin des Vorverfahrens eine zentrale Funktion der Filterung zwischen strafrechtlich relevantem und strafrechtlich nicht relevantem Verhalten zu. Daher ist die Praxis der Verfahrenseinstellung aufschlussreich, zumal die Befugnisse der Staatsanwaltschaft stetig ausgeweitet wurden. Nach Schätzung wurden über 85 Prozent der Verfahren mit einer Einstellungsverfügung beendet[502]. Zu untersuchen wäre, wie die gesetzlichen Vorgaben der §§ 152, 153 RStPO umgesetzt wurden, vor allem, ob es konkretisierende Erlasse, Verfügungen oder Ausführungsbestimmungen des Justizministeriums gab und in welchem Maße Handlungs- und Ermessensspielräume vorhanden waren. Da eine solche Untersuchung den Rahmen dieser Darstellung sprengen würde, werden zwei Fälle herausgegriffen[503].

(1) Der Fall „Dumm“

In seinen Lebenserinnerungen schildert Peters den folgenden Fall:

> „Eine Mutter versuchte sich mit ihrem behinderten achtjährigen Sohn durch Öffnen des Gasrohres gemeinsam mit ihrem Kind tödlich zu vergiften. Beide wurden jedoch gerettet. Wie das Schicksal es will, der Hausname spielte eine Rolle. Sie hießen Dumm. Da der Junge nicht richtig die Treppe heraufgehen konnte und sich am Geländer hochziehen musste, riefen die Schulkinder: „Dumm, Dumm!“. Die Mutter nahm sich das Los des Kindes zu Herzen. Dabei mögen auch die damaligen Rassenvorstellungen und der Gedanke der Minderwertigkeit von behinderten Menschen eine Rolle gespielt haben. Ich selbst hörte die Mutter an. Sie blieb selbstverständlich in Freiheit. Sie übergab mir ein Tagebuch. Aus ihm konnte man entnehmen, wie sehr die Eltern sich über das Kind freuten, wie bedrückt sie waren, als sie die Behinderung erkannten und wie sehr sie um seine Förderung bemüht waren. Als der Vater auf einer beruflichen Reise war, konnte

---

500 *H. Rüping*, GA 1984, S. 297 (302 – 306); *T. Vormbaum*, Strafrechtsgeschichte, S. 210.

501 *K. Marxen/H. Schlüter*, Terror und „Normalität“, S. 1.

502 *T. Roth*, „Verbrechensbekämpfung“, S. 299. Vgl. *M. Löffelsender*, Strafjustiz an der Heimatfront, S. 91.

503 Erste Ansätze zu einer Untersuchung siehe bei *M. Löffelsender*, Strafjustiz an der Heimatfront, S. 74 – 148 und *T. Roth*, „Verbrechensbekämpfung“, S. 299 – 341.

die Mutter das Elend des Kindes nicht mehr ansehen. […] In Frage stand eine Anklage gegen die Mutter wegen versuchtem Totschlag unter mildernden Umständen. Zu erwarten war eine dreimonatige Gefängnisstrafe mit Strafaussetzung zur Bewährung. Unter Abwägung derartiger Umstände entschloss ich mich zur Einstellung des Verfahrens. Ich wollte, was es damals noch nicht gab, über das fehlende Bewusstsein des Unrechts einstellen. Das hätte eine Vorwegnahme des Verbotsirrtums bedeutet. Der Oberstaatsanwalt musste aber von der Einstellung unterrichtet werden. Er erklärte sich mit der Einstellung grundsätzlich bereit, hielt aber die Konstruktion aus allgemeinen Gründen für nicht hinnehmbar. Ich sollte einen anderen Weg suchen. So hing ich mich ans Telefon und fragte unseren […] Gerichtsarzt, ob er Schuldunfähigkeit bejahen würde. […] So frage ich denn, ob er auf Anfrage bestätigen würde, dass Schuldunfähigkeit nicht auszuschließen wäre. Das könnte er bestätigen, fügte allerdings hinzu, es bei keinem Menschen auszuschließen. Auf diese Weise kam es dann zur Einstellung“[504].

(2) Der Fall „Werner Beinhauer“

Ein zweites, Peters auch persönlich betreffendes Beispiel einer Verfahrenseinstellung betrifft die Anklage gegen den damaligen Universitätslektor Werner Beinhauer[505]. Als unmittelbare Nachbarn in der Hermeskeilerstraße in Köln waren die Beinhauers und Peters eng befreundet. Mai 1939 wurde Beinhauer wegen staatsfeindlicher Äußerungen bei der Gestapo angezeigt, sodass es zu Ermittlungen auf Grundlage von § 2 des sog. Heimtückegesetzes[506] kam.

Die bei der Familie beschäftigte Haustocher Anna Henn hatte ihrem damaligen Verlobten von Äußerungen Beinhauers erzählt, in denen er die Staats- und

504 UA-T, 198/13, S. 38 – 40.

505 Der Romanist **Werner Beinhauer** (*9. März 1896, †1. Jan. 1983) war seit 1924 Lektor der spanischen Sprache an der Univ. zu Köln. Nov. 1939 wurde er zum Kriegsdienst eingezogen. Bis 1953 war Beinhauer in sowjetischer Kriegsgefangenschaft. Nach seiner Rückkehr wurde er in Wiederaufnahme des 1942 unterbrochenen Verfahrens zum Honorarprofessor ernannt, BA Berlin, R/9361-V/13745, Bl. 1080 f.

506 Gesetz gegen heimtückische Angriffe auf Staat und Partei und zum Schutz der Parteiuniformen vom 20. Dez. 1934, RGBl. I, S. 1269: Art. I § 2 (1) Wer öffentlich gehässige, hetzerische oder von niedriger Gesinnung zeugende Äußerungen über leitende Persönlichkeiten des Staates oder der NSDAP […] macht, die geeignet sind, das Vertrauen des Volkes zur politischen Führung zu untergraben, wird mit Gefängnis bestraft. (2) Den öffentlichen Äußerungen stehen nichtöffentliche böswillige Äußerungen gleich, wenn der Täter […] damit rechnen muß, daß die Äußerung in die Öffentlichkeit dringen werde. (3) Die Tat wird nur auf Anordnung des Reichsministers der Justiz verfolgt; richtet sich die Tat gegen eine leitende Persönlichkeit der NSDAP, so trifft der Reichsminister der Justiz die Anordnung im Einvernehmen mit dem Stellvertreter des Führers. (4) […]

Parteiführung kritisierte. Durch ihn bestärkt hatte sie Beinhauer angezeigt. In ihren Einlassungen gegenüber der Staatsanwaltschaft berichtete sie, Beinhauer habe sich nach dem Novemberprogrom 1938 in dem Sinne geäußert, dass er sich schäme, dem deutschen Volk anzugehören. Ferner habe er Kritik an der deutschen Außenpolitik geübt (das Münchener Abkommen sei vom Führer gebrochen worden, der Staat mache sich im Ausland unmöglich) und habe erklärt, dass den Meldungen der ausländischen Sender mehr Glauben geschenkt werden könne als den Nachrichten der deutschen Sender. Im Übrigen habe er Goebbels als „Bock von Babelsberg“ und „Großschnauze“, die Regierung als „Lügenbande“ und „Schweine“ sowie die Hakenkreuzfahne als „roten Lappen“ bezeichnet. Beinhauer entgegnete, dass Henn auf Grund „ihrer typischen Halbbildung“ den Sinn mancher Gespräche völlig verdreht habe und die Unterhaltungen in der Familie oft ihr geistiges Niveau überstiegen haben. Beinhauer gab zu, sich missbilligend zu den Ereignissen am 9. November 1938 geäußert zu haben und auf Grund seiner Auslandsreisen der Meinung sei, dass in Frankreich und Spanien gewisse Maßnahmen in Deutschland nicht verstanden würden. Er bestritt aber, dass er den Führer oder die Staatsführung habe angreifen wollen[507].

Hermann Franke[508], der in dem Verfahren berichtverfassende Staatsanwalt und mit Peters nicht nur kollegial, sondern auch freundschaftlich verbunden, würdigte das Verhalten Beinhauers zu dessen Vorteil. Franke wählte bei einer Vielzahl von Äußerungen eine für den Beschuldigten vorteilhafte Deutung: Es sei nicht auszuschließen, dass Henn etwas missverstanden habe, die Äußerungen seien gar nicht als gegen Staat und Partei gerichtet zu verstehen, die Schwelle zu einem „gehässigen Angriff“ sei nicht überschritten. Bei zwei Äußerungen schied eine Anklage wegen fehlender Beweisbarkeit aus. Nur in drei Fällen – der Bemerkung zum Münchener Abkommen, zu Goebbels‘ und zur Hakenkreuzfahne – bejahte Franke eine „gehässige Äußerung“ im Sinne von § 2 des Heimtückegesetzes. Abschließend schrieb er, dass sich die Äußerungen des Beschuldigten teilweise zwar in gehässiger Weise gegen leitende Persönlichkeiten von Staat und Partei gerichtet haben, dies jedoch weder öffentlich noch im Rahmen einer „Ersatzöffentlichkeit“ geschehen sei. Da Beinhauer die Henn wie ein Kind des Hauses behandelt habe, habe er „nicht annehmen können, dass sie von seinen Äußerungen Gebrauch machen werde. Bei dieser Sachlage“, so Franke, „scheinen mir insoweit die Voraussetzungen des § 2 Abs. 2 des

507 BA Berlin, R/3001/105810, Bl. 1 – 4: Ermittlung gegen Beinhauer, StA LG Köln an das RJM vom 27. Mai 1939.

508 Eine Personalakte von Hermann Franke liegt weder im BA Berlin noch LAV NRW vor.

Heimtückegesetzes nicht so sicher nachweisbar, dass mit einer Verurteilung des Beschuldigten gerechnet werden könnte“[509].

Der leitende Oberstaatsanwalt Meißner fügte dem Bericht billigend hinzu, dass er auch bei anderem Standpunkt vorschlage, die Strafverfolgung nicht anzuordnen, da Beinhauer als Staatsgegner bisher nicht in Erscheinung getreten sei, er offenbar große Verdienste um das deutsch-spanische Verhältnis vorweisen könne und die Äußerungen lediglich im Kreis der Familie erfolgt waren[510]. Da das Reichsjustizministerium von der Anordnung einer Strafverfolgung im Sinne von § 2 Abs. 3 des Heimtückegesetzes absah und das Reichsministerium für Wissenschaft, Erziehung und Volksbildung keine Bedenken erhob, wurde das Verfahren gegen Beinhauer im August 1939 eingestellt[511].

In seinen Lebenserinnerungen bemerkte Peters, es sei Franke zu verdanken gewesen, „dass das Verfahren gegen unseren Freund Werner Beinhauer [...] wegen antinationalsozialistischer Äußerungen [...] unter den Tisch gewischt wurde“[512]. Dass auch Peters an diesem Ausgang mitgewirkt haben dürfte, zeigt ein Schreiben Emily Beinhauers von 1946. Darin bedankte sie sich bei Peters, dass er sich sowohl persönlich als auch bei Gericht so mutig und erfolgreich für ihren Mann eingesetzt habe, dass das Verfahren zur Einstellung kam und ihr Mann nach einem einsemestrigen Redeverbot seine Vorlesungstätigkeit an der Universität wieder aufnehmen durfte[513].

---

509 BA Berlin, R/3001/105810, Bl. 4 – 6: Ermittlung gegen Beinhauer, StA LG Köln an das RJM vom 27. Mai 1939.

510 BA Berlin, R/3001/105810, Bl. 6: Ermittlung gegen Beinhauer, StA LG Köln an das RJM vom 27. Mai 1939.

511 BA Berlin, R/3001/105810, Bl. 11, 14: REM vom 10. Juli 1939 und StA LG Köln an das RJM vom 11. Aug. 1939.

512 UA-T, 198/13, S. 37.

513 UA-G, PA 429, Bd. 6: Erklärung Emily Beinhauers vom 16. Febr. 1946. Dahingehend **Fritz Schalk** (*17. Jan. 1903, †20. Sept. 1980; Prof. für romanische Philologie an der Univ. Rostock; 1936 Wechsel nach Köln und dortiger Direktor des Romanischen Instituts): „Ich bestätige, daß Herr Staatsanwalt Peters [...] Herrn Dr. Werner Beinhauer, der wiederholt politisch verfolgt war, durch Rat und Tat unerschrocken und wirksam unterstützt hat. Es ist nicht zuletzt Herrn Peters zu danken, daß Hr. Beinhauer seine Lehrtätigkeit wieder aufnehmen konnte“, UA-G, PA 429, Bd. 6: Erklärung Fritz Schalks vom 15. Febr. 1946, BA Berlin, R/9361-V/34368, Bl. 424.

cc) Meineidskomplex: Anfänge der Fehlerquellenforschung

(1) Sonderdezernat für Straftaten wegen Meineid

Aus einem gewöhnlichen Strafverfahren, in dem ein wegen Untreue verurteilter Rechtsberater einen Wiederaufnahmeantrag gestellt hatte, folgte eine ganze Kette von Meineidsverfahren. Als Sonderdezernent und unter Befreiung von dem gewöhnlichen Dezernatsgeschäft befasste sich Peters 1934 bis Ende 1935 mit der Aufklärung der Meineidsvorwürfen[514]. In 32 Verfahren wurden Ermittlungen wegen rund 120 bewusst falscher Aussagen geführt. Von einem großzügigen Gebrauch der Einstellungsmöglichkeiten wurde angesichts des Umfangs abgesehen[515].

Ausweislich einer Äußerung des damaligen Obersekretärs der Kriminalpolizei Ludwig Job richteten sich die Verfahren hauptsächlich gegen Angehörige der NSDAP und SS, die zu hohen Zuchthausstrafen verurteilt worden seien. Die Zugehörigkeit zur NSDAP oder einer ihrer Gliederungen habe Peters aber nie berücksichtigt[516]. Brisant ist diese Aussage vor dem Hintergrund, dass Peters als Parteigenosse auch der NSDAP verpflichtet war und er sich damit – gegenüber der Justiz und der NSDAP – in einem doppelten Loyalitätsproblem befand[517]. Auf Drängen der Parteiführung wurde in § 42 DBG geregelt, dass unabhängig von der Parteizugehörigkeit jeder Beamte parteischädigende Vorgänge unter Umgehung des Dienstweges direkt seinem Ressortminister oder Hitler selbst zu melden hatte[518]. Diese Regelung galt allerdings erst ab 1937 und somit noch nicht für das von Peters geführte Meineidsverfahren. Inwiefern Peters durch die Ermittlungen und die folgenden Verurteilungen von Parteigenossen in die Kritik geriet oder zur Rechenschaft gezogen wurde, ist nicht bekannt. Der Umgang mit Ermittlungsverfahren gegen Partei- oder SS-Mitglieder hing letztlich davon

514 LAV NRW R, Ger. Rep. 145 Nr. 260, Bl. 24, 30.

515 Vgl. LAV NRW R, Ger. Rep. 145 Nr. 259, Bl. 167 f.: Vorbericht von OStA Seebens an den GenStA vom 18. Juni 1935 mit Verweis auf § 154 StPO, in der Fassung vom 1. Jan. 1934 (Teileinstellung bei mehreren Taten).

516 LAV NRW R, NW 144 Nr. 406: Erklärung vom 19. Okt. 1946. **Ludwig Job** (*6. Okt. 1880) war von 1901 – 1933 Mitglied der Zentrumspartei, als sein Austritt von der Leitung der Kriminalpolizei verlangt wurde. Da er als welt-anschaulich und parteipolitisch nicht zuverlässig galt, wurde er von der Bearbeitung von Mordsachen (1920 – 1934) abgezogen und zum Leiter einer Dienststelle mit weniger sensiblen Arbeitsbereichen wie Verkehrs-, Meineids-, Spieler-, Rauschgift-, Falschgeldstraftaten gemacht (1935 – Okt. 1945), LAV NRW R, Br-Pe Nr. 6240.

517 Vgl. *L. Gruchmann*, Justiz im Dritten Reich, S. 202.

518 *L. Gruchmann*, Justiz im Dritten Reich, S. 203 f.

ab, ob sich die örtliche Parteiführung auf Grund der „politischen Großwetterlage“ zu einem Eingriff in die Ermittlungstätigkeit veranlasst sah. Andererseits kam es im Hinblick auf die Abwägung zwischen (partei)politischen Belangen und dem staatlichen Verfolgungsinteresse auf den einzelnen Staatsanwalt an[519].

Das Selbstverständnis als Staatsanwalt in den Meineidsverfahren beschrieb Peters dahin, dass es sich bei der falschen Aussage um ein Delikt handle, „wo der Staatsanwalt die Ermittlungen weitgehend selbst führen wird, wo Geschick, Ausdauer, ernste Vorbereitung, Aktenbeherrschung, Sach- und Menschenkenntnis in besonderem Maße erforderlich“ seien[520]. Die aus dem Verfahren gewonnenen Erkenntnisse beeinflussten Peters weitere praktischen und theoretischen Arbeiten und stellten für ihn insofern ein Schlüsselerlebnis dar, als es seinen kritischen Blick auf die Verfahrens-abläufe, insbesondere während des Ermittlungsverfahrens schärfte[521].

(2) „Zeugenlüge und Prozeßausgang“

Aus den Erfahrungen in den Meineidsverfahren entstand die 1939 erschienene Monographie „Zeugenlüge und Prozeßausgang“, die nach der Dissertation und Habilitationsschrift Peters‘ erste größere wissenschaftliche Veröffentlichung darstellte. Zudem ist es das erste Buch, in dem er seine praktischen Erfahrungen wissenschaftlich verwertete[522]: „Die Erfahrung ist die große Lehrmeisterin der Praxis. Die Erfahrung ist aber auch Wegweiser der Gesetzgebung und Verwaltung“[523]. Ein Rezensent bewertete als „Reiz der ausgezeichneten Abhandlung“ die Beschreibung der Thematik „vor dem Hintergrund einer lebendig beschriebenen Rechtswirklichkeit […], auf dem ihre praktische Bedeutung deutlich sichtbar“ werde[524].

Veröffentlicht wurde die Abhandlung in der von Franz Exner herausgegebenen „Schriftenreihe der Akademie für deutsches Recht“. Da Exner die

---

519 *T. Roth*, „Verbrechensbekämpfung“, S. 100, im Einzelnen siehe S. 185 – 187.

520 *K. Peters*, Zeugenlüge und Prozeßausgang, S. 292.

521 Vgl. UA-T, 198/13, S. 51; UA-T, 198/28: Referat vom 22. Okt. 1987. Im Einzelnen Kap. C. III. 1. a) und 4.

522 Bereits im Aufsatz „Die falsche Aussage und ihre Bekämpfung“, DStR 1935, S. 145 ff., befasste sich Peters mit dem Meineidskomplex. Darin ging er insbes. auf die materielle Rechtslage ein und die kritisierte die Tatbestände gegen die falsche Aussage als zu eng gefasst. Mit dem Gesetz zur Einschränkung der Eide im Strafverfahren vom 24. Nov. 1933, RGBl. I, S. 1008 wurde die Strafbarkeit wegen Meineids verändert.

523 *K. Peters*, Zeugenlüge und Prozeßausgang, S. 2.

524 *P. Bockelmann*, ZStW 60 (1941), S. 640 (643).

Verweisung auf Literatur jüdischer Autoren beanstandet hatte, entfernte Peters die einschlägigen Namen und verwies auf die Literatur, die Angaben über das Schrifttum der Vorkriegszeit und bis 1931 enthielt[525]. Abgesehen davon ist „Zeugenlüge und Prozeßausgang" nicht zu entnehmen, dass das Buch 1939 veröffentlicht wurde. Ein Bezug zum Nationalsozialismus oder zur politischen Situation fehlen. In der Stellungnahme Peters' für den Entnazifizierungsausschuss schrieb er insofern zu Recht, dass das Buch vor oder nach 1933 bis 1945 hätte erscheinen können. „Es handelt sich eben um allgemeingültige Fragen, die ich mich in allgemein gültiger Form zu nähern bemüht habe"[526].

Angelegt als empirische Untersuchung und Fallstudie für „junge Rechtswahrer" beschäftigte sich Peters mit der Richtigkeit von Sachverhaltsfeststellungen und deren Beeinflussung durch Zeugenaussagen im Straf- und Zivilprozess. Zudem richtete sich Peters an Praktiker, die in den beschriebenen Fallkonstellationen ihre (Alltags)Situationen wiedererkennen können und zu einer kritischen Auseinandersetzung mit der eigenen Tätigkeit angeregt werden sollen. In einer Gesamtwürdigung wertete Peters die verschiedenen Prozesskonstellationen statistisch aus und analysierte die Gründe für das Durchgreifen von Falschaussagen. Ein besonderes Augenmerk lag damit auf der Herausarbeitung von Fehlerquellen. Als Hauptfehlerquellen stellte Peters eine nicht sorgfältig durchgeführte Sachverhaltsaufklärung und eine unzureichende Nachforschung über die Verfahrensbeteiligten heraus – oft habe dem Richter dadurch die Interessenverpflechtungen zwischen den Prozessbeteiligten nicht klar werden können. Auf Grundlage des Ansatzes der Tatsachenerforschung ist Peters' Buch durch ein Bemühen um Sachlichkeit und Sorgfalt gekennzeichnet[527].

Die Ursache, dass sich Falschaussagen überwiegend in den untersuchten Zivilverfahren zeigten, sah Peters in der Verhandlungsmaxime begründet. Er forderte daher, dass – neben der unveränderten Begrenzung der Zeugenvernehmung zur Sache durch die Parteien – die Beurteilung der Glaubwürdigkeit und Persönlichkeit eines Zeugen in das freie Ermessen des Richters gestellt werde[528]. Durch die Parteienherrschaft seien die Zivilgerichte in Passivität verfallen. „Durch Ausübung des Fragerechtes, durch Aufforderung zur Ergänzung des

525 UA-T, 198/13, S. 51 f., diese Reaktion bezeichnet Peters als „nicht ganz heldenhaft".

526 LAV NRW R, NW 1039-P-1248, S. 20: Peters über sein Schrifttum vor 1945 vom 29. Jan. 1947.

527 Vgl. LAV NRW R, NW 144 Nr. 406: Anlage I zur Berufung auf den 2. strafrechtlichen Lehrstuhl, 2. Aug. 1946.

528 *K. Peters*, Zeugenlüge und Prozeßausgang, S. 197.

Sachvorbringens könnten die Gerichte in viel stärkerem Maße [...] auf die Stoffsammlung einwirken. Sie könnten auch durch Anregungen die Beweismittelkette erweitern"[529]. Zentral in Peters' Abhandlung sind daher die Ausführungen zur Beweisführung, zur Rolle des Richters und zur Aussagepsychologie: „Der Richter muß mit den Erfahrungssätzen, mit der Psychologie, mit den Gefahren des Zeugenbeweises vertraut sein"[530].

Bei der Untersuchung der Ausgangs- und Meineidsverfahren konnte Peters herausarbeiten, dass einige Zeugen in mehreren Verfahren beteiligt waren und gelogen hatten und dass zwischen den Beteiligten Verbindungen bestanden. An sich forderte Peters daher eine Überprüfung der Zeugen. Da solche Nachforschungen aber zeitintensiv und nicht immer erfolgversprechend seien, schlug er eine Prozesskartei vor, aus der die von den Betreffenden geführten Zivilprozesse hervorgehen. Zudem sollte das Strafregister zu einem „Persönlichkeitsregister" erweitert und die Einrichtung eines Zeugenregisters erwogen werden[531]. Damit ordnete sich Peters in die durch die „moderne Schule" angestoßene kriminologische und strafrechtliche Täterorientiertheit ein, die ihren Ausdruck an der Forderung nach einer intensiven Persönlichkeitserforschung gefunden hatte und deren Höhepunkt sich im NS-Strafrecht zeigte[532]. Einerseits ging es hierbei um ein Gesamtbild des Beschuldigten unter Berücksichtigung der Zurechnungsfähigkeit und vermeintlich biologischer Dispositionen, andererseits um die Beziehungen des Beschuldigten zur Volksgemeinschaft[533].

In einem Fazit betonte Peters die Notwendigkeit des Ineinandergreifens von Theorie und Praxis – eine Forderung, die für Peters' gesamtes wissenschaftliches Wirken kennzeichnend wurde. „Aus der Praxis heraus sind die Erfahrungen der Praxis zu vermitteln. Die Wissenschaft hat die Aufgabe, die Grundlagen der

529 *K. Peters*, a.a.O., S. 203 f.

530 *K. Peters*, a.a.O., S. 281. Vgl. S. 310: „Das richtige Ergebnis ist weitgehend durch eine richtige Aufklärungsmethode, durch eine richtig aufgebaute Vernehmungstaktik und eine klug gehandhabte Vernehmungstechnik, durch Wissen um die psychologischen Regeln und Erfahrungssätze und ihre Anwendung, durch ein ernstes und verantwortungsvolles Mühen um die Wahrheit zu erreichen". Ausführlich hierzu Kap. C. III. 4. c).

531 *K. Peters*, a.a.O., S. 286 – 289.

532 Beeinflusst wurde Peters' Monographie „Zeugenlüge und Prozeßausgang" durch Franz von Liszts Studie „Meineid und falsche Aussage, eine strafrechtsgeschichtliche Studie (1876) sowie die Monographie „Die falsche Aussage vor Gericht nach deutschem und österreichischem" (1877).

533 *M. Löffelsender*, Strafjustiz an der Heimatfront, S. 149 f.

Untersuchungslehre herauszustellen, die Probleme der Tatbestandsermittlung zu erforschen und sie, soweit es überhaupt möglich ist, zu lösen“[534]. Zu Peters‘ Hauptforderung gehörte daher, angehende Juristen bereits im Studium und Referendariat für die Probleme der richtigen Sachverhaltsfeststellung zu sensibilisieren und ihnen von vorherein ein realistisches Bild von der Rechtswirklichkeit zu vermitteln[535]. In der in Köln und Jena gehaltenen Vorlesung „Psychologie der Aussage“ konnte er seine Erfahrungen aus dem Meineidskomplex an die Studenten weitergeben.

dd) Referendarausbildung

Von November 1935 bis zum Beginn der Lehrstuhlvertretungen in Bonn und Jena (Oktober 1936) leitete Peters Referendararbeitsgemeinschaften für Straf- und Zivilrecht am LG Köln[536]. In Peters‘ Leistungsbeurteilung hieß es dazu: „Auf allen Gebieten kann er seinen Referendaren viel geben. Er ist eine zurückhaltende Natur, durchaus zuverlässig“. In den Arbeitsgemeinschaften herrsche ein guter Geist. „Er besitzt offenbar gemeinschaftsbildende Kraft“[537]. Um die Justizbeamten mit den wichtigen Gesetzesänderungen auf Grundlage der Gesetzesnovelle vom 28. Juni 1935[538] vertraut zu machen, wurden am LG Köln auch Arbeitsgemeinschaften für die ansässigen Richter und Staatsanwälte eingerichtet. Die Leitung einer dieser Arbeitsgemeinschaften zwischen Ende 1935 bis Mitte 1936 übernahm Karl Peters[539].

Während des Nationalsozialismus erfuhren die Arbeitsgemeinschaften – seit 1912 fester Bestandteil der Referendarausbildung – insofern eine Änderung als neben der fachlichen Ausbildung die Erziehung in den Vordergrund trat[540]. Geleitet wurden die Arbeitsgemeinschaften von einem Richter oder Staatsanwalt („Gemeinschaftsleiter“). Neben der Examensvorbereitung standen die Besichtigung von Behörden, Unternehmen oder historisch bedeutsamen Orten, um den Referendaren „den richtigen Blick für die Wirklichkeit“[541] zu eröffnen,

---

534 *K. Peters*, Zeugenlüge und Prozeßausgang, S. 311.

535 Siehe dazu Kap. B. VII. 2. c), Kap. C. III. 6.

536 UA-J, D/2242, Bl. 5: Personalbogen; LAV NRW R, Ger. Rep. 145 Nr. 260, Bl. 32.

537 BA Berlin, R/4901/23943, Personalbogen: Äußerungen über Befähigung, Leistung und Führung des LG-Präsidenten über Peters von Anfang 1937, daraus auch das vorbezeichnete Zitat.

538 Siehe dazu Kap. B. V. 2. a) aa (1).

539 LAV NRW R, Ger. Rep. 11 Nr. 1811, Bl. 3, 19, 49, 55.

540 *F. Schmerbach*, Das „Gemeinschaftslager Hanns Kerrl“, S. 37.

541 Allg. Verfügung des Preuß. Justizministers vom 16. Mai 1934, in: DJ 1934, S. 631.

sowie die Schulung der „gesamten Lebenshaltung und Lebensanschauung" im Sinne des Nationalsozialismus auf dem Programm[542]. Die Gemeinschaftsleiter sollten „überzeugte Nationalsozialisten und tüchtige Juristen" sein, die „die Sache um ihrer selbst willen tun und erfüllt sind von der Bedeutung und Größe ihrer Arbeit"[543]. Otto Palandt, seit 1934 Präsident des Reichsjustizprüfungsamtes und Leiter der Abteilung „Ausbildung" im Reichsjustizministerium, bemerkte hierzu, dass die Ausbildung in die Hand wissenschaftlich hochstehender Praktiker gelegt werde, die grundsätzlich auch der NSDAP angehören. Diese unterwiesen die Referendare „fortlaufend und gründlich in den Gebieten ihres Faches wie auch in anderen Dingen, die der spätere Rechtswahrer kennenlernen" müsse. In erster Linie diene die Arbeitsgemeinschaft „der Erziehung des Referendars im Geiste nationalsozialistischer Staatsauffassung und im Geiste wahrer Volksgemeinschaft, wie es erst durch die NSDAP geschaffen und zur Tat geworden" sei[544]. Die Auswahl der Gemeinschaftsleiter erfolgte durch den Oberlandesgerichtspräsidenten und den Generalstaatsanwalt; ab 1935 oblag dies dem Reichsjustizministerium[545].

Im Zusammenhang mit einer Referendarfahrt berichtete ein Leiter einer Referendargemeinschaft am LG Köln über Peters nach dem Krieg: „Nach einer solchen Reise der Gemeinschaft Peters wurde mir erzählt, Dr. Peters habe auf der Reise sonntags die Kirche besucht; das habe bei den Referendaren Anstoß erregt und es sei geäussert worden, es sei nicht angängig, daß jemand Gemeinschaftsleiter sei, der in die Kirche gehe"[546].

---

542 *L. Gruchmann*, Justiz im Dritten Reich, S. 301; *F. Schmerbach*, Das „Gemeinschaftslager Hanns Kerrl", S. 38.

543 Allg. Verfügung des Preuß. Justizministers vom 16. Mai 1934, DJ 1934, S. 631 f.

544 *O. Palandt*, DJ 1935, S. 586 (587).

545 Allg. Verfügung des Preuß. Justizministers vom 16. Mai 1934, DJ 1934, S. 631; *L. Gruchmann*, Justiz im Dritten Reich, S. 301.

546 UA-T, 198/56; LAV NRW R, NW 1039-P-1248, Bl. 41: Erklärung Karl Wirtzs vom 18. Juni 1946. **Karl Wirtz** (*1883, †1972): Seit 1927 LG-Direktor in Köln. 1941 – 1948 Senatspräsidenten am OLG Köln. In Beurteilung heißt es: „Wirtz bejaht den Nationalsozialismus aus innerster Überzeugung". Mitglied der NSDAP seit 1. Mai 1933. 1948 Einreihung in Kategorie IV, LAV NRW R, Br-Pe Nr. 1592 und Ger. Rep. 28 Nr. 540, Bl. 47, 75, 79, 129.

ee) Jugenddezernat

Nach der gescheiterten Berufung auf den Jenaer Lehrstuhl im Juli 1938[547] kehrte Peters August 1938 zur Staatsanwaltschaft am LG Köln zurück und übernahm dort das Dezernat für Jugendstrafrecht[548]. Ergänzend zur praktischen Tätigkeit hielt Peters Vorlesungen und Vorträge zum Jugendstrafrecht[549] und arbeitete in wissenschaftlichen Veröffentlichungen an der Weiterentwicklung des Jugendstrafrechts mit. Zu betonen ist, dass die Spezialisierung und Profilierung auf diesem Gebiet eng damit zusammenhing, dass das Jugend(-straf-)recht[550] als solches erst seit Ende des 19. Jahrhunderts in der wissenschaftlichen und praktischen Diskussion Beachtung gefunden hatte.

„Da das Dezernat auch politisch keine Bedeutung hatte“, so Peters in seinen Memoiren, „konnte ich meinen Vorstellungen entsprechend handeln“[551]. Ob das Jugenddezernat tatsächlich unpolitisch war, darf bezweifelt werden. Sicherlich hatte es nicht im engeren Sinne politische, d.h. staatsgefährdende Delikte zum Gegenstand. Andererseits machte sich auch im Jugendrecht die NS-Ideologie bemerkbar. Nach 1945 stellte Peters insofern fest, dass sich in der Novellierung des RJGG 1943 zum größten Teil eine „Durchführung typisch nationalsozialistischer Anschauungen“ gezeigt hätte[552].

(1) Jugendstrafrecht als eigenständiges Rechtsgebiet

Die rechtliche Sonderbehandlung von Kindern und Jugendlichen mit den Mitteln der Strafmilderung, des Absehens von Strafen oder der Beschränkung der Zurechenbarkeit hat eine lange Tradition. Vom Grundverständnis her wurden jugendliche Straftäter jedoch bis ins 19. Jahrhundert hinein wie „kleine Erwachsene“ behandelt und unterfielen daher dem Anwendungsbereich des Erwachsenenstrafrechts. Erst eine gewandelte Einsicht in die Sonderstellung und Schutzbedürftigkeit von Kindern und Jugendlichen änderte diese Sichtweise[553].

---

547 Siehe dazu Kap. B. V. 3. b).

548 Vgl. UA-T, 198/13, S. 44 f.: „Das war mir wegen meiner jugendrechtlichen Interessen sehr angenehm“.

549 Bspw. hielt Peters Februar 1935 einen Vortrag auf der Arbeitstagung der Sozialamtsleiter und der Rechtsreferenten der HJ: „Vorschläge zum Jugendstrafrecht“, in: ZBl. JR 1935, S. 37 – 46.

550 Siehe hierzu Peters‘ spezielle Terminologie Kap. C. IV. 1.

551 UA-T, 198/13, S. 45.

552 *K. Peters*, Werdendes Jugendstrafrecht, S. 5. Siehe auch Kap. C. IV. 2.

553 *F. Schaffstein/W. Beulke/S. Swoboda*, JugendstrafR, Rn. 90.

Insbesondere befördert durch die „moderne Strafrechtsschule" von Liszts, die ein täterbezogenes, zweckorientiertes und spezialpräventives Strafrecht forderte, kam es zu Reformdiskussionen. Denn eine spezialpräventive Einwirkung schien vor allem bei jugendlichen Straftätern vor dem Hintergrund ihrer individuellen Besonderheiten (verminderte Reife und Einsichtsfähigkeit) und der Chance auf Resozialisierung besonders lohnend[554]. Diskussionsforen über die Behandlung jugendlicher Verbrecher boten die 1888 gegründete IKV sowie ab 1890 die sog. Jugendgerichtsbewegung – ein Kreis von Strafrechtlern aus Wissenschaft und Praxis, die sich für ein reformiertes Jugendstrafrecht einsetzten[555].

Erste Fortschritte zeigten sich ab 1908 in der Einrichtung besonderer Jugendgerichte und -gerichtshilfen, der Konzentration der Bearbeitung von Jugendsachen auf einen „spezialisierten Beamten" – den späteren Jugendstaatsanwalt – sowie der Gründung der ersten Jugendstrafanstalt im Jahr 1911[556]. Den Durchbruch eines eigenständig normierten Sonderstrafrechts stellten das Jugendwohlfahrtsgesetz von 1922[557] und das Jugendgerichtsgesetz von 1923 dar[558], das „einen Markstein in der Entwicklung des deutschen Jugendstrafrechts" bedeutet habe – so Peters im Vorwort seiner Kommentierung zum JGG. Indem der Jugendliche „aus dem unmittelbaren Zusammenhang mit dem allgemeinen Strafrecht" gelöst wurde, sei deutlich geworden, dass der jugendliche Täter einer der geistigen und seelischen Entwicklung entsprechenden Behandlung bedürfe[559].

Inhaltlich wurde im JGG der Erziehungsgedanke der „modernen Schule" aufgegriffen[560]. Als Folge des Ersten Weltkrieges war es besonders bei den Kindern und Jugendlichen zu Verwahrlosungs- und Entwurzelungserscheinungen gekommen, die sich in der 1882 eingeführten (Reichs-)Kriminalstatistik besonders im Bereich der geringfügigen Eigentumsdelikte niedergeschlagen hatten. Gemäß § 7 JGG 1923 sollten daher subsidiär zur Bestrafung eines strafmündigen Jugendlichen, der das 14. – zuvor begann die Strafmündigkeit bereits mit 12 Jahren –, aber noch nicht das 18. Lebensjahr vollendet hatte, vorrangig Erziehungsmaßregeln verhängt werden. Diese Zweispurigkeit der Rechtsfolgen

---

554 *K. Peters*, Art. Jugendstrafrecht, in: HdK 1966, S. 456.
555 *J. Schady*, Die Praxis des Jugendstrafrechts, S. 22.
556 *D. Rössner*, in: Meier/ders./Schöch, JugendstrafR, § 2 Rn. 6.
557 Gesetz für Jugendwohlfahrt vom 9. Juli 1922, RGBl. I, S. 633.
558 Jugendgerichtsgesetz vom 16. Febr. 1923, RGBl. I, S. 135.
559 *K. Peters*, JGG 1942, S. 5, daraus auch das zuvor bezeichnete Zitat.
560 *Eb. Schmidt*, Strafrechtspflege, § 337.

(Erziehungsmaßregeln und Strafen) wurde durch Novellierung des JGG 1943 in die – noch gültige – Dreigliederung in Jugendgefängnisstrafe, Zuchtmittel und Erziehungsmaßregeln überführt. Als Ausdruck der Flexibilisierung der Sanktionsmöglichkeiten – Peters sprach von „Mitteln der Reaktionsbeweglichkeit“[561] – und des Einflusses von Liszts wurde zudem die Möglichkeit des Absehens von Strafe sowie die Strafaussetzung auf Wohlverhalten eingeführt. Die erstgenannte Maßnahme wurde durch Einführung des Jugendarrests 1941 weitgehend verdrängt; die Strafaussetzung auf Wohlverhalten wurde 1943 abgeschafft. In prozessualer Hinsicht wurden etwa die bereits eingeführten Jugendgerichte gesetzlich festgeschrieben sowie der Ausschluss der Öffentlichkeit und die Beschränkung des Legalitätsprinzips eingeführt[562].

(2) Jugendstrafrecht im Nationalsozialismus

Grundlage in den Diskussionen über die Neugestaltung des Strafrechts war die Beseitigung liberalistischen Denkens sowie der Strafzweck der Vergeltung[563]. „Die Gemeinschaft vergilt und der Täter sühnt“[564]. Mit Einführung der Erziehungsmaßregeln im JGG stellte sich damit für das Jugendstrafrecht die Frage, in welchem Verhältnis Strafe und Erziehung zueinander stünden. So wurde im Hinblick auf ein antiliberales und autoritäres Strafrecht die Befürchtung geäußert, dass eine zu einseitige Betonung des Erziehungsgedankens und die Herauslösung des Jugendstrafrechts aus dem allgemeinen Strafrecht zu einer „Verweichlichung“ führen könnte[565]. In den Verdacht einer zu milden und zaghaften Sanktionspraxis gerieten dabei auch die Jugendgerichte[566].

Ausgehend von der Einheitlichkeit der Rechtsordnung vertrat Peters die Ansicht, dass sich das Wesen der Strafe im Erwachsenen- und Jugendstrafrecht nicht ändere. Da mit der Charakterisierung des Jugendstrafrechts als Erziehungsstrafrecht lediglich eine Nachrangigkeit der Strafe gegenüber Erziehungsmaßnahmen zum Ausdruck gebracht werde, sei auch das Jugendstrafrecht vom Strafzweck der Vergeltung und Sühne getragen[567]. „Im Erwachsenenstrafrecht

---

561 *K. Peters*, JGG 1942, S. 24; vgl. auch später *ders.*, FS Kleinknecht (1985), S. 341 (342).
562 Im Detail dazu *J. Schady*, Die Praxis des Jugendstrafrechts, S. 25 – 30.
563 Dazu bereits Kap. B. V. 2. a) bb).
564 *K. Peters*, ZStW 58 (1939), S. 567 (569).
565 *E. Kohlrausch*, ZStW 56 (1937), S. 459 (462); vgl. *K. Peters*, ZBl.JR 1935, S. 37 (38).
566 *J. Schady*, Die Praxis des Jugendstrafrechts, S. 39.
567 *K. Peters*, ZStW 58 (1939), S. 567 (575); vgl. dazu *R. Lange*, FS Kohlrausch (1944), S. 44 (47).

überwiegt der Kampfcharakter. Hier geht es in erster Linie um die Niederzwingung [...] des Gegners [...]. Im Jugendstrafrecht tritt der Kampfcharakter zurück. Hier geht es mehr um die Gewinnung des Täters, um seine Einordnung in das völkische Gemeinschaftsleben durch erzieherische Einwirkungen"[568]. Statt um Willensstrafrecht und Willensbrechung gehe es um ein Persönlichkeitsstrafrecht[569] und um eine auf die Zukunft gerichtete Willensgestaltung. Angesichts dieser grundsätzlich unterschiedlichen Ausrichtung seien Erwachsenen- und Jugendstrafrecht somit etwas grundlegend Verschiedenes[570]. Im konkreten Verhältnis von Vergeltungs- und Erziehungsgedanken differenzierte Peters nach dem Vergeltungsbedürfnis der Gemeinschaft und dem Erziehungsbedürfnis des jugendlichen Täters. Als Begründung für diese Differenzierung führte er an, dass die Volksanschauung bei der Bewertung der Tat eines Jugendlichen gegenüber der eines Erwachsenen insofern eine andere sein könne, als unter Umständen das Sühnebedürfnis der Gemeinschaft durch Anordnung einer Erziehungsmaßnahme abgegolten und eine Bestrafung daher entbehrlich sei[571].

Bei der Auswahl des Rechtsfolgenausspruchs plädierte Peters für eine flexible Handhabung nach richterlichem Ermessen. Dabei sei der Richter jedoch an den Sinn und Zweck der Maßnahmen gebunden, aus denen sich ergebe, welche Tatsachen der Richter als Bewertungsgrundlage zu berücksichtigen habe[572]. In

568 *K. Peters*, ZStW 56 (1937), S. 495 (501). Ähnlich *R. Lange*, FS Kohlrausch (1944), S. 44 (49): „Das allgemeine Strafrecht hat die Aufrechterhaltung und Bewährung der Rechtsordnung im ganzen zum Ziel. Das Jugendstrafrecht will in erster Linie den Täter wieder in die Gemeinschaft eingliedern".

569 *K. Peters*, JGG 1942, S. 76 und *ders.*, RJGG 1944, S. 111: „Der Grundsatz der Persönlichkeitsforschung gibt dem Verfahren in Jugendstrafsachen seine besondere Kennzeichnung".

570 *K. Peters*, ZBl.JR 1935, S. 37 (41); vgl. *ders.*, Werdendes Jugendstrafrecht, S. 18.

571 *K. Peters*, ZStW 58 (1939), S. 567 (578); *ders.*, RJGG 1944, S. 40 f.: „Die Bestrafung eines Jugendlichen ist abhängig von dem Bedürfnis der Volksgemeinschaft nach Schutz und Sühne. [...] Auch [...] der junge Mensch kann sich gegen die Rechtsordnung in solchem Maß vergehen, daß das Gemeinschaftsbewußtsein trotz der Jugend des Täters und trotz seiner Erziehbarkeit ein begründetes Verlangen nach Bestrafung aufweist und ihm eine im wesentlichen auf Zweckmäßigkeit ausgerichtete Maßnahme der Zucht und Erziehung nicht genügend Rechnung trägt". Vgl. *ders.*, Werdendes Jugendstrafrecht, S. 27.

572 *K. Peters*, JGG 1942, S. 27 f.; *ders.*, RJGG 1944, S. 34. Ähnlich sprach der Jugendrichter Ludwig Clostermann von einem Wagnis, dass der Jugendrichter im Hinblick auf die Wahl der jugendrechtlichen Maßnahmen eingehen müsse: „[...] eine Entscheidung, deren Folgen der Richter weder aus dem Gesetz ablesen, noch mit Sicherheit anderweitig erkennen kann, die aber gewagt werden muß, um die Lebenskräfte des Täters

einem Feldpostbrief für die sich im Krieg befindenden Studenten mahnte Peters an, dass das neue Gesetz dem Jugendrichter weite Vollmachten und umfangreiche Macht- und Erziehungsmittel in die Hand gebe. „Es gibt dem Richter die Möglichkeit, zum Segen des einzelnen Jugendlichen, zur Gesunderhaltung der Jugend als Ganzes und zum Heil der Volksgemeinschaft zu wirken"[573]. Im Gegensatz zu Peters vertrat etwa Schaffstein – neben Georg Dahm ein führender Vertreter der NS-Strafrechtslehre – die Ansicht, dass nicht der Richter, sondern der Gesetzgeber festlegen müsse, wann welche Maßnahme zur Anwendung gelange. Hinsichtlich des Verhältnisses von Strafe und Erziehung lehnte Schaffstein eine Verschmelzung beider Ansätze ab und trat für eine strikte Trennung von Straf- und Erziehungsgedanken ein[574].

Auch was die Einordnung des Jugend(-straf-)rechts anbelangt, setzte Peters andere Schwerpunkte als beispielsweise Schaffstein und Siebert – beide gehörten zur Kieler Schule[575] und waren führende Mitglieder im Jugendrechtsausschuss der Akademie für Deutsches Recht. Auf Grundlage völkischen Denkens vertrat Siebert die Ansicht, dass derjenige, der besondere „völkische Aufgaben" wahrnehme, in seiner natürlichen Gliederung innerhalb der Volksgemeinschaft betrachtet werden müsse. Die Herausbildung eines eigenständigen Jugendrechts folge daher der Einsicht in die besonderen Aufgaben, die der Jugendliche für Volk und Staat zu erfüllen habe. Die Jugend von heute sei „das Volk von morgen, und es ist daher eine völkische Notwendigkeit, dem Jugendlichen [...] diejenige Erziehung und Förderung zuteil werden zu lassen, deren er bedarf, um zur vollen Entfaltung seiner seelischen, geistigen und körperlichen Kräfte für sein Volk zu gelangen"[576]. In der neuen völkischen Rechtsordnung sei der Jugendliche kein „kleiner Erwachsener" mehr, sondern habe – so Schaffstein – einen eigenständigen Pflichtenkreis und damit auch seine besondere soziale Ehre[577]. Der Erziehungsbegriff wurde hier weniger auf die individuelle Persönlichkeitsentwicklung, als auf die Eingliederung in die nationalsozialistische Volksgemeinschaft bezogen.

---

zur freiwilligen Mitarbeit an der Gestaltung seiner Zukunft aufzurufen", *L. Clostermann*, DJ 1942, S. 542.

573 UA-G, Jur. Fak., Bl. 110: Feldpostbrief, Sonderheft 4 von Mai 1944, Peters – Das neue Jugendstrafrecht.

574 *F. Schaffstein*, DR 1936, S. 64 (65).

575 Dazu *U. Eisenhardt*, Dt. Rechtsgeschichte, Rn. 853 f.

576 *W. Siebert*, DR 1941, S. 737 (739).

577 So *F. Schaffstein*, DR 1936, S. 64 (65).

Peters begründete das Jugendstrafrecht demgegenüber weniger aus der staatlichen, als aus der individuellen Perspektive. Das Jugendstrafrecht sei eine auf die Führung, Formung und Gestaltung eines jugendlichen Täters gerichtete Ordnung[578] und habe „die Eingliederung des straffälligen Jugendlichen in die deutsche Lebensgemeinschaft zum Ziel"[579]. Dessen besondere Behandlung finde seinen Grund in der Tatsache, dass „der Jugendliche noch kein fertiger Mensch"[580] sei. Es bedürfe noch des „biologisch-psychologischen Vorgangs des Hineinwachsens in die Gemeinschaft" und der Jugendliche müsse erst noch befähigt werden, „das Verwerfliche [seiner Tat] vom Standpunkt der Volksgemeinschaft zu erkennen"[581]. Den Bezug zur (Volks-)Gemeinschaft stellte Peters wie Schaffstein und Siebert her. In der Grundausrichtung betonte er jedoch mehr die individuelle Bedeutung des Jugendstrafrechts für den jugendlichen Straftäter. Als Fazit eines 1938 gehaltenen Vortrages über „Die Kriminalität der Jugend" stellte Peters im Hinblick auf die erforderliche Erfassung von jugendlicher Täterpersönlichkeit und Tathintergründen heraus, dass dies eine schwere, aber auch schöne Aufgabe sei. „Und wenn die Arbeit getragen ist von dem ernsten Verantwortungsbewußtsein für die Zukunft des Volkes, von der Hilfsbereitschaft für den gestrauchelten Jugendlichen, von der Liebe zur Jugend und dem Glauben an die Jugend, so wird der Erfolg auch unserer Arbeit nicht ausbleiben!"[582].

(3) Reformbestrebungen und Reform im Jugendstrafrecht

Im Mittelpunkt der jugendstrafrechtlichen – wie auch der allgemein strafrechtlichen – Reformbestrebungen standen die als zu kurz und daher unwirksam empfundenen Freiheitsstrafen. Seit den 30er Jahren wurde der bereits vor Erlass des JGG 1923 formulierte Vorschlag zur Einführung des Jugendarrests vorgebracht[583]. Schaffstein, „Vorkämpfer des Jugendarrests"[584], begründete den Jugendarrest damit, dass der kurzzeitige Freiheitsentzug den Jugendlichen als

---

578 *K. Peters*, RJGG 1944, S. 27; vgl. *ders.*, Werdendes Jugendstrafrecht, S. 21.

579 UA-G, Jur. Fak., Bl. 107: Feldpostbrief, Sonderheft 4, Mai 1944, Peters – Das neue Jugendstrafrecht.

580 *K. Peters*, ZBl.JR 1935, S. 37 (39).

581 *K. Peters*, RJGG 1944, S. 35 f. So auch Peters' Ansatz nach 1945 siehe dazu Kap. C. IV. 3. a) aa).

582 UA-T, 198/64: Vortrag „Die Kriminalität der Jugend", Okt. 1938, S. 27.

583 *J. Wolff*, Jugendliche vor Gericht, S. 128 f. Peters verteidigte den Jugendarrest später daher als nicht „typisch nationalsozialistische Maßnahme", *K. Peters*, Werdendes Jugendstrafrecht, S. 85.

584 *R. Lange*, FS Kohlrausch (1944), S. 44 (52).

„Ehren- bzw. Schockstrafe" zur Besinnung bringen und an sein Ehrgefühl appelliert werden solle[585]. Auch Peters befürwortete den Jugendarrest und bezeichnete dessen Einführung durch Verordnung vom 4. Oktober 1940[586] als „geeignetes Kampfmittel gegen die leichtere und mittlere Kriminalität der Jugendlichen"[587]. Denn bei der Anordnung des Jugendarrests gehe es nicht um die Ahndung der Tat, sondern entsprechend einem täterorientierten Strafrecht um ein Ansprechen des Jugendlichen[588]. Peters kritisierte aber, das mit der Verordnung kein stufenweises System freiheitsentziehender Maßnahmen von kurzer Freiheitsentziehung (Jugendarrest und Haft) zu längerer Freiheitsentziehung geschaffen worden sei[589]. Mit Novellierung des JGG wurde der Jugendarrest als Zuchtmittel in § 7 RJGG aufgenommen. Weil Jugendliche vielfach erst noch in die Rechtsordnung „hineinwachsen" müssten, sah Peters den Arrest als Mahnzeichen, das den erziehungsgeeigneten Jugendlichen nicht mit dem Makel des Vorbestraftseins belaste. Zudem könne eine im Einzelfall nicht angebrachte Strafe vermieden und stattdessen dem Jugendlichen der richtige Weg gewiesen werden[590].

Eine weitere wichtige Ergänzung der jugendstrafrechtlichen Maßnahmen war 1941 die Einführung der Verurteilung zu einem nicht fest bestimmten Strafmaß[591]. Wegen deren Flexibilität befürwortete Peters die unbestimmte Verurteilung als Mittel der staatlichen Verbrechensabwehr. Denn es sei damit möglich, das Strafmaß an der Täterpersönlichkeit auszurichten und die häufig schädlich und unwirksam kurze Freiheitsstrafe zu beseitigen[592]. Dabei diene die Maßnahme sowohl spezialpräventiven (Probleme bei der Gefahrenprognose können gemildert werden) als auch generalpräventiven und erzieherischen Gesichtspunkten[593]. „Die unbestimmte Verurteilung hat den Sinn, dass der Jugendliche je nachdem, wie der Strafvollzug auf seine Persönlichkeitsgestaltung sich

585 Allg. Verfügung des RJM vom 6. Nov. 1940, in: DJ 1940, S. 1243; *F. Schaffstein*, DR 1936, S. 64 (66); *ders.*, Erneuerung des Jugendstrafrechts, S. 12 – 16.

586 VO zur Ergänzung des Jugendstrafrechts, RGBl. 1940 I, S. 1336.

587 *K. Peters*, ZStW 60 (1941), S. 551 (552); vgl. *ders.*, MschKrimBiol 1942, S. 173 – 182: In dem Aufsatz verfasste Peters mit Hilfe von Berichten der Jugendämter einen Erfahrungsbericht über den Jugendarrest.

588 *K. Peters*, FS Kohlrausch (1944), S. 199 (216).

589 *K. Peters*, ZStW 60 (1941), S. 551 (557).

590 *K. Peters*, ZStW 60 (1941), S. 551 (553); *ders.*, RJGG 1944, S. 53, 55.

591 VO über die unbestimmte Verurteilung Jugendlicher vom 10. Sept. 1941, RGBl. I, S. 567.

592 *K. Peters*, ZStW 58 (1939), S. 567 (568 f.); *ders.*, RJGG 1944, S. 48.

593 *K. Peters*, ZStW 58 (1939), S. 567 (572); *ders.*, RJGG 1944, S. 48 f.

auswirkt, den Erziehungsbedürfnissen entsprechend kürzer oder länger in der Anstalt gehalten werden kann“[594]. Aus erzieherischer Sicht sah Peters einen weiteren Vorteil darin, dass sich der Jugendliche zur (ernsten) Mitarbeit an seiner Erziehung angespornt sehen könne und der Gesetzgeber die Lücke der bislang fehlenden Verlängerungsmöglichkeit der ausgesprochenen Strafe schließe[595].

Zu einem weiteren seit dem ausgehenden 19. Jahrhundert diskutierten Themenbereich gehörte der Umgang mit den sog. Halberwachsenen. Peters schlug vor, den Übergang vom Jugend- zum Erwachsenenstrafrecht in der Altersstufe der 18- bis 21-jährigen nicht starr, sondern mittels einer Zwischenstufe fließend zu gestalten[596]. Denn die Halberwachsenen „befinden sich nicht selten noch in der Pubertät, im Sturm und Drang [...]. Der Wille zur Tat und zum Erlebnis, mangelnde Überlegung, Leichtsinn [...] kennzeichnen nicht selten noch diesen Lebensabschnitt. Und daher wäre es falsch, diese Minderjährigen schlechthin als Vollerwachsene zu behandeln“[597]. Anhand der Täterpersönlichkeit, der Zuordnung zu einem Tätertyp und der Tatschwere müsse differenzierend das Jugend- oder Erwachsenenstrafrecht zur Anwendung gelangen[598]. Der Forderung nach einer strafrechtlichen Sonderbehandlung der Halberwachsenen wurde auch im Schrifttum während des Nationalsozialismus Ausdruck verliehen. Wie Schaffstein rückblickend angemerkt hatte, scheiterte die Einbeziehung dieser Tätergruppe in das Jugendrecht aber kriegsbedingt[599]. Letztlich fand Peters‘ Vorschlag erst 1953 seinen gesetzlichen Niederschlag in der Einfügung der Altersgruppe der Heranwachsenden in § 105 JGG 1953[600].

(4) Jugendgerichtsgesetz (RJGG) von 1943

Mit Hilfe des Reichsjugendgerichtsgesetzes vom 6. November 1943[601] wurde das durch Aus- und Durchführungsverordnungen ergänzte und unübersichtlich

---

594 UA-G, Jur. Fak., Bl. 108: Feldpostbrief, Sonderheft 4, Mai 1944, Peters – Das neue Jugendstrafrecht.

595 *K. Peters*, ZStW 58 (1939), S. 567 (587). Abgeschafft wurde die unbestimmte Jugendstrafe erst durch Art. 1 des Ersten Änderungsgesetz zum JGG vom 30. August 1990, BGBl. I, S. 1853.

596 *K. Peters*, ZBl.JR 1935, S. 37 (45).

597 *K. Peters*, ZStW 56 (1937), S. 495 (503).

598 *K. Peters*, ZStW 56 (1937), S. 495 (505, 507).

599 *F. Schaffstein/W. Beulke/S. Swoboda*, JugendstrafR, Rn. 105; vgl. BT-Drs. I/3264, S. 36; *J. Wolff*, Jugendliche vor Gericht, S. 125 – 127.

600 Jugendgerichtsgesetz vom 4. Aug. 1953, BGBl. I, S. 766.

601 VO über die Vereinfachung und Vereinheitlichung des Jugendstrafrechts vom 6. Nov. 1943, RGBl. I, S. 635.

gewordene Jugendgerichtsgesetz von 1923 neugefasst. Vorangetrieben wurde die schon lange angestrebte Reform durch die negativen Erfahrungen der Jugendverwahrlosung und -kriminalität während des Ersten Weltkrieges und dem Beginn des Zweiten Weltkrieges[602]. Im RJGG 1943 verwirklichten sich vor allem im Hinblick auf die Neuordnung der Sanktionen und die Erweiterung der jugendstrafrechtlichen Maßnahmen die Forderungen der Jugendgerichtsbewegung[603]. Insbesondere die Implementierung der „Verordnung zum Schutz gegen jugendliche Schwerverbrecher"[604] bedeutete andererseits aber einen Rückschritt. Die für das NS-Strafrecht typische „Auflockerung" und Erweiterung des strafrechtlichen Anwendungsbereichs zeigte sich im Jugendstrafrecht in der Aufweichung der Altersgrenzen. So war gemäß § 20 RJGG bzw. § 1 der Verordnung gegen jugendliche Schwerverbrecher von 1939[605] die Anwendung des Erwachsenenstrafrechts bei 16- und 17-jährigen möglich; 12- und 13jährige konnten auf Grundlage von § 3 Abs. 2 RJGG verurteilt werden, wenn der „Schutz des Volkes wegen der Schwere der Verfehlung eine strafrechtliche Ahndung fordert". Die Folge war, dass die privilegierende Strafrahmenreduzierung des § 9 JGG 1923 („Statt auf Todesstrafe oder auf lebenslanges Zuchthaus ist auf Gefängnis von einem bis zu zehn Jahren, statt auf lebenslange Festungshaft ist auf Festungshaft von einem bis zu zehn Jahren zu erkennen") für jugendliche Schwerverbrecher keine Berücksichtigung mehr fand.

Im Grundsatz begrüßte Peters „die Sprengung der starren Altersscheidung"[606]. Angesichts der Rechtsfolgen betonte er aber deren Tragweite. Gerade

---

602 Zur Reform des Jugendstrafrechts im Einzelnen siehe *J. Wolff*, Jugendliche vor Gericht, S. 7 – 118.

603 *C. Roxin*, StrafR AT, Bd. 1, § 3 Rn. 13; vgl. *K. Peters*, Werdendes Jugendstrafrecht, S. 5.

604 VO zum Schutz gegen jugendliche Schwerverbrecher vom 4. Okt. 1939, RGBl. I, S. 2000.

605 (1) Gegen einen Jugendlichen, der bei der Begehung einer Straftat über sechzehn Jahre alt ist, kann der Staatsanwalt die Anklage auch vor dem Gericht erheben, das [...] gegen Erwachsene zuständig ist. (2) In diesem Fall verhängt das angerufene Gericht gegen den Täter diejenige Strafen und Maßregeln der Sicherung und Besserung, die gegen Erwachsene angedroht sind, wenn der Täter nach seiner geistigen und sittlichen Entwicklung einer über achtzehn Jahre alten Person gleichzuachten ist und wenn die bei der Tat gezeigte, besonders verwerfliche verbrecherischer Gesinnung oder der Schutz des Volkes eine solche Bestrafung erforderlich macht.

606 *K. Peters*, Dt. Verwaltungsbeamte 1942, S. 170 (171). Später sprach sich Peters gegen eine flexible Abgrenzung der Altersgrenzen zu Ungunsten von Jugendlichen aus, dazu Kap. C. IV. 2.

im Hinblick auf die Strafverfolgung von Kindern hob er deren Ausnahmecharakter hervor und plädierte für einen „sparsamsten Gebrauch“[607]. Auch was die Anwendung des § 20 RJGG anbelangt, äußerte sich Peters differenziert und kritisch. So sei die Vorschrift nicht mit einem Abbau des Jugendstrafrechts gleichzusetzen, sondern stelle nur eine Ausnahmeregelung für Einzelfälle dar[608]. § 20 Abs. 1 RJGG erfasse frühreife, in ihrer Entwicklung abgeschlossene Jugendliche, deren Gleichstellung mit Erwachsenen zur Verwirklichung materieller Gerechtigkeit und einer gerechten Schuldbewertung angebracht sei. Einschränkend müsse aber die Tat und die in ihr offenbarte Gesinnung von Straftätern im Alter von 14 bis 18 Jahre das sittliche Empfinden der Rechtsgemeinschaft besonders stark berühren. Die Anwendung jugendstrafrechtlicher Bestimmungen müsse „unerträglich sein“[609].

Als zweite Fallgruppe seien in § 20 Abs. 2 RJGG Jugendliche mit vorzeitigem Entwicklungsstillstand erfasst. Ausgehend vom Sinn und Zweck der Regelung warf Peters in seiner RJGG-Kommentierung die rhetorische Frage auf, ob „lediglich die charakterliche Abartigkeit und das Schutzbedürfnis die Anwendung des Erwachsenenstrafrechts (etwa der Todesstrafe) ohne Rücksicht auf das Sühnebedürfnis oder gar entgegen dem Sühneempfinden der Gemeinschaft rechtfertigen“ solle. Mit dem Hinweis, dass andernfalls ein „reines Sicherungsstrafrecht“ die Folge sei, verneinte Peters dies[610]. Auf Grund der beim Jugendlichen vorhandenen Mängel – Schwachsinn bewertete Peters ausdrücklich nicht als „charakterliche Abartigkeit“ – müsse der Jugendliche seiner Gesamtpersönlichkeit nach außerhalb des noch sozial Erträglichen stehen: „Die Anwendung des Erwachsenenstrafrechts muss aus Gründen der Gemeinschaftssicherung geboten sein. Der Schutz des Volkes macht eine Bestrafung wie bei einem Erwachsenen erforderlich, wenn der Täter zu besonders schweren Verbrechen neigt und die nach dem JGG zur Verfügung stehenden Mittel nicht ausreichen, um der Gemeinschaft künftig hin die genügende Sicherheit vor dem Täter zu geben“[611].

Peters betonte mithin die Subsidiarität der Strafe gegenüber Erziehungsmaßregeln, obwohl dieses für das JGG 1923 wesentliche Prinzip mit der Neufassung 1943 revidiert wurde. Denn der Leitgedanke des RJGG lautete nicht

607 *K. Peters*, RJGG 1944, S. 38; vgl. UA-G, Jur. Fak., Bl. 107: Feldpostbrief, Sonderheft 4, Mai 1944, Peters – Das neue Jugendstrafrecht: „nur eine seltene Ausnahme“.

608 *K. Peters*, RJGG 1944, S. 85.

609 *K. Peters*, RJGG 1944, S. 86.

610 *K. Peters*, RJGG 1944, S. 84.

611 *K. Peters*, RJGG 1944, S. 86 f.

mehr Erziehung vor Strafe, sondern Strafe vor Erziehung bzw. Erziehung durch Strafe, wodurch das Jugendstrafrechtsprivileg hinter das Interesse der Volksgemeinschaft zurücktrat[612]. Deutlich brachten dies die Volksschädlings- und Gewaltverbrecherverordnung[613] zum Ausdruck, die durch Überlagerung sondergerichtlicher Zuständigkeiten weitere Anwendungsmöglichkeiten des Erwachsenenstrafrechts auf Jugendliche schufen. Zudem stellten sie die gerade auch im Jugendstrafrecht stark hervortretende Ausrichtung auf ein Tätertypenstrafrecht („jugendlicher Gewaltverbrecher") nochmals klar[614].

(5) Kommentierung zum Jugendgerichtsgesetz

Peters' Kommentierung zum JGG in erster Auflage 1942 und in Neuauflage von 1944 entstand unter Berücksichtigung der Gesetzesnovellierungen aus der Praxis heraus. Es ging ihm „vor allem um eine jugendgemäße Anwendung des Jugendstrafrechts und um die Verselbstständigung gegenüber dem allgemeinen Strafrecht"[615]. Als neue, eigenständige Rechtsmaterie gab es nur eine Handvoll Kommentierungen zum JGG[616]. Peters' Kommentar diente insofern in erster Linie der Vermittlung von Grundstrukturen sowie der Zusammenfassung der Rechtsentwicklungen. „Der Verfasser", so ein Rezensent, habe „sich die dankenswerte Aufgabe gestellt, in einer knappen, aber alles Wesentliche erschöpfenden Erläuterung der Rechtsvorschriften des Jugendstrafrechts ein Gesamtbild seines gegenwärtigen Standes zu geben. [...] Die Arbeit ist die erste „moderne" Erläuterung des gesamten Jugendstrafrechts"[617]. Mit eigenen Bewertungen und Meinungen hielt sich Peters weitestgehend zurück. Die Erläuterung allgemeiner und spezieller jugendstrafrechtlicher Fragestellungen fand in Aufsätzen statt.

---

612 *J. Schady*, Die Praxis des Jugendstrafrechts, S. 42; *J. Wolff*, Jugendliche vor Gericht, S. 34 f.

613 VO gegen Volksschädlinge vom 5. Sept. 1939, RGBl. I, S. 1679; VO gegen Gewaltverbrecher vom 5. Dez. 1939, RGBl. I, S. 2378.

614 *D. Rössner*, in: Meier/ders./Schöch, JugendstrafR, § 2 Rn. 11; *J. Wolff*, Jugendliche vor Gericht, S. 34, 37 – 45.

615 UA-T, 198/13, S. 52.

616 *H. Francke*, Das Jugendrechtgerichtsgesetz vom 16.02.1923[2], Berlin 1926; *W. Kiesow*, Jugendgerichtsgesetz vom 16.02.1923, Mannheim 1923; *H. Kümmerlein*, RJGG vom 6. Nov. 1943.

617 So der Jugendstrafrechtsreferenten im Reichsjustizministerium *H. Kümmerlein*, DJ 1942, S. 334.

1946 befand Peters, dass sein Kommentar zum JGG kritische Bemerkungen zu den „Mißgriffen der nationalsozialistischen Gesetzgebung“ enthalten habe[618]. In der Tat konnten kritische Töne insbesondere an zwei Punkten festgestellt werden. Hinsichtlich des Anwendungsbereichs war Peters in der ersten Auflage noch der Ansicht, dass das JGG „in vollem Umfang auch bei Ausländern und Juden“ gelte[619]. In der Besprechung hieß es dazu, „die Ansicht, daß die Erziehungsmaßregeln und Zuchtmittel des Jugendstrafrechts auch bei Juden anzuwenden seien, [dürfte] mit Sinn und Zweck dieser Maßnahmen nicht vereinbar sein“[620]. In der zweiten Auflage ließ Peters den beanstandeten Satz entfallen. Der andere Punkt betrifft die Implementierung der Verordnung zum Schutz gegen jugendliche Schwerverbrecher in das RJGG mit Aufweichung der Altersgrenzen in Hinblick auf das Erwachsenenstrafrecht. Hier zeigte sich Peters in seiner Kommentierung zu § 20 RJGG differenzierend und kritisch[621].

(6) Profil des Jugendstaatsanwalts

Nach § 21 JGG 1923 sollte die Bearbeitung von Jugendstrafsachen „tunlichst in die Hände bestimmter Beamter“, d.h. grundsätzlich in die der Jugendstaatsanwälte gelegt werden. Da diese Bestimmung nur fakultativer Art war, wurden eigenständige Dezernate für Jugendsachen nur bei den Staatsanwaltschaften größerer Städte geschaffen[622]. Dennoch entsprach das am LG Köln eingerichtete Jugendstrafrechtsdezernat zumindest bis 1943 eher der Ausnahme. Erst § 23 RJGG regelte verbindlich, dass für Verfahren, die zur Zuständigkeit der Jugendgerichte gehörten, Jugendstaatsanwälte zu bestellen sind. Allerdings blieb auch die Besetzung der Dezernate mit geeigneten Fachvertretern eine Ausnahme. Nachfolger als Leiter des Jugenddezernats wurde nach Peters‘ Weggang Ende 1942 Johannes Hackstein, der kein ausgewiesener Jugendstrafrechtler war[623].

Hinsichtlich der Auswahl des Jugendstaatsanwalts bestimmte § 24 RJGG, dass dieser erzieherisch befähigt und in der Jugenderziehung und -führung erfahren zu sein hatte. Zum Anforderungsprofil gehörten ferner fundierte Kenntnisse auf

618 UA-T, 602/1190, Bl. 3: Anlage II, Peters zur Berufungsliste in Münster von April 1946.
619 *K. Peters*, JGG 1942, S. 17, darin sind „Ausländer und Juden“ fett hervorgehoben.
620 *H. Kümmerlein*, DJ 1942, S. 334.
621 Siehe Kap. B. V. 2. c) ee) (4).
622 *M. Löffelsender*, Strafjustiz an der Heimatfront, S. 86.
623 **Johannes Hackstein** (*20. Mai 1902, †3. März 1945): Diss. 1931 „Die strafrechtliche Stellung der körperlich und geistig Defekten“, LAV NRW R, Br-Pe Nr. 8935; *M. Löffelsender*, Strafjustiz an der Heimatfront, S. 86.

dem Gebiet der Kriminalbiologie, -psychologie und -psychiatrie sowie Pädagogik[624]. Darüber hinaus forderte Peters, dass Jugendrichter und -staatsanwälte „ein Herz für die Jugend haben“ müssten. „Berufsfreude, Bewußtsein für die hohe Verantwortung um die Jugend“ seien „die Grundlagen jugendstrafrechtlicher Tätigkeit. Jugendrichter [...] und Jugendstaatsanwälte müssen die Kenntnis um die Entwicklung des Jugendlichen, Verständnis für seine Besonderheiten und Neigungen und vor allem die Fähigkeit der Scheidung zwischen bloßen jugendlichen Streichen und Verhaltensweisen und echten kriminellen Taten haben. Sie müssen mit den Problemen der Jugendverwahrlosung und Jugendkriminalität vertraut sein“[625]. Peters‘ Bemühen um einen sachgerechten Umgang mit jugendlichen Straftätern und sein humanistisch-individualisierender Ansatz kommen deutlich zum Ausdruck.

Dass Peters sich der Ausdehnung staatsanwaltschaftlicher Befugnisse gerade im Bereich des Jugendstrafrechts bewusst war, wird in der Kommentierung zu § 23 RJGG deutlich: „Der Jugendstaatsanwalt gibt dem Verfahren Ansatz und Richtung. Er entscheidet über Anklage oder Absehen von Strafverfolgung[626], über die Durchführung des ordentlichen oder vereinfachten Jugendverfahrens, über die Erhebung der Anklage vor dem Jugendrichter oder der Jugendkammer, über die Erhebung der Anklage vor dem Jugendgericht oder Sondergericht[627]. In der Hauptverhandlung hat er die Möglichkeit, auf die Erzielung des richtigen Urteils hinzuwirken“[628]. Die Staatanwaltschaft wurde insofern zur Herrin des Vorverfahrens als sie das sachlich zuständige Gericht auswählte. Auswirkungen

624 *K. Peters*, RJGG 1944, S. 100; ähnlich *ders.*, JGG 1942, S. 63. Im JGG von 1923 fand sich noch keine ausdrückliche Regelung zu den Anforderungen an den JugendStA.

625 *K. Peters*, RJGG 1944, S. 104. Vgl. dazu *M. Löffelsender*, Strafjustiz an der Heimatfront, S. 44 - 52, 71.

626 Sah § 32 JGG 1923 noch die Zustimmung des Jugendrichters zur Verfahrenseinstellung vor, stellte § 30 II RJGG die Anklageerhebung unter Durchbrechung des Legalitätsprinzips ganz in die Opportunität des Jugendstaatsanwalts. Das RJGG passte sich damit der Entwicklung des Legalitätsprinzips in der RStPO an, siehe dazu Kap. B. V. 2. a) dd) (1); vgl. *K. Peters*, JGG 1942, S. 79 f.

627 Nach § 3 I Zuständigkeits-VO vom 21. Febr. 1940, RGBl. I, S. 405 hatten in Jugendsachen die Amtsrichter und die Strafkammer als Jugendgericht zu entscheiden. Überlagert wurde deren Zuständigkeit durch die Zuständigkeit des Volksgerichtshofs (Art. IV § 6 des Gesetzes zur Änderung von Vorschriften des Strafrechts und des Strafverfahrens vom 24. April 1934, RGBl. I, S. 341. § 5 I Zuständigkeits-VO und § 76 I RJGG), des OLG (§ 6 Zuständigkeits-VO und § 76 I RJGG) und der Sondergerichte (§§ 13, 17 II, 24 Zuständigkeits-VO und § 76 II RJGG).

628 *K. Peters*, RJGG 1944, S. 100; vgl. *ders.*, JGG 1942, S. 55.

hatte dies nicht nur auf die Rechtsmittel und Rechtskraft, sondern auch auf die Anwendbarkeit von Erwachsenen- oder Jugendstrafrecht und damit auf die Strafzumessung[629]. Zwar bestimmte § 78 RJGG, dass bei Jugendstrafsachen vor Erwachsenengerichten die Verfahrensvorschriften des RJGG angewendet werden sollen, jedoch galt das nur „soweit nicht besondere Gründe dagegen sprechen", etwa weil der Jugendliche als Schwerverbrecher nach § 20 RJGG anzusehen ist[630]. Da die Neuregelung des § 20 RJGG 1943 lediglich die Integrierung der Verordnung zum Schutz gegen jugendliche Gewaltverbrecher in das JGG darstellte, bestand die Möglichkeit der Anklageerhebung gegenüber einem 16jährigen Schwerverbrecher vor einem Erwachsenengericht entgegen der Regelung des § 17 JGG bereits seit Ende 1939[631].

(7) Handhabung des Jugendgerichtsgesetzes

In Bezug auf die praktische Handhabung des JGG seien zwei Fragen herausgegriffen: Wie ist Peters mit den kriegsbedingt erlassenen Sonderbestimmungen ab 1939 bei Jugendlichen umgegangen? Vor welches Gericht hat er die Verfahren zur Anklage gebracht?

Unkomplizierte Fälle und in Fällen, in denen Jugendarrest oder kurze Gefängnisstrafen zu erwarten waren, wurden grundsätzlich vor dem Jugendrichter am Amtsgericht angeklagt. Die übrigen Verfahren mit erwartbar längeren Gefängnisstrafen gingen an die Jugendstrafkammer am Landgericht[632]. Eine Verweisung an die Generalstaatsanwaltschaft am OLG Hamm oder an den Volksgerichtshof kam nur selten vor[633].

---

629 *U. Schumacher*, Staatsanwaltschaft, S. 141 f. Ausführlich dazu Kap. B. V. 2. a) dd) (1).

630 *K. Peters*, RJGG 1944, S. 26, 52.

631 § 17 JGG: Straftaten von [jugendlichen] Personen […] gehören zur Zuständigkeit der Jugendgerichte. Zu den Konsequenzen siehe Kap. B. V. 2. c) ee) (4).

632 *M. Löffelsender*, Strafjustiz an der Heimatfront, S. 131 – 134; *K. Peters*, JGG 1942, S. 58 f.

633 So *M. Löffelsender*, Strafjustiz an der Heimatfront, S. 106 – 109.

Tabelle: Anklagen vor dem Kölner Sondergericht insbesondere auf Grundlage der Volksschädlings-VO[634].

Jahr	Delikt			Gesamt zusätzlich als Schwerverbrecher angeklagt)
	VVO	Tötung	sonstiges	
1939	7	–	–	7 (1)
1940	21	–	4	25 (2)
1941	–	–	–	– (–)
1942	15	–	–	15 (6)
1943	23	–	15	38 (11)
1944	4	1	1	6 (5)
1945	–	–	–	– (–)
Gesamt	**70**	**1**	**20**	**91 (25)**

Eine einheitliche Praxis der Anklage zum Sondergericht durch die Jugendstaatsanwälte Peters und – ab März 1941 – Hackstein bestand nicht. Eine Ausnahme zur jugendgerichtlichen Zuständigkeit bestand bei jugendlichen Schwerverbrechern (§ 1 der Verordnung zum Schutz gegen jugendliche Schwerverbrecher bzw. § 20 RJGG) und in Sondergerichtssachen[635]. Da es zumindest bis Ende 1940 keine Vorgaben der Justizführung zur sondergerichtlichen Anklage bei Jugendlichen gab, oblag die Handhabung der Vorschrift den Jugendstaatsanwälten. Unklar blieb auch, wie mit den 1939 erlassenen strafschärfenden Sonderverordnungen wie der Volksschädlingsverordnung umgegangen werden sollte.

Wie eine kursorische Durchsicht belegt[636], beruhte die erste Anklagewelle 1939/40 vor dem Sondergericht vor allem wegen nächtlichen Diebstahlsdelikten auf zwei Festlegungen von Peters[637]. Straftaten von Jugendlichen, die unter

634 Entnommen aus *M. Löffelsender*, Strafjustiz an der Heimatfront, S. 135.

635 *K. Peters*, JGG 1942, S. 7. Siehe hierzu Kap. B. V. 2. c) ee) (4).

636 Exemplarisch wurde einige Verfahren aus den Jahren 1939 und 1940 durchgesehen, darunter LAV NRW R, Ger. Rep. 112 Nr. 18251, 18252, 18255, 18264, 18268.

637 So auch *M. Löffelsender*, Strafjustiz an der Heimatfront, S. 135, 147, 358 f., der nach Durchsicht der (wenigen) vorhandenen Anklageschriften von einem Muster Peters‘

Ausnutzung von Verdunkelungsmaßnahmen[638] begangen wurden, erfüllten den strafschärfenden Tatbestand des Verbrechens bei Fliegergefahr gemäß § 2 der Verordnung gegen Volksschädlinge[639] i.V.m. § 242 StGB. Fraglich war hierbei, woraus sich die Anwendbarkeit der Volksschädlingsverordnung ergab und ob die Jugendlichkeit des Schwerverbrechers Voraussetzung für eine Verurteilung war, da die Schwerverbrecher-, Volksschädlings- und Gewaltverbrecherverordnung grundsätzlich nebeneinander anwendbar waren[640]. Peters schrieb dazu, dass neben den gesetzlichen Tatbestandsmerkmalen die Zuordnung zu einem bestimmten Tätertyp entscheidend sei[641]. Gleichwohl: Auch wenn der Delinquent nicht dem jugendlichen Schwerverbrecher entspreche, könne es sich dennoch um einen Volksschädling oder Gewaltverbrecher handeln – „die Einstellung, die den Volksschädling kennzeichnet, erfordert nicht die verbrecherische Dauerhaltung des jugendlichen Schwerverbrechers"[642]. Allerdings kann umgekehrt ein jugendlicher Schwerverbrecher nicht bejaht werden, wenn es sich bei dem Täter nicht auch um einen Volksschädling oder Gewaltverbrecher handelt. Das Reichsgericht bestätigte diese extensive Handhabung[643]. Auf dessen Linie, wonach der Volksschädling allein durch die *äußeren* Tatumstände gekennzeichnet sei, betonte aber das Reichsgericht, dass das zuständige Gericht dennoch zu prüfen habe, ob sich aus dem sonstigen Verhalten des Täters,

---

spricht. Ebenfalls *T. Roth*, „Verbrechensbekämpfung", S. 310 spricht von einer „eher mechanischen Zuschreibungspraxis".

638 8. DurchführungsVO zum LuftschutzG (VerdunkelungsVO) vom 23. Mai 1939, RGBl. I, S. 965.

639 § 2 der VolksschädlingsVO: „Wer unter Ausnutzung der zur Abwehr von Fliegergefahr getroffenen Maßnahmen ein Verbrechen oder Vergehen gegen Leib, Leben oder Eigentum begeht, wird mit Zuchthaus bis zu 15 Jahren oder mit lebenslangen Zuchthaus, in besonders schweren Fällen mit dem Tode bestraft". Zum Deliktscharakter der VolksschädlingsVO siehe *G. Werle*, Justiz-Strafrecht, S. 237 – 241.

640 Anknüpfung für die Eröffnung des Anwendungsbereiches bildete § 1 I der VO zum Schutz gegen jugendliche Schwerverbrecher bzw. später § 20 RJGG.

641 *K. Peters*, JGG 1942, S. 15. Vgl. *ders.*, in: Flitner (Hrsg.), Deutsches Geistesleben, S. 168: „Eine Einschränkung der genannten Tatbestände [Kriegswirtschafts- und VolksschädlingsVO] fand dadurch statt, daß man die Bestimmung durch den sicherlich wiederum sehr vagen, immerhin praktisch verwertbaren Begriff des Tätertyps einschränkte. Nur dann, wenn der Täter seiner Persönlichkeit nach als Volksschädling anzusehen wäre, sollte er unter die erschwerten Strafbestimmungen fallen".

642 *K. Peters*, JGG 1942, S. 123.

643 RGSt 75, 202 (204); 76, 88 (90); vgl. *H. Kümmerlein*, RJGG 1943, S. 67.

„insbesondere aber aus den Umständen der Tat“ ergebe, „daß dieser kein Volksschädling sei“[644].

Peters‘ zweite Festlegung bezieht sich auf die Anklage vor dem Kölner Sondergericht. Anders als nach § 1 der Volksschädlingsverordnung bestand für die §§ 2 bis 4 der Verordnung keine zwingende sondergerichtliche Zuständigkeit. Die Zuständigkeit war der Auswahl durch den Staatsanwalt überlassen[645]. Obwohl die Verordnung im Hinblick auf das Alter des „Volksschädlings“ keinerlei Anhaltspunkte enthielt, wurde ihre Anwendbarkeit auf Jugendliche bejaht[646]. Die Justizführung übte Kritik an dieser extensiven Handhabung der Volksschädlingsverordnung bei Jugendlichen und an der Häufung der Anklagen vor dem Sondergericht. Schon im Dezember 1939 bemängelte der Generalstaatsanwalt beim OLG Hamm, dass Jugendliche, die voraussichtlich nie wieder straffällig werden, zu Zuchthausstrafen verurteilt würden[647]. Auch das Ministerium äußerte Bedenken an einer zu undifferenzierten Anwendung der Verordnung[648]. Das führte dazu, dass Ende 1940 eine einheitliche Richtlinie des Reichsjustizministeriums erlassen wurde. Danach sollten Jugendliche nur dann sondergerichtlich angeklagt werden, wenn der Täter nach seiner geistigen und sittlichen Entwicklung einer über 18 Jahre alten Person gleichzustellen sei oder die Anklage auf Grundlage der Verordnung zum Schutz gegen jugendliche Schwerverbrecher erfolge[649]. Wie der deutliche Rückgang von Anklagen vor dem Kölner Sondergericht im Jahr 1941 belegt, zeigte die ministerielle Verfügung Wirkung. Auch hinsichtlich der Straftaten Jugendlicher, die vor allem mit dem „1000-Bomber-Angriff“ auf Köln Ende Mai 1942 im Zusammenhang standen, legte der nun zuständige Staatsanwalt eine restriktivere Handhabung an den Tag[650].

Exemplarisch kann dazu ein Strafverfahren vom Dezember 1939 herausgegriffen werden: Ein zur Tatzeit gerade noch 17-jähriger hatte auf dem Heimweg und während angeordneter Verdunkelung ein nicht angeschlossenes Fahrrad entwendet. Peters klagte „wegen Diebstahls unter Ausnutzung der zur Abwehr von Fliegergefahr getroffenen Maßnahmen“ vor dem Sondergericht nach § 2 der

644 *T. Roth*, „Verbrechensbekämpfung“, S. 776; *G. Werle*, Justiz-Strafrecht, S. 245.

645 *G. Werle*, Justiz-Strafrecht, S. 268.

646 RGSt 75, 202 (204); 76, 88 (90); *J. Wolff*, Jugendliche vor Gericht, S. 38.

647 So bei *J. Wolff*, Jugendliche vor Gericht, S. 39.

648 *M. Löffelsender*, Strafjustiz an der Heimatfront, S. 137, 361; *T. Roth*, „Verbrechensbekämpfung“, S. 233, 758; *J. Wolff*, Jugendliche vor Gericht, S. 38.

649 Allg. Verfügung des RJM vom 18. Nov. 1940, in: Strafrechtliche Verwaltungsvorschriften, S. 20.

650 *M. Löffelsender*, Strafjustiz an der Heimatfront, S. 138 f., 362 f.

Verordnung gegen Volksschädlinge i.V.m. § 242 StGB, §§ 1, 3 JGG an. Verurteilt wurde der Jugendliche zu einer Gefängnisstrafe von 6 Monaten, die zur Probe ausgesetzt wurde. In der Urteilsbegründung heißt es:

> „Der Angeklagte ist daher aus § 2 der Verordnung gegen Volksschädlinge vom 5.9.1939 zu bestrafen. Er ist noch jugendlich im Sinne des JGG. Der Angeklagte war nach seiner geistigen und sittlichen Entwicklung durchaus fähig, das Ungesetzliche seiner Tat einzusehen. Bei der Strafzumessung war folgendes zu berücksichtigen. Der Angeklagte ist noch nicht vorbestraft und stammt aus einer ordentlichen Familie. Er hat sich auch sonst nach seinen Zeugnissen bisher gut geführt. Danach kann angenommen werden, dass er nicht aus verbrecherischer Neigung, vielmehr aus jugendlichem Leichtsinn gehandelt hat. [...] Durch die nicht nur verkehrsgefährliche, sondern auch ungemein leichtfertige Art, in der [... der Bestohlene] dieses Fahrrad stundenlang unbeaufsichtigt auf der Strasse hat stehen lassen, ist der Angeklagte offensichtlich zu dem Diebstahl angereizt worden. Gleichwohl hat das Sondergericht eine härtere Strafe aussprechen müssen. Die Häufigkeit der Fahrraddiebstähle unter Ausnutzung der Verdunkelung bildet eine öffentliche Gefahr. Schon mit Rücksicht hierauf muss die Strafe abschreckend wirken. Nach alledem hat das Sondergericht eine Gefängnisstrafe von 6 Monaten als ausreichende und angemessene Sühne erachtet“[651].

In der Regel – so auch hier – folgte das Sondergericht Peters‘ Strafantrag[652]. Anschaulich zeigt sich die Hinwendung zu einem täterorientierten Strafrecht; auch zeigt sich, dass die Anklage als jugendlicher Volksschädling nicht zwingend zur Verurteilung zu einer höheren Strafe führte. Die Anwendung der Volksschädlingsverordnung bei Jugendlichen war damit nicht für die Wahl einer spezifischen Sanktion notwendig gewesen, sondern hatte die Funktion, den Täter symbolisch als einen „Feind der Volksgemeinschaft“ zu brandmarken[653].

Hinsichtlich der Bewertung der strafrechtlichen Verantwortung (§ 3 JGG 1923 und 1943) und der Anwendbarkeit des Erwachsenenstrafrechts spielten im Übrigen medizinisch-psychiatrische Gutachten eine Rolle. „Was aus dieser Bestimmung wurde“, gemeint ist von Peters die Gewaltverbrecherverordnung bzw. § 20 RJGG, „hing zunächst vom Jugendstaatsanwalt und vom Gutachter

651 LAV NRW R, Ger. Rep. 112 Nr. 18252: Urteil des Sondergerichts vom 5. Dez. 1939, Akz. 31 SLS 11/39. Über dieses Verfahren berichtet ebenfalls *M. Löffelsender*, Strafjustiz an der Heimatfront, S. 136 f., 359 f.

652 Bsp. für einen Ausnahmefall: In einem Verfahren gegen zwei Jugendliche wegen Diebstahl in zwei Fällen und Straßenraub (§§ 242, 249, 250 Abs. 1 Nr. 1, 3 StGB) beantragte Peters 6 und 10 Jahre Gefängnis. Das Sondergericht verurteilt die beiden zu 5 und 7 Jahren Gefängnis, LAV NRW R, Ger. Rep. 112 Nr. 18264.

653 So *M. Löffelsender*, Strafjustiz an der Heimatfront, S. 361.

ab. Es gibt Staatsanwälte, bei denen es aufgrund dieser Vorschrift niemals zu einem Todesurteil gekommen ist. Es gibt freilich auch Staatsanwälte und Richter, die diese Vorschrift trotz entgegengesetzten Gutachtens des Sachverständigen anwandten“[654]. In nahezu allen Fällen schwerer Delinquenz, in sondergerichtlichen und in vielen sonstigen jugendgerichtlichen Verfahren holten Peters und Hackstein medizinische Gutachten ein, denen das Gericht in der Regel folgte[655]. Zur „Persönlichkeitserforschung“ (§ 31 JGG 1923) gehörten ferner Persönlichkeitsberichte des Jugendamts, der Hitler-Jugend und sonstiger Wohlfahrts- und Fürsorgeeinrichtungen[656].

d) Staatsanwalt am Kölner Oberlandesgericht (1941 – 1942)

März 1941 kam Peters zur Generalstaatsanwaltschaft am OLG Köln, das im Gegensatz zum Landgericht nur wenige Staatsanwälte beschäftigte. Leitender Generalstaatsanwalt war Paul Windhausen[657], „ein alter Parteimann, der sich jedoch um Gerechtigkeit bemüht hat und sachlich arbeitete“[658]. Mit Windhausens Kriegseinsatz ab 1939 übernahm vertretungsweise Oberstaatsanwalt Otto Osterkamp die Leitung[659]. Unklar bleibt, aus welchem Grund Peters

---

654 *K. Peters*, in: Flitner (Hrsg.), Deutsches Geistesleben, S. 168.

655 *M. Löffelsender*, Strafjustiz an der Heimatfront, S. 176, vgl. auch S. 179 f.; vgl. *T. Roth*, „Verbrechensbekämpfung“, S. 311. Die gesetzliche Grundlage für ärztliche Untersuchungen lieferte § 31 JGG 1923 bzw. § 28 RJGG, hierzu *K. Peters*, JGG 1942, S. 76 f. und *H. Kümmerlein*, RJGG 1943, S. 83, 88 f.

656 Zur Kooperation mit außergerichtlichen Institutionen siehe *B. Manthe*, Richter, S. 184 – 203.

657 Zur Person Paul Windhausen siehe Fn. 468.

658 So Peters‘ Einschätzung UA-T, 198/13, S. 45. Vgl. Äußerung im Entnazifizierungsverfahren: „Mir war bekannt, dass Herr Windhausen bereits vor 1933 Mitglied der NSDAP war. [...] Seine Anschauung war gemäßigt und objektiv. [...] Wie ich persönlich feststellen konnte, fand ich auch bei allen Kollegen und Mitarbeitern im Rechtsleben bestätigt, dass Herr Windhausen stets der gleiche idealistisch denkende, grundanständige und gerechte Mensch und Jurist geblieben war“, LAV NRW R, NW 252 Nr. 730, Bl. 89: RA Herbert Kleins vom 10. Juli 1946.

659 **Otto Osterkamp** (*27. Mai 1891): Seit 1920 StA in Köln. Beförderung am 1. März 1933 zum Ersten StA am OLG Köln und Sept. 1938 zum OStA am OLG Köln. Aug. 1939 – Nov. 1943 Vertretung für GenStA Windhausen. Juni 1944 Ernennung zum Senatspräsidenten am OLG Köln. Sept. 1948 Versetzung in den Ruhestand. NSDAP-Eintritt seit 1. Mai 1933 (Nr. 2.084.929). „Charakterlich wird er uns als ein zuverlässiger, energischer Volksgenosse von ausgeprägtem Gerechtigkeitssinn und großer Schaffensfreude geschildert“ (politische Beurteilung durch Gaupersonalamtsleiter

zur Generalstaatsanwaltschaft wechselte. Denkbar ist, dass er sich ein berufliches Fortkommen versprach; denkbar ist auch, dass Peters zwangsweise versetzt wurde.

Auch am Oberlandesgericht hatte Peters „Glück", dass in sein Dezernat nicht die Zuständigkeit für ein Sondergericht fiel, weil in den ihm unterstellten Bezirken Trier und Bonn keine derartigen Gerichte eingerichtet[660] und die Hoch- und Landesverratssachen am OLG Hamm konzentriert wurden[661]. Nach eigener Angabe war er auch nicht mit politischen Strafsachen befasst, sondern arbeitete weiterhin als Jugendstaatsanwalt. In dieser Funktion verbrachte er zwischen 1940 und 1942 einige Wochen in den Jugendstrafanstalten Wittlich und Siegburg[662]. Erstmalig befasste er sich mit Wiederaufnahmeverfahren[663] und bearbeitete sonstige Straf- und Zivilsachen[664]. Seit 1933 wurde die Mitwirkung der Staatsanwaltschaften in zivilrechtlichen Verfahren sukzessive ausgeweitet. Durch Gesetz vom 15. Juli 1941 konnte sich die Staatsanwaltschaft schließlich in jeden Zivilprozess einschalten[665].

Im Februar 1942 wurde Peters zum Ersten Staatsanwalt am OLG Köln befördert[666]. In der Dienstlaufbahn erreichte er damit die erste Beförderungsstufe, mit der die Leitung einer Abteilung verbunden war[667]. Die dafür erforderliche

---

Evertz vom 18. Jan. 1938). Im Entnazifizierungsverfahren wird Osterkamp als „wenig belastet" eingestuft, jedoch habe er nach „der Gesamttendenz seiner Tätigkeit die Strafrechtspflege so beeinflusst, wie dies den Wünschen der NS-Machthabern entsprach". Ihm wird vorgeworfen, dass er sondergerichtliche Urteil als (zu) milde kritisiert und mit den Mitteln der Justizlenkung auf die vom Staat verlangte Härte der Strafrechtspflege hinwirkt habe, LAV NRW R, NW-Pe Nr. 692; LAV NRW R, Br-Pe Nr. 1376, Bl. 44 f., 116 f.

660 UA-T, 198/13, S. 45.

661 *D. Laum/R. Pamp*, in: Laum/Klein/Strauch (Hrsg.), Rheinische Justiz, S. 630; *H.-E. Niermann*, in: Juristische Zeitgeschichte, S. 140 f.

662 *K. Peters*, Justiz als Schicksal, S. 208; UA-T, 198/20, S. 7a.

663 UA-T, 198/13, S. 46 f. Zum sog. Lehrerprozess siehe *K. Peters*, FS Mezger (1954), S. 477 - 501.

664 UA-M, 30/333: Peters über seine Tätigkeit als StA ab 1932 vom 17. Okt. 1946; UA-T, 198/20, S. 7a.

665 Gesetz über die Mitwirkung des Staatsanwalts in bürgerliche Rechtssachen vom 15. Juli 1941, RGBl. I, S. 383.

666 BA Berlin, R/3001/70561, Bl. 58: Ernennung durch das RJM vom 7. Jan. 1942 zum 1. Febr. 1942.

667 *L. Gruchmann*, Justiz im Dritten Reich, S. 294.

Zustimmung der NSDAP wurde erteilt[668]. Zwei Umstände sind in diesem Zusammenhang bemerkenswert: Bis zur Beförderung vom einfachen Staatsanwalt zum Ersten Staatsanwalt vergingen 10 Jahre; trotz Kriegsmobilisierung wurde Peters wegen eines sich allmählich bemerkbaren Arbeitskräftemangels nicht eingezogen. Mitte 1940 wurde er „aus zwingenden Gründen der Reichsverteidigung zur Erfüllung kriegswichtiger behördlicher Aufgaben“ vom Wehrdienst freigestellt[669]. Peters hatte von August bis Oktober 1936 und im September 1937 einen Militärlehrgang absolviert[670].

Nicht eindeutig lässt sich klären, worin Peters‘ Aufgabenbereich in der Stellung als Erster Staatsanwalt bestand. Im Zusammenhang mit den von der Staatsanwaltschaft am LG Köln der Generalstaatsanwaltschaft zugeleiteten sondergerichtlichen Verfahren namentlich in Strafsachen wegen Plünderungen taucht Peters spätestens seit Juni 1942 als „Sonderreferent“ auf[671]. Vermutlich bezog sich diese Bezeichnung nicht auf die Bearbeitung eines begrenzten Sachgebiets, sondern generell auf die Überwachung der (politischen) Strafsachen vor dem Sondergericht und die daraus folgenden Berichtspflichten gegenüber dem Reichsjustizministerium[672].

Das Amt des Ersten Staatsanwalts bei der Kölner Generalstaatsanwaltschaft hatte Peters nur für rund sieben Monate inne, weil er August 1942 als Ordinarius nach Greifswald berufen wurde. Nach 13 ½ Jahren (April 1929 bis September 1942) endete damit Peters‘ staatsanwaltschaftliche Karriere. Dass er aus der Praxis komme, war ihm wichtig: „Diese Tätigkeit, die in alle Arten der Kriminalität, in die Erwachsenen- und als Jugendstaatsanwalt auch in die Jugendkriminalität und ihre Behandlung einführte, hatte ich niemals missen wollen“[673]. Im Juni 1944 fragte Peters beim Reichsjustizministerium an, ob er die Amtsbezeichnung eines Ersten Staatsanwalts mit dem Zusatz a.D. weiterführen könne. Erläuternd fügte er an, dass es ihm große Freude machen würde, die Amtsbezeichnung, die

---

668 BA Berlin, R/3001/70561, Bl. 59: Schreiben der NSDAP vom 16. Jan. 1942. Der dazugehörige politische Bericht konnte bei den Recherchen nicht gefunden werden.

669 BA Berlin, R/3001/70561, Bl. 55: Wehrdienstfreistellung vom 21. Okt. 1940. Der Einberufungszeitpunkt für Peters‘ Jahrgang 1904 war der 22. April 1940.

670 BA Berlin, R/4901/23943, Karteikarte: Militärverhältnis. Peters war der Wehrmachtsinfanterie zugeteilt, Waffengattung Schütze im untersten Dienstgrad eines Unterführeranwärters.

671 LAV NRW R, Ger. Rep. 21 Nr. 266. Vgl. *S. Felz*, Recht zwischen Wissenschaft und Politik, S. 170.

672 Dem Historiker Thomas Roth danke ich hier für die weiteren Hinweise.

673 UA-T, 198/20, S. 7, 7a.

ihm „in der Praxis lieb geworden“ sei, auch weiterhin tragen zu dürfen“[674]. Mit der Begründung, Peters habe lediglich ein anderes Amt übernommen und sei nicht gänzlich aus dem Beamtenverhältnis ausgeschieden, wurde sein Begehren abgelehnt. Neben der Verbundenheit zu seiner praktischen Tätigkeit zeigt die Begebenheit, dass Peters ein gutes Jahr vor Kriegsende keinen Anlass sah, sich von seiner Tätigkeit bei der Staatsanwaltschaft zu distanzieren.

e) Abschließende Bemerkungen

Die Erfahrungen und Erkenntnisse, die Peters während seiner langjährigen Tätigkeit als Staatsanwalt sammeln konnte, prägten seine wissenschaftliche Karriere als Rechtswissenschaftler. Ein Ausdruck dieser Verbundenheit war Peters‘ geringes Interesse an rein dogmatischen Fragen – die Kritik anderer Rechtswissenschaftler an dieser Haltung, nahm er in Kauf[675].

Die Bearbeitung eines Falschaussageverfahrens brachte Peters zum Thema der Fehlerquellen im Strafprozess, das ihn zu kriminalpolitischen, rechts- und aussagepsychologischen Problemen führte. Die Untersuchung „Zeugenlüge und Prozeßausgang“ weist Peters als Empiriker aus und war die Basis für die spätere Beschäftigung mit den Fehlerquellen im Strafprozess[676].

Ein zweiter Bereich, dem sich Peters zuerst aus wissenschaftlicher Perspektive näherte, war das Jugendstrafrecht. Die Gelegenheit, sich ab 1938 auf dieses noch relativ junge Nebengebiet konzentrieren zu können, war für ihn ein Glücksfall. Der Schwerpunkt der wissenschaftlichen Publikationen lag folglich ab Mitte der 30er Jahre im Jugendstrafrecht. In diesem Bereich, der weniger durch ideologische Grundsatzfragen als durch Reformideen seit Ende des 19. Jahrhunderts bestimmt war, lieferte Peters sachliche und teils kritische Beiträge, insbesondere gilt das für die Kommentierung des Jugendgerichtsgesetzes[677]. In Abkehr vom ideologischen Gemeinschaftsdenken trat Peters bei der Behandlung von Kindern, Jugendlichen und Heranwachsenden für einen individuellen, statt kollektivistischen Ansatz ein. Es gehe bei dem Jugendlichen um die „Führung, Formung und Gestaltung“ und um sein „Hineinwachsen in die Rechtsordnung“[678] – die Bezugnahme „durch den nationalsozialistischen

674 BA Berlin, R/3001/70561, Bl. 64: Schreiben Peters‘ an Haag/RJM vom 16. Juni 1944.

675 UA-T, 198/20, S. 17; vgl. Kap. C. I.; so auch *K. Tiedemann*, JZ 2000, S. 139; *H. Tröndle*, JR 1974, S. 221 (222); *U. Weber*, JZ 1998, S. 892.

676 Siehe dazu Kap. B. VI. 3. a) sowie weiterführend Kap. C. III. 4.

677 So auch *M. Heghmanns*, in: Hoeren (Hrsg.), Münsteraner Juraprofessoren, S. 122 f.

678 Siehe dazu Kap. B. V. 2. c) ee) (2) und Kap. C. IV. 3. a) aa).

Staat" bzw. „in die nationalsozialistische Rechtsordnung" forderte Peters nicht. Was die Verschärfung des Jugendstrafrechts im Hinblick auf die Altersgrenze und die Anwendung des Erwachsenenstrafrechts anbelangt, so zeigte sich Peters zurückhaltend und differenzierend. In der praktischen Handhabung brachte er – zumindest in den Jahren 1939/40 – durch eine extensive Anwendung der Volksschädlingsverordnung eine Reihe von Jugendstrafverfahren vor das Kölner Sondergericht. Zu härteren Urteilen führte dies aber nicht.

Gleichwohl veröffentlichte Peters nach 1933 Schriften, die aus Überzeugung oder Anpassungsbereitschaft[679] ein Bekenntnis zum NS-Staat beinhalteten. Radikal äußert sich Peters nicht; dennoch machte er sich zur geistigen Stütze des NS-Regimes. Beklagte Peters in der Habilitationsschrift, dass der Weimarer Republik eine starke und einheitliche Staatsgewalt fehle, begrüßte er die „nationale Erhebung", die für eine politische Einheit und eine einheitliche Grundanschauung stehe und so einen einheitlichen Weg der Rechtsfindung gewährleiste[680]. Zu seinen Forderungen gehörte ferner die Abkehr von einer liberalistisch-individuellen Anschauung, die Hinwendung zum Gemeinschaftsdenken sowie insbesondere im Jugendstrafrecht ein täter- und persönlichkeitsorientiertes Strafrecht. Darin verbergen sich Ideen, die ihre Wurzeln in einem rechtsstaatlich-sozialen Rechtsdenken und in den Reformbestrebungen seit der Kaiserzeit hatten.

Rückblickend sprach Peters von einem „dankenswerten Zufall", dass er keine politischen Strafsachen zu bearbeiten, nie die Todesstrafe zu beantragen und bei der Kölner Generalstaatsanwaltschaft kein Sondergericht zu vertreten hatte. Eine mögliche Schlussfolgerung wäre, dass Peters, obwohl Parteigenosse, als nicht hinreichend zuverlässig für solche Aufgaben erachtet wurde. Die Frage, wie Peters sich im Falle einer von Gesetzes wegen geforderten Todesstrafe verhalten hätte, ist hypothetischer Natur[681]. Peters' Beurteilungen zeugen davon, dass seine Vorgesetzten sowohl von seiner fachlichen als auch politischen Eignung überzeugt gewesen waren. Andererseits wurde Peters, obwohl anerkannter und ausgewiesener Fachmann für Jugendstrafrecht, nicht Mitglied eines

---

679 Dazu auch Kap. B. V. 6. und 7.

680 *K. Peters*, Art. Strafzumessung, in: HdK 1936, S. 738 f., 743 f.

681 Vgl. die Lebenserinnerungen des während der NS-Zeit tätigen StA Otto Kleinknecht (*1901, †1993): Er habe versucht problematischen Fällen auszuweichen, was aber nicht immer gelang. Einmal habe er die Todesstrafe in einem Verfahren wegen Volksschädlingsverbrechen beantragt. Er habe beobachtet, wie mit jedem Todesurteil die eigenen Hemmungen schwächer geworden seien. Drei Hinrichtungen habe er gefordert, die auch vollstreckt wurden, *O. Kleinknecht*, „Im Sturm der Zeiten", S. 50.

Fachgremiums wie dem Ende 1934 gegründeten Jugendrechtsausschuss der Akademie für Deutsches Recht unter Leitung von Friedrich Schaffstein[682].

Im sog. Braunbuch der DDR über die „Kriegs- und Naziverbrechen in der Bundesrepublik" wird Peters' Name in einer Aufzählung von Richtern und Staatsanwälten genannt, die als Beleg dafür dienen sollten „wie funktionssicher das Netz der Nazi-Juristen in Westdeutschland"[683] fortbestand: „Prof. Dr. Peters, in der Nazizeit Erster Staatsanwalt, Sonderreferent für politische Strafsachen beim Generalstaatsanwalt in Köln"[684]. Dies entspricht zwar den Tatsachen. Durch die Hervorhebung eines bestimmten Punkts und Verschweigen weiterer Tatsachen – vor allem die Erwähnung der kurzen Zeitspanne und der inhaltlichen Arbeit – wurde hiermit ein unvollständiges und dadurch verzerrtes Gesamtbild gegeben[685]. Ziel des Braunbuchs war aber auch nicht die Aufarbeitung der Rolle der Juristen während des Nationalsozialismus, sondern die moralische Diskreditierung der Bundesrepublik.

Da Peters bereits vor 1933 in die Strafjustiz eingetreten war, geschah seine Einstellung als (einfacher) Staatsanwalt auf Grund fachlich-persönlicher Eignung. Zwar wurde er zum Ersten Staatsanwalt befördert, das aber erst nach 10 Jahren im Justizdienst und in einer Phase zunehmenden Personalmangels[686]. Die Phase der weiteren ideologischen Radikalisierung im Strafrecht ab 1942/43 hatte Peters' durch seinen Wechsel in die Wissenschaft nicht mehr zu verantworten[687].

3. Weg zum Ordinariat

Nach Ende 1945 geriet Peters im Entnazifizierungsverfahren unter Rechtfertigungsdruck, weil er im Nationalsozialismus Ordinarius geworden war. Neben

---

682 Ausführlich zum Jugendrechtsausschuss *J. Wolff*, Jugendliche vor Gericht, S. 83 – 90.

683 DDR Braunbuch, S. 121.

684 DDR Braunbuch, S. 124.

685 Hervorzuheben ist auch, dass im Braunbuch kein weiterer Kollege Peters' am Kölner Gericht auftaucht, weder die leitenden Oberstaatsanwälte noch die für die politischen Strafsachen zuständigen Staatsanwälte.

686 Vgl. *T. Roth*, „Verbrechensbekämpfung", S. 125.

687 Vgl. LAV NRW R, NW 1039-P-1248, Bl. 43: Brief von Hein Händel (Student Peters') an Peters vom 25. März 1946: „Aus Ihren Äusserungen entnahm ich damals, wie Sie sich gegen die NS-Justiz auflehnten. Auf meine Frage, weshalb Sie den Dienst bei der Staatsanwaltschaft verlassen hätten, antworteten Sie meines Wissens, dass Sie solche Strafe und Urteile, wie man sie damals zu fordern begann, mit Ihrem Gewissen nicht hätte vereinbaren können". Peters könne „gerne von diesem Brief Gebrauch machen. Ich bin Mitglied der SPD".

den Professoren und Privatdozenten, die nach 1933 aus politischen oder rassischen Gründen aus den Universitäten entfernt wurden, gab es zahlreiche, deren Fortkommen im akademischen Betrieb ver- oder behindert wurde[688]. Die Tatsache, dass Peters ordentlicher Professor wurde, sagt für sich allein nicht viel aus. Eine sachgerechte Beschreibung seines akademischen Werdegangs muss sowohl die Hochschulpolitik der NS-Zeit und den Ablauf der Berufungsverfahren sowie auch die Umstände der gescheiterten sowie der erfolgreichen Berufung berücksichtigen.

In den Unterlagen zum Entnazifizierungsverfahren finden sich zwei Erklärungen für Peters' erfolgte Berufung nach Greifswald. Peters und einige seiner Kollegen haben geltend gemacht, dass an den Universitäten ein erheblicher Mangel an geeigneten Strafrechtlern herrschte[689]. Der Schwager Erich Molitor hat in einer eidesstattlichen Versicherung erklärt, dass Peters in der NSDAP als unzuverlässig galt und daher weder bei der Staatsanwaltschaft mit politischen Strafsachen betraut wurde noch für eine Berufung nach Jena und Münster in Betracht kam. „Seine Berufung an die Universität Greifswald im Jahre 1942 glückte nur infolge einer Unaufmerksamkeit der damaligen Parteistellen. Als dieser Irrtum bemerkt wurde, wurde er im Jahre 1944 in einer interministeriellen Besprechung in Berlin von dem Vertreter der Parteikanzlei als geradezu untragbar als Professor bezeichnet. Nur infolge des Zusammenbruchs kam es nicht mehr zu einer Maßregelung“[690].

a) *Nationalsozialistische Hochschul- und Berufungspolitik*

Der 30. Januar 1933 markierte auch an den Universitäten den Beginn eines radikalen Umbruchs. Hierzu gehörte die Beseitigung des Bildungsföderalismus durch Gleichschaltung der Länder zu Gunsten des 1934 umgebildeten Reichsministeriums für Wissenschaft, Erziehung und Volksbildung[691]. Ausdruck dieser Verreichlichung war der Erlass reichseinheitlicher Regelungen, wie der

---

688 Ein Beispiel ist namentlich Hans Peters, siehe dazu Kap. B. I. 3. b). Zu weiteren Beispielen siehe *S. Felz*, in: Thamer/Droste/Happ (Hrsg.), S. 364 f.

689 BA Berlin, R/4901/23943, Bl. 9: REM an das RJM vom 3. Febr. 1937.

690 UA-M, 30/333 und LAV NRW R, NW 1039-P-1248, Bl. 39 f.: Erklärung Erich Molitors vom 22. Juni 1946.

691 Vorläufiges Gesetz zur Gleichschaltung der Länder mit dem Reich vom 31. März 1933, RGBl. I, S. 153. Durch Gesetz über den Neubau des Reiches vom 30. Jan. 1934, RGBl. I, S. 75 wurden schließlich sämtliche Länderhoheitsrechte auf das Reich übertragen.

Justizausbildungsordnung von 1934[692] oder der Reichs-Habilitations-Ordnung von 1935 und 1939[693]. An die Stelle der akademischen Selbstverwaltung trat das „Führerprinzip"[694]. Der Rektor der Universität wurde zum „Führer der Hochschule" und unterstand unmittelbar dem Reichsminister Bernhard Rust[695]. In Zusammenarbeit mit den Dekanen und im Einvernehmen mit der NSDAP, dem NSD-Dozentenbund und der NS-Studentenführung sowie den örtlichen Gauleitungen oblag den Rektoren die wissenschaftliche Gestaltung und Erfüllung der politischen Aufgaben der Hochschulgemeinschaft[696]. Weitere Eckpfeiler der Hochschulpolitik waren seit 1933 die personellen Säuberungen des Lehrkörpers[697] und der Studentenschaft[698] unter rassenideologischen und politischen Gesichtspunkten sowie die Implementierung der NS-Gliederungen in die Universitätsstruktur[699].

Diese Veränderungen dürfen nicht darüber hinwegtäuschen, dass die Umsetzung der „Machtergreifung" an den Universitäten keinem durchdachten Programm folgte[700]. Die Hochschulpolitik war vielmehr durch verwaltungsmäßige

---

692 Justizausbildungsordnung vom 22. Juli 1934, RGBl. I, S. 727. Grundlage für die Vereinheitlichung war Art. 5 des Ersten Gesetzes zur Überleitung der Rechtspflege auf das Reich vom 16. Febr. 1934, RGBl. I, S. 91.

693 Reichs-Habilitations-Ordnung vom 13. Dez. 1934 und 17. Febr. 1939, in: DEWV 1939, S. 12 – 14, 126 – 134.

694 Runderlass vom 18. Okt. 1933: Vorläufige Maßnahmen zur Vereinfachung der Hochschulverwaltung, in: G. Kasper, Die dt. Hochschulverwaltung, Bd. 1, S. 33 f.

695 Richtlinie zur Vereinheitlichung der Hochschulverwaltung vom 1. April 1935, in: G. Kasper, a.a.O., S. 34 f.

696 *H. Maier*, in: Die dt. Universität im Dritten Reich, S. 90.

697 Gesetz zur Wiederherstellung des Berufsbeamtentums vom 7. April 1933, RGBl. I, S. 175; Gesetz über die Entpflichtung und Ersetzung von Hochschullehrern aus Anlaß des Neuaufbaus des deutschen Hochschulwesens vom 21. Jan. 1935, RGBl. I, S. 23.

698 Gesetz gegen die Überfüllung deutscher Schulen und Hochschulen vom 25. April 1933, RGBl. 1933 I, S. 225. Mit der DurchführungsVO (RGBl. 1933 I, S. 226) wurde Rechtskandidaten „arischer Abstammung" die Zulassung zur Ersten Juristischen Prüfung verwehrt.

699 Richtlinie zur Vereinheitlichung der Hochschulverwaltung vom 1. April 1935, in: G. Kasper, Die dt. Hochschulverwaltung, Bd. 1, S. 34. Seit April 1936 bestand zwischen örtlichem Führer des NSDDB und Führer der Dozentenschaft an den Univ. Personalunion, gleiches galt für den NS-Studentenbund und die Studentenschaft.

700 Vgl. *H. Maier*, in: Die dt. Universität im Dritten Reich, S. 74 mit dem Hinweis, dass in Hitlers „Mein Kampf" und Rosenbergs „Mythus" das Stichwort „Universität" im Register gänzlich fehle.

Einzelakte und der Ideologisierung von Forschung und Lehre im Sinne nationalsozialistischer Grundforderungen gekennzeichnet. Zusammengefasst bestanden diese Grundforderungen in einer Ausrichtung von Wissenschaft an der Nützlichkeit und der Abkehr vom Selbstzweck; der Integrierung des Rassenbegriffs als zentralen Bestandteil in Wissenschaft und Forschung sowie der Förderung nationalsozialistisch geprägter Disziplinen wie „Rassenlehre", „Arische" oder „Völkische" Wissenschaften; Herausbildung des Idealbildes einer ganzheitlichen Wissenschaft; sowie die Ablehnung einer internationalen Wissenschaftsgemeinschaft[701].

Dennoch fehlte der NS-Hochschulpolitik eine klare Ideologie als Zielvorgabe. Der Wissenschaft war eine dienende Rolle beigemessen, die der Gleichgültigkeit Hitlers[702] und der antiintellektuellen Haltung des NS-Regimes entsprach[703]. Befördert wurde dieser Zustand durch die Konkurrenz- und Machtkämpfe im Wissenschaftssektor. Deutlich zeigte sich dieser Machtpluralismus in der universitären Personalpolitik.

Das Vorschlagsrecht hatten der Dekan und der aus Fakultätsmitgliedern bestehende Berufungsausschuss, die über die wissenschaftliche Befähigung und Eignung eines Kandidaten befanden und zu diesem Zweck gutachterliche Stellungnahmen von Fachvertretern anderer Universitäten einholten[704]. Am Ende der Beratungen standen eine Vorschlagsliste und ein Endgutachten zu den üblicherweise drei Kandidaten. Über den Rektor der Universität wurde die Liste an das Reichswissenschaftsministerium weitergeleitet. Mit Erlass des Ministeriums vom 23. Februar 1935 wurde die gesamte Personalpolitik der Hochschulen in die Hand des Reichsministers gelegt; sämtliche Berufungssachen waren unverzüglich an das Amt W im Reichsministerium abzugeben[705]. Bereits mit Erlass von Juli 1934 waren die Kultusministerien der Länder angewiesen worden, vor der Einleitung von Berufungsverhandlungen die Zustimmung des Reichsministeriums einzuholen und nach Abschluss der Verhandlungen die getroffenen

---

701 *M. Grüttner*, in: Benz (Hrsg.), Enzyklopädie, S. 150 f.

702 *M. Grüttner*, in: Benz (Hrsg.), Enzyklopädie, S. 145, 151.

703 Vgl. *R. Hachtmann*, VfZ 2008, S. 19 (40, 42), der betont, dass der Anti-Intellektualismus nicht mit Wissenschaftsfeindlichkeit gleichgesetzt werden darf. Das NS-Regime wollte Experten mit bedingungsloser Gefolgschaft, nicht jedoch eigenständig denkende und politisch agierende Wissenschaftler; so auch *H. Maier*, in: Die dt. Universität im Dritten Reich, S. 84. Im Lagebericht der rheinischen Gestapostellen wird stets von „sogenannten Intellektuellen" gesprochen.

704 *U. D. Adam*, Hochschule und Nationalsozialismus, S. 121.

705 *J. Hendel/U. Hoßfeld/J. John/O. Lemuth/R. Stutz*, Wege der Wissenschaft, Dok. Nr. 78.

Vereinbarungen vorzulegen[706]. Denn obwohl die Kompetenzen der örtlichen Kultusministerien eingeschränkt waren, wurden die Berufungsverhandlungen in aller Regel durch die Hochschulreferenten der Länder geleitet[707].

Abgesehen von der wissenschaftlichen Qualifikation und den persönlichen Kontakten in akademischen Kreisen spielte die politisch-ideologische Zuverlässigkeit des Bewerbers eine entscheidende Rolle. Denn neben den akademischen Funktionsträgern nahmen auch Organe der NSDAP und „Führer" auf Lokal- und Reichsebene je nach Interessenlage und örtlichen Besonderheiten Einfluss auf das Berufungsverfahren. Den Beurteilungen zur wissenschaftlichen Qualifikation waren Gutachten zu Parteitreue sowie politischer und charakterlicher Haltung durch die studentische Organisation (seit 1936 die Reichsstudentenführung), der örtlichen Dozentenschaft und der Reichsamtsleitung des NSD-Dozentenbundes beizufügen[708]. Mitunter beeinflusste auch die örtliche Gauleitung – namentlich der thüringische Gauleiter Fritz Sauckel – die universitäre Personalpolitik[709]. Mangels klarer Kompetenzverteilung, vor allem aber wegen der schwachen Stellung des Wissenschaftsministeriums, waren teils auch der Stellvertreter des Führers[710], das Amt Wissenschaft in der Dienststelle

---

706 BA Berlin, R/4901/14176, Bl. 128: Erlass des REM vom 19. Juli 1934.

707 *M. Grüttner*, in: John/Möller/Schaarschmidt (Hrsg.), Die NS-Gaue, S. 179.

708 Da wichtige Institutionen der NS-Wissenschaftspolitik erst zwischen 1933 und 1936 geschaffen wurden, hatte der NSDStB in den Anfangsjahren eine beherrschende Stellung inne. Ab 1936 trat an dessen Stelle der NSDDB unter Führung von Walter Schultze, der insbes. im Bereich der Personalpolitik erheblichen Einfluss hatte. Eine negative Beurteilung des NSDDB konnte die akademische Karriere des Betroffenen verhindern oder verzögern. Andererseits konnten gute Kontakte zum Dozentenbund unabhängig von politischer Haltung und weltanschaulicher Zuverlässigkeit eine Garantie für eine Berufung bedeuten; *U. D. Adam*, Hochschule und Nationalsozialismus, S. 139, 145; *M. Grüttner*, in: Benz (Hrsg.), Enzyklopädie, S. 144; *L. Mertens*, in: vom Bruch/Kaderas (Hrsg.), Wissenschaft und Wissenschaftspolitik, S. 226, 228. Vgl. dazu Kap. B. V. 6. c) aa).

709 Siehe dazu *M. Grüttner*, in: John/Möller/Schaarschmidt (Hrsg.), Die NS-Gaue, S. 189 – 193.

710 Mit Erlass des Führers vom 24. Sept. 1935 erhielt der Stellvertreter des Führers Rudolf Heß weitgehende Mitwirkungsrechte bei der Ernennung, Beförderung und Entlassung höherer und mittlerer Beamten. Die politischen Beurteilungen waren zur Stellungnahme an die Dienststelle des Stellvertreters des Führers zu schicken, *H. Mommsen*, Beamtentum, S. 75, 78 f.; *A. Nolzen*, in: Bajohr/Wildt (Hrsg.), Volksgemeinschaft, S. 69 f.

Rosenberg, das Reichsministerium für Volksaufklärung und Propaganda, die SA oder der Sicherheitsdienst der SS an den Berufungsverfahren beteiligt[711].

Jede der genannten Stellen konnte auf Anfrage gutachterliche Auskünfte zu den Kandidaten geben und so das Berufungsverfahren eines Kandidaten etwa durch missgünstige oder denunzierende Beurteilungen lenken[712]. Nicht selten kam es vor, dass sich die politisch-weltanschaulichen Stellungnahmen widersprachen. Denn durch das Fehlen einer hochschulpolitischen Leitlinie fehlten eindeutige Beurteilungskriterien für die Berufungsverfahren[713]. Vor diesem Hintergrund lässt sich nur im Einzelfall klären, in welchem Verhältnis das politische Bekenntnis zur wissenschaftlichen Qualifikation des Kandidaten stand und was für den Ausgang des Verfahrens auschlaggebend war[714].

Folge dieser Hochschulpolitik war nicht nur die Schwerfälligkeit des Berufungsverfahrens und die oft langjährige Vakanz eines Lehrstuhls, sondern auch die Unattraktivität der Hochschulen für den Nachwuchs und ein Mangel an geeigneten Hochschullehrern[715]. Hinzu kamen „Säuberungsaktionen", die einen „Aderlass" im wissenschaftlichen Personal bedeuteten[716] und die generell abwertende Haltung der Parteiführung gegenüber Intellektuellen, die das Ansehen der Professorenschaft erodiert hatte[717].

---

711 *M. Grüttner*, in: Benz (Hrsg.), Enzyklopädie, S. 143; *ders.*, in: John/Möller/Schaarschmidt (Hrsg.), Die NS-Gaue, S. 178. Exemplarisch für Greifswald siehe *H. Eberle*, „Ein wertvolles Instrument", S. 208.

712 *L. Mertens*, in: vom Bruch/Kaderas (Hrsg.), Wissenschaft und Wissenschaftspolitik, S. 229.

713 *A. Kleinberger*, in: Heinemann (Hrsg.), Erziehung und Schulung, Teil 2, S. 15, 17.

714 Einerseits wird darauf verwiesen, dass sich die Mehrzahl der Wissenschaftler und das REM bei der Neubesetzung von Lehrstühlen primär an fachlichen statt politischen Kriterien orientierten – so *M. Grüttner*, in: Benz (Hrsg.), Enzyklopädie, S. 145; *ders.*, in: John/Möller/Schaarschmidt (Hrsg.), Die NS-Gaue, S. 185 – , andererseits fiel unter rein qualitativem Gesichtspunkt die politisch-ideologische Überzeugung mehr ins Gewicht als die rein wissenschaftliche Befähigung – so *U. D. Adam*, Hochschule und Nationalsozialismus, S. 136.

715 *M. Grüttner*, in: Benz (Hrsg.), Enzyklopädie, S. 157.

716 Grüttner kommt in seiner Untersuchung zu dem Schluss, dass etwa 20 % des Lehrkörpers an den Universitäten zwischen 1933 – 1945 entlassen wurde, *M. Grüttner*, in: Scholtyseck/Studt (Hrsg.), Universitäten und Studenten im Dritten Reich, S. 29 – 32; Müller spricht sogar von 30 %, *I. Müller*, Furchtbare Juristen, S. 89, 299.

717 *U. D. Adam*, Hochschule und Nationalsozialismus, S. 136; *M. Grüttner*, Das Dritte Reich, S. 475 f.; *A. Kleinberger*, in: Heinemann (Hrsg.), Erziehung und Schulung, Teil 2, S. 17.

Insbesondere mit der Reichs-Habilitations-Ordnung wurde ein abschreckend wirkendendes Überprüfungsverfahren geschaffen. So wurde durch Trennung der Habilitation von der Erteilung der Lehrbefugnis (venia legendi) die Verleihung und Entziehung der Lehrbefugnis in die Kompetenz des Reichsministeriums für Wissenschaft, Erziehung und Volksbildung gelegt. Neben der durch die Habilitation nachgewiesenen wissenschaftlichen Qualifikation und durch Fragebogen abgefragten „arischen Abstammung des Bewerbers und seiner Ehefrau", musste der Bewerber eine dreistündige öffentliche Lehrprobe abhalten und sich zum Dienst in einem Gemeinschaftslager und zur Dozentenakademie melden[718]. Im Mittelpunkt des Lagerdienstes stand das Bekenntnis zur „Volksverbundenheit" sowie die körperliche (Wehr-)Ertüchtigung und weltanschauliche Erziehung künftiger Hochschullehrer[719]. Die hier erstellten Beurteilungen entschieden über die wissenschaftliche Karriere, sodass dieses Ausleseverfahren für jungen Nachwuchswissenschaftler mit einer nochmaligen charakterlichen, politischen und ideologischen Überprüfung verbunden war[720].

Für alle vor dem 30. Januar 1933 habilitierten Privatdozenten wie Karl Peters galt die „dringende Empfehlung" sich der neuen Regelung zu fügen[721]. Für Peters hatte die Nichtbefolgung dieser Empfehlung wohl keine negativen Konsequenzen. Mit Neufassung der Reichs-Habilitations-Ordnung 1939 wurden Entschärfungen und Nachbesserungen vorgenommen. Insbesondere wurde die finanzielle Situation der Privatdozenten durch Ernennung zu besoldeten Beamten auf Widerruf sichergestellt. Vor diesem Hintergrund wurde Peters im November 1939 zum außerplanmäßigen Professor ernannt[722], nachdem er im März 1938 auf Antrag des Dekans der Kölner Juristenfakultät durch das Kultusministerium zum (nichtbeamteten) außerordentlichen Professor ernannt worden war[723]. In den für die Ernennung nötigen Gutachten wird auf Peters' Arbeit in Forschung und Lehre eingegangen: „Dr. Peters wird wissenschaftlich sehr geschätzt. Er hat gute Lehrerfolge aufzuweisen. Bei den Studenten ist er

718 §§ 4 Nr. 2, 10, 11 der Reichs-Habilitations-Ordnung vom 13. Dez. 1934.

719 *V. Losemann*, in: Heinemann (Hrsg.), Erziehung und Schulung, Teil 2, S. 94.

720 *U. D. Adam*, Hochschule und Nationalsozialismus, S. 133, 149; *L. Mertens*, in: vom Bruch/Kaderas (Hrsg.), Wissenschaft und Wissenschaftspolitik, S. 229.

721 *V. Losemann*, in: Heinemann (Hrsg.), Erziehung und Schulung, Teil 2, S. 89.

722 BA Berlin, R/4901/23943, Bl. 66 f.: Ernennung durch das REM vom 3. Nov. 1939 auf Grundlage des Abschnitts III Abs. 2 der Reichs-Habilitations-Ordnung von 1939.

723 BA Berlin, a.a.O., Bl. 24, 28: Dekan der Rewi. Fak. Köln an das REM vom 3. März und 3. Dez. 1937.

sehr beliebt. Charakterlich wertvoll"[724]. Dekan Heldrich bestätigte, dass Peters in Jena „mit grösstem Eifer und bestem Erfolg" die Vertretung vieler Vorlesungen und Übungen übernommen habe[725]. Besonders lobend äußerte sich Leopold Zimmerl über ein Referat von Peters, das „sowohl inhaltlich wie der Form nach vorzüglich gelungen" sei. „Es bewies großes theoretisches Wissen, feines Gefühl für die praktischen Möglichkeiten und Selbständigkeit des wissenschaftlichen Denkens. Die allgemeine Meinung ging dahin, daß man Herrn Dr. P. [...] bisher stark unterschätzt hatte, und daß er sehr wohl geeignet sei, einen Lehrstuhl auszufüllen"[726]. In der politischen Begutachtung wurde Peters Zugehörigkeit zur NSDAP und seine Mitarbeit im NS-Rechtswahrerbund erwähnt[727].

b) Lehrstuhlvertretungen in Bonn und Jena

Für das Wintersemester 1936/37 wurde Peters mit der Wahrnehmung der Professur Hans von Hentigs an der Universität in Bonn beauftragt[728] und vom Justizdienst bei der Staatsanwaltschaft beurlaubt[729]. Da Hellmuth von Weber zum Sommersemester 1937 zum Ordinarius ernannt wurde, blieb es bei dem einen Bonner Vertretungssemester. Durch die Berufung von Webers nach Bonn wurde wiederum dessen Lehrstuhl für Straf- und Prozessrecht an der Rechts- und Wirtschaftswissenschaftlichen Fakultät der Universität Jena vakant. Peters wurde daher für das Sommersemester 1937 und mit anschließender Verlängerung für das folgende Wintersemester mit der Vertretung des Lehrstuhls betraut[730]. Zu Peters' Vorlesungen und Übungen gehörten „Kriminologie" und ein kriminologisches Seminar, „Jugendstrafrecht", „Wehrstrafrecht"[731], „Verbrechen und Strafe

---

724 BA Berlin, a.a.O., Bl. 25: Max de Crinis/Leiter der Kölner Dozentenschaft vom 27. Febr. 1937.

725 BA Berlin, a.a.O., Bl. 42 f.: Heldrich/Dekan RWW Fak. Jena vom 22. Nov. 1937.

726 BA Berlin, a.a.O., Bl. 26: Zimmerl/Dekan der Rewi. Fak. Marburg vom 21. April 1937. Das genannte Referat hat Peters 1937 bei der Tagung der Deutschen Strafrechtslehrer gehalten.

727 BA Berlin, a.a.O., Bl. 42 f.: Heldrich/Dekan RWW Fak. Jena vom 22. Nov. 1937.

728 BA Berlin, R/3001/70561, Bl. 32: Verfügung des REM vom 28. Okt. 1936.

729 BA Berlin, R/3001/70561, Bl. 31: Beurlaubung durch RJM von Nov. 1936 – Febr. 1937.

730 BA Berlin, R/4901/23943, Bl. 17, 21: Korrespondenz zwischen REM und ThVM vom 25. Febr. und 4. März 1937. UA-J, D/2242, Bl. 7: Verfügung des REM vom 10. März 1937. BA Berlin, R/4901/23943, Bl. 34: Erlass des REM vom 15. Okt. 1937.

731 Vgl. *J. Opitz*, in: Hoßfeld/John/Lemuth/Stutz (Hrsg.), „Im Dienst an Volk und Vaterland", S. 231, der diese Vorlesung als „deutlich nationalsozialistisch" hervorhebt. Aufgeworfen wird die Frage, inwiefern es sich beim Wehrstrafrecht um eine obligatorische

I und II", „Probleme der Strafrechtserneuerung", „Besprechung strafprozessualer Entscheidungen" und die Strafrechtsübungen[732].

Mit Jena verbanden sich für Peters zwei Probleme. Das eine betraf die angemessene Bezahlung und Würdigung seiner Arbeit; das andere seine weitere berufliche Karriere. Da Heinrich Gerland, neben Peters der einzige Strafrechter an der Jenaer Fakultät, wegen einer Erkrankung für fast das gesamte Wintersemester ausgefallen war, übernahm Peters soweit möglich dessen Lehrverpflichtungen. Dafür verlangte er gegenüber dem Thüringischen Kultusministerium eine zusätzliche Vergütung[733] sowie eine Erweiterung des Lehrauftrages[734] – beides wurde in Peters' Sinne geregelt[735]. Schwieriger gestaltete sich die Ungewissheit hinsichtlich einer endgültigen Berufung nach Jena, die Peters von universitärer und ministerieller Seite in Aussicht gestellt wurde. Aus Rücksicht auf die Belange der Jenaer Fakultät hatte Peters eine Vertretung in Breslau abgelehnt[736].

Gutachterlich äußerten sich Peters' Habilitationsvater Coenders und die Kölner Dozentenschaft positiv zu seiner wissenschaftlichen Qualifikation[737]. In politischer Hinsicht wurde neben der Parteimitgliedschaft die Tätigkeit im Rechtswahrerbund sowie die zeitweilige Mitgliedschaft in der SA erwähnt, aus der Peters „wegen der Belastung als Staatsanwalt und Dozent" ausgeschieden

---

oder fakultative Veranstaltung handelte und insofern, ob die Rechtslehrer diese Vorlesung halten *mussten*.

732 UA-J, Vorlesungsverzeichnis: SoSe 1937 – SoSe 1939; BA Berlin, R/4901/23943, Bl. 42 f.

733 UA-J, D/2242, Bl. 20: ThVM an Peters vom 4. Jan. 1938. Zunächst wollte das ThVM nur für den Zeitraum von Nov. bis Febr. eine zusätzliche Vergütung zahlen.

734 UA-J, K/393, Bl. 84: Peters an Blomeyer/Dekan RWW Fak. Jena vom 5. Jan. 1938.

735 UA-J, D/2242, Bl. 22: Schreiben des ThVM an Peters vom 8. Jan. 1938, in dem es den Auftrag auf die Lehrstelle von Gerlands erweitert; UA-J, D/2242, Bl. 25: ThVM weist das Universitätsrentamt im Schreiben vom 2. Febr. 1938 zur Zahlung einer zusätzlichen Vergütung für den Zeitraum vom 1. Okt. 1937 – 31. März 1938 an.

736 „Die Fakultät rechnet mit meiner Anwesenheit im Wintersemester. Ich sehe mich durch den Auftrag des Ministeriums gebunden. Ich möchte aber auch der Jenaer Fakultät nicht untreu werden", UA-J, K/393, Bl. 80: Schreiben Peters' an den Dekan der Jur. Fak. Breslau vom 23. Okt. 1937.

737 BA Berlin, R/4901/23943, Bl. 48: „Seine Veröffentlichungen haben in der wissenschaftlichen Welt sowie bei den Praktikern Anerkennung gefunden. Mehrfach hat er auch insbes. durch Vorträge die Fähigkeit volkstümlichen Wirkens in weiten Kreisen bewiesen" (Coenders vom 28. Juni 1937). „Er wird wissenschaftlich sehr geschätzt. Auch hat er gute Lehrerfolge auszuweisen. Bei den Studenten ist er beliebt" (Kölner Dozentenschaft vom 15. Juni 1937).

sei[738]. Betont wurde Peters‘ Konfession: Er sei „überzeugungstreuer Katholik“, der aber „mit dem politischen Katholizismus nichts zu tun“ habe. Auch die Dozentenschaft merkte an, dass Peters katholisch sei, es für eine Betätigung in politisch-katholischer Richtung jedoch keinerlei Anhaltspunkte gäbe[739]. Skeptischer äußerte sich die Reichsstudentenführung: „Herr Dozent Peters [ist] scheinbar noch stark konfessionell gebunden […]. Wie mir auch bekannt ist, hat Dr. Peters früher dem C.V. der katholischen Studenten angehört“[740].

Da Ende 1937 noch keine Lösung in Sicht war, teilte Peters dem Kultusministerium mit, dass er auch im Hinblick auf seine Familie im Sommer eine endgültige Entscheidung treffen müsse, „ob ich mein vornehmliches Tätigkeitsgebiet im Justiz- oder Universitätsdienst sehen will“[741]. Im Februar 1938 verschärfte Peters noch einmal den Ton, indem er ankündigte, eine weitere Vertretung abzulehnen, wenn bis zum 1. April keine Berufung erfolgt sei; in diesem Falle werde er nach Köln zurückkehren[742]. Vor diesem Hintergrund fand am 3. April 1938 ein Verhandlungsgespräch mit dem Reichswissenschaftsministerium statt und die Vertretung wurde nochmals bis zum 31. Juli 1938 verlängert[743]. Als Ergebnis der Verhandlungen wurde festgehalten:

> „Die Abmachung wird von Seiten Dr. Peters‘ unter der Voraussetzung getroffen, daß die Thüringer Stellen mit seiner Berufung auf den zweiten Lehrstuhl (Dr. von Weber) an der Universität Jena einverstanden sind und Herr Reichswissenschaftsminister das Berufungsverfahren daraufhin alsbald einleitet. […] Dr. Peters setzt voraus, daß die Berufung in ein planmäßiges Extraordinariat unter alsbaldiger Ernennung zum persönlichen ordentlichen Professor erfolgt und daß ihm der Ruf in dieser Weise zukommt“[744].

Da sich die Beteiligten des Mangels an Strafrechtlern und der mancherorts langen Vakanzen von Lehrstühlen bewusst waren, bemühte sich das

738 BA Berlin, a.a.O.: Kölner Dozentenschaft. Ausführlich hierzu Kap. B. V. 6. a).

739 BA Berlin, a.a.O.: Coenders an die die Kölner Dozentschaft. Im Originaldokument wurden durch das ThVM „überzeugungstreuer Katholik“ und „katholisch“ rot unterstrichen, die verneinende Verbindung zum politischen Katholizismus blau.

740 BA Berlin, a.a.O.: Kölner Studentenführung vom 21. Juni 1937. „Konfessionelle Bindung“ und „Angehörigkeit zum CV“ sind durch das ThVM rot unterstrichen.

741 BA Berlin, R/4901/23943, Bl. 19: Peters an das REM vom 14. Nov. 1937.

742 BA Berlin, R/4901/23943, Bl. 44: Schreiben Peters‘ vom 25. Febr. 1938.

743 BA Berlin, R/4901/23943, Bl. 51: REM vom 30. April 1938; UA-J, K/2242, Bl. 29: ThVM an das Universitätsrentamt Jena vom 13. April 1938.

744 UA-J, K/2242, Bl. 28: Verhandlungsergebnis vom 3. April 1938.

Reichsministerium um eine zügige Berufung[745]. Auch das Thüringische Volksbildungsministerium tat alles Erforderliche, weshalb Peters die nötigen Unterlagen übersandt wurden, die er umgehend ausgefüllt zurückgeschickte[746]. Zwischen den Ministerien in Berlin und in Thüringen sowie der Jenaer Universität herrschte somit Einvernehmen. Dennoch scheiterte die Berufung Anfang Juli 1938. „Die zugesicherte Ernennung zog sich immer mehr hin. Der zuständige Ministerialrat in Weimar [Friedrich Stier] erklärte mir", so Peters rückblickend, „dass vom Ministerium keine Einwände erhoben worden seien, dass die Akten aber bei der Gauleitung liegen bleiben. Es wurden dort offenbar Schwierigkeiten gemacht"[747]. Im Hinblick auf den Verlauf des Verfahrens und den Hinweis, dass eine weitere Tätigkeit in Jena unter den obwaltenden Umständen „nicht erfreulich und ersprießlich gewesen wäre"[748], verzichtete Peters auf den Jenaer Lehrstuhl und weitere Verhandlungen.

Zu der Frage, warum die Berufung trotz allgemeinem Einvernehmen scheiterte, ist die Korrespondenz zwischen dem Reichswissenschaftsministerium und der Reichsamtsleitung des NSD-Dozentenbundes aufschlussreich. Unter Verweis auf seine wissenschaftliche und politische Eignung setzte das Kultusministerium den Dozentenbund darüber in Kenntnis, dass Peters für die Wiederbesetzung des strafrechtlichen Lehrstuhls in Jena in Frage komme.

> „Dr. Peters […] hat […] an der Universität Bonn und […] Jena das Strafrecht in Vorlesungen und Übungen mit außergewöhnlichem Erfolg und unter Anerkennung durch die akademischen Behörden vertreten. […] Auf Grund der mir vorliegenden Beurteilungen darf ich hervorheben, daß Dr. Peters wissenschaftlich sehr geschätzt wird und gute Lehrerfolge aufzuweisen hat. Er ist bei den Studenten sehr beliebt und gilt als charakterlich wertvoll. Dr. Peters ist […] Mitglied der NSDAP und hat sich vor allem im NS-Rechtswahrerbund betätigt"[749].

---

745 In einem Schreiben des REM heißt es: „Nachdem die vorgelegte Berufungsliste wegen Unabkömmlichkeit des Prof. Dr. Schwinge in Marburg und im Hinblick auf die frühere Logenzugehörigkeit des Dozenten LGR Dr. Busch keine Berücksichtigung finden konnte, bleibt für die Besetzung des Lehrstuhls bei dem großen Mangel an Strafrechtlern nur noch Prof. Dr. Karl Peters übrig", BA Berlin, R/4901/23943, Bl. 51 f.: Wacker/REM an Schultze/Reichsamtsleiter des NSDDB vom 30. April 1938.

746 UA-J, K/2242, Bl. 32, 35: Schreiben des ThVM vom 13. und 23. Mai 1938.

747 UA-T, 198/13, S. 55.

748 BA Berlin, R/4901/23943, Bl. 50: Peters an Grüninger/REM vom 6. Juli 1938.

749 BA Berlin, a.a.O., Bl. 51 f.: Wacker/REM an Schultze/Reichsamtsleiter des NSDDB vom 30. April 1938.

Weder der Austritt aus der SA noch Peters' katholische Konfession wurden hierbei erwähnt. Der Reichsamtsleiter des NSD-Dozentenbundes Schultze schrieb daraufhin an das Reichsministerium:

> „Die Jenenser Stellen lehnen Peters strikt ab, da Peters als „gläubiger Katholik" bezeichnet wird und er schon jetzt anlässlich seiner Vertretung ein ausgesprochener Arrogant ist und ehrgeiziges Verhalten an den Tag legt. Im Übrigen ist es in letzter Zeit aufgefallen, dass gerade an die Universität Jena ausgesprochene Anhänger des kath. Glaubens berufen worden sind, sodass diese bald in Überzahl in den Fakultäten vertreten sein werden. Ich kann daher durchaus die Einstellung der Jenenser Stellen verstehen. Wenn auch Peters seit 1933 Parteigenosse ist, so ist er als überzeugungstreuer Katholik weltanschaulich gebunden. Peters hat im Übrigen auch schon früher dem C.V. der kath. Studenten angehört. 1933 gehörte er zeitweilig der SA an, aus der er ausgeschieden ist, da er angeblich als Staatsanwaltschaftsrat mit Arbeit zu stark belastet war. [...] Auf Grund des Widerspruchs der örtlichen Jenenser Stellen, kann ich mich mit einer Berufung z.Zt. noch nicht einverstanden erklären"[750].

Da die zuständigen Ministerien und die Universität gegen Peters keine grundsätzlichen Einwände erhoben hatten, dürfte als „Jenenser Stelle" der thüringische Gauleiter Fritz Sauckel[751] gemeint sein, der seit 1936 zur unangefochtenen Führungspersönlichkeit in Thüringen avanciert war und Einfluss auf die Regional- und im Besonderen die Hochschulpolitik nahm[752]. So sollte die Jenaer Universität im Sinne einer „kämpfenden Wissenschaft"[753] zu einer NS-Vorzeigehochschule werden. Auch Peters war bewusst, dass Thüringen als

750 BA Berlin, R/4901/23943, Bl. 56: Schultze/Reichsamtsleiter des NSDDB an Wacker/REM.

751 **Fritz Sauckel** (*27. Okt. 1894, †16. Okt. 1946). Nach der Teilnahme am Ersten Weltkrieg schloss er sich 1919/20 dem „Dt. völkischen Schutz- und Trutzbund" an. Mitglied der SA seit etwa 1922, der NSDAP seit 1. Jan. 1923. Seit 1923 NSDAP-Gaugeschäftsführer und seit Sept. 1927 NSDAP-Gauleiter in Thüringen. Mai 1933 Ernennung zum Reichsstatthalter. März 1942 Ernennung zum „Generalbevollmächtigen für den Arbeitseinsatz", womit die Rekrutierung von „Fremdarbeitern" in den besetzten Gebieten verbunden war. Verurteilung im Nürnberger Prozess wegen Kriegsverbrechen und Verbrechen gegen die Menschlichkeit zum Tode, *R. Hachtmann*, in: NDB 22 (2005), S. 448 f.

752 *M. Grüttner*, in: John/Möller/Schaarschmidt (Hrsg.), Die NS-Gaue, S. 189 f.; *S. Raßloff*, Fritz Sauckel, S. 66 f.

753 *J. Opitz*, in: Hoßfeld/John/Lemuth/Stutz (Hrsg.), „Im Dienst an Volk und Vaterland", S. 207.

besonders nationalsozialistisch galt[754], schrieb aber in seinen Lebenserinnerungen, dass „davon weder an den Kollegen noch an den Studenten" etwas zu bemerken gewesen sei[755]. In einer Mischung aus Ideologie und Machtpolitik ging es Sauckel um die Profilierung der Jenaer Universität[756] und griff, wie im Falle von Peters, in die Berufungsverfahren ein, um politisch zuverlässige und nationalsozialistisch eingestellte Personen an die Hochschule zu bringen[757]. Zwar war Peters Parteimitglied und in der Schulungsarbeit des NS-Rechtswahrerbundes engagiert, seiner Berufung stand aber offenbar die konfessionelle Bindung entgegen. So lassen sich hinsichtlich des Verhältnisses von Religion und Nationalsozialismus zwei Positionen ausmachen: Die einen strebten eine Synthese von Christentum und Nationalsozialismus an, während die „Rigoristen" einen bestimmenden Einfluss der Kirche angesichts des Totalitätsanspruchs des Nationalsozialismus ablehnten. Spätestens mit Kriegsbeginn und eines zunehmend offen geführten Kampfes gegen die katholische Kirche hatte sich in der NSDAP die rigide Richtung durchgesetzt und eine Mehrzahl führender Parteimitglieder war aus der Kirche ausgetreten[758] – so auch der streng erzogene Protestant Sauckel, der bereits 1936 ausgetreten war und in seinem Gau fortan nur den Glauben an den Führer duldete[759]. Peters' gescheiterte Berufung nach Jena ist, obwohl sie von den für die Hochschule unmittelbar zuständigen Stellen bereits beschlossen war, damit ein Beispiel für den Eingriff außeruniversitärer Institutionen in die universitäre Personalpolitik.

Auch wenn die Berufung in sprichwörtlich letzter Minute durch Intervention der Gauleitung aus politisch-konfessionellen Gründen verhindert worden war, wurde Peters nicht als dezidierter Regimegegner oder politisch „unzuverlässiger" Jurist in seinem weiteren Werdegang behindert: „[...] abgesehen von derartigen Vorkommnissen müßte ich die Unwahrheit sagen, wenn ich mich

754 So auch *M. Grüttner*, in: John/Möller/Schaarschmidt (Hrsg.), in: Die NS-Gaue, Fn. 75 – 77: Jena galt bereits zu NS-Zeiten unter Parteifunktionären, Professoren und Studenten als besonders nationalsozialistisch.

755 UA-T, 198/13, S. 54. Zum politischen Profil der RSW Fak. Jena siehe *J. Opitz*, in: Hoßfeld/John/Lemuth/Stutz (Hrsg.), „Im Dienst an Volk und Vaterland", S. 198 – 201, 211 – 215.

756 *J. Hendel/U. Hoßfeld/J. John/O. Lemuth/R. Stutz*, Wege der Wissenschaft, S. 8; *S. Raßloff*, Fritz Sauckel, S. 71.

757 *M. Grüttner*, in: John/Möller/Schaarschmidt (Hrsg.), Die NS-Gaue, S. 191; *J. Opitz*, in: Hoßfeld/John/Lemuth/Stutz (Hrsg.), „Im Dienst an Volk und Vaterland", S. 213.

758 *M. Grüttner*, Das Dritte Reich, S. 426.

759 *S. Raßloff*, Fritz Sauckel, S. 81.

als religiös Verfolgter ausgeben würde. Man kannte meine Einstellung und ließ mich in Ruhe. Beruflich und persönlich konnte ich mich verhalten, wie ich es für geboten hielt, auch ohne tiefe Verbeugungen zu machen“[760].

c) *Weitere Berufungsverfahren*

Auch in Münster und Königsberg und wohl auch Freiburg wurde eine Berufung Peters auf einen strafrechtlichen Lehrstuhl in Betracht gezogen. Laut Aussage von Wilhelm Sauer, der sich für Peters eingesetzt hatte, scheiterte in Münster die Aufnahme in eine Berufungsliste erneut aus konfessionellen Gründen. Zur Liste vom Sommer 1941 schrieb Sauer: „Wir erwogen noch [...] Karl Peters in Köln auf die Liste zu setzen, der m.E. schon längst eine amtliche Professur [...] verdient hätte; wir würden aber, wie wir hörten, mit diesem Vorschlag keinen Erfolg haben, da das Ministerium offenbar vermeiden will, gerade nach Münster einen katholischen Kollegen zu berufen“[761]. Später bemerkte Peters hierzu: „Ich habe es seiner Zeit sehr bedauert, daß sich eine Berufung nach Münster aus politisch-religiösen Gründen als unmöglich erwies. Herr Kollege Sauer teilte mir [...] vertraulich mit, daß er mich für den zweiten strafrechtlichen Lehrstuhl in Münster an erster Stelle vorgeschlagen habe“[762]. Auf der Königsberger Berufungsliste für die Nachfolge des Strafrechtslehrstuhls wurde Peters an die dritte Stelle gesetzt. Berufen wurde 1941 Reinhart Maurach[763].

d) *Berufung nach Greifswald*

Mit Tod des Strafrechtlers Hugo von Marck im Februar 1924 wurde die zweite strafrechtliche Professur in Greifswald vakant – und wurde bis zur Schließung der Rechts- und Staatswissenschaftlichen Fakultät 1946 auch nicht wiederbesetzt. Einziger Strafrechtsordinarius war ab 1924 bis zur Entpflichtung zum 1. April 1935 Paul Merkel[764]. Die Suche nach einem Nachfolger bereitete

---

760 UA-T, 198/13, S. 57.

761 UA-G, Jur. Fak. 394, Bl. 155: Sauer an Rühland/Dekan RWS Fak. Greifswald vom 22. Jan. 1942; siehe auch UAM, 30/336: Schreiben Wilhelm Sauers vom 2. Sept. 1941.

762 UA-M, 30/333: Peters an Hoffmann/Dekan Jur. Fak. Münster vom 13. März 1946. Neben Peters wurden auch Hermann Conrad, Ernst Friesenhahn und Franz W. Jerusalem aus politisch-konfessionellen für eine Berufung nicht in Betracht zogen, siehe *S. Felz*, Recht zwischen Wissenschaft und Politik, S. 115, 118, 122 f., 418.

763 BA Berlin, R/4901/23943, Bl. 68: Vorschlagsliste für das strafrechtliche Ordinariat an der Univ. Königsberg, undatiert, muss aber von Anfang 1941 sein.

764 Siehe hierzu *H. Eberle*, „Ein wertvolles Instrument“, S. 184 f.; *I. Vorholz*, Greifswald, S. 111 f.

angesichts der Vielzahl der beteiligten Stellen und den nicht klar formulierten Beurteilungskriterien erhebliche Schwierigkeiten. Die in Betracht kommenden Kandidaten erfüllten entweder nicht die erwünschten politischen und fachlichen Anforderungen[765] oder standen für eine Berufung nicht (mehr) zur Verfügung.

Bei den Sondierungen zu geeigneten Kandidaten wurden insgesamt 12 Namen diskutiert. Auch Peters wurde genannt[766], aber zunächst nicht auf die Berufungsliste gesetzt. Die offizielle Begründung zielte auf die Beziehung zum Schwager Erich Molitor, der seit 1930 in Greifswald Inhaber eines ordentlichen Ordinariats war[767]. Aber auch die gutachterlichen Stellungnahmen fielen nicht günstig aus. Graf von Dohna hielt Peters' akademische Laufbahn nicht für sehr hoffnungsvoll[768]. Auch Karl Engisch äußerte sich skeptisch: „Karl Peters habilitierte sich in Köln mit [einer] gründlichen Arbeit [...] und ist an sich auch dadurch empfohlen, daß er die Praxis kennt. Ich habe aber bei ihm persönliche Bedenken. Ist er nicht politisch belastet (politischer Katholizismus?!). In der Juristischen Wochenschrift [...] hat er allerdings einen Aufsatz veröffentlicht: „Nationalsozialismus und Strafrecht". Ich habe mich aber damals des Eindrucks einer „Gleichschaltungsaktion" nicht erwehren können. Doch möchte ich ihm nicht unrecht tun und bitte, sich über ihn bei maßgebender Stelle zu erkundigen"[769]. Nur Eduard Kohlrausch äußerte sich ausschließlich positiv, lobte Peters' wissenschaftliche und praktische Arbeit („auch als Praktiker sehr angesehen") und befand, dass ihn „eine glückliche Verbindung eindringlicher begrifflicher Forschung mit lebensnaher praktischer Abwägung" ausmache[770]. Kohlrausch erwähnte Peters' konfessionelle Bindung mit dem Hinweis, dass er dem Zentrum oder sonst dem politischen Katholizismus niemals angehört habe.

---

765 UA-G, Jur. Fak. 394, Bl. 94 f.: „Die Fakultät braucht einen Lehrer, der das Strafrecht und beide Prozesse vertreten kann. [...] Da der zu Berufende das Fach allein vertreten müßte, sollte er ein besonders guter Dozent und ein schöpferischer Gelehrter sein", Berufungsvorschläge vom 18. Dez. 1935.

766 UA-G, Jur. Fak. 394, Bl. 36: Dekan RSW Fak. Greifswald an den Fakultätsausschuss vom 26. Nov. 1935.

767 UA-G, Jur. Fak. 394, Bl. 94 f.: Berufungsvorschläge vom 18. Dez. 1935.

768 UA-G, Jur. Fak. 394, Bl. 46: Graf von Dohna vom 27. Okt. 1935, dessen Äußerung muss aber wohl im Zusammenhang mit Peters' Tätigkeit in der Justiz und seiner dortigen Gebundenheit verstanden werden.

769 UA-G, Jur. Fak. 394, Bl. 48 – 50: Gutachterliche Äußerung von Engisch vom 3. Nov. 1935 u.a. zu Karl Peters.

770 UA-G, Jur. Fak. 394, Bl. 40: Gutachterliche Äußerung von Kohlrausch vom 5. Dez. 1935 u.a. zu Karl Peters.

Zu berücksichtigen ist bei dieser Äußerung, dass der Bruder Hans Peters 1925 als außerplanmäßiger Assistent für Kohlrausch an der Berliner Universität tätig gewesen war.

Da die in der Berufungsliste von Ende 1935 genannten Bewerber letzten Endes nicht mehr zur Verfügung standen, wurde Hans Dieter Freiherr von Gemmingen, der sich an der Greifswalder Universität bereits habilitiert hatte und daher als keine dauerhafte Lösung bewertet wurde, für das Sommersemester 1936 mit der Lehrstuhlvertretung beauftragt[771]. Auch bei der Erstellung einer neuen Berufungsliste war keine schnelle Einigung in Sicht. Als weitere Zwischenlösung für die Semester 1936/37 bis 1937/38 vertrat Erich Schinnerer den Lehrstuhl[772]. Eine Lösung schien mit Hans Jürgen Bruns gefunden zu sein, der von der Fakultät in die Diskussion über mögliche Nachfolger eingebracht und favorisiert wurde[773]. 1938 bis 1939 übernahm er vertretungsweise den Strafrechtslehrstuhl[774]. Da sich Bruns erst Mitte 1938 in Breslau habilitiert hatte, musste er zur Erlangung der Lehrerlaubnis noch eine Lehrprobe erbringen. Erst Anfang 1939 wurde Bruns die venia legendi für Straf- und Strafverfahrensrecht erteilt und zum außerordentlichen Professor ernannt[775]. Allerdings fiel Bruns krankheitsbedingt vom Wintersemester 1939/40 bis zum Sommersemester 1941 aus[776]. Im November 1941 erlangte Bruns eine ordentliche Professur, folgte aber

771 UA-G, Jur. Fak. 394, Bl. 96: Mitteilung des Universitätskurators Greifswald vom 29. Febr. 1936; BA Berlin, R/4901/25380, Bl. 186: Schreiben des Dekans der RWS Fak. Greifswald vom 17. Febr. 1938. Zu von Gemmingen siehe *H. Eberle*, „Ein wertvolles Instrument“, S. 404 – 406, 665 f.

772 Vgl. BA Berlin, R/4901/25380, Bl. 156, Greifswalder RWS Fak. über Schinnerer vom 26. Mai 1937: „Wir haben allerdings den Eindruck einer gewissen Unausgeglichenheit seines fachwissenschaftlichen Könnens [...] gewonnen. Sein bisheriger Lebensweg dürfte hier vieles erklären, weshalb wir auch fest davon überzeugt sind, dass von Schinnerer solide wissenschaftlichen Leistungen insbes. dann zu erwarten sein werden, wenn er endlich einmal irgendwo innerlich und äußerlich zur Ruhe kommt, um sich den Fragen seines Faches mit der gebotenen Muße widmen zu können“.

773 UA-G, Jur. Fak. 394, Bl. 14 – 19: RSW Fak. Greifswald an das REM vom 17. Febr. 1938. Zu Bruns siehe *H. Eberle*, „Ein wertvolles Instrument“, S. 658.

774 UA-G, Jur. Fak. 394, Bl. 118 f.: Rühland/Dekan RSW Fak. Greifswald an das REM vom 5. Dez. 1938.

775 UA-G, Jur. Fak. 123: Mittelung betr. Erteilung der Lehrbefugnis an Bruns vom 31. Jan. 1939.

776 *I. Vorholz*, Greifswald, S. 251.

mit Wirkung zum 1. Oktober 1941 einem Ruf an die Reichsuniversität Posen[777]. Die Greifswalder Suche nach einem Lehrstuhlnachfolger begann abermals.

„Da der Nachwuchs auf dem Gebiet des Strafrechts notorisch dünn ist“[778], wurden in Greifswald nun auch solche Strafrechtler in Betracht gezogen, die promoviert, aber nicht habilitiert waren, bei denen aber die Aussicht bestand, dass sie die Lehrberechtigung erlangen würden. Trotz dieser Erweiterung blieb die Suche nach einem Nachfolger nach wie vor ein müßiges Unterfangen. Neben mangelnder fachlicher oder politischer Eignung verstärkte sich die Nachwuchsnot ab 1941/42 auch noch kriegsbedingt. Teils waren geeignete Dozenten in der Justiz wegen „größerer gesetzgeberischer Arbeiten“ unentbehrlich oder sie wurden zum Kriegsdienst eingezogen, zumal von der Möglichkeit einer Freistellung vom Wehrdienst nur selten Gebrauch gemacht wurde[779]. Hoffnung konnte sich Harry Ramm machen. Obwohl Ramm seit 1939 eingezogen und seine Habilitation unvollendet war, bemühte sich Dekan Rühland um eine Beurlaubung Ramms zur Fertigstellung der Habilitationsschrift[780]. Auf Grund von Versäumnissen des Reichserziehungsministeriums und der Universität Königsberg kam die Beurlaubung jedoch nie zustande[781]. „Bei schweren Abwehrkämpfen im Osten“ starb Ramm am 6. März 1942 bei St. Petersburg (Leningrad)[782].

Auf die Berufungsliste von Ende Januar 1942 wurde letztendlich Karl Peters zwischen Karl Alfred Hall und Horst Schröder auf Platz zwei gesetzt – Unterstützer Peters‘ war erneut Wilhelm Sauer. Im Einvernehmen mit dem Reichsjustizministerium und der Partei-Kanzlei der NSDAP[783] wurde Peters vom Reichswissenschaftsministerium im April 1942 die Wahrnehmung einer Lehrstuhlbeauftragung mit dem Ziel der endgültigen Berufung auf den Bruns'schen

777 UA-G, Jur. Fak. 394, Bl. 154: Erlass des REM vom 22. Nov. 1941.

778 UA-G, Jur. Fak. 394, Bl. 127 f.: Rühland/Dekan RSW Fak. Greifswald an Bruns vom 25. Sept. 1942.

779 UA-G, Jur. Fak. 394, Bl. 139: Dallinger an Rühland/Dekan RSW Fak. Greifswald vom 17. Okt. 1941.

780 UA-G, Jur. Fak. 394, Bl. 148 f.: Rühland/Dekan Greifswald an Ramms Divisionskommandeur vom 18. Dez. 1941. Ramm hatte 1936 bei Wilhelm Gallas promoviert und wollte sich bei Paul Bockelmann in Königsberg habilitieren, UA-G, Jur. Fak. 394, Bl. 162.

781 UA-G, Jur. Fak. 150: Rühland/Dekan RSW Fak. Greifswald an Ramm vom 18. Dez. 1941.

782 UA-G, Jur. Fak. 394, Bl. 165: Todesanzeige von Dr. Harry Ramm vom 28. März 1942.

783 Die pol. Beurteilung der NSDAP zu Peters‘ Berufung konnte bei den Recherchen nicht gefunden werden.

Lehrstuhl in Greifswald in Aussicht gestellt[784]. Das Gutachten zur wissenschaftlichen Qualifikation verfasste Georg Dahm, der sich zwar kollegial-freundlich, aber insgesamt abwertend äußerte. Peters‘ Habilitationsschrift bezeichnete er als „verdienstvoll“, kritisierte aber deren theoretische Grundlage der modernen Strafrechtsschule von Liszts, die „heute weitgehend überholt“ sei und „auch vom Standpunkt der damaligen Theorie manches zu wünschen übrig“ lasse. Uneingeschränkt positiv bewertete er Peters‘ Tätigkeit auf dem Gebiet des Jugendstrafrechts – unzweifelhaft sei er hier besonders sachverständig. Deutlich distanzierend berichtete Dahm von den strafprozessrechtlichen Schriften. In Peters‘ Arbeiten trete „eine durchaus gesunde und glückliche Neigung zu einer praktischen Strafrechtsbetrachtung“ hervor und Peters sei „weniger Theoretiker als Praktiker“. Für einen Wissenschaftler wenig schmeichelhaft bemerkte Dahm schließlich: „Seine eigentlich wissenschaftliche und theoretische Begabung hält sich m.E. in gewissen Grenzen, ohne dass man ihm den Sinn für Theorie des Strafrechts deshalb absprechen dürfte. Im ganzen glaube ich, dass Herr Peters nach seiner wissenschaftlichen Leistung durchaus würdig ist, einen Lehrstuhl an einer kleineren Universität zu übernehmen dies umso mehr, als in den nächsten Jahren eine grössere Zahl von strafrechtlichen Lehrstühlen frei werden und es uns an geeignetem Nachwuchs fehlt“[785]. Nach erster Wahl klang das nicht[786].

Vor dem Hintergrund der gescheiterten Berufung nach Jena handelte Peters mit dem Ministerium nunmehr eine endgültige Regelung aus[787]. Am 22. August 1942 wurde er zum ordentlichen Professor ernannt. Mit Wirkung zum 1. Oktober 1942 erhielt er das Greifswalder Ordinariat und wurde zum Direktor des Juristischen Seminars der Universität Greifswald bestellt[788]. Mit Annahme des Rufs an die Ernst-Moritz-Arndt-Universität lehrte Peters in Greifswald von Oktober 1942 bis März 1946.

---

784 UA-G, PA 429, Bd. 1, Bl. 2: REM an Peters vom 28. April 1942.

785 Alle Zitate aus BA Berlin, R/4901/23934, Bl. 73 f.: Dahm an Groh/RJM vom 2. April 1942. Im Original ist „durchaus würdig … kleineren Universität zu übernehmen“ durch rote Unterstreichung hervorgehoben.

786 So auch *M. Heghmanns*, in: Hoeren (Hrsg.), Münsteraner Juraprofessoren, S. 126.

787 UA-G, PA 429, Bd. 4, Bl. 3 f.: Korrespondenz Peters – Dekan RSW Fak. Greifswald – REM von Mitte Mai 1942.

788 UA-G, PA 429, Bd. 1, Bl. 5: Ernennungsurkunde des REM mit Begleiterlass vom 22. Aug. 1942.

e) *Abschließende Bemerkungen*

Peters' Wechsel von der Staatsanwaltschaft an die Universität verlief nicht reibungslos. Eine „gradlinige, idealtypische wissenschaftliche Hochschulkarriere" blieb ihm verwehrt[789]. Von der Erteilung der venia legendi (Dezember 1931) bis zur Ernennung zum Ordinarius (August 1942) dauerte es knapp 11 Jahre. Die so gut wie sicher geglaubte Berufung nach Jena Mitte 1938 scheiterte aus politisch-konfessionellen Gründen. Für die Berufungsliste von 1941 auf den Münsteraner Strafrechtslehrstuhl kam Peters allein wegen seiner unverleugneten Religionszugehörigkeit nicht in Betracht. Wie dem Bruder Hans Peters wurden seiner wissenschaftlichen Karriere Steine in den Weg gelegt. Mangelnde fachliche Qualifikation oder Illoyalität zum NSRegime wurden Peters nicht vorgeworfen.

Peters hat sich nicht an die Spitze der „Bewegung" gestellt und die Grundlagen der Entwicklung des NS-Rechts und der NS-Ideologie geliefert. Im Gegensatz zu anderen jungen Rechtswissenschaftlern, die sich bereitwillig zur Mitarbeit in Partei und Staat angeboten haben und relativ schnell aufgestiegen sind[790], musste Peters trotz seiner anerkannten Qualifikation recht lange auf eine ordentliche Professur warten. Peters' vom nationalsozialistischen Geist getragenen Aufsätze haben ihm weder genutzt noch geschadet[791]. Trotz seiner unbestrittenen Expertise und der überschaubaren Anzahl von Experten im Jugendstrafrecht wurde Peters nicht in den Jugendrechtsausschuss der Akademie für Deutsches Recht berufen.

Plausibel ist die Annahme, dass Peters letztlich aus Mangel an anderen geeigneten Kandidaten auf den Greifswalder Lehrstuhl kam. Die Erklärung, Peters' Berufung sei im Zusammenhang mit einer Unachtsamkeit des Kultusministeriums zustande gekommen und Peters sei von einem Vertreter der Parteikanzlei als „unhaltbare" Person bezeichnet worden[792], konnte nicht belegt werden. Von

---

789 *M. Heghmanns*, in: Hoeren (Hrsg.), Münsteraner Juraprofessoren, S. 117.

790 Bspw. Georg Dahm (*1904, o. Prof. 1933), Ernst Forsthoff (*1902, o. Prof. 1933), Heinrich Henkel (*1903, o. Prof. 1933), E. Rudolf Huber (*1903, o. Prof. 1933), Karl Larenz (*1903, o. Prof. 1933), Paul Ritterbusch (*1900, o. Prof. 1933), Friedrich Schaffstein (*1905, o. Prof. 1933), Karl Siegert (*1901, o. Prof. 1933), Rudolf Hubert Sieverts (*1903, o. Prof. 1934), Theodor Maunz (*1901, o. Prof. 1935), Karl Larenz (*1903, o. Prof. 1935), Hans Welzel (*1904, o. Prof. 1936), Wolfgang Siebert (*1905, o. Prof. 1938), Karl Michaelis (*1900, o. Prof. 1938), Franz Wieacker (*1908, o. Prof. 1939), Hans Jürgen Bruns (*1908, o. Prof. 1941).

791 *M. Heghmanns*, in: Hoeren (Hrsg.), Münsteraner Juraprofessoren, S. 125.

792 Siehe Kap. B. V. 3.

wem konkret diese Äußerung stammt und mit welcher Ernsthaftigkeit sie ausgesprochen wurde, ist offen[793]. Wohlmöglich steht sie im Zusammenhang mit der Verhaftung katholischer Geistlicher durch die Stettiner Gestapo und dem Fall Wachsmann[794] und ist als Kritik einer örtlichen Parteistelle gegenüber konfessionell gebundenen Personen zu verstehen.

Peters besaß schon Ende 1931 die Lehrbefugnis. Hätte er die Grundlagen für seine akademische Laufbahn unter der Reichs-Habilitations-Ordnung legen müssen, wäre er um ein politisch-ideologisches Ausleseverfahren nicht umhingekommen. Politische Loyalität brachte er nach der „Machtergreifung" durch Beitritt in die NSDAP und in seinen Schriften zum Ausdruck. Als Privatdozent kann Peters für den Umbruch und die nationalsozialistische Durchdringung der Universitäten nur insofern verantwortlich gemacht werden, als er in der Lehre neue und alte Rechtsinhalte vermittelt hat.

4. Professor in Greifswald (1942 – 1946)

a) Persönliches Umfeld

Das Umfeld der Familie Peters, wohnhaft in der Moltkestraße 13 (heute Robert-Blum-Straße), war durch die ebenfalls in Greifswald lebende Schwester Maria und ihre Familie geprägt, deren Ehemann Erich Molitor Peters' Kollege an der juristischen Fakultät war. Daneben waren die Peters „Ersatzfamilie" für die Kinder ihrer engen Freunde Emily und Werner Beinhauer[795], Wilhelm Kiwit[796] und Helene und Otto Karutz. Im Übrigen pflegte Peters Kontakte zu

---

793 Zeitlich muss die angesprochene Besprechung im Nov. 1944 stattgefunden haben, da sich auch Molitor dahin äußerte, dass er von einem Vertreter der Parteikanzlei als geradezu untragbarer Professor bezeichnet worden sei, weil er in seinen Vorlesungen nicht die nationalsozialistischen Lehren und Theorien vertreten habe, *N. Däumichen*, Erich Molitor, S. 45 mit Verweis auf UA-G, PA 417: Erklärung Molitors vom 13. Aug. 1946.

794 Dazu Kap. B. V. 4. c).

795 Zu Werner Beinhauer siehe Kap. B. V. 2. c) bb) (2).

796 **Wilhelm Kiwit** (*31. Juli 1883, †7. Dez. 1959): Studium der Rechtswissenschaften in Bonn, Münster und Berlin. Nach dem Zweiten Staatsexamen (1910) Tätigkeit als Rechtsanwalt und Politiker. Seit Dez. 1929 Oberbürgermeister der Stadt Wanne-Eickel. Aus politischen Gründen wurde er Sept. 1933 von den Nationalsozialisten beurlaubt. Anschließend war Kiwit bis Mai 1936 Stadtkämmerer in Köln, als er auf Veranlassung der NSDAP erneut aus dem Amt entlassen wurde. Bis 1945 arbeitete er als Verwaltungs- bzw. Stadtrechtsrat in Köln. Von Sept. 1945 – Febr. 1946 Bürgermeister von Bocholt, *J. Lilla*, Leitende Verwaltungsbeamte, S. 191.

Universitätskollegen und deren Familien, darunter die Theologen Ernst Lohmeyer und Leonard Rost, der Historiker Ulrich Noack[797] sowie der Germanist Leonard Magon. „Es herrschte unter den Kollegen Harmonie und persönliche Verbundenheit“[798]. Ein Großteil des Freundes- und Bekanntenkreises gehörte zur katholischen Gemeinde in Greifswald.

aa) Erich Molitor

Seit August 1921 war Peters‘ Schwester Maria Georgia Elisabeth Gerdrud mit dem Zivilrechtler Erich Molitor verheiratet[799]. Gemeinsam mit dem Bruder Hans Peters bildeten Erich Molitor und Karl Peters einen Gesprächskreis, der fachübergreifend nicht nur über Juristisches, sondern angeregt über Religion, Philosophie, Literatur und viele weitere Themen diskutierte[800].

Molitor, der sich 1914 in Münster für die Fächer Rechtsgeschichte und Bürgerliches Recht habilitiert hatte, folgte 1930 dem Ruf als Ordinarius nach Greifswald. Dabei galt Greifswald als Durch- und Übergangsstation[801]. Molitor spricht davon, dass die Greifswalder Juristenfakultät als eine Art „Straffakultät“ gehandelt worden sei[802]. Zwar war 1937 eine Berufung an die Universität Halle geplant, doch verweigerte das Kultusministerium seine Zustimmung mit Verweis auf Molitors Nähe zur katholischen Soziallehre – „Der gläubige Katholik Molitor war nicht der Mann des damaligen Regimes“[803]. Wohl angesichts eines Angriffs

797 **Ulrich Noack** (*2. Juni 1899, †14. Nov. 1974) war von Mitte 1941 – Ende 1942 als Dozent und anschließend als a.o. Prof. für mittlere, neuere und nordische Geschichte bis Ende 1945 an der Univ. Greifswald tätig. Seit Jan. 1939 war Noack Parteianwärter der Ortsgruppe Oslo; von 1938 – 1941 war er dort für ein Buchprojekt. Nach dem Hitler-Attentat vom 20. Juli wurde Noack für sechs Wochen inhaftiert.

798 UA-T, 198/13, S. 57 f.

799 **Maria Molitor, geb. Peters** (*1900, †1988) und **Erich Molitor** (*3. Okt. 1886, †24. Feb. 1963) – zur Person siehe *G. Isele,* NJW 1956, S. 1709 f.; *K. Kroeschell*, ZRG GA 80 (1963) S. 594 – 596; *H. Schlosser*, in: NDB 17 (1994), S. 726 f – mit den Söhnen Norbert (*3. August 1923, †25. November 1942 in den ersten Tagen der sowjetischen Winteroffensiven), Otto (*30. Mai 1925), Karl (*22. Mai 1928) und Bernhard (*10. August 1932).

800 Interview mit Diethild Peters vom 25. Juli 2016.

801 UA-T, 198/13, S. 57; BA Berlin, R/4901/23934, Bl. 73 f.: Dahm an Groh/RJM vom 2. April 1942; *M. Rautenberg*, in: Alvermann (Hrsg.), „…Die letzten Schranken fallen lassen“, S. 27; *I. Vorholz*, Greifswald, S. 139.

802 *H. Eberle*, „Ein wertvolles Instrument“, S. 607 f.

803 So *K. Kroeschell*, ZRG GA 80 (1963) S. 594 (596); vgl. auch *G. H. Isele*, NJW 1956, S. 1709 (1710).

seitens der NSDAP auf Molitors 1936 erschienenes Buch „Die Kündigung“, das zu „objektiv“ und nicht aus Sicht der Partei geschrieben sei[804], zog sich Molitor in der Ausrichtung seiner Forschung aus dem geltenden Recht zurück. Ab Mitte der 30er Jahre wendete er sich der Rechtsgeschichte zu[805]. In die NSDAP trat Molitor zum 1. Januar 1940 ein. Hintergrund hierfür war wohl das Bestreben einer Einberufung zum Kriegsdienst durch eine uk-Stellung als NSDAP-Mitglied zu entgehen, was letztlich auch gelang. Zudem wollte Molitor die Familie schützen und angesichts der Widerstandstätigkeit seines Schwagers Hans Peters ein pro-nationalsozialistisches Zeichen setzen[806]. Nach dem Krieg war Molitor als Ordinarius bis 1954 an der Johannes-Gutenberg-Universität in Mainz tätig. 1948 wurde er Präsident am Obersten Arbeitsgericht von Rheinland-Pfalz[807].

bb) „Ersatzfamilie“ Peters

Schon in Köln hatten sich die Nachbarsfamilien Beinhauer und Peters angefreundet. Zudem hatte Peters Werner Beinhauer im Strafverfahren wegen staatsfeindlicher Äußerungen unterstützt[808]. Beide Familien gehörten zu einem größeren Freundeskreis, der dem Nationalsozialismus ablehnend gegenüberstand[809].

Anfang 1943 verbrachten Renate und Monika, die beiden Kinder der Beinhauers, einige Wochen bei den Peters. Gleiches galt für die Kölner Nachbarskinder Hildegard und Walter, die Kinder von Wilhelm Kiwit. Hintergrund dieser „Landbesuche“ waren die Bombenangriffe auf Köln. Nachdem Köln zur „Frontstadt aus der Luft“ erklärt worden war, begannen ab Mai 1940 die Bombenangriffe der Royal Air Force. Innerhalb von 2 Jahren war Köln 104 Angriffen

---

804 *H. Eberle*, „Ein wertvolles Instrument“, S. 314.

805 *N. Däumichen*, Erich Molitor, S. 36 f. unter Verweis auf UAG, PA 417, Bd. 2: Erklärung Molitors vom 13. Aug. 1945: „Da ich nach den gemachten Erfahrungen damit rechnen musste, dass ich bei meinen Veröffentlichungen über geltendes Recht zu mir unerwünschten Äußerungen im Sinne der damaligen politischen Leitung gedrängt werden würde, wandte ich mich [...] vornehmlich der Rechtsgeschichte zu, wo ich erfahrungsgemäß weniger damit rechnen musste“.

806 *N. Däumichen*, Erich Molitor, S. 42 f.: Karl Molitor im Zeitzeugen-Interview vom 14. April 2006 und 12. Febr. 2008. Siehe auch die Leumundsschreiben im Entnazifizierungsverfahren *N. Däumichen*, a.a.O., S. 43 – 45.

807 *G. Isele*, NJW 1956, S. 1709 (1710); *H. Schlosser*, in: NDB 17 (1994), S. 726 f.

808 Siehe dazu Kap B. V. 2. c) bb) (2).

809 UA-G, PA 429, Bd. 6: Erklärung Emily Beinhauers vom 16. Febr. 1946.

ausgesetzt. Die Bombardierung ziviler Ziele zur Demoralisierung der Bevölkerung stellte einen Wendepunkt in der Kriegsführung dar[810].

Als Pflegetochter nahmen die Peters auch Jutta Karutz auf. Ursprünglich im Landwirtschaftsministerium tätig, wurde ihr Vater Otto Karutz 1933 wegen antifaschistischer Haltung und als Sozialdemokrat auf Grundlage des Gesetzes zur Wiederherstellung des Berufsbeamtentums pensionslos aus dem Amt entlassen und inhaftiert. Nach seiner Entlassung wurde er wegen schwerer Erkrankung in Wyk auf Föhr behandelt. Um eine Kinderlandverschickung seiner Tochter zu vermeiden, nahmen Peters und seine Frau Hatwig sie auf. Peters betonte Februar 1946, er habe dies auch „trotz der sich daraus ergebenden Gefahren in politischer Hinsicht" gerne getan[811]. In einem Brief an Hatwig Peters bedankte sich die Mutter, dass „ich Ihnen und Ihrem Gatten in dieser für uns alle wohl schwersten Zeit seit dem Winter die Sorge für ein Ihnen ja fremdes Kind aufgebürdet habe"[812]. Im Zusammenhang mit Peters' Entnazifizierungsverfahren schrieb sie ferner, die politische, rein menschliche und religiöse Einstellung im Hause der Peters' sei immer so gewesen, dass sich ein junger Mensch in einer Zeit der immer stärker werdenden nationalsozialistischen Beeinflussung frei und gut habe entwickeln können[813].

b) Die Universität im Krieg

Was den Widerstand gegen die „Machtergreifung" und die Gleichschaltung der Universitäten unter das Führerprinzip anbelangte, so war die Greifswalder Universität, die am 16. Mai 1933 in Ernst-Moritz-Arndt-Universität umbenannt wurde, keine Ausnahme[814]. Der Vollständigkeit wegen muss aber erwähnt werden, dass politisch missliebige Lehrkräfte – wie der als Republikaner und Demokrat engagierte Jurist Fritz Klingmüller – auf Grundlage des Gesetzes

---

810 *C. Dietmar*, Köln in der NS-Zeit, S. 92, 95. Zeugnis dieses Strategiewechsels waren der „1000-Bomber-Angriff" vom 30./31. Mai 1942, der „Peter-und-Paul-Angriff" vom 29. Juni 1943 und die Angriffe am 4. und 9. Juli 1943 auf Köln.

811 UA-G, PA 429, Bd. 6: Bericht über meine politische Betätigung, S. 7.

812 UA-G, PA 429, Bd. 6: Brief Helene Karutzs an Hatwig Peters vom 9. Aug. 1945.

813 UA-G, PA 429, Bd. 6: Erklärung Helene Karutzs vom 7. Sept. 1945.

814 *K. Hildebrand*, in: Scholtyseck/Studt (Hrsg.), Universitäten und Studenten im Dritten Reich, S. 14 – 16. So auch *M. Rautenberg*, in: Alvermann (Hrsg.), „...Die letzten Schranken fallen lassen", S. 27 – 29, 34; *I. Vorholz*, Greifswald, S. 101; *U. Eisenhardt*, Dt. Rechtsgeschichte, Rn. 853 f. Zu den Umbruchsjahren an der Greifswalder Universität siehe *H. Eberle*, „Ein wertvolles Instrument", S. 53 – 91.

zur Wiederherstellung des Berufsbeamtentums in den Ruhestand versetzt oder wegen nicht konformer Äußerungen denunziert wurden – so im Fall des Strafrechtlers Paul Merkel[815]. Widerstand wurde damit schnell beseitigt und ein rabiater, ausgrenzender Umgang mit Kollegen an den Tag gelegt.

Die Greifswalder Juristenfakultät gehörte nicht zu den dezidiert nationalsozialistischen sog. Stoßtrupp-Fakultäten wie Kiel oder Königsberg. An jungen Professoren, die durch ihre wissenschaftliche Mitarbeit die NS-Herrschaft stützten, fehlte es aber auch hier nicht: Zu nennen sind die auf Ostforschung spezialisierten Wirtschaftswissenschaftler Theodor Oberländer und sein Schüler und Lehrstuhlnachfolger Peter-Heinz Seraphim sowie die Juristen Arnold Köttgen und Günter Küchenhoff[816]. Angesichts der geringen Studentenzahlen (ab Ende 1936 waren an der Rechts- und Staatswissenschaftlichen Fakultät Greifswald abgesehen vom Jahr 1944 nicht einmal 100 Studenten immatrikuliert) war die Fakultät vergleichsweise klein und verfügte über eine entsprechend kleine Professorenschaft[817]. Außerdem hatte Greifswald eher ein geringes Renommee – „Für Juristen war Greifswald die Anfangsstation"[818].

---

815 Zu den Entlassungen und Denunziationen an der Universität seit 1933 siehe *H. Eberle*, „Ein wertvolles Instrument", S. 100 – 136; 162 – 198; *I. Vorholz*, Greifswald, S. 78 – 82, 89 – 92, 98 – 101, 111 – 116.

816 Exemplarisch werden diese vier in der Diss. von *I. Vorholz*, Greifswald, S. 139, 168 herausgegriffen. Vgl. beispielsweise den Lebenslauf von **Theodor Oberländer** (*1. Mai 1905, †3. Mai 1998): U.a. Studium der Nationalökonomie in Königsberg. Promotion 1930, Habil 1933. 1937 a.o. Prof. in Königsberg. Wechsel 1937 nach Greifswald und 1939 o. Prof. 1940 Berufung nach Prag. Teilnehmer 1923 am Hitler-Ludendorff-Putsch in München. NSDAP-Mitglied seit 1. Mai 1933. 1933 – 1937 Gauamtsleiter im Gaustab Ostpreußen. Ab 1938 SA-Obersturmführer. 1945/46 in amerikanischer Kriegsgefangenschaft. Einstufung im Entnazifizierungsverfahren als „entlastet". 1953 – 1961 MdB bzw. bis 1960 Bundesminister für Vertriebene, Flüchtlinge und Kriegsgeschädigte, da Oberländer wegen des Vorwurfs der Kriegsverbrechen zurücktrat. Erneut MdB von 1963 – 1965, *F. Menges/P.-C. Wachs*, Oberländer, Theodor, in: NDB 19 (1999), S. 392 – 394; *I. Vorholz*, Greifswald, S. 139 f.

817 *H. Eberle*, „Ein wertvolles Instrument", S. 278 f. Zu den überall sinkenden Studierendenzahlen *U. D. Adam*, Hochschule und Nationalsozialismus, S. 190 f.

818 UA-T, 198/13, S. 58. Siehe bereits Kap. B. V. 4. b) aa).

aa) Universitätsbetrieb

Vor Kriegsbeginn wurden bis auf die Berliner, Jenaer, Leipziger und Münchener Universität alle Universitäten im Reich zum 1. September 1939 geschlossen[819]. Januar 1940 wurde in Greifswald der Lehrbetrieb wiederaufgenommen[820]. Auf Grund seiner geographischen Lage[821] blieb Greifswald bis zum April 1945 von Bombenangriffen verschont. Das Kriegsgeschehen hatte daher keine unmittelbaren Auswirkungen auf den Lehrbetrieb. Erschwernisse ergaben sich aber in räumlicher Hinsicht. Da Greifswald eine Garnisonsstadt war, in der sich von 1940 bis 1945 ein großes Kriegsgefangenenlager befand, herrschte Wohnungsnot. Der Greifswalder Oberbürgermeister forderte die Universität auf, das Gebäude der Juristenfakultät oder zumindest freiwerdende Räume als Wohnungen für wohnungslose Universitätsmitglieder zur Verfügung zu stellen. Dabei hatte die Fakultät selbst nicht genügend Räume, um wenigstens den Professoren eigene Arbeitszimmer zur Verfügung stellen zu können[822].

Personell war die Fakultät von Einberufungen zum Kriegsdienst, Wegberufungen und Versetzungen betroffen. Beispielsweise fehlten im Sommersemester 1942 beide Vertreter des Öffentlichen Rechts (Curt Rühland wurde nach Prag berufen und Arnold Köttgen fiel durch seine Tätigkeit in Oberschlesien immer wieder aus); der einzig verbliebene Strafrechtslehrstuhl sowie ein zivilrechtliches Ordinariat (Erwin Seidl nahm 1942 einen Ruf nach Erlangen an) waren unbesetzt[823]. Die mühselige Wiederbesetzung des strafrechtlichen Lehrstuhls mit Karl Peters zum Wintersemester 1942 war somit zur Aufrechterhaltung des Lehrbetriebs enorm wichtig. Gleichwohl musste Peters Ende 1942/Anfang 1943 mit seiner Einberufung rechnen; 1940 konnte dies noch mit dem Verweis auf die „Erfüllung kriegswichtiger Aufgaben" als Staatsanwalt in Köln verhindert werden[824]. Mit der Begründung, dass Peters einziger Vertreter für das Strafrecht sei, richtete sich die Universität an das Wehrbezirkskommando mit der dringenden

---

819 *U. D. Adam*, Hochschule und Nationalsozialismus, S. 188, Verweis auf UA-T, 131/125: Rundspruch des REM.

820 UA-G, R 5977, Bl. 55: Rühland/Dekan RWS Fak. Greifswald an das REM vom 2. Febr. 1940.

821 Die Greifswalder Universität befand sich weder in Frontnähe noch zu militärisch wichtigen Zielen wie dem Militärflugplatz in Eldena und Wieck. Peenemünde wurde erst später aktuell.

822 *I. Vorholz*, Greifswald, S. 136.

823 *I. Vorholz*, Greifswald, S. 135.

824 Siehe dazu Kap. B. V. 2. d).

Bitte um eine uk-Stellung Peters'[825]. Wie in diesen Jahren üblich, wurde dieser Bitte in der Regel nicht entsprochen – eine der wenigen Ausnahmen war Ende 1941 die erfolgreiche Freistellung Erich Molitors[826]. Bei der Musterung wurde Peters allerdings nur als „arbeitsverwendungsfähig" eingestuft und schließlich wegen Magengeschwüren vom Militärdienst zurückgestellt.

Von Ende 1942 bis zur Schließung der Fakultät Ende Mai 1945 wurde das Lehrpensum im Wesentlichen durch die Wirtschaftswissenschaftler Fleck und Seraphim sowie die Juristen Peters (Strafrecht), Molitor und Rehfeldt (Bürgerliches Recht und Deutsche Rechtsgeschichte) bestritten. Seit Anfang 1943 war das Ordinariat für Öffentliches Recht zwar mit Küchenhoff besetzt. Auf Grund aktiven Wehrdienstes konnte er seine Vorlesungen aber nur sporadisch halten[827]. Eine personelle Entlastung durch Unterstützung von Lehrkräften aus Rostock (Ulrich von Lübtow und Heinrich Mitteis) sowie aus Kiel (Karl Larenz) erfolgte erst gegen Kriegsende. Daneben gab es vereinzelt Lehrstuhlvertreter oder Lehrbeauftragte wie z.B. Kurt Emig, Herdin Duden oder Paul Eckhardt[828].

bb) Lehre und Forschung

Peters' Vorlesungsprogramm[829] war stark an seinen Interessensgebieten ausgerichtet. Neben den allgemeinen Vorlesungen („Verbrechen und Strafe I und II") und der Einführung in die Rechts- und Staatswissenschaft hielt Peters jugendstrafrechtliche und kriminologische Vorlesungen ab und veranstaltete mehrmals Seminare zu Kriminalrecht und Kriminologie[830]. Notgedrungen übernahm er die Vorlesung im Familienrecht. April 1944 nahm Peters als Vortragender an einem kriminologischen Lehrgang für Staatsanwälte in Köln teil[831]. Auf seinen

825 UA-G, PA 429, Bd. 1, Bl. 12, 25, 27: Dekan RSW Fak. Greifswald und Universitätskurator Greifswald an das Wehrbezirkskommando vom 22. Aug. 1942, 10. März 1943 und 15. April 1943.

826 *N. Däumichen*, Erich Molitor, S. 39 mit Verweis auf UA-G, PA 429, Bd. 1, Bl. 131. Siehe dazu Kap. B. V. 4. a) aa).

827 *I. Vorholz*, Greifswald, S. 141.

828 *I. Vorholz*, Greifswald, S. 251, 255. Zu den Plänen einer kriegsbedingten Umgestaltung siehe S. 145 – 147.

829 Zu den Veränderungen von Studieninhalten, Bildungszielen und dem Studienalltag an der Greifswalder Universität siehe *G. Förster*, Bildung und Erziehung im Nationalsozialismus an der Ernst-Moritz-Arndt-Universität Greifswald, in: Dirk Alvermann (Hrsg.), „...Die letzten Schranken fallen lassen". Studien zur Universität Greifswald im Nationalsozialismus, Köln-Weimar-Wien 2015, S. 41 – 69.

830 UA-G, Personal- und Vorlesungsverzeichnis: SoSe 1942 – SoSe 1945.

831 UA-G, K 255, Bl. 263: Mitteilung Peters' vom 11. April 1944.

Wunsch hin und mit entsprechender Unterstützung durch den Dekan erweiterte das Kultusministerium Peters' Lehrbefugnis 1944 auf „Strafverfahrensrecht und Kriminologie“[832].

Gemeinsam mit Molitor und in Zusammenarbeit mit dem Jugendgefängnis Naugard (Pommern) veranstaltete er Seminare zum Jugendrecht[833]. Mai 1944 fand in Naugard ein vom Stettiner Generalstaatsanwalt geleiteter Kursus statt, bei dem Peters einen Vortrag über die „Stellung des Staatsanwalts im neuen Jugendstrafrecht“ hielt[834]. Neben der Vertiefung der Erkenntnisse auf dem Gebiet des Jugendstrafvollzugs durch Besuche in Naugard und dem Kontakt zum Gefängnisleiter Wilhelm Mollenhauer, bot sich für Peters zudem die Möglichkeit zur Mitarbeit im Jugendgefängnis in Heilbronn von September bis Oktober 1944[835]. Unterstützung dafür bekam Peters von Dekan Küchenhoff, der in einem Schreiben an den Rektor darauf hinwies, dass solche Vorhaben den Forderungen des Reichsjustizministeriums nach einer stärkeren Verbindung von Theorie und Praxis entspreche, und dass auch „die Hochschullehrer in lebendiger Fühlung mit der Praxis stehen und auch aus dieser Verbundenheit und den dabei gewonnenen Erfahrungen heraus arbeiten“[836].

Um studentischen Wehrmachtsangehörigen und Studenten, die Militärdienst leisteten oder kriegsversehrt waren, die Fortführung des Studiums zu ermöglichen, organisierte die Fakultät im Sommer 1943 und 1944 Ferienkurse zur Wiederholung, Vertiefung und Wissensvermittlung[837]. Von den Professoren wurde für die „im Feld stehenden Studenten“ Feldpost- bzw. Lehrbriefe verfasst[838].

---

832 UA-G, PA 429 Bd. 1, Bl. 38: Erlass des REM vom 15. Aug. 1944.

833 UA-G, K 255, Bl. 251: Mitteilung Peters' von Jan. 1942; UA-G, R 5977, Bl. 174: Mitteilung des Dekans vom 22. April 1943. Vortragende waren u.a. die Jugendrichter Dr. Jansen (Anklam) und Dr. Keppler (Stettin), Mollenhauer (Leiter des Jugendgefängnisses Naugard) und Dr. Klemer (Reichsjugendführer). Peters' Vortrag „Die strafrechtlichen Aufgaben des Jugendseminars“ siehe in UA-T, 198/64.

834 BA Berlin, R/3001/70561, Bl. 64: Mitteilung Peters an Haag/RJM vom 16. Juni 1944. Siehe in UA-T, 198/64.

835 UA-G, PA 429, Bd. 1, Bl. 41: Mitteilung Peters' an den Universitätskurator Greifswald vom 7. Sept. 1944.

836 UA-G, PA 429, Bd. 1, Bl. 42: Küchenhoff/Dekan RSW Fak. Greifswald an den Universitätskurator und den Rektor der Univ. Greifwald vom 11. Sept. 1944.

837 UA-G, K 255, Bl. 265; UA-G, R 5977, Bl. 200; siehe UA-G, Jur. Fak. 21: Ferienkursus 1944.

838 Sonderheft 2, 1943: u.a. Peters, Der Fortgang der Strafrechtserneuerung in der ersten Hälfte des Jahres; Sonderheft 3, 1944: Molitor, Neuerungen im deutschen Arbeitsrecht; Rehfeldt, Die Behandlung bürgerlicher Übungsfälle; Sonderheft 4, 1944: u.a. Peters, Das neue Jugendstrafrecht; Sonderheft 6, 1944: u.a. Küchenhoff, Die Stellung

In einem Feldpostbrief über den Stand des Strafrechts erklärte Peters, dass strafrechtliches Wissen sich nicht allein durch Kenntnis des Strafgesetzbuchs und des Reichsgesetzblattes erschließe. Recht sei eine Lebensordnung: „Man muss die Verwirklichung des Rechtes kennen, um es beurteilen zu können. Selbst bei gleichbleibendem Gesetz kann sich ein grundsätzlicher Rechtswandel vollziehen. Es kommt eben darauf an, wie das Recht angewandt wird, von welchen Grundsätzen die Auslegung getragen wird, wie die Rechtshaltung des Rechtswahrers ist". Die Erneuerung des Strafrechts und die gewandelten Rechtsanschauungen dürften daher nicht übersehen werden[839]. Peters sprach damit diejenigen Gesichtspunkte an, die er bereits 1938 in seinem Aufsatz „Das gesunde Volksempfinden" beschrieben hatte, dass nämlich das Volk die Quelle des Rechts sei und das gesunde Volksempfinden kontrollierend und konstituierend auf die Gesetzesanwendung einwirke[840]. Zum Ausdruck kommt auch Peters' Grundsatz, dass Recht nur in der Verbindung zur Praxis und Rechtswirklichkeit richtig verstanden werden kann[841]. Mit dem Hinweis, im Strafgesetzbuch sei an zahlreichen Stellen die Strafandrohung verschärft worden, schrieb Peters beispielweise zur Neuregelung des § 218 StGB (Abtreibung): „Die grosse Gefahr, die dieses Delikt für das Fortbestehen der Gemeinschaft hat und zugleich der Gedanke des Schutzes des hilflosen entstehenden Lebewesens lassen eine energische Bekämpfung der Abtreibung erforderlich erscheinen"[842]. Deutlich wird hieran einerseits ein kollektivistisches Denken, andererseits aber auch Peters' christliche Haltung zum Schutz des ungeborenen Lebens[843].

Im Hinblick auf die Veröffentlichungen fallen in die Zeit der Greifswalder Professur die zweite Auflage zum Jugendgerichtsgesetz (1944) und einige Aufsätze zu den Änderungen im Jugendstrafrecht[844] sowie Peters' Beitrag „Einheitsstrafe bei Verbrechensmehrheit" (1944) in der Festschrift zum 70. Geburtstag von Eduard Kohlrausch. In Kritik der vom Reichsgericht vertretenen Trennung

des Rechts im Weltganzen; Sonderheft 7, 1944: u.a. Rehfeldt, Rechtsbildung in germanischer Zeit und heute; Sonderheft 8, 1945: Fleck, Geldarten und Geldordnung; Rehfeldt, Wesen und Inhalt des Eigentums, in: UA-G, Jur. Fak. 95 und 121.

839 UA-G, Jur. Fak. 121, Bl. 146: Feldpostbrief, Sonderheft 2, von 1943 – Peters, Der Fortgang der Strafrechtserneuerung in der ersten Hälfe des Jahres.

840 Siehe hierzu Kap. B. V. 2. a) cc).

841 Siehe insbes. Kap. C. III. 1. a).

842 UA-G, Jur. Fak. 121, Bl. 152: Feldpostbrief, Sonderheft 2, von 1943 – Peters, Der Fortgang der Strafrechtserneuerung in der ersten Hälfe des Jahres.

843 Ausführlich hierzu Kap. C. II. 2. a).

844 Hierzu Kap. B. V. 2. c) ee).

von Tateinheit und Tatmehrheit plädierte Peters darin für einen weiten Begriff der Einheitsstrafe und damit für eine Erweiterung von dessen Anwendungsbereich. So hänge das Verhältnis von Tateinheit und Tatmehrheit eng mit „der Art unseres rechtlichen Denkens und der kriminologischen Erfassung von Tat und Täter zusammen", denn eine fehlerhafte Behandlung führe zu einer Kluft zwischen Rechtswirklichkeit und -bewusstsein und zu lebensfremden Ergebnissen – der „Eindruck des Kleinlichen und Volksfremden" könne erweckt werden[845]. Peters will das strafrechtlich relevante Geschehen daher als einheitlichen Lebensvorgang betrachten: „Das Verbrechen ist ein Geschehen im sozialen Leben. Seine Bedeutung liegt nicht in dem abstrakten Verstoß gegen die Gesetzesnorm, sondern in der konkreten Verwirklichung mit all den Einzelumständen. Das Gewicht des Geschehens ergibt sich aus seiner Entstehung, Durchführung und Auswertung"[846]. Zum Ausdruck kommt ein täterorientiertes Strafrecht.

Angesichts der kurzen Dauer seiner Professur in Greifswald und der Kriegsumstände betreute Peters allein die Dissertation von Hans-Joachim Gurgel zur Bedeutung der Generalprävention, die am 23. Februar 1945 eingereicht wurde. Bereits am 25. Februar 1945 fand das Rigorosum statt[847].

c) *Die katholische Gemeinde und der Fall Wachsmann*

Schon im Hinblick auf Peters' gescheitertes Berufungsverfahren in Jena 1938 aus politisch-konfessionellen Gründen stellt sich die Frage, wie mit gläubigen Katholiken im Staatsdienst umgegangen und welche Repressalien angewandt wurden[848]. Ergänzende Bemerkungen zur katholischen Kirche im Nationalsozialismus sind daher angezeigt, insbesondere ist auf den Fall Wachsmann einzugehen, der auch Karl Peters, Hans Peters[849] und Erich Molitor berührte.

---

845 *K. Peters*, FS Kohlrausch (1944), S. 199 (201); vgl. *A. Graf zu Dohna*, ZStW 62 (1941), S. 131 (131, 136), der allzu große Formalistik beklagt.

846 *K. Peters*, FS Kohlrausch (1944), S. 199 (206). Ähnlich Peters' Ansicht nach 1945, siehe Kap. C. III. 3. b) bb).

847 UA-G, Jur. Diss. 3782.

848 Hierzu etwa: *E.-W. Böckenförde*, Der deutsche Katholizismus im Jahre 1933. Eine kritische Betrachtung, in: Hochland 53 (1961), S. 215 – 239; *G. Hartmann*, Kirche und Nationalsozialismus, Kevelar 2007; *K.-J. Hummel/M. Kißener* (Hrsg.), Die Katholiken und das Dritte Reich. Kontroversen und Debatten, Paderborn 2010.

849 Siehe dazu Hans Peters' „Staatslehre gegen den Totalen Staat" *L. von Trott zu Solz*, Hans Peters, S. 100 – 130.

Die Gleichschaltung des politischen und gesellschaftlichen Lebens geschah im NSStaat in den allermeisten Bereichen schnell und rigoros. Gegenüber der evangelischen und katholischen Kirche schreckte Hitler vor einer offensiv-antichristlichen Politik zunächst zurück. Angesichts einer christlichen Mehrheitsbevölkerung hätte eine Großoffensive gegen die Kirche schwer absehbare Folgen für den Rückhalt und die Loyalität der Bevölkerung gegenüber dem Nationalsozialismus haben können[850].

Die katholische Kirche nahm eine ambivalente Stellung zwischen Anpassung, Tatenlosigkeit und Widerstand ein[851]. Bereits wenige Monate nach der „Machtergreifung" vollzog sie eine Kehrtwende. Wurde vor 1933 noch in sämtlichen Diözesen die Zugehörigkeit zur NSDAP als unvereinbar mit dem christlichen Glauben erklärt, nahm der Episkopat anlässlich Hitlers Regierungserklärung vom 23. März 1933 alle Verbote und Warnungen zurück. So hatte Hitler erklärt: „Die nationale Regierung sieht in den beiden christlichen Konfessionen die wichtigsten Faktoren zur Erhaltung unseres Volkstums. Sie wird die zwischen ihnen und den Ländern abgeschlossenen Verträge respektieren; ihre Rechte sollen nicht angetastet werden"[852]. Die Unverletzlichkeit der katholischen Glaubenslehre und der Rechte der Kirche schienen gesichert. Der gemeinsame Hirtenbrief der deutschen Bischöfe vom 3. Juni 1933 und das Reichskonkordat vom 20. Juli 1933 ebneten schließlich für kirchentreue Katholiken endgültig den Weg in die NSDAP. Einerseits bekannten sich die deutschen Bischöfe zum NS-Staat und der NS-Staat wurde durch den Vatikan anerkannt, andererseits erlangte die katholische Kirche eine Bestandsgarantie für wichtige Kirchenrechte und Aufgaben: „Das Deutsche Reich gewährleistet die Freiheit [...] der öffentlichen Ausübung der katholischen Religion. Es anerkennt das Recht der katholischen Kirche [...] ihre Angelegenheiten selbständig zu ordnen und zu verwalten

---

850 *M. Grüttner*, Das Dritte Reich, S. 427; *F. Herberhold*, A. M. Wachsmann, S. 73.

851 Siehe etwa: *U. von Hehl*, Die Kirchen in der NS-Diktatur. Zwischen Anpassung, Selbstbehauptung und Widerstand, in: Bracher/Funke/Jacobsen (Hrsg.), Deutschland 1933 – 1945. Neue Studien zur nationalsozialistischen Herrschaft, Düsseldorf 1992, S. 153 – 181; *M. Kißener*, Katholischer »Widerstand«, in: Kunze (Hrsg.), Distanz zum Unrecht, 1933-1945. Methoden und Probleme der deutschen Widerstandsforschung, Konstanz 2006, S. 75 – 90.

852 *H. Gruber*, Katholische Kirche, Dok. Nr. 19: Regierungserklärung Hitlers bei Einbringung des Ermächtigungsgesetzes vom 23. März 1933; vgl. Dok. Nr. 22: Kundgebung der deutschen Bischöfe über die Haltung zum Nationalsozialismus vom 28. März 1933.

und im Rahmen ihrer Zuständigkeit für ihre Mitglieder bindende Gesetze und Anordnungen zu erlassen“[853].

Angesichts des totalitären Anspruchs des Regimes zeigte sich allerdings recht schnell die Wertigkeit dieser Zusage. Unter Bruch des Konkordats wurde ein (halb-)offener Kampf gegen die katholische Kirche geführt, in dessen Verlauf Geistliche diskreditiert und diskriminiert, inhaftiert und ermordet wurden und gegen die Kirche etwa im Bereich des Vereinswesens, der Presse und im Schulwesen vorgegangen wurde[854] – beispielsweise wurden in Greifswald 1938/ 39 katholische Schulen und Waisenhäuser geschlossen. Ein Höhepunkt stellten die Devisen- und Sittlichkeitsprozesse gegen katholische Geistliche 1937 dar. Von reichsweit gut 25.500 Priestern wurde gegen 58 wegen angeblicher Sittlichkeitsvergehen ermittelt, 22 Priester wurden verurteilt[855]. Mit Kriegsbeginn verschärfte sich die Lage. Obwohl die NS-Führung auf die Kirche als moralische Instanz zur Stärkung der „Heimatfront“ angewiesen war, war der Krieg Anlass für ein härteres Vorgehen nicht nur gegen sog. „Reichsschädlinge“ und Systemgegner, sondern auch gegen die katholische Kirche. Ein Beispiel bietet der „Fall Stettin“: Nach längerer Observierung der Treffen katholischer Geistlicher und Gläubiger durch einen SS-Spitzel wurden in Stettin 5 katholische Priester und weitere 40 Privatpersonen u.a. wegen des Verdachts der Wehrkraftzersetzung am 4. Februar 1943 von der Gestapo inhaftiert und anschließend hingerichtet oder in Konzentrationslager verbracht[856].

Im Zusammenhang mit dem „Fall Stettin“ stand auch die Inhaftierung von Pfarrer Alfons Maria Wachsmann[857], der 1929 die Pfarrei St. Joseph in Greifswald übernommen hatte. Da Pommern traditionell evangelisch geprägt war und es in Greifswald eine nur kleine katholische Gemeinde gab, bestand Wachsmanns

---

853 *H. Gruber*, Katholische Kirche, Dok. Nr. 40: Hirtenbrief der deutschen Bischöfe vom 3. Juni 1933 sowie Dok. Nr. 49: Konkordat zwischen dem Heiligen Stuhl und dem deutschen Reich vom 20. Juli 1933; vgl. *M. Grüttner*, Das Dritte Reich, S. 438 f.; *E. Wolgast*, Die Wahrnehmung des Dritten Reichs, S. 186 f.

854 *H. Matthiesen*, Greifswald, S. 412; *H. Peters*, Zwischen Gestern und Morgen, S. 8 f.; *E. Wolgast*, Die Wahrnehmung des Dritten Reichs, S. 187.

855 *G. Senninger*, Glaubenszeugen oder Versager?, S. 78, 91 – 93. Vgl. Kap. B. V. 2. c) aa).

856 Ausführlich hierzu *G. Fischer*, Antifaschistisches Erbe, S. 73 – 81.

857 **Alfons Maria Wachsmann** (*25. Jan. 1896, †21. Febr. 1944): Kriegsfreiwilliger im Ersten Weltrkrieg. Nach Kriegsende folgte das Studium der Theologie in Breslau. 1921 Priesterweihe, sodann Kaplan in Görlitz. 1924 Versetzung nach Berlin. Jan. 1929 Übernahme der Pfarrei St. Joseph in Greifswald. 1934 Diss. „Zur Frage der Einbettung des Religiösen in den Gesamtablauf des Seelischen“.

wesentliche Aufgabe in der gesellschaftlichen Stärkung der Gemeinde sowie in der Betreuung und Seelsorge der Studenten. Innerhalb kurzer Zeit kam Wachsmann mit den unterschiedlichen Kreisen in Kontakt, konnte die Gemeinde aus ihrer Isolierung herausholen und erwarb über die katholische Gemeinde hinaus in Greifswald höchstes Ansehen[858]. Wachsmann hielt Glaubensstunden ab und veranstaltete mehrmals im Monat religiös-kulturelle „Mittwochabende", die sowohl von Studenten und Wehrmachtsangehörigen als auch den Professoren besucht wurden[859] – unter den Teilnehmer waren auch die Brüder Peters. Zur Förderung des geistigen und religiösen Lebens lud Wachsmann wiederholt Gastredner ein. Als solchen konnte er Romano Guardini gewinnen[860], der am 5. Februar 1930 über „Das Wesen des Christentums" und nochmals vom 8. bis 10. Juli 1943 über „Freiheit, Gnade, Schicksal" sprach.

Wie alle katholischen Geistlichen in Pommern wurde auch Wachsmann von der Gestapo überwacht[861]. 1938 kam es zu Ermittlungen wegen des Verstoßes gegen das Reichsflaggengesetz, da Wachsmann die Beflaggung der Joseph-Kirche an einem allgemeinen Beflaggungstag unterlassen hatte[862]. Wachsmann war als Gegner der Partei bekannt, der gerne politische Witze erzählte und in provozierend offener Art und Weise „Feindsender" (Vatikan-Sender und BBC) hörte und beim geselligen Beisammensein in seiner Wohnung oder in einem Gasthaus im Anschluss an die Mittwochabende darüber sprach[863]. „Das Gefäß, in dem die Gestapo ihr Material gegen ihn gesammelt hatte, [war] bereits randvoll". Die Vorträge Guardinis, die im Gegensatz zu einer parallelen Parteiversammlung überaus gut besucht waren, brachten „das Gefäß zum Überlaufen"[864]. Am 23. Juli 1943 wurde Wachsmann schließlich verhaftet. Wegen Wehrkraftzersetzung und Defaitismus gemäß §§ 1, 2 der Verordnung über außerordentliche

---

858 *F. Herberhold*, A. M. Wachsmann, S. 24 f., 26 f.

859 *F. Herberhold*, A. M. Wachsmann, S. 37, 76

860 **Romano Guardini** (*17. Febr. 1885, †1. Okt. 1968): Studium u.a. der Theologie. Promotion (1915). Habil. (1920). Privatdozentur und anschließend o. Prof. an der kath.-theologischen Fak. der Univ. Breslau. Seit 1923 Vorlesungen als ständiger Gast an der Berliner Univ. über Religionsphilosophie und Theologie. 1939 Aufhebung des Lehrauftrages. Aus eigenem Wunsch wurde er sodann pensioniert, BA Berlin, R/9361-V/20468.

861 *H. Eberle*, „Ein wertvolles Instrument", S. 582; *F. Herberhold*, A. M. Wachsmann, S. 75.

862 BA Berlin, R/3001/125047: Ermittlung des OStA gegen Wachsmann vom 29. Jan. 1938.

863 *F. Herberhold*, A. M. Wachsmann, S. 72; *H. Matthiesen*, Greifswald, S. 425.

864 *F. Herberhold*, A. M. Wachsmann, S. 76; vgl. *R. Andreas-Friedrich*, Der Schattenmann, S. 115.

Rundfunkmaßnahmen vom 1. September 1939[865] und § 5 Abs. 1 Nr. 1 Kriegssonderstrafrechtsverordnung wurde er angeklagt und vom Volksgerichtshof zum Tode verurteilt[866].

Im Namen des deutschen Volkes

In der Strafsache
gegen den katholischen Pfarrer Dr. phil. Alfons Wachsmann aus Greifswald, geboren am 25. Januar 1896 in Berlin, zur Zeit in dieser Sache in Haft,
wegen Wehrkraftzersetzung,
hat der Volksgerichtshof, 1. Senat auf Grund der Hauptverhandlungen vom 3. und 4. Dezember 1943, an welcher teilgenommen haben
als Richter
Präsident des Volksgerichtshofs, Dr. Freisler,

[…]

für Recht erkannt:

Alfons W a c h s m a n n hat als Priester seine Kaplane und auch Andere vier Kriegsjahre lang mindestens fünfzigmal am Hören des Londoner Hetzsenders teilnehmen lassen und Studenten, meist Soldaten, gegenüber unsere Wehrmachtsberichte angezweifelt, immer wieder erklärt, wir könnten den Krieg nicht gewinnen und wir wären schuld an ihm.

Als Propagandist unserer Kriegsfeinde ist er also unserem kämpfenden Volk in den Rücken gefallen.

Er ist für immer ehrlos und wird mit dem
Tode
bestraft.

In der Urteilsbegründung[867] zeigt sich, wie ein Gericht als Instrument zur Diskreditierung missliebiger Personen benutzt wurde und wie wenig es um ein faires Verfahren ging. Wachsmanns Schwester Maria reichte gegen das Todesurteil ein erfolgloses Gnadengesuch ein, dem sich als Leumundszeugen auch Erich Molitor und Hans Peters anschlossen. Molitor betonte, dass Wachsmann ein

865 § 1. Das absichtliche Abhören ausländischer Sender ist verboten. Zuwiderhandlungen werden mit Zuchthaus bestraft. […] § 2. Wer Nachrichten ausländischer Sender, die geeignet sind, die Widerstandskraft des deutschen Volkes zu gefährden, vorsätzlich verbreitet, wird mit Zuchthaus, in besonders schweren Fällen mit dem Tode bestraft.

866 BA Berlin, DY 55/V-287/280.

867 BA Berlin, R/3001/179559. Ebenfalls abgedruckt in: *F. Herberhold*, A. M. Wachsmann, S. 98 – 103; *K. Marxen/H. Schlüter*, Terror und „Normalität", S. 300 – 302.

ganz außergewöhnliches Ansehen genieße, „dessen er sich in dem weit überwiegend evangelischen Greifswald insbesondere auch bei Offizieren, ehemaligen Reserveoffizieren und aktiven Offizieren erfreute", was ohne eine nationale Haltung nicht möglich gewesen wäre. Ferner hob Molitor hervor, Wachsmann habe wiederholt mit Freude über seinen Kriegsdienst im Ersten Weltkrieg gesprochen und seinen vier Söhnen – wie im Übrigen auch Peters' Töchtern – Religionsunterricht gegeben. Dabei habe er besonders auf den ältesten Sohn Norbert, der sich „als besonders pflichttreuer Soldat bewährt" habe und an der Ostfront gefallen sei, erzieherischen Einfluss genommen[868]. Molitor sagte auch als Entlastungszeuge im Hauptverfahren gegenüber Wachsmann aus und warb an der Universität für Unterstützung des Gnadengesuchs. Konsequenz dieser offenen Parteinahme war, dass Molitor auf Betreiben der Gauleitung durch Rektor Engel die Niederlegung seines Amtes als Dekan nahegelegt wurde, was er Ende November 1943 auch tat. Nach eigenen Angaben hatte Molitor seither das Gefühl, beobachtet zu werden[869]. Die als „unsicher" geltende Professorenschaft wurden verstärkt durch die Gestapo überwacht[870].

Im Leumundszeugnis bekundete Hans Peters:

> „Ich habe Pfarrer Wachsmann anläßlich von Familienfesten [...] im Hause meines in Greifswald tätigen Schwagers kennen gelernt und mich des öfteren ausführlich mit ihm unterhalten. Er hat dabei auf mich den besten Eindruck gemacht. Pfarrer Wachsmann ist zweifellos eine überdurchschnittlich begabte Persönlichkeit, die infolge ihrer Aufgeschlossenheit allen Problemen des Lebens gegenüber und infolge seiner Lebensnähe sowie persönlichen Hilfsbereitschaft sich allgemeiner Beliebtheit über den Kreis seiner Pfarrangehörigen hinaus erfreute. An seiner vaterländischen Gesinnung hegte ich niemals einen Zweifel. Zufällig war ich gerade in Greifswald, als er zum katholischen Standortpfarrer ernannt wurde, er erzählte davon mit Stolz, weil er darin eine besondere nationale und religiöse Aufgabe erblickte, der er reges Interesse entgegenbrachte"[871].

Darüber hinaus wurde Hans Peters direkt bei Roland Freisler vorstellig und versuchte, ein Gnadenurteil zu erwirken. „Ich geh' zu Freisler", zitiert Ruth Andreas-Friedrich, die Mitbegründerin der Widerstandsgruppe „Onkel Emil",

868 BA Berlin, ZC 15118/III, Bl. 10: Schreiben Molitors an Maria Wachsmann vom 20. Jan. 1944.

869 *N. Däumichen*, Erich Molitor, S. 47.

870 *H. Eberle*, „Ein wertvolles Instrument", S. 584. Vgl. Kap. B. V. 3. e).

871 BA Berlin, ZC 15118/III, Bl. 11: Hans Peters vom 22. Jan. 1944. Fälschlicherweise wird diese Erklärung bei *H. Eberle*, „Ein wertvolles Instrument", S. 583 nicht Hans Peters, sondern Karl Peters zugeschrieben.

Hans Peters: „Wenn wir ihn schon nicht freikriegen, soll er doch wenigstens am Leben bleiben“[872]. Freisler war Peters aus seiner Zeit im Preußischen Landtag bekannt[873]. Freisler verwies auf seine Zuständigkeit und darauf, dass ein gebildeter Mensch, der defaitistische Äußerungen tue, selbstverständlich vom Volksgerichtshof zum Tode verurteilt werde, auch wenn er sonst ein wertvoller Mensch sei[874]. Angesichts seiner konspirativen Tätigkeiten insbesondere im Kreisauer Kreis bewies Hans Peters äußersten Mut, indem er das Risiko einging, in den Fokus verstärkter Überwachungsmaßnahmen zu geraten und entdeckt zu werden.

Karl Peters beteiligte sich nicht aktiv am Gnadengesuch für Wachsmann. Wie sein Bruder und Schwager war auch er mit dem Geistlichen eng befreundet, besuchte die Mittwochabende, solidarisierte sich und unterstützte Wachsmanns Schwester Maria. So nahm Peters trotz der Verhaftung Wachsmanns Juni 1943 an der Fronleichnams-Prozession teil, „was damals nicht jeder Katholik wagte, weil man darin zugleich ein Bekenntnis zu der Person und politischen Haltung von Pfarrer Wachsmann sehen konnte“[875]. Zudem besuchte Peters „aller Gestapo-Überwachung zum Trotz“ Kaplan Friedrichkarl Förster im Zuchthaus Gollnow[876], der im Rahmen des „Falles Stettin“ inhaftiert worden war. Allerdings tarnte Peters seinen Besuch als Besichtigung des Zuchthauses[877]. Da Wachsmann Anfang August 1943 wegen ständiger Fliegergefahr von Stettin in das Zuchthaus Gollnow verlegt wurde, hatte Wachsmann über Peters und Kaplan Förster Verbindung zur Außenwelt[878]. In den 14 Briefen, die Wachsmann während der Haft an seine Schwester Maria schrieb, ließ er wiederholt Molitor,

---

872 *R. Andreas-Friedrich*, Der Schattenmann, S. 115. Hans Peters Deckname lautete „Hinrichs“.

873 *K. Kleibert*, Die Jur. Fak. der HU, S. 26.

874 *R. Andreas-Friedrich*, Der Schattenmann, S. 115; *H. Peters*, Zwischen Gestern und Morgen, S. 9.

875 UA-G, PA 429, Bd. 6: Erklärung Ulrich Noacks, undatiert – zu Noack siehe Fn. 797. Ähnlich LAV NRW R, NW 144 Nr. 406: Erklärung vom 20. Juli 1946, gez. Meinertz, Lenartz und Stier: „Wie unerschrocken Professor Peters öffentlich seine christliche Überzeugung bekannte, zeigt besonders seine Freundschaft und Eintreten für den Pfarrer Wachsmann in Greifswald, als er von den Nazis zum Tode verurteilt worden war“.

876 UA-G, PA 429, Bd. 6: Erklärung Ulrich Noacks, undatiert.

877 UA-G, PA 429, Bd. 6: Erklärung Försters vom 31. Aug. 1945; UA-T, 198/29: Das religiöse Leben, S. 8 f.

878 *F. Herberhold*, A. M. Wachsmann, S. 82 f., 136 f.

Magon, Noack, (Karl) Peters und deren Familien grüßen; er bete „für die beiden Mädel von Karl P., daß Gott ihr Kindergebet für mich segne“[879].

Wachsmann gehörte zu einer Gruppe von (evangelischen und katholischen) Geistlichen und Gläubigen, die als „schweigende" Opposition“ bezeichnet werden kann. Neben Kaplan Friedrichkarl Förster, Pastor Gottfried Holtz gehörten u.a. die Professoren Lohmeyer und Noack, Justizrat Hans Lachmund und seine Frau Margarete, die Rechtsanwälte Walter Graul und Freytag zu dieser Gruppe[880]. Wachsmanns Pfarrhaus von St. Joseph wurde so „zu einem Kristallisationspunkt der Unzufriedenheit“[881]. Karl Peters gehörte nicht dieser Gruppe an, zeigte sich aber zugehörig zur katholischen Gemeinde und den dort wirkenden Personen. Später schrieb Peters, sein Name sei im sondergerichtlichen Verfahren gegen Wachsmann von Freisler „ausdrücklich als zum Kreise Wachsmann gehörig hervorgehoben“ worden[882]. Abgesehen davon, dass Peters unter Beobachtung stand und von einer Parteistelle 1944 für „untragbar“ erklärt wurde, hatte dies keine weiteren Konsequenzen, zumal die NS-Herrschaft vor dem Zusammenbruch stand.

d) Kriegsende

Am 12. Januar 1945 begann die Weichsel-Oder-Operation der Roten Armee. In der Nacht vom 26. zum 27. April waren die russischen Truppen auf Anklam und Greifswald vorgerückt. Greifswald war nun erstmals Ziel eines Bombenangriffs. Entgegen dem ausdrücklichen Befehl des Oberkommandos der Wehrmacht zur Verteidigung der Städte[883], wurde Greifswald auf Veranlassung des Stadtkommandanten am 30. April 1945 kampflos übergeben[884].

„Nach der Besetzung Greifswald durch die Russen wurde die Universität entsprechend den Übergabebedingungen weitergeführt. Die Hörerzahl“, so Peters in seinen Lebenserinnerungen zum im April 1945 begonnenen Sommersemester, „belief sich bei mir allerdings nur noch auf zwei [...]. Die Vorlesungstätigkeit verlief sich mangels Masse im Sand“[885]. Peters‘ konnte seit seiner Studienzeit

879 *F. Herberhold*, A. M. Wachsmann, S. 146, ähnlich S. 148 f., siehe auch S. 143, 145.

880 *G. Fischer*, Antifaschistisches Erbe, S. 70, 72; *F. Herberhold*, A. M. Wachsmann, S. 69 – 72; *H. Matthiesen*, Greifswald, S. 423 – 426. Zu den Lachmunds siehe Fn. 1045.

881 *H. Eberle*, „Ein wertvolles Instrument“, S. 582.

882 UA-G, PA 429, Bd. 6: Bericht über meine politische Betätigung, S. 7.

883 *I. Vorholz*, Greifswald, S. 147 f.; vgl. *H. Matthiesen*, Greifswald, S. 428.

884 Zu den Verhandlungen und den beteiligten Personen siehe *H. Eberle*, „Ein wertvolles Instrument“, S. 591 – 593; *H. Matthiesen*, Greifswald, S. 428 – 431.

885 UA-T, 198/20, S. 10.

russisch lesen und etwas sprechen. Um die Entnazifizierungsverfahren zu gewährleisten, wurde der Lehrbetrieb an der Ernst-Moritz-Arndt-Universität auf Befehl des sowjetischen Oberkommandos in Stettin am 29. Mai 1945 eingestellt und, was die Juristenfakultät anbelangt, auch nicht wiederaufgenommen.

5. Die unmittelbaren Nachkriegsjahre (1945/46)

Die unmittelbare Nachkriegszeit war dadurch gekennzeichnet, dass die Gestaltung der Zukunft unter äußerst schwierigen Umständen zu bewältigen war. Hinzu traten die Bewältigung und die Auseinandersetzung mit der kollektiven und individuellen Verantwortung in den Jahren 1933 bis 1945, die weniger durch Bereitwilligkeit als durch einen von den Alliierten ausgeübten Druck geprägt war. Die Bestrafung von Kriegsverbrechern und die Verfolgung von Straftaten immensen Ausmaßes sowie der Umgang mit aktiven Nationalsozialisten und dem Millionenheer von Mitläufern boten Anlass zu Kritik[886].

a) Entnazifizierungsverfahren

Mit dem Potsdamer Abkommen vom 2. August 1945 legten die Besatzungsmächte die Ziele der Umgestaltung Deutschlands fest: Völlige Abrüstung und Entmilitarisierung, Verbot nationalsozialistischer Tätigkeit und Propaganda, Säuberung des politischen, wirtschaftlichen und gesellschaftlichen Lebens von Nationalsozialisten und Kriegsschuldigen, Bestrafung der Kriegsverbrecher sowie Demokratisierung. „Alle Mitglieder der nazistischen Partei, welche mehr als nominell an ihrer Tätigkeit teilgenommen haben, […] sind aus den öffentlichen oder halböffentlichen Ämtern […] zu entfernen. Diese Personen müssen durch Personen ersetzt werden, welche nach ihren politischen und moralischen Eigenschaften fähig erscheinen, an der Entwicklung wahrhaft demokratischer Einrichtungen in Deutschland mitzuwirken“[887]. Im Oktober 1945 wurden die

---

886 Siehe etwa *U. Eisenhardt*, Dt. Rechtsgeschichte, Rn. 974 f. Zu Recht weisen *P. Graf Kielmansegg*, Lange Schatten, S. 17 – 19 und *U. Herbert*, Geschichte Deutschlands, S. 567, 571, 667 darauf hin, dass trotz der Umstände eine Demokratisierung und Wiedereingliederung Deutschlands gelingen konnte; einstige NS-Anhänger und Funktionäre wurden in die bundesrepublikanische Gesellschaft reintegriert und zu guten und überzeugten Demokraten.

887 Mitteilung über die Dreimächtekonferenz von Berlin vom 2. Aug. 1945 (Potsdamer Abkommen), in: Amtsbl. des Kontrollrats in Deutschland, Ergänzungsblatt Nr. 1, S. 16.

NSDAP und die ihr angeschlossenen Gliederungen für ungesetzlich erklärt[888]. Bei einer Mitgliederzahl der NSDAP Ende des Zweiten Weltkrieges von ca. 8,5 Millionen[889] war die Entnazifizierung Deutschlands eine Mammutaufgabe. Die Entnazifizierungsverfahren in der sowjetischen und in den westlichen Besatzungszonen liefen in Handhabung, Zielsetzung und Ausmaß unterschiedlich ab. Peters' Entnazifizierung fiel zunächst in die Zuständigkeit der Sowjets, auf Grund der Berufung nach Münster sodann in die der Briten.

aa) In der sowjetischen Besatzungszone

In der sowjetischen Besatzungszone sollte die Entnazifizierung auch der gesellschaftlichen Neuordnung im Sinne einer antifaschistisch-demokratischen Gesellschaft dienen und wurde damit unter ideologischen Vorzeichen betrieben. So wurden bei Neubesetzungen nicht Politiker und Fachleute aus dem gesamten politischen Spektrum berücksichtigt, sondern bevorzugt Mitglieder der KPD und SED[890]. Anders als auch in den Westzonen räumte die SMAD den örtlichen Stellen bei den personellen Säuberungen zumindest in der Anfangsphase eine wesentliche Rolle ein, weil es den Sowjets sowohl an Strukturen als auch Orts- und Sachkunde fehlte[891]. Bereits im Juni 1945 erlaubte die Militärregierung die Einrichtung antifaschistischer Parteien. Auf Initiative aktiver Hitlergegner gründeten sich KPD, SPD, CDU und LDP, die sich in der Einheitsfront der antifaschistisch-demokratischen Parteien (Antifa-Block) zusammenschlossen und an der Durchführung der Entnazifizierungen beteiligt waren[892]. Die Aufsicht über die Universitäten einschließlich Be- und Entlassung des Lehrkörpers hatte die im August 1945 gegründete Deutsche Verwaltung für Volksbildung inne[893].

---

888 (Kontrollrats-)Gesetz Nr. 2, Auflösung und Liquidierung der Naziorganisationen vom 10. Okt. 1945, in: Amtsbl. des Kontrollrats in Deutschland, Nr. 1 vom 29. Okt. 1945, S. 19.

889 *N. Frei*, Der Führerstaat, S. 299, jeder fünfte Erwachsene war damit Parteimitglied der NSDAP.

890 *C. Vollnhals*, Entnazifizierung, S. 43, 48, 166; *M. Wille*, Entnazifizierung, S. 82 f.; vgl. *U. Eisenhardt*, Dt. Rechtsgeschichte, Rn. 966; *P. Graf Kielmansegg*, Lange Schatten, S. 32 f.

891 *M. Wille*, Entnazifizierung, S. 16 f.

892 Befehl Nr. 2 des Obersten Chefs der SMAD vom 10. Juni 1945; *M. Wille*, Entnazifizierung, S. 45 – 48.

893 Befehl Nr. 17 des Obersten Chefs der SMAD vom 27. Juli 1945.

Nachdem der Lehrbetrieb an der Ernst-Moritz-Arndt-Universität Greifswald Ende Mai 1945 auf Veranlassung der sowjetischen Militärbehörden eingestellt worden war, sollte die Universität nach Wunsch der Hochschule bereits im August 1945 wiedereröffnet werden. Da die SMAD mit Nachdruck auf eine Entnazifizierung des Lehrkörpers bestand, musste die Wiedereröffnung immer wieder verschoben werden[894]. Hochschulintern war man bestrebt, die Überprüfung als eigene Angelegenheit zu vollziehen[895]. So wurden Oktober 1945 eine Reihe von NSDAP-Mitgliedern wie Günther Küchenhoff entlassen. Zwar hätten auch Peters und Molitor entlassen werden müssen, jedoch verfügte der Präsident des Landes Mecklenburg-Vorpommern, dass Peters vorläufig auf seinem Posten zu belassen sei, da er als angesehener Gelehrter und Spezialist auf dem Gebiet des Jugendstrafrechts und der Jugendkriminologie unersetzbar sei[896]. Da in den Monaten September bis November 1945 mit der Wiedereröffnung der Rechts- und Staatswissenschaftlichen Fakultät gerechnet wurde[897], erarbeiteten die Professoren Fleck, Molitor und Peters sowie Privatdozent Herz ein Vorlesungsprogramm für das Sommersemester 1946. Peters plante ein Seminar über Kriminalwissenschaften[898] und eine Untersuchung über „Die Jugendverwahrlosung und die Jugendkriminalität in der heutigen Zeit und ihre Bekämpfung“[899]. Als Direktor des Juristischen Seminars entfernte er u.a. mit Hilfe von Molitor die gesamte nationalsozialistische und militärische Literatur aus dem Bücherbestand[900].

Um dem Willen der SMAD zum personellen Neubeginn Nachdruck zu geben, erfolgte bis Ende 1946 eine erste große Entlassungswelle, in der vor allem in Brandenburg und Mecklenburg-Vorpommern rigoros und undifferenziert alle ehemaligen Nationalsozialisten entlassen und Funktionäre der NSDAP sowie andere leitende Beamte oder Angestellte festgenommen und interniert

894 *I. Vorholz*, Greifswald, S. 153 f.; *M. Wille*, Entnazifizierung, S. 97.

895 *H. Eberle*, „Ein wertvolles Instrument“, S. 604; *M. Wille*, Entnazifizierung, S. 96.

896 UA-G, PA 429, Bd. 5: Verfügung des Präsidenten des Landes Mecklenburg-Vorpommern, Abt. Kunst und Volksbildung vom 26. Okt. 1945; UA-T, 198/56: Mitteilung des Rektors der Univ. Greifswald vom 3. Nov. 1945.

897 Ende 1945 erfolgte die Umbenennung in „Rechts- und Wirtschaftswissenschaftliche Fakultät“, UA-G, R 211: Schreiben des Rektors der Univ. Greifswald vom 6. Dez. 1945.

898 UA-G, Jur. Fak. 122, Bl. 12 – 18: Tabelle zum geplanten Vorlesungsprogramm vom 5. Nov. 1945.

899 UA-G, Jur. Fak. 132, Bl. 3: Peters an Fleck/Dekan RWS Fak. Greifswald vom 21. Dez. 1945.

900 *I. Vorholz*, Greifswald, S. 156 mit Verweis auf UA-G, R 208: Peters an den Rektor vom 5. Nov. 1945.

wurden[901]. Im Januar 1946 informierte Rektor Lohmeyer die Universitätsangehörigen darüber, dass alle ehemaligen Mitglieder der NSDAP, auch wenn sie nur in einer lockeren formalen Beziehung zur NSDAP gestanden hätten – „sei es z.B. nur als förderndes Mitglied oder auch nur für kürzere oder längere Zeit" – ohne Unterschied entlassen würden. „Um die Härte dieser Maßnahme zu mildern, wird folgender Weg angegeben: Alle Betroffenen können über den Rektor an die Landesverwaltung einen Antrag stellen, daß sie als parteilos erklärt werden. Der Antrag muß über die innere und äußere Einstellung zum Nationalsozialismus genaue Auskunft geben und durch Zeugnisse, möglichst auch durch Bürgschaftserklärungen bekannter Parteigegner, belegt sein"[902].

Versehen mit einem „Bericht über meine politische Betätigung" und 12 Erklärungen von Menschen aus dem beruflichen (Anton Fleck, Heinrich Lingemann, Wilhelm Sauer, Fritz Schalk) und katholischen, persönlichen Umfeld (Emily und Werner Beinhauer, Kaplan Karlfriedrich Förster, Pastor Gottfried Holtz, Familie Karutz, Margarete Lachmund, Max Meinertz, Ulrich Noack, Hans Peters) stellte Peters diesen Antrag. In diesen Erklärungen wurde beteuert, dass Peters trotz seiner Mitgliedschaft in der NSDAP, wobei die Parteimitgliedschaft nicht allen Personen in Peters' Umkreis bekannt war, für eine antinationalsozialistische und christliche Grundhaltung stand. „Seine feinsinnige und menschliche, ethisch hohe Gesinnung hatte es als besonders paradox erscheinen lassen, dass Peters Pg. von 1933 her war [...]. Wenn er sie [...] einmal erwähnte, so immer in dem Sinne, dass er im ersten Anfang der Bewegung auch tatsächlich noch gutgläubig gewesen sei, dass es sich bei allen unerfreulichen Erscheinungen um „politische Kinderkrankheiten" gehandelt habe. Peters sprach dann jedesmal seine völlige Desillusionierung aus, die schon sehr bald eingetreten sei und wie sehr er bedauerte, nun doch äusserlich dazu zugehören. Es war offensichtlich wie sehr er sich von allem Parteibetrieb fernhielt und wie er mit seiner ganzen Haltung und in seiner Ideenwelt ein Antipode des Nationalsozialismus war"[903]. In mehreren Äußerungen wurden Peters' Aufnahme der Kinder von politisch Verfolgten (Beinhauer und Karutz) und sein Eintreten für Kaplan Förster hervorgehoben.

Peters' Antrag auf Parteiloserklärung blieb erfolglos. Mit Verfügung der Landesregierung Schwerin wurden Peters und Molitor zum 15. März 1946 aus dem Dienst im Land Mecklenburg-Vorpommern entlassen[904]. Insgesamt verloren

---

901 *A. Königseder*, in: Benz (Hrsg.), Wie wurde man Parteigenosse?, S. 161; *C. Vollnhals*, Entnazifizierung, S. 44; *M. Wille*, Entnazifizierung, S. 18.

902 UA-G, R 1031, Bl. 21: Mitteilung Rektor Lohmeyer vom 26. Jan. 1946.

903 UA-G, PA 429, Bd. 6: Erklärung Ulrich Noacks, undatiert. Zu Noack siehe Fn. 797.

904 UA-G, PA 429, Bd. 5: Mitteilung Rektor Lohmeyer an Peters vom 9. März 1946.

in dieser ersten Entlassungswelle vom Herbst 1945 bis zum Frühjahr 1946 zwischen 700 und 900 akademische Lehrkräfte ihren Arbeitsplatz, 46 davon in Greifswald[905]. Erst im Dezember 1946 wurde das Entnazifizierungsverfahren durch die SMAD neu geregelt und den Entnazifizierungen wurde die seit Januar 1946 gültige Kontrollratsdirektive Nr. 24[906] zu Grunde gelegt, wodurch ein differenziertes Verfahren zur Anwendung kam. Ab Mitte 1946 unterlag Peters aber bereits der britischen Besatzungszone.

Die weitere Zukunft der Greifswalder Juristenfakultät nahm keinen positiven Verlauf. Auf Grundlage des SMAD-Befehls Nr. 27 wurde am 15. Februar 1946 der Arbeitsbetrieb an der Philosophischen, Medizinischen, Landwirtschaftlichen und Theologischen Fakultät wiederaufgenommen. Ohne offizielle Begründung lehnte die Militärregierung die Wiedereröffnung der Rechts- und Wirtschaftswissenschaftlichen Fakultät ab. Auch in den folgenden Monaten wurde über eine endgültige Schließung der Juristenfakultät kein Schriftverkehr gewechselt oder von den Betroffenen Protest angemeldet[907]. Noch im Herbst 1946 war die Zukunft der Fakultät offen, sodass sich Fleck, der als einziger für die Fakultät noch tätig war, im Frühjahr 1948 für eine Liquidation aussprach[908]. Durch Zeitablauf und mit dem Wechsel Flecks an die Landwirtschaftliche Fakultät wurde die Schließung besiegelt[909].

bb) In der britischen Besatzungszone

Angesichts der Situation in Greifswald und eines in Aussicht gestellten Lehrstuhls war Peters Ende 1946 nach Münster an die Rechts- und Staatswissenschaftliche Fakultät gewechselt. Peters' weitere akademische Zukunft hing nunmehr von dem Ergebnis der politischen Überprüfung im Entnazifizierungsverfahren ab.

---

905 *M. Wille*, Entnazifizierung, S. 102.

906 Direktive Nr. 24, Entfernung von Nationalsozialistischen und Personen, die den Bestrebungen der Alliierten feindliche gegenüberstehen, aus Ämtern und verantwortlichen Stellungen vom 12. Jan. 1946, in: Amtsbl. des Kontrollrats in Deutschland, Nr. 5 vom 31. März 1946, S. 98 – 115.

907 *I. Vorholz*, Greifswald, S. 159 f., 162 f., vgl. S. 162 – 164, wonach die Gründe für die Nichtwiedereröffnung wohl am Mangel an Lehrkräfte sowie der Konkurrenzsituation zur Rostocker Juristenfakultät zu sehen seien.

908 *I. Vorholz*, Greifswald, S. 162.

909 Erst nach der Wiedervereinigung konnte die 500-jährige Geschichte der Greifswalder Juristenfakultät fortgesetzt werden: Am 25. Februar 1991 nahm die Rechts- und Staatswissenschaftliche Fakultät der Universität Greifswald den Lehrbetrieb wieder auf.

Auch in den westlichen Besatzungszonen herrschte von August 1945 bis Frühjahr 1946 eine undifferenziert durchgeführte Praxis der Massenentlassungen. Erst durch die Kontrollratsdirektiven Nr. 24 und Nr. 38 wurden Kriterien zur Beurteilung der NSBelastung aufgestellt. Vor dem Hintergrund der recht unterschiedlichen Handhabung in den Besatzungszonen wurde zudem bestimmt, dass für ganz Deutschland gemeinsame Richtlinien für eine möglichst einheitliche Entnazifizierungspraxis zu schaffen seien. Bestandteil der Direktive Nr. 38 war die Einführung von fünf Einreihungskategorien: I Hauptschuldige, II Belastete (Aktivisten, Militaristen und Nutznießer), III Minderbelastete (Bewährungsgruppe), IV Mitläufer, V Entlastete. Zuvor war in Bezug auf die berufliche Tätigkeit lediglich zwischen „Be-" oder „Entlassung" im Amt unterschieden worden. In der britischen Besatzungszone wurde die neue Kategorisierung erst im Frühjahr 1947 eingeführt[910]. Im Gegensatz zu den Amerikanern, die die Entnazifizierungen am konsequentesten und mit dem meisten Nachdruck durchführten, lag der Säuberungspolitik der Briten kein besonderer Eifer zu Grunde[911]. So bestand in der britischen Besatzungszone keine allgemeine Registrierungspflicht, sodass sich die Überprüfung nur lückenhaft und selektiv auf bestimmte Beamte und Angestellte beschränkte[912].

Entnazifizierungen wurden in den Westzonen anfangs ausschließlich durch den Alliierten Kontrollrat durchgeführt. Erst ab Frühjahr 1946 fand allmählich eine Beteiligung deutscher Stellen durch die in den Städten, Landkreisen oder Regierungsbezirken gebildeten Entnazifizierungsausschüssen statt; gegliedert wurde diese in der britischen Zone in Unter-, Haupt- und Berufungsausschüsse. Ohne eigene Untersuchungen anstellen zu dürfen, überprüften zunächst die Unterausschüsse (auch Sichtungsausschüsse genannt) die Unterlagen der Betroffenen. Ihre Ergebnisse legten sie dem Hauptausschuss vor, der diese nach Prüfung mit einer Empfehlung zur Entscheidung an die Militärregierung weiterleitete[913]. Mit Ausnahme von Kategorie I und II, die der Entscheidung der britischen Militärregierung vorbehalten blieben, wurde den Entnazifizierungsausschüssen Oktober 1947 die endgültige Verantwortung für die Kategorisierung und Sanktionierung übertragen[914].

---

910 *A. Königseder*, in: Benz (Hrsg.), Wie wurde man Parteigenosse?, S. 159.

911 *A. Königseder*, in: a.a.O., S. 153 f.; *C. Vollnhals*, Entnazifizierung, S. 24.

912 *A. Königseder*, in: a.a.O., S. 158 f.; *C. Vollnhals*, Entnazifizierung, S. 27 f.

913 *P. Respondek*, Der Wiederaufbau, S. 427 – 431; *C. Vollnhals*, Entnazifizierung, S. 27.

914 *A. Königseder*, in: Benz (Hrsg.), Wie wurde man Parteigenosse?, S. 158 f.

Angesichts der zunehmenden Distanz zum Nationalsozialismus in Kombination mit dem sich weltpolitisch abzeichnenden Kalten Krieg und der Beteiligung deutscher Stellen in den Entnazifizierungsverfahren zeigte sich ab 1948 ein Kurswechsel zu einer großzügigen Handhabung. So wandelten sich die ursprünglich als politische Säuberung gedachten Entnazifizierungen zu einem Instrument der Rehabilitierung, mit dem Resultat, dass in den alliierten Besatzungszonen nahezu alle in die Kategorie IV oder V eingestuft wurden[915]. Den Schlussstein der Rehabilitierung und personellen Integration bildete das im Mai 1951 erlassene Gesetz zur Regelung der Rechtsverhältnisse der unter Artikel 131 des Grundgesetzes fallenden Personen sowie die parallel dazu erlassenen Landesregelungen[916]. Auch Peters wurde im Entnazifizierungsverfahren, wenn auch über Umwege, als „entlastet" eingestuft und konnte so als Nachfolger des Ende 1946 emeritierten Wilhelm Sauer auf den 2. strafrechtlichen Lehrstuhl an der Rechts- und Staatswissenschaftlichen Fakultät an der Universität Münster berufen werden.

In der Begründung der Berufungsliste von August 1946 und in einem internen Handzettel des Kultusministeriums wurde darauf verwiesen, dass Peters' wissenschaftliches Werk mit reicher Erfahrung als akademischer Lehrer und Staatsanwalt verbunden sei. Anerkennung werde ihm dadurch zuteil, dass die Fakultät ihn an die erste Stelle setze, nachdem er bereits in den 40er Jahren für eine Berufung nach Münster erwogen worden sei[917]. Als weiterer Aspekt wurde der von Studenten geäußerte Wunsch erwähnt, einen Westfalen wie Peters als Professor zu berufen[918]. Zur Sprache kam auch die NSDAP- und kurzzeitige SA-Mitgliedschaft, aber mit dem Hinweis auf die damalige Drucksituation und damit, dass Peters wegen „Bekundung seiner christlichen Auffassung und seiner gesunden Rechtsanschauung [...] in seinem Fortkommen wiederholt geschädigt

915 *O. Bachof*, in: Flitner (Hrsg.), Deutsches Geistesleben, S. 204 f.; *U. Herbert*, Geschichte Deutschlands, S. 570, 578, zur „Reintegration der NS-Anhänger" S. 657 – 669; *I. Müller*, Furchtbare Juristen, S. 256 f.

916 BGBl. I, S. 307; Gesetz zum Abschluß der Entnazifizierung (NRW) vom 12. Febr. 1952, GVBl. NW, S. 15: Wer am 8. Mai 1945 im öffentlichen Dienst stand, hatte – sofern er nicht aus beamten- oder tarifrechtlichen Gründen ausgeschieden war – einen Anspruch auf Wiedereinsetzung in das frühere Beamtenverhältnis.

917 UA-M, 30/333: Rektor der Univ. Münster an den Oberpräsidenten der Provinz Westfalen vom 2. Aug. 1946; LAV NRW R, NW 144 Nr. 406: Undatierter Handzettel des Kultusministers in der Kabinetts-Sitzung.

918 LAV NRW R, NW 144 Nr. 406: Rektor der Uni. Münster an den Oberpräsident Westfalens vom 14. Aug. 1946; so auch *L. Steveling*, Juristen in Münster, S. 606.

worden" sei[919]. Für das Berufungsverfahren günstig wirkte sich sicherlich auch aus, dass sich Hans Peters Anfang 1946 im Berliner Kultusministerium für seinen Bruder eingesetzt hatte[920].

Besonderes Augenmerk wurden im Berufungsverfahren auf die politisch unbelasteten Fürsprecher gelegt: Bruder Hans, Wilhelm Kiwit[921], Heinrich Lingemann[922] und Max Meinertz[923], der an der Universität Münster Vorsitzender des „Sichtungsausschusses zur Beseitigung nationalsozialistischer Einflüsse"[924] war. Der engste Kontakt bestand wohl zu Kiwit, da die Familien Peters und Kiwit in Köln das gleiche Haus bewohnt hatten. Unter Verweis auf seine zweimalige Entlassung aus politischen Gründen, erklärte Kiwit, er habe Peters als einen Mann kennengelernt, „der nicht nur innerlich der Partei ablehnend gegenüberstand, sondern in seinem Denken und Fühlen in absolutem Gegensatz zu der Partei und ihren Bestrebungen stand"[925]. In langjährigem Kontakt stand Peters auch zu dem Theologen Meinertz, den Peters mütterlicherseits über die Familie Meister aus Münster kannte. Vor diesem Hintergrund betonte Meinertz eine

---

919 LAV NRW R, NW 144 Nr. 406: undatierter Handzettel des Kultusministers in der Kabinetts-Sitzung; nahezu wortgleich wurde dieser Satz aus dem Gutachten des Sichtungsausschusses vom 20. Juli 1946 entnommen, der von Meinertz, Lenartz und Stier unterzeichnet wurde, LAV NRW R, NW 144 Nr. 406, ähnlich äußerte sich bereits Meinertz in seiner Erklärung vom 3. März 1946, UA-M, 30/333.

920 UA-M, 30/333: Walther Hoffmann/Kultusministerium an Peters vom 23. Febr. 1946.

921 Zu Wilhelm Kiwit siehe Fn. 796.

922 **Heinrich Lingemann** (*23. Sept. 1880, †1962): Nach dem Studium der Rechtswissenschaften seit 1917 StA bzw. seit 1926 OStA in Essen. 1933 LG-Direktor am LG Köln. Ab 1945 Präsident des OLG Düsseldorf. Lingemann war nicht in der NSDAP und wurde 1946 als unbelastet kategorisiert. Mit Alexander Elster war er Begründer und Mitherausgeber des Handwörterbuchs der Kriminologie, LAV NRW R, NW 1049 Nr. 18463. UA-G, PA 429, Bd. 6: Schreiben Lingemanns an Peters vom 1. Jan. 1946: „Ich würde mich aufrichtig freuen, wenn Sie wieder nach Westen zurückkämen, und wenn wir Gelegenheit hätten, wieder wie früher gemeinsam am Wiederaufbau des deutschen Rechts zu arbeiten". Vgl. Kap. B. IV. 1.

923 **Max Meinertz** (*19. Dez. 1880, †18. Dez. 1965): Nach dem Studium der kath. Theologie 1903 Priesterweihe in Braunsberg. 1904 Promotion in Straßburg. 1906 Habil. an der Universität Bonn. Seit 1909 bis zur Emeritierung April 1950 o. Prof. für kath. Theologie an der Universität Münster.

924 Zur Arbeit des Sichtungsausschusses siehe *P. Respondek*, Der Wiederaufbau, S. 432 f., 437; *L. Steveling*, Juristen in Münster, S. 559, zum Bericht des Ausschusses über Karl Peters siehe S. 560 f.

925 LAV NRW R, NW 144 Nr. 406: Erklärung Wilhelm Kiwits vom 3. Sept. 1946.

„tief religiöse Überzeugung", die Peters niemals verleugnet und von „seinen streng christlich gesinnten Eltern geerbt" habe[926].

Im Oktober 1946 füllte Peters den im Entnazifizierungsverfahren verlangten Fragebogen aus[927]. Ende Oktober 1946 erreichte ihn die noch vorläufige Berufungsanfrage auf den Münsteraner Lehrstuhl. Für eine endgültige Entscheidung fehlte noch die Zustimmung der Militärregierung, die vom Ausgang des Entnazifizierungsverfahrens abhängig war[928]. Mit Entscheidung vom 25. November 1946 erteilte die Militärregierung Peters zunächst ihre vorläufige Zustimmung für eine universitäre Lehrtätigkeit[929]. Ende 1946 erfolgte eine Begutachtung durch den städtischen Entnazifizierungsausschuss, der Peters als „politisch tragbar" bewertete und sich einstimmig für die endgültige Erteilung der Lehrbefugnis und Berufung nach Münster aussprach. Aus unbekannten Gründen ging dieses Schreiben jedoch verloren[930], sodass eine erneute Überprüfung notwendig wurde.

Zur Ergänzung seiner Erklärungen und der Leumundsschreiben verfasste Peters Januar 1947 eine Erklärung über sein Schrifttum aus der Zeit des Nationalsozialismus[931] und gab Auskunft über seine Vortragstätigkeit[932]. Auffällig ist, dass hierbei die in Jena gelesene Vorlesung „Wehrstrafrecht" nicht auftaucht. In dem erneuten Verfahren empfahl der Entnazifizierungsunterausschuss mit Entscheidung vom 11. März 1947, Peters in die Kategorie IV (Mitläufer) ohne Vermögenssperre einzureihen[933]. Mitläufer war nach der Direktive Nr. 38, „wer nur als nomineller Parteigänger an der nationalsozialistischen Gewaltherrschaft teilgenommen oder sie unterstützt hat, insbesondere, wer als Parteimitglied lediglich Mitgliedsbeiträge gezahlt hat, an obligatorische Versammlungen teilgenommen

926 UA-M, 30/333: Schreiben Meinertzs zum Leumund von Peters vom 3. März 1946.

927 UA-M, 30/333: Fragebogen des Military Government of Germany (Entnazifizierungsbogen).

928 LAV NRW R, NW 144 Nr. 406: Kultusministerium NRW an Peters vom 30. Okt. 1946.

929 UA-T, 602/1190, Bl. 20: Vorläufige Genehmigung der Militärregierung vom 25. Nov. 1946 – MUN/UECO/2.

930 LAV NRW R, NW 144 Nr. 406: Ergebnisloser Schriftverkehr zwischen Kultusministerium an Thyssen/Rektor der Univ. Münster vom 27. Jan. 1947, Thyssen an Prorektor Hoffmann vom 6. Febr. 1947 und Thyssen im Auftrag des Kultusministeriums an das Innenministerium vom 6. Febr. 1947 mit Antwort vom 17. Febr. 1946.

931 LAV NRW R, NW 1039-P-1248.

932 LAV NRW R, NW 144 Nr. 406 und UA-M, 30/333.

933 LAV NRW R, NW 1039-P-1248: Empfehlung/Gründe der Entnazifizierungs-Sachverständigen, 11. März 1947.

oder andere unbedeutende oder laufende Obligationen eines jeden Mitglieds erfüllt hat“[934]. Nach der Zonenexekutivanweisung Nr. 54 hatten Eingestufte der Kategorie IV keinen Anspruch auf Wiedereinstellung in den Beamtendienst[935]. Im September 1947 folgte der Entnazifizierungshauptausschuss der Empfehlung des Unterausschusses[936]. Gegen seine Kategorisierung legte Peters erfolgreich Berufung ein[937]. Mit Entscheidung des Berufungsausschusses von August 1948 wurde Peters als Entlasteter eingereiht[938]. In der Begründung der Berufungsentscheidung heißt es:

> „Peters ist am 1.5.1933 in die Partei eingetreten, da er von der Aufrichtigkeit der Versprechungen der Partei überzeugt war. Im Dezember 1933 wurde er Mitglied der SA, aus der er jedoch 1934 wieder austrat. Schon damals erkannte er, daß die, von der NSDAP gemachten Versprechungen nicht gehalten wurden. Durch die heutige Beweisaufnahme und die Verlesung der Aussagen verschiedener Zeugen wurde weiter klargestellt, daß er nicht davor zurückgeschreckt hat, offen gegen die Partei Stellung zu nehmen. So hat er u.a. politisch Inhaftierte besucht und zwischen ihnen und der Außenwelt Verbindungen hergestellt. Er hat den guten Rechtsgedanken hochgehalten und den Kreis der Studentenschaft stark gefördert“[939].

Auf Grundlage dieser Entscheidung wurde Peters in der Kabinettssitzung der Landesregierung des Landes Nordrhein-Westfalen vom 13. Dezember 1948 mit

934 Kontrollratsdirektive Nr. 38, Art. V. zu Kategorie IV. (Mitläufer).

935 UA-M, 30/57: Rundschreiben des Kultusministeriums NRW vom 1. Juli 1947.

936 UA-T, 198/56 und LAV NRW R, NW 1039-P-1248: Einreihungsbescheid vom 23. Sept. 1947.

937 LAV NRW R, NW 1039-P-1248: Im Schreiben an den Entnazifizierungsberufungsausschusses nennt Peters für seine Berufung folgende Gründe: (1.) Die Berufungen nach Jena und die in Aussicht gestellte in Münster scheiterten „aus politisch-konfessionellen Gründen“; (2.) er habe sich wiederholt für politisch Verfolgte eingesetzt und (3.) habe in enger Verbindung mit Verfolgten und Verdächtigen gestanden; (4.) er habe sich in seinem „Berufe (Justiz und Universität) stets um ein wirkliches Recht ohne Rücksicht auf die Partei bemüht“.

938 Entlastet war nach Kat. V, wer trotz seiner formellen Mitgliedschaft oder Anwartschaft oder eines anderen äußeren Merkmals sich nicht nur passiv verhalten, sondern auch aktiv nach besten Kräften der nationalsozialistischen Gewaltherrschaft Widerstand geleistet und dadurch Nachteile erlitten hat.

939 LAV NRW, R, NW 1039-P-1248: Sitzung des Berufungs-Entnazifizierungsausschusses vom 25. Aug. 1948.

Wirkung zum 1. November 1948 zum ordentlichen Professor an der Rechts- und Staatswissenschaftlichen Fakultät der Universität Münster ernannt[940].

b) Tätigkeit für den Deutschen Caritasverband

Von April bis November 1946, zwischen Entlassung in Greifswald und Zulassung zur Aufnahme der Lehrtätigkeit in Münster war Peters kurzzeitig für den Caritasverband in Freiburg tätig. Dessen Direktor Gustav von Mann hatte Peters angeboten, dass er in der Zentrale des Verbandes arbeiten könnte, falls er nicht in Greifswald bleiben wolle[941]. Denkbar ist, dass der Kontakt zu von Mann über katholische Kreise, wohlmöglich über Hans Peters, oder durch die Arbeit im Bereich des Jugendstrafrechts entstanden war. Peters übernahm im Caritasverband eine hauptamtliche Stelle im Referat für Jugendfürsorge und erarbeitete einen Entwurf zu einem neuen Jugendgerichtsgesetz – „Werdendes Jugendstrafrecht“ (1947). Durch die enge Zusammenarbeit der konfessionellen und nichtkonfessionellen Wohlfahrtsverbände, die Teilnahme an diversen Tagungen sowie durch Besichtigungen von (Erziehungs-)Heimen sammelte Peters praktische Erfahrungen im Bereich der Sozial- und Jugendhilfe, die er später vor allem in dem Buch „Grundprobleme der Kriminalpädagogik“ (1960) verarbeitete[942]. Durch diese Zeit „innerlich bereichert“, hob Peters rückblickend vor allem die Ausstrahlung von Manns hervor: „Ich habe von ihm viel gelernt und übernommen. Er hat mich nicht nur fachlich, sondern auch menschlich und religiös gefördert“[943].

6. Bewertung von Mitgliedschaften in der NSDAP und ihren Gliederungen

Die Mitgliedschaft in der NSDAP und ihren Gliederungen spielt in der Bewertung von Biographien in der Zeit des Nationalsozialismus eine wichtige, aber überhöhte Rolle. So wie das Recht zwischen 1933 und 1945 nicht als pauschal „nationalsozialistisch“ oder „pervertiert“ bezeichnet werden kann, so kann

---

940 LAV NRW R, NW 144 Nr. 406 und UA-T, 602/1190, Bl. 49: Abschrift der 121. Kabinettssitzung vom 13. Dez. 1948. Zu der Handhabung und den Schwierigkeiten bei den Personalentscheidungen im Kultusministerium NRW *L. Steveling*, Juristen in Münster, S. 600 – 602.

941 UA-T, 198/56: Bescheinigung des Caritasbandes vom 31. Jan. 1947; vgl. UA-T, 198/29: Das religiöse Leben, S. 9: „Dieser Brief war geradezu ein Wunder“.

942 UA-T, 198/20, S. 11 f.; UA-T, 198/29: Das religiöse Leben, S. 11. Siehe dazu Kap. C. IV.

943 UA-T, 198/29: Das religiöse Leben, S. 12.

auch eine Person nicht allein auf Grund ihrer Mitgliedschaften beurteilt werden. Skandalisierungen der NS-Vergangenheit von Bundespräsidenten, Bundesministern und anderen Politikern der Adenauer-Regierung waren in der Bundesrepublik immer wieder an der Tagesordnung[944]. Auch in jüngerer Zeit wurden (verschwiegene) NS-Mitgliedschaften prominenter Persönlichkeiten zum Gegenstand von „Enthüllungen" gemacht[945]. Derartige Berichte stellen sich nicht selten als „reißerischer und apologetisch eingefärbter Sensationsjournalismus"[946] dar. Die Frage nach der Prägung des Staates im Nationalsozialismus lässt sich nicht allein durch eine statistische Verteilung von Personen mit und ohne Parteibuch klären. Wichtiger ist für die Bewertung die individuelle politische Haltung im und gegenüber dem Nationalsozialismus.

a) NSDAP und SA

Wie eine große Anzahl anderer Juristen und Akademiker trat Peters am 1. Mai 1933 in die NSDAP ein (Mitgliedsnummer 2.099.184[947]) und gehörte damit zu den sog. „Märzgefallenen". Mit Wirkung vom 1. Mai 1933 trat ein mehrjähriger Aufnahmestopp in Kraft, da die Partei befürchtete, durch den Massenansturm seit der Reichstagswahl von März 1933 zum Sammelbecken für Opportunisten zu werden und so die „revolutionäre Grundausrichtung" und den Charakter

---

944 *P. Graf Kielmansegg*, Lange Schatten, S. 25 f. Exemplarisch seien die Diskussionen genannt um Karl Carstens (Bundespräsident 1979 – 1984), Hans Globke (Ministerialdirigent im Bundeskanzleramt unter Adenauer), Kurt Georg Kiesinger (Bundeskanzler 1966 – 1969), Theodor Oberländer (Bundesminister unter Adenauer, siehe Fn. 816), Franz Josef Strauß (bayrischer Ministerpräsident und Bundesminister).

945 Z.B. Martin Broszat (mit 17 Jahren NSDAP-Mitglied), Hans-Dietrich Genscher und Martin Walser (beide bestritten, 1944 einen Aufnahmeantrag der NSDAP ausgefüllt zu haben), Günter Grass (erst in seiner Autographie „Beim Häuten der Zwiebel" von 2006 gab er zu, dass er in der Waffen-SS war, obwohl von ihm das Zitat stammt „Wer schweigt, wird schuldig"), Joseph Ratzinger (HJ-Mitglied). Bei der Generation der zwischen 1925 und 1928 Geborenen steht die Frage im Raum, ob der Beitritt zur HJ oder NSDAP ohne Zutun des Betroffenen erfolgen konnte. Etwa auf den Bericht der Unabhängigen Historikerkommission von 2010 über die Vergangenheit des Auswärtigen Amtes und seine personellen Kontinuitäten bis in die BRD hinein wurde medial und von Seiten des Ministeriums mit Entrüstung reagiert, obwohl die im Bericht zusammengefassten Fakten weder neu noch überraschend waren

946 So *U. Herbert*, Best, S. 15 in Bezug auf Studien zu Führungspersonen im SS- und RSHA-Apparates.

947 BA Berlin, R/3001/70561: NSDAP-Gaukartei.

einer Kader- und Elitenpartei zu verlieren[948]. Eine Funktion in der NSDAP hatte Peters nicht übernommen.

Über die Gründe der Parteimitgliedschaft musste Peters nach dem Krieg Rechenschaft ablegen. Als Grundlage für eine Bewertung seiner Haltung zum Nationalsozialismus sind folgende Äußerungen, die Peters' im Rahmen seines Entnazifizierungsverfahrens machte, herauszugreifen:

> "Als im Mai 1933 die Justiz in Köln als geschlossenes Ganzes der NSDAP beitrat, habe ich mich nicht ausgeschlossen. Ein Ausschluß wäre damals als Boykott erschienen. Mir wären damit die Möglichkeiten meiner Arbeit auf meinem Fachgebiet genommen worden. Ich habe damals geglaubt, den Eintritt in die Partei auch gewissensmäßig verantworten zu können, weil ich an die Zusage der führenden Stellen: Wahrung des Rechts und des Friedens, Aufbau in ehrlicher, anständiger Gesinnung, Überwindung des Klassengegensatzes und Hebung der sozialen Verhältnisse geglaubt habe"[949].

> "Meine Zugehörigkeit zur Partei [war] nur formeller Art"[950].

> „Ich bin rein vom Ideellen her dazu gekommen, der Partei im Jahre 1933 zu vertrauen, unter der ich mir anderes vorgestellt habe, als sich später zeigte“[951].

aa) Hoffnung und Enttäuschung

Peters bezeugte in seinen Einlassungen, dass er mit dem Nationalsozialismus anfangs die Hoffnung nach positiven Veränderungen und einer Erneuerung des Rechts verbunden hat. „Die Kritiker verkennen häufig“, so Peters in Bezug auf die NSDAP-Vergangenheit des Pädagogen Eduard Spranger, „welche Erwartungen der Nationalsozialismus bei vielen erweckt hat, die sich von der trostlosen Arbeitslage, der noch immer sich zeigenden Auswirkungen des Versailler Vertrages nicht zuletzt durch manche kulturelle Verfallserscheinung zutiefst bedrückt fühlten“[952]. Der Wunsch nach wirtschaftlicher, sozialer und politischer

---

948 *I. Haar*, in: Benz (Hrsg.), Wie wurde man Parteigenosse?, S. 71; *H.-E. Niermann*, in: Juristische Zeitgeschichte, S. 67; *B. Weigel*, in: Benz (Hrsg.), Wie wurde man Parteigenosse?, S. 92 f., 95, 103. Der Anstieg der NSDAP-Mitglieder war rasant: Waren es Sept. 1930 noch 129.563 (tatsächliche) Parteimitglieder, waren es Ende 1932 bereits 719.446 und Mai 1933 2,5 Mio.

949 UA-G, PA 429, Bd. 6: Bericht über meine politische Betätigung, S. 1.

950 UA-G, PA 429, Bd. 6: Bericht über meine politische Betätigung, S. 8.

951 LAV NRW R, NW 1039-P-1248, S. 20: Peters über sein Schrifttum vor 1945 vom 29. Jan. 1947.

952 UA-T, 198/13, S. 104. Ähnlich *J. Pascher*, in: Kuhn (Hrsg.), Die dt. Universität im Dritten Reich, S. 48 f. (Joseph Pascher, *1893, seit 1936 Prof. für kath. Theologie): „Niemand, der das Elend der Arbeitslosigkeit nicht miterlebt hat, kann verstehen, weshalb

Stabilität verband sich mit rechtspolitischen Forderungen, die der Nationalsozialismus aufgegriffen hatte: Schaffung eines am Menschen ausgerichteten und weniger „lebensfremden" Rechts, Ausrichtung am Gemeinschaftsdenken sowie Neuausrichtung (straf-)rechtlichen Denkens[953]. „Gemeinschaftssehnsüchte" waren vorhanden[954]. So glaubte anfangs auch Peters „im Nationalsozialismus die Tendenzen zu einem nationalen, autoritären, sittlich gebundenen Strafrecht zu sehen, durch das die auch schon früher in der Strafrechtsreform wiederholt beanstandete Überbetonung des individuellen Strafrechtsdenkens überwunden werden würde"[955]. Wie von vielen anderen Strafrechtlern beschrieben, war das Rechtsideal der Zeit der „Vorrang des ideellen Gehalts des Rechts, der Rechtsidee und der Gerechtigkeit"[956]. In diesem Sinne äußerte sich auch Peters, wobei bei ihm eine Überbetonung des Kollektiven nicht stattfand und er sich mit der nationalsozialistischen Rassen- und Erbideologie kaum auseinandersetzte[957].

Peters' Parteieintritt war von Hoffnung und dem Glauben an eine positive Rechtsveränderung und einen Modernisierungsschub geprägt. Zu einem

---

die Massen Hitler nachliefen, seine Versprechungen glaubten und nicht bemerkten, daß die bald einsetzenden Erfolge letzten Endes auf Kriegsrüstung beruhten. An der Universität machte sich in steigendem Maße ein scharfer Nationalismus bemerkbar [...]. Es war nicht schwer, die jungen Akademiker heiß zu machen durch den Hinweis auf das Schuldgeständnis im Versailler Vertrag und auf die noch immer lastenden Reparationsschulen"); siehe auch *U. D. Adam*, Hochschule und Nationalsozialismus, S. 44: als Parteibeitrittsgrund werde von Zeitzeugen u.a. die hoffnungslose Situation der Weimarer Republik und der Glaube an die vom Nationalsozialismus proklamierte Versöhnung sozialer und kapitalistischer Interessen unter dem Deckmantel der „Volksgemeinschaft" genannt.

953 Dazu bereits Kap. B. V. 2. a) bb), cc) sowie Kap. B. V. 2. b) bb).

954 *F. Bajohr/M. Wildt*, in: dies. (Hrsg.), Volksgemeinschaft, S. 7; vgl. *M. Grüttner*, Das Dritte Reich, S. 328 f.

955 LAV NRW R, NW 1039-P-1248, S. 19: Peters über sein Schrifttum vor 1945 vom 29. Jan. 1947. So auch *K. Peters*, in: Flitner (Hrsg.), Deutsches Geistesleben, S. 161: „Das neue Programm erschien als eine geschichtsverwurzelte, nationalbewußte, volkshafte, den sittlichen Ideen entsprechende Strafrechtskonzeption. Wie tief das gerade auf die jüngere Generation wirkte, ist nur dann zu begreifen, wenn man sich die Entwicklung in der Weimarer Zeit vor Augen hält".

956 LAV NRW R, NW 1039-P-1248, S. 20: Peters über sein Schrifttum vor 1945 vom 29. Jan. 1947.

957 Der rassenideologische Bezug taucht auch bei Peters auf, aber nur an wenigen Stellen, zumal er keine näheren Erläuterungen gibt und entsprechende Äußerungen mehr i.S. der Tätertypenbetrachtung zu sehen sind.

überzeugungstreuen Nationalsozialisten machte ihn das nicht. Vielmehr kann er zur Gruppe der „Idealisten“ gezählt werden[958]. „Das betont idealistische Auftreten der Nationalsozialisten sicherte ihnen viele Gläubige, die hinter dem Rabaukentum „das ehrliche Wollen“ zu sehen meinten“. Hinzu kam, dass durch bewusste Anknüpfung an positiv besetzte Begrifflichkeiten des 19. Jahrhunderts (Treue, Ehre, Pflichterfüllung) der Nationalsozialismus seine wahren Ziele zu verschleiern verstand[959]. Angesichts der Haltung von Hans Peters, der 1933 als Abgeordneter des preußischen Landtages über Inhalt und Bedeutung des Rechtsstaates sprach und sich als Verteidiger der Weimarer Republik zeigte, drängt sich die Frage auf, wie sehr sich Karl Peters bereits vor 1933 mit dem Nationalsozialismus auseinandergesetzt hatte. Es ist schwer vorstellbar, dass sich die Brüder Peters‘ nicht auch über politische Themen unterhalten haben und dass Hans Peters – zumal als aktives Mitglied im Kreisauer Kreis – seine Haltung gegenüber dem Nationalsozialismus nicht eindringlich zum Ausdruck brachte. Karl Peters muss insofern der Vorwurf gemacht werden, dass er sich im Umgang mit dem Nationalsozialismus naiv verhielt, die wirklichen Ziele des NS-Regimes verkannt und/oder die Augen vor den politischen Realitäten verschlossen hat, wohingegen sein Bruder klar Stellung bezog. 1963 forderte Peters, dass das Recht dem rechtsanwendenden Menschen anvertraut sei, weshalb der Jurist der umfassenden Bildung bedürfe, die Philosophie, Ethik und (Staats-)Politik (!) miteinschließen müsse[960].

Nach einer Phase der Ernüchterung wurde Peters – und mit ihm viele andere Juristen – sich der Diskrepanz zwischen seinen und den Vorstellungen der neuen Machthaber bewusst. Strebten die Juristen eine Modernisierung des Rechts an, lehnte Hitler jegliches verbindliche Normengefüge ab. Sein Ziel war die Unterwerfung der Rechtsprechung unter seinen Willen. Auch wenn ein Teil der Juristen diesen Weg ab einem bestimmten Punkt nicht mehr mitgehen wollte, hatten sie selbst eine Entwicklung eingeleitet und beschleunigt, die sie nicht mehr aufhalten konnten[961]. Ausdruck dieser Erkenntnis bei Peters war sein Austritt aus der SA November 1934, in die er erst im November 1933 eingetreten

---

958 Vgl. *W. Johe*, Die gleichgeschaltete Justiz, S. 10.

959 *M. Stolleis*, RuP 1983, S. 1 (3). Vgl. UA-G, PA 429, Bd. 6: Erklärung Ulrich Noacks, undatiert, in der Noack erklärt, dass Peters die unerfreulichen Erscheinungen der Anfangsjahre für „politische Kinderkrankheiten“ der nationalsozialistischen Bewegung gehalten habe, siehe bereits Kap. B. V. 5. a) aa).

960 *K. Peters*, Die strafrechtsgestaltende Kraft, S. 43.

961 *W. Johe*, Die gleichgeschaltete Justiz, S. 11.

war[962]. „Der Zeit des Vertrauens (1933/34) folgte das immer stärkere, bald völlige Erkalten“[963].

Warum Peters Mitglied der SA geworden war, ist unklar und passt kaum zu seiner eher unpolitischen Person. Das Erscheinungsbild dieses paramilitärischen Verbandes war geprägt durch die Aufmärsche und Fackelzüge seiner braun uniformierten Mitglieder sowie durch Terroraktionen gegen politische Gegner (insbesondere Kommunisten) und Juden. In der ersten Phase der Machtstabilisierung nahm sie außerhalb rechtsstaatlicher Verfahren tausende von Menschen in Schutzhaft und hielt sie in Inhaftierungs- und wilden Konzentrationslagern fest. Die SA stand für Antisemitismus und politische Radikalität. Nicht vergessen werden darf allerdings, dass die SA Anfang 1933 mit über einer ½ Million Mitgliedern zu einer Massenorganisation geworden war. Peters selbst erklärte, dass er „als jüngeres Parteimitglied [...] unter Druck eingetreten war“[964]. In der Kölner Beamtenschaft war der Eintritt in die SS eine seltene Ausnahme, während es vor allem jüngere, NS-nahe Beamte waren, die sich in der fragwürdigen SA engagierten[965].

Anlass für Peters‘ Distanzierung zur SA war der Röhm-Putsch. Im Entnazifizierungsverfahren versicherte Hans Peters, sein Bruder habe sich seit dem 30. Juni 1934 „innerlich und auch äußerlich deutlich von der Partei, ihren Zielen und Methoden“ abgewandt[966]. Als weiterer Leumundszeuge bestätigte der katholische Theologieprofessor Max Meinertz, Peters sei sehr bald aus der SA ausgetreten, „weil er den Geist der SA nicht ertragen konnte“[967]. Offiziell begründete Peters seinen Austritt mit seiner Arbeitsbelastung als Staatsanwalt und Dozent[968]. Dass der Röhm-Putsch negative Auswirkungen auf das Bürgertum

---

962 BA Berlin, R/4901/23943: Karteikarte, Eintritt 1. Nov. 1933, Austritt 15. Nov. 1934, einfacher SA-Mann. Potentielle Neumitglieder der SA mussten nur den Aufnahme- und Verpflichtungsschein abgeben, der sie zur Teilnahme am regelmäßigen SA-Dienst verpflichtete. Die Angehörigkeit zur NSDAP war nicht nötig.

963 LAV NRW R, NW 1039-P-1248, S. 22: Peters über sein Schrifttum vor 1945 vom 29. Jan. 1947.

964 UA-G, PA 429, Bd. 6: Bericht über meine politische Betätigung, S. 1.

965 So *T. Roth*, „Verbrechensbekämpfung“, S. 88 f. Vgl. auch *M. Grüttner*, Das Dritte Reich, S. 123: 70-80% der einfachen SA-Männer gehörten zu der Kriegsjugendgeneration (geboren zwischen 1900 und 1900).

966 UA-G, PA 429, Bd. 6: Brief Hans Peters‘ vom 10. Jan. 1946. Vgl. Kap. B. V. 2. a) aa) (1).

967 UA-M, 30/333: Erklärung Max Meinertzs vom 3. März 1946.

968 BA Berlin, R/4901/23943, Bl. 48: Kölner Dozentenschaft vom 15. Juni 1937. Vgl. BA Berlin, a.a.O., Bl. 56: NSDozentenbund an Wacker/RJM vom 1. Juli 1938.

hatte, wurde von den Nationalsozialisten durchaus registriert. Im Lagebericht der Gestapo vom Juli 1934 heißt es dazu: „Man hört vielfach die Meinung [...], dass auch Männer erschossen worden seien, die untadelig gewesen seien und dass die Abwehrmassnahmen weit über das unbedingt Notwendige hinausgegangen seien. [...] In den Kreisen der Intelligenz“, gemeint ist insbesondere das katholische Bürgertum, „neigt man dazu, diese Dinge als symptomatisch für eine den Rechtsstaatsgedanken ablehnende Haltung des nationalsozialistischen Staates anzusehen. Man hört immer wieder die Befürchtung durchklingen, dass sich solche Methoden [...] wiederholen könnten und dass keine Gewähr dafür gegeben sei, dass bloss missliebige Kreise der konservativen Richtung oder des Katholizismus nicht in einem summarischen Verfahren beseitigt werden“[969].

Dass dem Austritt aus der SA nicht auch der Parteiaustritt folgte, muss im Zusammenhang mit Peters‘ beruflichen Plänen gesehen werden, zumal er seit 1934 für zwei Töchter zu sorgen hatte. Schließlich bot die „Inklusionsmaschine NSDAP“ ihren Mitgliedern Möglichkeiten, die Nichtmitgliedern versperrt blieben und ihnen damit persönliche Nachteile drohten[970]. Peters erklärte dazu, dass er zwar 1933 aus beruflichen und familiären Gründen in die NSDAP eingetreten war, dies später, 1937, aber wohl nicht mehr getan hätte[971]. In der in Tübingen 1972 gehaltenen Abschiedsvorlesung stellte Peters fest, dass der Nationalsozialismus „namentlich auf den Universitäten von der jüngeren Generation, Dozenten und Studenten begrüßt“ worden sei, aber „spätestens im Jahre 1938 anläßlich der Inbrandsetzung der Synagogen sein wahres Gesicht gezeigt“ habe. „Für viele ursprünglich eine Hoffnung in nationaler und sozialistischer Hinsicht, waren die Erwartungen, die an so manche positive Neuerungen geknüpft waren, zerbrochen“[972]. Neben Juli 1934 und 1937 war für Peters damit November 1938 eine weitere Stufe der Desillusionierung und Distanzierung vom Nationalsozialismus erreicht.

bb) Opportunität und Konformität

Peters beschrieb seine Parteizugehörigkeit als „formel“, obwohl er besonders in den Jahren 1936 bis 1938 in der Schulungsarbeit der Partei, d.h. im

969 Lageberichte Rheinischer Gestapostellen, Bd. I, S. 240: Bericht von Juli 1934.

970 *A. Nolzen*, in: Bajohr/Wildt (Hrsg.), Volksgemeinschaft, S. 62 f.,76.

971 *L. Steveling*, Juristen in Münster, S. 365: Karl Peters im Gespräch vom 29. April 1989 in Münster.

972 UA-T, 198/20, S. 10. Siehe auch UA-G, PA 429, Bd. 6: Erklärung Ulrich Noacks, undatiert, in der er von Peters‘ Desillusionierung spricht.

NS-Rechtswahrerbund tätig war. Für eine sachgerechte Bewertung muss allerdings ein Blick auf die Art des Engagements und die Bedeutung des Rechtswahrerbundes geworfen werden. Entgegen vereinzelter Forderungen in der Parteiführung ist zudem darauf zuverweisen, dass die Parteizugehörigkeit weder für die Ernennung noch Beförderung eines Beamten vorausgesetzt wurde. Daher hatte auch der Austritt aus der NSDAP keinesfalls zwingend die Entlassung aus dem Staatsdienst zur Folge. Andererseits hatte ein Beamter, der den Parteiaustritt mit einer politisch ablehnenden Haltung begründete, wohl zu befürchten, dass er versetzt, nicht befördert oder schlimmstenfalls aus dem Dienst entfernt wurde[973]. Da die NSDAP bei Neuanstellungen und Beförderungen zu den Kandidaten Stellung nahm, konnte sie Einfluss auf die Personalpolitik der Justiz nehmen. Da das Reichsjustizministerium, das letztlich die Entscheidungskompetenz besaß, aber durchaus um die fachliche Qualität seiner Juristen bemüht war und den Einfluss der NSDAP nicht immer widerstandslos hinnahm, bedeutete eine Parteimitgliedschaft nicht einen sicheren Karriereaufstieg[974].

Unbestreitbar ist aber auch, dass die Mitgliedschaft in einer NS-Organisation dem sozialen Aufstieg dienlich war[975]. Umso mehr muss das für Karl Peters gegolten haben, der die Grundlagen seiner Karriere vor 1933 gelegt hatte (1925 Erstes Staatsexamen, 1927 Promotion, 1929 Zweites Staatsexamen, 1931 Habilitation, seit 1932 hauptberuflich tätiger Staatsanwalt) und auch unter der Herrschaft der neuen Machthaber beruflich vorankommen wollte. In Anbetracht dieser Motivationslage verbanden sich mit dem Parteieintritt Opportunismus mit Karrieredenken und Rücksichtnahme auf die Familie. Im Vergleich dazu war Hans Peters‘ Stellung als nichtbeamteter Professor an der Berliner Universität und Honorarprofessor an der Berliner Technischen Universität bereits 1933 gefestigter; dennoch wurde sein Weiterkommen wegen „politisch unzuverlässigen“ Verhaltens gehemmt.

Aus den eingangs zitierten Äußerungen Peters‘ lässt sich aber auch ein zweiter Schluss ziehen: Der Eintritt in die NSDAP war nicht der freien Entscheidung überlassen, sondern war Teil eines kollektiven Akts der Kölner Justizbeamtenschaft. Zwar wurde zumindest bis zum Kriegsbeginn niemand zum Parteieintritt

---

973 *L. Gruchmann*, Justiz im Dritten Reich, S. 217 f. mit Verweis auf den entsprechenden Runderlass; *T. Roth*, „Verbrechensbekämpfung“, S. 89 f. Zu den Konsequenzen der Nicht-Parteimitgliedschaft unter dem Richter im Kölner OLG-Bezirk siehe *B. Manthe*, Richter, S. 95 – 98. Vgl. dazu Kap. B. V. 2. b) bb).

974 *L. Gruchmann*, Justiz im Dritten Reich, S. 220; *B. Manthe*, Richter, S. 94.

975 *A. Nolzen*, in: John/Möller/Schaarschmidt (Hrsg.), Die NS-Gaue, S. 213.

gezwungen; dennoch bestand ein Konformitätsdruck am LG Köln, der namentlich bei der Parteiveranstaltung von April 1933 sichtbar wurde[976]. Juristen waren mit der Frage konfrontiert, ob sie sich auf die Seite der „nationalen Bewegung" stellen oder sich ihr entziehen sollten. Angesichts massenhafter Parteieintritte drohte Abweichlern die Isolation: „Ein Ausschluß wäre damals als Boykott erschienen"[977].

b) NS-Rechtswahrerbund

Unter der Nummer 11.849 wurde Peters am 31. Mai 1933 Mitglied im NSRechtswahrerbund[978]. Im Entnazifizierungsmantelbogen ist seine Mitgliedschaft für die Jahre 1933/34 und 1936/37 notiert, womit eine Unterbrechung suggeriert wird. Wohlmöglich wollte Peters nur die Jahre seines aktiven Engagements kenntlich machen.

1928 durch Hans Frank als Bund Nationalsozialistischer Deutscher Juristen (BNSDJ) gegründet, hatte der Juristenbund seit 1933 durch Gleichschaltung der Juristenorganisationen eine Monopolstellung inne. Da jedoch kein Zwang zur Mitgliedschaft bestand, wurde nie eine vollständige Erfassung aller Juristen erreicht[979], zumal die Zugehörigkeit im Hinblick auf Ernennung oder Beförderung keine Vorteile mit sich brachte. Aus Sicht der Parteiführung bot die Mitgliedschaft keine Gewähr für ein rückhaltloses Eintreten für den nationalsozialistischen Staat[980]. 1936 wurde der BNSDJ zum NS-Rechtswahrerbund[981]. Peters war mit dem Zusatz „NSRB" in der Gau Köln-Aachen organsiert[982]. Er

976 Dazu Kap. B. V. 2. b) bb).

977 UA-G, PA 429, Bd. 6: Bericht über meine politische Betätigung, S. 1.

978 UA-J, D/2242, Bl. 2: Fragebogen über politische Zugehörigkeit, ausgefüllt am 30. Mai 1938.

979 BA Berlin, NS/16/112: Dienstanweisung der NSDAP vom 1. März 1932; siehe aber *M. Sunnus*, Der NSRB, S. 60, der am OLG Celle Beispiele für (quasi) erzwungene Mitgliedschaften im NSRB schildert.

980 *L. Gruchmann*, Justiz im Dritten Reich, S. 221. Siehe Ausführungen Josef Krämers im Rahmen der Versammlung der Kölner Justizbeamtenschaft von Ende April 1933, siehe Kap. B. V. 2. b) bb).

981 Die Dienstaufsicht oblag dem NSDAP-Reichsrechtsamt unter Hans Frank, der im August 1942 durch Reichsjustizminister Otto Thierack abgesetzt wurde. Die Leitung des NS-Rechtswahrerbundes unterstand fortan unmittelbar dem Führer und der Partei-Kanzlei, *M. Sunnus*, Der NSRB, S. 31 f., 132.

982 BA Berlin, NS/16/112: Organisationsordnung des NRRB vom 30. Jan. 1939. Zusammengefasst wurden die Mitglieder in Gau-, Bezirks- und Ortsgruppen. Die jeweilige Dienstaufsicht unterstand dem NSRB-Gau-, Bezirks- bzw. Ortsgruppenführer. In

gehörte der Fachgruppe der Richter und Staatsanwälte sowie der Gruppe der Hochschullehrer an, die neben Professoren auch Privatdozenten und Fakultätsassistenten erfasste. Seit der Gründung im November 1933 wurde die Reichsfachgruppe von Carl Schmitt geleitet.

In Abkehr vom „veralteten" Bild des Juristen wurden die zum Juristenstand zählende Berufe als „Rechtswahrer" angesprochen[983]. Das Arbeitsfeld des Rechtswahrers sei „die Beobachtung und Überwachung von Rechtsbeziehungen im Interesse des Staates und der Allgemeinheit, die Geltendmachung der vom Staat […] geformten Rechtsgrundsätze im Sinne des Nationalsozialismus"[984]. Die Aufgabe des NSRB bestand in der Mobilisierung der Mitglieder sowie in der weltanschaulich-politischen Schulung vor allem des Nachwuchses. Wirkungsfelder waren Schulungen, Mitgliederversammlungen und die Öffentlichkeitsarbeit vornehmlich in der Zeitschrift „Deutsches Recht"[985]. Weitergehende Kompetenzen hatte der Bund jedoch nicht. Da die NSDAP dem Rechtswahrerbund nur eine untergeordnete Rolle zugestand, wirkte er weder bei der Vorbereitung von Gesetzen noch bei personalpolitischen Entscheidungen bestimmend mit. Dem NSRB kam allenfalls eine Beratungsfunktion zu[986]. Auch im Bereich der eng begrenzten Aufgabe der ideologischen Schulung hob die NSDAP darauf ab, dass dem Rechtswahrerbund nur die fachliche Schulung obliege und allein der Partei die weltanschaulich-politische Schulung übertragen sei[987].

Peters' Mitgliedschaft im NSRB ist vor diesem Hintergrund kein Beleg für eine explizit nationalsozialistische Haltung. Auch seine im Rechtswahrerbund

---

fachlicher Hinsicht fand auf Reichs- und Gauebene eine Aufgliederung in die verschiedenen Berufsgruppen statt, siehe BA Berlin, NS/16/112: Organisationsordnung des NSRB vom 30. Jan. 1939; § 18 Nr. 1, 3 der Satzung des BNSDJ vom 3. Mai 1933 bzw. des NSRB vom 3. April 1936; siehe Schaubild *M. Sunnus*, Der NSRB, S. 36.

983 Vgl. BA Berlin, NS/16/115: Schulungsbrief des NSRB, Nr. 1 vom 7. Juli 1934: Nach veraltetem Bild vom Juristen sei dieser „im Volk vielfach als der Typ des lebensfremden Paragraphenmenschen angesehen" worden. Dies entspreche „weder dem natürlichen Volksempfinden, noch dem wohlverdienten gemeinen Nutzen".

984 BA Berlin, ebd.; im Einzelnen siehe *M. Sunnus*, Der NSRB, S. 40 – 42.

985 BA Berlin, NS/16/112: Anordnung vom 27. Febr., Reichsverfügungsblatt vom 4. März 1943; BA Berlin, NS/16/115: Schulungsbrief des NSRB, Nr. 1 vom 7. Juli 1934; *A. Nolzen*, in: John/Möller/Schaarschmidt (Hrsg.), Die NS-Gaue, S. 213.

986 *M. Sunnus*, Der NSRB, S. 38 f.

987 BA Berlin, NS/16/112: Hauptschulungsamt an das Reichsrechtsamt vom 12. Jan. 1937; Mitteilungsblatt des NRSB, Nr. 2 von Juni 1943; vgl. *M. Sunnus*, Der NSRB, S. 78.

wie üblich ehrenamtlich bekleideten Ämter ändern an diesem Befund nichts[988]. Peters war in den Jahren 1935 bis 1937 stellvertretender Ortsgruppenführer und dann Ortsgruppenführer der Ortsgruppe Köln-Neusülz. Kurzzeitig war er Pressereferent der Ortsgruppe[989] und von März 1935 bis Mitte 1937 Fachgruppenleiter des Ausschusses für Strafrecht und Strafverfahren der NSRB-Gaue Köln-Aachen[990]. Parallel zur Struktur der Akademie für Deutsches Recht sollte der Rechtswahrerbund alle relevanten Rechtsgebiete abdecken, so dass innerhalb der jeweiligen NSRB-Gaue rechtspolitische Arbeitsausschüsse geschaffen wurden. Erwartet wurde die Mitarbeit an Kommentaren zu nationalsozialistischen Gesetzen[991]. Stellungnahmen zu einzelnen Gesetzesentwürfen, wie etwa zum Entwurf einer Strafverfahrensordnung von 1936, blieben aber weitgehend unbeachtet und ohne weiteren Einfluss auf die Gesetzgebung[992].

Behandelt wurden im örtlichen Gauarbeitsausschuss für Strafrecht und Strafprozess auch praktische Fälle aus Peters' Alltag als Staatsanwalt; diskutiert wurden etwa sein Aufsatz „Die falsche Aussage und ihre Bekämpfung" und der damit zusammenhängende Meineidskomplex[993]. Im März 1937 nahm Peters an Beratungen des NSRB in Thüringen zum Thema Strafverfahren teil und hielt ein Referat, das unter dem Titel „Tat-, Rechts- und Ermessensfragen in der Revisionsinstanz" veröffentlicht wurde[994]. Über Umfang und Inhalt Peters' Schulungsarbeit im Rechtswahrerbund ist nicht viel bekannt. Recht allgemein bemerkte Peters: „Ernst und Tiefe der beruflichen Ausbildung des Rechtswahrers sichern" das sittliche Urteil des Richters. „Die Erziehung des jungen Rechtswahrers in der Justizausbildung bemüht sich um die Herstellung lebendiger Beziehungen zu Volk und Wirtschaft. Die Erfassung des Rechtswahrers in den verschiedenen Organisationen soll die ständige Verbindung gewährleisten"[995]. In einem Leumundsschreiben zum Entnazifizierungsverfahren heißt es: „Natürlich hat er sich

---

988 Vgl. *B. Mathe*, Richter, S. 92 f. über das Engagement einiger Richter am OLG-Bezirk Köln im NSRB.

989 UA-G, PA 429, Bd. 2.

990 BA Berlin, R/4901/23943: Karteikarte sowie Bl. 24: Dekan Rewi. Fak. Köln an das REM vom 3. März 1937; UAK, 598/247: Schreiben Peters' vom 22. Febr. 1937; UA-J, D/2242, Bl. 3: Personalkarte.

991 *M. Sunnus*, Der NSRB, S. 89.

992 *L. Gruchmann*, Justiz im Dritten Reich, S. 994, 1003; *M. Sunnus*, Der NSRB, S. 89 – 94.

993 *K. Peters*, DStR 1935, S. 145 (154).

994 *K. Peters*, ZStW 57 (1938), S. 53 – 85, siehe dazu Kap. B. V. 2. a) dd) (1); BA Berlin, R/4901/23943, Bl. 42 f.: Heldrich/Dekan RWW Fak. Jena vom 22. Nov. 1937.

995 *K. Peters*, DStR 1938, S. 337 (349).

niemals im Parteisinn politisch betätigt und hat auch die vorübergehende (1936/37) Leitung [...] einer örtlichen Fachgruppe rein juristisch aufgefasst“[996]. 1936 nahm Peters am Gauschulungslager der Jungjuristen im NSRB teil und sprach über die kommende Erneuerung des Strafprozessrechts[997].

c) Sonstige Mitgliedschaften

Neben der NSDAP und SA war Peters Mitglied im NSD-Dozentenbund, der NS-Volkswohlfahrt und dem Reichsluftschutzbund[998].

Mit Übernahme der Lehrstuhlvertretung in Bonn war Peters Mitte 1936 automatisch Mitglied des NSD-Dozentenbundes geworden. Mit Gleichschaltung der Hochschulen unter dem Gesichtspunkt der nationalsozialistischen Ganzheitsideologie bestanden die Hochschulen ab April 1935 nur noch aus der Studentenschaft und der Dozentenschaft[999]. Die Lehrkräfte – von den ordentlichen Professoren bis zu den Assistenten – wurden dahingehend unabhängig von ihrer fachlichen Ausrichtung zwangsweise im NSD-Dozentenbund organisiert. Auf Reichsebene war der Dozentenbund eine Gliederung der NSDAP[1000]. Reichsdozentenführer war Walter Schultze, der seit Oktober 1938 der NSDAP-Reichsleitung angehörte und die Personalpolitik an den Hochschulen beeinflusste. Durch (politische) Beurteilungen bei Berufungen, Habilitationen und Einstellungen konnte der NSD-Dozentenbund entscheidend über den weiteren

---

996 LAV NRW R, NW 144 Nr. 406: Erklärung vom 20. Juli 1946, gez. Meinertz, Lenartz und Stier.

997 UA-T, 198/23: Kölnische Zeitung Nr. 119 vom 5. März 1936 „Vortrupp im Kampf für ein deutsches Recht“.

998 Peters‘ Ehefrau Hatwig trat im März 1934 in die NS-Frauenschaft ein (BA Berlin, R/3001/70561: Personalbogen). Auf Grund der VO zur Sicherung der Einheit von Partei und Staat vom 29. März 1935 (RGBl. I, S. 502 f.) wurde diese als Gliederung der NSDAP zur Dachorganisation aller Frauenverbände erklärt. Die Aufgabe der Frauenschaft bestand in der „kulturellen, geistigen und politischen Erziehung der deutschen Frau“. Im Mittelpunkt standen weltanschauliche Schulungen vor allem im Bereich von Haushalt und Familienführung. Nach Aussage der Töchter hätte die NS-Frauenschaft keinerlei Einfluss auf die Familienführung gehabt. Die Erziehung sei religiös-christlich und streng gewesen, Interview mit Diethild Peters vom 25. Juli 2016.

999 Richtlinie zur Vereinheitlichung der Hochschulverwaltung vom 1. April 1935, in: G. Kasper, Die dt. Hochschulverwaltung, Bd. 1, S. 34.

1000 *N. Frei*, Der Führerstaat, S. 302 f.; *M. Wenzel*, in: Benz (Hrsg.), Wie wurde man Parteigenosse?, S. 28.

Karriereverlauf mitbestimmen[1001]. Darüber hinaus hatte der Dozentenbund keine Bedeutung für die inhaltliche Ausrichtung der Wissenschaft[1002].

Seit 1. Mai 1934 (Mitgliedsnummer 1.493.262) war Peters Mitglied der NS-Volks-wohlfahrt, in der er als Rechtsberater der Ortsgruppe Köln-Neusülz tätig war[1003]. Gegründet April 1932, wurden in der NS-Volkswohlfahrt mit Ausnahme der konfessionell gebundenen Verbände wie der Caritas und dem Deutschen Roten Kreuz alle traditionellen Träger der Wohlfahrtspflege gleichgeschaltet[1004]. Die „vornehmste Pflicht" der Volkwohlfahrt bestand darin, „die lebendigen, gesunden Kräfte des deutschen Volkes zu entfalten und zu fördern. Sie übernimmt die Gesundheitsführung des deutschen Volkes"[1005]. Zusammen mit den angegliederten Hilfswerken (z.B. das Winterhilfswerk, die Kinderlandverschickung, das Hilfswerk „Mutter und Kind") widmete sich die NS-Volkswohlfahrt notleidenden „Volksgenossen", der Einrichtung von Kindergärten, der Betreuung von Bedürftigen und Bombengeschädigten sowie der Jugend-, Mütter- und Säuglingsfürsorge. Viele Mitglieder der Volkswohlfahrt standen dem Nationalsozialismus kritisch bis ablehnend gegenüber und sahen den Beitritt als eine Möglichkeit, die Parteimitgliedschaft zu umgehen, ohne Argwohn auf sich zu ziehen[1006].

Seit 21. November 1934 war Peters Mitglied im Reichsluftschutzbund[1007]. Denkbar ist, dass dieser Eintritt als eine Art Ausgleich für den Austritt aus der SA am 15. November 1934 diente.

7. Abschließende Bewertung zu Peters' in der Zeit des Nationalsozialismus

In der Literatur zur Wissenschaftsgeschichte im Nationalsozialismus findet sich über Peters das pauschale Urteil: „Karl Peters, ehemals Nationalsozialist und

---

1001 *U. D. Adam*, Hochschule und Nationalsozialismus, S. 67; *M. Wenzel*, in: Benz (Hrsg.), Wie wurde man Parteigenosse?, S. 28 f. Zum Einfluss Schultzs siehe Kap. B. V. 3. a) und b).

1002 *M. Wenzel*, in: Benz (Hrsg.), Wie wurde man Parteigenosse?, S. 29.

1003 UA-J, D/2242, Bl. 2: Fragebogen über politische Zugehörigkeit, ausgefüllt am 30. Mai 1938.

1004 *M. Wenzel*, in: Benz (Hrsg.), Wie wurde man Parteigenosse?, S. 33.

1005 So die Satzung der NS-Volkswohlfahrt vom 14. Aug. 1933 siehe bei *H. Vorländer*, Die NSV, S. 202.

1006 *H. Vorländer*, Die NSV, S. 1 f., 100, 171, 179; so auch *M. Herbers*, OLG-Bezirk Köln, S. 72 bzgl. einer NSRBMitgliedschaft.

1007 BA Berlin, R/4901/23943: Karteikarte.

jetzt Professor in Münster“[1008]. Die nationalsozialistischen Mitgliedschaften und das Eintrittsdatum liefern zwar erste Anhaltspunkte für die Zuschreibung einer Person als „Nationalsozialist“ – Peters trat 1933 in die NSDAP und den NS-Rechtswahrerbund ein und war kurzzeitig SA-Mitglied. Eine Person bzw. eine ganze Behörde oder Fakultät als nationalsozialistisch zu beschreiben, weil die betreffende Person Parteigenosse war und der Anteil der NSDAP-Mitglieder beispielsweise 80 % betrug, ist aber zu pauschal. Entscheidend ist, ob und wie eine Person im NS-Staat in eine Führungsposition gelangte, welche Motive und Erwartungen sie hatte und welches Verhalten sie an den Tag legte[1009]. Zu bedenken ist dabei, dass äußeres Verhalten und innere Haltung nicht deckungsgleich sein müssen: Im Beruf tat man, was verlangt wurde, im Familien- und Freundeskreis kritisierte man das System, dem man diente. Dies ist keine Rechtfertigung für befehlsblindes, moralisch zweifelhaftes Verhalten. Wer das Verhalten anderer beurteilen möchte, sollte sich aber in *ehrlicher* Selbstbefragung in die Lebenssituation des anderen hineinversetzen und fragen, wie das eigene Verhalten ausgesehen hätte. Das gilt unabhängig vom politischen System[1010]: „Opportunisten von heute schreiben über Opportunisten von gestern und sind fest davon überzeugt, dass sie keine Opportunisten gewesen wären, wenn sie gestern gelebt hätten“[1011].

Zustimmung zum NS-Staat brachte Peters unmittelbar nach der „Machtergreifung“ mit dem Eintritt in die NSDAP und nationalsozialistischen Organisationen und in seinen Publikationen zum Ausdruck. Zu bewerten ist dies als Akt der anfänglichen Hoffnung auf positive Veränderungen, die sich mit Opportunität und Naivität mischten. Insofern ist von Schwächen des noch jungen Peters zu sprechen[1012]. Im Hinblick auf die Vereinbarkeit von Glaube und Nationalsozialismus war es die katholische Kirche selbst, die den Weg in die NSDAP für gläubige Katholiken wie Peters öffnete. Es folgte eine Phase der Entzauberung, Enttäuschung, der Passivität und des Hinnehmens: „Es kann sein, daß dem

1008 *H. Eberle*, „Ein wertvolles Instrument“, S. 615.

1009 Vgl. *T. Roth*, „Verbrechensbekämpfung“, S. 90, 136.

1010 Vgl. so auch *O. Bachof*, in: Flitner (Hrsg.), Deutsches Geistesleben, S. 214; *K. Hildebrand*, in: Scholtyseck/Studt (Hrsg.), Universitäten und Studenten im Dritten Reich, S. 19; *B. Rüthers*, JZ 2007, S. 556 (563).

1011 *R. Blasius*, in: FAZ, Nr. 165 vom 19. Juli 2014.

1012 So *M. Heghmanns*, in: Hoeren (Hrsg.), Münsteraner Juraprofessoren, S. 129; vgl. *J. Baumann*, in: Horstmann/Litzinger (Hrsg.), An den Grenzen des Rechts. Gespräch mit Juristen über die Verfolgung von NS-Verbrechen, Frankfurt a. M. 2006, S. 122 – 148, wo er beklagt wie Peters im JW-Aufsatz von 1933 gejubelt habe (S. 133) und ihn dessen „Jugendschriften“ irritiert hätten (S. 135).

anfänglichen Ja zu einem System, das anfangs nicht richtig erkannt und eingeschätzt worden ist, ein späteres passives Sichabfinden folgte. Es kann sein, daß im stillen Wirken der Versuch unternommen wurde, eine anständige, ehrliche Haltung in Teilbereichen herbeizuführen, um so das Ganze gestaltend zu beeinflussen. Selbst die Flucht in einwandfreie Bezirke bedeutet Unterstützung“[1013]. Bei aller Passivität verleugnete Peters nie seine Konfession: „[...] die schweren Zeiten des Nationalsozialismus [haben] bewirkt, sich intensiver mit religiösen Fragen zu befassen“[1014]. Der Freundes- und Bekanntenkreis in Köln und Greifswald bestand überwiegend aus Katholiken und Menschen, die dem NS-Regime tendenziell ablehnend gegenüberstanden. Vor allem in der Greifswalder Zeit zeigt sich bei Peters eine „vorsichtig und zurückhaltend gelebte Opposition zum Regime“[1015].

In dem Aufsatz „Gedanken eines Juristen zum Eichmann-Prozess“ (1961), der Tübinger Vortragsreihe „Deutsches Geistesleben und Nationalsozialismus“ (1965) und der Tübinger Abschiedsvorlesung (1972) warf Peters die Fragen auf, wie sich der Einzelne während der NS-Herrschaft gewissensmäßig hätte verhalten sollen, wie der Jurist als sittliche Persönlichkeit bestehen konnte und wie weit die (straf-)rechtliche und sittliche Verantwortung gehe[1016]. So unterschied Peters die „aktiven“ von den „passiven“ Juristen[1017]. Die „Aktiven“ seien zwangsweise oder freiwillig aus dem Amt ausgeschieden und „in die innere oder äußere Emigration“[1018] gegangen; einige hätten die äußersten Konsequenzen gezogen und seien zu Märtyrern geworden[1019]. Die „passiven“ Juristen wurden in ihrer

1013 *K. Peters*, Eichmann-Prozess, in: Eckart-Jahrbuch 1961, S. 244.

1014 UA-T, 198/29: Das religiöse Leben, S. 7.

1015 *M. Heghmanns*, in: Hoeren (Hrsg.), Münsteraner Juraprofessoren, S. 124.

1016 UA-T, 198/20, S. 10 f.; *K. Peters*, in: Flitner (Hrsg.), Deutsches Geistesleben, S. 164; *ders.*, Eichmann-Prozess, in: Eckart-Jahrbuch 1961, S. 230.

1017 Vgl. *F. Bajohr/M. Wildt*, in: dies. (Hrsg.), Volksgemeinschaft, S. 10: Um die nationalsozialistische Volksgemeinschaft zu beschreiben, müsse die Dimension von Zustimmung und Abwehr, Mitmachen und Verweigern, Anteil nehmen und Wegschauen ergründet werden.

1018 UA-T, 198/13, S. 30; vgl. *I. Müller*, Furchtbare Juristen, S. 89. Der Begriff der „inneren Emigration“ wurde vom Schriftsteller Frank Thieß geprägt, womit er die Haltung von Künstlern, Schriftstellern und Gelehrten beschrieb, die ihre Ablehnung nicht durch Auswanderung oder offenen Widerstand, sondern durch eine Position der passiven Verweigerung und der Abwehrhaltung gegenüber dem NS-Staat zeigten.

1019 UA-T, 198/20, S. 11; ähnlich *K. Peters*, in: Flitner (Hrsg.), S. 164: „Oder sich zum Opfergang entschloß“.

Funktion als Wissenschaftler, Richter, Staatsanwälte, Polizei- oder Verwaltungsbeamte in das System des NSStaates „einbezogen“[1020]. Damit sei die Gewissensfrage verbunden, ob „man durch seine – an sich einwandfreie – Tätigkeit in der Rechtspflege oder in der Wissenschaft nicht das Ganze stütze“[1021]. Angesichts des „Gewissensterrors“ der NS-Zeit beklagte Peters die ungenügende „Anspannung des Gewissens in weiten Bereichen“ und die Hinnahme der „Opferbereitschaft von Menschen aus allen religiösen, politischen und sozialen Schichten“, denn die „Vergangenheit hat gelehrt, daß die objektive Ordnung nicht von der individuellen Verantwortlichkeit befreit“[1022]. In einem Staat, der die Loyalität zu einem Recht fordert, das der Gerechtigkeit widerspricht, werde die moralische Verpflichtung des Juristen offensichtlich. Vieles hänge „von der historischen Situation ab […], davon, wie groß der Widerspruch des Rechts zur Gerechtigkeit ist, welche Ungerechtigkeiten der Jurist auf der einen Seite hinnehmen oder begehen muss, um auf der anderen Seite mildern, korrigieren oder sabotieren zu können, wie sich die Ungerechtigkeit, die er befördert, und die, die er verhindert, gegeneinander verrechnen, und wo der Punkt ist, an dem alles Verrechnen aufhören muss“[1023].

Auch wenn der einzelne Jurist nicht an „Bluturteilen“ oder ungerechten Urteilen beteiligt war, bejaht Peters „infolge der Einheit der gesamten Strafrechtspflege eine das Ganze unterstützende Kraft“[1024]. Auch wenn Peters‘ praktische und rechtswissenschaftliche Arbeit insgesamt von Sachlichkeit zeugt, war er eine stabilisierende Stütze des Staates. Gleichwohl habe die Wissenschaft mehr Freiräume und die Möglichkeit gehabt, sich auf ein selbst bestimmtes Gebiet zurückzuziehen[1025]. Dagegen hatte der im Justizdienst tätige Jurist sich seine Arbeit in

---

1020 *K. Peters*, in: Flitner (Hrsg.), Deutsches Geistesleben, S. 163.

1021 UA-T, 198/20, S. 11; ähnlich *K. Peters*, in: Flitner (Hrsg.), Deutsches Geistesleben, S. 174.

1022 *K. Peters*, FS Mayer (1966), S. 257 (265 f.).

1023 So *B. Schlink*, Erkundigungen, S. 38.

1024 *K. Peters*, Eichmann-Prozess, in: Eckart-Jahrbuch 1961, S. 244, vgl. S. 251: Indem der Jurist „sich in der Rechtspflege an seiner Stelle um das Recht bemühte, wurde das Recht an anderer Stelle innerhalb derselben Rechtsgemeinschaft verhöhnt und zerstört“.

1025 Vgl. bspw. der Freiburger Nationalökonom Constantin von Dietze: „Wer Professor im Dritten Reich war, der konnte nicht schuldlos bleiben, auch der beste nicht, auch diejenigen nicht, die im Kampfe gegen das Regime ihr Leben bewußt einsetzten und verloren […] Wer das Dritte Reich als beamteter Professor überlebt hat, der hat vieles geschluckt, was einst als unerträglich galt, und dabei geheuchelt“, zit. aus *E. Wolgast*, Die Wahrnehmung des Dritten Reichs, S. 288.

der Regel nicht aussuchen können[1026]. Peters selbst konnte sich (wunschgemäß) als Staatsanwalt auf das Jugendstrafrecht zurückziehen und sich ab Ende der 30er Jahre auf das Jugendstrafrecht und die Kriminalpolitik konzentrieren.

Peters ist zu der Auffassung gelangt, dass niemand „zum Unrechttun" gezwungen gewesen sei oder entgegen seiner inneren Überzeugung den Nationalsozialismus verherrlichen oder anerkennen oder die Rassenideologie hätte billigen müssen[1027]. „Die meisten freilich – ich auch – entschieden sich, an ihrer Stelle zu verharren und dort dem Recht im Rahmen des Möglichen zu dienen, und nicht die Plätze den radikalen Gruppen zu überlassen"[1028]. Entgegen dem häufig gebrauchten, lapidaren Verweis, dass man im Amt geblieben sei, um schlimmeres zu verhindern, verschweigt Peters hierbei nicht seine eigene Verantwortung: „Der Weg der Besinnung erfordert Strenge und Wahrhaftigkeit gegenüber sich selbst"[1029]; „Auch diejenigen, die nicht an dem Greul persönlich beteiligt waren, tragen in sich die Last der Vergangenheit"[1030].

Peters räumte ein, dass mit Passivität „freilich die Haltung des Schweigens und des Hinnehmens von vielfach sehr Schwerwiegendem" verbunden war[1031], wobei die Grenze bei unverzichtbaren Werten liege, die es zu verteidigen gelte. Neben dem individuell vorwerfbaren Unrecht im strafrechtlichen Sinne hob Peters die Bedeutung der sittlichen, „menschlichen" (Mit-)Schuld hervor, die in der Ablehnung der Ansprüche, welche Humanität und Liebe an uns stellen, bestehe[1032]. Die eigene Rolle herunterspielend – und vielleicht auch als Vorwurf an die Juristengeneration der Kaiserzeit und Weimarer Republik zu verstehen –, sprach Peters davon, dass es Ämter und Würden gebe, „wo gesprochen werden muß, gleichgültig, ob genehm oder nicht, gleichgültig, ob gefährlich oder nicht"[1033]. Dem „Märchen vom

1026 *K. Peters*, in: Flitner (Hrsg.), Deutsches Geistesleben, S. 165.

1027 UA-T, 198/20, S. 10 f.; *K. Peters*, in: Flitner (Hrsg.), Deutsches Geistesleben, S. 164.

1028 UA-T, 198/20, S. 10 f.

1029 *K. Peters*, Eichmann-Prozess, in: Eckart-Jahrbuch 1961, S. 229.

1030 UA-T, 198/13, S. 32. Ähnliche Formulierung UA-T, 198/20, S. 10 f.: „Auch auf dem, der nicht an den Verbrechen beteiligt war, lastet das Unrecht, das namentlich den Juden und Polen angetan worden war, schwer"; vgl. *K. Peters*, Kriminalpädagogik, S. 89 zur „Kollektivschuld" mit Zitat Romano Guardinis.

1031 *K. Peters*, in: Flitner (Hrsg.), Deutsches Geistesleben, S. 164, 174. Vgl. Kap. B. V. 1. d).

1032 *K. Peters*, Eichmann-Prozess, in: Eckart-Jahrbuch 1961, S. 239, 245. Ausführlich hierzu Kap. C. I. 1.

1033 *K. Peters*, Eichmann-Prozess, in: Eckart-Jahrbuch 1961, S. 244; vgl. *ders.*, in: Flitner (Hrsg.), Deutsches Geistesleben, S. 164 f.: „Sichabfinden des Durchschnittsjuristen".

Gesetzespositivismus"[1034], wonach der Jurist im Nationalsozialismus lediglich die Gesetze befolgt habe, folgte Peters nicht[1035].

Das „zeitliche Glück", dass Peters in der Gesamtbetrachtung hatte, hat ihm ein gewissensmäßiges Handeln sicherlich erleichtert. Juristische Ausbildung, wissenschaftliche Qualifizierung und Berufseinstieg fielen in die Zeit vor der „Machtergreifung" und waren weitestgehend frei von politisch-ideologischen Erwartungen und Erfordernissen. So musste Peters weder als Referendar und Assessor die ideologische Schulung im Jüteborger Hanns-Kerrl-Lager durchlaufen, noch als angehender Professor Dienst im Gemeinschaftslager und in der Dozentenakademie leisten[1036]. Peters gehörte damit zu den Juristen, die nicht nationalsozialistisch sozialisiert waren. Als Staatsanwalt bearbeitete er keine politischen Strafsachen, musste nie die Todesstrafe beantragen und konnte sich auf das Nischengebiet des Jugendstrafrechts zurückziehen. Die kriegsbedingte Radikalisierung der Strafjustiz ab 1942/43 erlebte Peters in Folge seines Wechsels an die Universität im August 1942 nicht mehr mit.

Was die Handlungsspielräume und den Aspekt des „Widerstandes"[1037] betrifft, so gilt: „Totalitäre Regime sind [...] nicht zuletzt dadurch gekennzeichnet, daß sie zum Schuldigwerden kaum Alternativen übrig lassen. Denn bekanntlich öffnen sie die Grenzen zwischen gut und böse, erklären selbst das Gute für böse und das Böse für gut [...]. Daher wird seinem Gewissen zu folgen, ganz anders als unter rechtsstaatlichen Verhältnissen, leichter zu einer existentiellen Probe für das materielle und persönliche Überleben. Sie verlangt über Gebühr oft einen ausnehmend starken Charakter und erfordert je nachdem sogar Heldenmut. [...] Weil man im totalitären Unrechtsstaat [...] nicht annähernd abzusehen vermag, was einen bei abweichendem, oppositionellem, gar widerständigem Verhalten erwartet – unter Umständen nichts Ernstes, aber mit gleicher Ungewißheit auch das Schlimmste –, weil tyrannische Willkür berechenbare Verfahren verdrängt,

1034 *I. Müller*, Furchtbare Juristen, S. 281, siehe dazu S. 277 – 283.

1035 Zur ideengeschichtlichen Anknüpfung an Strömungen und Traditionen aus der Kaiserzeit und Weimarer Republik siehe Kap. B. V. 1. a), 2. a) bb), cc).

1036 Vgl. *T. Roth*, „Verbrechensbekämpfung", S. 85. Zu den Veränderungen nach der Reichs-Habilitations-Ordnung bereits Kap. B. V. 3. a)

1037 Zu Entwicklung, Stand und Problemen der Widerstandsforschung siehe *I. Kershaw*, Der NS-Staat, S. 282 – 328; *R.-U. Kunze*, Distanz zum Unrecht, in: ders. (Hrsg.), Distanz zum Unrecht, 1933-1945. Methoden und Probleme der deutschen Widerstandsforschung, Konstanz 2006, S. 15 – 30.

werden Bürger, weil sie nun einmal Menschen sind, leicht zu „Feiglingen aus Instinkt“[1038].

Angesichts der Gleichzeitigkeit von Angebot und Zwang, Drohung mit Nachteilen oder schlimmstenfalls Terror[1039], sprach auch Peters von „verzweifelter Ausweglosigkeit“, „Bindungen an Ort und Stelle“ und „Angst vor dem immer stärker werdenden Terror“[1040]. Ein dem Gewissen folgendes Verhalten stellt sich in einer Diktatur als Herausforderung dar. Karl Peters war kein Widerstandskämpfer, der sich mutig und heroisch gegen das System der Nationalsozialisten zur Wehr setzte. Damit ist nicht gemeint, dass Peters sich charakter- und rückratslos in blinder Obrigkeitstreue in den Dienst der NSWeltanschauung hat stellen lassen. Aber im Gegensatz zum Bruder Hans, der Widerstand geleistet hat und dadurch eine „Doppelexistenz zwischen unauffälligem Alltagsleben“ und „geheimen politisch-oppositionellen Aktivitäten“[1041] mit all seinen Risiken führte, beschränkte sich Karl Peters auf eine Form des zurückhaltenden Widerstandes im alltäglichen Leben. Als Widerstand im weiteren Sinne lässt sich dieses Verhalten als „Alltagsdissens“ beschreiben[1042] – bei grundsätzlich vorhandenem Konsens wurde Widerspruch zum System nicht so erhoben, dass er zu einem offenen Kampf oder einem Risiko für Beruf, Leib und Leben führte. Peters‘ Kontakte mit Regime-Gegnern, das offene Bekenntnis zur Konfession[1043] oder die Weigerung, das Parteiabzeichen zu tragen[1044], dürfen in ihrer Bedeutung daher nicht überhöht werden.

Unter Berücksichtigung der bei der Verwertbarkeit von Äußerungen in Entnazifizierungsverfahren gebotenen Vorsicht, ist festzuhalen, dass eine Erklärung Margarethe Lachmunds vom 5. Februar 1946 wohl überzeugend Peters‘ Haltung gegenüber dem Nationalsozialismus zum Ausdruck bringt:

1038 So *K. Hildebrand*, in: Scholtyseck/Studt (Hrsg.), Universitäten und Studenten im Dritten Reich, S. 16 f.

1039 *N. Frei*, Der Führerstaat, S. 209; vgl. *A. Nolzen*, in: Bajohr/Wildt (Hrsg.), Volksgemeinschaft, S. 77.

1040 *K. Peters*, Eichmann-Prozess, in: Eckart-Jahrbuch 1961, S. 231, 235.

1041 *M. Schneider*, Politischer Widerstand?, S. 32 f.

1042 Zum Begriff „Dissens“ und dem Verständnis von „Widerstand“ *M. Grüttner*, Das Dritte Reich, S. 522 – 525.

1043 Zum Sonntagskirchengang auf einer Referendarfahrt Kap. B. V. 2. c) dd). Zu Greifswald siehe Kap. B. V. 4. c).

1044 So UA-G, PA 429, Bd. 6: Erklärung Pastor Gottfrieds Holtz vom 23. Aug. 1945; UA-M, 30/333: Erklärung Erich Molitors vom 22. Juni 1946.

„Wir wussten zunächst gar nicht, dass Professor Peters Parteimitglied war. Als wir es erfuhren, konnten wir es uns nur so erklären, dass er aus völliger politischer Unkenntnis diesen Schritt zu einer Zeit getan haben musste, als er die Konsequenzen gar nicht übersah. Sein ganzes Wesen drückte einen so leidenschaftlichen Willen zur Gerechtigkeit aus innerhalb des Volksganzen wie auch für die zwischenstaatlichen Beziehungen, dass sein Charakter unvereinbar mit dem Nationalsozialismus war. Andererseits war er keine Kämpfernatur, der die Fähigkeit gehabt hätte, sich in einer Opposition durchzusetzen; er war ein ausgesprochen zarter, sensibler und zurückhaltender Mensch“[1045].

VI. Münster (1946 - 1962)

Mit der Berufung an die Westfälische Wilhelms-Universität in Münster schloss sich für Peters der Kreis zu seiner Jugend- und Studienzeit, zumal in Münster Familienangehörige und Bekannte lebten. Die Verbundenheit zu Münster zeigte sich 1972 erneut darin, dass Peters nach seiner Emeritierung zurückkehrte. In Münster war Peters als Hochschullehrer und mit Ernennung zum Oberlandesgerichtsrat von Mai 1954 bis zu seinem Weggang nach Tübingen September 1962 als Richter im Nebenamt am OLG Hamm tätig[1046]. Im Hinblick auf die Rechtsmittelzuständigkeit lernte Peters hier das Revisionsverfahren kennen[1047]. Im Übrigen trat Peters vereinzelt als Verteidiger in Strafverfahren auf.

1045 UA-T, 198/56 und LAV NRW R, NW 1039-P-1248, Bl. 42: Erklärung Margarete Lachmunds vom 5. Febr. 1947, die ihre Erklärung damit schließt, dass Peters ihrer Überzeugung nach „nur als ausgesprochen nomineller Parteigenosse anzusehen“ sei. **Margarete Lachmund**, geb. Grobbecker (*17. Sept. 1896, †14. Okt. 1985): 1921 heiratet sie den Juristen und entschiedenen Republikaner **Hans Lachmund** (*10. Aug. 1892, †4. Sept. 1972). Gemeinsam engagierten sie sich in der Deutschen Friedensgesellschaft und traten in die SPD ein. Seit 1925 war sie Mitarbeiterin bei den dt. Quäkern. Seit 1933 war das Ehepaar im Widerstand gegen den Nationalsozialismus aktiv, u.a. unterhielten sie Kontakte zum Kreisauer Kreis. Hans Lachmund wurde 1933 zunächst aus dem Justizdienst entlassen, später ans Amtsgericht Anklam versetzt, wo das Ehepaar bis 1940 lebt. 1944 schloss sich Lachmund der u.a. auf Initiative des Pastors Gottfried Holtz gebildeten Greifswalder Widerstandsgruppe an. Zusammen mit anderen Persönlichkeiten der Stadt gelang es ihnen, den Stadtkommandanten im April 1945 zur kampflosen Übergabe der Stadt an die Rote Armee zu bewegen, vgl. Kap. B. V. 4. d).

1046 LAV NRW R, NW 144, Nr. 406: Ernennungsurkunde des Justizministers NRW vom 8. Mai 1954.

1047 UA-T, 198/13, S. 48.

1. „Stunde Null“: Der Wiederaufbau

„Die unmittelbaren Nachkriegsjahre begannen mit dem Neuaufbau in verheißungsvoller Weise. Dabei ging es nicht nur um den äußeren Wiederaufbau, sondern um den Anschluss an die früheren geistigen und kulturellen Werte“[1048]. „Die Studentengeneration unmittelbar nach dem Krieg war hungrig nach Geistigem, was sie in der Vergangenheit so lange hatte entbehren müssen“[1049]. Münster war mit Kriegsende ein Trümmerhaufen[1050]. Die meisten Universitätsgebäude, darunter die Räume der Rechts- und Staatswissenschaftlichen Fakultät, wurden durch Bombenangriffe schwer getroffen und meist völlig zerstört. Trotz widrigster Umstände – „Die Arbeit in Münster fing sehr mühselig an“[1051] – wurde die „Westfälische Landesuniversität Münster“ bereits am 3. November 1945 wiedereröffnet und erste Lehrveranstaltungen fanden an der katholisch-theologischen, juristischen und medizinischen Fakultät statt[1052]. Erst 1953/54 wurde das Gebäude der Rechts- und Staatswissenschaftlichen Fakultät fertig gestellt; im Juli 1954 folgte die feierliche Einweihung des wiederaufgebauten Münsteraner Schlosses als Hauptgebäude der Universität.

Ein dringendes Problem bestand in der Schaffung von Wohnraum für Professoren und Studenten. So scheiterte etwa eine Berufung von Hans Peters nach Münster bereits im Vorgespräch, da ihm die Universität keine Wohnung zusichern konnte[1053]. Auch die Wohnsituation von Karl Peters, der seine Lehrtätigkeit ab Wintersemester 1946/47 wahrnahm[1054], war alles andere als einfach.

1048 UA-T, 198/20, S. 11.

1049 UA-T, 198/13, S. 69.

1050 Zur Bilanz des Krieges siehe Kriegschronik Münster im Zweiten Weltkrieg, abrufbar unter: http://www.muenster.de/stadt/kriegschronik/1945_kriegsende_bilanz.html (zuletzt aufgerufen Nov. 2021).

1051 UA-T, 198/20, S. 12. Vgl. Westermann: „Hörsäle gab es nur wenig, sie waren trotz des damaligen numerus clausus drängend gefüllt, zum Ausgleich dafür im Winter ungeheizt; zum Teil ohne Fenster. Lehrbücher gab es nicht, kaum Gesetzestexte, wenig Papier zum Mitschreiben. Das alles spielte sich in einer äußersten Kargheit der Lebensverhältnisse ab“, zit. aus *M. Casper*, in: Hoeren (Hrsg.), Münsteraner Juraprofessoren, S. 178.

1052 Zu den Verhandlungen und Vorbereitungen für die Wiedereröffnung siehe *P. Respondek*, Der Wiederaufbau, S. 82 – 116, 123 – 140; *L. Steveling*, Juristen in Münster, S. 551 – 554.

1053 *L. Steveling*, Juristen in Münster, S. 638, vgl. S. 653; *S. Felz*, Recht zwischen Wissenschaft und Politik, S. 139 f.

1054 Siehe hierzu Peters‘ Entnazifizierungsverfahren Kap. B. V. 5. a) bb).

Peters wohnte zunächst im Deutschen Studentenheim „Breul“. Hatwig Peters, die Töchter Gisela und Diethild sowie das Hausmädchen waren in Greifswald geblieben, mussten dort jedoch Februar 1947 ausziehen, da die Wohnung wieder zum Universitätsinstitut gewidmet wurde; übergangsweise wohnten sie bei Verwandten und Bekannten in Ahlen und Menden[1055]. Anfang 1948 bezog Hatwig Peters mit der jüngsten Tochter das Haus ihres Vaters Aloys Meister in der Burchardstraße 16, das aber kriegsbedingt nur eingeschränkt bewohnbar war[1056]. Die Instandsetzung des Hauses nahm angesichts des Mangels an Baumaterialien mehr als ein Jahr in Anspruch.

Neben der Wiederherstellung der Infrastruktur musste sich die Universität der organisatorisch-institutionellen und personellen Entnazifizierung stellen. Es galt die akademische Selbstverfasstheit wiederherzustellen und die Lehre und Forschung neu auszurichten. Dazu gehörte insbesondere die Rückkehr zum internationalen Wissenschaftsaustausch, der im Nationalsozialismus weitestgehend beendet worden war. Ein enger Kontakt entstand beispielsweise zu der schwedischen Universität Lund, die Münster seit Ende 1946 unterstützt hatte[1057]. Andererseits war über die (politische) Tragbarkeit von Professoren und Studenten zu entscheiden. Dabei musste die Zulassung von Studenten neben politischen auch aus räumlichen Gesichtspunkten begrenzt werden, da der Andrang durch sieben Studentenjahrgänge enorm groß war. Zulassungskriterien waren die Haltung zum Nationalsozialismus und dadurch erwachsene Nachteile oder Verfolgung, Dauer der Kriegsgefangenschaft sowie eine mehrmonatige Teilnahme an der Trümmerbeseitigung[1058]. Die „Hochschullehrer ohne Amt“[1059]

1055 UA-M, 207/74: Bescheinigung Prorektor Hoffmanns vom 12. März 1947.

1056 Vgl. UA-M, 207/74: Peters an Prorektor Hoffmann vom 9. Mai 1948: „Ich möchte Eure Magnifizenz um Unterstützung bei der Materialbeschaffung bitten. Seit mehr als zwei Jahren ist meine Familie auseinandergerissen. Meine Frau wohnt mit meiner jüngsten Tochter in der notdürftigst hergerichteten Küche des Hauses [...]. Die Räume (Küche und kleiner Vorraum) sind feucht. In den Flur regnet es herein. Meine Frau leidet an Kreislaufstörungen, die mit Kälte und Feuchtigkeit im Zusammenhang stehen. Meine jüngste Tochter hat sich in einer Wohnung eine Blasenerkrankung zugezogen, meine älteste Tochter bei einem kurzen Besuch eine Mittelohrentzündung“.

1057 *K. Michaelis*, Die Universität Münster, S. 37; hierzu auch *P. Respondek*, Der Wiederaufbau, S. 196 - 213.

1058 *K. Michaelis*, Die Universität Münster, S. 12, 36.

1059 So *J. Rückert*, NJW 1995, S. 1251 (1254).

mussten sich einer politischen Überprüfung im Rahmen der Entnazifizierungsverfahren unterziehen.

Wie Peters wurden auch eine Reihe anderer Rechtswissenschaftler der Münsteraner Universität zunächst als Mitläufer und nach erfolgreichem Einspruch als entlastet eingereiht. Die Frage, ob dies zu Recht geschah, muss anhand einer Einzelfallbetrachtung beantwortet werden[1060]; festzuhalten bleibt, dass fragwürdige Kontinuitäten nach 1945 zu verzeichnen sind[1061]. Abgesehen von Ausnahmen wie Carl Schmitt wurden selbst aktive Mitgestalter und Träger des NS-Regimes nach einer Phase der Suspendierung und des Abwartens an die Universitäten zurückgeholt[1062]. Die Auseinandersetzung mit der NS-Vergangenheit trat in den Hintergrund; der Zeitgeist verlangte, das Vergangene vergangen sein zu lassen, „Verdrängung" wurde spürbar[1063]. Zu betonen ist allerdings, dass es auch Rechtswissenschaftler gab, die sich – teils erst unter dem Einfluss der 68er-Bewegung – mit ihrer Rolle und ihrem Gedankengut während des Nationalsozialismus auseinandersetzten und ihren „Irrtum" eingestanden oder gar bereuten[1064]. Peters gehört zu jenen, die sich den Fragen eigener Schuld, Verantwortung und eigenen Versagens stellten[1065].

2. Lehrbetrieb

Die Wiederbesetzung der juristischen Lehrstühle mit ordentlichen Professoren konnte in Münster wegen der Entnazifizierungsverfahren erst Anfang der 50er

1060 Zu den Entnazifizierungsverfahren der Münsteraner Juraprofessoren siehe ausführlich *S. Felz*, Recht zwischen Wissenschaft und Politik, S. 142 – 196, 419; *L. Steveling*, Juristen in Münster, S. 562 – 596 sowie S. 597 – 656. Zu der Entnazifizierungspraxis und Peters' Verfahren siehe Kap. B. V. 5. a) bb).

1061 *P. Graf Kielmansegg*, Lange Schatten, S. 24. Vgl. *M. Görtemaker/C. Safferling* (Hrsg.), Die Rosenburg: Das Bundesministerium der Justiz und die NS-Vergangenheit – eine Bestandsaufnahme, Göttingen 2013.

1062 So bspw. Georg Dahm (ab 1955 o. Prof. in Kiel), Ernst Forsthoff (ab 1952 o. Prof. in Frankfurt), Ernst Rudolf Huber (ab 1952 o. Prof. in Freiburg), Günter Küchenhoff (ab 1956 o. Prof. in Würzburg), Karl Larenz (ab 1949 o. Prof. in Kiel), Theodor Maunz (ab 1952 o. Prof. in München), Friedrich Schaffstein (ab 1954 o. Prof. in Göttingen), Wolfgang Siebert (ab 1950 o. Prof. in Göttingen), Franz Wieacker (ab 1947 o. Prof. in Kiel).

1063 *U. Herbert*, Geschichte Deutschlands, S. 666; *P. Respondek*, Der Wiederaufbau, S. 507.

1064 So z.B. Friedrich Schaffstein, siehe *ders.*, MschrKrim 1965, S. 53 (67).

1065 Dazu insbes. Kap. B. V. 7.

Jahre abgeschlossen werden[1066]. Seit 1946 wurde das Strafrecht von Peters und Arthur Wegner (bis 1959) vertreten. Peters hatte den Lehrstuhl für Strafrecht, Strafverfahren – ab 1953 durch „Strafprozess- und Zivilprozessrecht" ersetzt – und Kriminologie inne. Wegner war Ordinarius für Kirchenrecht, Strafrecht, Völkerrecht und Rechtsphilosophie. Sofern die Vorlesungen Strafrecht Allgemeiner und Besonderer Teil nicht in einer Hand lagen, bemühten sich Peters und Wegner um eine Verbindung beider Vorlesungen zu einem Ganzen. Regelmäßig übernahm Peters die Einführung in die Rechtswissenschaft, da die Möglichkeit bestand, „sehr viel Persönliches hineinzulegen"[1067]. Zum Lehrpensum gehörten zudem Vorlesungen zum Strafvollzug, Strafverfahren, Psychologie der Aussage sowie Übungen und Seminare.

Mit Wiederaufbau des Hauses in der Burchardstraße fanden die Seminare ab Sommer 1949 bei Peters zu Hause statt. „Das gab", so Peters rückblickend, „eine persönliche Note. Die Teilnehmer saßen auf Stühlen und zwei alten Feldbetten, die früher im Luftschutzkeller standen. Diese Sitzgelegenheiten waren nicht besonders bequem. [...] Am Ende des Seminars wurden die Seminarteilnehmer zu Bier und Schnittchen eingeladen. Hatwig war eine treue Seminarmutter. Sonst gingen wir nach Seminarschluss in die Gastwirtschaft"[1068]. Neben Seminaren zum Strafprozess und Strafvollzug bot Peters besonders häufig kriminologische Seminare („Über den Beweis", „Über die Verteidigung", „Über das Fehlurteil") an. Ferner fanden Seminare zum Thema „Jugendverwahrlosung und Jugendkriminalität", „Jugendstrafrecht und Kriminologie", „Über die Strafrechtsreform", „Strafrechtlicher Schutz des Lebens" und „Arzt und Strafrecht" statt[1069]. Je nach der thematischen Ausrichtung wirkten auch Praktiker mit, so etwa der Leiter einer Strafanstalt oder die Münsteraner Professoren Wolfgang Mezger (Psychologie) und Alfred Petzelt (Pädagogik).

Angesichts der steigenden Immatrikulationszahlen[1070] waren Wegner und besonders Peters, der wegen des Lehrstuhlzuschnitts den Großteil der

---

1066 Das Zivilrecht wurde durch Max Kaser (1946 – 1959), Hans Schumann (1946 – 1959), Rolf Dietz (1950 – 1958), Hermann Schultze-von Lasaulx (1947 – 1951) bzw. Karl Michaelis (1951 – 1956) und Harry Westermann (1949 – 1974, seit 1946 vertretungsweise) vertreten. Das Öffentliche Recht war mit Hans Julius Wolff (1948 – 1968), Friedrich Klein (1951 – 1974, seit 1946 unter Vorbehalt) und Hans Ulrich Scupin (1952 – 1971) besetzt.

1067 UA-T, 198/13, S. 82.

1068 UA-T, 198/13, S. 69.

1069 UA-M, Personal- und Vorlesungsverzeichnis: SoSe 1947 – SoSe 1962.

1070 Zu den Zahlen siehe *C.-F. Menger*, in: Dollinger (Hrsg.), Die Universität Münster, S. 273.

strafrechtlichen Kernveranstaltungen übernahm, als einzige Lehrstuhlinhaber für Strafrecht zunehmend überlastet, zumal stets auch Aufgaben administrativer Art anfielen[1071]. Peters war ab 1953 Mitdirektor des Rechtswissenschaftlichen Seminars[1072], übernahm vereinzelt die Studienberatung und war Mitglied des Justizprüfungsamtes am OLG Hamm[1073]. Zudem war er 1954/55 Dekan[1074] und anschließend 1955/56 Prodekan, musste aber durch den Wechsel Michaelis' nach Göttingen im Sommer 1956 erneut das Dekanat übernehmen[1075]. Als Ausgleich nahm Peters ein vorlesungsfreies Semester[1076]. Eine Entlastung durch einen dritten Strafrechtslehrstuhl erfolgte erst 1965 nach Peters' Weggang.

3. Forschung

Ab Mitte der 50er Jahre verlagerte sich Peters' Forschungsschwerpunkt vom Jugendstrafrecht auf das Strafverfahrensrecht und den Strafvollzug. 1952 erschien das erste Lehrbuch „Strafprozeß", dass er bis 1985 fortführte[1077].

a) Institut für Strafprozeßrecht und Strafvollzug

Als Folge der steigenden Studentenzahlen wurden neue Lehrstühle und zahlreiche Institute geschaffen, die durch ihre Spezialisierungen zur Weiterentwicklung von Forschung und Lehre beitrugen und den Kontakt zur Praxis verstärkten[1078]. 1957 wurde das Institut für Strafprozeß und Strafvollzug gegründet.

Juli 1954 hatte Peters einen Ruf auf den Lehrstuhl für Straf- und Strafverfahrensrecht in Freiburg erhalten[1079]. Da Freiburg eine von ihm „besonders geliebte Stadt" mit einer „angesehenen Fakultät"[1080] war, war er zu einem Wechsel bereit. Münster wollte Peters aber halten: „Bei dem bekannten Nachwuchsmangel für

1071 *L. Steveling*, Juristen in Münster, S. 682.

1072 LAV NRW R, NW 144 Nr. 406: Ernennung durch das Kultusministerium NRW vom 10. März 1953.

1073 UA-M, Personal- und Vorlesungsverzeichnis: SoSe 1952 – SoSe 1962.

1074 UA-M, 30/639: Sitzungsprotokoll der 500. Fakultätssitzung vom 16. Juni 1954.

1075 UA-M, 30/27: Personalakte; UA-M, Personal- und Vorlesungsverzeichnis: WS 1954/55 – SoSe 1956.

1076 UA-M, 207/74: Kultusministerium NRW an Peters vom 18. Juni 1956.

1077 Dazu Kap. C. III. 2.

1078 *C.-F. Menger*, in: Dollinger (Hrsg.), Die Universität Münster, S. 273 f.

1079 LAV NRW R, NW 144 Nr. 406: Peters an den Kurator vom 12. Juli 1954.

1080 UA-T, 198/13, S. 88.

juristische Lehrstühle, wäre die Frage eines Nachfolgers schwierig zu regeln"[1081]. Peters befand sich daher bei den Bleibeverhandlungen in einer günstigen Situation und brachte die Errichtung eines Instituts für Strafprozess- und Strafvollzugskunde ins Gespräch. Da die Verhandlungen mit dem Kultusministerium einen monatlichen Sonderzuschlag, die Erhöhung der Kolleggeldgarantie sowie die Bereitstellung personeller und sachlicher Mittel für das gewünschte Institut ergaben[1082], entschied sich Peters für sein Bleiben.

Am 12. November 1957 wurde das bereits seit Mitte 1955 bestehende Institut für Strafprozeßrecht und Strafvollzug „Im Dienst der Gerechtigkeit und des Menschen" eröffnet[1083]. Zum Ziel des Instituts erklärte Peters bei der Einweihung, dass Strafrecht vorrechtlich verwurzelt sein müsse, wozu eine Berücksichtigung anderer Wissenschaften wie Theologie, Philosophie, Pädagogik, Anthropologie und Psychiatrie notwendig sei[1084]. Folglich bemühte sich Peters in der Gründungsphase des Instituts um eine breit aufgestellte Bibliothek und die Herstellung des Kontakts mit dem Bundesjustizministerium, Praktikern aus dem Justizwesen und Fachvertretern anderer Wissenschaften[1085]. Unterstützt wurde Peters seit April 1955 durch den Institutsassistenten Heinrich Foth, später kam der Sozialpädagoge Klaus Rehbein[1086] hinzu. Beide folgten 1962 nach Tübingen. Anfang 1964 wurde das Institut zum Institut für Kriminalwissenschaften erweitert.

1081 LAV NRW R, NW 144 Nr. 406: Vermerk des Kultusministeriums NRW vom 5. Aug. 1954.

1082 LAV NRW R, NW 144 Nr. 406: Kultusministerium NRW an Peters vom 17. Sept. 1954.

1083 So die Überschrift des Zeitungsarikels, in: UA-M, 9/1760: Westfälische Nachrichten vom 13. Nov. 1957.

1084 UA-M, 9/1760: Westfälische Nachrichten vom 13. Nov. 1957; vgl. *K. Peters*, FS Mezger (1954), S. 477.

1085 UA-T, 198/20, S. 15: „Von Bedeutung war für mich die Zusammenarbeit mit Vertretern anderer Fakultäten, so vor allem mit Gerichtsmedizinern, Psychiatern, Pädagogen und Psychologen".

1086 **Klaus Rehbein** (*3. Juni 1930, †23. Febr. 2018): Studium der Sozialpädagogik, Germanistik, Philosophie und des Strafrechts in Münster. Diss. „Formen der Erziehung im Jugendstrafvollzug" (1959) bei Friedrich Siegmund-Schultze (Zweitgutachter Peters). Erziehungsleiter im Jugendstrafvollzug. 1962 wiss. Assistent an der Jur. Fak. Tübingen. 1966 Referent im Landesjugendamt Rheinland. 1970 Ruf an die Univ. Bielefeld auf den Lehrstuhl für Kriminologie, Jugendrecht und Strafvollzug, den Rehbein zwar ablehnte, aber im Nebenamt einige Jahre vertrat. 1975 bis zur Emeritierung 1995 Prof. für Erziehungswissenschaften und Sozialpädagogik in Marburg.

b) Forschungsreisen, Tagungen, Mitgliedschaften

Zur Stärkung des internationalen Wissenschaftsaustausches[1087], unter dem Aspekt der Rechtsvergleichung und der Sammlung von Erfahrungen aus dem Ausland unternahm Peters zahlreiche Vortrags- und Forschungsreisen. Zu nennen sind: eine Berliner Tagung über Stand und Neuordnung der Jugendgerichtsbarkeit (Mai 1949); ein Forschungsaufenthalt in England auf Einladung des British Council (Herbst 1950); ein Vortrag „Der christliche Sinn der Strafe“[1088] auf dem Zweiten Internationalen Kongress der katholischen Gefängnisgeistlichen und Fürsorger in Freiburg (August 1954). Im Sommer 1955 war Peters als Mitglied der amtlichen Delegation des Bundesjustizministeriums und neu gewähltes Mitglied der Fondation internale pénale et pénitentiarie[1089] Teilnehmer am Ersten Kongress der Vereinten Nationen über Verbrechensverhütung und Behandlung Straffälliger in Genf. Im Herbst 1955 war er Gast an den Universitäten Aarhus (Dänemark), Lund und Uppsala (Schweden) verbunden mit einem Vortrag über die „Grenzen der Wahrheitsforschung im Strafprozess“ und der Leitung eines Seminars zur „Entwicklung des deutschen Jugendstrafrechts“ und zur „Folgerung aus dem Gefangenen- und Täterstrafrecht aus dem Strafprozess“. 1958 hielt er auf der Salzburger Hochschulwoche ein Referat über das „Naturrecht im heutigen Rechtsleben“. Oktober 1960 referierte Peters in Berlin zum Thema „Strafrechtspflege und Erziehungsprobleme“ auf der Zweiten Kriminologischen Arbeitstagung für Richter und Staatsanwälte[1090].

Verbunden waren die Auslandsreisen stets mit Besichtigungen von Wohlfahrts- und Erziehungseinrichtungen oder Strafvollzugsanstalten. Neben der Mitgliedschaft in der Fondation internale pénale et pénitentiarie war Peters in der Pax Romana[1091] aktiv. Ende der 40er Jahre war er in Münster

---

1087 Dazu *K. Peters*, JZ 1955, S. 714: „Die Einbeziehung Deutschlands in die internationale Arbeit auf dem Gebiet des Strafrechts und Strafvollzuges darf als ein erfreuliches und bedeutsames Zeichen der Nachkriegsentwicklung gewertet werden“.

1088 Abgedruckt *K. Peters*, Der Wegweiser Heft 2 (1954).

1089 Die „Fondation internationale pénale et pénitentiaire“ wurde 1951 als Organisation der Vereinten Nationen gegründet. Ihre Aufgabe besteht in der internationalen wissenschaftlichen Erörterung und Untersuchung der Probleme auf dem Gebiet des Straf- und Strafvollzugsrechts.

1090 Zusammenstellung aus LAV NRW R, NW 144 Nr. 406; UA-M, 207/74; *K. Peters*, JZ 1955, S. 714.

1091 Die Pax Romana ist die Vereinigung der beiden eigenständigen „Internationalen Bewegung katholischer Intellektueller“ (seit 1947) und der „Internationalen Bewegung katholischer Studierender“ (seit 1921). Sie ist eine vom Heiligen Stuhl anerkannte internationale katholische Vereinigung von Gläubigen päpstlichen Rechts.

Mitbegründer der Ortsvereinigung des katholischen Akademikerverbandes, in dem er die Leitung der Juristengilde übernahm und die deutsche Juristengruppe der Pax Romana in Rom vertrat. Internationale Kongresse der Internationalen Katholischen Juristen fanden Oktober 1953 in Paris sowie Oktober 1956 in Rom und Ostia statt. Zum Thema des Kongresses 1956 „über die Achtung der Menschenwürde in der Anwendung des Strafrechts" referierte Peters über „Strafprozeß und Menschenwürde"[1092].

Seit Oktober 1949 gehörte Peters zum Beirat der Görres-Gesellschaft, dessen Vorsitz sein Bruder Hans seit 1940 bzw. ab 1948 bis zu seinem Tode 1966 innehatte[1093]. Zwischen 1964 und 1968 war Karl Peters Leiter der Sektion für Rechts- und Staatswissenschaften. Für das „Staatslexikon" der Görres-Gesellschaft in der 6. Auflage verfasste er mehrere Artikel. Regelmäßig besuchte Peters den Deutschen Juristentag[1094] und die Tagung der Strafrechtslehrer. 1961 wurde er stellvertretender Vorsitzender des Ehrengerichts der „Deutschen Gesellschaft für Psychologie"[1095].

c) *Akademische Schüler*

Während seiner Münsteraner Jahre hatte Peters eine Reihe von Doktoranden betreut[1096], darunter seine Assistenten Heinrich Foth und Klaus Meyer sowie Klaus Tiedemann, der sich später bei Peters habilitierte. Einer der bekanntesten Schüler ist Jürgen Baumann, der mit dem „Alternativentwurf für das Strafrecht, Allgemeiner Teil" die Strafrechtsreform beeinflusst und „dem liberalen Strafrecht die Tore geöffnet"[1097] hat. Rückblickend erinnerte sich Peters: „Unter den Hörern fiel mir ein Student durch sein Engagement und seine kritischen Einwände auf. Das war Jürgen Baumann [...]. Man könnte ihn als Stürmer und Dränger bezeichnen"[1098]. Der Einfluss Peters' auf Baumann zeigt sich daran, dass Baumann u.a. Peters sein erstes Lehrbuch von 1960 widmete. Peters und

---

1092 UA-M, 207/74: Peters an den Rektor vom 7. Juli 1956; *K. Peters*, in: ders./Lang-Hinrichsen, Fn. 41.

1093 Siehe dazu Kap. B. I. 3. c).

1094 Siehe Gutachten von Peters zum 41., 42., 43., 46. und 52. DJT.

1095 LAV NRW R, NW 144 Nr. 406: Peters an das Kultusministerium NRW vom 26. Nov. 1961.

1096 Siehe Auflistung der von Peters' betreuten Diss. mit einigen Kurzbiographien im Anhang.

1097 UA-T, 198/29: Mitarbeiter, S. 4.

1098 UA-T, 198/29: Mitarbeiter, S. 3 f.

Baumann standen sich in weltanschaulichen und kriminalpolitischen Ansichten zwar gegensätzlich gegenüber[1099]; dem engen persönlichen Kontakt bis zu Peters' Tod tat das aber keinen Abbruch.

4. Wilhelm Sauer

Eine besondere Freude war Peters das Zusammentreffen mit Wilhelm Sauer[1100], dessen Lehrstuhlnachfolger er in Münster wurde und mit dem er schon in der Vergangenheit wiederholt in Kontakt getreten war. „Sauer hatte mir im Jahre 1932 von Königsberg in besonders freundlicher und eingehender Weise zu meiner Habilitationsschrift geschrieben. Das war für einen jungen Dozenten Ermutigung und Ansporn. Ich freute mich, ihn in Münster wiederzusehen. Es entstanden herzliche, auch familiäre Beziehungen"[1101]. Im Entnazifizierungsverfahren bestätigte Sauer, dass Peters 1941 für einen Ruf nach Münster aus konfessionellen Gründen nicht in Frage gekommen war[1102]. Für Peters war Sauer ein Vorbild eines universalgelehrten Rechtswissenschaftlers, dessen Wirken sich auf Rechtsphilosophie, Rechtsmethodik, Strafrecht, Prozessrecht und Kriminologie erstreckte. „Von Kollegen ist er meist beiseite geschoben worden. Ich halte ihn für den bedeutendsten Juristen, dem ich begegnet bin – tiefgründig, klar und gründlich. Am meisten schätze ich seine Grundlagen des Prozessrechts und seine juristische Methodenlehre. Seine Kriminalsoziologie ist zu Unrecht angegriffen worden"[1103].

Während der NS-Zeit hatte Sauer eine ambivalente Rolle eingenommen. Einerseits hatte er den Nationalsozialismus unterstützt und gefördert – hierzu gehört beispielsweise die dreibändige Monographie „Kriminalsoziologie" (1933) und der Aufsatz „Die Ethisierung des Strafrechts" (1934)[1104]. Andererseits war

---

1099 Siehe dazu Kap. C. II. 1. b) aa) (1), 2. a) aa) und b) aa).

1100 **Wilhelm Sauer** (*24. Juni 1879, †21. März 1962): Studium der Rechtswissenschaft und Philosophie in Marburg, Kiel, Berlin. Promotion 1916, Habil. 1916. Venia legendi für Strafrecht und Strafprozeß, mit späterer Erweiterung auf Zivilprozeß und Rechtsphilosophie. Berufung 1920 an die Univ. Königsberg. Von 1935 bis zur Emeritierung 1946 lehrte Sauer an der Univ. Münster.

1101 UA-T, 198/13, S. 60a.

1102 Siehe hierzu Kap. B. V. 3. c), d).

1103 UA-T, 198/13, S. 60a; so auch *K. Peters*, MschrKrim 1959, S. 65 f.; *ders.*, JR 1979, S. 221.

1104 *W. Sauer*, DStR 1934, S. 177 – 190. Ausführlich zu Sauers' Schrifttum und Ansichten zwischen 1933 und 1945 siehe *S. Felz*, Recht zwischen Wissenschaft und Politik, S. 83 – 85; *I. Müller*, Furchtbare Juristen, S. 91, 98, 101; *L. Steveling*, Juristen in Münster, S. 337 – 341, 447 – 456.

Sauer teils heftiger Kritik ausgesetzt. So wurde er 1935 zwangsweise nach Münster versetzt, nachdem ihn die Königsberger Studenten als zu „reaktionär" beurteilt hatten. Seine Lehren und Ansichten wurden als „entsetzlich geschwollene Verworrenheit" und als zu liberalistisch bezeichnet[1105]. Einen Höhepunkt der Ablehnung erfuhr Sauer 1936 mit dem Verbot zwei seiner rechtsphilosophischen Bücher. Trotz Sauers Zweifeln „an dem Wie der Durchsetzung der Ziele des Nationalsozialismus"[1106], konnte er als Professor bis zur Emeritierung 1946 tätig bleiben. Nach 1945 zeigte Sauer durch Beschönigungen, Weglassungen bis hin zu Umformulierungen eine recht selektive Sicht bezüglich seiner Rolle im Nationalsozialismus[1107]. In den Nachrufen auf Sauer verlor Peters dazu kein Wort. Neben dem vielschichtigen Werk hob er Sauers Grundanschauung hervor, die von der „Auffindung des Wertes für das Ganze" getragen sei und „seine großen Arbeiten immer wieder [...] von dem Erkennen des Göttlichen in den Dingen und von dem Suchen nach dem Göttlichen in uns und über uns" durchdrungen gewesen seien[1108]. In der Verknüpfung von Empirie und Philosophie sah Peters ein Vorbild für seine eigenen kriminologischen Auffassungen[1109].

5. „Kampf dem Atomtod"

Die Bestätigung, dass Peters im eigentlichen Sinne kein politischer Mensch war, gab er in seiner Abschiedsvorlesung: „Die Achtung vor dem Leben hat mich zu der einzigen politischen Stellungnahme, die über mein engeres Fachgebiet herausgeht, aber doch mit dem Problem Recht und Ethik zusammenhängt, veranlaßt: nämlich zur ethischen und rechtlichen Ablehnung atomarer Aufrüstung und atomaren Krieges"[1110]. Vor dem Hintergrund des atomaren Wettrüstens zwischen den Blockstaaten des Kalten Krieges billigte der Bundestag im März 1958 die Stationierung von Atomwaffen unter NATO-Oberbefehl in der Bundesrepublik. Unter dem Motto „Kampf dem Atomtod" formierte sich hiergegen eine breite Protestbewegung, der sich auch Peters anschloss[1111].

1105 *L. Steveling*, Juristen in Münster, S. 338; vgl. *S. Felz*, Recht zwischen Wissenschaft und Politik, S. 85 - 87, 89.

1106 *L. Steveling*, Juristen in Münster, S. 340.

1107 Siehe dazu *S. Felz*, Recht zwischen Wissenschaft und Politik, S. 153 - 158.

1108 *K. Peters*, JR 1962, S. 213 (214).

1109 *K. Peters*, FS Lackner (1987), S. 951.

1110 UA-T, 198/20, S. 16.

1111 Unter Initiative von BVerfG-Richter Ernst-Wolfgang Böckenförde und dem Philosophen Robert Spaemann entstand 1960 der Diskussionssammelband „Atomare Kampfmittel". Darin wurden die Aufsätze im Hochland 51 (1958/59) von Karl Peters

Die Bereitstellung und Benutzung atomarer Waffen wertete Peters als sittliches Unrecht, weil eine als Friedens- und Freiheitsordnung zu begreifende Rechtsordnung niemals einen Vorgang als rechtmäßig decken könne, der auf die Vernichtung seiner geistigen und tatsächlichen Voraussetzungen gerichtet sei[1112]. Auch wenn die atomare Bewaffnung durch einen Beschluss des Bundestages legitimiert sei, dürfe sich der Jurist bei solch wichtigen Grundsatzfragen nicht auf ein „alles-in-Ordnung" zurückziehen. „Eine derartige Einstellung" könne sich „verhängnisvoll auswirken"[1113]. Einzig Diplomatie, gegenseitige Kontrolle und vor allem „ein menschlicher und geistiger Wandel zu den Werten der Religion, Ethik, Wahrhaftigkeit und Liebe"[1114] böten einen Ausweg aus dem durch die atomare Aufrüstung entstanden „rechtsfreiem Chaos"[1115]. Die Methode der Abschreckung durch Aufrüstung bezeichnete Peters als primitiv und geistige Bankrotterklärung, die den fehlenden Glauben an die Kraft der (Friedens-)Idee offenbare. Darüber hinaus beinhalte die Entscheidung für Atomwaffen eine für das übrige Rechtsleben relevante Wertung, nämlich die Bereitschaft zum Einsatz massenvernichtender Mittel. Dadurch leide jedoch die Glaubwürdigkeit des Staates, dass er seiner Verpflichtung zur Achtung des Lebens – vor allem das des ungeborenen Kindes – uneingeschränkt nachkommt[1116]. In Planung hatte Peters Forschungen zur Friedensproblematik[1117], die er aber nicht weiterverfolgt hat.

6. Der Fall „Hagemann"

Peters' Einsatz für den Publizisten Walter Hagemann[1118] war seinem persönlichen Bedürfnis entsprungen, einem Menschen in schwieriger Lage

(S. 12 ff.), Clemens Münster (S. 133 ff.) und Robert Spaemann (S. 201 ff.) abgedruckt und durch weitere Beiträge z.B. von Rudolf Fleischmann (Göttinger Achtzehn) und P. Franziskus M. Stratmann (Theoretiker der kath. Friedensbewegung) ergänzt.

1112 *K. Peters*, in: Atomare Kampfmittel, S. 43; vgl. *ders.*, Theologische Revue 1962, Sp. 252 (253): „Es ist weder rechtlich noch sittlich erlaubt, Menschen und Schöpfung durch eine zwar ungewisse, aber sehr naheliegende und leicht mögliche Vernichtungsgefahr zu bedrohen".

1113 *K. Peters*, in: Atomare Kampfmittel, S. 40.

1114 UA-T, 198/13, S. 87; vgl. *K. Peters*, Theologische Revue 1962, Sp. 252 (255).

1115 UA-T, 198/29: Das religiöse Leben, S. 15.

1116 *K. Peters*, in: Atomare Kampfmittel, S. 53 f.; dahingehend auch *Arthur Kaufmann*, Über Gerechtigkeit, S. 48. Siehe dazu Kap. C. II. 2. a): Debatte zum Schwangerschaftsabbruch.

1117 UA-T, 198/29: Aufzecihnung von Aug. 1985.

1118 **Walter Hagemann** (*16. Jan. 1900, †16. Mai 1964): Studium der Politik, Geschichte, Philosophie und Volkswirtschaft u.a. in Berlin. Promotion 1922. Seit 1923 als

beizustehen[1119]. Der Kontakt war vermutlich über Hans Peters[1120] und den Schwiegervater Aloys Meister entstanden. Eine enge freundschaftliche Verbindung bestand zwischen Peters und Hagemann nicht.

Hagemann, der bedingt durch seine Aktivitäten vor 1945 ein angesehener Professor, Journalist und Politiker in Münster war, war durch seine Kritik an der Politik Adenauers und der Solidarisierung mit der DDR zu einer Unperson geworden. Hagemann war mit seiner Haltung zur DDR zwar nicht allein; jedoch war er der einzige, der den Tabubruch eines offenen Kontakts mit führenden Personen in der DDR wagte[1121]. Den Höhepunkt bildeten die Teilnahme an der Kampagne „Kampf dem Atomtod“ und eine Rede vor dem „Nationalrat der Nationalen Front der DDR“ in Ost-Berlin am 18. Oktober 1958: „Unerwartet hielt er in der DDR einen Vortrag über die Beziehungen zwischen Ost- und Westdeutschland. Seine Gedanken wirkten damals politisch erregend. Heute sind sie nahezu Allgemeingut“[1122].

Im April 1958 wurde Hagemann aus der CDU ausgeschlossen und sodann durch den Kultusminister suspendiert[1123]. „Hagemann war persona ingrata im Kultusministerium. Ich selbst vertrat seine politische Auffassung nicht. Jedoch beunruhigte mich, was nun folgte. Wegen persönlichen Verhaltens in der Universität [...], wurde ein Strafverfahren gegen ihn eröffnet“[1124]. Eigentlicher Gegenstand des Disziplinarverfahrens war aber der Vorwurf der Verletzung der beamtenrechtlichen Verpflichtung zur Mäßigung und des Eintretens für ein totalitäres System. Im April 1959 wurde Hagemann wegen sittlicher Verfehlungen vorläufig des Dienstes enthoben. Im Verfahren vor dem VG Münster folgte

---

Journalist tätig. Seit 1927 bei der seinerseits führenden pol. Tageszeitung des Zentrums „Germania“, von 1934 bis zum Verbot 1938 dessen Chefredakteur. 1946 übernahm er die Leitung des Instituts für Zeitungswissenschaften an der Univ. Münster (gegründet durch Aloys Meister und Karl d'Ester) und wandelte es in das Institut für Publizistik um. Seit Mai 1948 bis 1959 a.o. Prof. in Münster. April 1961 flüchtete Hagemann in die DDR. Seit 1925 Mitglied der Zentrumspartei; seit 1950 bis zum Ausschluss April 1958 Mitglied der CDU, *W. Haacke*, in: NDB 7 (1966), S. 468 f.

1119 Interview mit Diethild Peters vom 25. Juli 2016 und Hans-Dietrich Quedenfeld vom 27. Juli 2016

1120 Dazu *T. Wiedemann*, Walter Hagemann, S. 104, 242.

1121 *T. Wiedemann*, Walter Hagemann, S. 147, 268, 272 - 276, 283 f., 299 - 301, 305.

1122 UA-T, 198/13, S. 67.

1123 Im Einzelnen siehe *T. Wiedemann*, Walter Hagemann, S. 307 - 318 und S. 325 - 328.

1124 UA-T, 198/13, S. 67, darin Bezugnahme auf eine Liebesbeziehung Hagemanns‘ zu einer minderjährigen Studentin.

Ende 1959 die endgültige Entlassung, verbunden mit dem Verlust des Professorentitels und der Pensionsansprüche. Zu den wenigen, die sich empört zu Wort meldeten, gehörten die Juristen Hans Wolff und Karl Peters, die die Dienstenthebung als einen Eingriff in die Wissenschaftsfreiheit kritisierten. Zudem wies Peters auf verfahrensrechtliche Mängel hin, die in der Vermischung politischer und persönlicher Vorwürfe, der unzulässigen Ausweitung des Untersuchungsgegenstandes und der Verletzung von Hagemanns Persönlichkeitsrechten bestanden[1125].

An das verwaltungsrechtliche Verfahren schloss sich im Dezember 1960 ein Strafverfahren am LG Münster wegen Unzucht mit Abhängigen und Minderjährigen unter Ausnutzung der Amtsstellung und wegen Meineids in einer Vaterschaftsklage an. Im Einvernehmen mit der Universität übernahmen Peters und der Rechtsanwalt und Notar Reinhold Bruens die Verteidigung. Zur Hauptverhandlung am 14. April 1961 kam es allerdings nicht mehr, weil Hagemann in der Nacht vor dem Prozessbeginn in die DDR geflohen war. „Wenn ich auch lieber den Prozess in Münster durchgeführt hätte, so war das Verhalten Hagemanns doch zu verstehen. Ich selbst hoffte auf einen günstigen Ausgang. Jedoch war die Atmosphäre vergiftet. In der DDR wurde Hagemann vor einem Gericht freigesprochen“[1126].

Für Peters hatte die Verteidigung im Fall Hagemann Konsequenzen. Zum einen zog er den Argwohn und die Verärgerung des Düsseldorfer Kultusministeriums auf sich[1127]. Zum anderen wurden gegen ihn und Bruens ein Ermittlungsverfahren wegen Beleidigung und falscher Verdächtigung eingeleitet. Bruens und Peters hatten verlangt, dass die zur Haftverschonung geleistete Kaution zurückgezahlt werden müsste, weil insbesondere der Vorsitzende der Strafkammer, Landgerichtsdirektor Georg Heukamp, den Anlass zur Flucht Hagemanns gelegt hätte und befangen sei: „Der Antrag, die Sicherheitsleistung nicht für verfallen zu erklären, wird u.a. darauf gestützt, daß der Angeklagte in einer nicht zu verantwortenden Kurzschlußhandlung aus panischer Angst vor den […] Richtern Münster kurz vor dem Termin verlassen hat. An diesem Zustand hat das Verhalten der Richter wesentlich mitbeigetragen. Die Richter müßten also über

---

1125 *T. Wiedemann*, Walter Hagemann, S. 340.

1126 UA-T, 198/13, S. 67. Zum Verfahren im Einzelnen *T. Wiedemann*, Walter Hagemann, S. 344 – 348.

1127 UA-T, 198/13, S. 68. Weiter schrieb Peters: „Als ich nach der Annahme des Rufs nach Tübingen vom damaligen Rektor, dem Gynäkologen Göcke, die Entlassungsurkunde erhielt, erklärte er mir, dass er sich darüber errege, dass der übliche Dank fehle“.

ihr eigenes Verhalten urteilen“[1128]. Schon in der Vergangenheit seien Angeklagte vor derselben Strafkammer aus Angst vor dem Vorsitzenden geflohen. Richter Heukamp erstattete Anfang 1962 Strafanzeige gegen Bruens und Peters sowie gegen weitere Pressevertreter, Rechtsanwälte und Privatleute, die sich über Heukamps Verhandlungsführung vor allem im sog. Rohrbach-Prozess (1958) kritisch geäußert hatten[1129]. Im September 1963 wurde das Verfahren gegen Peters eingestellt[1130].

7. Wendepunkte: Arthur Wegner

Da Peters der Kontakt zu seinen Kollegen und eine angenehme Arbeitsatmosphäre ihm wichtig waren, brachten die rund um Arthur Wegner[1131] entstandenen Spannungen 1962 es mit sich, dass er von Münster nach Tübingen wechselte. Zwischen Wegner und Peters bestand eine besonders enge persönliche Beziehung. Peters schätzte Wegners‘ tiefe Religiosität und seine strafrechtlichen Grundauffassungen: „Wegner war ein befähigter Jurist, der versuchte, seine gläubige Grundvorstellung mit dem Recht zu vereinbaren“[1132]; „Wegner und ich

1128 LAV NRW R, NW 377 Nr. 5872, Bl. 67 - 75: Ablehnungsgesuch gegen die Richter Heukamp, Markowski und Schroer vom 9. Mai 1961.

1129 LAV NRW R, NW 377 Nr. 5872, Bl. 11 - 16: Ermittlungsverfahren in der Sache Heukamp vom 30. Juli 1962.

1130 LAV NRW R, NW 377 Nr. 5872, Bl. 93: Einstellungsbescheid vom 4. Sept. 1963.

1131 **Arthur Wegner** (*25. Febr. 1900, †5. Juli 1989): Nach Kriegsteilnahme Studium der Rechtswissenschaften in Berlin. 1921 - 1924 Assistent am Kriminalistischen Institut der Berliner Univ. unter Kohlrausch und Goldschmidt. Promotion 1923, Habil. 1924. 1926 o. Prof. an der Univ. Breslau für Straf- und Strafprozessrecht. Strafversetzung 1934 nach Halle. 1937 Zwangspensionierung auf Grundlage von § 6 BBG (jüdische Ehefrau), Verhaftung durch die Gestapo und Anklage wegen Vergehen gegen das Heimtückegesetz vor dem Sondergericht. U.a. mit Hilfe von Kohlrausch konnte das Verfahren eingestellt werden. 1938 Emigration nach England. Wegen Verweigerung der engl. Staatsangehörigkeit Internierung 1940 - 1945 in England und Kanada. Juni 1945 Rückkehr nach Deutschland. Berufung 1946 als Ordinarius nach Münster. 1959 Emigration in die DDR. 1963 persönliches Ordinariat an der Univ. Halle, *H. Eberle*, Die Martin-Luther-Universität, S. 92 - 96; *R. Lieberwirth*, Jur. Fak. der Univ. Halle-Wittenberg, S. 62 f., 71 f.

1132 UA-T, 198/13, S. 62. Weiter schrieb Peters: „Er war ein tiefgläubiger Mensch. In einem Gefangenenlager in den USA während des Zweiten Weltkrieges trat er zum katholischen Glauben über. In den ersten Monaten [in Münster] lebte ich im Caritashaus, wo auch Wegner wohnte. […] Sein ‚Strafrecht [AllgemeinerTeil‘] ist klar und spannend geschrieben. […]. Trotzdem hat das Buch nur einen begrenzten Leserkreis erreicht. Das hatte seinen Grund darin, dass er alle auf Grund des Ermächtigungsgesetzes

sahen das Strafrecht in seiner Bindung an das ‚höhere Recht', das an die göttliche Ordnung gebunden ist"[1133].

Der Umgang mit Wegner erwies sich allerdings als schwierig. So schrieb Wegner in seinen autobiographischen Skizzen: „Nach 1951: Wiederbeginn nazistischer und antisemitischer Hetze. Hinzukam [...] Zurückgehen und Schwächerwerden meines Ansehens infolge der allmählich anwachsenden Hetze alter und neuer Nazis. In der Hitlerzeit geschah mir in dieser Hinsicht so Schlimmes noch nicht wie in der Bundesrepublik"[1134]. Wegner fühlte sich häufig auch gegenüber dem „ersten" Strafrechtsordinarius Peters zurückgesetzt und unverstanden, und vermutete, dass gegen ihn intrigiert werde[1135]. Peters hielt dazu fest: „Als junger Professor in Halle wurde gegen ihn aus politischen Gründen in der NS-Zeit ein Strafprozess geführt [...]. Ich meine, dass von diesem Erlebnis her sich in ihm eine gewisse Angst vor Verfolgung [...] festgesetzt hat. [...] In seinen politischen Auffassungen", seit 1918 fühlte sich Wegner dem Kommunismus verbunden", verband er manches, was nur schwer zu verbinden war. Er, der in religiöser Hinsicht, tief dem Katholizismus verbunden war, neigte zum Preußentum und Sozialismus. [...]. Dem Westen Deutschlands warf er vor, kein Verständnis für Ostdeutschland zu haben. Diese Kritik war durchaus vertretbar. [...] An diesem Zwiespalt litt Wegner"[1136]. Auch aus Beurteilungen von anderen Fakultätsangehörigen zeigt sich, dass Wegner zu schneller Verdächtigung und Übertreibung seiner Ansichten neigte[1137].

Im Frühjahr 1959 war Wegner nach Leipzig gereist und nahm in Ost-Berlin am 1. Juli 1959 an der Sitzung des „Nationalrats der Nationalen Front" teil, wo er sich lobend und anerkennend über die Sozial- und Friedenspolitik der DDR

---

nach der Ausschaltung von Papens ergangenen Gesetzen für ungültig hielt. [...] Infolgedessen sah er die spätere weiteingreifende Strafrechtsreform [...] für ungültig an. Das bedeutete, dass in seinem Lehrbuch ein anderes Recht entwickelt wurde, wie es die Praxis und die herrschende Lehre annahmen. Diese Auffassung ist, auch wenn ich sie nicht teilte, imponierend. Sie zieht einen klaren Strich gegenüber dem Nationalsozialismus".

1133 UA-T, 198/29: Berufung nach Münster; vgl. UA-T, 198/13, S. 62.

1134 UA-T, 198/5, S. 74: Abschrift „Lebenserinnerung Arthur Wegner".

1135 *S. Felz*, Recht zwischen Wissenschaft und Politik, S. 166; *L. Steveling*, Juristen in Münster, S. 686 – 689.

1136 UA-T, 198/13, S. 63. Vgl. *R. Lieberwirth*, Jur. Fak. der Univ. Halle-Wittenberg, S. 72.

1137 Siehe dazu *L. Steveling*, Juristen in Münster, S. 702 f.

geäußert hatte[1138]. Darauf erhielt er August 1959 ein Schreiben des Kultusministers, in dem ihm in Ansehung seiner „geistig-seelischen und körperlichen Verfassung" nahegelegt wurde, sich einer „fachärztlichen Untersuchung zu unterziehen"[1139]. Zudem kündigte ihm das nordrhein-westfälische Innenministerium ein Disziplinar- und Strafverfahren an. Als Konsequenz entschied sich Wegner 1959 zur Emigration nach Halle, wo er „mit offenen Armen und propagandistischem Getöse empfangen wurde"[1140] und um politisches Asyl in der DDR bat. „Das Verlassen der Bundesrepublik und die Fahrt in die DDR ist nur durch die Sehnsucht nach dem Osten und die bange Unzufriedenheit über den Westen zu erklären. Vergeblich war der Rat [...] er solle zwei Semester Urlaub nehmen und nach England fahren. [...] Jetzt haben wir Ende 1986. Wegner lebt noch in Halle. Er ist, kaum begreiflich, der SED beigetreten. Seine tiefe religiöse Gläubigkeit hat er beibehalten. Ich denke gern an ihn, wenn auch mit manchem Bedauern"[1141].

Mit dem Weggang endete die Causa Wegner allerdings nicht. November 1959 wurde ein beamtenrechtliches Disziplinarverfahren eingeleitet, in dem Peters für Wegner zu vermitteln suchte und die Hintergründe des Geschehens erläuterte. Abgeschlossen wurde das Verfahren im August 1964 durch eine Entscheidung des OVG Nordrhein-Westfalen, wodurch Wegner aus dem Beamtenverhältnis endgültig entlassen werden konnte[1142]. Das Strafverfahren wegen des Verdachts der Agententätigkeit stellte die Oberstaatsanwaltschaft Anfang 1960 ein[1143].

Peters' Eintreten für Wegner und die Diskussion um den Umgang mit Wegners' vakantem Lehrstuhl brachten es mit sich, dass Peters in der Fakultät einen schweren Stand hatte und sich zunehmend in Münster nicht mehr zu Hause fühlte[1144]. „Die Nachfolge Wegners führte zu bedauerlichen Spannungen in der Fakultät. Sie beruhten auf der Verschiedenheit der Auffassungen über Wegner und grundsätzlichen Voraussetzungen für die Nachfolgerschaft. Ich meinte, dass

---

1138 *H. Eberle*, Die Martin-Luther-Universität, S. 96. Zu der Verarbeitung der Ereignisse in der ost- und westdeutschen Presse siehe *L. Steveling*, Juristen in Münster, S. 692 - 700.

1139 *S. Felz*, Recht zwischen Wissenschaft und Politik, S. 167.

1140 *H. Eberle*, Die Martin-Luther-Universität, S. 96; im Einzelnen *L. Steveling*, Juristen in Münster, S. 689.

1141 UA-T, 198/13, S. 64. Siehe weitere Äußerungen Wegners bei *L. Steveling*, Juristen in Münster, S. 692 - 695.

1142 *L. Steveling*, Juristen in Münster, S. 691 f., 701 f.

1143 *S. Felz*, Recht zwischen Wissenschaft und Politik, S. 167.

1144 Vgl. *L. Steveling*, Juristen in Münster, S. 704 f.

der Nachfolger ein jüngerer, tüchtiger Kollege sein sollte, der von der NS-Zeit unberührt war. Es war ein harter Kampf […]. Aber immerhin hatte die Angelegenheit Wegner so viele Unruhen und Unerfreulichkeiten mit sich gebracht, dass ich 1962 den Ruf nach Tübingen annahm“[1145].

VII. Tübingen (1962 - 1972)

Karl und Hatwig Peters lebten von 1962 bis 1972 in Tübingen „in einer angenehmen Welt an die wir trotz der später ausbrechenden „Studentenrevolte“ gern zurückdenken“[1146]. Aus dieser Zeit, die als Blütezeit von Peters‘ Schaffen zu bezeichnet ist, stammen seine wichtigsten Forschungsarbeiten. Hierzu gehören vor allem die Untersuchungen zu den Fehlerquellen im Strafverfahren.

1. Ruf an die Eberhard Karls Universität in Tübingen

Mit Erlass vom 11. April 1962 wurde Peters zum 1. September 1962 an das neugeschaffene Ordinariat für Strafrecht, Strafverfahren und Strafvollzug an der Rechts- und Wirtschaftswissenschaftlichen Fakultät berufen[1147]. Die Berufungsliste, die allein aus Peters bestand, zeigt das Bemühen um ihn. Begründet wurde die Liste damit, dass sie „mit aller Wahrscheinlichkeit die Chance einer Idealbesetzung“ biete, es gelte, „den Glücksfall eines annahmebereiten Kollegen von diesem Range und von dieser Fachrichtung schnell und vorbehaltlos auszunützen, ehe an Herrn Peters, wie zu befürchten ist, anderweitige Rufe ergehen“[1148]. Eine Berufung werde „die glücklichste und in der Kombination seiner Interessen fast nie erreichbare Ergänzung darstellen“[1149]. Angesichts des Forschungsschwerpunkts der beiden anderen Strafrechtslehrstühle im materiellen Strafrecht war die Universität bestrebt, Forschung und Lehre im Bereich des formellen Strafrechts zu ergänzen.

1145 UA-T, 198/13, S. 65. Insbes. das Verhältnis zu dem Zivilrechtler Harry Westermann war seither angespannt, Interview mit Diethild Peters vom 25. Juli 2016.

1146 UA-T, 198/13, S. 89.

1147 UAT, 602/1191: Ernennungsurkunde vom 9. Juli 1962.

1148 UAT, 602/1191, Bl. 1: Dekan RWW Fak. Tübingen an Arndt/Kultusministerium BW vom 7. Febr. 1962.

1149 UAT, 602/1191, Bl. 2: Senatsbericht zur Besetzung des Ordinarius für Strafrecht und Strafprozessrecht vom 22. Febr. 1962.

2. „Universitätsalltag"

Bestimmt wurden Peters' Tübinger Jahre durch die üblichen Lehrverpflichtungen sowie eine besonders intensive Forschungstätigkeit. Für die Sommer 1966 und 1969 hatte er vorlesungsfreie Semester[1150]. Zugleich fielen in diese Jahre die heftig geführte Diskussion um eine Große Strafrechtsreform[1151] und die Anfänge eines Strafvollzugsgesetzes. Peters war Mitglied der amtlichen Strafvollzugskommission, die sich von 1967 bis 1971 mit der Erarbeitung eines Entwurfs befasste[1152].

a) Lehre und wissenschaftlicher Nachwuchs

Mit der Aufteilung auf drei Lehrstühle lag das materielle Strafrecht bei Horst Schröder und Jürgen Baumann; Peters konnte sich (wie schon in Greifswald) auf seine Forschungsinteressen zurückziehen. So lag ein Schwerpunkt der Lehrtätigkeit auf der Vorlesung zum Strafprozessrecht, die er, was ihm wichtig war zu betonen, entgegen der Anzeige im Vorlesungsverzeichnis als „Strafprozeß" bezeichnete. Mit diesem übergeordneten Begriff wollte Peters verdeutlichen, dass es ihm nicht nur um den rechtlichen Rahmen, sondern auch um die Auseinandersetzung mit dem Ablauf und der Durchsetzung des Strafrechts im Prozess ging. Sein Anliegen war es, den Studenten zu zeigen, dass es im Strafprozess stets um Menschen und ihre Schicksale geht[1153]. In der Vorlesung besprach Peters konkrete Fälle in ihrem kompletten Verfahrensablauf, d.h. von der Tatanzeige bis zum Abschluss des Verfahrens (etwa im Wiederaufnahmeverfahren), um ein lebensnahes Bild justizmäßiger Vorgänge zu vermitteln[1154]. Darüber hinaus las Peters die Nebengebiete Jugendstrafrecht und Strafvollzug. Peters vermied die Übernahme der Klausurenkurse, weil seiner Ansicht nach „das viele Klausurenschreiben dumm" mache[1155]. Seminare bot Peters zum Jugendrecht („Idee und Wirklichkeit des Jugendstrafrechts"), zum „Problem der Erweiterung des Strafrechts durch Gesetzgebung, Rechtsprechung und Wissenschaft seit den 20er Jahren", zu den Beteiligten am Strafverfahren, zum Wiederaufnahmerecht sowie zur

---

1150 UA-T, 602/1191, Bl. 17, 23, 31.

1151 Ausführlich dazu Kap. C. II. 1. a) und b).

1152 Ausführlich dazu Kap. C. II. 1. b) aa) (2) sowie insbes. Kap. C. V.

1153 UA-T, 198/13, S. 96 f. Ausführlich dazu Kap. C. III.

1154 *K. Peters*, FS Henkel (1974), S. 253 (264).

1155 UA-T, 198/13, S. 81.

Strafzumessung anhand von Akten aus der Untersuchung zu den Fehlerquellen im Strafprozess an[1156].

Zu Peters' Mitarbeitern gehörten Heinrich Foth, Jürgen Meyer und Klaus Tiedemann. Tiedemann, der bei Peters promoviert hatte, habilitierte sich zu einem wirtschaftsstrafrechtlichen Thema[1157]. Der zweite Habilitand war Jürgen Baumann. Weiteren Doktoranden aus der Tübinger Zeit waren Wilhelm Haddenhorst, Wilfried Küper, Franz Klüber und Hans-Dietrich Quedenfeld.

b) Publikationen und Forschungsstelle für Strafverfahren und Strafvollzug

Vor dem Hintergrund der Großen Strafrechtsreform beschäftigte sich Peters in einer Vielzahl von Publikationen mit der Gestaltung des künftigen Strafrechts. Peters gehörte damit zu jener älteren Juristengeneration, die nach der Umgestaltung des Strafrechts in den 30/40er Jahren erneut die Gelegenheit zur Mitgestaltung des Strafrechts hatte. Im Schwerpunkt befasste er sich mit Fragen von grundsätzlicher Bedeutung (Schuld und Sühne, Funktion der Strafe, Recht und Sittlichkeit, Beschränkung des Strafrechts)[1158]. Neben den jugendstraf- und strafvollzugsrechtlichen Publikationen standen zudem Arbeiten zum Strafprozessrecht im Mittelpunkt; darunter vor allem die Untersuchungen zu den Fehlerquellen im Strafprozess und die Überarbeitung des Lehrbuchs zum Strafprozeß (2. Auflage von 1966).

Peters' Berufungsvereinbarung sah die Einrichtung einer Forschungsstelle für Strafverfahren und Strafvollzug vor. Noch in Münster war das Bundesjustizministerium an Peters mit der Anfrage herangetreten, ob er bereit sei, eine empirische Untersuchung zu Fehlurteilen in Deutschland durchzuführen. Peters bereitete dieses Projekt „nicht nur Mühen, sondern auch viel Freude"[1159]. Es entsprach seinen Forschungsinteressen und setzte die empirische Studie über „Zeugenlüge und Prozeßausgang" der 30er Jahre fort. Mit den dreibändigen

---

1156 UA-T, 168/11; *K. Peters*, Fehlerquellen, Bd. 2, S. 303.

1157 *K. Tiedemann*, Tatbestandsfunktionen im Nebenstrafrecht, Habil. 1969: „Meinem verehrten Lehrer KARL PETERS gewidmet", Vorwort: Besonders herzlicher Dank aber gilt meinem verehrten Lehrer […], der mich […] fachlich wie menschlich jederzeit bereitwillig unterstützt und nachhaltig gefördert hat". Zu Tiedemann und den übrigen Mitarbeitern und Doktoranden siehe die Auflistung der von Peters' betreuten Diss. mit Kurzbiographien im Anhang.

1158 Im Einzelnen dazu Kap. C. II. 1. b) und d).

1159 UA-T, 198/20, S. 13.

„Fehlerquellen im Strafprozess. Eine Untersuchung der Wiederaufnahmeverfahren in der Bundesrepublik Deutschland" (1970, 1972, 1974) schuf Peters ein Standard- und Grundlagenwerk zur Fehlurteilsforschung[1160]. Sein Anliegen bestand darin, die kriminalistischen, rechtspolitischen, rechtlichen sowie auch die für die Juristenausbildung relevanten Probleme zu beleuchten.

Anstoß für das Forschungsvorhaben war Max Hirschbergs Buch „Das Fehlurteil im Strafprozeß: Zur Pathologie der Rechtsprechung" von 1960 und eine davon inspirierte Anfrage des Bundestagsabgeordneten Adolf Arndt an das Bundesjustizministerium zum Stand der amtlichen Sammlung und Erforschung von Fehlurteilen im Strafprozess[1161]. Hirschbergs Untersuchung war wiederum eine Fortführung der Arbeiten der Strafverteidiger Max Alsberg („Justizirrtümer und Wiederaufnahme", 1913) und Ernst Erich Sello („Die Irrtümer der Strafjustiz und ihre Ursachen", 1911)[1162]. Das Problem des Fehlurteils war somit altbekannt und aktuell. Peters konzentrierte sich in seiner Untersuchung auf die Frage, welche Fehler sich im Ermittlungs- und Hauptverfahren feststellen lassen und warum diese Fehler namentlich im Rechtsmittelverfahren nicht erkannt wurden und so zu Fehlurteilen führten. Unterstützt wurde das Forschungsprojekt durch die Landesjustizministerien, die die Akten aller Wiederaufnahmeverfahren aus den Jahren 1951 bis 1964 zur Verfügung stellten. Einschränkend wurden nur erfolgreiche Wiederaufnahmeverfahren untersucht[1163]. Da Peters die Untersuchung auf das Problem der Beweisführung ausrichtete, schieden auch Wiederaufnahmen wegen verfassungswidriger Strafnormen, Staatsschutzsachen sowie erstinstanzliche Strafsachen vor den OLG und dem BGH aus[1164]. Anspruch auf

---

1160 Vgl. *H. de Vries*, Kriminalistik, Rn. 362: „Das Werk von Karl Peters wurde leider nicht fortgeführt".

1161 UA-T, 168/29: Korrespondenz zwischen Peters und RA Dr. Arndt Anfang 1962; vgl. BT-Drs. 3/111, S. 6185. „Auf sich aufmerksam" hat Peters durch seine Besprechung Hirschbergs Fehlurteilsbuch gemacht (JZ 1960, S. 230), in der er Hirschbergs Anregung zu einer aktenmäßigen Sammlung von Fehlurteilen in Wiederaufnahmeverfahren beipflichtet. Zu weiteren Initiatoren gehörten Karlheinz Dallinger und Theodor Kleinknecht (BJM).

1162 Siehe hierzu *K. Peters*, FS Olivecrona (1964), S. 532 f.; *ders.*, EG Grünhut (1965), S. 129 f.

1163 Vgl. *K. Peters*, FS Gallas (1973), S. 441 (457); vgl. demgegenüber *C. Schöneborn*, Strafprozessuale Wiederaufnahmeproblematik. Eine funktionalistisch angelegte Aktenanalyse gescheiterter Wiederaufnahmeverfahren, Tübingen 1980.

1164 *K. Peters*, Untersuchung zum Fehlurteil, S. 13.

Vollständigkeit erhob Peters nicht[1165]. Finanziell wurde die Forschungsstelle durch die Deutsche Forschungsgemeinschaft gefördert.

Zusammen mit seinen Assistenten, darunter Klaus Rehbein, Wilhelm Haddenhorst, Regina Lange, Hans-Dietrich Quedenfeld, die Eheleute Ost und Knauff sowie Heinrich Foth, nahm Peters die Fehlerquellenforschung Anfang 1963 auf und arbeitete sich in den nächsten 4 Jahren durch 1115 Wiederaufnahmeverfahren. Eingebunden in die Arbeit waren auch Gastprofessoren, darunter Vojin Dimitrijevic aus Belgrad, die Japaner Hiroyuki Nose und Mitsudo, Francesca Molinari aus Genua. Der Kontakt zu den japanischen Strafrechtlern, bei denen Peters hohes Ansehen genoß, führte dazu, dass er auf Einladung der japanischen Rechtsanwaltschaft Ende 1973 für zwei Wochen nach Japan reiste und dort fünf Vorträge zum Wiederaufnahmerecht hielt[1166].

c) Studentenunruhen 1968

Neben der Forschungs- und Lehrtätigkeit gab es „noch eine weitere Aufgabe, nämlich das Verwalten“[1167]. Als im Sommersemester 1968 die Studentenproteste ausbrachen und bald ihren Höhepunkt fanden, hatte Peters das Amt des Dekans inne. Die ‘68er-Studentenbewegung steht einerseits für einen politischen und gesellschaftlichen Veränderungsprozess in der Bundesrepublik Deutschland, andererseits für ein radikales Aufbegehren gegen staatliche Strukturen und Autoritäten. Die Proteste richteten sich gegen vermeintlich verkrustete Gesellschaftsstrukturen, ein verstaubtes Hochschulwesen, gegen die Große Koalition und nicht zuletzt gegen den Vietnamkrieg[1168]. Als Generationskonflikt verband sich mit der Studentenbewegung zudem der Vorwurf der fehlenden Auseinandersetzung mit der NS-Vergangenheit in allen gesellschaftlichen Bereichen – von der Familie, bis zum (Hochschul-)Lehrer und zur Politik. Als Reaktion auf den Artikel der Tübinger Studentenzeitung „Notizen“ über „Die braune Universität. Tübingens unbewältigte Vergangenheit“ signalisierte die Universität Gesprächsbereitschaft und veranstaltete von November 1964 bis Februar 1965

1165 Hierzu *K. Peters*, Fehlerquellen Bd. 1, S. 8 – 10. Zur Methodik siehe Kap. C. III. 1. c).

1166 Interview mit Hans-Dietrich Quedenfeld vom 27. Juli 2016. Ausführlich ist Peters‘ Japan-Reise in einem Reisetagebuch an seine Frau Hatwig dokumentiert, dass der Verf. dankenswerterweise durch Herrn Klaus Wasserburg bereitgestellt wurde.

1167 UA-T, 198/13, S. 108, weiter schrieb Peters: „Während der Tübinger Zeit gewann die Bürokratie in der Universität immer mehr an Macht“.

1168 Zum politischen und gesellschaftlichen Klima der 50/60er Jahre in der BRD siehe Kap. C. II. 1. a).

die Ringvorlesung „Das deutsche Geistesleben und der Nationalsozialismus“[1169], auf der Karl Peters neben 12 weiteren Professoren über seinen Fachbereich und den Nationalsozialismus sprach[1170].

Darüber hinaus hielt sich Peters aus den Diskussionen um die Hochschulreform zurück und blieb auch von Vorlesungsstörungen verschont. Da sich die Forschungsstelle für Strafverfahren und Strafvollzug etwas abseits des Universitätscampus befand, blieben Peters‘ Veranstaltungen für studentische Störungen uninteressant, zumal Peters die Institutsschilder an den Türen entfernt hatte[1171]. Sich selbst habe er es zum Grundsatz gemacht, sich keinem Zwang zu beugen[1172].

In seiner Radikalität und dem Infrage stellen von Grundstrukturen und sittlichen Werten lehnte Peters die ‘68er-Bewegung entschieden ab[1173]. So müsse die Universität zur Förderung von Geist, Kultur und ethischen Werten der Freiheit von Forschung und Lehre dienen. Eine Reform dürfe aber nicht „Zerstörung des Geistes, Vernichtung der Freiheit und Minderung der wissenschaftlichen Leistung bedeuten. Jede Reform kann nur unter Anerkennung des Grundgesetzes erfolgen. Den Gefahren, die in den letzten Jahren der Universität und darüber hinaus dem Staat drohen, kann nur begegnet werden, wenn man sich furchtlos, kompromißlos, offen und ehrlich für den Rechtsstaat einsetzt“[1174]. Zum Resultat der Studentenproteste hielt Peters fest, dass sie erfolgreich gewesen waren und das Wesen der alten freien Universität gewandelt hätte: „Aus der Universität ist weitgehend eine schulartige Lehranstalt geworden. Die Universitäts- und Ministerialbürokratie hat aus den internen Auseinandersetzungen ihre Machtposition gewonnen. In stundenlangen Sitzungen ging es unter Beteiligung der verschiedenen Gremien um die Schaffung einer neuen Verfassung. […] Die Universitätsstruktur war eine andere geworden“[1175].

1169 Vgl. *M. Wischnath*, Studentenbewegung und studentischer Protest in Tübingen „1968“ – Eine Chronik, Tübingen 2012, S. 15 f.

1170 Siehe dazu Kap. B. V. 7.

1171 Interview mit Hans-Dietrich Quedenfeld vom 27. Juli 2016.

1172 UA-T, 198/13, S. 111.

1173 Vgl. *J. Baumann*, in: Kriminologische Aktualität, S. 25: „Wie sehr gerade diesen Mann studentische […] Übergriffe im Jahre 1968 geschmerzt haben müssen, kann nur der ermessen, der das wissenschaftliche Werk von Karl Peters und das jahrzehntelange Bemühen um unsere Jugend kennt“. Siehe Kap. C. II. 1. d) aa).

1174 UA-T, 198/20, S. 17 f.

1175 UA-T, 198/13, S. 111.

3. Tätigkeit in der Strafrechtspflege

Mit dem Weggang aus Münster endete Peters' nebenamtliche Tätigkeit als Richter. Eine Verbindung zur Strafrechtspflege behielt er durch seine Tätigkeit als Rechtsberater und Gutachter bei. „Dabei", so Peters zu den zumeist pro bono übernommenen Fällen als Strafverteidiger vor allem von Studenten, „handelte es sich fast durchweg um Zusammenstöße mit der staatlichen Gewalt oder ihrer Vertreter. Schon in der staatsanwaltschaftlichen Praxis hatte mich schon immer die Auseinandersetzung zwischen Macht und Individuum beschäftigt. Ein Problem, das leicht mit dem Wort Querulantentum abgetan wird"[1176]. Ein Höhepunkt der Arbeit als Strafverteidiger war die Verteidigung von Zeugen Jehovas (1964 – 1968), die ihn bis zum BVerfG führte[1177].

4. Emeritierung

1972 wurde Peters emeritiert. In seiner Abschiedsvorlesung resümierte er über die letzten 50 Jahre. Deutlich wird der Wunsch sich nun zurückzuziehen:

> „Wer zwei verlorene Kriege miterlebt hat, wer Zeuge zweier Revolutionen gewesen ist, wer die Bedrohung durch eine dritte Revolution fühlt, wer das Auf und Ab von Ideen und Gegenideen mitgemacht hat, wer die völlig verschiedenen Haltungen der Menschen, auch junger Menschen im Verlauf der fünfzig Jahren feststellen muß, wer immer wieder erlebt hat, wie Hoffnungen und Erwartungen zu Schanden wurden, wer Ungerechtigkeit, Unwahrhaftigkeit, Haß und leeres Getöse um sich herum erblickte, wer sieht, wie Kultur und kulturelle Werte immer wieder in Bedrohung gerät, wer schließlich auch miterleben muß, wie rechtliche Werte und das Recht, dem er sich besonders verpflichtet fühlt, ins Wanken gerät und abgebaut wird, der sehnt sich, wenn die Zeit gekommen ist, danach, sich aus dem Trubel herausziehen zu können. Das bedeutet keine Weltflucht. Ich glaube, daß ich auch fachlich noch Aufgaben habe. Ich schulde noch vielen Menschen, die mit ihren Sorgen und Nöten an mich schreiben, Rat und Hilfe"[1178].

Abgerundet wurde Peters' Abschied durch einen von Studenten und Kollegen begleiteten Fackelzug zum katholischen Gemeindezentrum, „wo die Ovation für den verehrten Lehrer und Kollegen in ein geselliges Beisammensein mündete"[1179].

1176 UA-T, 198/20, S. 16. Siehe dazu Kap. C. III. 4. c) cc) (3).

1177 Dazu Kap. C. I. 3.

1178 UA-T, 198/20, S. 18.

1179 UA-T, 602/1191, Bl. 47: Schwäbisches Tagblatt vom 12. Febr. 1972.

VIII. „Ruhestand“

Angesichts Peters‘ Arbeitspensum kann von „Ruhestand“ nur bedingt besprochen werden: „Der Weg zur wissenschaftlichen Behandlung eines Rechtsgebiets endet eben nie“[1180].

1. Wissenschaftliches und literarisches Wirken

Bis zur Mitte der 80er Jahre widmete sich Peters vor allem der Vollendung seiner Forschungsarbeiten. Er schloss den letzten Band der „Fehlerquellen im Strafprozeß“ (1974) ab und hielt zahlreiche Vorträge zur Fehlerquellenforschung[1181] und zu allgemeinen Themen (z.B. „Gerechtigkeit und Recht“, „Todesstrafe“, „Die Menschenwürde im Strafrecht“, „Wesen der Strafe“). Für den 52. Deutschen Juristentag 1978 verfasste er das Gutachten zur „Rechtsmittelreform“. Auch in den Neuauflagen des Lehrbuchs „Strafprozeß“ (1981 und 1985) verwertete Peters seine Erkenntnisse aus der Fehlurteilsforschung. Da das Lehrbuch eng mit Peters‘ Erfahrungen und seiner Person verknüpft ist, wurde es nicht fortgeführt. Neben Festschriftenbeiträgen ist das 1979 erschienene Buch „Justiz als Schicksal. Ein Plädoyer „für die andere Seite““ hervorzuheben. Geschrieben als mahnender Erfahrungs- und Sachbericht enthält es in konzentrierter Form Peters‘ Erfahrungen als Staatsanwalt, Richter, Strafverteidiger und Wissenschaftler sowie nicht zuletzt als Beobachter, Zuhörer und Mitmensch[1182].

In seinem letzten Lebensabschnitt verfasste Peters von 1989 bis etwa 1991 seine Memoiren unter dem Titel „Aus meinem Leben. Euer Vater und Großvater“. Daneben brachte er in einer Vielzahl von Einzeldokumenten seine Erinnerungen und Gedanken zu seinen persönlichen Kontakten, zu Religion und Philosophie zu Papier. Etwa auf die selbstgestellte Frage, ob „das geschilderte Erfahrungsbild wirklich das wahre Menschenbild“ sei und es „nicht doch die Wahrheit, die Gerechtigkeit, die Liebe“ gebe, lautete Peters‘ Antwort, dass es im Grunde „um das Fragen nach dem Wesen und Ziel des

1180 So ein Zitat Peters‘ aus *W. Küper/K. Wasserburg* (Hrsg.), Karl Peters, Ausgewählte Schriften, S. VII.

1181 Eine Zusammenstellung der Vorträge in UA-T, 198/unverzeichnet, z.B.: „Die freie Beweiswürdigung als Fehlerquelle“ (Tagung der Berliner Strafverteidiger 1974), „Die Bedeutung psychologischer Erfahrungen und Erkenntnisse für die richterliche Überzeugungsbildung“ (Tagung der Deutschen Richterakademie 1972).

1182 Vgl. *K. Peters*, Justiz als Schicksal, S. 197; *M. Heghmanns*, in: Hoeren (Hrsg.), Münsteraner Juraprofessoren, S. 116.

Menschen, um das Fragen nach Gott“ gehe[1183]. Im Dezember 1988 notierte Peters: „Die Menschheit als Schöpfungsgemeinschaft ist bestimmt ihrer Vollendung im Lob des Schöpfers entgegenzugehen. [...] Der Hauch der Gottesebenbildlichkeit ist die Seele, der die Freiheit des Geistes, die Sehnsucht nach der Liebe, der Wahrheit und die Gerechtigkeit, nicht zuletzt die Schönheit eingegeben ist“[1184].

Mit zunehmendem Alter verschlechterte sich Peters‘ Sehkraft. Konnte er zunächst noch mit der Lupe lesen, war er ab Mitte der 80er Jahre gänzlich erblindet und auf Vorleser und das Abtippen seiner Diktate angewiesen[1185]. Bis dahin hatte Peters seine Texte selbst niedergeschrieben – viele der maschinen- oder handschriftlich verfassten Texte aus den letzten Jahren sind daher nur schwer lesbar.

2. Ehrenamtliches Engagement

Wie es Peters in seiner Abschiedsvorlesung hat anklingen lassen, widmete er sich auch weiterhin den Sorgen und Nöten, wie sie ihn als ein Experte für Fehlurteile und das Wiederaufnahmeverfahren erreichten. Wichtig war ihm, jeden der zahlreichen Briefe zu beantworten. In Einzelfällen übernahm Peters eine (unentgeltliche) Tätigkeit als Gutachter oder Strafverteidiger. Als ein Fall, den Peters zusammen mit dem Mainzer Rechtsanwalt Klaus Wasserburg betreute, ist der Fall von Klaus Bräunig hervorzuheben. Bräunig, der wegen eines 1970 in Mainz begangenen Doppelmordes zu lebenslanger Haft verurteilt worden war, hatte seine Tat dreimal gestanden, das Geständnis aber stets widerrufen. Bräunigs intellektuelle Fähigkeiten wurden als beschränkt eingestuft[1186]. Die Revision und das Wiederaufnahmeverfahren blieben erfolglos. Peters, der Bräunig Ende der 70er Jahre in der Haftanstalt Diez kennengelernt hatte, war nach Sichtung der Akten und einem Gnadengesuch davon überzeugt, dass Bräunig einem Justizirrtum zum Opfer gefallen war[1187]. Seit 1995 ist Bräunig

---

1183 UA-T, 198/20, S. 18 f.

1184 UA-T, 198/29: Notiz ohne Überschrift von Dez. 1988. Zu Peters‘ Menschenbild Kap. C. I. 1.

1185 Interview mit Diethild Peters vom 25. Juli 2016 sowie Klaus Wasserburg vom 26. Juli 2016; UA-T, 198/13, S. 128; *K. Wasserburg*, StV 1999, S. 176 (178).

1186 Urteil des LG Mainz vom 19.07.1972 – 2 Ks 2/72.

1187 UA-T, 198/13, S. 132; *V. Trunk*, in: Frankfurter Rundschau vom 31. Dez. 1998, S. 30. Ausführlich zum Fall und den Zweifeln an der Schuld *K. Peters*, Strafprozeß[4], S. 2 f. (Fall 1); *ders.*, Justiz als Schicksal, S. 92 ff.; *K. Wasserburg*, Die Wiederaufnahme, S. 361 ff.

Freigänger[1188]. Am BräunigFall lässt sich beispielhaft Peters' Arbeitsweise zeigen.

Daneben erstreckte sich Peters' Engagement etwa auf die Obdachlosen-Hilfe, indem er sich mit Rat und Tat bei Behördengängen zur Verfügung stellte und in finanzieller Unterstützung den täglichen Einkauf für ein Frühstück übernahm[1189].

3. Ehrungen und Würdigungen

Peters war Mitglied der Gesellschaft für die gesamte Kriminologie[1190] und wurde 1986 erstes Ehrenmitglied der Arbeitsgemeinschaft Strafrecht des Deutschen Anwaltsvereins[1191]. Für Verdienste „um eine rechtsstaatliche und freiheitliche Ordnung" und hervorragende Forschungsleistungen auf dem Gebiet der Kriminologie wurde Peters 1973 die Becarria-Medaille in Gold verliehen. In der Laudatio hob Baumann seinen Lehrer als bedeutenden Humanisten und Strafrechtler heraus, der als Reformer und Mahner in vielen Bereichen gewirkt und dabei nie die Belange des Einzelnen außer Acht gelassen habe[1192]. Auf Anregung des Bundesjustizministeriums wurde Peters am 9. April 1974 für die Fehlerquellenuntersuchung das Große Verdienstkreuz der Bundesrepublik Deutschland überreicht[1193]. Im Oktober 1975 wurde Peters das Komturkreuz mit Stern des Silvesternordens durch Papst Paul VI. verliehen[1194]. In der Laudatio zum

1188 Ein Antrag auf Aussetzung der Freiheitstrafe zur Bewährung wurde abgelehnt (LG Koblenz, Beschluss vom 29. Jan. 2002 - 7 StVK 583/98; OLG Koblenz, Beschluss vom 22. April 2002 - 2 Ws 308/02). Die Verfassungsbeschwerde vor dem BVerfG blieb im Ergebnis erfolglos (BVerfG, Beschluss vom 8. Nov. 2006, 2 BvR 796/02, 2 BvR 578/02). Die Individualbeschwerde vor dem EGMR wurde mit Entscheidung vom 10. Mai 2012 - 22919/07 für unzulässig erklärt.

1189 Interview mit Diethild Peters vom 25. Juli 2016; *K. Wasserburg*, StV 1999, S. 176 (179).

1190 UA-T, 198/41: Mitgliedskarte von 1986.

1191 UA-T, 198/45; Anwaltsblatt 1/87, S. 29. Zum Dank hielt Peters den Vortrag, „Der Kampf um die Sicherung eines gerechten Urteils beginnt spätestens in der Hauptverhandlung", in: *C. Richter II*, FS Koch (1989), S. 299 f., darin die Laudatio: „Wir ehren Sie als wissenschaftlichen Lehrer ebenso wie als strafprozessualen und strafrechtlichen Praktiker, als Verteidiger, vor allem auch wegen Ihrer Bemühungen um den [...] ‚gebrechlichen und fehlerhaften, aber doch mit unantastbarer Menschenwürde ausgestatteten Mitmenschen und Bruder'."

1192 *J. Baumann*, in: Kriminologische Aktualität, S. 22 f.; vgl. FAZ vom 10. Dez. 1973, S. 8.

1193 UA-T, 602/1191, Bl. 52: BJM an Staatsministerium BW vom 3. April 1974.

1194 Westfälische Nachrichten vom 30. Okt. 1975.

goldenen Doktorjubiläum am 24. März 1977 stellte Johannes Wessels heraus, dass Peters „Mahner und Reformer in des Wortes echter Bedeutung war", […] „dessen Schaffen auf dem Felde der Wissenschaft schöpferische Genialität offenbart und dessen ethisch fundierte, im christlichen Humanismus wurzelnde Lebenshaltung so viel Herzenswärme, Mitmenschlichkeit und Hilfsbereitschaft ausstrahlt"[1195].

Am 13. Januar 1984 wurde Peters die philosophische Ehrendoktorwürde der Philipps-Universität Marburg verliehen; geehrt werde ein Wissenschaftlicher, „der in den Normen des Strafprozesses kein formales Regelungsschema sieht, sondern den Strafprozeß von seinen ethischen Grundlagen her als pädagogischen Auftrag begreift"[1196]. Am 1. Dezember 1989 folgt die Verleihung der medizinischen Ehrendoktorwürde in Münster. Die medizinische Fakultät betonte Peters' breites Forschungsgebiet, seine Arbeit im Jugendstrafrecht hin zu einem Jugendkonfliktrecht, seine Fokussierung auf die Situation im Strafvollzug sowie seine Forschung zum medizinischen Sachverständigen, die zu einer Weiterentwicklung in diesem Bereich geführt hätte[1197]. Zudem war Peters in Münster Mitglied des „Interdisziplinären forensisch-psychiatrischen Kolloquiums" und förderte die Zusammenarbeit zwischen Fachvertretern der Psychiatrie, Gerichtsmedizin, Kriminologie und Rechtswissenschaften. Der Monographie von Günter Heinz „Fehlerquellen forensisch-psychiatrischer Gutachten" (1982) stand Peters beratend zur Seite. Vorträge hielt er beispielsweise zum Thema „Strafprozessuale Voraussetzungen für ein Persönlichkeitsstrafrecht" (1975), „Psychologie des Strafverfahrens – Dialog im Strafprozeß" (1980) und „Zur Problematik psychiatrischer Begutachtungen bei nicht geständigen Beschuldigten" (1990)[1198].

Zu erwähnen sind auch die Peters' gewidmeten Festschriften. Unter Herausgeberschaft von Baumann und Tiedemann wurde ihm 1974 die Festschrift „Einheit und Vielfalt des Strafrechts" von Seiten der akademischen Fachkollegen gewidmet. Zudem wurde er mit der Festschrift „Wahrheit und Gerechtigkeit im Strafverfahren", herausgegeben 1984 von Wasserburg und Haddenhorst, von

---

1195 UA-M, 207/74: Goldenes Doktorjubiläum, Laudatio Wessels, S. 5, 7.

1196 So Klaus Rehbein, UA-M, 207/74: Verleihung Ehrendoktorwürde Münster, Laudatio Heinz, S. 6.

1197 UA-T, S 150/27: Urkunde des Ehrendoktors vom 1. Dez. 1989; vgl. *K. Peters.*, FS Kleinknecht (1985), S. 341 ff. Siehe dazu Kap. C. III. 4. c) ee), Kap. C. IV. 3., Kap. C. V. 4.

1198 UA-T, 198/32: Forensisch-psychiatrisches Kolloquium.

Praktikern aus der Strafjustiz bedacht. Verbunden sind mit dem Namen Karl Peters Bewertungen wie „Nestor des Strafprozessrechts"[1199], „die herausragende Person unter den Prozessualisten seiner Zeit"[1200], „herausragendste Strafrechtslehrer dieses Jahrhunderts"[1201], „ein Großer der deutschen Strafrechtwissenschaft und ein nobler Mensch"[1202], „wohl letzte Vertreter der „gesamten Strafrechtswissenschaft""[1203] und „Vorbild und Mahnung für alle Strafverteidiger"[1204].

4. Abschied

Nach 68 Ehejahren starb Hatwig Peters am 11. November 1997. Peters, durch das Alter gezeichnet, erblindet und zuletzt auf den Rollstuhl angewiesen, musste am 27. Juni 1998 notoperiert werde. Am 2. Juli 1998 verstarb Peters an einer Embolie[1205]. In der Trauerkarte bedankten sich die Töchter Gisela und Diethild im Namen der Familie für die Beileidsbekundungen, die ihnen gezeigt hätten, „welche Spuren unser Vater im wissenschaftlichen und menschlichen Bereich hinterlassen" habe[1206]. Am 13. Juli 1998 fand auf dem Mauritz-Friedhof Peters' Beerdigung statt. Erinnert wird von Teilnehmern, dass ein Mann weinend am Grab des Verstorbenen bis zuletzt stand[1207]. Das war Klaus Bräunig, dem die Teilnahme als Freigänger gestattet worden war und Abschied von Karl Peters genommen hatte – „Ihm war, als sei die Hoffnung zu Grabe getragen worden"[1208].

1199 *M. Heghmanns*, in: Hoeren (Hrsg.), Münsteraner Juraprofessoren, S. 112.
1200 *H. Tröndle*, JR 1974, S. 221.
1201 *K. Wasserburg*, StV 1999, S. 176.
1202 *U. Weber*, JZ 1998, S. 892; vgl. auch UA-T, 602/1191: Ulrich Weber, in: Schwäbisches Tagblatt vom 8. Juli 1998, Im Dienst humaner Justiz, zum Tod des Tübinger Strafrechtslehrer Karl Peters.
1203 *K. Tiedemann*, NJW 1998, S. 2956.
1204 *C. Richter II*, FS Koch (1989), S. 299 (309).
1205 *K. Wasserburg*, StV 1999, S. 176 (178 f.).
1206 UA-T, 602/1191: Trauerkarte.
1207 *K. Wasserburg*, StV 1999, S. 176 (179.).
1208 *V. Trunk*, in: Frankfurter Rundschau vom 31. Dez. 1998, S. 30.

C. Wirken von Karl Peters nach 1945

Das zweite Hauptkapitel ist Karl Peters' wissenschaftlichem Werk in der Bundesrepublik gewidmet. Hier geht es vornehmlich um die religiös-weltanschaulich geprägten Ansätze sowie um die maßgeblich von Peters vorangetriebene Diskussion um die Fehlerquellen im Strafprozess und deren rechtspolitischen Konsequenzen.

I. Grundanschauungen und Leitlinien

> „Das Recht steht im Dienste des Menschen, und ich habe meine Tätigkeit [...] auch immer als Dienst am Menschen angesehen. Deswegen konnte ich das Recht niemals als etwas Abgekapseltes ansehen. Deswegen hat und fehlt mir auch heute noch der Sinn für viele dogmatische Streitfragen und für juristisches Feuerwerk"[1209].

Das Bestreben, dem Einzelnen gerecht zu werden und dem „in die Mühlen der Strafjustiz" geratenen oder gestrauchelten Menschen beizutreten, durchzieht Peters' Denken und Handeln. Seine obersten Maximen sind Menschlichkeit, Gerechtigkeit und Nächstenliebe.

1. Christliches Menschenbild

In der NS-Zeit blieb Peters' Bekenntnis zum christlich-humanistischen Menschenbild in öffentlich gehaltenen Vorträgen undeutlich. Nach 1945 endete diese Zurückhaltung und in seinen Veröffentlichungen und Vorträgen trat sein Menschenbild deutlich hervor. Peters' Denken wird durch Autoritäten bestimmt: Einerseits – als „Kind seiner Zeit" – durch die staatliche Autorität, andererseits durch die Autorität des Papstes und der katholischen Kirche mit ihren Dogmen[1210]. Wichtiger Anknüpfungspunkt seines Wertesystems und seiner Grundansätze ist die katholische Soziallehre, die auf den Prinzipien der Personalität, Solidarität und Subsidiarität fußt[1211].

Peters' Menschenbild hat seinen Ausgangspunkt in der Gottesebenbildlichkeit des Menschen (Genesis 1, 27). Jeder Mensch ist eine geistig-sittliche

---

1209 UA-T, 198/20, S. 17.

1210 Eine kritische Haltung gegenüber den Lehren der Kirche entwickelte sich bei Peters wohl erst im letzten Drittel seines Lebens, Interview mit Diethild Peters vom 25. Juli 2016.

1211 Ausführlich hierzu *A. Anzenbacher*, Christliche Sozialethik, S. 178 ff., 196 ff., 210 ff.

Persönlichkeit und „in gleicher Weise zum natürlichen, aber auch übernatürlichen Leben berufen“[1212]. Mit der Gottesebenbildlichkeit geht die Unverletzlichkeit der Menschenwürde einher, die einer Degradierung zum bloßen Objekt entgegensteht[1213]. In der Anerkennung der Würde des Menschen ist eine ihr entsprechende Lebenshaltung begründet[1214]. Da der vernunftbegabte Mensch in der Schöpfung eine Sonderstellung einnimmt, ist er berufen, „als freies Wesen im Gehorsam gegenüber Gott die dem Menschen gemäße rechtliche Ordnung zu vollziehen“ und befähigt, an der schöpferischen Kraft Gottes teilzuhaben[1215].

In freier Selbstbestimmung kann der Mensch handeln und zwischen Gut und Böse unterscheiden. Für sein Handeln trägt er vor sich, seinen Mitmenschen und vor Gott Verantwortung. Als soziales Wesen kann der Mensch seine Ziele nur im Zusammenwirken mit anderen verwirklichen. Dieses Solidaritätsprinzip hat die Verantwortung des Einzelnen für das Gemeinwohl und spiegelbildlich die Verantwortung der Gesellschaft für den Einzelnen zum Gegenstand[1216]. Als Ausdruck individueller Freiheit findet das Handeln seine Grenzen, wo der gleiche Anspruch auf Freiheit eines anderen berührt wird[1217]. Wesensmerkmal des Menschen sind seine Personalität, Einmaligkeit und Individualität, die gleichbedeutend ist mit Freiheit, Würde und Verantwortlichkeit.

Die Entscheidung zwischen Gut und Böse zeigt, dass der Bezug des Menschen zu Gott und zur Gemeinschaft sowie der Auftrag zur Herrschaft über die Erde prinzipiell von der Sünde bedroht ist. Im Sinne Luthers wird durch die Erbsünde die Natur des Menschen aber nicht gänzlich zerstört. „Das Verdorbene an der menschlichen Natur ist unbestreitbar. […] Es ist [aber] erkennbar, daß der Mensch ein geistiges Wesen mit sittlichem Streben ist, […] daß er verlangt, über sich hinauszukommen, daß er begabt ist, mit der Sehnsucht nach Hohem und Schönem“ und die Fähigkeiten besitzt, Freude, Leid und Schmerzen zu empfinden und „sich durch Liebeshingabe im tiefsten Sinne auf Gottessuche

---

1212 *K. Peters*, in: Baumeister/Smets (Hrsg.), Lebensrecht, S. 54.

1213 *K. Peters*, Strafprozeß[4], S. 26; vgl. BVerfGE 27, 1 (6); 28, 386 (391); 50, 166 (174).

1214 *K. Peters*, Liebe und Gerechtigkeit, in: Ausgewählte Schriften, S. 6.

1215 UA-T, 198/64: Vortrag „Der göttliche Ursprung des Rechts“, 1954; Vgl. *Johannes XXIII*, Mater et magistra, Nr. 219: „Der Mensch muss Träger, Schöpfer und Ziel aller gesellschaftlichen Einrichtungen sein“.

1216 *A. Anzenbacher*, Christliche Sozialethik, S. 196 f., 200 f.; *G. Dürig*, in: Maunz/Dürig (Hrsg.), GG, Art. 1 Rn. 49: der Einzelne ist kein isoliertes Individuum, sondern eine „gemeinschaftsgebundene Persönlichkeit“.

1217 *K. Peters*, FS Mayer (1966), S. 257 (274).

zu begeben“[1218]. Der Versuchung ausgesetzt, muss der Mensch im Bewusstsein der Unvollkommenheit sein Handeln reflektieren. Die Überwindung des Bösen kann „nur aus dem Glauben, der sich in der Liebe äußert“[1219] erfolgen. Peters‘ Denken ist damit von einem positiven und von Hoffnung getragenen Ansatz geprägt.

Liebe ist der für Peters zentrale Wertbegriff und ein die Gerechtigkeit tragendes Grundprinzip[1220]. Sie gehört neben Glaube und Hoffnung zu den göttlichen Tugenden, die den Menschen seine Unvollkommenheit überwinden lassen. Liebe äußert sich u.a. in Güte, Wahrheit, Geduld, Opferbereitschaft und gebietet Zurückdrängen von Selbstsucht, Eifersucht, Überheblichkeit, Erbitterung[1221]. „Der Glaube erweist sich in der Verwirklichung der göttlichen Ordnung, die […] göttlicher Liebeserweis und Ausstrahlung göttlicher Größe und Schönheit ist“[1222]. Liebe umfasst die Gottes-, Nächsten- und Selbstliebe, wobei Nächsten- und Eigenliebe einander ergänzen[1223]. Die Eigenliebe gibt den Maßstab für die Nächstenliebe („Liebe deinen Nächsten wie dich selbst“). Aus dem jedem gleichermaßen zukommenden Liebesgebot folgt die universale Gleichheit aller Menschen. Wer gegen die göttliche Ordnung verstößt, handelt dem eigenen Wesen zuwider, weil der Glaube unverzichtbarer Teil einer vollständigen Persönlichkeit ist. Er verschließt „sich der menschlichen Berufung zur Freiheit in der göttlichen Gnade“[1224]. Zentral für die menschliche Existenz ist der Zusammenhang von Sünde und Erlösung[1225]. Liebe ist die christliche Wertordnung, weltlich gesehen handelt es sich um die Humanität. Peters kritisierte hierbei,

---

1218 UA-T, 198/64: Vortrag „Was heißt Naturrecht?“, 1954. Zur kontroversen Diskussion um die Auswirkungen des Sündenfalls auf die Natur des Menschen *E.-W. Böckenförde*, Rechts- und Staatsphilosophie, S. 181 f.

1219 *K. Peters*, Glaube und Strafrecht, in: Gedanken zur Strafrechtsreform, S. 55.

1220 Ein ganzes Kapitel in *K. Peters*, Kriminalpädagogik ist „Gerechtigkeit und Liebe“ gewidmet. Siehe *ders.*, Strafprozeß^4, S. 44, 87. Vgl. *A. Wegner*, Einführung in die Rechtswissenschaft^2, Berlin 1948, S. 74 ff.

1221 *K. Peters*, Liebe und Gerechtigkeit, in: Ausgewählte Schriften, S. 6; *ders.*, FS Lackner (1987), S. 951 (958).

1222 *K. Peters*, Glaube und Strafrecht, in: Gedanken zur Strafrechtsreform, S. 41.

1223 *K. Peters*, Liebe und Gerechtigkeit, in: Ausgewählte Schriften, S. 5.

1224 *K. Peters*, Glaube und Strafrecht, in: Gedanken zur Strafrechtsreform, S. 44, vgl. so auch *ders.*, Hochland 54 (1962), S. 193 (198); *W. Kasper*, Art. Freiheit, in: Staatslexikon^7, Sp. 713.

1225 *E.-W. Böckenförde*, Rechts- und Staatsphilosophie, S. 181.

dass der Humanitätsbegriff säkularisiert und von seiner christlichen Fundierung gelöst worden sei[1226].

Peters sah es als seine Pflicht als Christ, an der Verwirklichung der gottgewollten Ordnung mitzuwirken, anderen die Liebe leibhaftig werden zu lassen und ihnen den christlichen Standpunkt näher zu bringen[1227]. Für diese Haltung steht sein Engagement in der Görres-Gesellschaft und für den Deutschen Caritasverband im Bereich der Jugendhilfe sowie seine Redebeiträge und Abhandlungen, die häufig in der katholischen Kirche nahestehenden Zeitschriften oder Lexika veröffentlicht wurden[1228]. Darin legte Peters seinen Glauben dar, wobei er in juristischen Veröffentlichungen eine kaum religiös geprägte Sprache wählte. Auf die Notwendigkeit eines sittlichen Fundaments kam er regelmäßig zu sprechen – das ist aber nicht „bekenntnishaft, sondern als rationale Einsicht" zu verstehen[1229]. Nie äußerte sich Peters in missionierender Art und Weise. Auch wenn er andere Ansichten oder Lebensentwürfe persönlich nicht teilte, zeigte er sich tolerant und verständnisvoll. Die Achtung vor der Würde jedes Menschen gleich welcher Religion, Herkunft oder weltanschaulich-politischer Zugehörigkeit veranlasste Peters dazu, sich für in Not geratene Menschen einzusetzen. Ein Beispiel ist der Fall der Zeugen Jehovas, in dem Peters die Verteidigung übernahm und die Verurteilungen wegen Verweigerung des Wehrersatzdienstes vor das BVerfG brachte[1230]. Erinnert seien auch die Unterstützung für Hagemann und Wegner, denen Peters unabhängig von der politischen Brisanz uneigennützig half[1231].

1226 *K. Peters*, Hochland 54 (1962), S. 193 (198); *ders.*, Kriminalpädagogik, S. 145; *ders.*, in: HdS, Bd. III, S. 405.

1227 *K. Peters*, Liebe und Gerechtigkeit, in: Ausgewählte Schriften, S. 15: „Die liebende Haltung unter den Rechtsgenossen zu wecken, ist die Aufgabe der lebendigen christlichen Gemeinschaft". Vgl. so auch *E.-W. Böckenförde*, Vom Ethos der Juristen, S. 45 f.

1228 Z.B.: Caritas: Zeitschrift für Caritasarbeit und -wissenschaft; Jugendwohl: Kath. Zeitschrift für Kinder- und Jugendfürsorge; Arzt und Christ; Staatslexikon der Görres-Gesellschaft; Lexikon für (kath.) Theologie und Kirche.

1229 So *H. Tröndle*, JR 1974, S. 221.

1230 Dazu Kap. C. I. 3.

1231 Siehe dazu Kap. B. VI. 6. (Hagemann) sowie Kap. B. VI. 7. (Wegner).

2. Rechtsverständnis

a) Grundlagen

Die Grundlage der Gesellschafts- bzw. Rechtsordnung sah Peters in der Sozialgebundenheit des Menschen. Angesichts der Gefahren für die Freiheit und Persönlichkeit des Einzelnen gebe es eine Sehnsucht „nach der Gerechtigkeit, nach der Verwirklichung des Rechts […] und nach der Umsetzung des positiven Rechts im Hinblick auf seine Grundprinzipien“[1232]. Ziel jeder Gemeinschaft müsse die Verwirklichung von Gerechtigkeit sein. Gerechtigkeit üben bedeutet, dem Menschen durch Achtung seiner Existenz, Würde und Persönlichkeit gerecht werden: „Um den Menschen, sein Sein und seine Würde geht es auch in der Rechtsordnung. Sie ist die von Menschen für Menschen geschaffene Lebensform, in der die Gerechtigkeit gesichert werden soll“[1233]. Dem Menschen gerecht werden, sei aber nur möglich, wenn er in seiner Gottesebenbildlichkeit gesehen werde und es gelinge, an seinen personalen „Kern“ heranzukommen. Das erfordert die Grundhaltung der Liebe als Fundament der Gerechtigkeit[1234].

Ausgangspunkt von Peters‘ Staats- und Rechtsauffassung ist das Naturrecht. Indem er unabänderliche, allgemein verbindliche und dem Menschen entzogene Rechte anerkennt, bejaht er außerrechtliche Vorgegebenheiten. Im Kern ist Recht vorgegeben und nicht auf einen gesellschaftlichen Willen zurückzuführen. „Ginge man davon aus, so würde das stark willkürlich sein und damit das Tor zu einem von der Gesellschaft getragenen Machtstrafrecht“ öffnen[1235]. Wo das Naturrecht verlassen werde, werde das Recht der Beliebigkeit ausgesetzt[1236]. Peters‘ Kritik an der „grausamen Übersteigerung“ des Rechtspositivismus[1237]

1232 *K. Peters*, FS Küchenhoff (1987), S. 457 (464); vgl. *ders.*, Liebe und Gerechtigkeit, in: Ausgewählte Schriften, S. 3: Der Einzelne sehne sich „nach der Ruhe des Rechts und der Klarheit der Gerechtigkeit“.

1233 *K. Peters*, Liebe und Gerechtigkeit, in: Ausgewählte Schriften, S. 3.; vgl. *ders.*, Kriminalpädagogik, S. 144.

1234 UA-T, 198/64: Vortrag „Der göttliche Ursprung des Rechts“, 1954; *K. Peters*, Justiz als Schicksal, S. 243.

1235 UA-T, 198/29: Mitarbeiter, S. 5.

1236 UA-T, 198/30: Rechtserneuerung 1945; *K. Peters*, Caritas 1959, S. 201 (210).

1237 *K. Peters*, Liebe und Gerechtigkeit, in: Ausgewählte Schriften, S. 7; vgl. *ders.*, Caritas 1951, S. 212 (214): „Die Loslösung des Rechts von der vorrechtlichen Grundordnung führt zwangsläufig zum Positivismus. Unter Positivismus verstehe ich diejenige Auffassung, die dem Gesetz die Rechtsverbindlichkeit […] allein aus der Tatsache der gesetzlichen Form zuspricht. Der Positivismus trägt damit die Gefahr des

und der Unterwerfung des Rechts unter den Willen der Volksgemeinschaft im Nationalsozialismus „unter Mißachtung allgemein anerkannter sittlicher Grundlagen“[1238] tritt deutlich hervor. Unter dem Eindruck der Wiederbelebung des Naturrechtsdenkens nach 1945 baute Peters auf das metaphysische Fundament eines christlichen Humanismus. Damit stellte er sich gegen Auffassungen, die das Naturrecht naturalistisch, eher rationalistisch und empirisch begreifen und davon ausgehen, dass das Sein eine der Erfahrung zugängliche Wirklichkeit sei und die Welt ohne Schöpfungsordnung erklärt werden könne[1239]. Peters erscheint damit als Humanist „weniger freidenkerischer“ als „mehr religiös verpflichteter Art“[1240].

Von den sich aus dem Naturrecht ergebenden sittlichen Grundsätzen, trennte Peters das reine Ordnungsrecht. In Ausgestaltung des Rechtssystems durch inhaltliche, technische Normen obliege dieses dem Gesetzgeber und folge gesellschaftlicher Notwendigkeit, Praktikabilität und Zweckmäßigkeit und habe den Freiheitsraum der Bürger und die Rechts- und Gesetzesökonomie zu berücksichtigen[1241]. So schlagen sich im Recht historische, kulturelle, wirtschaftliche und soziologische Erfahrungen sowie Machtkämpfe und Zufälligkeiten nieder[1242]. Eine absolute Naturrechtsordnung vertritt Peters damit nicht[1243].

Zum Beleg der allgemeinen Geltung sittlicher Grundvorstellungen verwies Peters auf die Präambel des Grundgesetzes und die „eindeutig ethisch

Rechtsmißbrauchs in sich. Er führt zur Bindung an ethisch unerträgliche Gesetze. Er führt zur Omnipotenz der gesetzgeberischen Faktoren“.

1238 *K. Peters*, Recht und Sittlichkeit, in: Ausgewählte Schriften, S. 19.

1239 *A. Hollerbach*, Katholizismus und Jurisprudenz, S. 250 – 255, 300 f.; *J. Messner*, Das Naturrecht, S. 24 – 27; siehe hierzu *B. Rüthers/C. Fischer/A. Birk*, Rechtstheorie, Rn. 430 ff.

1240 So *J. Baumann*, in: Kriminologische Aktualität, S. 22.

1241 *K. Peters*, Recht und Sittlichkeit, in: Ausgewählte Schriften, S. 21; vgl. UA-T, 198/30: Rechtserneuerung 1945.

1242 UA-T, 198/64: Vortrag „Was heißt Naturrecht?“, 1954; *K. Peters*, in: ders./Lang-Hinrichsen, S. 44.

1243 *J. Messner*, Das Naturrecht, S. 345: alles Übrige sei „dem Willen der Gesellschaftsmitglieder überlassen“. Vgl. BVerfGE 10, 59 (81): Die verfassungsrechtliche Prüfung an naturrechtlichen Vorstellungen zu orientieren, „verbietet sich […] schon durch die Vielfalt der Naturrechtslehren, die zutage tritt, sobald der Bereich fundamentaler Rechtsgrundsätze verlassen wird, und die sich vor allem bei der Erörterung der innerhalb der naturrechtlichen Diskussion selbst sehr bestrittenen Fragen des Verhältnisses "Naturrecht und Geschichtlichkeit", "Naturrecht und positives Recht" zeigt“.

verstandenen Grundrechte und Grundpflichten“[1244]. Das Grundgesetz fuße auf christlich-abendländischer Tradition und habe dem Nationalsozialismus eine sittliche Haltung entgegengesetzt, die das Bekenntnis zu Gott und Menschenwürde, Persönlichkeit und Freiheit sowie zu einer Rechts- und Staatsform enthalte, die „auf dem Verantwortungsbewußtsein ihrer Staatsbürger aufbaut, die die damit verbundenen Unannehmlichkeiten […] in Kauf nimmt, weil sie sich der viel größeren Unzuträglichkeiten […] bewußt ist, die mit der Mißachtung und der Zerstörung der menschlichen Grundwerte verbunden sind“[1245]. Mit den Grundrechten sei eine inhaltliche, sich vom Wesen des Menschen abgeleitete Wertordnung geschaffen, die sowohl staatlicher Umgestaltung als auch gesellschaftlichen Interessen entzogen und damit absolut sei[1246]. Eine von Peters immer wieder erhobene Forderung lautete daher, dass das Recht in der im Sittlichen verwurzelten Ordnung gesehen werden müsse, die sich aus der göttlichen Schöpfungsordnung und der Personalität des Menschen ergebe.

b) Recht und Sittlichkeit

„Die Erfahrungen der Vergangenheit haben gelehrt, daß eine Trennung von Recht und Sittlichkeit sowohl die Rechtsordnung zerstört als auch die sittliche Ordnung auflöst“[1247]. Zentral für Peters‘ Denken ist eine (Wertungs-)Harmonie von sittlicher und rechtlicher Ordnung, die in „einem untrennbaren Zusammenhang“[1248] stehen.

aa) Rechtspflichten und sittliche Pflichten

Recht als Ordnung zwischenmenschlichen Seins erfordere nicht nur das nach außen gerichtete (objektive) Wohlverhalten, sondern gleichermaßen die innere

---

1244 *K. Peters*, FS Heinitz (1972), S. 501 (510) mit Verweis auf Dürigs Kommentierung des Art. 1 GG von 1976, *G. Dürig*, in: Maunz/Dürig (Hrsg.), GG, Art. 1 Rn. 1 f.

1245 *K. Peters*, FS Mayer (1966), S. 257 (268); so auch *ders.*, Recht und Sittlichkeit, in: Ausgewählte Schriften, S. 20; *ders.*, JZ 1966, S. 457 (459); *ders.*, Der neue Strafprozeß, S. 61. Vgl. *K. Lehmann*, Im Bewußtsein seiner Verantwortung vor Gott und den Menschen, in: Politik – Bildung – Religion, Hans Maier zum 65. Geburtstag, Paderborn 1996, S. 571 – 580, insbes. S. 579 f.

1246 *K. Peters*, Strafprozeß[4], S. 29 f.

1247 *K. Peters*, Strafprozeß[4], S. 41.

1248 *K. Peters*, ZStW 87 (1975), S. 663 (678); vgl. *A. Laufs*, Rechtsentwicklungen, S. 436: „Das Recht kann sich nur im Rahmen sittlicher Bindungen entfalten“.

(subjektive) Anteilnahme und das Einstehen der Rechtsträger für sie[1249]. Getragen sei dieses Einstehen weniger durch Zwang, als durch die natürliche Freiheit des Menschen. Als ein sittliches und sozialgebundenes Wesen könne der Mensch daher nur in seiner Verantwortung gegenüber der sittlichen und der rechtlichen Ordnung gesehen werden[1250]. Denn wo immer der Mensch tätig werde, ist er objektiven sittlich-ethischen Normen unterworfen, die sich „aus dem Wesen des Menschen ergeben und sich auf sein Wesen beziehen, die die Berufung des Menschen zur geistig-sittlichen Verantwortung sichtbar machen und ihm den Weg zur inneren Freiheit eröffnen“[1251]. Weder „im Verhältnis zu sich selbst noch in den Beziehungen zum Mitmenschen und erst recht nicht vor Gott“ können sie abgestreift werden[1252]. Pflichten können nur durch einen objektiv gegebenen sittlichen Wert begründet werden. „Pflichten, die das Gewissen binden, kann es nur […] als sittliche Pflichten geben, nur sie erzeugen ein inneres Sollen und nicht lediglich ein erzwungenes Müssen. […] Demgemäß gibt es auch Rechtspflichten nur als sittliche Pflichten und mithin rechtliche Schuld nur als sittliche Schuld“[1253].

bb) Verhältnis von Recht und Sittlichkeit

Da Recht und Sittlichkeit gleichwohl auf verschiedenen Ebenen liegen und eigene Maßstäbe haben, anerkannte Peters eine grundsätzliche Trennung. Die sittliche Ordnung betreffe das Gott-Mensch-Verhältnis, die Rechtsordnung die soziale Verbindung der Menschen[1254]. Deutlich werde die Trennung von Recht

---

1249 *K. Peters*, Stimmen der Zeit 160 (1957), S. 12 (18); *ders.*, Kriminalpädagogik, S. 89 f.; *ders.*, Hochland 54 (1962), S. 193 (195); so auch *Arthur Kaufmann*, Art. Moral, in: Staatslexikon⁷, Sp. 1224.

1250 UA-T, 198/64: Vortrag „Was heißt Naturrecht?“, 1954; *K. Peters.*, Stimmen der Zeit 160 (1957), S. 12 (16). Deutlich *ders.*, in: Baumeister/Smets (Hrsg.), Lebensrecht, S. 49: „Der Mensch ist als Persönlichkeit der sittlichen Ordnung, als soziales Wesen der Rechtsordnung unterstellt. Als Persönlichkeit und soziales Wesen ist der Mensch aber eine Einheit. Er kann daher auch nicht der Zweiheit entgegengesetzter Ordnungen unterworfen sein. Vielmehr muß die eine Ordnung aus der anderen hervorgehen“.

1251 *K. Peters*, FS Heinitz (1972), S. 501 (508).

1252 *K. Peters*, FS Würtenberger (1977), S. 77 (81); vgl. *J. Messner*, Naturrecht, S. 69.

1253 So *Arthur Kaufmann*, Das Schuldprinzip, S. 128. Kaufmann teilte auf Basis eines gemeinsamen Grundverständnisses in mancherlei Hinsicht Peters‘ Ansichten, zog im Ergebnis aber liberalere Schlussfolgerungen.

1254 *K. Peters*, Strafprozeß[4], S. 41 f.; *ders.*, JR 1950, S. 742 (744).

und Sittlichkeit durch unterschiedliche Terminologien (im Religiösen werde von Sünde, im Ethischen von Unsittlichkeit und im Rechtlichen von Verbrechen gesprochen) sowie im Bezugspunkt (Gott, Menschenwürde, Rechtsgemeinschaft) und damit auch in der Gewichtung[1255]. Die Verbindlichkeit der vom Glauben her bestimmten Werte und die sittliche Ordnung als die von Gott vorgeschriebene Lebensform stehe allein für den gläubigen Menschen unverrückbar fest[1256]. Das Strafrecht könne daher zwar „vom Glauben her befruchtet werden", sei aber nicht glaubensnotwendig oder Ausdruck des Glaubens. „Zwischen Glaubensüberzeugung und strafrechtlicher Stellungnahme steht das diesseits gebundene, der Sache verhaftete Urteil. Jede Verkürzung dieses Weges führt [...] zu einer unzulässigen Vermengung von Glaube und Weltgestaltung"[1257]. Folglich müsse nicht alles, was unsittlich ist, auch strafbar sein[1258]. Die Gestaltung des Strafrechts habe primär als weltliche Aufgaben zu erfolgen, d.h. nach sozialen Maßstäben und Bedürfnissen und als Sachentscheidung auf Grundlage kriminalpolitischer Überzeugungen. Die sittliche Bewertung beziehe sich dagegen auf übersoziale Gesichtspunkte, indem sie frage, „ob eine Regelung dem Wesen des zu seiner persönlichen Erfüllung berufenen Menschen und der zur Würde bestimmten Menschlichkeit entspricht"[1259].

Der Christ könne insofern auf das (Straf-)Recht einwirken, als nicht selten im Glauben begründete sittliche Vorstellungen und Werte sichtbar werden, die menschlichem Handeln Schranken setzen[1260]. Vor allem im Jugend- und Strafvollzugsrecht sowie im Bereich des Schwangerschaftsabbruchs konkretisiere die

---

1255 *K. Peters*, Hochland 54 (1962), S. 193 (196 f.).

1256 *K. Peters*, Liebe und Gerechtigkeit, in: Ausgewählte Schriften, S. 13; *ders.*, Glaube und Strafrecht, in: Gedanken zur Strafrechtsreform, S. 47, 53.

1257 *K. Peters*, Glaube und Strafrecht, in: Gedanken zur Strafrechtsreform, S. 46.

1258 *K. Peters*, Strafprozeß[4], S. 42 f.; vgl. *ders.*, Glaube und Strafrecht, in: Gedanken zur Strafrechtsreform, S. 47: „Unrecht bleibt auch dann Unrecht, wenn es strafrechtlich nicht erfaßt wird". Eine Identität von Recht und Sittlichkeit wurde etwa vertreten von BGHSt 6, 46 (52): „Die Behauptung, einer richterlichen Entscheidung dürften „grundsätzlich" keine ethischen Wertungen zugrunde gelegt werden, ist beklagenswert falsch; die innere Verbindlichkeit des Rechts beruht gerade auf seiner Übereinstimmung mit dem Sittengebot. [...] Normen des Sittengesetzes [...] gelten aus sich selbst heraus".

1259 *K. Peters*, Recht und Sittlichkeit, in: Ausgewählte Schriften, S. 17.

1260 *K. Peters*, Recht und Sittlichkeit, in: Ausgewählte Schriften, S. 22.

sittliche Ordnung das Recht[1261]. Weil aber die christliche Ethik nur begrenzt in der Rechtsordnung sichtbar gemacht werden könne, wirbt Peters für eine „Sichtbarmachung der Ehrfurcht und Achtung vor der Schöpfung und Schöpfungsordnung, […] vor dem Leben"[1262].

cc) Wertungsharmonie

Trotz Trennung von Recht und Sittlichkeit besteht eine enge Verknüpfung, weil das menschliche Sein auf die Harmonie der rechtlichen und sittlichen Ordnung ausgerichtet ist[1263]. Einerseits dürfe „unsittlich" nicht mit „strafbar" gleichgesetzt werden; andererseits dürfe eine „strafrechtliche Lösung […] nicht derartig sein, daß sie sittliches Unrecht zu gesellschaftlich rechtmäßigem Verhalten umdeutet"[1264]. Da die Rechtsgemeinschaft auf einer sittlichen Grundlage beruht, müssen vor- und überrechtliche Begriffe wie Schuld, Strafe, Sühne, Gewissen oder Erziehung in ihrer sittlichen Fundierung erfasst werden. Die Rechtsordnung verliert damit die Möglichkeit, diese Begriffe autonom zu verwenden, da sittliche und rechtliche Ordnung nicht in einem Widerspruch zueinander treten dürften[1265]. Dies hat zur Konsequenz, dass dort, wo Recht und Sittlichkeit verknüpft sind, auch die Begrifflichkeiten deckungsgleich sein müssen; zudem forderte Peters in diesem Bereich vom Gesetzgeber Zurückhaltung. Die Eigenständigkeit der Rechtsordnung wird damit durch die sittliche Ordnung beschränkt[1266].

1261 *K. Peters*, Liebe und Gerechtigkeit, in: Ausgewählte Schriften, S. 8; *ders.*, Recht und Sittlichkeit, in: Ausgewählte Schriften, S. 28 f. Siehe dazu Kap. C. II. 2. a), IV. 3. und V. 2.

1262 *K. Peters*, Katholische Akademie in Bayern 1962, S. 127 (143).

1263 *K. Peters*, JR 1950, S. 47.

1264 *K. Peters*, Glaube und Strafrecht, in: Gedanken zur Strafrechtsreform, S. 49 f., Peters weiter: „Einen untragbaren Eingriff in die Glaubens- und Sittenordnung würde es bedeuten, wenn ethisch unsittliches Verhalten […] über die Form des echten oder unechten Unterlassungsdelikts zu strafbaren Verhalten erklärt wird, so wenn etwa die Unterlassung der Vornahme einer medizinischen Schwangerschaftsunterbrechung als strafbare und Schadensersatz begründende Handlung im Fall des Sterbens der Mutter angesehen würde". So auch *Arthur Kaufmann*, Über Gerechtigkeit, S. 89 f. Siehe Kap. C. II. 2. a) aa).

1265 *K. Peters*, Strafprozeß^{4}, S. 42; *ders.*, Kriminalpädagogik, S. 86; *ders.*, in: ders./Lang-Hinrichsen, S. 37. Zustimmend *Arthur Kaufmann*, Das Schuldprinzip, S. 187.

1266 *K. Peters*, in: ders./Lang-Hinrichsen, S. 37 f.; *ders.*, Sonderveröffentlichung der Caritas 1956, S. 9; vgl. *A. Hollerbach*, Katholizismus und Jurisprudenz, S. 243 f. Siehe dazu Kap. C. II. 1. d).

Weil Recht und Sittlichkeit in einer säkularisierten Gesellschaft aber nie deckungsgleich sind und die Grundsatzdebatten seit den 60er Jahren die sittlichen Normen und Werte in Frage gestellt haben, beschrieb Peters Recht und Sittlichkeit als „sich überschneidende Kreise“, die in Abhängigkeit zu den jeweiligen gesellschaftlichen Auffassungen stehen; gerade in einer Zeit des Wandels dürften weder Grund noch Inhalt der rechtlichen und sittlichen Ordnung als selbstverständlich hingenommen werden[1267]. Peters war sich daher auch darüber im Klaren, dass seine Ansicht der vorrechtlichen Begründung und Verknüpfung des (Straf-)Rechts auf Kritik stößt[1268]. Dennoch hielt er daran fest, dass sich auch bei unterschiedlichen Ausgangspunkten allgemeingültige Aussagen finden lassen. Denn: „Die Natur des Menschen und die Kulturgemeinschaft unserer Gesellschaft führen immerhin noch zu einem nicht unbeträchtlichen Maß einheitlicher Grundauffassungen“[1269]. Mit Blick auf die dem Zeitgeist entsprechenden Individualisierungs- und Liberalisierungstendenzen bemängelte Peters Vorstellungen, die das menschliche Leben von sittlichen Bindungen befreit sehen und sich nicht der Frage stellen, wie Recht und Sittlichkeit zu verknüpfen und abzugrenzen seien[1270]. „Die rechtliche Ordnung kann [letztlich] nur bestehen, wenn sie sich in Harmonie mit der sittlichen Ordnung befindet und wenn die Glieder

---

1267 *K. Peters*, Recht und Sittlichkeit, in: Ausgewählte Schriften, S. 17, 23; vgl. BGHSt 23, 240 (243); 24, 318 (319); vgl. *Arthur Kaufmann*, Über Gerechtigkeit, S. 95: Recht und Moral sind „weder völlig identisch noch aber völlig different […], sondern nach der Art sich schneidender Kreis, deren Mittelpunkt Pole darstellen, von denen ein reiches Kraft- und Spannungsfeld gegenseitiger Berührung, Ergänzung, aber Abstoßung ausgeht“; ähnlich *ders.*, Art. Moral, in: Staatslexikon[7], Sp. 1219 f.; vgl. *K. Kühl*, FS Schünemann (2014), S. 157 f., der bei (Straf-)Recht und Moral von Trennendem und Verbindenem spricht und betont, dass der Trend der Verrechtlichung nicht einer kritischen Betrachtung des Strafrechts auf Grundlage moralischer Kriterien entgegenstehe.

1268 Siehe etwa *R. Maurach/H. Zipf*, StrafR AT, § 35 Rn. 3 – 5. Peters‘ Ansicht trifft vor allem auf Ablehnung bei Anhängern einer funktionalistischen Rechtsauffassung i.S.v. Luhmanns Systemtheorie, wonach alles, was nicht mit dem Code Recht/Unrecht zugeordnet werden könne, nicht zum Rechtssystem, sondern zu einer inner- oder außergesellschaftlichen Umwelt gehöre und Recht damit nur sein kann, was durch sich selbst entsteht.

1269 *K. Peters*, Strafprozeß[4], S. 43.

1270 *K. Peters*, Recht und Sittlichkeit, in: Ausgewählte Schriften, S. 18; vgl. *Johannes XXIII*, Mater et magistra, Nr. 205. Zum Zeitgeist der 50/60er Jahre siehe Kap. C. II. 1. Zur Kritik am Werteverlust siehe Kap. C. II. 2. c) aa).

der Rechtsgemeinschaft bereit sind, die sittliche Grundordnung der Gemeinschaft zu bejahen und zu befolgen“[1271].

c) *Strafrecht*

aa) *Sichtbarmachung der sittlichen Grundordnung*

Strafrecht ist das Rechtsgebiet, in dem das sittlich-rechtliche Fundament der Gemeinschaft am stärksten zum Ausdruck kommt[1272]. Strafvorschriften sind nicht nur strafbegründende Gesetzesnormen, sondern Ausdruck rechtlicher und sittlicher Wertungen. Durch tatbestandsmäßige Formung geben Strafnormen als sozialethisches Werturteil die Antwort der Rechtsordnung auf An- und Eingriffe in die sittlichen Grundlagen[1273]. Im Strafrecht geht es folglich um die Sichtbarmachung, Klarstellung und Aufrechterhaltung dieser Grundlagen[1274]. In der einzelnen Strafrechtsvorschrift steckt nicht nur ein Verbot („Du sollst nicht töten“, §§ 211, 212 StGB), sondern auch eine positive Aufforderung zur Achtung der dahinterstehenden Wertung (Gebot der Achtung des Lebens)[1275].

bb) *Straftat als Versagen*

In der strafbaren Handlung sah Peters ein Versagen des Einzelnen vor dem Gesetz infolge einer von ihm zu verantwortenden fehlerhaften Persönlichkeitshaltung und ein Auflehnen oder Gleichgültigkeit gegen die von der Rechtsordnung erfassten Ordnungsgrundsätze menschlicher Verbundenheit[1276]. Inhalt

---

1271 *K. Peters*, Stimmen der Zeit 160 (1957), S. 12 (16).

1272 UA-T, 198/64: Vortrag „Der göttliche Ursprung des Rechts“, 1954; *K. Peters*, Caritas 1951, S. 212 (213); *ders.*, Caritas 1959, S. 201 (211); vgl. *Arthur Kaufmann*, Über Gerechtigkeit, S. 62: Strafrecht als „Grundgebote der elementaren Sittlichkeit“. I.d.S. auch Baumann, der allerdings verneint, dass dem Strafrecht damit eine eigenständige sittliche Funktion zukomme, *J. Baumann/U. Weber*, StrafR AT, S. 28.

1273 *K. Peters*, Kriminalpädagogik, S. 92 f.; *ders.*, Strafprozeß[4], S. 31.

1274 *K. Peters*, Art. Schuld, in: Staatslexikon[6], Sp. 1150 f.; *ders.*, Grenzen des strafrichterlichen Ermessens, 41. DJT, S. 33; *ders.*, Sonderveröffentlichung der Caritas 1956, S. 5; so auch *E. Dreher*, JR 1974, S. 45 (46).

1275 *K. Peters*, FS Heinitz (1972), S. 501 (505): „Soll das Strafrecht begreifbar und ausstrahlungsfähig sein, so muß es in seinen positiven Wertgrundlagen dargestellt werden“; ähnlich etwa *V. Krey/R. Esser*, Dt. StrafR AT, Rn. 11, der vom Kernbereich rechtlicher Verhaltensnormen spricht; *H. Radtke*, in: MüKo, StGB, Vor § 38 Rn. 1.

1276 *K. Peters*, Art. Kriminalität, in: Staatslexikon[7], Sp. 726 f.; *ders.*, Glaube und Strafrecht, in: Gedanken zur Strafrechtsreform, S. 43; *ders.*, in: ders./Lang-Hinrichsen, S. 32; *ders.*, Hochland 54 (1962), S. 193 (198).

des Tatvorwurfs ist die sittliche Verantwortlichkeit des Täters für seine in der Tat geäußerte Haltung[1277].

Indem das Schuldurteil den ganzen Menschen berührt, sprach Peters auch von „Lebensführungsschuld“[1278]. Anzumerken ist, dass der Begriff der Lebensführungs-, Charakter- oder Gesinnungsschuld mit der Strafrechtsreform 1969[1279], die eine Wende zu einem tatorientierten Strafrecht vollzog, ungebräuchlich geworden ist und in der Literatur weitgehend abgelehnt wird: „Der Rechtsunterworfene mag sein Leben so schlecht führen, wie er will, für das Strafrecht zählen nur Straftaten“[1280]. Letztlich ist die Frage, ob bei verfehlter Lebensführung von Lebensführungsschuld gesprochen werden kann, aber sekundär, weil auch Peters nicht für ein Gesinnungsstrafrecht eintrat[1281], zumal der Begriff gerade im Zusammenhang mit seiner sittlichen Grundauffassung zu verstehen ist[1282]. Den Ursprung des „Versagens“ im Moment der Tatbegehung sah Peters

---

1277 *K. Peters*, Grenzen des strafrichterlichen Ermessens, 41. DJT, S. 29; vgl. *H.-H. Jescheck/T. Weigend*, StrafR AT, S. 426 („rechtlich mißbilligte Gesinnung“); *W. Gallas*, ZStW 67 (1955), S. 1 (45) („rechtlich tadelnswerte Gesinnung“); *H. Radtke*, in: MüKo, StGB, Vor § 38 Rn. 2 („sozial-ethischer Tadel“); *J. Wessels/W. Beulke*, StrafR AT, Rn. 400 („fehlerhafte Einstellung des Täters zu den Verhaltensanforderungen der Rechtsordnung“).

1278 *K. Peters*, Art. Schuld, in: Staatslexikon[6], Sp. 1151 f.; *ders.*, Wegweiser Heft 2 (1954), S. 9; *ders.*, Stimmen der Zeit 160 (1957), S. 12 (16); *ders.*, FS Lackner (1987), S. 951 (958). Grundlegend zur Lebensführungsschuld siehe *E. Mezger*, Die Straftat als Ganzes, ZStW 57 (1938), S. 675 (688 ff.); *P. Bockelmann*, Studien zum Täterstrafrecht, Bd. II, Berlin 1940, S. 153 f.; *K. Engisch*, Um die Charakterschuld, MKrim 1967, S. 108 – 122.

1279 Durch das Achte Strafrechtsänderungsgesetz vom 25. Juni 1968, BGBl. I, S. 741 wurde § 20a StGB in der Fassung vom 1. Jan. 1934 aufgehoben. Nach § 20a bestand die Möglichkeit der Strafschräfung, wenn die Gesamtwürdigung der Taten ergibt, dass der Täter „ein gefährlicher Gewohnheitsverbrecher“ ist.

1280 So *J. Baumann/U. Weber*, StrafR AT, S. 360, allenfalls im Bereich der Kriminologie und bei der Strafzumessung hielt Baumann die Lebensführungsschuld für beachtlich, kritisierte zugleich aber das Abstellen auf einen bestimmten Täterzustand; vgl. AE StGB AT, 1966, S. 29. Zur Kritik siehe auch *Arthur Kaufmann*, Das Schuldprinzip, S. 187 ff.; *C. Roxin*, StrafR AT, Bd. 1, § 19 Rn. 54 f.

1281 So auch *Eb. Schmidt*, ZStW 69 (1957), S. 359 (386); *J. Eisele*, in: Schönke/Schröder, StGB[30], Vor §§ 13 ff. Rn. 105 f. Im Übrigen zu Brauchbarkeit und Relevanz des Gedankens der Lebensführungsschuld *M. Bock*, Lebensführung und Straffälligkeit, FS Göppinger (1990), S. 15 – 26; *H.-H. Jescheck/T. Weigend*, StrafR AT, S. 423 f.

1282 Eingehend siehe dazu *Arthur Kaufmann*, Das Schuldprinzip, S. 187 – 197, der darlegt, dass dem Gedanken der Lebensführungsschuld aus ethischer Sicht nichts

in der mangelnden Anstrengung um die eigene Freiheit und in einer Schwäche der Liebeshaltung. Durch Unterlassen des ständigen Bemühens um Freiheit und Liebe „erwächst die unter Umständen zur Begehungszeit nicht mehr vermeidbare Tat“[1283].

cc) Täter-Tatstrafrecht

Entgegen der herrschenden Meinung[1284] befürwortete Peters eher ein Täter- als ein Tatstrafrecht, und betonte die Einheit von materiellem Recht und Prozessrecht: „Will das materielle Strafrecht als Täterstrafrecht aufgefaßt werden, so kann das prozessuale Strafrecht nicht ausschließlich nach den Grundsätzen des Tatstrafrechts geformt sein“[1285]. Es müsse darum gehen, „die Tat im Zusammenhang mit dem Täter, den Täter als Träger der Tat und als die sie sühnende [...] Persönlichkeit zu sehen. Der Tätergedanke ist fruchtbar für die Durchführung der Persönlichkeitsforschung und für die Auswahl der Maßnahmen, vor allem für die Strafbemessung“[1286]. Peters trat damit nicht für ein Gesinnungsstrafrecht ein, sondern für eine Individualisierung des Straf- und Strafverfahrensrechts durch eine stärkere Betonung auf die Kriminalität *und* den Kriminellen; mithin für ein gemischtes Täter-Tatstrafrecht[1287].

Zu Peters‘ konkreten Forderungen gehörte (in Anlehnung an das Jugendstrafrecht) die Einrichtung eines besonderen Organs der Persönlichkeitserforschung in Gestalt der (Erwachsenen-)Gerichtshilfe[1288]. Den Gang des Strafverfahrens von der Aufnahme der Ermittlungen bis zum Gerichtsurteil und dem sich anschließenden Vollzug betrachtete Peters als einen sich von der Tat zum Täter verengenden Vorgang[1289]. Mit Hilfe der Gerichtshilfe könne die Grundlage für

---

entgegengesetzt werden könne, dass aber eine umfassende Berücksichtigung im Strafrecht nicht durchführbar sei.

1283 *K. Peters*, FS Lackner (1987), S. 951 (958).

1284 Deutlich etwa *C. Roxin*, StrafR AT, Bd. 1, § 6 Rn. 13.

1285 *K. Peters*, Strafprozeß^4, S. 9; vgl. *ders.*, Rehabilitierung Straffälliger, 42. DJT, G9.

1286 *K. Peters*, Strafprozeß^4, S. 282.

1287 *K. Peters*, in: ders./Lang-Hinrichsen, S. 22, 32. Zu den täterstrafrechtlichen Einflüssen im geltenden Recht siehe *J. Baumann/U. Weber*, StrafR AT, S. 30 f., 35; *C. Roxin*, StrafR AT, Bd. 1, § 6 Rn. 13 – 23; gänzlich ablehnend *R. Maurach/H. Zipf*, StrafR AT, § 35 Rn. 15.

1288 Siehe *K. Peters*, Kriminalpädagogik, S. 73 f., 184 f.; *ders.*, Bewährungshilfe 13 (1966), S. 151 – 163; *ders.*, Strafprozeß^2, S. 161 – 165; *ders.*, Der neue Strafprozeß, S. 111 – 115; bereits *ders.*, ZStW 56 (1937), S. 34 (67).

1289 *K. Peters*, Strafprozeß^4, S. 287, 689; *ders.*, FS Kleinknecht (1985), S. 341 (342).

ein Umdenken von der Tat hin zum Täter gelegt werden[1290]. Sie könne zur Beurteilung der Schuldfähigkeit, der Bestimmung von Strafart und -höhe und den Maßregeln zur Sicherung und Besserung herangezogen werden[1291].

dd) Schuldstrafrecht

Für Peters ist das Strafrecht „seinem Wesen nach Personalrecht. Es geht um Handlungen des Menschen und wendet sich an den Menschen. [...] Als sittliche Persönlichkeit ist der Mensch der verantwortliche Träger seines Handelns. Weil er sittliche Persönlichkeit ist, [...] vermag an ihm der sittliche Vorwurf erhoben werden können. Das Ziel dieses Vorwurfs ist zutiefst die Schuld. Das Strafrecht ist wesensmäßig Schuldstrafrecht. Ohne Schuld kann kein Strafrecht bestehen"[1292]. Peters bekannte sich damit zum Schuldprinzip („keine Strafe ohne Schuld"), das strafbegründend und -begrenzend wirkt und der Ermittlung des Strafmaßes dient.

Im Hinblick auf die Herleitung des Schuldprinzips wehrte sich Peters gegen einen rein verfassungsrechtlichen Ansatz. So müsse der Schuldbegriff tiefer, nämlich in seinen vorrechtlichen Gegebenheiten ansetzen[1293]. Schuld habe im religiösen, ethischen und rechtlichen Sinne unterschiedliche Bezugspunkte. Dennoch liege der gleiche Sachverhalt zugrunde, sodass rechtliche und sittliche bzw. sozialethische Schuld nicht voneinander trennbar sei. Die Schuld rein objektiv als Normabweichung oder Strafgrund zu verstehen, lehnte er ab[1294]. Aus

---

1290 *K. Peters*, Bewährungshilfe 13 (1966), S. 151 (160): Ein Organ, „das seiner Struktur und seinem Aufgabenbereich nach auf den Menschen, auf seine richtige Erfassung und seine ihr entsprechende richtige Behandlung ausgerichtet ist".

1291 *K. Peters*, Bewährungshilfe 13 (1966), S. 151 (154). Siehe hierzu Kap. C. II. 1. d) cc) (1) und C. III. 4. a) bb).

1292 UA-T, 198/64: Vortrag „Der Sinn des Strafrechts", 1954; vgl. *K. Peters*, Strafprozeß^4, S. 31; *ders.*, Kriminalpädagogik, S. 17 f., 86 f.; vgl. *Arthur Kaufmann*, Über Gerechtigkeit, S. 64: „Das Schuldprinzip nimmt den Menschen in seiner Freiheit und Verantwortlichkeit und damit in seiner Würde ganz ernst".

1293 *K. Peters*, Hochland 54 (1962), S. 193 (194), zudem kritisierte Peters, dass durch eine verfassungsrechtliche Begriffsbestimmung der Schuldbegriff der Zuständigkeit der Strafrechtswissenschaft entzogen würde. Kritisch ebenfalls *C. Roxin*, StrafR AT, Bd. 1, § 3 Rn. 52. Anerkannt ist der Schuldgrundsatz als ein in Verfassungsrang stehendes Prinzip: BVerfGE 6, 389 (439); 9, 167 (169); 20, 323 (331); 25, 269 (285); 28, 386 (391); *G. Dürig*, in: Maunz/Dürig (Hrsg.), GG, Art. 1 Rn. 31 f.; *T. Hillenkamp*, JZ 2005, S. 313 (316).

1294 *K. Peters*, Recht und Sittlichkeit, in: Ausgewählte Schriften, S. 23; *ders.*, JR 1949, S. 496 (497 f.); *ders.*, FS Lackner (1987), S. 951 (958). Eine Gleichsetzung von rechtlicher und sittlicher Schuld wird auch vertreten etwa von *Arthur Kaufmann*, Das

diesem einheitlichen Schuldbegriff folge, dass alle Menschen unabhängig von der Verwirklichung eines Straftatbestands die gleiche (Erb-)Schuld in sich tragen. Der Schuldvorwurf dürfe einem anderen daher nur mit Zurückhaltung und im Bewusstsein eigener Schuld gemacht werden[1295].

Peters' These von der Einheit strafrechtlicher und sittlicher Schuld entspricht nicht der Auffassung der Mehrheit: „Der Vorrang der Strafrechtsschuld gegenüber sittlicher oder moralischer Schuld ist heute weit überwiegend anerkannt (a.M. Peters)"[1296]. Die Übereinstimmung von Rechtsschuld und sittlicher Schuld gilt zwar als erstrebenswert, wird aber letztlich als idealistische Forderung an das Strafrechtssystem und die Rechtsanwendung behandelt[1297].

ee) Willensfreiheit

Grundlage des Schuldprinzips ist die Annahme, dass der Täter sich für Unrecht entschieden hat, obwohl er rechtmäßig hätte handeln können[1298]: „Die Schuld macht dem Täter den persönlichen Vorwurf, daß er die rechtwidrige Handlung nicht unterlassen hat, obwohl er sie unterlassen konnte"[1299]. Vorausgesetzt wird damit die Willensfreiheit. Ob der Einzelne in seinen Handlungen frei und selbstbestimmt ist oder gänzlich von äußeren Umständen und menschlichen Gegebenheiten determiniert ist, gehört zur schwierigsten das moderne Strafrecht berührenden Frage: „Die Krisis des Schuldgedankens beruht auf der seit Lombroso einsetzenden naturwissenschaftlichen Verbrechensbetrachtung, der die soziologische [sic] Betrachtung parallelläuft"[1300].

Schuldprinzip, S. 128 f.; vgl. E 1962, Begründung S. 96: Strafe „als dem Täter sein Handeln sittlich zum Vorwurf gemacht werden kann".

1295 *K. Peters*, Hochland 54 (1962), S. 193 (196 f.).

1296 *R. Maurach/H. Zipf*, StrafR AT, § 35 Rn. 9; ebenso *J. Baumann/U. Weber*, StrafR AT, S. 364 f.; *H.-H. Jescheck/T. Weigend*, StrafR AT, S. 418: „Strafrechtliche Schuld ist Rechtsschuld, nicht sittliche Schuld".

1297 *R. Maurach/H. Zipf*, StrafR AT, § 35 Rn. 5.

1298 Vgl. BGHSt 2, 194 (200 f.).

1299 *H. Welzel*, Dt. StrafR, S. 138.

1300 *K. Peters*, Sonderveröffentlichung der Caritas 1956, S. 11; vgl. *J. Baumann*, Kleine Streitschriften, S. 136. Zur Diskussion um die Willensfreiheit siehe z.B. *E. Dreher*, Die Willensfreiheit. Ein zentrales Problem mit vielen Seiten, München 1987; *H. Holzhauer*, Das Problem der Willensfreiheit in der Strafrechtslehre des 19. Jahrhunderts und seine Bedeutung für den Schulenstreit, Berlin 1970; *T. Hillenkamp*, JZ 2005, S. 313 (313 f., 316 f.); *Arthur Kaufmann*, Über Gerechtigkeit, S. 47 - 64; *C. Roxin*, StrafR AT, Bd. 1, § 19 Rn. 21 f., 36 - 50.

Für Peters ist der Mensch vernunftbegabt und grundsätzlich fähig zu einer richtigen, d.h. sittlichen und freien Entscheidung[1301]. Diese „existenzielle Freiheit" ist identisch mit der Befähigung zur geistigen Selbstbestimmung als Person[1302]. Diese Freiheit und die Entfaltung der Persönlichkeit erfordere allerdings ein ständiges Bemühen: „Jede Versuchung trifft den Menschen in einer Entwicklungs- und Gestaltungslinie, die bestimmt ist durch seine Anlagen, seine Umwelt, seine Erlebnisse, die durch die Erbschuld gestörte Persönlichkeit und das damit verbundene Ausgesetztsein dem Bösen gegenüber"[1303]. Der Schuldvorwurf liege somit auch darin, dass der Einzelne nicht um seine Freiheit gerungen hat – die strafbare Handlung ist damit ein Versagen im Augenblick der Versuchung. Wo das Handeln allein Ausdruck einer krankhaften Störung, von Triebreaktionen, Anlagen und Umwelteinflüssen ist, könne von Verantwortlichkeit keine Rede mehr sein[1304].

Ohne das Schuldprinzip prinzipiell in Frage zu stellen, wehrte sich Peters gegen eine objektive Bestimmbarkeit der Schuld und einen zu eng und absolut verstandenen Schuldgedanken. Insbesondere bei der Strafzumessung hielt er es für nicht haltbar, die Strafe stets nach dem Schuldmaß zu bestimmen und bezweifelte, dass „Schuld" angesichts menschlicher Gebundenheit und kriminologischer (Anlage, Umwelt, Erziehung, Werteerlebnis) sowie ethisch-theologischer Aspekte („Ausgesetzsein dem Bösen", „Versagen in der Liebeshaltung") mit den zur Verfügung stehenden Erkenntnismitteln überhaupt messbar sei[1305]. Übereinstimmend mit dem schon in seiner Habilitationsschrift vertretenen Vorrang

---

1301 *K. Peters*, Stimmen der Zeit 160 (1957), S. 12 (16).

1302 So *Arthur Kaufmann*, Über Gerechtigkeit, S. 51; *ders.*, Das Schuldprinzip, S. 122. Vgl. *J. Wessels/W. Beulke*, StrafR AT, Rn. 397: Das Prinzip der Verantwortlichkeit des sittlich reifen und seelisch gesunden Menschen als eine unumstößliche Realität der sozialen Existenz. Die Fähigkeit des Menschen, seine Entscheidungen nach sozialethisch verpflichtenden Normen und Wertvorstellungen auszurichten.

1303 *K. Peters*, Hochland 54 (1962), S. 193 (198).

1304 *K. Peters*, Sonderveröffentlichung der Caritas 1956, S. 11; so auch *G. Freund*, GA 2005, S. 321 (323).

1305 *K. Peters*, Glaube und Strafrecht, in: Gedanken zur Strafrechtsreform, S. 44; *ders.*, FamRZ 1954, S. 96; *ders.*, Grenzen des strafrichterlichen Ermessens, 41. DJT, S. 30; *ders.*, Die strafrechtsgestaltende Kraft, S. 39; vgl. *W. Hassemer*, Art. Schuld, in: Staatslexikon[7], Sp. 1067: Mit seinen Instrumenten könne das Strafverfahren verlässlich nur Indikator der Unfreiheit sein, nicht aber die Dimensionen der Entscheidungsfreiheit aufzeigen. Zu den Grenzen der Verwirklichung des Schuldprinzips *Arthur Kaufmann*, Das Schuldprinzip, S. 212 - 216.

des Vergeltungsgedankens benannte Peters als Grundlagen der Strafzumessung Taterfolg, Verantwortlichkeit (Schuld) und Gefährlichkeit[1306].

Neben der Notwendigkeit von naturwissenschaftlichen und soziologischen Erkenntnissen gab Peters zu bedenken, dass es Annahmen wie die Willensfreiheit gebe, die nur spekulativ erfasst werden können, zumal auch die Empirie nur einen Teil der Realität abbilden kann[1307]. Fakten bedürfen einer Bewertung, die nur gelingen könne, wenn der Mensch in seinen sittlich-ethischen Zusammenhängen unter Berücksichtigung von Philosophie und Theologie gesehen werde. Auf Grundlage eines christlich geprägten Menschenbildes werde Kriminalität so vor dem Hintergrund von menschlichen Liebesmangels und Schwäche beurteilt[1308]. Empirie ohne sittliches Fundament gehe fehl. Peters, der vor einseitiger Faktenauswahl und starren Deutungen warnte, plädierte damit für einen ganzheitlichen Ansatz – der Betrachtung eines Gegenstandes von verschiedenen Blickwinkeln aus[1309]. Zwischen Indeterminismus und Determinismus nahm Peters damit eine Mittelposition ein.

ff) Strafzwecke

Der klassischen Strafrechtslehre verbunden, hielt Peters am Vergeltungsgedanken fest: Das Wort „Vergeltung" werde ungern gehört, jedoch werde übersehen, „daß Vergeltung zum Wesen *jeder* Strafe gehört, daß Vergeltung eine Objektivierung des Strafrechts bedeutet, daß mit Vergeltung der Gedanke des gerechten und daher maßvollen Ausgleichs der gestörten Rechtsordnung verbunden" sei und auch das Prinzip der Gleichheit enthalte[1310].

Ausgangspunkt des Vergeltungsdenkens ist die Störung der Rechtsordnung. Zur Beseitigung dieser Störung sowie zur Wahrung der Geltungs- und Überzeugungskraft der Rechtsordnung bedarf es des Eingriffs in Persönlichkeitsrechte des Täters (Bestrafung). Dem Vorwurf, die reine Vergeltungstheorie sei

---

1306 *K. Peters*, Stimmen der Zeit 160 (1957), S. 12 (20); *ders.*, Grenzen des strafrichterlichen Ermessens, 41. DJT, S. 31; *ders.*, in: ders./Lang-Hinrichsen, S. 43; vgl. Kap. B. IV. 2. b) sowie sogleich Kap. C. I. 2. c) ff).

1307 *K. Peters*, Glaube und Strafrecht, in: Gedanken zur Strafrechtsreform, S. 47 f.; *ders.*, Stimmen der Zeit 160 (1957), S. 12 (14); *ders.*, FS Heinitz (1972), S. 501 (511 f.).

1308 *K. Peters*, Art. Kriminalität, in: Staatslexikon[7], Sp. 730; vgl. *ders.*, JR 1974, S. 230 (233).

1309 *K. Peters*, Art. Kriminalität, in: Staatslexikon[7], Sp. 730. Peters zeigte sich daher auch kritisch gegenüber dem Ansatz von der „Normalität der Kriminalität", siehe dazu Kap. C. IV. 4. b).

1310 *K. Peters*, in: Häberle/Weissgerber/ders./Pfeffer/Naumann (Hrsg.), S. 96. Ausdrücklich a.A. *C. Roxin*, StrafR AT, Bd. 1, § 3 Rn. 8 – 10, 44 – 46.

Ausdruck des Rachedenkens, gab Peters zu, dass Vergeltung weithin dem subjektiven Rechtsempfinden entspreche; jedoch gehe es dabei nicht nur um subjektives Rachebedürfnis, sondern um einen objektiven Ausgleich des Tatgeschehens. Durch diesen Ausgleich werde die Unantastbarkeit und der Ernst der Rechtsordnung einschließlich der sittlichen Grundlagen zum Ausdruck gebracht. Der Einzelne werde hierdurch „in Bezug zur Rechtsordnung" gestellt[1311].

Neben der Schwere der Rechtsstörung (Taterfolg) spielen bei der Vergeltung auch personale Kriterien eine Rolle, nämlich Tatverantwortlichkeit (Schuld) und Gefährlichkeit. Zusammen sichern diese drei Kriterien eine angemessene und aus der Sicht der Gemeinschaft genügende Strafe[1312]. Im Sinne einer Vereinigungstheorie bildete für Peters die „gerechte Vergeltung" einen Rahmen, innerhalb dessen die Strafe nach den Umständen des Einzelfalls durch general- und/oder spezialpräventive Gesichtspunkte (Sühne-, Sicherungs-, Besserungs- bzw. Erziehungs- oder Warnfunktion) bestimmt werden könne[1313].

Die Vereinigungstheorie, in der Vergeltung, Spezial- und Generalprävention zusammenfallen, wird als vergeltende Vereinigungstheorie (so die von Peters und vom BVerfG in Anknüpfung an § 46 StGB vertretene Ansicht) oder als rein präventive Vereinigungstheorie verstanden. Die präventive Vereinigungstheorie verwirft den Vergeltungsgedanken und ist heute in der Strafrechtswissenschaft herrschend[1314].

gg) Strafe

Jede Kriminalstrafe bedeute einen sittlich-ethischen Vorwurf und bringe einen intensiven Eingriff und eine Minderung der Persönlichkeit des Einzelnen mit sich[1315]. Weil die Straftat ein Verstoß gegen die sittliche Ordnung darstelle, müsse

1311 *K. Peters*, Kriminalpädagogik, S. 96 f.

1312 *K. Peters*, Stimmen der Zeit 160 (1957), S. 12 (20); *ders.*, Grenzen des strafrichterlichen Ermessens, 41. DJT, S. 31; *ders.*, Kriminalpädagogik, S. 98; *ders.*, in: ders./Lang-Hinrichsen, S. 43.

1313 *K. Peters*, Rehabilitierung Straffälliger, 42. DJT, G6; *ders.*, Caritas 1959, S. 201 (211); *ders.*, in: HdS, Bd. III, S. 406; siehe bereits Kap. B. IV. 2. b). So auch BVerfGE 45, 187 (253 f.).

1314 Hierzu siehe *V. Krey/R. Esser*, Dt. StrafR AT, Rn. 146 – 159; *C. Roxin*, StrafR AT, Bd. 1, § 3 Rn. 37 – 43; kritisch *P.-A. Albrecht*, KritV 1993, S. 163 (164): präventives Strafrecht als „politisches Beschwichtigungsmittel".

1315 *K. Peters*, Stimmen der Zeit 160 (1957), S. 12 (17); *ders.*, Rehabilitierung Straffälliger, 42. DJT, G5; so etwa auch *W. Frisch*, NStZ 2016, S. 16 (21) mit Verweis auf BVerfGE 96, 245 (249).

auch die Strafe einen sittlichen Charakter haben und zur Sichtbarmachung und Wiederherstellung der sittlichen Ordnung beitragen: „Als Tatantwort ist die Reaktion Vergeltung, als Ansprache des Täters ist sie Aufforderung zur Sühne und Besserung. Die Strafe ist ihrem Wesen nach ein Bewirken von Verzicht auf Werte zur Gewinnung von Werten[1316]. Mit Vergeltung meint Peters den staatlichen, von außen bewirkten Ausgleich für eine Störung der Rechtsordnung; Sühne ist demgegenüber der vom Täter zu erbringende Beitrag zum inneren Ausgleich, die die Loslösung von der Schuld „durch das auf sich genommene Leid" erfordere[1317]. Bei Vergeltung und Sühne gehe es nicht um die Befriedigung subjektiver Bedürfnisse, sondern um die Wahrung der objektiven Ordnung. Strafe bedeute Anerkennung der sittlichen Verantwortung des Menschen und Bejahung seiner Berufung zur Freiheit[1318].

Großen Wert legte Peters darauf, dass Strafe ein positives Ziel verfolgen müsse und nicht allein als (negatives) Übel begriffen werden dürfe. „Denn Strafe bedeutet nicht Ende [...], sondern Neubeginn, Reinigung und Entsühnung. Strafe, die der einzelne erleidet, ist nicht nur eine Funktion im Leben des einzelnen, sondern gleichzeitig eine Gesellschaftsfunktion"[1319]. Auch wenn Ausgangspunkt eines jeden Schuldvorwurfs die persönliche Verantwortung ist, hob Peters damit die gesellschaftliche Bedingtheit der Einzelschuld hervor: „So glauben wir doch, daß es an Gutem und nicht an Bösem gibt, was nicht irgendwie von den anderen mitgetragen wird. [...] so wirkt menschliches Versagen als das Böse fördernde. So ist das Verbrechen auch Ausdruck des gemeinschaftlichen Versagens"[1320]. Aus der gesellschaftlichen Mitverursachung durch Versagen und Fehlen von Mitmenschlichkeit folge eine gesellschaftliche Verpflichtung zum

1316 UA-T, 198/64: Vortrag „Der Sinn des Strafrechts", 1954; vgl. *J. Baumann*, Kleine Streitschriften, S. 157: „Sinn der Strafe ist Sühneleistung für Tatschuld", der Zweck des Rechts bestehe darin „den einzelnen Menschen und die in der Rechtsgemeinschaft zusammengeschlossenen Menschen zu den Rechtswerten hinzuführen, Freiheit des Einzelnen mit Achtung des Nächsten in ein freilich irdisches und unvollkommenes Verhältnis zu bringen".

1317 *K. Peters*, Grenzen des strafrichterlichen Ermessens, 41. DJT, S. 32; *ders.*, FS Lackner (1987), S. 951 (961).

1318 *K. Peters*, Caritas 1959, S. 201 (205 f.).

1319 *K. Peters*, Caritas 1951, S. 212 (217), weiter: „Denn Strafe bewirkt nicht nur die Entsühnung des einzelnen Schuldigen, sondern gleichzeitig auch eine stellvertretende Entsühnung der übrigen Gemeinschaftsmitglieder, die in das Verhältnis des einzelnen irgendwie mitschuldig verstrickt sind".

1320 UA-T, 198/64: Vortrag „Der Sinn des Strafrechts", 1954.

Maßhalten und zur Hilfsbereitschaft gegenüber dem Schuldigen, die sich insbesondere in maßvollen und schuldangemessenen Strafen und der Besserung und Resozialisierung des Täters zeigen müsse[1321]. Das Solidaritätsprinzip der katholischen Soziallehre kommt hier unverkennbar zum Ausdruck.

Die Kriminalstrafe wird bei Peters mithin durch folgende Merkmale umschrieben: (1.) sozialethischer Vorwurf eines schuldhaften, die ethische Grundordnung antastenden Unrechts (ethischer Charakter der Strafe); (2.) Einbuße beim Betroffenen (Übelscharakter der Strafe); (3.) Auferlegung einer Einbuße (Zwangscharakter der Strafe); (4.) Ansprechen des Betroffenen im Sinne der Aufforderung zur Rechtsbejahung (personaler Charakter der Strafe)[1322].

3. Eintreten für die Zeugen Jehovas

An Peters' Tätigkeit als Rechtsberater und Gutachter im Rahmen der Zeugen-Jehovas-Prozesse lässt sich anschaulich seine Hilfsbereitschaft sowie sein Verständnis von Recht und Gerechtigkeit zeigen. Neben Freundlichkeit, Güte und Wärme, die Peters von seinen Wegbegleitern zugeschrieben werden, bestand ein wesentlicher Charakterzug darin, dass er in Fragen der Gerechtigkeit, Menschenwürde und Rechtsstaatlichkeit hart und unnachgiebig für eine aus seiner Sicht gerechte Sache eintrat[1323]. Gekrönt wurde sein Engagement durch die Bestätigung seiner Rechtsauffassung durch das BVerfG. In der für Peters typischen Bescheidenheit bemerkte er hierzu, dass die höchstrichterliche Rechtsfortbildung zu einem Grundproblem der Gewissensentscheidung „zu den spannendsten juristischen Erlebnissen"[1324] zähle; es sei eine Freude gewesen, dass sich das BVerfG gegen die Auffassung sämtlicher Oberlandesgerichte seiner Ansicht angeschlossen hatte[1325].

1321 *K. Peters*, Kriminalpädagogik, S. 89; *ders.*, Art. Schuld, in: Staatslexikon^6, Sp. 1152; *ders.*, Wegweiser Heft 2 (1954), S. 13. Siehe dazu Kap. C. V.: Strafvollzugsrecht.

1322 *K. Peters*, Kriminalpädagogik, S. 92 f.; *ders.*, Stimmen der Zeit 160 (1957), S. 12 (18).

1323 Vgl. UA-M, 207/74: Goldenes Doktorjubiläum, Laudatio Wessels, S. 7; *J. Baumann*, NJW 1989, S. 210: Auf den Zuspruch 'Regen Sie sich nicht auf, Herr Professor', gab dieser oft die Antwort »Ich will mich aber aufregen in dieser Sache«"; *W. Küper/K. Wasserburg* (Hrsg.), Karl Peters, Ausgewählte Schriften, S. VIII; *K. Rehbein*, MschrKrim 1998, S. 377; *K. Tiedemann*, NJW 1998, S. 2956 (2957); *U. Weber*, JZ 1998, S. 892 f. Interview mit Klaus Wasserburg vom 26. Juli 2016 und Hans-Dietrich Quedenfeld vom 27. Juli 2016.

1324 *K. Peters*, FS Engisch (1969), S. 468 (480).

1325 UA-T, 198/20, S. 16.

a) Sachverhalt und Rechtsprobleme

Wegen Verweigerung des Wehrersatzdienstes wurden den Zeugen Jehovas zugehörige junge Männer zu einer mehrmonatigen Haftstrafe verurteilt. Wegen erneuter Verweigerung aus persönlichen Gewissensgründen drohte ihnen eine erneute Bestrafung. 1964 wendeten sie sich an Peters, der sich unentgeltlich des Falles annahm. Gegen die zweite Verurteilung wegen Zivildienstverweigerung erhob Peters zwei erfolgreiche Verfassungsbeschwerden vor dem BVerfG[1326]. Eine dritte Verfassungsbeschwerde betraf die Erstbestrafung und damit den Ersatzdienst als solchen[1327].

Neben ethischen und strafrechtsdogmatischen Grundfragen ging es für Peters um die historischen sowie staats- und kriminalpolitischen Gesichtspunkte des Falles. Als Lehre aus dem „Gewissensterror" der NS-Zeit, der bei vielen zu einer ungenügenden Anspannung des Gewissens geführt habe, müsse die in Art. 4 GG anerkannte Gewissensfreiheit ernst genommen werden[1328]. Staatspolitisch hielt Peters vor allem die Zweitverfahren für verfehlt, weil der Staat das Gewissen seiner Bürger achten müsse, die Zeugen Jehovas zu Verfolgten des NS-Staates zählten und von ihrem Verhalten keine Gefährdung des Staates ausgehe[1329]. Aus kriminalpolitischer Sicht bezweifelte er den präventiven Sinn der Bestrafungen[1330].

In der Analyse der Rechtslage betonte Peters, dass der Rechtsprechung insbesondere der Oberlandesgerichte, nämlich Strafbarkeit der Wehrersatzdienstverweigerer trotz Gewissenskonflikt und Möglichkeit einer erneuten Bestrafung nach rechtskräftiger Verurteilung, eine einheitliche Literaturmeinung gegenüberstand[1331]. Ein zentrales Problem sah er darin, die Besonderheiten des Falles herauszustellen: Einerseits gehe es um eine rein passive Gewissensentscheidung ohne konkrete Gefährdung von Individualrechtsgütern Dritter; andererseits gehe es um die christlich-sittliche Auffassung der Zeugen Jehovas, denen vielfach

---

1326 BVerfG, Beschluss vom 7. März 1968, 2 BvR 354/66 und 355/66 = BVerfGE 23, 191.

1327 BVerfG, Beschluss vom 5. März 1968, 1 BvR 579/67 = BVerfGE 23, 127.

1328 *K. Peters*, FS Mayer (1966), S. 257 (265 f.); *ders.*, FS Engisch (1969), S. 468 (471).

1329 Bis 1967 wurden wegen Wehrdienstverweigerung aus Gewissensgründen 783 Zeugen Jehovas verurteilt; davon wegen nochmaliger Wehrdienstverweigerung 153.

1330 *K. Peters*, JZ 1966, S. 457 (461); *ders.*, FS Engisch (1969), S. 468 (471).

1331 Zusammenstellung bei *K. Peters*, JZ 1966, S. 457, mit der Hervorhebung, dass das genannte Schrifttum nicht die Auffassung „vereinzelter Extremisten" wiedergebe, sondern die ganz überwiegend von Straf- und teils auch Verfassungsrechtlern vertretende Meinung zur Doppelbestrafung; *ders.*, FS Engisch (1969), S. 468 (480).

mit Unverständnis und Unkenntnis begegnet werde – konfessionell stand Peters selbst dieser Glaubensgemeinschaft keineswegs nah. Ohnehin kritisierte Peters, dass die ethisch-sittliche Bedeutung des Gewissens nur unzureichend erfasst worden sei. Deutlich zeige sich dies in den begrifflichen Unklarheiten bei der Abgrenzung zum Begriff des Überzeugungstäters[1332].

Das BVerfG stellte in seiner Entscheidung vom 4. Oktober 1965 klar, dass die grundgesetzlich verankerte Pflicht zur Ableistung eines Ersatzdienstes keine Verletzung der Gewissensfreiheit aus Art. 4 Abs. 1, Abs. 3 GG sei und es insofern kein generelles Freiheitsrecht auf Ersatzdienstverweigerung aus Gewissensgründen gebe[1333]. Da das BVerfG die Möglichkeit der Straffreiheit aus sonstigen Gründen offen ließ, wurden in Schrifttum und Rechtsprechung vielfältige Ansätze diskutiert: Vorliegen einer Notwehr- oder Notstandslage, Wegfall der Schuld wegen Unzumutbarkeit oder psychischer Zwangslage, Verbotsirrtum[1334]. Damals wie heute ist die Gewissensproblematik vor allem in Fällen einer Verweigerung oder Beendigung lebensrettender Maßnahmen aus Gewissensgründen greifbar[1335]. In der Literatur wird eine Gewissenstat überwiegend als entschuldigt behandelt[1336].

b) Peters‘ Lösungsansatz

Peters argumentierte auf der Rechtfertigungsebene. Obwohl eine aus dem Persönlichkeitskern heraus getroffene Entscheidung eine individuelle und persönliche Leistung darstelle, habe sie wegen ihres Bezuges zur objektiven Ordnung die Tendenz zur Verallgemeinerung: Im religiösen Bereich sei die Gewissensentscheidung eine Entscheidung vor Gott; im nichtreligiösen Bereich schließe sie sich einer „humanen Ordnung über Gut und Böse an“[1337]. Da der Einzelne

---

1332 *K. Peters*, FS Mayer (1966), S. 257 (264 f.); *ders.*, FS Engisch (1969), S. 468 (475 – 477).

1333 BVerfGE 19, 135 (136 – 138); vgl. BVerfGE 23, 127 (132); *G. Dürig*, JZ 1967, S. 426 (430). Adolf Arndt (SPD-Bundesabgeordneter, Verfassungsjurist) und Peters kritisierten an der Entscheidung die fehlende Auseinandersetzung mit dem Widerspruch von Rechtsbefehl und Gewissensgebot unter Berücksichtigung rechtsphilosophischer, ethischer, theo. Grundlagen, *A. Arndt*, NJW 1965, S. 2195; *K. Peters*, FS Mayer (1966), S. 257 (261).

1334 Eine Zusammenstellung siehe bei *K. Peters*, JZ 1966, S. 457 – 460.

1335 Siehe etwa BVerfGE 32, 98 – Gesundbeter; BGHSt 32, 267 – Wittig.

1336 *H. Müller-Dietz*, FS K. Peters (1974), S. 91 (101 f.) mit Literaturnachweisen; *C. Roxin*, StrafR AT, Bd. 1, § 22 Rn. 100 – 129.

1337 *K. Peters*, FS Mayer (1966), S. 257 (270 f.); vgl. BVerfGE 12, 45 (55): „Als eine Gewissensentscheidung ist […] jede ernste sittliche, d.h. an den Kategorien von "Gut" und "Böse" orientierte Entscheidung anzusehen, die der Einzelne in einer bestimmten

nach christlicher Auffassung seinem Gewissen sittlich verpflichtet sei, bedeute ein Handeln gegen das Gewissen einen personalen Substanzverlust, sei es in der Lösung des Menschen von Gott (Sünde), sei es in dem Verlust der Selbstachtung und der Achtung der Gesellschaft (sittliches Unrecht). Die Präambel des Grundgesetzes spreche ausdrücklich von der Verantwortung vor Gott, wodurch der Staat zur Hinnahme der sich aus dem Gottesbezug ergebenden ethischen Verpflichtungen gehalten sei[1338]. Daraus folge nicht, dass der Staat nur christliches Verhalten dulden oder von seinen Bürgern christliches Verhalten erwarten dürfe; dennoch ergebe sich „ein christliches Abwehrrecht, zumindest im Sinne eines Anspruchs darauf, nicht bestraft zu werden, wenn man sich der christlichen Sittenordnung entsprechend verhält“[1339]. Voraussetzung eines solchen Anspruchs sei, in Abgrenzung zur bloßen Überzeugung oder Meinung, das Vorliegen einer echten Gewissensentscheidung, die strengen Anforderungen an Echtheit und Ernsthaftigkeit bis hin zur persönlichen Opferbereitschaft standhalten müsse, zumal mit der sittlichen Verpflichtung gegenüber dem Gewissen auch die Verpflichtung zur Überprüfung der Gewissensentscheidung einhergehe[1340].

Der echte Gewissenstäter handele rechtmäßig, stelle kein „strafrechtlicher Sondertyp“ dar und scheide daher aus dem Bereich des Strafrechts aus. Dogmatisch tendierte Peters zur Annahme eines rechtfertigenden Notstands[1341]. Die gegenwärtige Gefahr sah er im Verlust des (ewigen) Lebens begründet[1342]. Durchsetzen konnte sich Peters mit dieser Auffassung nicht.

Lage als für sich bindend und unbedingt verpflichtend innerlich erfährt, so daß er gegen sie nicht ohne ernste Gewissensnot handeln könnte.“

1338 *K. Peters*, FS Mayer (1966), S. 257 (266, 268); *ders.*, JZ 1966, S. 457 (458 f.): Unter Verweis auf *G. Dürig*, in: Maunz/Dürig (Hrsg.), GG, Art. 1 Rn. 15 Fn. 2 betonte Peters, dass es keineswegs unjuristisch sei, spezifisch christliche Lehre zur Interpretation heranzuziehen. Positiv-rechtlich zeige dies die Präambel und die Entstehungsgeschichte des Grundgesetzes, die auf kein „bloßes Phantom“, sondern auf Gott verweise.

1339 *K. Peters*, JZ 1966, S. 457 (459); vgl. *ders.*, FS Mayer (1966), S. 257 (276).

1340 *K. Peters*, FS Engisch (1969), S. 468 (472); *ders.*, FS Stree/Wessels (1993), S. 3 (4, 6).

1341 *K. Peters*, FS Mayer (1966), S. 257 (262, 280); *ders.*, FS Stree/ Wessels (1993), S. 3 (9). Aus der grundrechtlich garantierten Gewissensfreiheit möchte Peters mittelbar einen Strafbefreiungsgrund herleiten. Kritisch hierzu *H. Müller-Dietz*, FS K. Peters (1974), S. 91 (101 f.); *C. Roxin*, StrafR AT, Bd. 1, § 22 Rn. 101 f., 120 – 122.

1342 Für die Zeugen Jehovas bedeutete die persönliche Indienststellung durch den Wehrdienst eine Entziehung ihrer Verpflichtung sich mit der ganzen Person in den Dienst Gottes zu stellen. Die Ablehnung dieser Verpflichtung bedeutete für sie Verrat an Gott, Loslösung von Gott und ewiger Tod. Aus dem Gebot „Du sollst nicht töten“

In Bezug auf die Erstbestrafung stellte das BVerfG im Beschluss vom 5. März 1968 darauf ab, dass die Schuldprüfung den Instanzgerichten obliege, die der Gewissensfreiheit in Abwägung mit der Rechtsordnung hinreichend Rechnung getragen hätten. Immerhin sprach das BVerfG aber die Möglichkeit des strafbefreienden Schuldausschlusses wegen „unüberwindlichen psychischen Zwangs“ an und stellte klar, dass von Verfassungs wegen „die Substanz der Persönlichkeit nicht zerstört werden darf“[1343].

Anders verhielt es sich im Verfahren gegen die Zweitbestrafung der Zeugen Jehovas in Bezug auf die prozessrechtliche Frage, ob die Aufrechterhaltung einer Gewissensentscheidung eine erneute Verurteilung zulässt oder gegen Art. 103 Abs. 3 GG (ne bis idem) verstößt. Zu klären war, ob die fortwährende Verweigerung des Wehrersatzdienstes ein Dauer- oder ein Zustandsdelikt darstellt. Mit Verweis auf den Straftatbestand der Fahnenflucht wurde von den Gerichten überwiegend ein Dauerdelikt angenommen. Peters betonte demgegenüber, dass die Entscheidung der Zeugen Jehovas keine jederzeit zurückstellbare Überzeugung oder ständig sich wiederholende Willensäußerung, sondern eine Gewissensentscheidung sei, die den Charakter eines einmalig vor Gott getroffenen Lebensentschlusses habe. Das Verharren auf dieser Gewissensentscheidung führe zur Annahme eines Zustandsdelikts; zwischen erstmaliger und erneuter Wehrersatzdienstverweigerung bestehe Tatidentität, sodass eine Verurteilung nur einmal möglich sei[1344]. Dafür erhielt auch Peters verfassungsrechtliche Unterstützung[1345]. Unter Bezugnahme auf Peters erklärte der 2. Senat des BVerfG im Beschluss vom 7. März 1968 die Verfassungsbeschwerde gegen die Zweitverfahren wegen Verstoßes gegen Art. 103 Abs. 3 GG für begründet, weil die „Schablone der Dauerstraftat“ der Gewissensentscheidung gegen die staatliche

---

und „Liebe Deine Feinde“ folgte die Verpflichtung, sich von allem fern zu halten, was mit dem Wehrdienst zu tun hat. 1996 hob die Glaubensgemeinschaft das Verbot des Wehrersatzes auf.

1343 BVerfGE 23, 127 (133 f.); vgl. *K. Peters*, JZ 1972, S. 83 (85).

1344 *K. Peters*, FS Mayer (1966), S. 257 (279 f.); *ders.*, JZ 1966, S. 457 (460); *ders.*, FS Engisch (1969), S. 468 (479).

1345 So *G. Dürig*, JZ 1967, S. 426, der argumentierte, dass nach dem Wortlaut des Grundgesetzes die Wehrpflicht nur einmal zu leiste sei; vgl. *U. Scheuner*, Die Religionsfreiheit im Grundgesetz, DÖV 1967, S. 585 – 593, der einen Verstoß gegen den Verhältnismäßigkeitsgrundsatz bejahte. Wie Peters war auch Günter Dürig in den Zeugen-Jehovas-Prozessen als Gutachter tätig.

Forderung auf einmalige Leistung von Ersatzdienst nicht gerecht werde und das Wesen der Gewissensentscheidung nach Art. 4 Abs. 1 GG verkenne[1346].

Im Zusammenhang mit dem Fall der Zeugen Jehovas betonte Peters, dass in derartigen Fällen eine der Sache und der Person gerecht werdende Entscheidung gefunden werden müsse[1347]. Seine Abhandlung über „Überzeugungstäter und Gewissenstäter“ schließt mit der Frage, ob es nicht möglich gewesen wäre, „eine menschlich großzügige Regelung zu finden, ohne daß es der Notwendigkeit bedurft hätte, auf die gerechten Ansprüche des Gewissenstäter mit Nachdruck hinzuweisen?“[1348].

II. Rechtspolitik

Anhand der Rechts- und Gesellschaftspolitik in der Bundesrepublik vor allem in den 50er bis 70er Jahren soll gezeigt werden, wie sich Peters zu den Rechtsentwicklungen und den Diskussionen zur Reform des Strafrechts positioniert hat. Ein Schwerpunkt liegt hierbei auf Peters‘ Kernthesen und seinen Forderungen zur Umgestaltung des Strafrechts.

1. Das Reformzeitalter

a) Die Bundesrepublik der Nachkriegsjahre

Die Währungsreform (1948) und die Gründung der Bundesrepublik (1949) markieren den Beginn einer Konsolidierungsphase. Mit Beendigung des Besatzungsstatuts (1954), der Wiederbewaffnung und dem Beitritt der BRD zur NATO (1955), dem Warschauer Pakt (1955) und Mauerbau (1961) begannen die Blockbildung und der Kalte Krieg. In der „Kanzlerdemokratie“ Konrad Adenauers erlebte die Bundesrepublik in den „Goldenen Fünfzigern“ durch den Wiederaufbau einen ungeheuren Wirtschaftsboom[1349]. Außenpolitisch gelang durch die Politik der Westbindung eine politische, wirtschaftliche und militärische Integration in das westliche Verteidigungssystem und mit der Montanunion (1951) in die Europäische Wirtschaftsgemeinschaft. Gesellschaftlich waren die 50/60er

---

1346 BVerfGE 32, 191 (204 f.). Eine Fortsetzung dieser Rspr. sah Peters im Gesundbeter Fall (BVerfGE 32, 98), jedoch kritisierte er, dass in dieser Entscheidung eine klare Stellungnahme zu Glaubens- und Gewissensfragen und ihre Auswirkungen auf das Strafrecht gefehlt habe, *K. Peters*, JZ 1972, S. 83 (85 f.).

1347 *K. Peters*, JZ 1966, S. 457 (460).

1348 *K. Peters*, FS Mayer (1966), S. 257 (280); so auch *ders.*, JR 1980, S. 265 (266).

1349 Dazu insgesamt *U. Herbert*, Geschichte Deutschlands, S. 620, 623.

Jahre eine von tiefgreifenden Veränderungen geprägte Übergangsphase. Peters sprach von „Zeiten gesellschaftlicher Umformung“; er beklagte Rechtsgleichgültigkeit und Blindheit für die sittliche, gottbezogene Ordnung, indem sozialethische Vorstellungen zu Gunsten eines immer ausgeprägteren Individualismus zurückgetreten seien[1350].

Unter dem Eindruck von Wirtschaftsaufschwung und sozialen Entwicklungen kam es zu Veränderungen im Familien- und Berufsleben; durch Etablierung von Fernsehen und Automobilität und eine durch Amerika beeinflusste neue Leit- und Jugendkultur wandelte sich das Alltagsleben[1351]. Geprägt war die Zeit des Wiederaufbaus aber auch von dem Wunsch nach Ruhe und Sicherheit und im Hinblick auf die NS-Zeit von einer durch Adenauer beförderten Schlussstrich-Mentalität. Im Anschluss an den Ulmer Einsatzgruppen-Prozess und den Eichmann-Prozess begann mit den Ausschwitz-Prozessen ab 1963, die der Öffentlichkeit die Verbrechen der NS-Zeit endgültig vor Augen führten, eine verspätete Aufarbeitung. Peters‘ Aufsatz zum Eichmann-Prozess und sein Beitrag in der Tübinger Vortragsreihe „Deutsches Geistesleben und Nationalsozialismus“ liefern Zeugnis für die Auseinandersetzung mit der eigenen und kollektiven Verantwortung[1352].

Für die politische Kultur weitreichende Folgen hatten zudem die breit getragenen Protestbewegungen anlässlich der Stationierung von Atomwaffen („Kampf dem Atomtod“[1353]) und die Spiegel-Affäre. Nach dem Ende der Ära Adenauer (1963), dem Rücktritt seines Nachfolgers Ludwig Erhard und der Bewältigung der Wirtschaftskrise unter der von Kurt Georg Kiesinger geführten Großen Koalition, leitete die sozial-liberale Koalition ab 1969 unter Willy Brandt eine politische Wende ein. Hinzu kam, dass sich in Kontrast zu Selbstzufriedenheit, Vergangenheitsverdrängung und Tabuisierungen auf Grundlage eines tradierten Wertemusters in Familie, Ehe und Bildungseinrichtungen, im öffentlichen Diskurs zunehmend ein kritisches Selbstbewusstsein herausbildete. Zu einem Schlagwort wurde die vermeintliche Spießbürgerlichkeit der Nachkriegsjahre, ergänzt durch den politischen Ruf der Studentenbewegung nach

---

1350 *K. Peters*, FS Sauer (1949), S. 9; *ders.*, FS Ebers (1950), S. 23 (25 f.); *ders.*, Caritas 1951, S. 212 (215); vgl. so auch *Arthur Kaufmann*, Über Gerechtigkeit, S. 48.

1351 *U. Herbert*, Geschichte Deutschlands, S. 678, 682, 690.

1352 Zur „neuen Phase der Auseinandersetzung mit dem Nationalsozialismus“ siehe *M. Stolleis*, Art. NS Recht, in: HRG, Sp. 1808. Vgl. Kap. B. V. 7. sowie Kap. B. VII. 2. c).

1353 Siehe dazu Kap. B. VI. 5.

einer außerparlamentarischen Opposition und dem Aufbrechen des etablierten Systems[1354]. Höhepunkt des Umbruchs waren die Studentenunruhen im Jahr 1968, die zu einer Zäsur stilisiert wurden, „die das Alte vom Neuen, die Enge vom Aufbruch, das Verkrustete vom Lebendigen" trennte[1355]. Denn trotz des durch die '68er-Bewegung angestoßenen Umdenkens waren die Grundlagen einer Modernisierung und Liberalisierung bereits vorher angelegt. Gesellschaftlicher Wandel wurde nun aber als Herausforderung der Politik wahrgenommen, und der Wunsch nach Befreiung von gesellschaftlichen Erwartungen und Bindungen entsprach dem (antiautoritären) Zeitgeist[1356].

b) Die Große Strafrechtsreform

Seit Erlass des Reichsstrafgesetzbuchs 1871 war der Ruf nach einer Reform des Strafrechts nicht verstummt. Trotz zahlreicher Entwürfe scheiterte dieses Vorhaben. Mit der Etablierung einer rechtsstaatlichen Ordnung und der Beseitigung zahlreicher in der NS-Zeit erlassener Gesetze[1357] kam eine Gesamtreform des Strafrechts erneut auf die Tagesordnung. Das „Reformzeitalter 1953 bis 1975"[1358] war damit eingeleitet. Basierend auf der 1954 eingesetzten Großen Strafrechtskommission entstand zunächst eine umfangreiche Materialsammlung, die über die Teilentwürfe E I und E II 1959 als E 1960 zusammengefasst und als „Entwurf eines Strafgesetzbuches" 1962 erneut in den Bundestag eingebracht wurde.

Die Strafrechtswissenschaft äußerte sich zu diesem E 1962 allerdings ablehnend; selbst die am Gesetzgebungsverfahren Beteiligten kamen zu dem Schluss, dass der Entwurf nicht die erhoffte Strafrechtsreform darstellte[1359]. Zu einer Leitfigur der Kritik wurde Peters' Schüler Jürgen Baumann, der zusammen mit anderen Strafrechtlern und Kriminologen (Theodor Lenckner, Werner

---

1354 Dazu *U. Herbert*, Geschichte Deutschlands, S. 786, 832, 841. Vgl. bereits Kap. B. VII. 2. c).

1355 *H. Rudolph*, in: Broszat (Hrsg.), Zäsuren nach 1945, S. 142.

1356 *U. Herbert*, Geschichte Deutschlands, S. 765; *H. Rudolph*, in: Broszat (Hrsg.), Zäsuren nach 1945, S. 144, 150.

1357 Drittes Strafrechtsänderungsgesetz vom 4. Aug. 1953, BGBl. I, S. 735.

1358 *U. Scheffler*, in: Vormbaum/Welp (Hrsg.), Das StGB, Bd. I, S. 174 ff. Hierzu umfassende Darstellung siehe stellvertretend für viele *T. Beck*, Die Auswirkungen der Großen Strafrechtsreform auf die Gesetzgebung im Kernstrafrecht seit 1975, Diss., Berlin 2016.

1359 *T. Busch*, Die dt. Strafrechtsreform, S. 45; *A. Eser*, FS Maihofer (1988), S. 109 (115). Vgl. *J. Baumann*, Kleine Streitschriften, S. 198; *E.-W. Hanack*, ZStW 77 (1965), S. 398 (403).

Maihofer, Claus Roxin, Günter Stratenwerth und Walter Stree u.a.) die Strafrechtsreform durch Gegenentwürfe (insbesondere den Alternativentwurf 1966) beeinflusste. Auch Peters hielt den Regierungsentwurf für bedenklich, doch fiel seine Kritik weniger drastisch aus, und in Grundsatzfragen vertrat er eine mehr christlich-konservative als liberale Position. Kennzeichen der Diskussionen zur Ausgestaltung des Strafrechts wurde der Widerstreit um gesellschaftspolitische Anschauungen. Bemerkbar machte sich damit auch ein Generationswechsel: War die Große Strafrechtskommission noch u.a. mit Rechtsprofessoren besetzt, die überwiegend bereits vor 1945 einen Lehrstuhl innehatten, machte in der weiteren Diskussion um die Strafrechtsreform zunehmend eine jüngere Juristengeneration ihren Einfluss geltend.

aa) Kritik am E 1962

(1) Aufgabe des Strafgesetzgebers

Am Regierungsentwurf entbrannte eine Grundsatzdiskussion über die Regelungsbefugnis des (Straf-)Gesetzgebers und das Verhältnis von Recht und Moral. Weil der E 1962 an einer engen Verbindung von Recht und Moral festhielt und eine Reihe von seit 1871 unveränderten Vorschriften zum Schutz von Ehe und Familie und im Sexualstrafrecht beibehalten waren, wurde dem Entwurf eine konservative Orientierung am Moralleitbild des vergangenen Jahrhunderts vorgeworfen[1360]. Peters war hier teils anderer Meinung[1361]. Im Hinblick auf die Sittlichkeitsdelikte (Ehebruch, Insemination, Homosexualität, Schwangerschaftsabbruch) fiel Baumanns Kritik deutlich aus:

> „Aufgabe des Gesetzgebers ist es, nicht zu moralisieren, sondern Kriminalpolitik zu treiben. […] Ich leugne keinesfalls, daß das Strafrecht dem Sittengesetz nicht widersprechen darf. […] Aber eine Funktion hat das Strafrecht im Bereich des Sittlichen nicht. […] Der Staat ist nicht der Erzeuger sittlichen Verhaltens, er kann auch nicht der Erzwinger der Einhaltung göttlicher oder sittlicher Gebote sein. […] Dem Entwurf

---

1360 *U. Scheffler*, in: Vormbaum/Welp (Hrsg.), Das StGB, Bd. I, S. 184; *T. Vormbaum*, Strafrechtsgeschichte, S. 232 f.; vgl. *E.-W. Hanack*, ZStW 77 (1965), S. 398 (402 f.); *K. Tiedemann*, ZStW 86 (1974), S. 303 (308 f.).

1361 Siehe insbes. Kap. C. II. 1. d) aa). Vgl. BR-Drs. 200/62, S. 376: Es sei anerkannt, dass „strafrechtliche Normen weitaus überwiegend dem Rechtsgüterschutz" dienen, was aber nicht ausschließe, „bestimmte Fälle ethisch besonders verwerflichen und nach der allgemeinen Überzeugung schändlichen Verhaltens auch dann mit Strafe zu bedrohen, wenn durch die einzelne Tat kein unmittelbar bestimmtes Rechtsgut verletzt wird".

62 ist zum Vorwurf zu machen, daß er den Geltungsanspruch des Strafrechts zu weit ausdehnt“[1362].

„Wenn Sie wollen, können Sie diese Auffassung als eine säkularisierte Strafrechtsauffassung bezeichnen. Sie hebt sich scharf ab von all den Auffassungen, die dem Strafrecht eine Aufgabe im Bereich der allgemeinen Moral oder der allgemeinen Sittlichkeit zuweisen wollen“[1363].

(2) Sanktionssystem

Weitere Kritik galt dem kriminalpolitischen Konzept[1364]. Die geplante Beibehaltung des Dualismus von resozialisierungsfeindlichem Zuchthaus und Gefängnis sowie die Einführung der Strafhaft (Freiheitsentziehung bis zu sechs Monaten) als weitere Form der kurzen Freiheitsstrafe wurden als unmoderne Mittel der Verbrechensbekämpfung abgelehnt[1365]. Gefordert wurde die Einführung einer einheitlichen Freiheitsstrafe.

Peters stand dem differenzierten Sanktionssystem nicht gänzlich ablehnend gegenüber, da mit der Zuchthausstrafe für schwere Straftaten eine angemessene Strafart vorhanden sei, und es abgesehen von den gesetzlichen Regelungen entscheidend auf eine sachgerechte Anwendung der zur Verfügung stehenden Instrumente in der Praxis ankomme[1366]. Unter dem Gesichtspunkt der Besserung und Resozialisierung und der Vermeidung unzweckmäßiger und schädlicher Kurzfreiheitsstrafen mahnte Peters aber eine Begrenzung der Ehrenstrafen und damit auch der Zuchthausstrafe an. Bei der Einführung einer neuen Strafart gab Peters zu bedenken, dass sie zu einer Häufung kurzer Freiheitsstrafen führen und eine Belastung des Strafvollzugs darstellen könnte[1367].

Das Problem der Eingrenzung kurzer Freiheitsstrafen hatte der E 1962 nach Peters‘ Ansicht noch nicht einmal grundsätzlich in Angriff genommen[1368]. Der

---

1362 *J. Baumann*, Kleine Streitschriften, S. 29 f.; so etwa auch *E.-W. Hanack*, ZStW 77 (1965), S. 398 (404).

1363 *J. Baumann*, Kleine Streitschriften, S. 202.

1364 *A. Eser*, FS Maihofer (1988), S. 109 (115).

1365 *C. Roxin*, StrafR AT, Bd. 1, § 4 Rn. 21; *K. Tiedemann*, ZStW 86 (1974), S. 303 (334).

1366 *K. Peters*, JR 1951, S. 752 (753); *ders.*, in: ders./Lang-Hinrichsen, S. 48; *ders.*, Grenzen des strafrichterlichen Ermessens, 41. DJT, S. 36; *ders.*, Rehabilitierung Straffälliger, 42. DJT, G8.

1367 *K. Peters*, Rehabilitierung Straffälliger, 42. DJT, G12 – G14; *ders.*, SchwZStrW 77 (1961), S. 162 (178). Zur Kritik siehe etwa *Eb. Schmidt*, ZStW 69 (1957), S. 359 (381 f.).

1368 *K. Peters*, SchwZStW 77 (1961), S. 162 (177).

AE 1966 sowie die 1967 einberufene Strafvollzugskommission plädierten für eine völlige Abschaffung der Freiheitsstrafe unter sechs Monaten. Grundlage einer Stellungnahme der Vollzugskommission war Peters' Grundsatzreferat „Die kurze Freiheitsstrafe". Darin wird die kurze Freiheitsstrafe als kriminalpolitisch wertlos und häufig kriminogen bezeichnet, zumal sie den Strafvollzug im hohen Maße belaste und einen sinnvollen Vollzug in anderen Fällen verhindere[1369]. Als Lösung wurde ein Absehen von der Vollstreckung bei Strafen unter sechs Monaten vorgeschlagen; bei Freiheitsstrafen bis zu drei Monaten sei an deren Stelle auf Geldstrafe zu erkennen; Freiheitsstrafen von über drei bis sechs Monaten seien obligatorisch auszusetzen, sofern sie nicht im Anschluss an eine andere Freiheitsstrafe vollstreckt werden können[1370]. § 36 Abs. 1 AE 1966 sah demgegenüber schlicht die Anhebung des Mindestmaßes der Freiheitsstrafe auf sechs Monate vor[1371].

Zustimmung fand die Umgestaltung der Geldstrafen nach skandinavischem Tagesbußensystem[1372], wobei der Alternativentwurf mit dem Konzept einer lebensstandardbeschränkenden Geldstrafe noch weiter gehen wollte[1373].

(3) Dogmatik und Gesetzestechnik

Im Übrigen stießen Dogmatik und Gesetzestechnik des Entwurfs auf Kritik. Im Interesse von mehr Rechtssicherheit und Rechtsklarheit nahm der E 1962 eine deutliche Präzisierung von Strafbarkeits- und Tatbestandsvoraussetzungen vor und sah bezüglich der Vorschriften zu den Irrtümern, Rechtfertigungsgründen und subjektiven Merkmalen wie Vorsatz, Absicht und Wissentlichkeit, Fahrlässigkeit und Leichtfertigkeit teils abschließende Regelungen und Definitionen vor[1374]. Die Kritik der Strafrechtswissenschaft richtete sich gegen ein „Übermaß an Legaldefinitionen"[1375] und einen „völlig übersteigerten Perfektionismus"[1376],

---

1369 Empfehlungen der Strafvollzugskommission, in: Bd. I, Tagungsbericht der Strafvollzugskommission, S. 146; so auch AE StGB AT, 1966, S. 71.

1370 *K. Peters*, in: Bd. I, Tagungsbericht der Strafvollzugskommission, S. 15 f.; siehe Empfehlungen der Strafvollzugskommission, in: a.a.O., S. 146; vgl. *ders.*, Kriminalpädagogik, S. 197.

1371 AE StGB AT, 1966, S. 71, 73. Als zweitbeste Lösung wurde für eine obligatorische Strafaussetzung plädiert.

1372 *K. Peters*, in: ders./Lang-Hinrichsen, S. 46; *ders.*, Der neue Strafprozeß, S. 22.

1373 AE StGB AT, 1966, S. 93, 95. Ablehnend dazu BT-Drs. 5/4095, S. 20 f.

1374 BR-Drs. 200/62, S. 101.

1375 *G. Stratenwerth*, ZStW 76 (1964), S. 669 (706).

1376 *E.-W. Hanack*, ZStW 77 (1965), S. 398; vgl. *P. Noll*, ZStW 76 (1964), S. 707 f.

der außer Acht lasse, dass sich das Strafrecht durch seinen lückenhaften Charakter und seine für wissenschaftlich-dogmatische Entwicklungen nötigen Wertungsräume auszeichne[1377]. Peters hob hervor, dass die Beständigkeit des bisherigen Strafgesetzbuchs gerade in seiner Zurückhaltung gegenüber grundsätzlichen Regelungen und dogmatischen Festlegungen beruhe. Abgesehen von einzelnen, kriminalpolitisch wichtigen gesetzlichen Änderungen sei dadurch eine Weiterentwicklung in Rechtspflege und Wissenschaft möglich gewesen. Daher könne bezweifelt werden, ob der Rechtsstaat wirklich ein Übermaß an Bestimmungen fordere und ob nicht die Gefahr der Statik entstehe, die in kurzer Zeit den Ruf nach einer abermaligen Reform zur Folge haben könne[1378]. Rechtsstarrheit um der Rechtssicherheit willen könne zu einer harten, im Einzelfall wohlmöglich ungerechten Rechtsanwendung führen[1379].

bb) Reform in Raten

Auf Grundlage des AE 1966, den ersten Empfehlungen der Strafvollzugskommission und einer Diskussion im Sonderausschuss für die Strafrechtsreform des Bundestages, gelang die Reform des Strafgesetzbuchs abgeschichtet in mehrere Gesetze ab 1969 in die Umsetzungsphase. Auch Peters plädierte für eine Reform in kleinen Schritten. Neben praktischen Gesichtspunkten hob er als entscheidendes Argument die Notwendigkeit einer „inneren Reform" hervor[1380]. Ohne einen geistigen Wandel und das Verständnis für Regelungsnotwendigkeit und -sinn vor allem in der praktischen Umsetzung könne eine Gesetzesreform zwar erfolgen, jedoch bleibe ohne ein geistiges Fundament das Gelingen und die Realisierung der Reform fraglich: „Die Schlacht könnte gewonnen, der Krieg aber verloren sein"[1381].

Mit dem Ersten Gesetz zur Reform des Strafrechts von Juni 1969 wurden zunächst kriminalpolitisch dringliche und bedeutsame Reformen vorgenommen. Im Allgemeinen Teil des StGB wurde das Sanktionssystem „resozialisierungsfreundlicher" gestaltet[1382]: einheitliche Freiheitsstrafe statt Differenzierung

---

1377 *Armin Kaufmann*, ZStW 80 (1968), S. 34 (35); *G. Stratenwerth*, ZStW 76 (1964), S. 669 (671).

1378 *K. Peters*, SchwZStrW 77 (1961), S. 162 (166); vgl. *ders.*, ZStW 77 (1965), S. 470 (475).

1379 *K. Peters*, FS Eb. Schmidt (1971), S. 487 (493).

1380 *K. Peters*, JR 1951, S. 752 (753); *ders.*, in: ders./Lang-Hinrichsen, S. 47. Vgl. dazu Kap. C. II. 1. d) bb), C. IV. 2.

1381 *K. Peters*, FS Heinitz (1972), S. 501; vgl. *K. Tiedemann*, FG K. Peters (1984), S. 131 (149).

1382 *A. Eser/B. Hecker*, in: Schönke/Schröder, StGB[29], Einf. Rn. 5.

in Zuchthaus und Gefängnis; Begrenzung der kurzzeitigen Freiheitsstrafe; Erweiterung der Strafaussetzung zur Bewährung; Bindung der Maßregeln der Besserung und Sicherung an den Grundsatz der Verhältnismäßigkeit; Abschaffung des Arbeitshauses und des Verlusts der bürgerlichen Rechte. Im Besonderen Teil wurden unzweckmäßige und unzeitgemäße Straftatbestände beseitigt, so z.B. Ehebruch, Zweikampf, Sodomie und einfache Homosexualität[1383].

Als Kernstück folgte im Juli 1969 das Zweite Gesetz zur Reform des Strafrechts[1384] mit weiteren Änderungen des Allgemeinen Teils, so etwa die Neuregelungen zu unechtem Unterlassungsdelikt, Irrtum, Versuch, Täterschaft und Teilnahme, rechtfertigendem Notstand. Im Übrigen wurde die Reform des Sanktionssystems fortgeführt. Für das Strafrecht stellte der hierdurch zum Abschluss gebrachte Übergang von der Freiheits- zur Geldstrafe einen ähnlich bedeutsamen Wandel dar wie der Übergang von den Leibes- und Lebensstrafen zur Freiheitsstrafe in der Aufklärung[1385].

Die Geldstrafen wurden auf das Tagessatzsystem nach § 40 StGB umgestellt[1386]. Durch Streichung der Deliktskategorie „Übertretungen" wurden zahlreiche Straftatbestände in Ordnungswidrigkeiten oder Vergehen umgewandelt. Grundlage für diese Entkriminalisierung von Bagatelldelikten war das 1968 erlassene Ordnungswidrigkeitengesetz[1387]. Neben der Erweiterung des Anwendungsbereichs der Strafaussetzung auf Bewährung wurden, in Anlehnung an das Jugendgerichtsgesetz, als weitere Reaktionsmöglichkeiten die Verwarnung mit Strafvorbehalt und das Absehen von Strafe eingeführt. Im Zuge der Implementierung resozialisierungsfreundlicher Regelungen wurde die Gerichtshilfe eingeführt, der sich die Staatsanwaltschaft bei der Ermittlung der persönlichen Verhältnisse des Beschuldigten bedienen kann. Peters, der nachdrücklich für ein solches Organ eintrat, begrüßte dies als einen wichtigen Schritt zu einem täterorientierten Strafrecht[1388].

1383 Erstes Gesetz zur Reform des Strafrechts vom 25. Juni 1969, BGBl. I, S. 645, in Kraft getreten 1. Sept. 1969 bzw. 1. April 1970.

1384 Zweites Gesetz zur Reform des Strafrechts vom 4. Juli 1969, BGBl. I, S. 717, in Kraft getreten 1. Jan. 1975.

1385 *H.-H. Jescheck*, in: Leipziger Kommentar[11], Einl. Rn. 93.

1386 Zur Entwicklung des Tagesssatzsystems siehe *H. Tröndle*, in: Leipziger Kommentar[11], § 40 Rn. 11 – 23.

1387 Einführungsgesetz zum Gesetz über Ordnungswidrigkeiten vom 24. Mai 1968, BGBl. I, S. 503.

1388 *K. Peters*, Strafprozeß[4], S. 189, 531; vgl. *V. Erb*, in: Löwe-Rosenberg, § 160 Rn. 73. Vgl. Kap. C. I. 2. c) cc).

Zur Regelung kurzzeitiger Strafen wurde die Freiheitsstrafe auf mindestens einen Monat erhöht (§ 38 Abs. 2 StGB) und Freiheitsstrafen unter sechs Monate auf Ausnahmefälle begrenzt (Ultima ratio-Klausel des § 47 Abs. 1 StGB). Der Vorschlag des AE und der Strafvollzugskommission, auf kurze Freiheitsstrafen gänzlich zu verzichten, fand im Bundestagssonderausschuss keine Mehrheit[1389].

Im Ganzen betrachtet berücksichtigte der Gesetzgeber grundsätzliche Erwägungen des AE oder fand einen Kompromiss zwischen den Vorschlägen im E 1962 und AE 1966[1390]. Das Erste und das Zweite Strafrechtsreformgesetz bildeten ein Gesamtkonzept, das in einer Phase der „Reformeuphorie“ von der nötigen Kompromissbereitschaft in der Koalition von CDU und SPD getragen worden war[1391].

Mit den Studentenunruhen und dem Regierungswechsel zu einer sozialliberalen Koalition (1969) waren die folgenden Strafrechtsreformgesetze stärker von weltanschaulichen Differenzen geprägt und von teils heftigen gesellschaftspolitischen Auseinandersetzungen begleitet. Der Reform des Demonstrationsstrafrechts (Drittes Strafrechtsreformgesetz) folgte eine Liberalisierung im Sexualstraf- und Familienrecht (Viertes Strafrechtsreformgesetz) und im Recht des Schwangerschaftsabbruchs (Fünftes Strafrechtsreformgesetz)[1392]. Seinen Abschluss fand die Strafrechtsreform mit Neufassung des StGB zum 1. Januar 1975.

c) *Weitere Strafrechtsentwicklung*

Die Große Strafrechtsreform führte zu einer Verwirklichung von Elementen eines rechtsstaatlich-demokratischen, sozialen und humanen Strafrechts[1393]. Im Anschluss an das von Liszt geprägte soziale Strafrecht wurde die Strafrechtspflege an der Resozialisierung des straffälligen Bürgers ausgerichtet. Peters sah in den Neuerungen im StGB einen wichtigen Schritt zu einem „individualgerichteten

1389 Vgl. BT-Drs. V/4095, S. 18.

1390 Hierzu *C. Roxin*, StrafR AT, Bd. 1, § 4 Rn. 23.

1391 *A. Eser*, FS Maihofer (1988), S. 109 (117 f.); *U. Scheffler*, in: Vormbaum/Welp (Hrsg.), Das StGB, Bd. I, S. 226.

1392 Drittes Gesetz zur Reform des Strafrechts vom 20. Mai 1970, BGBl. I, S. 505; Viertes Gesetz zur Reform des Strafrechts vom 23. Nov. 1973, BGBl. I, S. 1725; Fünftes Gesetz zur Reform des Strafrechts vom 18. Juni 1974, BGBl. I, S. 1297, siehe hierzu Kap. C. II. 2. a) aa): Recht des Schwangerschaftsabbruchs.

1393 So *K. Tiedemann*, ZStW 86 (1974), S. 303 (347); so auch *H. J. Hirsch*, in: 25 Jahre Rechtsentwicklung, S. 37 f.; *G. Kaiser*, ZStW 86 (1974), S. 349 (356).

Strafrecht“[1394]. Vermittels einer Differenzierung zwischen juristischen und moralischen Maßstäben, einer weitreichenden Entkriminalisierung und der Abkehr vom Vergeltungsstrafrecht trat ein Paradigmenwechsel ein: An die Stelle eines sitten- und moralgetragenen Strafrechts rückte der strafrechtliche Schutz individueller Rechtsgüter[1395].

Diese Liberalisierungstendenz setzte sich allerdings nicht fort[1396]. Nach der Devise „nach der Reform ist vor der Reform“ galt es, Antworten auf neue Herausforderungen zu finden: RAF-Terrorismus, organisierte und technologisierte (Wirtschafts-)Kriminalität, Umweltbelange sowie, mit dem Fall des „Eisernen Vorhangs“, Europäisierung und Internationalisierung des Strafrechts. Angesichts stagnierenden Wirtschaftswachstums und steigender Arbeitslosenzahlen, Ölkrisen (1973 und 1979), Rüstungspolitik (NATO-Doppelbeschluss 1979) und Auflösung sozialer Strukturen und Milieus herrschte seit Mitte der 70er Jahre ein geändertes politisches, wirtschaftliches und soziales Klima[1397]. Der Gesetzgeber zeigte sich zwar in der Lage, mit der Umgestaltung oder Neufassung einzelner Straftatbestände ein Strafrecht zu schaffen, das den kriminalpolitischen Entwicklungen Rechnung trug[1398]. Andererseits fanden in zahlreichen Gesetzen „neu oder wieder entdeckte Feindbilder ihren strafrechtlichen Ausdruck“[1399]. Vor diesem Hintergrund der Tendenz zur Kriminalisierung und Strafschärfung ist vor allem im Sexual-, Wirtschafts- und Umweltstrafrecht eine (wieder) stärkere Betonung der Allgemein- gegenüber den Individualinteressen zu beobachten. Angesichts des Grundsatzes nulla poena sine lege stehen die Zunahme unbestimmter Rechtsbegriffe, die Pönalisierung der Vorfeldkriminalität und abstrakte Gefährdungsdelikte in der Kritik[1400].

1394 *K. Peters*, Kriminalpädagogik, S. 135; *ders.*, FS Heinitz (1972), S. 501.

1395 *A. Eser*, FS Maihofer (1988), S. 109 (126 f.); *T. Lenckner*, FS Tübinger Juristenfakultät (1977), S. 239 (250).

1396 *E. Hilgendorf*, in: Vormbaum/Welp (Hrsg.), Das StGB, Bd. I, S. 367; *H. J. Hirsch*, in: 25 Jahre Rechtsentwicklung, S. 38 f.

1397 *U. Herbert*, Geschichte Deutschlands, S. 887, 904 f., 918 f.

1398 *A. Eser/B. Hecker*, in: Schönke/Schröder, StGB[29], Einf. Rn. 19; *H.-H. Jescheck/T. Weigend*, StrafR AT, S. 107.

1399 *T. Vormbaum*, Juristische Zeitgeschichte, S. 338; vgl. *R. Hamm*, KritV 1993, S. 213 (226). Zusammenstellung der wichtigsten Gesetzgebung seit 1975 bei *A. Eser/B. Hecker*, in: Schönke/Schröder, StGB[29], Einf. Rn. 9 – 17.

1400 *E. Hilgendorf*, in: Vormbaum/Welp (Hrsg.), Das StGB, Bd. I, S. 364, 374 f.; *H. Radtke*, in: MüKo, StGB, Vor § 38 Rn. 4 f.; vgl. *P.-A. Albrecht*, KritV 1993, S. 163 (165): Abbau gesetzlicher Bindung und Erosion rechtsstaatlicher Prinzipien; *W. Hassemer*, ZRP

d) *Peters' Thesen zur Reform des Strafrechts*

Peters hat sich ausführlich weder zur 1975 abgeschlossenen Großen Strafrechtsreform noch zu den weiteren Entwicklungen im Strafrecht geäußert, sondern sich vornehmlich auf die grundsätzlichen Fragen des Strafrechts konzentriert. Zum einen stand Peters wenig der Sinn nach dogmatischem „Feuerwerk". Zum anderen diskutierte er mit seinem Schüler und Strafrechtsreformer Jürgen Baumann die Strafrechtsreform – wobei beide weltanschaulich keinesfalls immer auf einer Linie lagen. Angesichts der Untersuchung zu den Fehlerquellen im Strafverfahren lag ab Mitte der 60er Jahre Peters' Forschungsschwerpunkt ohnehin im formellen Strafrecht, zumal er an der Reform des Strafvollzugsrechts beteiligt war. Seine Grundthesen zur Reform des Strafrechts sind nach wie vor aktuell.

aa) *Sittliche Fundierung*

Peters anerkannte den Wandel von Grundanschauungen und die Notwendigkeit der Anpassung von Gesetzen an die jeweiligen Bedürfnisse – erforderlich sei ein Ringen um den „Gesellschaftsgeist"[1401]. So hätten sich seit der Kaiserzeit, Weimarer Republik und NS-Zeit die Auffassungen von Recht und Sittlichkeit gewandelt und seien nicht mehr von einer einheitlichen Basis getragen[1402]. Anstoß nahm Peters aber an der Revidierung sittlich-ethischer Grundvorstellungen. Vor allem überraschte ihn die Intensität des Wandels: Den Staat und sein Fundament in Frage zu stellen sei keine vereinzelte Erscheinung – „ganze Gruppen haben eine Bewegung ausgelöst, die zu einer politischen und gesellschaftlichen Macht" geworden sei[1403]. Das „Erregende der heutigen Situation" sei der „massive positive Widerstand gegen Ordnung, Gesetz und Recht"[1404] sowie die „fundamental gegensätzlichen Haltungen" zu Recht und Sittlichkeit[1405]. „Was

---

1992, S. 378 (381): das „moderne" Strafrecht werfe rechtsstaatlichen Ballast ab. Insbes. bereits *W. Naucke*, Tendenzen, S. 45 – 50.

1401 *K. Peters*, FS Sauer (1949), S. 9 (10).

1402 Vgl. *A. Eser*, FS K. Peters (1974), S. 505 (513): Es sei mittlerweile ein Gemeinplatz, „daß der heutigen Gesellschaft ein einheitliches und gemeinsames Ziel und Ordnungsbild" fehle. So auch *T. Lenckner*, FS Tübinger Juristenfakultät (1977), S. 239: „unangefochtener Bestandteil eines gemeinsamen Ordnungsbildes" lag den Sittlichkeitsdelikten im StGB von 1871 zu Grunde.

1403 *K. Peters*, Recht und Sittlichkeit, in: Ausgewählte Schriften, S. 19.

1404 *K. Peters*, FS Engisch (1969), S. 468 (471).

1405 *K. Peters*, Recht und Sittlichkeit, in: Ausgewählte Schriften, S. 19. Vgl. Kap. C. I. 1. b) aa) (1).

bisher an Forderungen und Pflichten galt, wird [...] als ungerechte Strukturen verewigend angesehen. Revolution, Gewalt, [...], Lüge und Täuschung werden Mittel, die um ihres Dienstes willen [...] als menschlich anerkennenswert und als sittlich wertvoll betrachtet werden. [...] Es wird als gut angesehen, wenn der Sicheinsetzende zwischenmenschliche Beziehungen [...] überwindet. Daher ist die Loslösung von der Familie und der bisherigen Umwelt lobenswert. [...] Was geschieht, wird nicht als Gegensatz zur Sittlichkeit angesehen, sondern als deren Gebot. [...] Entscheidend bleibt, ob das bisherige Recht und seine Weiterbildung noch die genügende Stärke und Kraft aus dem gesellschaftlichen Bereich zu ziehen vermögen“[1406].

In dem Anzweifeln der Geltung sittlicher Normen sah Peters einen Verlust an Sicherheit, Klarheit und Überzeugungskraft des Rechts. Recht werde nicht mehr als Ausdruck einer sittlichen Wertentscheidung, sondern als formale Zwangs- und Machtordnung betrachtet[1407]. Die „von vielen und auch von mir vertretene ethische Grundlegung des Strafrechts setzte sich nicht durch. Ihr wurde der Gedanke des gesellschaftlichen Pluralismus, der keine ethische Einheit anerkennt, gegenübergestellt“[1408]. Der Vorrang von Pluralismus, dem Peters das Entstehen von Wertneutralität vorwarf[1409], habe dazu geführt, dass sich gesellschaftliche Auffassungen immer stärker an der Lebensführung des Einzelnen und persönlicher Selbstbestimmung orientieren. Je mehr grundlegende Wertungen aber persönlichkeitsbestimmt seien, desto mehr schwinde das Verständnis für vorgegebene Ordnungen. „Es ist anzunehmen, daß die mehr oder weniger Ich-bestimmte Persönlichkeit eher und schneller mit der Rechtsordnung in Konflikt gerät als die dem Ordnungsdenken verhaftete Persönlichkeit. Es geht um ein Autoritätsverständnis, um die Frage, ob ich neben mir mein Verhalten bestimmende Autoritäten anerkenne“[1410].

Die Freiheit des Einzelnen war für Peters kein absoluter, sondern stets ein in die Ordnung der (Rechts-)Gemeinschaft und des Überrechtlichen sich einfügender Wert. Wichtig war ihm insofern auch, dass die Beachtung christlich-sittlicher Grundwerte nichts mit religiöser Beschränktheit oder dem Wunsch

---

1406 *K. Peters*, Recht und Sittlichkeit, in: Ausgewählte Schriften, S. 25.

1407 *K. Peters*, FS Stree/Wessels (1993), S. 3 (10); vgl. *ders.*, FamRZ 1954, S. 96 (97).

1408 UA-T, 198/30: Rechtserneuerung nach 1945.

1409 *K. Peters*, FS Heinitz (1972), S. 501 (510): „Toleranz wird in Neutralismus umgedeutet. Dieser Vorgang führt zur ethischen Unsicherheit und die Unsicherheit führt zu immer mehr Verlust an ethischem Gehalt“.

1410 *K. Peters*, in: FS Stree/Wessels (1993), S. 3 (6). Zum Autoritätsbegriff *ders.*, FS Rosenfeld (1949), S. 215 (216 f.).

nach „Unterwerfung“ des Strafrechts unter religiöse Auffassungen zu tun habe. Vielmehr müsse es um der Gesellschaftsordnung und der „Sorge und Liebe zu Menschen und der menschlichen Gesellschaft“ wegen darum gehen, dass wesentliche Werte ihren Ausdruck im Strafrecht fänden[1411]. Eine dem Menschen entzogene Ordnung nicht anzuerkennen und die Verpflichtungen des Einzelnen losgelöst von der sittlichen Ordnung zu betrachten, führe dazu, dass der Einzelne dem Kollektiv ausgeliefert und seiner Würde beraubt werde[1412]. Wo die Verbindung zu Gott fehle und der Individualismus vorherrsche, seien Egozentrik und Bindungslosigkeit die Folge[1413]. Eine „säkularisierte Strafrechtsauffassung“[1414] und die Vorstellung, das Strafrecht habe lediglich ein rechtsethisches Minimum zum Inhalt[1415], konnte Peters nicht teilen, da es ihm um Wertungsharmonie ging. Das Strafgesetzbuch müsse ein „Widerschein ethischer, geistiger und kultureller Anschauungen einer Zeit [sein]. Es ist Ausdruck von der Gemeinschaftskultur und Gemeinschaftsethik“[1416].

Peters‘ Kritik sollte nicht vorschnell als antiquiert abgetan werden, denn „in Überschätzung der selbsterzieherischen „Mündigkeit“ des heutigen Menschen und in Unterschätzung des sozialethischen Fundaments, dessen auch staatliches Strafen auf Dauer nicht entraten kann, mag die Strafrechtsreform in der Tat gelegentlich etwas zu weit gegangen“ sein[1417].

bb) Gesamtheit und Einheitlichkeit der Reform

Für Peters war die Verknüpfung des Strafrechts mit der Philosophie, Theologie, Psychologie, Pädagogik oder Soziologie eine (Heraus-)Forderung für jede Reform[1418]. Die „innere Reform“ des Strafrechts, d.h. eine umfassende geistige Auseinandersetzung und Durchdringung der Materie, dürfe daher nicht allein den Juristen vorbehalten bleiben, sondern bedürfe der Beteiligung eines breiten fachlichen und gesellschaftlichen Kreises[1419]. Wichtig war Peters, dass sich

---

1411 *K. Peters*, Sonderveröffentlichung der Caritas 1956, S. 6. Vgl. bereits Kap. C. I. 2.

1412 *K. Peters*, Wegweiser Heft 2 (1954), S. 2; *ders.*, Recht und Sittlichkeit, in: Ausgewählte Schriften, S. 24, 26.

1413 Vgl. *K. Peters*, FS Heinitz (1972), S. 501 (514).

1414 Vgl. Zitat Baumanns Kap. C. II. 1. b) aa) (1).

1415 So etwa *W. Frisch*, NStZ 2016, S. 16 (20); *H.-H. Jescheck/T. Weigend*, StrafR AT, S. 24

1416 *K. Peters*, in: ders./Lang-Hinrichsen, S. 14; vgl. Hervorhebung *K. Rehbein*, MschrKrim 1998, S. 377 f.

1417 So Albin Eser, *A. Eser/B. Hecker*, in: Schönke/Schröder, StGB[29], Einf. Rn. 19.

1418 Vgl. dazu Kap. C. III. (Strafverfahrensrecht).

1419 *K. Peters*, in: ders./Lang-Hinrichsen, S. 15 f. Vgl. dazu Kap. C. II. 1. b) bb).

eine Reform des Strafrechts als eine abgestimmte Reformierung aller Strafrechtsteile darstellt. Prozess- und Vollzugsrecht seien keine Anhängsel des materiellen Rechts, sondern bedürften einer gleichberechtigten und parallelen Gestaltung[1420]. Strafprozessuale und vollzugsrechtliche Mängel als nachrangig zu betrachten, berge die Gefahr, die Reform in einem „Wolkenraum" zu errichten[1421], in dem ein materielles Strafrecht geschaffenen werde, das in der Strafrechtswirklichkeit nicht realisierbar sei oder unwirksam bleibe.

Angesichts der Unzulänglichkeiten des Strafvollzugs war für Peters eine Vollzugsreform besonders dringlich; sie sei eine Grundvoraussetzung der Strafrechtsreform[1422]. Dahingehend wurde im E 1962 zwar ein Bundesvollzugsgesetz in Aussicht gestellt, da erst „im Vollzug [...] die Strafe Wirklichkeit" werde. Gleichwohl wurde die Vollzugsreform an den Schluss gestellt, weil das materielle Strafrecht vorgehen müsse[1423]. Kritiker bemerkten hierzu, dass der Regierungsentwurf wohl anders ausgesehen hätte, hätte man mit Überlegungen zur Realität angefangen[1424]. Auch Peters gab zu bedenken, dass die Reform nicht allein dem Gesetzgeber, sondern auch der Verwaltung obliege, zumal gesetzgeberische Lösungen mehr hemmend als fördernd wirken können[1425]. Im Anschluss an die Idee der „inneren Reform" hob Peters hervor, dass auch ein neues Vollzugsgesetz sich in seiner geistigen Haltung nur dem StGB anschließen könne[1426].

1420 *K. Peters*, in: ders./Lang-Hinrichsen, S. 21; UA-T, 198/68: Pädagogische Grundprobleme des Strafvollzugs, S. 1; vgl. *W. Hassemer*, ZRP 1992, S. 378 (383); *Eb. Schmidt*, ZStW 69 (1957), S. 359 (367, 370).

1421 *K. Peters*, Die strafrechtsgestaltende Kraft, S. 8, insbes. S. 9: „Ob das Strafrecht eine gesellschaftsfördernde Funktion erfüllt, hängt wesentlich davon ab, was im Vollzug geschieht"; vgl. *Eb. Schmidt*, ZStW 69 (1957), S. 359 (384): „Am Vollzuge liegt es, ob Gerechtigkeit am bestraften Menschen realisiert wird."

1422 *K. Peters*, in: ders./Lang-Hinrichsen, S. 47 f.; *ders.*, in: SchwZStr 77 (1961), S. 162 (180).

1423 BR-Drs. 200/62, S. 103.

1424 *J. Baumann*, in: Nörr (Hrsg.), 40 Jahre BRD, S. 298.

1425 *K. Peters*, SchwZStr 77 (1961), S. 162 (173 – 175).

1426 *K. Peters*, in: HdS, Bd. III, S. 411; eindringlich *ders.*, JR 1951, S. 752 (753): Die Reform des Strafvollzugs könne nur auf fester Grundlage eines Strafrechts erfolgen, „das sich zu den Gegebenheiten der menschlichen Schuld, Verantwortung und Sühne bekennt".

cc) *Konzept zur Strafrechtsbeschränkung*

Als weitere Kernthese trat Peters für eine weitgehende Beschränkung des Strafrechts ein. Diese Forderung, die bereits Anfang des 19. Jahrhunderts erhoben wurde, gehörte in der Diskussion um die Große Strafrechtsreform sowie auch heute zu den zentralen Diskussionspunkten[1427]. Peters' Vortrag über die „Beschränkung der Tatbestände im Besonderen Teil"[1428] findet bis heute Beachtung.

(1) Begründungsansatz

Weil es im Strafrecht darum gehe, die sozialethische Grundordnung sichtbar zu machen, dürfe Strafrecht nur das erfassen, was tatsächlich einen sozialethischen Unwertgehalt aufweise. Je mehr es um Verstöße gegen Grundwerte des Menschen gehe (Leben, Freiheit, Eigentum, Ehre, Wahrhaftigkeit und gemeinschaftliche Gebundenheit), desto mehr bestehe ein Bedürfnis nach (echter) Kriminalstrafe und einem umfassenden Schutz dieser Werte[1429].

Eine Überdehnung des Strafrechts in den Bereich der Leichtkriminalität und eine ungenügende Abgrenzung von Kriminalunrecht, Ordnungswidrigkeiten und Zivilunrecht führe zu einer Beschädigung der Autorität, Ernsthaftigkeit und Überzeugungskraft des Strafrechts. Überdies binde es angesichts der Begrenztheit der zur Verfügung stehenden Mittel Kräfte, die zur Verfolgung mittlerer und schwerer Kriminalität gebraucht werden[1430]; zudem werde der Strafvollzug überlastet[1431]. Den Aspekt, dass die Bearbeitung unbedeutender Vorgänge übermäßig Ressourcen binde und die Aufklärung komplexer Vorgänge vor allem im Bereich der Wirtschaftskriminalität erschwere oder unmöglich mache,

---

1427 Vgl. *J. Häger*, in: Leipziger Kommentar[12], Vor §§ 38 ff. Rn. 66 und *T. Vogler*, ZStW 90 (1978), S. 132 (134 f.) mit Literaturhinweisen.

1428 Peters' hielt den Vortrag 1965 auf der Strafrechtslehrertagung und wurde veröffentlicht in ZStW 77 (1965), S. 470 – 505. Johannes Wessel sprach im Anschluss daran von einer „lebhaften Diskussion unter den Strafrechtslehrern", UA-M, 207/74: Goldenes Doktorjubiläum, Laudatio Wessels, S. 6.

1429 *K. Peters*, Art. Rechtserziehung, in: LdP III, 1954, Sp. 1055; *ders.*, Die strafrechtsgestaltende Kraft, S. 14; *ders.*, ZStW 77 (1965), S. 470 (476); ähnlich *R. Helwig*, DRiZ 2017, S. 92 (97); *H. Welzel*, Das dt. StrafR, S. 1 f. Siehe zum Rechtsgüterschutzkonzept *C. Roxin*, StrafR AT, Bd. 1, § 2 Rn. 97 ff.

1430 *K. Peters*, Rehabilitierung Straffälliger, 42. DJT, G7 f.; *ders.*, ZStW 77 (1965), S. 470 (471); *ders.*, FS Eb. Schmidt (1971), S. 487 f. Auch Peters sprach von Bagatellkriminalität, worunter er u.a. geringwertige Diebstahls- und Unterschlagungsdelikte fasste.

1431 So etwa auch *P. Noll*, ZStW 76 (1964), S. 707 (708 f.).

verknüpfte Peters mit dem Gedanken einer „sozialen Strafrechtspflege“[1432]. Dem ist zu entgegnen, dass schon seit 1974/75 die Möglichkeit der Einrichtung von Wirtschaftsstrafkammern bestand (§ 74c GVG).

Wegen der auch negativen, „zerstörenden Kraft des Strafrechts“, die den Betroffenen, dessen Familie, sonstige Beteiligte und die Allgemeinheit treffe[1433], dürfe Strafrecht nur angewendet werden, wo es zur Erfassung schwerwiegender sozialethikswidriger Handlungen erforderlich sei. Dem Grundsatz der Subsidiarität des Strafrechts verpflichtet, beklagte Peters die Vorstellung von „der Allgewalt der Strafe“ durch einen umfassend gewährten Rechtsgüterschutz und den „Einbruch des Zivilunrechts in das Strafunrecht“[1434]. Durch Ausdehnung einzelner Tatbestandsmerkmale bei den Vermögensdelikten sei das Strafrecht zum „Büttel“ für die Durchsetzung zivilrechtlicher Lebensvorgänge geworden; im Straßenverkehrsrecht stehe es im Dienst der Versicherungsgesellschaften[1435]. Zu verstehen ist Peters‘ Subsidiaritätsbegriff im Sinne des Verhältnismäßigkeitsgrundsatzes – er selbst würde wohl eher von „Strafangemessenheit“ sprechen. In der Subsidiarität staatlichen Strafens spiegelt sich das Ultima ratio-Prinzip wider und es wird deutlich, dass Strafe einen sozialethischen Vorwurf enthält, der den Achtungsanspruch und die Persönlichkeit des Betroffenen berührt.

Weil das Strafrecht von Natur aus fragmentarisch ist[1436] und nur exemplarischen Charakter hat, warf Peters der Gesetzgebung, Wissenschaft und

---

1432 *K. Peters*, Strafprozeß[4], S. 23, darin das zugespitzende Zitat: „Unangebrachte Sparsamkeit an der Justiz führt zwangsläufig zu einer unsozialen Strafrechtspflege!“. Unter den Begriff der sozialen Strafrechtspflege fasste Peters: „Gewährleistung gleichen Rechtsschutzes verschiedener Sozialgruppen“; „Berücksichtigung der sozialen Verhältnisse des Beschuldigten“; „Schutz des sozial schwachgestellten Opfers“; sowie „Kampf gegen das soziale Machtstellungen ausnutzende Verbrechertum (white-collar-Kriminalität)“. Vgl. *J. Baumann*, JZ 1972, S. 1; G. *Kaiser*, ZStW 86 (1974), S. 349 (357).

1433 *K. Peters*, ZStW 77 (1965), S. 470 (475); *ders.*, Glaube u. Strafrecht, in: Gedanken zur Strafrechtsreform, S. 45.

1434 *K. Peters*, in: ders./Lang-Hinrichsen, S. 33, 37; vgl. *F. Bittmann*, NStZ 2016, S. 249: Ein „utilitarischer Einsatz des Strafrechts als Allheilmittel“. Zur Abgrenzung Privat- und Kriminalstrafe mit Literaturverweisen *C. Roxin*, StrafR AT, Bd. 1, § 2 Rn. 140 f.

1435 *K. Peters*, in: ders./Lang-Hinrichsen, S. 35; vgl. UA-T, 198/64: Vortrag „Der Sinn des Strafrechts“, 1954; vgl. *R. Hamm*, KritV 1993, S. 213 (213 – 215) zur Entwicklung des strafrechtlichen Schutzes des Eigentums.

1436 Der Begriff geht zurück auf *K. Binding*, Lehrbuch des gemeinen dt. Strafrechts, BT, Bd. 1, 2. Aufl. 1902, S. 20.

Rechtspflege eine Tendenz zur lückenschließenden Auslegung vor[1437]. Unter dem Gesichtspunkt der „strafrechtsgestaltenden Kraft des Strafprozeßes"[1438] verknüpfte Peters die Begrenztheit des Strafprozesses mit der Frage nach den Folgerungen für die Gestaltung des materiellen Strafrechts: Nur, was im Strafprozess rechtsstaatlich abgesichert werden kann, könne auch Inhalt des Strafrechts sein[1439]. Peters' hierzu ausgearbeiteten Vorschläge bieten kein ausgereiftes Konzept einer Begrenzung des Strafrechts, sondern sind Denkanstöße.

(2) Entbehrlichkeit materieller Straftatbestände

Möglichkeiten zur Strafbarkeitseinschränkung liegen vordergründig im materiellen Strafrecht: Verzicht auf Straftatbestände und Rückgriff auf außerstrafrechtliche Reaktionsmöglichkeiten; Absehen von Strafe bei Unterschreiten einer bestimmten Mindeststrafe; engere Tatbestandsfassung. Wichtig war Peters, dass die Frage nach dem Strafbarkeitsverzicht in Abhängigkeit zur grundsätzlichen Bedeutung und Zweckbestimmung des Strafrechts stehe und damit an weltanschauliche, wirtschaftliche, gesellschaftliche und politische Anschauungen gebunden sei[1440].

Erste Anknüpfungspunkte zur Bestimmung der Entbehrlichkeit eines Tatbestands bieten eine geringfügige Strafandrohung und das kriminalpolitische Bedürfnis, das in der Kriminalstatistik dokumentiert ist[1441]. Auf dieser Grundlage müssten aus dem Kriminalstrafrecht zunächst alle Übertretungen

---

1437 *K. Peters*, Die strafrechtsgestaltende Kraft, S. 14, 19 f.; *ders.*, Der neue Strafprozeß, S. 30; so auch *H. J. Hirsch*, FS Tröndle (1989), S. 19 (26); *P. Noll*, ZStW 76 (1964), S. 707.

1438 Ausführlich dazu Kap. C. III. 3.

1439 *K. Peters*, FS van der Ven (1972), S. 315 (324); vgl. *M. Jahn/D. Brodowski*, JZ 2016, S. 969 (970) mit dem Ansatz eines Strafverfassungsrechts.

1440 *K. Peters*, FS Eb. Schmidt (1971), S. 487 (493). Konsequenz dieser Prämisse ist, dass Peters in seinem Konzept zur Strafrechtsbeschränkung weltanschaulich-religiös geprägte Tatbestände außen vor ließ, siehe hierzu Kap. C. II. 2. a), b). Zur grds. Position auch in Abgrenzung zu den sog. Alternativprofessoren siehe Kap. C. II. 1. b).

1441 Vgl. *K. Peters*, Die strafrechtsgestaltende Kraft, S. 16 f.: Darin sprach Peters davon, dass weder eine hohe Dunkelziffer noch eine geringe Anwendungszahl gegen die Beibehaltung eines Straftatbestands spräche. Aufzulösen ist dieser Widerspruch dahin, dass sich Peters offensichtlich auf Delikte bezog, die wichtige Rechtsgüter bzw. Grundwerte zum Gegenstand haben, z.B. Schwangerschaftsabbruch.

ausscheiden[1442] – in diesem Sinne sind der sog. Mundraub und andere geringwertige Diebstahls- und Unterschlagungstaten seit 1975 Vergehen und an ein Strafantragserfordernis geknüpft. Darüber hinaus plädierte Peters für die Tilgung von Delikten mit einer Höchststrafe von drei Monaten oder geringer Geldstrafe, da ihnen kein kriminalistisches Gewicht zukomme. Angesichts der Belastungen im Strafvollzug seien zudem kurze Freiheitsstrafen zu vermeiden[1443].

Bei Vergehen mit einer Strafandrohung bis sechs Monate stellte Peters neben der kriminalstatistischen Signifikanz auf den Grundsatz der Subsidiarität ab. Entscheidend sei die Frage, ob ausreichender Schutz durch andere Strafbestimmungen bestehe oder eine Ahndung im außerstrafrechtlichen Bereich des Zivil-, Verwaltungs-, Disziplinar- oder Ordnungswidrigkeitenrechts möglich sei[1444]. Beispielsweise möchte Peters die Verletzung des Berufsgeheimnisses (§ 303 StGB a.F. bzw. § 203 StGB) und die Bestechlichkeit (§ 331 StGB) auf die Berufs- und Disziplinargerichtsbarkeit verweisen, Verstrickungs- und Siegelbruch (§§ 136, 137 StGB) sowie Vereitelung der Zwangsvollstreckung und Pfandkehr (§§ 288, 289 StGB) als Ordnungswidrigkeiten einstufen. Die Verletzung der Aufsichtspflicht (§ 143 a.F. StGB) sei der freiwilligen Gerichtsbarkeit überlassen. Zu streichen seien u.a.: § 107b StGB (Fälschung von Wahlunterlagen als unnötige Vorverlagerung gegenüber der Wahlfälschung nach § 107a StGB); § 134 StGB (die Beschädigung öffentlicher Bekanntmachungen sei bereits eine Sachbeschädigung nach § 303 StGB); § 170a StGB (das Verschleudern der Familienhabe sei von kriminalistisch geringer Bedeutung und werde durch andere Straftatbestände erfasst; weggefallen 1973); § 170c StGB (das Verlassen Schwangerer sei von geringer Bedeutung und bereite Beweisschwierigkeiten; weggefallen 1973); § 170d a.F. bzw. § 171 StGB (das kriminalpolitische Bedürfnis der Bestrafung der Kindesvernachlässigung sei zweifelhaft, zumal schwere Fälle von §§ 223 ff., 221 oder § 169 StGB erfasst seien, die Ausgestaltung als Gefährdungsdelikt zu weit gehe und der mit der Strafdurchsetzung verbundene Schaden berücksichtigt werden müsse). Der Aspekt der Beweisbarkeit war Peters insofern wichtig, weil

---

1442 *K. Peters*, ZStW 77 (1965), S. 470 (478 f.). Vgl. *J. Baumann*, JZ 1972, S. 1 (3), der die Herausnahme der Kleinkriminalität im Bereich der Vermögensdelikte aus dem StGB und in das Ordnungswidrigkeitenrecht forderte.

1443 *K. Peters*, ZStW 77 (1965), S. 470 (501). Als konkretes Bsp. nennt Peters § 106a StGB (Bannkreisverletzung), der in ruhigen Zeiten bedeutungslos sei und zugleich durch den Tatbestand des Landfriedensbruchs erfasst werde. Der Paragraph wurde 1999 im StGB gestrichen.

1444 Im Folgenden *K. Peters*, ZStW 77 (1965), S. 470 (482 f., 490 – 492).

der Gesetzgeber nur Glaubwürdigkeit besitze, wenn er Gesetze erlässt, dessen Durchsetzung er auch gewährleisten könne.

(3) Tatbestandsformulierung und Auslegung

Straftatbestände sind so zu formulieren, dass sie dem Gebot der Normenklarheit und Praktikabilität entsprechen[1445]. Als problematisch erweisen sich hierbei vor allem subjektive und normativ geprägte Tatbestandsmerkmale, weil sie nicht nur Schwierigkeiten bei der Rechtsanwendung bereiten, sondern – so Peters' These – auch Einfluss auf die Dauer und den Ausgang des Strafverfahrens haben[1446]. Peters bezeichnete es als ein unlösbares Dilemma des Gesetzgebers, dass er keine Lösung finden könne, die in sachgerechter Weise alle strafwürdigen Sachverhalte erfasst und zugleich alle nichtstrafwürdigen Fälle ausschließt. Erst durch Rechtsanwendung und auslegung werde dem Gesetz eine Form gegeben, wodurch der Rechtspflege eine rechtsgestaltende, „siebende Funktion" zukomme[1447]. Da Peters die Ausarbeitung von Einzelfragen anderen überließ[1448], begnügte er sich mit einigen Anknüpfungspunkten und plädierte für eine Untersuchung der Gesetzesauslegung dahingehend, was quantitativ und qualitativ im Einzelfall durch eine bestimmte Auslegung mehr erfasst wird, welchen Einfluss dies auf die Gesetzgebung und den Verfahrensgang hat und welche Ressourcen dadurch in Anspruch genommen werden[1449].

Als Beispiel für eine engere Tatbestandsformulierung, wodurch nur eine schwere Tatbegehungsform erfasst werden würde, führte Peters § 164 StGB (falsche Verdächtigung) an. So forderte er, den objektiven Tatbestand auf den Fall einer rein fiktiven falschen Verdächtigung zu begrenzen, weil Verwaltungs- und Gerichtsbehörden für ihren Schutz selbst sorgen müssten und nicht des Schutzes mit „übertriebenen Vorstellungen" bedürften[1450].

Für die Tatbestandsmerkmale des Betrugs[1451] forderte Peters eine Überprüfung dahingehend, dass im Bereich zivilrechtlicher Vertragsbeziehungen dem

---

1445 Vgl. *K. Peters*, Die strafrechtsgestaltende Kraft, S. 32; *ders.*, FS Welzel (1974), S. 415 (418).

1446 *K. Peters*, Strafprozeß[4], S. 12; vgl. *K. Tiedemann*, JZ 2000, S. 139 (140).

1447 *K. Peters*, ZStW 77 (1965), S. 470 (473 f.); *ders.*, FS Eb. Schmidt (1971), S. 487 (494 f.).

1448 Siehe bspw. *J. Baumann*, JZ 1972, S. 1 (3 – 5); *H. Mayer*, Strafrechtsreform, S. 68 – 81.

1449 *K. Peters*, ZStW 77 (1965), S. 470 (500); *ders.*, GS H. Peters (1967), S. 891.

1450 *K. Peters*, ZStW 77 (1965), S. 470 (486 – 488). Zweifel an der 1933 vorgenommenen Erweiterung auch auf „jede sonstige wider besseres Wissen" aufgestellte Tatsachenbehauptung erhebt stellvertretend für viele *J. Zopfs*, in: MüKo, StGB, § 164 Rn. 1.

1451 Siehe hierzu *H. J. Hirsch*, FS Tröndle (1989), S. 19 (32) mit Verweis auf Literatur.

Verantwortungsbewusstsein der Parteien stärker Rechnung getragen und von ihrer Verständigkeit und Sachkenntnis ausgegangen werden müsse. Zu überprüfen seien die Anforderungen an das für die Untreue nötige Macht- und Vertrauensverhältnis[1452]. Das Merkmal der Fremdheit in § 246 StGB dürfe nur bei Volleigentum angenommen werden. Die Strafbarkeit wegen Unterschlagung eines zur Sicherung übereigneten Eigentums sei strafrechtliche Pönalisierung bloßen Zivilunrechts[1453]. Beim Fahrlässigkeitsdelikt plädierte Peters für eine Absonderung vom zivilrechtlichen Fahrlässigkeitsbegriff und für eine Begrenzung auf grobe Fahrlässigkeit bzw. Leichtfertigkeit, um vor allem bei den Straßenverkehrsdelikten zu strengeren Anforderungen zu gelangen[1454]. Gegenüber der (Neu-)Regelung zur Strafbarkeit des Unterlassens in § 13 StGB war Peters skeptisch, da sich die Strafbarkeit bloßen Unterlassens nur bei jedem einzelnen Delikt klären lasse und somit von unechten Unterlassungsdelikten zwecks Vermeidung weiterer Ausdehnungen des Strafrechts Abstand genommen werden sollte[1455].

Zunächst erstaunlich, mit der Begründung aber verständlich, ist Peters' Vorschlag zur Abschaffung des § 323c StGB. Zwar sah er im unerlaubten Entfernen vom Unfallort ein schweres moralisches Versagen. In Fällen der Verletzung rein beruflicher Pflichten sei aber auf die Berufs- und Standesgerichtsbarkeit zu verweisen. Im Übrigen stelle § 323c StGB „keinen eindrucksvollen Hinweis auf die sittliche Pflicht zum Füreinander[ein]stehen" dar. Wegen der begrenzten Wirkungskraft des Strafrechts könne eine solche Haltung nicht erzwungen werden; zum anderen müsse sie aus der sittlichen Haltung der Gesellschaft und nicht aus dem Strafrecht entspringen[1456] – nicht alles, was unsittlich ist, müsse auch strafbar sein.

Kritisch sah Peters auch die Tendenz zu Verallgemeinerung und Abstraktion vor allem durch höchstrichterliche Rechtsgrundsätze. So gerieten die Gerichte

1452 *K. Peters*, FS Eb. Schmidt (1971), S. 487 (495 f.), im Einzelnen Fn. 22 – 24.

1453 *K. Peters*, Rehabilitierung Straffälliger, 42. DJT, G9 f. Demgegenüber a.A. BGHSt 1, 262.

1454 *K. Peters*, ZStW 77 (1965), S. 470 (497); *ders.*, FS Eb. Schmidt (1971), S. 487 (495); zustimmende Überlegungen bei *G. Duttge*, in: MüKo, StGB, § 15 Rn. 10; *W. Frisch*, NStZ 2016, S. 16 (25); vgl. § 16 II AE, der geringfügig fahrlässiges Verhalten als straffrei bewertete, *C. Roxin*, StrafR AT, Bd. 1, § 2 Rn. 99, § 24 Rn. 92 f.

1455 *K. Peters*, FS Eb. Schmidt (1971), S. 487 (498); so auch *H. Mayer*, Strafrechtsreform, S. 61, 110.

1456 *K. Peters*, ZStW 77 (1965), S. 470 (492 f.); siehe dahingehend *K. Kühl*, FS Schünemann (2014), S. 157 (169).

schnell in dieselbe Schwierigkeit wie der Gesetzgeber, „nämlich Regeln aufzustellen, die in vielen Fällen zu weit, in anderen wiederum zu eng" seien[1457]. Peters übersah nicht das Bedürfnis nach Rechtsvereinheitlichung; notwendig sei aber auch eine dem Einzelfall gerecht werdende Rechtsanwendung, zumal die „Gefahr einer Subjektivierung" und der Ungleichbehandlung vor allem bei der Strafzumessung bestünden und nicht zu vermeiden seien[1458]. Als Lösung schlug Peters einen rückkoppelnden Gebrauch von allgemeinen Grundsätzen vor, etwa in der Gestalt von Kontrollfragen: Anwendbarkeit und Schutzzweck der Norm, Strafnotwendigkeit[1459] und Strafangemessenheit, Bestehen anderweitigen Rechtsschutzes[1460]. Ohnehin würde eine einheitliche Rechtsanwendung durch eine Juristenausbildung gewährleistet und gefördert, die eine sozialethische und kriminologische Ausbildung zum Inhalt hätte[1461].

(4) Prozessuale Instrumente

Instrumente zur Beschränkung des Strafrechts bietet auch das Strafprozessrecht. Zentral ist vor allem der Gebrauch der Einstellungsmöglichkeiten nach den §§ 153 ff. StPO. Für problematisch hielt Peters, dass die Entscheidung über die Verfahrenseinstellung in bestimmten Fällen ohne gerichtliche Kontrolle gänzlich dem Ermessen der Staatsanwaltschaft überlassen ist[1462]. Besonderes Augenmerk legte Peters auf außerstrafrechtliche Lösungen. So ist nach §§ 154d, 262

1457 *K. Peters*, FS Eb. Schmidt (1971), S. 487 (497), darin auch ein Beispiel.

1458 *K. Peters*, FS Eb. Schmidt (1971), S. 487 (498).

1459 *K. Peters*, ZStW 77 (1965), S. 470 (500 f.): Strafnotwendigkeit bedeute, dass „die Sozialschädlichkeit und gefährlichkeit des Handelns, die Bedeutung und der Umfang des verletzten Rechtsguts sowie das Fehlen sonstiger Maßnahmenmöglichkeiten" eine Kriminalstrafe dringend erfordern.

1460 *K. Peters*, FS Eb. Schmidt (1971), S. 487 (498).

1461 Siehe dazu Kap. B. V. 2. a) cc), insbes. Kap. C. III. 4.

1462 *K. Peters*, Der neue Strafprozeß, S. 101, 103; vgl. *P.-A. Albrecht*, KritV 1993, S. 163 (171, 174). Im Hinblick auf die weiteren Entwicklungen ist darauf hinzuweisen, dass die Vorschriften zur Verfahrenseinstellung von großer praktischer Bedeutung sind. In Peters' Sinne kritisierte etwa Beulke aber, dass der Gesetzgeber das Problem der Bagatellkriminalität und Entkriminalisierung mittels einer im Anwendungsbereich wenig konkreten prozessualen Norm gelöst habe, ohne sich um eine Beschränkung des materiellen Rechts zu bemühen, *W. Beulke*, in: Löwe-Rosenberg, § 153 Rn. 5, § 153a Rn. 11, 13, 15; zustimmend *H. Radtke*, in: MüKo, StGB, Vor § 38 Rn. 11 f. Eindringlich *R. Helwig*, DRiZ 2017, S. 92: Die Lösung über formelle Regelungen als „Krisensymptome eines überforderten Systems"; so auch *P.-A. Albrecht*, KritV 1993, S. 163 (180).

StPO eine Aussetzung des Strafverfahrens zu Gunsten eines Zivilverfahrens zur Klärung der Durchsetzung von Geldansprüchen möglich; dadurch werde der Subsidiarität der Strafe Ausdruck verliehen[1463]. Zugleich sollten außerstrafrechtliche Lösungen in Gestalt „positiver" und „aufbauender" Maßnahmen gestaltet werden. Auf Grundlage des Gedankens, sich Straffreiheit durch ein sozialwertvolles Verhalten zu verdienen, schlug Peters Wiedergutmachungsmaßnahmen durch den Täter vor[1464].

(5) Personelle Veränderungen

Neben einer Begrenzung des Strafrechts forderte Peters personelle Veränderungen in der Rechtspflege, da die Strafrechtsreform auch im Zusammenhang mit einer Gerichts(-verfassungsgesetz-)reform gesehen werden müsste. Unabhängig von der Qualität des Strafrechts, komme es auf den Juristen an, der das Recht „in Hingabe und Weisheit zu handhaben versteht"[1465]. Dem Täter müsse im gesamten Strafverfahren der Weg zurück in die Rechtsgemeinschaft offen stehen[1466].

Gelingen könne dies nur, wenn vor allem der Richter Tat und Täter sachgerecht zu würdigen versteht. Das Kriminalrecht habe es mit der Kriminalität *und* dem Kriminellen zu tun. „Wir bedürfen des Richters mit geistiger Formung, Weite des Weltbildes und der Fähigkeit, den inneren Gehalt der Dinge zu begreifen und tief gegründete Wertvorstellungen deutlich zu machen. Wir bedürfen des weisen Richters, der Klugheit und Takt verbindet. Wir bedürfen des psychologisch, soziologisch und kriminologisch ausgebildeten Richters, in seiner Menschlichkeit, in seinen Fähigkeiten und Kenntnissen"[1467]. Angesichts dieses Profils sprach sich Peters dafür aus, dass Richter nur sein dürfe, wer sich im Berufsleben bewährt habe und Lebenserfahrung besitze. Er forderte mehr Qualität statt Quantität, sodass die Richterschaft auf einen kleinen, umfassend vorgebildeten und qualifizierten Kreis von Juristen zu reduzieren sei; damit

---

1463 *K. Peters*, ZStW 77 (1965), S. 470 (502); *ders.*, Fehlerquellen, Bd. 2, S. 220; *ders.*, Strafprozeß[4], S. 37; vgl. *W. Beulke*, in: Löwe-Rosenberg, § 154d Rn. 1, der auf den relativ geringen Gebrauch der Vorschrift hinweist.

1464 *K. Peters*, ZStW 77 (1965), S. 470 (503), Peters sprach auch vom „Lohngedanken". Mit Einfügung von § 153a StPO durch Art. 21 Nr. 44 des Einführungsgesetzes zum Strafgesetzbuch vom 2. März 1974, BGBl. I, S. 449 wurde dieser Vorschlag realisiert.

1465 *K. Peters*, Sonderveröffentlichung der Caritas 1956, S. 15.

1466 Vgl. *K. Peters*, in: ders./Lang-Hinrichsen, S. 20.

1467 *K. Peters*, in: ders./Lang-Hinrichsen, S. 26. Vgl. Kap. B. V. 2. c) ee) (6) sowie Kap. C. III. 4. c) cc).

müsste auch eine Begrenzung der richterlichen Aufgaben erfolgen[1468]. Da dieser Ansatz als Angriff auf die Richterschaft verstanden werden konnte, ging auch Peters nicht davon aus, dass sein Vorschlag auf Resonanz stoßen würde. Vor allem in der Arbeit mit Studenten und in Vorträgen vor Praktikern versuchte Peters daher die Sensibilität für die Situation des Einzelnen im Strafverfahren zu schärfen und über das materielle Strafrecht hinaus zu einer Vermittlung der Rechtswirklichkeit beizutragen.

(6) Resonanz, Wertung und Diskussionsstand

Trotz grundsätzlicher Einigkeit im Grundanliegen wurde Peters' Beitrag zur Reform und Beschränkung des Strafrechts als „Kahlschlag" empfunden[1469]. Auf die Frage „Was bleibt noch vom Strafrecht übrig?" lautete seine Antwort: „sehr viel und vor allem genug!". Es gelte das StGB auf eine überschaubare Anzahl von Strafbestimmungen zu begrenzen, die zum Schutz von Grundwerten auf echte Kriminalität zielen und damit die sozialethische Grundordnung deutlich werden lassen[1470]. Strafverfolgung sei auf die Bekämpfung schwerer Kriminalität zu begrenzen, ein gewisser Kahlschlag sei daher notwendig und wünschenswert[1471].

Ein Konzept zur Tatbestandsgestaltung und Dogmatik blieb Peters schuldig. Dennoch wurden seine Ideen rege diskutiert. Peters' Verknüpfung von Strafwürdigkeit und Kriminalstatistik ist zwar fragwürdig, da diese nichts zum strafrechtlichen Unwert und zur Notwendigkeit einer Pönalisierung bestimmten Verhaltens im Interesse fundamentaler Rechtsgüter besagt. Als ein Gesichtspunkt unter vielen kann die Statistik bei der Durchsicht der Straftatbestände des Besonderen Teils aber aufschlussreich sein.

Peters mahnte ein Strafrecht an, das sich dem Schutz fundamentaler Werte und Rechtsgüter durch einzelfallgerechte Gesetzesanwendung verpflichtet. Die Diskussion zu einer Beschränkung des Strafrechts ist ganz in diesem Sinne verbunden mit der Idee eines „Kernstrafrechts"[1472], der Konkretisierung des

1468 *K. Peters*, in: ders./Lang-Hinrichsen, S. 27, 29; vgl. *ders.*, in: SchwZStr 77 (1961), S. 176.

1469 *H. Fiedler*, ZStW 77 (1965), S. 506 (510).

1470 *K. Peters*, ZStW 77 (1965), S. 470 (505), daraus auch das vorbezeichnete Zitat.

1471 UA-M, 207/74: Goldenes Doktorjubiläum, Laudatio Wessels, S. 6.

1472 Etwa *W. Frisch*, NStZ 2016, S. 16 (20); *W. Hassemer*, ZRP 1992, S. 387 (381); *ders.*, Sondervotum BVerfGE 120, 224 (256): Beschränkung des Strafrechts auf den Schutz elementarer Werte des Gesellschaftslebens.

Ultima-ratio-Prinzips und dem fragmentarischen Charakter des Strafrechts[1473] und dem an den Gesetzgeber adressierten Vorwurf eines symbolischen Strafrechts[1474]. So wird daran erinnert, dass die Pönalisierung menschlichen Verhaltens der Begründung bedürfe, warum dieses Verhalten die Grenzen der Freiheit überschreitet; wesentlich sei dazu die Klärung der Vorfrage nach Inhalt, Umfang und Grenzen des Rechts[1475]. Auf der Basis des Ultima-ratio-Prinzips versucht die Strafrechtswissenschaft aus Art. 2 Abs. 1 GG i.V.m. Art. 1 Abs. 1 GG ein Grundrecht auf Freiheit von Sanktionierung herzuleiten[1476] und den Bestand einer Strafnorm an den Verhältnismäßigkeitsgrundsatz zu binden[1477]. Der Vorfrage nach dem Vorliegen einer Rechtsüberschreitung habe die Frage nach der angemessenen strafrechtlichen Sanktion zu folgen; denn Strafe sei auch sozialethischer Tadel, der den Wert- und Achtungsanspruch des Einzelnen berühre[1478]. Der Staat trage die Beweislast und müsse dem Bürger eine nachvollziehbare Begründung dafür geben, warum ein Verhalten strafbar sei[1479]. Verständlichkeit und Lebensnähe des Rechts werden seit den 30er Jahren gefordert[1480].

Angesichts der Tendenz zur Tatbestandsausdehnung und Kriminalisierung gibt es Forderungen nach einem effizienteren und flexibleren Strafverfahrensrecht, die sich etwa in Überlegungen zu Verfahrensbeschleunigung, Erweiterung der Einstellungsmöglichkeiten nach §§ 153 ff. StPO oder im Diversionsansatz niederschlagen[1481]. In Kontrast dazu stehen Forderungen nach Entkriminalisierung vor allem im Bereich der Bagatellkriminalität. Die Vorschläge reichen hier

---

1473 Vgl. etwa *R. Helwig*, Der Ultima-Ratio-Satz im Strafrecht – ein Scheinriese der Verfassung?, DRiZ 2017, S. 92 ff.; *M. Jahn/D. Brodowski*, Krise und Neuaufbau eines strafverfahrensrechtichen Ultima Ratio-Prinzips, JZ 2016, S. 969 ff. Die Strafrechtslehrertagung von 2011 in Leipzig stand unter dem Thema „fragmentarisches Strafrecht in einer global vernetzten Welt“, siehe Tagungsbericht in ZStW 123 (2011), S. 827 - 841.

1474 *P.-A. Albrecht*, KritV 1993, S. 163 (163, 179); *W. Frisch*, NStZ 2016, S. 16 (21); *W. Hassemer*, ZRP 1992, S. 387 (380); *H. Radtke*, in: MüKo, StGB, Vor § 38 Rn. 6. Ferner werden die zunehmend präventive Ausrichtung und die Tendenz, dass Strafrecht als prima ratio zur Lösung gesellschaftlicher Probleme benutzt wird, kritisiert.

1475 *W. Frisch*, NStZ 2016, S. 16 f.; vgl. zustimmend *F. Bittmann*, NStZ 2016, S. 249 (251).

1476 *M. Jahn/D. Brodowski*, JZ 2016, S. 969 (972).

1477 *R. Helwig*, DRiZ 2017, S. 92 (94).

1478 *W. Frisch*, NStZ 2016, S. 16 (19 f.); vgl. BVerfGE 25, 269 (286); 95, 96 (140); 109, 133 (167); 123, 267 (408).

1479 *W. Frisch*, NStZ 2016, S. 16 (24).

1480 Siehe Kap. B. V. 2. a) bb), siehe auch Kap. C. III. 3. a).

1481 Vgl. *P.-A. Albrecht*, KritV 1993, S. 163 (165 f.).

von einer Tilgung ganzer Tatbestände aus dem StGB bis hin zur Verweisung auf das Privatklage- und Zivilverfahren, der Umwandelung in Ordnungswidrigkeiten, der Einfügung der Kategorie der „Strafwürdigkeit" in Ergänzung zum dreigliedrigen Straftatsystem[1482] oder der Einfügung einer materiell-rechtlichen Geringfügigkeitsklausel[1483]. Auch Peters hat darauf hingewiesen, dass die Festlegung dessen, was „Kleinkriminalität" ist, erhebliche Schwierigkeiten bereite[1484]. Gleichwohl trat er für eine weitgehende Herausnahme von Bagatelldelikten ein, was zwar als Dammbruch empfunden würde, der aber keinesfalls der Anpassung der Strafbarkeit an die Strafwürdigkeit entgegenstehen dürfe[1485].

2. Debatte um gesellschafts- und rechtspolitische Themen

Peters' seltene Äußerungen zu aktuellen rechtspolitischen Problemen zeigen, dass er für eine Widerspruchsfreiheit von sittlicher und rechtlicher Ordnung eintrat. Als Themen, die Peters als katholischer Christ besonders beschäftigten, werden die Debatte um den Schwangerschaftsabbruch, die Sittlichkeitsdelikte und die Todesstrafe herausgegriffen. Auf diesen Problemfeldern trat die Veränderung weltanschaulicher Auffassungen seit den 60er Jahren besonders deutlich zutage.

a) Schwangerschaftsabbruch

Die Debatte um die strafrechtliche Erfassung des Schwangerschaftsabbruchs erlangte zu Beginn der 60er Jahre eine breite politische und öffentliche Aufmerksamkeit. Die Ursachen hierfür lagen in der Ablehnung der mit einer konservativen Ehe- und Familienpolitik einhergehenden Tabuisierung aller mit Geburtenregelung und Sexualverhalten verbundenen Fragen und die rigoros strenge Haltung der katholischen Kirche zur Geburtenregulierung[1486].

1482 *J. Häger*, in: Leipziger Kommentar[12], Vor §§ 38 ff. Rn. 66; kritisch *C. Roxin*, StrafR AT, Bd. 1, § 23 Rn. 34 – 36.

1483 *P.-A. Albrecht*, KritV 1993, S. 163 (181); vgl. *ders.*, Entkriminalisierung als Gebot des Rechtsstaates, KritV 1996, S. 330 – 339 mit weiteren konkreten Vorschlägen.

1484 *K. Peters*, Fehlerquellen, Bd. 2, S. 214 f.; vgl. Überlegungen *ders.*, Rechtsmittelsystem, 52. DJT, C17 – C20.

1485 *R. Hamm*, KritV 1993, S. 213 (219), vgl. S. 218: im Rahmen der Ladendiebstahldelikte generiere sich der Staat zu einem „großen Registrierungsapparat für das ein- bis zweimalige »Freiklauen«".

1486 *T. Busch*, Die dt. Strafrechtsreform, S. 95; *A. Eser/H.-G. Koch*, Schwangerschaftsabbruch, Teil 1, S. 48; *D. von Behren*, § 218 StGB, S. 403, 414; vgl. *Arthur Kaufmann*, in: Baumann (Hrsg.), Das Abtreibungsverbot, S. 46 f.

aa) Stimmungslage

Der Kampf um eine Liberalisierung des § 218 StGB, der unter dem Schlagwort „Unzulässigkeit strafrechtlichen Moralisierens“[1487] geführt wurde, war insbesondere mit der Einführung der kriminologischen Indikation verknüpft[1488]. Im E 1962 wurde mit Hinweis auf sittliche Bedenken die kriminologische Indikation verworfen[1489]. Die Verfasser des Alternativentwurfs sahen darin einen mit einer freiheitlichen und pluralistischen Gesellschaft unvereinbareren „ethischen Rigorismus“, der nicht zur Beschränkung strafbaren Verhaltens auf einen „Kernbereich der einfachen Sittlichkeit“[1490] passe. Mit einem strengen Abtreibungsverbot verschließe der Regierungsentwurf die Augen vor der enorm hohen Dunkelziffer und den Folgen unsachgemäßer Abtreibungen und stehe einem effektiven Lebensschutz entgegen[1491]. Der Forderung nach staatlicher Wertneutralität und Vorrang von Zweckmäßigkeit und Sachlichkeit gegenüber religiös-weltanschaulichem Pathos stand die Haltung derer gegenüber, die eine Übersteigerung von Rationalisierung und Autonomie des Einzelnen kritisierten[1492].

bb) Peters‘ Haltung zum Schwangerschaftsabbruch

In Übereinstimmung mit der katholischen Sittenlehre hielt Peters nur die medizinisch indizierte Abtreibung für zulässig. Bis in die späten 60er Jahre ging die herrschende Meinung davon aus, dass individuelles Leben mit der Befruchtung beginnt und jede Abtreibung die Tötung eines einzigartigen Lebens darstellt[1493]. Die damit verbundene naturrechtliche Argumentation leitete ein unantastbares

---

1487 *K. Peters*, Recht und Sittlichkeit, in: Ausgewählte Schriften, S. 18.

1488 *M. Gante*, § 218, S. 70; *D. von Behren*, § 218 StGB, S. 398.

1489 BR-Drs. 270/60, S. 275; BR-Drs. 200/62, S. 293.

1490 *W. Maihofer*, in: Die dt. Strafrechtsreform, S. 79; so auch *J. Baumann*, in: ders. (Hrsg.), Das Abtreibungsverbot, S. 29, 33; *Arthur Kaufmann*, Über Gerechtigkeit, S. 84.

1491 AE StGB BT, Straftaten gegen die Personen 1. Halbbd., 1968, S. 25, 27; vgl. *J. Baumann*, in: ders. (Hrsg.), Das Abtreibungsverbot, S. 29, insbes. S. 33: „§ 218 ist auch unchristlich. Er ist ein pharisäisches Lippenbekenntnis zum Schutz des nasciturus, hinter welchem sich die Gesellschaft ausgezeichnet verschanzen kann, wohl wissend, daß sie auf diese Weise mitmenschliche Hilfe für die Konfliktsituation der Schwangeren spart“.

1492 *M. Gante*, § 218, S. 92, 202, 207.

1493 *M. Gante*, § 218, S. 73 f., 80; vgl. BT-Drs. 8/3630, S. 170 f.; *G. Dürig*, in: Maunz/Dürig (Hrsg.), GG, Art. 1 Rn. 23 f. Siehe *K. Peters*, in: Baumeister/Smets (Hrsg.), Lebensrecht, S. 37; *ders.*, JR 1949, S. 497.

Lebensrecht aus der Gottesebenbildlichkeit des Menschen ab. Die naturrechtliche Pflicht des Staates zum Schutz der Leibesfrucht und die NS-Vergangenheit, in der „lebensunwertes Leben" aus bevölkerungspolitischen und rassenhygienischen Gründen getötet worden war, führten dazu, dass Peters die eugenische und soziale Indikation strikt ablehnte[1494].

Peters ließ die Konfliktlage der schwangeren Frau im Falle der Vergewaltigung oder außerehelichen Beziehung zwar nicht außer Acht. Dennoch lehnte er auch die kriminologische Indikation ab. Den Interessen der Mutter (Leib, Leben, Ehre und Selbstbestimmungsrecht) und des Arztes setzte Peters das Recht des (unschuldigen) Kindes auf ein gesundes, glückliches und sozial gesichertes Dasein entgegen[1495]. So könne die Behebung sozialer Not nie auf Kosten von Leib und Leben gehen, sondern erfordere soziale Maßnahmen. Aus den Rechten der Frau folge auch im Vergewaltigungsfall kein Recht auf Tötung der Leibesfrucht[1496]. Die „Opfer, die das erwartete Kind in gesundheitlicher und materieller Hinsicht oder vom Ansehen und von der sozialen Eheauffassung her" verlangen, sind Ausdruck einer „selbstverständlichen Liebestat [...]. Alle Vernunftgründe, alle Zweckmäßigkeitserwägungen sind zweitrangig und schlagen [...] nicht durch. Überzeugung ist nur die Liebe"[1497]. Unter diesem Gesichtspunkt müssten die Frauen durch Beratung und soziale Hilfe unterstützt werden, um sie vom Abbruch abzubringen.

cc) Juristische Konstruktion

Peters vertrat den Standpunkt, dass eine Abtreibung nur aus medizinischen Gründen straffrei bleiben kann. Instrumente zur Begründung der Straffreiheit bieten Ausschluss der Tatbestandsmäßigkeit oder die Annahme eines Rechtfertigungs-, Entschuldigungs- oder persönlichen Strafausschließungsgrunds[1498]. Peters

---

1494 Eindringlich *K. Peters*, in: Baumeister/Smets (Hrsg.), Lebensrecht, S. 47: „Wo der Staat das Recht zur Tötung anerkennt oder die Tötung duldet, schwinden schließlich alle Schranken".

1495 *K. Peters*, Recht und Sittlichkeit, in: Ausgewählte Schriften, S. 28; *ders.*, Glaube und Strafrecht, in: Gedanken zur Strafrechtsreform, S. 48; *ders.*, in: Begegnung, 1. Sondernr. zum 80. Dt. Katholikentag, S. 23.

1496 *K. Peters*, in: Baumeister/Smets (Hrsg.), Lebensrecht, S. 45, 53; *ders.*, in: Begegnung, 1. Sondernr. zum 80. Dt. Katholikentag, S. 23: Es werde „Leben beseitigt, ohne daß ein anderes Leben in Not" sei.

1497 *K. Peters*, Liebe und Gerechtigkeit, in: Ausgewählte Schriften, S. 14; vgl. *ders.*, Das Recht des unehelichen Kindes, S. 5 f.: Möglichkeit der Konfliktlösung durch Weggabe des Kindes an die Gemeinschaft.

1498 Siehe hierzu *M. Gante*, § 218, S. 295 f.

wählte eine pragmatische Lösung, die auf die gängige Dogmatik wenig Rücksicht nahm und in der Literatur auf wenig Zuspruch stieß.

Eine Lösung auf Tatbestandsebene über die Figur der Einwilligung lehnte Peters ab, weil die Mutter auf den Schutz des ungeborenen Kindes nicht verzichten könne. Mit der Befruchtung werde ein selbstständiges Lebensrecht des Kindes begründet, weshalb Peters vorschlug, im Gesetz von „Kind" statt von „Leibesfrucht" zu sprechen[1499]. Auch ein Rechtfertigungsgrund scheide aus, da das Leben von Mutter und Kind nicht gegeneinander abgewogen werden könne – „gottgeschenktes und gottgewolltes Sein gegen eben das gleiche Sein" sei nicht möglich[1500]. Der Weg über einen (übergesetzlichen) Schuldausschließungsgrund oder die Unzumutbarkeit scheide ebenfalls aus, da auch eine Abtreibung aus medizinischen Gründen ein Eingriff in das Lebensrecht des Kindes sei, dessen sich der Handelnde im sittlichen wie rechtlichen Sinne schuldig mache.

Peters plädierte daher für einen persönlichen Strafausschließungsgrund: Trotz Unrecht und Schuld solle die Abtreibungstat ausnahmsweise wegen der Besonderheiten des Einzelfalls ihren unsittlichen und ungerechtfertigten Gehalt verlieren. Nur so könne im Bemühen um Wertharmonie der Ausnahmecharakter der Straffreiheit hervortreten. Auf keinen Fall dürften die Grundsätze so verschoben werden, dass Unrecht zu Recht und Schuld zur Schuldlosigkeit würden[1501]. Als strenge Voraussetzungen müsse für die Frau eine ernste, nicht anders abwendbare Lebensgefahr bestehen, sie müsse einwilligen und Vorkehrungen gegen Fehldiagnosen und Missbrauch müssten etabliert werden[1502]. Zur Unterstützung dieser Lösung verwies Peters auf eine Entscheidung des OGH vom 5. März 1949, in der es um die Mitwirkung von Ärzten bei der Tötung Geisteskranker zur Rettung einer größeren Anzahl von Menschen ging[1503]. Mehrheitlich war

---

1499 Zu den Überlegungen im E 1960 und der scharfen Kritik der kath. Kirche siehe BT-Drs. 8/3630, S. 170; *K. Peters*, in: SchwZStr 77 (1961), S. 162 (172).

1500 *K. Peters*, in: Baumeister/Smets (Hrsg.), Lebensrecht, S. 53 f. Ausdrücklich wendete sich Peters damit gegen die von der Rspr. entwickelten Güterabwägungs- und Pflichtenabwägungstheorie, RGSt 61, 242; a.A. etwa *H. Welzel*, Dt. StrafR, S. 91 (übergesetzlicher Rechtfertigungsgrund und Kollisionslösung).

1501 *K. Peters*, in: Baumeister/Smets (Hrsg.), Lebensrecht, S. 56 f.; *ders.*, in: JR 1949, S. 496 (499), insbes. S. 500: Auch die Rechtsordnung könne eine „eklatant unsittliche [...] Entscheidung" nicht als unvorwerfbar bezeichnen. Eine solche Wertung verstoße gegen die sittenbildende Aufgabe der Gesetzesordnung und der Rechtspflege.

1502 *K. Peters*, in: Baumeister/Smets (Hrsg.), Lebensrecht, S. 58 f.; *ders.*, in: Arzt und Christ 1957, S. 28.

1503 OGHSt 1, 321; vgl. *T. Lenckner/D. Sternberg-Lieben*, in: Schönke/Schröder, StGB[29], Vor §§ 32 ff., Rn. 115. Vgl. *K. Peters*, JR 1949, S. 496 (500), der hervorhob, dass diese

diese Entscheidung allerdings auf Ablehnung und Kritik gestoßen, weil mangels Vorwerfbarkeit der Tat keine (rechtliche) Schuld vorgelegen habe[1504]; auch wenn sich diese Argumentation nicht explizit auf die Problematik zum Schwangerschaftsabbruch bezog, wurde damit auch Peters' Ansatz abgelehnt[1505]. Zeitgenössische Strafrechtsdogmatiker reagierten auf Peters' Lösung irritiert, weil er die gängigen Denkkategorien (Tatbestand, Rechtswidrigkeit, Schuld) verließ, um eine sachgerechte Behandlung des Problems zu erreichen[1506].

In Hinblick auf eine gesetzliche Normierung plädierte Peters für den Verzicht einer Regelung zum medizinisch indizierten Schwangerschaftsabbruch, da die Praxis auch ohne eine Regelung zu einwandfreien Lösungen gelangt sei[1507]. Zum anderen müssten Gesetzgeber und Rechtsprechung in diesen Fällen, die eine Vielzahl verschiedener Konstellationen umfassen, Zurückhaltung zeigen und sich auf das Notwendigste beschränken[1508]. Peters trat daher auch für die Beibehaltung der Notstandsregelung in § 54 StGB a.F. ein[1509], die sich auf eine Anordnung der Straffreiheit beschränke, ohne zu regeln, woraus sich diese Rechtsfolge ergibt[1510]. Kritisiert wurde dieser Ansatz als

---

Entscheidung „in der klaren Betonung menschlichen Unrechts und menschlicher Schuld" ergangen sei.

1504 *P. Bockelmann*, ZStW 63 (1951), S. 13 ff.; *T. Klefisch*, MDR 1950, S. 258 – 265; *Eb. Schmidt*, SJZ 1949, Sp. 570; *H. Welzel*, MDR 1949, S. 373 (375); *ders.*, ZStW 63 (1951), S. 47 – 56.

1505 Ausführlich setzte sich Welzel mit Peters' Urteilsanmerkung auseinander. Neben Unklarheiten hinsichtlich der Begründung eines persönlichen Strafausschließungsgrunds warf er Peters vor, dass sittliche Schuld nicht mit rechtlicher Schuld identisch sei. Rechtsschuld setze eine bestimmte soziale Vorwerfbarkeit der Tat voraus, die aber fehle, wenn jeder andere Rechtsgenossen an Stelle des Täters ebenso handeln musste, *H. Welzel*, ZStW 63 (1951), S. 47 (48, 53 f.); vgl. *T. Klefisch*, MDR 1950, S. 258 (262). Teilweise zustimmend *D. Oehler*, JR 1951, S. 489 (493 f.).

1506 So *K. Tiedemann*, JZ 2000, S. 139 (140).

1507 Zu Praxis und Zahlen siehe *M. Gante*, § 218, S. 70.

1508 *K. Peters*, Arzt und Christ 1957, S. 25 (28).

1509 § 54 StGB in der Fassung von 1872 bis 1975: „*Eine strafbare Handlung ist nicht vorhanden*, wenn die Handlung außer dem Falle der Nothwehr in einem unverschuldeten, auf andere Weise nicht zu beseitigenden Nothstande zur Rettung aus einer gegenwärtigen Gefahr für Leib oder Leben des Thäters oder eines Angehörigen begangen worden ist". Peters legte eine Betonung auf „unverschuldet".

1510 *K. Peters*, SchwZStr 77 (1961), S. 162 (167); vgl. *ders.*, JR 1950, S. 742 (746): „Die unbestimmte Fassung der Vorschrift ist gerade ihre innere Stärke. Das Gesetz sagt nicht mehr, als unbedingt notwendig ist"; so auch bzgl. Sterilisation *ders.*, Katholische Akademie in Bayern 1962, S. 127 (140).

„Überdifferenzierungstheorie“[1511]. Peters, der diesen Begriff aufgriff, sprach von einer „konkreten Differenzierungstheorie“, nach der es dem Richter obliegt, die Straffreiheit je nach Würdigung des Einzelfalls auf einen Rechtfertigungs-, Schuldausschließungs- oder Strafausschließungsgrund zu stützen[1512]. Gehe es, wie bei der medizinischen Abtreibungsindikation, um widerstreitende sittliche Grundauffassungen, so müsse letztlich eine Lösung angestrebt werden, die den einen ethisch nicht belaste und für den anderen ethisch tragbar sei[1513].

Für den Fall, dass der Gesetzgeber nicht auf eine gesetzliche Regelung verzichten sollte, plädierte Peters für die Anordnung bloßer Straflosigkeit. Das Strafrecht dürfe nicht ausdrücklich erlauben, was unter sittlich-moralischen Gesichtspunkten verboten sei[1514]. Aus dieser Prämisse entstand die Konstruktion eines rechts(-wertungs-)freien Raums, wonach eine freiheitliche Rechtsordnung in ethisch umstrittenen Fragen kein Rechtswidrigkeitsurteil fällen darf und sich einer Wertung enthalten muss. Im Gegensatz zu Peters zogen liberale Strafrechtler daraus aber den Schluss, dass innerhalb des rechtswertungsfreien Raums die Schwangere zu einer allein dem eigenen Gewissen verpflichteten Entscheidung berufen sei[1515].

dd) Gesetzliche Regelung

Die Schwachstelle in Peters‘ Konstruktion besteht darin, dass er eine dogmatisch unklare Lösung anbot, die erhebliche Rechtsunsicherheit mit sich bringen würde. Peters‘ Vorschlag, auf eine gesetzliche Regelung zu verzichten und die Regelung zum Notstand auf den Schwangerschaftsabbruch anzuwenden, setzte sich daher auch nicht durch; zumindest aber in der Rechtsprechung des BVerfG spiegeln sich seine Ansätze wider.

Das Fünfte Strafrechtsreformgesetz ordnete die Straflosigkeit der Abtreibung bei Einwilligung der Schwangeren in den ersten drei Monaten an. Weil das ungeborene Leben ein selbstständig durch Art. 2 Abs. 2 S. 1 GG und Art. 1 Abs. 1 GG geschütztes Rechtsgut sei, das Schutzpflichten des Staates begründe

---

1511 *H. Welzel*, ZStW 63 (1951), S. 47 (54).

1512 *K. Peters*, JR 1950, S. 742 (746); *ders.*, FamRZ 1954, S. 96 (99); *ders.*, SchwZStr 77 (1961), S. 162 (168). Vgl. *C. Roxin*, StrafR AT, Bd. 1, § 16 Rn. 1.

1513 *K. Peters*, in: ders./Lang-Hinrichsen, S. 41.

1514 *K. Peters*, Sonderveröffentlichung der Caritas 1956, S. 7. Vgl. Kap. C. I. 2. b) bb).

1515 *Arthur Kaufmann*, Über Gerechtigkeit, S. 89 – 91, 105 – 108; *ders.*, in: Baumann (Hrsg.), Das Abtreibungsverbot, S. 54; vgl. *K. Engisch*, Der rechtsfreie Raum, in: ZStaatsW 108 (1952), S. 385 – 430; zur Kritik siehe *C. Roxin*, StrafR AT, Bd. 1, § 14 Rn. 26 – 37.

und grundsätzlich Vorrang gegenüber der freien Persönlichkeitsentfaltung der Schwangeren genieße, erklärte das BVerfG die Fristenlösung allerdings für verfassungswidrig[1516]. Ganz im Sinne Peters' hob das Gericht hervor, dass das Selbstbestimmungsrecht der Frau nicht zur alleinigen Maxime erhoben werden dürfe, da der Staat wegen des Lebensrechts des Kindes von einer grundsätzlichen Pflicht zur Austragung ausgehen und der Abbruch als grundsätzliches Unrecht angesehen werden müsse: „In der Rechtsordnung muß die Mißbilligung des Schwangerschaftsabbruchs klar zum Ausdruck kommen. [...] Der Staat darf sich seiner Verantwortung auch nicht durch Anerkennung eines "rechtsfreien Raumes" entziehen, indem er sich der Wertung enthält und diese der eigenverantwortlichen Entscheidung des Einzelnen überläßt"[1517]. „In einer solchen Konfliktlage, [...] ist der Gesetzgeber zur besonderen Zurückhaltung verpflichtet. Wenn er in diesen Fällen das Verhalten der Schwangeren nicht als strafwürdig ansieht [...], so ist das [...] als Ergebnis einer dem Gesetzgeber obliegenden Abwägung auch verfassungsrechtlich hinzunehmen"[1518]. Auf dieser Grundlage führte der Gesetzgeber als Kompromiss ein Indikationsmodell ein, das von der grundsätzlichen Strafbarkeit ausging, die medizinische, embryopathische, kriminologische und soziale Indikation aber für straflos erklärte[1519]; verbunden wurde diese Konzeption mit einem Beratungs- und Feststellungsverfahren. Als „verkappte Fristenlösung" wurde die Straffreiheit der Schwangeren durch Annahme eines persönlichen Strafausschließungsgrunds begründet, wenn die Abtreibung nach vorheriger Beratung bis zum Ende der 22. Woche vorgenommen worden war[1520].

1516 BVerfG, Urteil vom 25. Febr. 1975, BVerfGE 39, 1. Einblicke zu den Hintergründen der Entscheidung siehe bei *C. Stahl*, Bundesverfassungsgericht und Schwangerschaftsabbruch. Der Einfluss der Weltanschauung von Bundesverfassungsrichtern auf die Rechtsprechung in weltanschaulichen Fragen, Diss., Hamburg 2004.

1517 BVerfGE 39, 1 (44).

1518 BVerfGE 39, 1 (48).

1519 Fünfzehntes Strafrechtsänderungsgesetz vom 18. Mai 1976, BGBl. I, S. 1213.

1520 Abgelöst wurde diese Regelung durch das Schwangeren- und Familienhilfegesetz von 1992, das eine Fristenregelung mit Beratungspflicht vorsah. Erneut waren wegen Verstoßes gegen Art. 1 Abs. 1, Art. 2 Abs. 2 S. 1 GG Nachbesserungen notwendig. Wie das BVerfG erklärte, dürfe der Schwangerschaftsabbruch innerhalb der ersten drei Monate nicht als gerechtfertigt bzw. nicht rechtswidrig erklärt werden, BVerfGE 88, 203 (315 f.).

In der Diskussion um den Schwangerschaftsabbruch betonte Peters zum einen, dass rechtliche Straffreiheit nicht mit sittlichem Erlaubtsein gleichzusetzen sei[1521]. Zum anderen wendete er sich gegen jegliche Marginalisierung des Lebensrechts Ungeborener und forderte die Achtung allen menschlichen Lebens[1522]. Mit der Indikationslösung dürfte Peters nicht glücklich gewesen sein[1523]; die Ausweitung sozialer Maßnahmen durch Hilfs- und Beratungsstellen mag er begrüßt haben.

b) Sittlichkeitsdelikte

Zu den Sittlichkeitsdelikten zählte Peters Handlungen und Äußerungen geschlechtlicher Art, d.h. Zuhälterei, Kuppelei, Ehebruch sowie Homosexualität[1524].

aa) Kritik am AE

Auf den AE zu den Sexualdelikten von 1968, der es sich, im Gegensatz zum E 1962, zum Ziel gemacht hatte, auf eine Bestrafung sittlich anstößiger Verhaltensweisen gänzlich zu verzichten, reagierte Peters mit unmissverständlicher Kritik. So warf er dem AE vor, die die sittliche Ordnung schützenden Straftatbestände ausschließlich auf das Individuum zu beziehen und das (Sexual-)Strafrecht von seinen moralisch-sittlichen Grundlagen zu trennen. „Der einseitige Ausgangspunkt des AE, nur die individuelle Wertordnung zu sehen, verschließt die Sicht für überindividuelle Ordnungen und Werte, die für die Erhaltung von Staat und Gesellschaft erforderlich sind"[1525]. Der Rhetorik „Beseitigung moralisierender Tendenzen" überdrüssig, bemängelte Peters auch, dass die an Rechtsprechung und Gesetzgebung geäußerte Kritik davon zeuge, dass die zu Grunde liegenden Wertvorstellungen und kriminologischen Grundlagen verkannt und

---

1521 *K. Peters*, Kindeswohl 1 (1947), S. 71 (73); *ders.*, in: Baumeister/Smets (Hrsg.), Lebensrecht, S. 46.

1522 *K. Peters*, JZ 1972, S. 83 (86). Vgl. so auch die Silvesterpredigt 1962 von Kardinal Döpfner, S. 49.

1523 Vgl. *H. Tröndle*, Art. Schwangerschaftsabbruch, in: Staatslexikon^7, Sp. 1109. Zur Reaktion der Kirche siehe *D. von Behren*, § 218 StGB, S. 497 – 502.

1524 *K. Peters*, JR 1950, S. 97. Zum Kuppelei-Urteil des BGHSt 6, 46 von 1954 siehe *K. Peters*, FamRZ 1954, S. 96 – 99; *ders.*, Sonderveröffentlichung der Caritas 1956, S. 7; *ders.*, ZStW 77 (1965), S. 470 (499).

1525 *K. Peters*, MschrKrim 1969, S. 41 (43). Zustimmend *F. Preiser*, ZStW 82 (1970), S. 655 (662).

ein voreiliges Urteil gefällt würden. Eine fruchtbare Diskussion über die Strafrechtsreform sei aber nur möglich, wenn „man Gerechtigkeit für Gegenauffassungen" aufbringe; der AE jedoch habe „den Boden einer verständnisvollen Gesprächspartnerschaft" verlassen[1526]. Liberale Strafrechtler hielten entgegen, dass der Ansatz des AE darin bestünde, eine Grundanschauung abzulehnen, nach der das Strafrecht der sittlichen oder moralischen Erziehung des Bürgers zu dienen habe[1527].

bb) Homosexualität

Die grundsätzliche Unsittlichkeit homosexueller Handlungen begründete Peters damit, dass Homosexualität sich gegen Natur und Schöpfungsordnung richte. Weil aber nicht jede unsittliche Handlung strafbar sein müsse, befürwortete Peters die Entkriminalisierung einfacher Homosexualität. Argumente für die Straflosigkeit seien die Freiwilligkeit der Handlung, der mit der Strafverfolgung verbundene Eingriff in die Intimsphäre und die Unverhältnismäßigkeit einer Verurteilung angesichts der hohen Dunkelziffer. Zudem sei der Straftatbestand Erpressungen förderlich und könne auch Menschen erfassen, die sich sozial bewährt hätten[1528].

Bei der qualifizierten Homosexualität, d.h. bei Handlungen unter Anwendung von Gewalt oder Drohung, Ausnutzung eines Abhängigkeitsverhältnisses, Beteiligung von Minderjährigen oder im Zusammenhang mit Prostitution, sei zu differenzieren. Hier sah Peters die ethischen Grundlagen des Gemeinschaftslebens und vor allem den Jugendschutz gefährdet[1529]. Als Einwand gegen die Liberalisierung des Sexualstrafrechts wurde insofern angeführt, dass es nicht nur um bloße Moral, sondern um elementare gesellschaftliche Interessen gehe, nämlich um die Sexualordnung als Rechtsgut von hohem Rang[1530].

Hatte Peters 1956 bemerkt, dass ein Verzicht auf § 175 StGB einen Dammbruch bedeuten und eine klare Grundkonzeption des geschlechtlichen Lebens verdunkeln würde[1531], so hob er in seiner Abschiedsvorlesung von 1972 nur

---

1526 *K. Peters*, MschrKrim 1969, S. 41 (43).

1527 *J. Baumann*, MschrKrim 1969, S. 158 (159 f.).

1528 *K. Peters*, Glaube und Strafrecht, in: Gedanken zur Strafrechtsreform, S. 49; *ders.*, Art. Homosexualität, in: LThK, Sp. 470. Vgl. Begründung zur Neufassung des § 175 StGB, BT-Drs. V/4094, S. 31.

1529 *K. Peters*, Glaube und Strafrecht, in: Gedanken zur Strafrechtsreform, S. 49.

1530 *E. Dreher*, JR 1974, S. 45 (46 f.); so auch *T. Lenckner*, FS Tübinger Juristenfakultät (1977), S. 239 (250).

1531 *K. Peters*, Sonderveröffentlichung der Caritas 1956, S. 7.

noch seine ablehnende Haltung gegenüber Euthanasie, Schwangerschaftsabbruch aus sozialen Gründen und der im AE vorgeschlagenen Fristenlösung hervor[1532]. Mit Streichung der Strafbarkeit (einfacher) homosexueller Handlungen Erwachsener folgte 1969 und 1973 eine teilweise Legalisierung; 1994 wurde der § 175 StGB vollständig gestrichen[1533]. Im Strafprozeß-Lehrbuch (Stand 1985) bemerkte Peters, dass Art. 3 GG der Benachteiligung oder Bevorzugung u.a. wegen des Geschlechts im Strafverfahren und bei der Strafzumessung entgegenstehe; nicht verboten sei aber die „Berücksichtigung sachlicher Gegebenheiten, auch wenn sie sich aus der Persönlichkeit herleiten". Es solle die Gleichheit der Personalität gesichert werden, „nicht aber Ungleiches gleich gemacht werden". Unter Verweis auf die Entscheidung des BVerfG zur Verfassungsmäßigkeit des § 175 StGB hob Peters hervor, dass „rechtlich wesentliche biologische Vorgänge" berücksichtigt werden können[1534].

c) *Todesstrafe*

Seit 1949 bestimmt Art. 102 GG: „Die Todesstrafe ist abgeschafft". Diese Grundsatzentscheidung entsprach zunächst allerdings nicht dem Meinungsbild in der Bevölkerung und stieß in der Politik auf Kritik. Im Bundestag und im Bayerischen Landtag wurde in den 50er Jahren die Wiedereinführung der Todesstrafe diskutiert[1535]. Erst Anfang der 60er Jahre wandelte sich die Stimmung[1536]. Zum Argument gegen die Wiedereinführung der Todesstrafe wurden die Anfang der 60er Jahre bekannt gewordenen Justizirrtümer und damit auch Peters' Forschungen zu den Fehlerquellen im Strafverfahren[1537].

Peters war bestrebt, entgegen den emotional und tagespolitisch aufgeladenen Debatten einen von rationalen Argumenten getragenen Beitrag zu leisten. Als Thema seiner Vorträge wählte er daher recht häufig „Die Todesstrafe". Unter

---

1532 UA-T, 198/20, S. 16.

1533 Ausführlich hierzu *C. Schäfer*, „Widernatürliche Unzucht" (§§ 175, 175a, 175b, 182 a.F. StGB). Reformdiskussion und Gesetzgebung seit 1945, Diss., Berlin 2006.

1534 *K. Peters*, Strafprozeß⁴, S. 27, Verweis auf BVerfG, Urteil vom 10. Mai 1957 = BVerfGE 6, 398 (422).

1535 Siehe hierzu ausführlich *Y. Hötzel*, Debatten um die Todesstrafe, S. 41 – 203.

1536 Waren laut Allensbacher Institut 1949 noch 74% der Befragten uneingeschränkt für die Todesstrafe, sprachen sich 1960 54% und 1971 nur noch 46% für die Todesstrafe aus. Angesichts der RAF-Morde waren 1977 wieder 44% gegen 39% für die Wiedereinführung der Todesstrafe; 1990 waren es 22%, Allensbacher Berichte des Instituts für Demoskopie, 2002/Nr. 14, S. 3; *Y. Hötzel*, Debatten um die Todesstrafe, S. 7.

1537 *Y. Hötzel*, Debatten um die Todesstrafe, S. 214 f.

sittlichen Gesichtspunkten sah er Bedenken gegen die Todesstrafe nur bei einem Verstoß gegen die Menschenwürde. Da Strafe aber nur in Anerkennung der Würde des Täters erfolgen dürfe, liege in der Todesstrafe gerade kein Verstoß gegen die Menschenwürde, weil die Strafe die Anerkennung der sittlichen Verantwortung und Freiheit des Täters bedeute[1538]. Die These, der Verbrecher verwirke mit Vernichtung fremden Lebens sein eigenes Leben, lehnte Peters ab[1539]. Anders als die Menschenwürde sei das „Recht auf Achtung des Lebens zwar grundsätzlich, aber nicht unbedingt“[1540].

Unter rechtlichen Gesichtspunkten begründete Peters die Todesstrafe mit dem Strafzweck der Vergeltung und Sühne; da der Einzelne nicht zum Objekt gemacht werden dürfe, seien präventive Strafzwecke abzulehnen[1541]. Gleichwohl hielt Peters die Todesstrafe weder für notwendig noch zweckmäßig[1542]. Angesichts lebenslanger Freiheitsstrafe und Sicherungsverwahrung sei die Todesstrafe nicht die einzige Reaktion auf schwerste Taten; die auf Resozialisierung gerichtete Besserung werde durch die Todesstrafe vereitelt; der Ruf nach Wiedereinführung der Todesstrafe beruhe auf Emotionen und sei häufig Ausdruck von Hilflosigkeit; die Todesstrafe trage die Gefahr einer primitiven Verrohung in sich und könne sich nachteilig auf den Strafvollzug, das Bemühen um den Kriminellen und auf die Haltung zum Leben auswirken (vgl. Schwangerschaftsabbruch); schließlich hob Peters die Fehleranfälligkeit von Strafurteilen als entscheidendes Argument hervor[1543].

1538 *K. Peters*, Caritas 1959, S. 201 (204 f.); *ders.*, Die Problematik der Todesstrafe, S. 9 f. Vgl. Kap. C. I. 2. c) gg).
Eine Begrenzung des Lebensrechts unter dem Gesichtspunkt der Notwehr lehnte Peters mangels gegenwärtigen Angriffs ab, anders könnte es evtl. in Ausnahmesituationen liegen (Staatsnotwehr, Revolution etc.). Auch aus religiöser, moraltheologischer Sicht, werde die Todesstrafe nach christlicher Tradition hingenommen, wobei Peters die Unvollkommenheit der Todesstrafe betonte, *K. Peters*, Caritas 1959, S. 201 (206 – 209); *ders.*, Theologische Revue 1960, Sp. 243 (245 f.).

1539 Siehe *K. Peters*, Theologische Revue 1960, Sp. 243 (245 f.) als Entgegnung auf Gustav Ermecke.

1540 *K. Peters*, Caritas 1959, S. 201 (204), weiter: „Das hängt damit zusammen, daß der Eingriff in das Leben nicht in jedem Fall einen Eingriff in die Würde des Menschen bedeutet“.

1541 *K. Peters*, Problematik der Todesstrafe, S. 12 f. Vgl. dazu Kap. C. I. 1. a), 2. c) ff).

1542 Vgl. *Y. Hötzel*, Debatten um die Todesstrafe, S. 191 f.

1543 *K. Peters*, Caritas 1959, S. 201 (212 – 215); *ders.*, Die Problematik der Todesstrafe, S. 13 – 16.

3. Abschließende Bemerkungen

Die Entwicklungen seit der Großen Strafrechtsreform haben zu einem modernen, von moralischen Vorstellungen befreiten Strafrecht geführt. Die Verbindlichkeit sittlicher Wertvorstellungen ist dem gesellschaftlichen Meinungsaustausch und den individuellen Vorstellungen gewichen. Peters, der nach 1949 von Rechtsgleichgültigkeit und Wertblindheit gesprochen und angesichts der '68er-Bewegung den Vorwurf der Wertneutralität erhoben hatte (1972), stellte sich gegen eine verabsolutierte Idee des Individualismus, die zu Bindungslosigkeit führe und nicht von der Gebundenheit des Einzelnen an das Gemeinwesen und der Akzeptanz von Recht und Ordnung als Autorität geprägt sei[1544].

2014 hat das Bayreuther Zukunftsforum einen Aufruf zum richtigen Verständnis von Recht und Moral formuliert. Darin wird die Stärkung des eigenen Verantwortungsbewusstseins gefordert und eine Moralisierung durch polarisierende, öffentliche Meinungen kritisiert. Gemeinwohlorientierung und Kompromissbereitschaft müssten wieder in den Vordergrund treten[1545]. Der Abgrenzung von Recht und Moral und der Herstellung von Wertungsharmonie galt auch Peters' Bemühen. Als Zeichen der Offenheit legte er seine sittlich-christlich geprägte Grundhaltung dar und suchte seine Argumente nicht ausschließlich rational zu begründen oder als absolute Wahrheit zu statuieren. Gleichwohl steht der Schutz des (werdenden) Lebens für Peters unverrückbar fest, und zwar nicht nur als christliches Gebot, sondern als Ausdruck dessen, wie der Staat mit grundgesetzlich garantierten Werten umgehen sollte. Im Übrigen gilt der Satz, dass nicht alles strafbar ist, was unsittlich ist.

Peters' Vorstellungen zur Fortentwicklung des (Straf-)Rechts sind konservativ, ohne reaktionär zu sein. Vorrangig seien die Gestaltungsspielräume auszuschöpfen, die das positive Recht bietet. Die Reform des Strafrechts obliege nicht nur dem Gesetzgeber, sondern im Sinne einer „inneren Reform" gerade auch der Rechtspflege und Wissenschaft. Entscheidend sei eine sachgerechte Anwendung bestehender strafrechtlicher Regelungen in der Praxis, der auch in schwierigen Fällen Raum für Wertungen gelassen werden müsse[1546]. Anpassungen des Strafrechts an ein zeitgemäßes kriminalpolitisches Konzept stellte sich Peters keineswegs entgegen. Insbesondere die Individualisierung der strafrechtlichen Reaktionsmöglichkeiten war ihm ein Anliegen; unter diesen Vorzeichen

---

1544 Vgl. *K. Peters*, FS Sauer (1949), S. 9; *ders.*, FS Heinitz (1972), S. 501 (512).

1545 *O. Lepsius u.a.*, Spektrum 1/2014, S. 42 (43 f.).

1546 Vgl. Peters' Forderung der Beibehaltung von § 54 StGB a.F. Kap. C. II. 2. a) cc).

plädierte er zur Lösung des Problems kurzer Freiheitsstrafen für einen radikalen Verzicht[1547]. In der Diskussion um die Strafrechtsreform zeigte er sich als Mahner im Grundsätzlichen: Bewahrung eines sittlich-ethischen Fundaments, einheitliche Betrachtung von materiellem Recht, Prozess- und Vollzugsrecht sowie Beschränkung des Strafrechts auf einen Kernbereich. Ein weniger liberales als klassisches Strafrechtsdenken zeigt sich in Peters' Haltung zur Liberalisierung der Sittlichkeitsdelikte, dem Eintreten für eine (vergeltende) Vereinigungstheorie und ein Täterstrafrecht[1548].

Peters' Überlegungen zur Begrenzung des Strafrechts haben nach wie vor Berechtigung. Seine herausgearbeiteten Kriterien – nämlich: Orientierung am gesetzlichen Strafmaß, kriminalistische Signifikanz eines Delikts, Beweis- und Durchsetzbarkeit eines Tatbestands, Vermeidung unnötiger Tatbestandshäufungen durch Einfügung spezieller Tatbegehungsformen, klare Abgrenzung von Kriminalunrecht und sonstigem Unrecht, sachgerechte Verweisung auf das Zivil-, Verwaltungs-, Disziplinar- und Ordnungswidrigkeitenrecht sowie vor allem Beachtung des Ultima-ratio- und Subsidiaritätsprinzips der Strafe – sind auch für aktuelle Diskussionen um eine Strafrechtsreform von Bedeutung.

III. Strafverfahrensrecht

Peters' zentrale Thema, mit dem er sich während seines wissenschaftlichen Lebens intensiv beschäftigte, waren der Strafprozess und seine rechtlichen, kriminalpolitischen, gesellschaftlichen, soziologischen sowie vor allem ethischen Bezüge. Seine Vorstellungen zum Strafverfahrensrecht wurden wesentlich durch seine Erfahrungen und empirischen Untersuchungen geprägt – „Zeugenlüge und Prozeßausgang" (1939), „Fehlerquellen im Strafprozeß" (1970 – 1974). Bis heute sind die Tübinger Untersuchungen zu den Fehlerquellen eine wichtige Grundlage der Fehlurteilsforschung, die wiederum Einfluss auf das Beweisrecht und vor allem das Wiederaufnahmerecht hat. Wichtig war Peters auch die Hervorhebung, dass der Strafprozess eine für das gesamte Strafrecht rechtsgestaltende Kraft besitzt.

Peters' Blick auf das Strafverfahren ist ethisch-humanistisch fundiert. Indem der Strafprozess das materielle Strafrecht verwirklichen soll, dient er dem Schutz der Gesellschaft, des Staates und des Einzelnen und damit der sozialen Wertordnung: „Die Wertordnung kann nur verwirklicht werden, wenn sie unter

1547 Kap. C. II. 1. b) aa) (2), bb).

1548 Kap. C. I. 2. c) cc), ff), bereits Kap. B. IV. 2. b) und Kap. B. V. 2. a) dd) (1).

Anerkennung ethischer Grundsätze in Sachlichkeit, in Unabhängigkeit, in Ausgeglichenheit und im Streben nach Gerechtigkeit und Wahrheit anhand einwandfrei rechtsstaatlich zuverlässig abgesicherter Fälle bezeugt“ wird[1549].

1. Strafprozess: Strafprozesslehre und Strafprozessrecht

Peters‘ Beitrag zur Strafrechtswissenschaft und Strafrechtspraxis liegt in der Verschiebung und Verknüpfung auf einen außerjuristischen Bereich. Deutlich wird das an der von ihm gewählten Terminologie „Strafprozess“.

a) Begrifflichkeiten

Beim Strafprozess handelt es sich um einen rechtsgebundenen, justizförmigen Vorgang, der auf die Sachverhaltsaufklärung, Schuldsfeststellung sowie im Falle festgestellter Tatbegehung auf die Anordnung einer Strafe oder Maßnahme zielt. Verpflichtet ist der Strafprozess der Verwirklichung von materieller und prozessualer Gerechtigkeit, Rechtssicherheit und Rechtsfrieden[1550]. Für Peters war der Strafprozess aber auch ein (Lebens)Vorgang, in dem sich Recht *im* menschlichen Handeln verwirklicht; er ist Menschenwerk, das von einem dynamischen „Hin und Her“ der Verfahrensbeteiligten lebt[1551]. Die Zuordnung von Rechten und Pflichten im Prozess begriff Peters als ein in wechselseitiger Abhängigkeit stehendes öffentliches Prozessrechtsverhältnis, wobei er auch das Bild eines „Strahlenverhältnisses“ benutzte[1552]. Den Begriff Strafprozess*recht* hielt Peters für zu statisch, weil die Betonung auf den rechtlichen Rahmen gelegt werde, wodurch das Verfahren als rein technischer Vorgang erscheine. Er sprach daher übergeordnet vom Straf*prozess*, um die realen Abläufe im Strafverfahren mit seinen vielfältigen rechtlichen, wissenschaftlichen, ethischen und menschlichen Aspekten zum Gegenstand zu machen[1553].

1549 *K. Peters*, Richterrecht, in: Ausgewählte Schriften, S. 254.

1550 *K. Peters*, Strafprozeß[4], S. 99; *ders.*, in: Summum ius, summa iniuria, S. 191 f.; vgl. *W. Beulke/S. Swoboda*, StrafprozessR, Rn. 3; *V. Krey*, Dt. StrafverfahrensR, Bd. 1, Rn. 2, 15, 21.

1551 *K. Peters*, GS H. Peters (1967), S. 891 (895); *ders.*, FS Maurach (1972), S. 453.

1552 *K. Peters*, Strafprozeß[4], S. 100; ähnlich *H. Henkel*, StrafverfahrensR, S. 114. Grundlegend zum Ansatz des Prozessrechtsverhältnisses *O. von Bülow*, Die Lehre von den Prozeßeinreden und die Prozeßvoraussetzungen, Gießen 1868. Zu dem damit verbundenen strafprozessualen Systematisierungsversuch siehe Kap. C. III. 1. d).

1553 UA-T, 198/13, S. 49; *K. Peters*, GS H. Peters (1967), S. 891 (895); so auch *W. Hassemer*, FS Müller-Dietz (2001), S. 261 (263), der zwischen Strafverfahren und

Der Strafprozess wird von Peters unterteilt in die Strafprozessrechtslehre („Strafprozessrecht“) und die Strafprozesslehre[1554]. Die Aufgabe der Strafprozesslehre als Lehre vom realen Prozessablauf besteht darin, das Geschehen im Prozess und das Verhalten der Prozessbeteiligten darzustellen; das Strafprozessrecht gibt den rechtlichen Handlungs- und Entscheidungsrahmen vor[1555]. Zusammen bilden sie eine Einheit: „Strafprozeßlehre ohne Strafprozeßrecht würde zu einem uferlosen Pragmatismus führen, Strafprozeßrecht ohne Strafprozeßlehre würde eine realitätsfremde, die Sachgerechtigkeit verfehlende Rechtspflege begründen“[1556]. Peters‘ Ansatz galt der Integration der Prozesslehre in das Prozessrecht. Gegenstand des „Strafprozesses“ sind das Verfahrensrecht (das Sollen, die Idealität von Recht) und die Verfahrenswirklichkeit (das Sein, die Realität des Rechts)[1557].

b) Zielsetzung

Ausgangspunkt der Beschäftigung mit dem realen Geschehensablauf im Strafprozess ist Peters‘ durch Erfahrungen und Empirie gewonnene Feststellung, dass auch sachkundige und fähige Juristen trotz identischer Rechtsgrundlagen und Auslegungsmethoden in gleichen oder ähnlich gelagerten Fällen zu sehr unterschiedlichen Ergebnissen gelangen können. Hieraus folgerte Peters, dass nicht allein das Gesetz und die Methodik eine Rolle spielen dürften, sondern auch außerjuristische Umstände eine Entscheidung beeinflussen[1558]. Daher gilt, „daß derjenige, der das Recht kennt, noch lange nicht richtig, klug und verständig das Recht handhabt und zutreffend und vernünftig entscheidet“; es könne sogar sein, „daß derjenige, der nur um das rechtliche Denken bemüht ist, gerade seine Aufgabe verfehlt“[1559].

Strafverfahrensrecht unterscheidet; *M. Heghmanns*, Strafverfahren, Rn. 5; *H.-H. Kühne*, in: Löwe-Rosenberg, Einl. B Rn. 2, 7, 61. Vgl. bereits Kap. B. VII. 2. a).

1554 So auch *C. Roxin/B. Schünemann*, StrafverfahrensR, § 1 Rn. 14.

1555 *K. Peters*, Der neue Strafprozeß, S. 51; *ders.*, FS Klug (1983), S. 539; *ders.*, Strafprozeß^4, S. 15.

1556 *K. Peters*, GS H. Peters (1967), S. 891 (906).

1557 So etwa *W. Sauer*, Grundlagen des Prozeßrechts, S. 13 f.; *H.-L. Schreiber*, ZStW 88 (1976), S. 117.

1558 *K. Peters*, GS H. Peters (1967), S. 891 (892 f.); *ders.*, Strafprozeß^4, S. 48; bestätigend *S. Niehaus/B. Englich/R. Volbert*, in: Kröber (Hrsg.), Handbuch der Forensischen Psychiatrie, S. 663.

1559 *K. Peters*, GS H. Peters (1967), S. 891 (894); so auch *ders.*, FS Mezger (1954), S. 477 (500).

Ziel des Strafprozesses ist es daher, zu verdeutlichen, wie leicht die Verfahrensbeteiligten (unbewusst) unrichtig handeln (können) und wo typische Fehlerquellen liegen. Es gilt das Bewusstsein dafür zu wecken, dass das Strafverfahren nichts rein Objektives ist, sondern dem Menschen und damit in einem unvermeidlichen Maße der Subjektivität und „des Zufalls, aber auch des menschlichen Irrtums, vor allem des eigenen Irrtums“ unterliegt[1560]. Peters erhoffte sich durch das Aufzeigen von Realisierungsbedingungen und Fehlerquellen im Strafverfahren mehr Zuverlässigkeit und Einheitlichkeit in den Entscheidungen sowie eine Steigerung der „Wirksamkeit strafprozessualen Verhaltens“ und der Beachtung außerjuristischer Anforderungen innerhalb des Strafprozesses[1561]. Damit hat er zu einer Rationalisierung des Verfahrens beigetragen, eine fundierte Normenkritik ermöglicht und einen Beitrag zur künftigen Gestaltung des Strafprozesses geliefert[1562].

Im Hinblick auf den Zielkonflikt von materieller Gerechtigkeit, formeller Gerechtigkeit und Rechtssicherheit war für Peters der sensibelste Moment im Strafverfahren die Zuverlässigkeit und Richtigkeit der Tatsachenermittlung. Das Bemühen um Gerechtigkeit und Rechtssicherheit nütze daher wenig, wenn die gleichen Bemühungen nicht auch der Sachverhaltsfeststellung gelten[1563]: „Die Not unserer Strafrechtspflege liegt weniger im rechtlichen Versehen“, als in der Richtigkeit des zu ermittelnden Sachverhalts begründet[1564].

c) Methodik der Fehlerquellenforschung

Gegenstand der Strafprozesslehre ist eine empirische (Rechts-)Tatsachenforschung. Zur näheren Systematisierung sprach Peters von praktischer und theoretischer Prozesslehre. Die praktische Strafprozesslehre unterteilte er wiederum in deskriptive, erklärende und wertende Strafprozesslehre.

1560 *K. Peters*, in: Summum ius, summa iniuria, S. 191 (203).

1561 *K. Peters*, GS H. Peters (1967), S. 891 (894); *ders.*, FS Maurach (1972), S. 453 (465).

1562 Peters sprach auch von „Strafprozesspolitik“, *K. Peters*, FS Maurach (1972), S. 453 (459); so auch *C. Roxin/B. Schünemann*, StrafverfahrensR, § 1 Rn. 16; *J. Wolter*, in: ders. (Hrsg.), Zur Theorie, S. 267.

1563 *K. Peters*, Strafprozeß[2], Vorwort, S. VI; *ders.*, Strafprozeß[4], S. 50: „Ziel ist die Überwachung und Verbesserung des Strafprozesses im Hinblick auf Wahrheitsfindung, Gerechtigkeit und Menschlichkeit“. Eindringlich *W. Hassemer*, FS Müller-Dietz (2001), S. 261 (268): „Empirisch betriebene Kriminologie ist […] eine notwendige Bedingung eines gelingenden Strafverfahrens. Ohne Wahrheit keine Gerechtigkeit, ohne Kriminologie kein rechtsstaatliches Strafverfahren“.

1564 *K. Peters*, Die strafrechtsgestaltende Kraft, S. 44. Ausführlich dazu Kap. C. III. 4.

Der erste Schritt besteht in der objektiven Beschreibung von Prozessabläufen, -handlungen, -verhaltensweisen und -beteiligten. Nötig ist dazu eine rationale und unvoreingenommene Tatsachengewinnung; Vermutungen, eigene Vorstellungen oder (Reform-)Wünsche dürften nicht mit dem Tatsachenmaterial vermengt werden[1565]. Als Erkenntnisquellen stehen (Kriminal-)Statistiken, Untersuchungen zu einzelnen Deliktsgruppen, Verfahrensarten und Verfahrensbeteiligten, Beobachtungen, Befragungen, Experimente sowie Erfahrungsberichte zur Verfügung[1566]. Obwohl der Wert von Erfahrungen angesichts ihrer Subjektivität und Ungewissheit in Bezug auf eine sachgerechte, vollständige und repräsentative Darstellung zweifelhaft ist, boten sie für Peters Hinweise auf mögliche Probleme: So eröffnen Erfahrungen Einblicke in die Wahrnehmung und das Erleben des Strafprozesses durch Betroffene oder Strafverteidiger und können Kommunikationsprobleme offenbaren[1567].

In einem zweiten Schritt folgt die Erklärung der für das Verhalten der Prozessbeteiligten maßgebenden äußeren Gründe, Motive und Triebkräfte. Am Ende steht eine Wertung, die Antwort auf Richtigkeit, Zweck- und Rechtmäßigkeit geben soll. Im Gegensatz zur Beschreibung sind Erklärung und Wertung subjektiver Natur, weil sie von den Fähigkeiten und Auffassungen des Betrachters nicht getrennt werden könnten. Wichtig ist, dass die Grenze zwischen Tatsachen- und Bewertungsebene sichtbar bleibt[1568]. Für die Aktenuntersuchung wies Peters darauf hin, dass sich das Material auf aktenmäßig erfassbare Ereignisse und Verfahrensvorgänge beschränkt. Subjektive Umstände (wie Verfahrensatmosphäre, Emotionen, Anti- oder Sympathien) gehen aus den Strafakten nicht hervor, obwohl sie für die Nachvollziehbarkeit des Verfahrens aufschlussreich sein können. Anhaltspunkte für (vorsichtige) Rückschlüsse auf die Motive der Verfahrensbeteiligten bieten so nur Unterstreichungen, Randbemerkungen oder richterliche Äußerungen[1569]. Zu ihrer Objektivierung bedarf die Tatsachenforschung auf der Ebene der Erklärung und Wertung der Kooperation

---

1565 Um zu vermeiden, dass eine Untersuchung so geführt wird, wie der Untersuchende hofft ein bestimmtes Ergebnis begründen so können, schlug Peters vor, nicht Hypothesen, sondern lediglich „Sachinteressen“ zu formulieren, *K. Peters*, Der neue Strafprozeß, S. 54. Kritisch *H.-L. Schreiber*, ZStW 88 (1976), S. 117 (123 – 125).

1566 *K. Peters*, Strafprozeß^4, S. 50; *ders.*, FS Henkel (1974), S. 253 (262 – 268). Ausführlich hierzu *H.-H. Kühne*, in: Löwe-Rosenberg, Einl. B Rn. 66 – 76, wobei „Erfahrung“ nicht als relevanter Gesichtspunkt genannt wird.

1567 *K. Peters*, FS Klug (1983), S. 539 (540, 545). Siehe dazu Kap. C. III. 4. c) bb), cc).

1568 Vgl. *K. Peters*, FS Maurach (1972), S. 453 (458).

1569 *K. Peters*, Untersuchung zum Fehlurteil, S. 7; *ders.*, Fehlerquellen, Bd. 2, S. 229.

mit außerjuristischen Wissenschaften. In der Verknüpfung der Strafprozesslehre mit anderen Wissenschaftszweigen wie (Rechts-)Medizin, Naturwissenschaften, Technik, Psychologie, Soziologie, Pädagogik und Ethik sah Peters die Funktion einer theoretischen Strafprozesslehre[1570]. Eingang in die Strafprozesslehre finden diese Disziplinen über die Kriminologie und vor allem über die Kriminalistik[1571].

In der von Peters' durchgeführten Fehlerquellenuntersuchung hat er die Frage nicht darauf verengt, ob ein Angeklagter zu (Un-)Recht verurteilt worden ist, sondern stellte die Frage, ob sich die Annahmen, die im Grundverfahren zur Verurteilung geführt hatten, im Wiederaufnahmeverfahren als beweismäßig hieb- und stichfest erwiesen hatten. Ein „Fehlurteil" ist demnach eine auf unzulänglicher Beweisführung erfolgte Verurteilung[1572]. Einen Schwerpunkt legte Peters dabei auf den Einfluss von Zeugenaussagen und Sachverständigengutachten und den Umfang der Ermittlungen im Grundverfahren. Entsprechend seiner Methodik der Rechtstatsachenforschung wurden die Wiederaufnahmeakten zunächst von einem Assistenten Peters' sorgfältig, möglichst objektiv und lückenlos bearbeitet und in einem Arbeitsbogen dokumentiert. Anschließend befasste sich Peters mit dem Verfahren. Schließlich wurden die Akten von einem Dreierausschuss (der Assistent, Peters und ein Dritter ohne Aktenkenntnis) besprochen und die Ergebnisse in einem Bericht zusammengefasst. Zudem erstellte Peters eine Notizsammlung zu den Ursachen der Wiederaufnahmeverfahren[1573]. Die Ergebnisse wurden im dreibändigen Werk „Fehlerquellen im Strafprozeß" festgehalten: „Einführung und Dokument", „Systematische Untersuchungen und Folgerungen mit Reformvorschlägen", „Wiederaufnahmerecht". Die umfangreichen Unterlagen, die im Zuge der Untersuchungen entstanden

1570 *K. Peters*, GS H. Peters (1967), S. 891 (905 f.); *ders.*, FS Henkel (1974), S. 253 (257); so auch *M. Heghmanns*, Strafverfahren, Rn. 34; *C. Roxin/B. Schünemann*, StrafverfahrensR, § 1 Rn. 15 f.; vgl. *L. Kröber* (Hrsg.), Handbuch der Forensischen Psychiatrie, Bd. 4, Vorwort: Ein Abschnitt befasse sich mit der Wirklichkeit des Strafverfahrens unter soziologischen und psychologischen Aspekten.

1571 *K. Peters*, Rechtsmittelsystem, 52. DJT, C49; *ders.*, ArchKrim 1984, S. 1 (2); *ders.*, Strafprozeß^4, S. 54 f.; so auch in neuerer Literatur *H. de Vries*, Kriminalistik, Rn. 2. Vgl. Kap. C. III. 4. a) aa).

1572 *K. Peters*, Untersuchung zum Fehlurteil, S. 9; *ders.*, Rechtsmittelsystem, 52. DJT, C9; vgl. dazu *S. Brinkmann*, Zum Anwendungsbereich der §§ 359 ff. StPO, S. 19 – 22.

1573 *K. Peters*, Fehlerquellen, Bd. 1, S. 8 – 10, 17 f.

sind, wurden zwecks Zugänglichkeit und Überprüfbarkeit der Bibliothek des BGH übergeben[1574].

d) *Systematisierung des Strafprozesses*

Versuche einer Systematisierung des Strafprozesses sind mit der Entwicklung einer allgemeinen Prozesslehre verbunden, die für alle Prozesstypen Grundstrukturen, Ziele, Funktionen und Korrelationen systematisieren und ordnen soll[1575]. Wegen der unterschiedlichen Ausrichtungen der Verfahrensordnungen hat sich dieser rechtsübergreifende Ansatz aber nicht durchgesetzt[1576]. Auch Peters hob die Unterschiedlichkeit der Verfahrensarten hervor. Alle Prozessarten wiesen zwar Übereinstimmungen auf, doch ergeben sich wegen des Bezugs zum materiellen Recht eigene Begrifflichkeiten und Prozessmaximen. So ziele der Strafprozess auf die Rechtsanwendung in einem justizförmigen Verfahren ab, während die Verwaltung auf zweckmäßiges Handeln ausgerichtet sei, das sich mehr oder weniger nach selbstbestimmten Zielen richte. Gehe es im Zivilprozess um die Durchsetzung subjektiver Rechte, so diene der Strafprozess der Bewährung der Rechtsordnung und damit der Verwirklichung von Einzelinteressen und Allgemeinwohl[1577].

In Peters‘ Verständnis ist der Strafprozess ein Zusammenwirken von Prozesshandlungen der Verfahrensbeteiligten, die sich im Rahmen eines Prozessrechtsverhältnisses („Strahlenverhältnis“) um einen Prozessgegenstand bewegen[1578]. Ob dieser Ansatz zur Systematisierung des Strafprozesses beiträgt, ist zweifelhaft. Peters wollte das „Rechtsverhältnis“ zwar nicht als statisch verstanden wissen[1579], doch verdeckte er durch den inhaltsarmen Begriff des „Strahlenverhältnisses“ den dynamischen Charakter des Strafprozesses. Inhaltlich sage der Begriff nur aus, dass die Beziehungen der Verfahrensbeteiligten zueinander

---

1574 UA-T, 198/13, S. 92.

1575 Zu Vertreter dieses Ansatzes zählen vor allem Oskar von Bülow, James Goldschmidt und Wilhelm Sauer.

1576 *C. Roxin/B. Schünemann*, StrafverfahrensR, § 1 Rn. 11 f. Zum Versuch einer vergleichenden Betrachtung von Zivil- und Strafprozessrecht siehe *G. Lüke*, Zur Bedeutung des Strafprozessrechts für die allgemeine Prozessrechtslehre, FS Müller-Dietz (2001), S. 479 - 491.

1577 *K. Peters*, FS Maurach (1972), S. 453 (459 f.); *ders.*, FS Henkel (1974), S. 253 (264); *ders.*, Der neue Strafprozeß, S. 50 f.; *ders.*, Strafprozeß[4], S. 14 f.

1578 So die Umschreibung *M. Heghmanns*, Strafverfahren, Rn. 39. Vgl. Kap. C. III. 1. a).

1579 *K. Peters*, FS Maurach (1972), S. 453; *ders.*, Strafprozeß[4], S. 102.

nicht nur tatsächlicher, sondern auch rechtlicher Natur seien[1580]. Auch Peters hätte sicherlich zugestimmt, dass der Strafprozess vielmehr ein kontinuierlich sich entwickelnder Vorgang ist, der durch Interaktion der Verfahrensbeteiligten bestimmt wird[1581]. Peters' Systematisierungsversuch anhand von Prozessrechtsverhältnissen wurde nicht weiterverfolgt[1582].

e) Resonanz in der Forschung

Nach wie vor ist die theoretische und methodische Auseinandersetzung mit dem Strafverfahren als solchem relativ gering. Eine allgemeine Theorie des Strafverfahrens und der Begriff der Strafprozesslehre werden in der aktuellen Forschung nur selten aufgegriffen[1583]. Die Problematik der Strafprozesslehre liegt in dem Anspruch einer konsistenten Gesamtlehre, in der unterschiedliche Bereiche zusammengeführt sind[1584]. Zudem besteht in der Strafrechtswissenschaft keine Einigkeit darüber, ob es überhaupt ein genuin strafprozessuales Denken gibt und ob und wie eine Methodik des (gesamten) Strafverfahrensrechts zu entwickeln sei[1585]. Dennoch ist Peters' integrierender und ganzheitlicher Ansatz einer Strafprozesslehre in die Forderung nach einer umfassenden Strafrechtslehre einzuordnen. So laufen entsprechend seiner Vorstellungen die Ansätze zu einer „Gesamten Strafrechtswissenschaft" über die Kriminologie, die als empirische und eigenständige Wissenschaft zu verstehen sei[1586]; wobei Peters jedoch eine stärkere Betonung auf die Bedeutung der Kriminalistik legte[1587]. Andere

---

1580 So *H.-H. Kühne*, in: Löwe-Rosenberg, Einl. K Rn. 4.

1581 *W. Krekeler*, StraFO 2001, S. 329 (330); *H.-H. Kühne*, in: Löwe-Rosenberg, Einl. K Rn. 5. Vgl. *F.-C. Schroeder/T. Verrel*, StrafprozessR, § 2 Rn. 24: Strafprozess als Kette von sukzessiven Rechtsverhältnissen.

1582 So *M. Heghmanns*, Strafverfahren, Rn. 39. Vgl. *H. Henkel*, StrafverfahrensR, § 60; *C. Roxin/B. Schünemann*, Strafverfahrensrecht, § 22.

1583 Teils in Anlehnung an Peters' Arbeit greifen den Gedanken einer Strafprozesslehre etwa Heghmanns, Lüderssen, Roxin und vor allem Kühne auf. Dazu auch *M. E. Salas*, Kritik des strafprozessualen Denkens. Rechtstheoretische Grundlagen einer (realistischen) Theorie des Strafverfahrens, Diss., München 2005.

1584 Peters selbst stellte fest, dass aus seinen Arbeiten ein System der Strafprozesslehre erst noch entwickelt werde müsste, *K. Peters*, Der neue Strafprozeß, S. 52.

1585 So *M. Jahn*, GA 2006, S. 542 f.; *K. Lüderssen/M. Jahn*, in: Löwe-Rosenberg, Einl. M Rn. 2; vgl. auch *R. Eschelbach/G. Kett-Straub*, in: KMR-StPO, Einl. Rn. 5; *J. Wolter*, in: ders. (Hrsg.), Zur Theorie, S. 267 (268 f.).

1586 *W. Hassemer*, FS Müller-Dietz (2001), S. 261 (269).

1587 Vgl. bereits Kap. C. III. 1. a), eingehend dazu Kap. C. III. 4. a) aa).

Ansätze zu einem Strafprozessrechtssystem streben eine grundrechtsorientierte, sozial-rechtsstaatliche Theorie und Systematik an[1588]. Strafverfahrensrecht wird dahingehend auch als „angewandtes Verfassungsrecht“[1589] und „Seismograph der Staatsverfassung“[1590] bezeichnet. Vor diesem Hintergrund überwiegt eine sich an den Grundrechten orientierte Ausrichtung des Strafprozesses[1591].

Peters hat mit seiner Strafprozesslehre das Strafverfahrensrecht letztlich nicht zu einer interdisziplinären Wissenschaft machen können; dennoch ist mit ihm das Strafrecht „dem Elfenbeinturm theoretisch dogmatischer Genügsamkeit und Selbstgefälligkeit“ entkommen[1592]. Dahingehend findet eine Beschäftigung mit der Rechtswirklichkeit statt – wenn auch als Domäne der (Rechts-) Soziologen[1593]. Rechtstatsachenforschung bedient sich dabei überwiegend der empirischen Sozialforschung[1594]. Zu den Forschungsfeldern, in denen die außerrechtlichen, sozialwissenschaftlichen Grundlagen des Strafrechts schon früh diskutiert wurden, gehört die Strafzumessungslehre, die richterliche Überzeugungsbildung und die Beweislehre. Die von Peters betreuten Dissertationen legen weitere Einzelthemen offen[1595]. Die Untersuchungen etwa zum Sozialprofil der Richterschaft, dem Rollenverständnis der Verfahrensbeteiligten sowie zur Fehlurteils, Rechtsmittel- oder Sanktionsforschung zeigen die weiteren

---

1588 *J. Wolter*, in: ders. (Hrsg.), Zur Theorie, S. 267 (269 f., 273 – 276); siehe insbes. *ders.*, FS Roxin (2001), S. 1141 ff.: Parallel zum materiellen Strafrecht bemüht sich Wolter um die Entwicklung eigener, nicht einfach dem Verfassungsrecht ungeprüft entlehnter Begriffe hin zu einem „positiven“ Strafrechtsprozesssystem.

1589 *V. Krey*, Dt. StrafverfahrensR, Bd. 1, Rn. 28; *H.-H. Kühne*, StrafprozessR, Rn. 20; vgl. *K. Peters*, Strafprozeß[4], Kapitel § 4: Strafverfahrensrecht und Verfassungsrecht.

1590 *C. Roxin/B. Schünemann*, StrafverfahrensR, § 2 Rn. 1.

1591 *M. Heghmanns*, Strafverfahren, Rn. 42.

1592 *H.-H. Kühne*, in: Löwe-Rosenberg, Einl. B Rn. 25.

1593 Peters warnte davor, dass die Soziologie nicht zu einer Sach- und Funktionsänderung des Strafrechts, mithin zur Ideologisierung führen dürfe. Bspw. den von Luhmann geprägten Ansatz „Legitimation durch Verfahren“ hielt er zur Klärung der Grundlagen des Strafverfahrens für nicht brauchbar. Angesichts der Funktion des Strafrechts dürfe es nicht als „Machtunterdrückungsmittel“, „gesellschaftliche Willkür“ oder „Instrument zur Unterdrückung von Schichten“ betrachtet werden, *K. Peters*, Strafprozeß[4], S. 52.

1594 Im Hinblick auf das breitgefächerte Forschungsfeld ist etwa auf die Institute für Rechtstatsachenforschung der Universitäten Bielefeld, Heidelberg, Jena und Koblenz zu verweisen.

1595 Siehe Auflistung der von Peters‘ betreuten Diss. im Anhang.

Entwicklungen in der Rechtstatsachenforschung[1596]. Peters' Beschäftigung mit der Rechtswirklichkeit begann „lange bevor Rechtssoziologie und Rechtstatsachenforschung mit dem Anspruch eigenständiger Wissenschaften auftraten"[1597].

2. Lehrbuch „Strafprozeß"

Peters' Lehrbuch „Strafprozeß", dessen letzte Auflage 1985 erschien, gehört nach wie vor zum Bestand vieler juristischer Bibliotheken und ist nicht in den Magazinen verschwunden. Es wird auch nicht in die Sparte der Rechtsgeschichte verschoben, sondern reiht sich in die aktuellen Lehr- und Handbücher ein, in denen es noch immer berücksichtigt wird. Peters' Lehrbuch ist ein Standardwerk, das durch Universalität, Lebensnähe und Darstellungsweise besticht.

a) Konzeption

Der „Strafprozeß" ist kein Lehrbuch im Sinne eines Grundrisses oder Nachschlagewerkes zu (dogmatischen) Streit- und Einzelfragen, sondern in erster Linie ein Handbuch, in dem es um das große Ganze geht. In der für Peters typischen, klaren Sprache bemühte er sich durch eine beispielsorientierte Darstellung um ein Hinführen zu strafprozessualen Hauptproblemen und ein strafprozessuales Denken[1598]. Weil Peters viele Fallbeispiele und eigene Erfahrungen einfließen ließ, wurde dem Buch vorgehalten, es sei mehr Biographie als Lehrbuch. Peters nahm diese Kritik an, weil für ihn Erfahrungen, Erlebnissen und Grundanschauungen eine wichtige Quelle wissenschaftlichen Arbeitens waren[1599].

Zu sehen ist das Lehrbuch in der Tradition der Strafrechtswissenschaft des 19., Anfang des 20. Jahrhunderts. Lehrbücher, die ebenfalls „Strafprozeß" im Titel haben, legen den Fokus entweder auf das gesamte Strafverfahren oder behandeln materielles und formelles Recht in enger Verbindung; so etwa Heinrich Gerlands „Der deutsche Strafprozeß" (1927), Robert von Hippels „Deutscher Strafprozeß"

1596 Siehe Zusammenstellung etwa bei *H.-H. Kühne*, in: Löwe-Rosenberg, Einl. B; *C. Roxin/B. Schünemann*, StrafverfahrensR, § 1 E, Rn. 15; *H.-L. Schreiber*, ZStW 88 (1976), S. 117 (119 – 122).

1597 *U. Weber*, JZ 1998, S. 892 (893); dahingehend auch *J. Baumann*, in: Kriminologische Aktualität, S. 24.

1598 Vgl. *K. Peters*, Strafprozeß[1], Vorwort, S. III: So könnten Normen der StPO und Einzelprobleme nicht abstrakt-theoretisch, sondern nur in der Beziehung zu konkreten Vorgängen erklärt und verstanden werden; so auch *M. Heghmanns*, Strafverfahren, S. 3 f., der zur Veranschaulichung in seinem Lehrbuch mit zwei Strafakten operiert.

1599 UA-T, 198/20, S. 17 f.

(1941) sowie Wilhelm Sauers „Grundlagen des Prozeßrechts“ (1929) und „Allgemeine Prozeßrechtslehre“ (1951). In modernen Lehr- und Handbüchern hat sich zumeist der Titel „Strafprozessrecht“, „Strafverfahrensrecht“ oder „Strafverfahren“ durchgesetzt[1600].

Der Aufbau der meisten Lehrbücher folgt nach zumeist knappen Bemerkungen zum Gegenstand und zum Verhältnis zu anderen Rechtsgebieten dem Gang des Strafverfahrens und der jeweiligen Rolle der Verfahrensbeteiligten. Peters‘ Lehrbuch folgt einer eigenen Grundkonzeption. Allein das einleitende Kapitel „Allgemeine Grundlagen“ zum geistigen Fundament des Strafprozesses und seiner gesamtwissenschaftlichen Verankerung umfasst in der letzten Auflage rund 100 Seiten. Zur Veranschaulichung der Lebenswirklichkeit im Strafprozess behandelt Peters sodann die Verfahrensbeteiligten (die „bewegenden Kräften“) und „die Mittel“ zur Sachverhaltsklärung mit einem Schwerpunkt auf der Sachverhaltsermittlung, dem Beweisrecht und der Aussagepsychologie. Erst im Anschluss daran befasst sich Peters mit dem Verfahrensgang, besonderen Verfahrensarten und den Rechtsmitteln[1601].

Sowohl Konzeption als auch Systematik behielt Peters in den vier Auflagen seines Lehrbuchs bei. Stand die 1. Auflage noch unter dem Eindruck der Tätigkeit als Staatsanwalt und der empirischen Untersuchung „Zeugenlüge und Prozeßausgang“ von 1939, so erweiterte Peters in der 2. Auflage die theoretischen Bezüge des Strafverfahrensrechts zu anderen Wissenschaften und die Thematik der Aussagepsychologie[1602]. Neben der Berücksichtigung von Gesetzesänderungen, Rechtsprechung und Forschung wurde das Lehrbuch im Hinblick auf

---

1600 Unter Verweis auf Peters‘ „Strafprozeß“ nannte Hans-Heiner Kühne sein Lehr- und Handbuch bis zur 4. Auflage (1993) „Strafprozeßlehre. Eine systematische Darstellung für Prüfung und Praxis“. Mit der Begründung einer Erweiterung der Thematik hat er es seither als „Strafprozessrecht. Eine systematische Darstellung des deutschen und europäischen Strafverfahrensrechts“ weitergeführt, *H.-H. Kühne*, StrafprozessR, S. VI.

1601 Ähnlichkeiten in Grundanliegen und Ausrichtung zu aktuellen Werken bestehen beispielweise zum „Deutschen Strafverfahren“ von Volker Krey, der wie Peters in der Strafjustiz tätig war und mittels „systematisch-induktiver“ Vorgehensweise ein Hinführen zu prozessualem Denken anstrebt (*V. Krey*, Dt. StrafverfahrensR, Bd. 1 bzw. 2, Vorwort) sowie zum „Strafprozessrecht“ von Werner Beulke und zum Lehrbuch „Strafverfahrensrecht“, das seit 1969 von Claus Roxin bzw. seit 2009 von Bernd Schünemann fortgeführt wird.

1602 UA-T, 198/13, S. 56: Das Kapitel zur Aussagepsychologie sei „in den späteren Auflagen auf Grund vieler bitterer Erfahrungen immer mehr erweitert“ worden.

Peters' Tätigkeit als Richter, Strafverteidiger und Gutachter und die Ergebnisse der Tübinger Fehlerquellenforschung ergänzt und teils neugestaltet. Als Ausdruck der Integration der Prozesslehre in das Strafprozessrecht führte Peters in seinem Lehrbuch neue Begrifflichkeiten ein (etwa „Abblocken", „Dynamik des Prozesses", „gesunder Menschenverstand", „Irrationalität", „Jagdeifer", „Liebe", „Maske", „Schleichwege der Justiz", „Justiz als Spielball", „soziale Strafrechtspflege"); Begriffe, die vor allem im Zusammenhang mit der Prozesspsychologie und der Rolle der Verfahrensbeteiligten stehen[1603].

b) Resonanz

Auf positive Resonanz stießen die Konzeption des Lehrbuchs und die anschauliche Darstellung von theoretischem und praktischem Wissen – Praxisnähe zeige sich „auf fast jeder Seite"[1604]. Als originell wurden die Ausführungen zum Beweisverfahren, zur Aussagepsychologie und die Einführung der „Psychologie des Strafverfahrens" gelobt[1605]. Auch die aus dem Buch sprechende Wärme, Güte und Menschlichkeit sowie Peters' „hohe Ethik und sittlicher Ernst" wurden bemerkt[1606]. Das bedeutendste neuere Lehrbuch stamme aus Peters' Feder[1607]. Peters' „Strafprozeß" stieß aber auch auf Kritik und Argwohn. Bemängelt wurde die wenig dogmatische Ausrichtung, die Häufung abweichender Ansichten zu Einzelfragen und Peters' Skepsis gegenüber gesetzlichen Neuregelungen – Peters gehe oft „eigene Wege" und gelange teils zu „undogmatisch-gradlinigen Lösungen"[1608]. „Von hoher sittlicher Warte" geschrieben, wurde das Lehrbuch von einigen als belehrend empfunden. Letztlich sei das Buch für Praktiker ein unbequemes Buch, doch sollte es dem „Routinier der Praxis" Anlass geben, sich auf Grundlage von Peters Kritik einmal kritisch selbst zu überprüfen[1609]. „Man sollte – auch als Strafrechtspraktiker – öfter einmal in seinem Lehrbuch des Strafprozesses lesen", da er der Praxis viele Anregungen geben könne[1610].

1603 Siehe dazu Kap. C. III. 4. c) bb), cc).

1604 UA-M, 207/44: Goldenes Doktorjubiläum, Laudatio J. Wessels, S. 3; *H. Tröndle*, NJW 1966, S. 1910.

1605 *F. Hartung*, ZStW 68 (1956), S. 467.

1606 *K. S. Bader*, JZ 1953, S. 63; *F. Hartung*, ZStW 68 (1956), S. 467 (468); vgl. so auch *H. Dünnebier*, NJW 1976, S. 323 in Rezension zu „Der neue Strafprozeß".

1607 So *J. Baumann*, in: Kriminologische Aktualität, S. 24.

1608 *G. Gribbohm*, NJW 1986, S. 1740; so auch *W. Gollwitzer*, JR 1982, S. 438; *E.-W. Hanack*, NJW 1983, S. 24.

1609 *G. Gribbohm*, NJW 1986, S. 1740; *H. Tröndle*, NJW 1966, S. 1910.

1610 *G. Gribbohm*, NJW 1986, S. 1740; so auch *R. Schlothauer*, StV 1984, S. 532 (533).

3. Strafrechtsgestaltende Kraft des Strafprozesses

„Die strafrechtsgestaltende Kraft des Strafprozesses“ lautete 1963 der Titel der Tübinger Antrittsvorlesung. In Beschreibung seines Programms für Forschung und Lehre befasste sich Peters mit den praktischen Auswirkungen einer prozessualen Betrachtungsweise auf das materielle Strafrecht. Statt eines rechts- oder normentheoretischen Ansatzes[1611] wählte Peters einen pragmatischen Ansatz, der im Wesentlichen eine Idee verfolgte. Den Anspruch auf Ausgestaltung einer dogmatischen Lehre oder eines juristischen Systems hatte Peters nicht. In der Fachdiskussion fanden seine Überlegungen zahlreiche Beachtung.

a) Zielsetzung

Ausgangspunkt ist der ideengeschichtlich begründete Vorrang des materiellen gegenüber dem formellen Strafrecht. Strafrechtliches Denken sei in Gesetzgebung, Rechtsprechung und Wissenschaft überwiegend durch das materielle Recht geformt, womit das Strafverfahrens- und Strafvollzugsrecht eine nur dienende Rolle erhielten. Im strafrechtlichen Gesamtsystem werde diesen Rechtsgebieten keine gestaltende Funktion zugesprochen[1612]. Auch wenn bestimmte Rechtsinstitute im StGB und in der StPO eine Regelung gefunden hätten (sog. doppelfunktionelle Erscheinungen) und kriminalpolitische Ziele sowohl materiell als auch prozessual gelöst werden könnten, sage dies nichts zum Verhältnis von materiellem Strafrecht und Strafprozess aus[1613].

Peters‘ Ziel war ein ganzheitlicher Ansatz des Strafrechts, dessen Bestandteile in einem Verhältnis gegenseitiger Einflussnahme, Rückkopplung und Verzahnung stehen[1614]. Weil sich ein brauchbares Strafrecht weder allein vom materiellen Recht noch vom Strafprozess und -vollzug her schaffen lasse, müsse

---

1611 Zu rechtstheoretischen, methodischen Überlegungen aus jüngerer Zeit siehe etwa *K. Lüderssen/M. Jahn*, in: Löwe-Rosenberg, Einl. M; *L. Schulz*, Rechtstheorie im Strafprozessrecht. Interdisziplinärer Stolper- oder Baustein?, FS Wolter (2013), S. 257 – 269; *U. Sieber*, Die Kollision von materiellem und prozessualem Strafrecht – Ein Grundlagenproblem des Strafrechtssystems, FS Roxin (2001), S. 1113 – 1139.

1612 *K. Peters*, Die strafrechtsgestaltende Kraft, S. 5; so auch *K. Lüderssen/M. Jahn*, in: Löwe-Rosenberg, Einl. M Rn. 7; *U. Neumann*, ZStW 101 (1989), S. 52 (54 f.); *K. Tiedemann*, FG K. Peters (1984), S. 131 (144 f.).

1613 *K. Peters*, Die strafrechtsgestaltende Kraft, S. 8.

1614 Vgl. *K. Lüderssen/M. Jahn*, in: Löwe-Rosenberg, Einl. M Rn. 3, 17, der ein undifferenziertes Einheitsdenken kritisiert und eine Gesamtbetrachtung von StGB, StPO und StVollzG fordert.

jede Einseitigkeit vermieden werden; materielles und formelles Recht seien als Einheit zu sehen[1615]. Um der Gegenüberstellung von gerechtigkeitsbezogenem materiellem Recht und justizförmigem Prozessrecht[1616] zu entgehen, erweiterte Peters den Begriff des Strafrechts auf ein Strafanwendungsrecht, „als ein Recht, das sich an die Strafverfolgungsorgane [...] wendet und ihnen die Ermächtigung erteilt, innerhalb des im Strafgesetz gesteckten Rahmens das Strafrecht zu verwirklichen“[1617]. Das materielle Strafrecht habe an sich keine unmittelbare Wirkkraft, da es erst im Strafprozess verwirklicht werde: „Ohne Prozeß keine Anwendung des Strafrechts“, sodann: „Im Strafprozeß findet das Strafrecht erst seine nähere rechtliche Ausgestaltung“[1618].

Zur Veranschaulichung eines prozessualen Strafrechtsdenkens untersuchte Peters einzelne materiell-rechtliche Fragestellungen aus strafprozessualer Perspektive. Neben einer kritischen Überprüfung des Umfangs der Strafrechtsmaterie[1619] unterzog er auch allgemein-juristischen Herangehensweisen und Denkvorgängen einer kritischen Würdigung[1620]. Seine Kritik galt dogmatischen Spitzfindigkeiten, die kriminalpolitisch keinerlei Bedeutung hätten und Mittel der Strafjustiz binden[1621]. Leitgedanke ist ein Strafrecht und -verfahren, das von unnötigem Ballast befreit und durch einfachere und verständlichere Ausgestaltung an Funktionsfähigkeit gewinnt: „Das Strafrecht muß praktikabel sein. Damit wiederum gerät die strafrechtliche Lösung in die Abhängigkeit

---

1615 *K. Peters*, Die strafrechtsgestaltende Kraft, S. 11; so auch *C. Roxin/B. Schünemann*, StrafverfahrensR, § 1 Rn. 13; ebenso *K. Lüderssen/M. Jahn*, in: Löwe-Rosenberg, Einl. M Rn. 8, der von funktional parallelen Erscheinungen spricht; a.A. etwa noch *Eb. Schmidt*, Lehrkommentar, Rn. 34, der eine scharfe Trennung von prozessualem und materiellem Recht forderte.

1616 *U. Neumann*, ZStW 101 (1989), S. 52 (56).

1617 *K. Peters*, Die strafrechtsgestaltende Kraft, S. 10; vgl. *ders.*, FS Welzel (1974), S. 415 (417); so auch *H. Henkel*, StrafverfahrensR, S. 16 f. Dahingehend die Formulierung, dass der Strafprozess der Durchsetzung und Verwirklichung des materiellen Rechts diene, so etwa *J. Baumann/U. Weber*, StrafR AT, S. 36; *G. Freund*, GA 2005, S. 321 (322, 335); *H. Henkel*, StrafverfahrensR, S. 16; *V. Krey/R. Esser*, Dt. StrafR AT, Rn. 35; *R. Maurach/H. Zipf*, StrafR AT, § 2 II Rn. 3. Kritisch dazu *Eb. Schmidt*, Lehrkommentar, Rn. 24; *F.-C. Schroeder/T. Verrel*, StrafprozessR, § 2 Rn. 9 f.

1618 *K. Peters*, Die strafrechtsgestaltende Kraft, S. 11; vgl. *ders.*, Der neue Strafprozeß, S. 17; *ders.*, Strafprozess[4], S. 7; *J. Baumann*, in: Summum ius, summa iniuria, S. 117 (122).

1619 Vgl. bereits Kap. C. II. 1. d) cc): Strafrechtsbeschränkung.

1620 Vgl. bereits Kap. C. II. 2. a) cc): Schwangerschaftsabbruch.

1621 *K. Peters*, Die strafrechtsgestaltende Kraft, S. 22 f.

des Strafprozesses“[1622]. Peters‘ Ansatz einer strafrechtsgestaltenden Kraft des Strafprozesses bietet letztlich keine Auslegungsmaximen für das Prozessrecht[1623], sondern beinhaltet eine kriminalpolitische Gestaltungsmaxime für das materielle Recht.

b) Beispiel 1: Der Tatbegriff

aa) Prozessuale Tat und Prozessgegenstand

Mit der Funktionszuordnung des prozessualen Tatbegriffs ist ein Spannungsverhältnis verbunden. Zum Schutz des Angeklagten und im Interesse von Rechtssicherheit und -frieden legt er den Prozessgegenstand, den Umfang der Rechtshängigkeit und die materielle Rechtskraft fest. Auch wenn sich nachträglich herausstellt, dass ein Urteil auf Grundlage eines unvollständigen oder falschen Sachverhalts ergangen ist, ist die Tat „verbraucht“ und eine Verurteilung wegen derselben Tat nicht ein weiteres Mal möglich (Art. 103 Abs. 3 GG)[1624]. Zugleich muss aber auch dem Grundsatz der Amtsermittlung und dem Gedanken materieller Gerechtigkeit Rechnung getragen werden. Welcher Tatfunktion letztlich Vorrang eingeräumt wird, bedarf einer rechtspolitischen Entscheidung, da die Prinzipienkollision weder durch einen engen noch weiten Tatbegriff vermieden werden kann[1625]. Rechtsprechung und die überwiegende Literatur stellen auf einen vom Verfahrensstadium unabhängigen, einheitlichen Tatbegriff ab, der das gesamte Verhalten des Täters, soweit es nach natürlicher Auffassung einen einheitlichen Lebensvorgang bildet, umfasst[1626].

Um dem Spannungsverhältnis besser gerecht zu werden, gibt es Überlegungen, die den prozessualen Tatbegriff unterschiedlich festlegen wollen[1627]. So trat Peters für einen dynamischen Tatbegriff ein, bei dem sich die prozessuale Tat von der Anklageerhebung bis zur Urteilsverkündung stetig verengt. Der Weite

---

1622 *K. Peters*, Der neue Strafprozeß, S. 17.

1623 *K. Tiedemann*, FG K. Peters (1984), S. 131 (148).

1624 Vielfaches Bsp.: Eine rechtskräftige Verurteilung wegen Jagdwilderei kann trotz gewichtiger Anhaltspunkte nicht mehr wegen vorsätzlicher Tötung angeklagt werden.

1625 *K. Marxen*, StV 1985, S. 472 (476). Siehe dazu *H.H. Kühne*, in: Löwe-Rosenberg, Einl. K Rn. 52; *C.-F. Stuckenberg*, in: Löwe-Rosenberg, § 264 Rn. 6.

1626 BVerfGE 23, 191 (202); BGHSt 13, 21 (25 f.); 32, 146 (148 f.); 35, 14 (17); *J. Wolter*, GA 1986, S. 143 (154).

1627 Vgl. *W. Bauer*, NStZ 2003, S. 174 (176), der herausstellt, dass der BGH selbst – wenn auch nicht explizit – die Unterschiedlichkeit des Tatbegriffs anerkannt habe.

des Prozessgegenstandes zu Gunsten des Amtsermittlungsgrundsatzes soll als Ausgleich ein enger Tatbegriff bei der Sperrwirkung der Rechtskraft gegenübergestellt werden, der sich an der Handlungsrichtung des Täters orientiere[1628]. Insbesondere soll sich der Strafklageverbrauch nur auf die tatsächlich erhobene Klage erstrecken[1629]. Peters räumte damit der Verwirklichung materieller Gerechtigkeit größere Bedeutung ein als der Rechtssicherheit und dem Schutz des Angeklagten[1630].

Aus rechtsstaatlicher und dogmatischer Sicht ist dieser Ansatz problematisch. Wird von den Strafverfolgungsbehörden die Sachverhaltsaufklärung unzureichend erfüllt, so darf dies nicht zu Lasten des Angeklagten gehen. Es mag eingewendet werden, dass nur derjenige Angeklagte vor weiteren Verfahren geschützt werden müsse, der berechtigterweise darauf vertraut habe, nicht noch einmal mit einem neuen Strafverfahren überzogen zu werden[1631]. Die Verknüpfung der materiellen Rechtskraft mit einer sorgfältigen Erfüllung der behördlichen Amtsermittlungsspflicht bereite jedoch erhebliche Unsicherheiten[1632]. Art. 103 Abs. 3 GG bringt den Grundsatz der Rechtssicherheit zum Ausdruck, der im Interesse materieller Gerechtigkeit nicht einseitig zu Lasten der Rechtskraft gehen kann, zumal der Beschuldigte nicht zum Verfahrensobjekt gemacht werden darf[1633]. Gegen einen uneinheitlichen Tatbegriff spricht auch, dass Strafprozessordnung und Grundgesetz den Tatbegriff gleich verwenden und die Wertungen im Wiederaufnahmerecht (§§ 359 Nr. 5, 362 StPO) eindeutig sind[1634].

1628 *K. Peters*, Strafprozeß[4], S. 280 f., 459 f., 506 f.; so auch *K. Marxen*, StV 1985, S. 472 (476 f.); *R. Neuhaus*, StV 1990, S. 342 (344); *W. Bauer*, NStZ 2003, S. 174 (177).

1629 *W. Bauer*, NStZ 2003, S. 174 (176); vgl. *H. Henkel*, StrafverfahrensR, S. 387: Sperrwirkung nur hinsichtlich des Vorgangs, dessen Aburteilung dem Gericht auch rechtlich möglich war.

1630 So auch *K. Tiedemann*, JZ 2000, S. 139 (142); vgl. bereits *K. Peters*, ZStW 56 (1937), S. 34 (58), dazu Kap. B. V. 2. a) bb). Siehe auch Kap. C. III. 5. a).

1631 *R. Neuhaus*, StV 1990, S. 342 (344).

1632 *P. Velten*, in: SK-StPO, § 264 Rn. 21; *J. Wolter*, GA 1986, S. 143 (155).

1633 *J. Wolter*, GA 1986, S. 143 (153, 155); vgl. *C. Roxin/B. Schünemann*, StrafverfahrensR, § 20 Rn. 2.

1634 *C.-F. Stuckenberg*, in: Löwe-Rosenberg, § 264 Rn. 7: Der Gedanke der materiellen Rechtskraft bringt die Endgültigkeit eines durch Urteil abgeschlossenen Verfahrens zum Ausdruck, der nur unter besonderen Voraussetzungen im Wiederaufnahmerecht durchbrochen werden darf.

bb) Einheitsstrafe und Konkurrenzlehre

Unter Verweis auf § 31 Abs. 1 S. 1 JGG[1635] plädierte Peters für die Einführung der Einheitsstrafe im Erwachsenenstrafrecht[1636]. Anstelle der bei Verbrechensmehrheit zu bildenden Gesamtstrafe (§ 53 StGB) soll nur eine einzelne Strafe verhängt werden. Dadurch würde der Begriff der einheitlichen Tat erweitert und durch eine Betrachtung ersetzt werden, die das strafrechtliche Geschehen stärker als natürlich-einheitlichen Lebensvorgang sehe[1637]. Im Sinne eines täterorientierten Strafrechts wollte Peters den Tatbegriff nicht nur äußerlich nach dem „Tätigkeitsvorgang", sondern auch vom Täter her und nach der „Richtung des Tuns" bestimmen, um die Beziehung zwischen Tat und Täter deutlich hervortreten zu lassen[1638]. So sollten Sammeldelikte (z.B. gewerbsmäßiger Diebstahl) wegen der Einheitlichkeit des Handelns als tateinheitliche Handlungen bewerten werden[1639]. Dem Problem, dass bei Annahme von Tateinheit eine Aburteilung von weiteren, dem Gericht im Zeitpunkt der Hauptverhandlung unbekannten Delikten angesichts der Rechtskraftwirkung nicht mehr möglich wäre, begegnete Peters prozessual durch eine Beschränkung des Urteilsgegenstandes auf den tatsächlichen, dem Gericht bekannten Vorgang[1640].

Zurückzuführen ist die Diskussion um die Einheitsstrafe auf den Entwurf Radbruchs von 1922[1641]. Mit Aufgabe der Rechtsfigur der fortgesetzten Handlung 1994 durch den Großen Strafsenat erlangte die Diskussion neuen Auftrieb[1642]. Das Gesamtstrafenverfahren „wirkt schwerfällig und ist dem Laien meist unverständlich. [...] Tatsächlich geht der Richter regelmäßig von der Frage aus: „Was hat der A verdient?" Erst nachträglich erfolgt die Verteilung auf die

---

1635 § 31 I 1 JGG: Auch wenn ein Jugendlicher mehrere Straftaten begangen hat, setzt das Gericht nur *einheitlich* Erziehungsmaßregeln, Zuchtmittel oder eine Jugendstrafe fest.

1636 Vgl. Kap. B. V. 4. b) bb). Nur bei lebenslanger Freiheitsstrafe ist gem. § 54 I 1 StGB (eingefügt durch das dreiundzwanzigste Strafrechtsänderungsgesetz vom 13. April 1986, BGBl. I, S. 393) eine Gesamtstrafe zu bilden.

1637 *K. Peters*, FS Kohlrausch (1944), S. 199 (204, 210); *ders.*, Strafprozeß^4, S. 10, 460.

1638 *K. Peters*, Strafprozeß^4, S. 508; vgl. *J. Baumann/U. Weber*, StrafR AT, S. 688.

1639 So ursprünglich auch RGSt 77, 24 (98); *K. Peters*, FS Kohlrausch (1944), S. 199 (214 f.). Seit RGSt 72, 164 bzw. BGHSt 1, 41 wurde diese Rspr. aufgegeben.

1640 *K. Peters*, Strafprozeß^4, S. 508 f., 512.

1641 § 63 des Entwurfs eines Allgemeinen Deutschen Strafgesetzbuch (E 1922).

1642 BGHSt 40, 138. Zu Diskussion und Reformansätzen siehe *B. v. Heintschel-Heinegg*, in: MüKo, StGB, Vor § 52 Rn. 3 – 5; *K. H. Schnarr*, in: Hettinger (Hrsg.), Reform des Sanktionenrechts, Bd. 2, S. 70 – 87. Auch in neuerer Literatur werden Peters' Überlegungen noch aufgegriffen.

einzelnen Straftaten“[1643]. Bei der Idealkonkurrenz sei es angesichts des Wortlautes von § 52 StGB und im Hinblick auf eine Vereinfachung des Strafverfahrens nicht einsichtig, dass in der juristischen Ausbildung nicht nur das maßgebliche Delikt geprüft, sondern ein Rechtsgutachten zu allen einschlägigen Delikten gefordert werde, und in Anklageschriften und Urteilen eine ganze Reihe von Paragraphen angehäuft würden[1644]. Dadurch werde nicht nur die Bedeutung der Tat verdunkelt[1645]; der Jurist gefährde auch sein Ansehen, zumal „viel leere Gedanken- und Schreibarbeit“[1646] geleistet werde.

Gegen die Einheitsstrafe spricht, dass entgegen dem Tatschuldprinzip die Betonung zu stark auf die Bewertung des Täters statt auf seine Tat gelegt wird. Zudem werde nicht mehr nachvollziehbar und deutlich, was die einzelne Straftat wert und wie der Richter zur Bemessung der Strafe gelangt sei[1647]. Die zentrale Problematik im Umgang mit dem Tatbegriff besteht letztlich darin, dass klare Kriterien zur Bestimmung der prozessualen Tat fehlen und es nicht gelungen ist, ein widerspruchsfreies System der Konkurrenzen zu entwickeln[1648]. Auch Peters lieferte kein überzeugendes und für Einzelfragen aussagekräftiges Konzept. Der Wert seiner Überlegungen besteht aber darin, dass er die Anforderungen der Rechtswirklichkeit nach Entlastung und Vereinfachung in den Mittelpunkt stellte[1649].

1643 *K. Peters*, Strafprozeß[4], S. 10; so etwa auch *G. Freund*, GA 2005, S. 321 (325), der sich eine Einheitsstrafe vorstellt, die zur Vermeidung eines „Abgleitens in ein Täterstrafrecht“ aber strikt an den begangenen materiell-rechtlich selbstständigen Taten ausgerichtet bleiben soll; *K. H. Schnarr*, in: Hettinger (Hrsg.), Reform des Sanktionenrechts, Bd. 2, S. 88.

1644 *K. Peters*, FS Kohlrausch (1944), S. 199 (221 f.); *ders.*, Die strafrechtsgestaltende Kraft, S. 23, 26 f.

1645 So *J. Baumann/U. Weber*, StrafR AT, S. 688 f., die gleichwohl aber nicht für die Einführung der Einheitsstrafe plädierten. Eine Lösung sei vielmehr durch eine vernünftige und großzügige Anwendung der §§ 153 ff. StPO durch die StA und Annahme von Gesetzeskonkurrenzen zu finden.

1646 *K. Peters*, Die strafrechtsgestaltende Kraft, S. 23; so auch *ders.*, Strafprozeß[4], S. 11. Dahingehend das Konzept von *B. v. Heintschel-Heinegg*, in: MüKo, StGB, Vor § 52 Rn. 77 – 82 einer völligen Parallelisierung von Konkurrenz- und Rechtsfolgenzurechnung.

1647 *D. Sternberg-Lieben/N. Bosch*, in: Schönke/Schröder, StGB[30], Vor §§ 52 ff. Rn. 8 f.

1648 *C. Roxin/B. Schünemann*, StrafverfahrensR, § 20 Rn. 12, 14a.

1649 Wie aktuellen Forderungen nach einer Neuordnung der Konkurrenzen zu entnehmen ist, wird eine Vereinfachung der Rechtspflege angestrebt, dazu *V. Erb*, Überlegungen zu einer Neuordnung der Konkurrenzen, ZStW 117 (2005), S. 37 (40, 93, 99), umfassende Gesamtdarstellung S. 37 – 106.

c) Beispiel 2: Sozialadäquanz

Mit dem Begriff der Sozialadäquanz ist die Erscheinung umschrieben, dass es Handlungen gibt, die zwar einen gesetzlichen Tatbestand erfüllen, sozialethisch aber nicht zu beanstanden sind. Ursprünglich geht der Begriff auf Hans Welzel zurück, wonach es um Handlungen gehe, die sich „innerhalb der geschichtlich gewordenen sozialethischen Ordnung des Gemeinschaftslebens bewegen"[1650]; nach einer späteren Definition bezog er sich nur noch auf ein Verhalten, das dem normalen Zustand der sozialen Handlungsfreiheit entspreche[1651]. Peters ging diese Erweiterung auf die „normale Üblichkeit" zu weit. Sozial adäquat sei, was allgemein als sozial wertvoll angesehen werden könne, wobei die Bewertung der sozialethischen Wertigkeit einer Handlung von den jeweiligen Anschauungen abhängig sei[1652].

Neben der Kritik der begrifflichen Unschärfe der Sozialadäquanz und der Notwendigkeit der Rechtsfigur[1653] ist auch die systematische Einordnung strittig[1654]. So wird etwa der ärztliche Heileingriff von der Rechtsprechung als tatbestandsmäßige Körperverletzung behandelt, die durch Einwilligung gerechtfertigt sein kann. Die Literatur hält demgegenüber einen lege artes durchgeführten Eingriff bereits für nicht tatbestandsmäßig[1655]. Peters beklagte, dass diese Debatte überwiegend aus der Sicht materiell-rechtlicher Dogmatik geführt werde. Denn aus prozessualer Sicht bedeute Sozialadäquanz, dass die Handlung außerhalb jeglicher Strafverfolgung und außerhalb des Legalitätsprinzips liege[1656].

Der Umgang mit der Rechtsfigur der Sozialadäquanz war Peters ein Beispiel dafür, dass eine übertrieben dogmatische Behandlung im Strafrecht unterbunden werden müsse. Dem Nichtjuristen werde nie in den Sinn kommen, dass eine erfolgreich und sachgerecht ausgeführte Operation zu einer Strafverfolgung des

---

1650 *H. Welzel*, ZStW 58 (1939), S. 491 (516 f.).

1651 *H. Welzel*, Das dt. StrafR, S. 55 f.

1652 *K. Peters*, FS Welzel (1974), S. 415 (427); so auch *R. Maurach/H. Zipf*, StrafR AT, § 17 Rn. 17.

1653 *J. Baumann/U. Weber*, StrafR AT, S. 181 f.; *C. Roxin*, StrafR AT, Bd. 1, § 10 Rn. 36 f., 41 f.

1654 Siehe Literaturzusammenstellung bei *H.-H. Jescheck/T. Weigend*, StrafR AT, S. 252.

1655 Siehe *H. J. Hirsch*, FS Tröndle (1989), S. 19 (33) mit entsprechenden Literaturhinweisen.

1656 *K. Peters*, Die strafrechtsgestaltende Kraft, S. 12 f.; *ders.*, Strafprozeß^4, S. 171. Vgl. *J. Wolter*, FS Roxin (2001), S. 1141 (1156 f., 1164), der in Übertragung des materiellen Rechts auf das Prozessrecht von „Strafverfolgungsadäquanz" spricht und bei wirksamer Einwilligung für einen Ausschluss des Tatbestandes eintritt.

Arztes wegen (gefährlicher) Körperverletzung führt. Ein konstruktives, vom Lebensvorgang losgelöstes Denken stoße auf Unverständnis und Kopfschütteln und setze den Juristen dem Vorwurf des Formalisten aus[1657]. Der Forderung, einen Gegenstand nicht unnötig kompliziert zu machen und auch dem Nicht-Juristen verständlich werden lassen, ist beizupflichten. Dennoch muss die Aufgabe des Juristen darin bestehen, auf methodischer Grundlage zu sachgerechten Ergebnissen zu gelangen. Dogmatik dient nicht sich selbst, sondern der Systematisierung, Strukturierung und Rationalisierung und soll eine einheitliche, reproduzierbare Rechtsanwendung und damit Rechtssicherheit gewährleisten[1658].

4. Beweislehre und Lehre von den Fehlerquellen

Die Richtigkeit und Sachgerechtigkeit eines Strafurteils steht und fällt mit der Sachverhaltsermittlung und dem Beweisverfahren. Peters‘ Bemühen galt einer integrierten Beweislehre in das Beweisrecht. Neben der Auseinandersetzung mit den gesetzlichen Beweismitteln und ihren Funktionsweisen ging es ihm um die Fragen, wie die einzelnen Beweismittel die Beziehungen der Prozessbeteiligten zueinander beeinflussen und wie sie gewonnen und bewertet werden (dürfen). Angesichts der Bedeutung und der Fehleranfälligkeit des Beweisverfahrens galt Peters‘ Anliegen der Beschreibung und Minimierung von Fehlerquellen.

Als ein Ergebnis der Tübinger Untersuchungen hat sich gezeigt, dass im Vorverfahren unterlaufene Fehler sich in aller Regel im weiteren Verfahren kaum mehr beseitigen lassen. Die Hauptverhandlung und das Urteil seien maßgeblich durch den Verlauf des Ermittlungsverfahrens bestimmt[1659], sodass die

---

1657 *K. Peters*, FS Welzel (1974), S. 415 (425, 429); vgl. *H. J. Hirsch*, FS Tröndle (1989), S. 19 (33 f.), der sich mit der Behandlung des ärztlichen Heileingriffs unter dem Thema „Zum Spannungsverhältnis von Theorie und Praxis im Strafrecht“ auseinandersetzt. Vorgeschlagen wird, die Sozialadäquanz als einschränkende Auslegungshilfe zu begreifen, so *J. Eisele*, in: *Schönke/Schröder*, StGB[30], Vor §§ 13 ff. Rn. 70; *R. Maurach/ H. Zipf*, StrafR AT, § 17 Rn. 21; *C. Roxin*, StrafR AT, Bd. 1, § 10 Rn. 41. In Peters' Sinne müsste dabei das Strafverfahrensrecht und die praktische Handhabung der entsprechenden Problemkonstellationen berücksichtigt werden.

1658 *B. Rüthers/C. Fischer/A. Birk*, Rechtstheorie, Rn. 321 – 325; *J. Klagge*, Normative Kohärenz des dt. Lauterkeitsrechts, S. 5.

1659 *K. Peters*, Fehlerquellen, Bd. 2, S. 195. Siehe *R. Neuhaus*, StV 2015, S. 185 (186): die urteilsprägende Kraft des Vorverfahrens gehört zum „Allgemeingut unter Strafrechtspraktikern“. Ausführlich hierzu die Beiträge von *M. Jahn, R. Neuhaus und T. Fischer*, in: Barton/Kölbel/Lindemann (Hrsg.), Wider die wildwüchsige Entwicklung des Ermittlungsverfahrens, Baden-Baden 2015, S. 35 – 164.

Hauptverhandlung sich weniger als selbstständiges Untersuchungsverfahren denn als (bloßes) Kontrollverfahren darstelle[1660]. In Bezug auf die Beweisaufnahme und Beweiswürdigung kam Peters zu dem Schluss, dass menschliches Versagen als Ursache für Fehlurteile immer wieder hervortrete – sowohl bei der Polizei, der Staatsanwaltschaft und dem Gericht, als auch bei der Strafverteidigung, dem Beschuldigten, den Zeugen und den Sachverständigen[1661]: „Dem Fehlurteil liegen keine typischen Rechtsprobleme, sondern allgemein menschliche und gesellschaftliche Probleme zugrunde"[1662].

Peters wollte in seinen Analysen nicht den Eindruck vermitteln, dass die Strafrechtspflege (gänzlich) funktionsunfähig und höchst fehleranfällig ist, weil in ihr (nur) Menschen arbeiten, die ihren Aufgaben nicht gewachsen sind. Er wollte auch nicht alles schlecht reden. Seine Praxiserfahrungen, die empirischen Untersuchungen und der umfangreiche (Brief-)Kontakt mit Betroffenen und Strafverteidigern haben Peters' Blick jedoch stark auf Unzulänglichkeiten in der Strafrechtspflege gelenkt. Es ging ihm nicht um Kritik um ihrer selbst willen, sondern um die Konsequenzen, die Fehlurteile für die Betroffenen und für das Ansehen des Staates haben. Wohlmöglich sind die von Peters benannten Fehler heute so nicht mehr anzutreffen. Fehlurteile und Justizirrtümer der letzten Jahre belegen aber, dass das Thema unverändert aktuell ist[1663].

1660 *K. Peters*, Referat auf der kriminolog. Arbeitstagung für Staatsanwälte, in: Ausgewählte Schriften, S. 504.

1661 *K. Peters*, Fehlerquellen, Bd. 2, S. 299 f.

1662 *K. Peters*, Art. Strafzumessung, in: HdK Ergänzungsbd. 1979, S. 259.

1663 Siehe insbes. *T. Böhme*, Das strafgerichtliche Fehlurteil – Systemimmanenz oder vermeidbares Unrecht? Eine Untersuchung zu den Ursachen von Fehlurteilen und den Möglichkeiten ihrer Vermeidung, Diss., Baden-Baden 2018 und *B. Dunkel*, Fehlentscheidungen in der Justiz. Systematische Analyse von Wiederaufnahmeverfahren in Strafverfahren im Hinblick auf Häufigkeit und Risikofaktoren, Diss., Baden-Baden 2018. Im Hinblick auf eine umfassende Auseinandersetzung mit der Thematik des Beweisverfahrens ist zu verweisen auf das von Rolf Bender, Armin Nack und Wolf-Dieter Treuer begründete Werk „Tatsachenfeststellung vor Gericht" (erste Aufl. 1981 bzw. letzte Aufl. von 2014), Hans Dahs „Handbuch des Strafverteidigers" (1972 bzw. 2015), Gabriele Jansen „Zeuge und Aussagepsychologie" (2004 bzw. 2012) sowie Ulrich Sommer „Effektive Strafverteidigung" (2011 bzw. 2016). Hervorzuheben ist der Spezialkommentar „Beweisrecht der StPO" von Ulrich Eisenberg (1993 bzw. 2017), der der „Verbindung von geltendem Recht mit empirischen Erkenntnissen zum Beweisrecht im Strafverfahren" verpflichtet ist und als Fortführung von Peters' Arbeit zu betrachten ist, *U. Eisenberg*, BeweisR, Vorwort.

a) *Ermittlungsverfahren: Sachverhaltsermittlung*

Im Gegensatz zum BVerfG, das die „Ermittlung des *wahren* Sachverhalts“[1664] fordert, wollte Peters bei der Sachverhaltsermittlung von Wirklichkeits- und Realitätserforschung sprechen. Denn im Strafprozess gehe es nur insofern um „Wahrheit“, als er es mit einem bestimmten, nach außen tretenden Ausschnitt der (Lebens)Wirklichkeit zu tun habe. Der Begriff der Wahrheit sei metaphysisch und subjektiv geprägt, wohingegen die begriffliche Anknüpfung an die Wirklichkeit objektiv sei[1665].

Bei Vorliegen eines Anfangsverdachts sind die Ermittlungsbehörden zur Sachverhaltserforschung verpflichtet. Dabei sind sowohl belastende als auch entlastende Umstände zu ermitteln, § 160 Abs. 2 StPO[1666]. Angesichts der Weichenstellung im Vorverfahren knüpfte Peters die Ermittlung von Fehlerquellen zunächst an zwei Gesichtspunkte, die er als erste Stufe des strafverfahrensrechtlichen Kontrollsystems bezeichnete: ermittlungsmäßiger Beweisumfang und Anklageerhebung[1667]. Dabei stellte er heraus, dass es neben allgemeinen Fehlerquellen (Nichtbeachtung kriminalistischer Grundregeln) auch spezielle Fehlerquellen gibt, die im Zusammenhang mit der Deliktsart stehen[1668].

aa) *Kriminalistik*

Die Kriminalistik begriff Peters als Lehre von der Sachverhaltserforschung, die keine nur technische Materie, sondern eine Wissenschaft sei[1669]. Unabhängig davon, ob die Kriminalistik als selbstständige Wissenschaft oder als Teil der Kriminologie einzuordnen ist, wird sie heute als Methode zur repressiven und

---

1664 BVerfGE 57, 250 (275).

1665 *K. Peters*, Fehlerquellen, Bd. 2, S. 300; *ders.*, FS Gmür (1983), S. 311 (316); *ders.*, FS Göppinger (1990), S. 443 (448); dahingehend auch *H. de Vries*, Kriminalistik, Rn. 362; *H.-H. Kühne*, in: Löwe-Rosenberg, Einl. H Rn. 24.

1666 Kritisch hierzu *H.-H. Kühne*, StrafprozessR, Rn. 350 f., der bemängelt, dass angesichts der Prägung des gesamten Strafverfahrens durch das Ermittlungsverfahren die Rechtsstellung und Verteidigungsmöglichkeiten des Beschuldigten zu schwach seien, vgl. *K. Peters*, FS Gallas (1973), S. 441 (452). Durch Art. 1 des Gesetzes zur Neuregelung des Rechts der notwendigen Verteidigung vom 19. Dez. 2019, BGBl. I, S. 46 wurden die Verteidigerrechte erweitert.

1667 *K. Peters*, FS Göppinger (1990), S. 443 (445).

1668 *K. Peters*, Untersuchung zum Fehlurteil, S. 14.

1669 Zum Begriff *K. Peters*, Art. Kriminalistik, in: Staatslexikon[6], Sp. 139 f.; so auch aus neuerer Literatur *H. de Vries*, Kriminalistik, Rn. 1, 361; vgl. *C. Arnemann*, Defizite der Wiederaufnahme, S. 301.

präventiven Aufdeckung und Untersuchung von Straftaten verstanden, dessen Aktionsfelder die Kriminaltechnik, taktik und strategie sind[1670].

Mit Bedauern stellte Peters fest, dass die Kriminalistik trotz der Komplexität der Sachverhaltsermittlung außerhalb des Polizeirechts eine untergeordnete Rolle spiele[1671]. Solide kriminalistische Kenntnisse und Überlegungen seien aber nicht nur bei der polizeilichen, sondern auch bei der staatsanwaltschaftlichen und richterlichen Arbeit unumgänglich. Seiner Verantwortung im Ermittlungsverfahren könne der Staatsanwalt nur gerecht werden, wenn er die von der Polizei vorgelegten Ermittlungsakten prüft. Diese Aufgabe setze wie die polizeiliche Ermittlungstätigkeit eine kriminalistische Grundausbildung voraus; nur so sei der Staatsanwalt in der Lage, Ermittlungsfehler oder -lücken zu erkennen[1672].

Nicht nur von Peters wird bezweifelt, dass das in den §§ 160 f. StPO entworfene Bild der Staatsanwaltschaft der Wirklichkeit entspreche. Angesichts begrenzter Mittel werden die Ermittlungen im großen Bereich der leichteren und mittleren Kriminalität zumeist von der Polizei durchgeführt, sodass staatsanwaltschaftliche Eigenermittlungen und Vernehmungen eher die Ausnahme darstellen und die Staatsanwaltschaft häufig nach Aktenlage entscheide[1673]. In der Verpolizeilichung des Ermittlungsverfahrens wird sogar der Grund des kriminalistischen Kompetenz- und Wissensvorsprungs der Polizei gegenüber der Staatsanwaltschaft gesehen[1674]. Peters forderte, dass zumindest für den Bereich

---

1670 *H. Göppinger*, Kriminologie, § 3 Rn. 28; *R. Neuhaus/H. Artkämper*, Kriminaltechnik, Rn. 5. Hinzuweisen ist insbes. auf den Bedeutungswandel der Kriminalistik seit von Liszt.

1671 *K. Peters*, ArchKrim 1984, S. 1 (6); bestätigend *U. Eisenberg*, Kriminologie, § 1 Rn. 20 – 23, § 27 Rn. 63; *H. de Vries*, Kriminalistik, Rn. 4 f.; *H.-H. Jescheck/T. Weigend*, StrafR AT, S. 47.

1672 *K. Peters*, Fehlerquellen, Bd. 2, S. 196; *ders.*, Strafprozeß[4], S. 183; dahingehend auch *H. de Vries*, Kriminalistik, Rn. 4: die Kontrolle der StA könne nur gelingen, wenn das „Informationsgefälle" zur Polizei nicht zu groß werde; *R. Neuhaus/H. Artkämper*, Kriminaltechnik, Rn. 35.

1673 *U. Eisenberg*, BeweisR, Rn. 503, 741; *V. Erb*, in: Löwe-Rosenberg, § 160 Rn. 2, § 161, Rn. 41, der betont, dass die StA nicht nur zur Kontrolle der polizeilichen Ermittlungstätigkeit, sondern auch zu eigenen Ermittlungen berechtigt sei. Zudem sei kriminalistisches Spezialwissen bei der StA regelmäßig nicht vorhanden; *K. Peters*, ArchKrim 1984, S. 1 (4); *M. Heghmanns*, Strafverfahren, Rn. 66; *H. Henkel*, StrafverfahrensR, S. 198; *C. Roxin/ B. Schünemann*, StrafverfahrensR, § 9 Rn. 21, gleichwohl mit dem Hinweis, dass diese Entwicklung in einer fortschreitenden Industriegesellschaft unvermeidlich sei, ähnlich auch *H. Henkel*, StrafverfahrensR, S. 300.

1674 So *R. Neuhaus*, StV 2015, S. 185 (186); ähnlich *R. Deckers*, StraFO 2015, S. 265.

der schweren Kriminalität und bei komplexen Strafsachen die Staatsanwaltschaft Herrin des Vorverfahrens bleibt; durch regelmäßige Besprechungen und eine frühzeitige Einbeziehung des Staatsanwalts müsste die Zusammenarbeit der Strafverfolgungsorgane enger gestaltet werden[1675].

bb) Umfang der Sachverhaltsermittlung

Grundlage für eine Vielzahl von Wiederaufnahmeverfahren ist nach Peters' Untersuchung eine lückenhafte und unvollständige Beweisermittlung. Neben unzulässigen Beweismethoden besonders bei polizeilichen Beschuldigten- und Zeugenvernehmungen[1676] zeigte sich als wichtiger Ermittlungsfehler die zu spät einsetzende Ermittlung; insbesondere bei Kapitalverbrechen sei eine sofortige Spurensicherung und die Hinzuziehung der Staatsanwaltschaft und von „nach Persönlichkeit und Vorbildung" befähigten Beamten notwendig[1677]. Weitere Fehlerquellen sind unsorgfältige Ermittlungsplanungen im Bereich der Wirtschaftskriminalität[1678], die unzureichende Berücksichtigung von Beweismöglichkeiten und eine zu einseitige Sachverhaltsaufklärung. Bei der Verengung der Sachverhaltsermittlung geht es um die Gefahr einer psychologisch determinierten Festlegung auf einen für richtig gehaltenen Ermittlungsansatz und um Voreingenommenheit auf der Grundlage selbsterfüllender Prophezeiung[1679]; diese Aspekte sind eng mit der Psychologie des Strafverfahrens verbunden[1680]. Bereits in „Zeugenlüge und Prozeßausgang" hatte Peters die Problematik falscher Geständnisse zu (Un-)Gunsten des Beschuldigten behandelt, die eine lückenlose Sachverhaltsaufklärung und Beweisaufnahme be- und verhindern könne[1681].

1675 *K. Peters*, Strafprozeß[4], S. 168, 532; *ders.*, Fehlerquellen, Bd. 2, S. 214 f.; zustimmend *R. Bender/A. Nack/W.-D. Treuer*, Tatsachenfeststellung, Rn. 1457; *V. Erb*, in: Löwe-Rosenberg, § 161 Rn. 41; *R. Griesbaum*, in: KK-StPO, § 160 Rn. 4; insofern kritisch zum Verhältnis Polizei - StA *R. Deckers*, StraFO 2015, S. 265.

1676 So *R. Deckers*, StraFO 2015, S. 265 (266); *C. Püschel*, StraFO 2015, S. 269 (276).

1677 *K. Peters*, Fehlerquellen, Bd. 2, S. 196, 198.

1678 *K. Peters*, Fehlerquellen, Bd. 2, S. 198; so auch *C. Roxin/B. Schünemann*, StrafverfahrensR, § 9 Rn. 9.

1679 *K. Peters*, Fehlerquellen, Bd. 2, S. 205; eingehend hierzu *U. Eisenberg*, BeweisR, Rn. 538; so auch *C. Arnemann*, Defizite der Wiederaufnahme, S. 236; *R. Eschelbach*, FS Stöckel (2010), S. 199 (201, 203).

1680 Siehe dazu Kap. C. III. 4. c) bb).

1681 *K. Peters*, Fehlerquellen, Bd. 2, S. 207; zustimmend *H.-H. Kühne*, StrafprozessR, Rn. 792.

Ausweislich der Tübinger Fehlerquellenuntersuchung spielten falsche Geständnisse in 7% der Fälle eine Rolle[1682].

Eine weitere Fehlerquelle im Ermittlungsverfahren ist die unzureichende Persönlichkeitserforschung vor allem im Hinblick auf die Schuldfähigkeit des Beschuldigten und die Glaubwürdigkeit von Zeugen[1683]. Vor dem Hintergrund eines täterorientierten Straf- und Strafverfahrensrechts forderte Peters die Einrichtung eines besonderen Organs zur Persönlichkeitsermittlung[1684]. Diese Forderung wurde mit Einführung der Gerichtshilfe (§ 160 Abs. 3 S. 2 StPO) zwar erfüllt. In der Strafrechtspflege hat sich die Gerichtshilfe jedoch nicht durchgesetzt, weil ihre Einbeziehung dem Ermessen der Staatsanwaltschaft überlassen ist. Zudem fehlt im Gegensatz zur Jugendgerichtshilfe eine rechtliche Ausgestaltung der Erwachsenengerichtshilfe[1685].

cc) Anklageerhebung

Neben der Verantwortung der Staatsanwaltschaft für Richtigkeit, Vollständigkeit und Zuverlässigkeit des Ermittlungsergebnisses liegt in der Entscheidung über die Anklageerhebung die zweite Kontrollstufe des Ermittlungsverfahrens. Als Fehlerquellen nannte Peters unzureichend begründete[1686] und voreilig erhobene Anklagen bei Nichtbeachtung von Beweisbarkeitsgrenzen und mangelnde Ausschöpfung prozessualer Einstellungsmöglichkeiten[1687].

b) Beweisverbote

Dass die Wahrheitserforschung im Interesse materieller Gerechtigkeit nicht als Wert an sich, sondern nur in Abwägung zu den rechtlichen und ethischen Wertungen der Rechtsordnung erfolgen kann, bringt der BGH damit zum Ausdruck,

---

1682 *K. Peters*, Fehlerquellen, Bd. 2, S. 13. Auch aktuell werden falsche Geständnisse als häufigster Grund für vermeidbare Justizirrtümer genannt, *R. Bender/A. Nack/W.-D. Treuer*, Tatsachenfeststellung, Rn. 1217. Ausführlich zur Geständnisproblematik a.a.O., Rn. 1137 ff., 1217 ff.; *U. Eisenberg*, BeweisR, Rn. 726 ff.

1683 *K. Peters*, Fehlerquellen, Bd. 2, S. 209 – 211; vgl. *ders.*, Strafprozeß[4], S. 531; vgl. Kap. C. III. 4. c) ee).

1684 Vgl. bereits Kap. C. I. 2. c) cc) sowie Kap. C. II. 1. b) bb).

1685 *V. Erb*, in: Löwe-Rosenberg, § 160 Rn. 76, 107; *H.-H. Kühne*, StrafprozessR, Rn. 164; *C. Roxin/B. Schünemann*, StrafverfahrensR, § 9 Rn. 31.

1686 So auch *R. Deckers*, StraFO 2015, S. 265 (267 f.).

1687 *K. Peters*, Art. Strafzumessung, in: HdK Ergänzungsbd. 1979, S. 270. Zum Aspekt der Beweisbarkeitsgrenze siehe Kap. C. III. 4. d) bb), cc) (Vorsichtsregeln). Zu prozessualen Möglichkeiten siehe Kap. C. II. 1. d) cc) (4).

dass es keine Wahrheit „um jeden Preis" gibt[1688]. Eine grenzenlose Strafverfolgung begründe die Gefahr einer Zerstörung gemeinschaftlicher Werte und individueller Rechte[1689]. Der Staat ist im Interesse der Rechtssicherheit aber auch zur (effektiven) Strafverfolgung verpflichtet[1690]. Ein zentrales Problem des Beweisrechts liegt daher in der Frage, wie weit die Sachverhaltsermittlung gehen darf und wo der Wahrheitserforschungspflicht Grenzen zu setzen sind. Peters' wichtigster Beitrag zu den Beweisverboten ist sein Gutachten für den 46. Deutschen Juristentag 1966[1691]. Darin unternahm er den Versuch einer Systematisierung und erörtert einzelne Problemfälle.

aa) Systematisierung

Die Beweisverbote werden nach dem Gegenstand (Beweis*thema*), dem Beweis*mittel* und der Art und Weise der Beweisführung (Beweis*methode*) unterschieden[1692]. Peters unterschied ferner die Beweisverfolgungs- von den Beweisverfahrensverboten.

Beweis*verfolgungs*verbote sind von Amts wegen zu berücksichtigende, den Strafverfolgungshindernissen ähnliche Verfolgungsanordnungen. Sie schließen eine Strafverfolgung aus und lösen eine „Kettenreaktion" aus, weil jede Beweiserhebung und Beweisverwertung, die im Zusammenhang mit einem Beweisverfolgungsverbot steht, unzulässig ist[1693]. Diese Rechtsfolge gilt absolut, weil es um strafprozessuale Maßnahmen geht, „die in besonders schwerwiegender Weise verfassungsrechtlich geschützte Werte antasten und damit […] die verfassungsmäßigen Grundvorstellungen über das menschliche Zusammensein in der Rechtsgemeinschaft berühren"[1694]. Mit Blick auf den Schutz der Menschenwürde

---

1688 BGH, Urteil vom 14. Juni 1960 - 1 StR 683/59 = BGHSt 14, 358 (365).

1689 *K. Peters*, Strafprozeß^{4}, S. 295; so auch *U. Eisenberg*, BeweisR, Rn. 331; *C. Roxin/B. Schünemann*, StrafverfahrensR, § 24 Rn. 19.

1690 Eindringlich BVerfGE 77, 65 (76).

1691 Hervorzuheben ist der DJT 1966 auch deshalb, weil hier erstmals wieder ein Interesse an der Beweisverbotslehre zutage trat; erst auf dem DJT 2008 wurde dieses wieder aufgegriffen, hierzu *K. Rogall*, JZ 2008, S. 818 f.

1692 *B. Schmitt*, in: Meyer-Goßner/ders., Einl Rn. 51; *K. Peters*, Strafprozeß^{4}, S. 296. Ausführlich hierzu etwa *U. Eisenberg*, BeweisR, Rn. 338 – 355.

1693 *K. Peters*, Strafprozeß^{4}, S. 297.

1694 *K. Peters*, Beweisverbote, 46. DJT, S. 146. Das BVerfG nimmt dahingehend ein Beweisverwertungsverbot von Verfassungs wegen bei Eingriffen in den absolut geschützten Kernbereich der Persönlichkeit und Verobjektivierung des Beschuldigten entgegen Art. 1 Abs. 1 GG an, BVerfGE 34, 238 (245); 56, 37 (51 f.); 80, 367 (373 f.).

und der Persönlichkeitsrechte haben diese Verbote einen personalen Bezug[1695]. Beweis*verfahrens*verbote begrenzen demgegenüber die Strafverfolgung und bedürfen der Geltendmachung (vgl. § 344 Abs. 2 StPO). Die Beweiserhebung ist zulässig, wird aber an bestimmte Voraussetzungen geknüpft. Unterscheiden lassen sich positive (z.B. Aussagegenehmigung nach § 54 StPO) und negative Beweisvoraussetzungen (z.B. Zeugenvernehmung ohne Rücksicht auf ein Aussageverweigerungsrecht). Die Wirkung eines Beweisverfahrensverbots ist auf den Beweisvorgang selbst beschränkt[1696].

Die Differenzierung nach Beweisverfolgungs- und -verfahrensverboten hat sich nicht durchgesetzt[1697]; sie bringt aber die Grenzen zulässiger Beweisführung zum Ausdruck und kann für die Frage der Verwertbarkeit und Fernwirkung nutzbar gemacht werden. Gängig ist die terminologische Abgrenzung der Beweis*erhebungs*- von Beweis*verwertungs*verboten. Letztlich betonte Peters, dass sich eine Lösung im Umgang mit Beweisverboten ohnehin „nicht rein logisch und abstrakt, sondern wertend" und unter Abwägung der Umstände des konkreten Einzelfalls finden lasse[1698].

bb) Zielkonflikte

Neben der wellenartig erhobenen Forderung nach einem härteren Vorgehen gegenüber Kriminellen[1699], steht die Reichweite zulässiger Sachverhaltsermittlung im Spannungsverhältnis von Individualrechtsschutz und effektiver Verbrechensbekämpfung stets auch in Abhängigkeit zum Stand technischer Entwicklungen. Um neuen Gefahrenlagen und Formen der Kriminalität effektiv begegnen zu können, entstehen neue Instrumente der Beweiserhebung, die zugleich mit neuen Grundrechtseingriffen verbunden sein können. Zu den Diskussionsthemen der 60/70er Jahre gehörten u.a. die Zulässigkeit von

1695 *K. Peters*, Beweisverbote, 46. DJT, S. 96 f. Dies gilt insbes. für verbotene Vernehmungen nach § 136a StPO.

1696 *K. Peters*, Beweisverbote, 46. DJT, S. 99; *ders.*, Strafprozeß[4], S. 297. Inhaltlich spricht Peters den Gedanken der „Fernwirkung" an, benutzt den Begriff aber nicht.

1697 Vgl. etwa *K. Rogall*, JZ 2008, S. 818 (822), der insgesamt eine Systematisierung für überflüssig hält. Ablehnend etwa *H. Henkel*, StrafverfahrensR, S. 269.

1698 *K. Peters*, Beweisverbote, 46. DJT, S. 147.

1699 Als Bsp. sei der Daschner-Fall (Zulässigkeit der Rettungsfolter) oder die Diskussion um Folter im Kontext islamistischen Terrors genannt. Vgl. hierzu den Begriff des „Feindstrafrechts", *H.-H. Kühne*, StrafprozessR, Rn. 892; *C. Roxin*, StrafR AT, Bd. 1, § 2 Rn. 126 f.

Lügendetektor (Polygraph) und die Auswertung von privaten Tonbändern und Tagebüchern.

(1) Polygraph

Peters lehnte die Zulässigkeit der Verwendung eines Polygraphens aus sozialethischen Gründen strikt ab: „Das Gebot der Menschenwürde ist eine wesentliche Schranke für kriminaltaktisches und kriminaltechnisches Vorgehen im Strafprozeß. Es macht vor allem die Entpersönlichung des Täters durch chemische, psychische oder medizinische Methoden zu unzulässigen Wegen der Aufklärung. Es verbiete nicht weniger den körperlichen Zwang, der den Menschen zu einem willenlosen Objekt macht“[1700]. Es bedürfe des Schutzes des Einzelnen vor einem möglichen Missbrauch durch die Technik[1701]; zum anderen seien die Aussagen bei einem solch mechanisierenden Vorgang dem Willen des Betroffenen entzogen, was mit dem Schutz der Persönlichkeit nicht vereinbar sei[1702]. Einer Strafverfolgung auf Grundlage nicht „sittlich einwandfreier“ Mittel stellte sich Peters eindringlich entgegen[1703].

(2) Tonband- und Tagebuch-Entscheidung

Peters warf aber auch selbstkritisch die Frage auf, ob die Aufklärungsmöglichkeiten von Straftaten durch eine großzügige Handhabung von Beweisverboten nicht zu sehr beschränkt seien[1704]. Anlass zur Kritik gab ihm die Tonband- und Tagebuch-Entscheidung des BGH. 1960 erklärte der BGH die Verwertung eines

---

1700 *K. Peters*, Strafprozeß[4], S. 26; so auch *G. Dürig*, in: Maunz/Dürig (Hrsg.), GG, Art. 1 Rn. 35.

1701 *K. Peters*, ZStW 87 (1975), S. 663 (678); vgl. *ders.*, JR 1950, S. 47 in strikter Ablehnung der Narkoanalyse.

1702 *K. Peters*, Strafprozeß[4], S. 332; eingehend *ders.*, ZStW 87 (1975), S. 663 (674 - 677); so auch BGHSt 5, 332 (335); BVerfG, NStZ 1981, S. 446 (447): „Eine derartige "Durchleuchtung" der Person, welche die Aussage als deren ureigenste Leistung entwertet und den Untersuchten zu einem bloßen Anhängsel eines Apparates werden läßt, greift in unzulässiger Weise in [...] Art. 2 I i.V. mit Art. 1 I GG [...] ein, das der Wahrheitserforschung im Strafverfahren Grenzen setzt“. Mit Verweis auf *K. Peters*, ZStW 87 (1975), S. 663 (676) wurde auch die Einwilligung des Betroffenen in die Narkoanalyse für unzulässig erklärt. Seit BGHSt 44, 308 (312 ff.) wurde diese Rspr. allerdings aufgegeben, d.h. bei freiwilliger Mitwirkung des Beschuldigten ist die Maßnahme zulässig; zustimmend dazu *H.-H. Kühne*, StrafprozessR, Rn. 901.

1703 Siehe dazu Kap. C. III. 4. c) bb) (4) (a) sowie (b) zur V-Mann-Problematik.

1704 *K. Peters*, Fehlerquellen, Bd. 2, S. 150, 293.

heimlich aufgezeichneten Privattonbandes wegen Verstoßes u.a. gegen die Menschenwürde und das allgemeine Persönlichkeitsrecht für unzulässig[1705]. Peters lehnte diese Judikatur zumindest für den konkreten Fall ab. Er bemängelte, dass der Vertrauensschutz zwischen Privatpersonen nicht Gegenstand eines Strafverfahrens sein könne, zumal es auch inhaltlich nicht um einen der menschlichen Intimsphäre zugeordneten Bereich gegangen sei. Weil die Aufzeichnung auch nicht Teil einer Vernehmung gewesen sei, seien die strafprozessualen Vernehmungsvorschriften nicht anwendbar[1706]. In kriminalistischer Hinsicht kritisierte Peters, dass auf die Tonbandaufzeichnung als an sich zuverlässiger Beweis verzichtet und stattdessen auf eine Zeugenaussage als unsicherer Beweis zurückgegriffen werden musste[1707].

Gegen das Tagebuch-Urteil des BGH von 1964[1708] erhob Peters vor allem kriminalistische Bedenken. Obwohl Tagebücher und Notizen bei der Beweisführung eine wichtige Rolle spielen, müsste das bessere Beweismittel (Urkunde) dem schlechteren (Zeuge) weichen[1709], zumal der Hersteller mit Anfertigung der Aufzeichnung ein Geheimnis entäußert und damit objektiviert habe[1710]. Peters beanstandete auch die Widersprüchlichkeit der Entscheidung: Sofern die Verlesung eines Tagebuchs ein Verstoß gegen die Menschenwürde darstelle, könne eine Verlesung nie zulässig sei; Raum für eine Abwägung auf Grundlage des Grundsatzes der Verhältnismäßigkeit bleibe nicht[1711].

Zu beachten ist, dass sich Peters zu einer Zeit äußerte, in der durch die Rechtsprechung das Verhältnis von Verfassungs- und Strafprozessrecht erst allmählich präzisiert wurde. Richtig ist, dass der grundrechtliche Persönlichkeitsschutz nicht den Privaten, sondern allein den Staat bindet. Aus dem Schutz des nichtöffentlich gesprochenen Wortes (§ 201 StGB) folgt ein Verwertungsverbot nur

---

1705 BGH, Urteil vom 14. Juni 1960 - 1 StR 683/59 = BGHSt 14, 358. Inhaltlich ging es um die Verwertbarkeit eines Gesprächs zwischen dem Anwalt und der Freundin des Angeklagten.

1706 *K. Peters*, Beweisverbote, 46. DJT, S. 153; *ders.*, FS van der Ven (1972), S. 315 (323), zudem mit Kritik an einem überdehnten Begriff der Menschenwürde.

1707 *K. Peters*, Fehlerquellen, Bd. 2, S. 327; so auch *B. Kramer*, NJW 1990, S. 1760: „Rein kriminalistisch betrachtet stellen Tonbandaufnahmen hervorragende Mittel der Beweissicherung dar".

1708 BGH, Urteil vom 21. Febr. 1964 - 4 StR 519/63 = BGHSt 19, 325.

1709 *K. Peters*, Fehlerquellen, Bd. 2, S. 328.

1710 So auch die Ansicht zumindest einer Senatshälfte BVerfGE 80, 367 (376).

1711 *K. Peters*, Beweisverbote, 46. DJT, S. 154; *ders.*, FS van der Ven (1972), S. 315 (323); *ders.*, Strafprozeß[4], S. 445, mit Literaturverweisen zu ebenfalls kritischen Stimmen.

auf der Grundlage einer Abwägung[1712]. Peters lässt aber unbeachtet, dass in der Verwertung einer Tonbandaufzeichnung durch das Gericht ein eigenständiger Grundrechtseingriff liegt. Es kann auch nicht darauf ankommen, ob ein „Geheimnis" durch Verschriftlichung objektiviert wurde; entscheidend ist allein der Inhalt des Beweismaterials. Peters selbst wies darauf hin, dass die Verwertung von Tagebuch oder Tonband schonend zu erfolgen habe[1713]. Dahingehend wurde vom BGH und BVerfG die sog. Sphärentheorie entwickelt. Danach hängt die Rechtfertigung von Eingriffen in Art. 2 Abs. 1 GG i.V.m. Art. 1 Abs. 1 GG davon ab, welcher Lebensbereich (Intim-, Privat- oder Sozialsphäre) betroffen ist. Die Intimsphäre gehört zum absoluten Kernbereich privater Lebensgestaltung, eine Abwägung im Sinne der Verhältnismäßigkeit findet nicht statt[1714]. Für Peters fielen daher rein „objektive" tagebuchähnliche Ausführungen, geschäftliche Aufzeichnungen oder Notizen zum Verbrechensgeschehens nicht in diesen Bereich[1715]. Im Hinblick auf die prozessuale Verwertbarkeit muss hier eine Abwägung zwischen dem Persönlichkeitsrecht des Betroffenen und dem Interesse an einer funktionstüchtigen Strafrechtspflege erfolgen[1716].

c) Beweisaufnahme

Kernstück des Beweisverfahrens ist die Beweisaufnahme in der Hauptverhandlung mit der daran anschließenden Beweiswürdigung, die die Stufe der richterlichen Kontrolle im Grundverfahren darstellt[1717]. Neben der Benennung von Fehlerursachen als Teil der Wirklichkeitsanalyse lieferte Peters als Teil der erklärenden und wertenden Strafprozesslehre Erklärungsansätze für das Fehlverhalten der Verfahrensbeteiligten. Seine Innovation für das Strafverfahrensrecht ist in der Ausarbeitung der Grundlagen einer Prozesspsychologie zu sehen.

aa) Umfang und Durchführung der Beweisaufnahme

Eine zu unkritische Übernahme der Ermittlungsergebnisse in das Hauptverfahren gehört zu den typischen Ursachen für fehlerhafte Urteile. Entscheidend ist

---

1712 BGHSt 27, 335 (357).

1713 *K. Peters*, Fehlerquellen, Bd. 2, S. 328.

1714 BGHSt 34, 238 (245); *K. H. Gössel*, in: Löwe-Rosenberg, Einl. L Rn. 105.

1715 *K. Peters*, Beweisverbote, 46. DJT, S. 154; so später auch BVerfGE 80, 367 (375 f.) – Tagebuch I.

1716 BVerfGE 34, 238 (249) – Tonband; ebenso BVerfGE 19, 342 (347); 20, 45 (49); 20, 144 (147); zustimmend *K. Peters*, Der neue Strafprozeß, S. 47.

1717 Vgl. *K. Peters*, FS Göppinger (1990), S. 443 (445).

daher, dass der Ablauf des Ermittlungsverfahrens durch das Gericht nachvollzogen und kritisch gewürdigt wird. Peters forderte daher, das Hauptverfahren nicht isoliert, sondern in Einheit zum gesamten bisherigen Untersuchungsvorgang zu sehen[1718]. Im Hinblick auf den Umfang des Beweisgegenstandes sei nicht selten eine nicht ausreichend abgewogene und einseitige Sachverhaltsaufklärung der Grund für eine ungenügende Beweisaufnahme. Typische Mängel bestünden darin, dass Fragen nicht erkannt oder nicht beantwortet werden, Lücken oder Widersprüche bleiben oder das Aktenmaterial nicht vollständig ausgewertet wird. Problematisch sei ferner die Ablehnung von Beweisanträgen wegen vermeintlicher Prozessverschleppung und die Mitwirkung von Sachverständigen[1719]. Bei der Art und Weise der Durchführung der Beweisaufnahme und der daran anschließenden Beweiswürdigung hat Peters im Wesentlichen das außer Acht lassen prozess-, aussagepsychologischer und kriminalistischer Gesichtspunkte als Fehlerursachen ausmachen können. Vor allem beim Personalbeweis hänge das Resultat der Beweisaufnahme davon ab, ob die Prozessbeteiligten zur Wahrheitsaufklärung fähig und bereit seien[1720]. Ob aus bewussten oder unbewussten Motiven bestehen in der Regel abgesehen vom Sachverständigen eine Tendenz zur Verfälschung, Verdeckung oder Verschiebung des Beweisverfahrens[1721]. Es gilt der allgemeine Satz, wonach der Zeugenbeweis das häufigste, regelmäßig aber auch unzuverlässigste Beweismittel ist[1722].

bb) Psychologie des Strafverfahrens

(1) Ansatz

Dreh- und Angelpunkt Peters' Strafprozesslehre ist die Herausstellung menschlicher Gebundenheiten im Strafverfahren, weshalb ihm zwecks Herausarbeitung wissenschaftlich belastbarer Erklärungen die Verknüpfung mit der Psychologie

---

1718 *K. Peters*, GS H. Kaufmann (1986), S. 913 (915).

1719 Zusammenstellung aus *K. Peters*, Fehlerquellen, Bd. 2, S. 227 f. Zur Ablehnung von Beweisanträgen siehe Kap. C. III. 4. c) cc) (3). Anzumerken ist, dass der Ablehnungsgrund der Prozessverschleppungsabsicht an enge Voraussetzungen geknüpft ist und daher nur eine geringe Rolle spielt, dazu *M. Heghmanns*, Strafverfahren, Rn. 1018; *C. Krehl*, in: KK-StPO, § 244 Rn. 175. Zur Sachverständigenproblematik siehe Kap. C. III. 4. c) ee).

1720 *K. Peters*, FS Olivecrona (1964), S. 532 (533); *ders.*, FS Baumann (1992), S. 319 (321). Dazu Kap. C. III. 4. c) dd).

1721 *K. Peters*, Fehlerquellen, Bd. 1, S. V; *ders.*, FS Baumann (1992), S. 319 (321); so etwa auch *R. Bender*, StV 1982, S. 484; *ders./A. Nack/W.-D. Treuer*, Tatsachenfeststellung, Rn. 2.

1722 *H.-H. Kühne*, StrafprozessR, Rn. 756; *P. Velten*, StraFO 2015, S. 354 (355).

wichtig war. Die „Psychologie des Strafverfahrens“ ist die Lehre von den seelischen Vorgängen im Menschen und von seinen Vorstellungen, die im Strafverfahren der Wahrheitsermittlung zugrunde liegen[1723]. Als Beispiel dafür, dass die Strafprozessordnung selbst ein Resultat „jahrhundertealter psychologischer Erfahrungen“ ist, diente Peters die seit dem 19. Jahrhundert vollzogene Trennung von ermittelndem, anklagendem und urteilendem Organ[1724]. Trotz rechtlicher Gebundenheiten an eine vom Gesetz zugewiesene Prozessrolle mit bestimmten Rechten und Pflichten, ist die Gestaltung der Handlungsspielräume den persönlichen Wertungen des Juristen überlassen, der eben kein bloßer „Subsumtionsautomat“ ist. Das „Wie“ des Handelns hänge von Erfahrungen, Grundeinstellungen, Fähigkeiten und dem Charakter des Einzelnen ab. Auch der Strafjurist unterliege persönlichen Einflüssen und Gegebenheiten[1725].

Den Gedanken der Verhaltensanalyse aufgreifend, sah Peters in der praktischen Strafprozesslehre eine Funktion juristischer (Selbst-)Kontrolle und Erziehung erfüllt. Wer ein Bewusstsein dafür habe, dass sein Handeln (un-)bewussten Triebkräften und Handlungsmotiven ausgesetzt ist, werde eher in der Lage sein, sachfremde Einflüsse auszuschalten und eigenes Verhalten richtig einzuschätzen[1726]. Auf Grundlage der Beobachtung und Erklärung unter Zuhilfenahme der Richter-, Zeugen- und Sachverständigenpsychologie operationalisiert Peters die Handlungs- und Entscheidungsabläufe im Strafprozess. Fehleranfällige Abläufe, der Subjektivität und Voreingenommenheit förderliche Konstellationen sollen

1723 *R. Graßberger*, Psychologie des Strafverfahrens, S. 2; so auch *H. Kury/J. Obergfell-Fuchs*, Rechtspsychologie, S. 33 f.

1724 *K. Peters*, Strafprozeß[4], S. 49: Durchgesetzt habe sich mit der Trennung die psychologische Einsicht, dass die Objektivität der Urteilsfindung leide, wenn der Richter zugleich auch die Ermittlungsarbeit übernimmt.

1725 *K. Peters*, FS Olivecrona (1964), S. 532 (535); *ders.*, FS Würtenberger (1977), S. 77 (82); *ders.*, Richterrecht, in: Ausgewählte Schriften, S. 255.

1726 *K. Peters*, GS H. Peters (1967), S. 891 (895); *ders.*, in: Kriminologische Aktualität, S. 32; *ders.*, FS Gmür (1983), S. 311 (316 f.); so auch *W. Krekeler*, StraFO 2001, S. 329 (336); eindringlich *S. Niehaus/B. Englich/R. Volbert*, in: Kröber (Hrsg.), Handbuch der Forensischen Psychiatrie, S. 668: „Das Wissen über die Möglichkeit von unerwünschten Urteilseinflüssen [...] ermöglicht Rechtspraktikern selbstkritisches Entscheiden und das Bewusstsein von nur begrenzt möglicher Objektivität und damit Gerechtigkeit“.

offengelegt werden. Sein Ziel war eine vorsichtige Verallgemeinerung und stärkere Kontrolle von Entscheidungen und Rollenverständnis[1727].

(2) Forschungsstand

Die Psychologie des Strafverfahrens als Gegenstand als solcher gehört nicht zum strafprozessualen Allgemeingut, obwohl die Bedeutung der Rechtspsychologie und forensischen Psychologie wächst[1728]. Peters' Befund, dass die Lehre von der (Aussage-)Psychologie in Lehrbüchern zum Strafprozess zu kurz komme[1729], trifft heute aber nur noch teilweise zu. Eine verselbstständigte Behandlung der Strafverfahrenspsychologie ist nach wie vor selten[1730]; eine verstärkte Auseinandersetzung mit speziellen Bereichen wie der Aussagepsychologie[1731], der Vernehmungslehre[1732], den psychologischen Gesichtspunkten der Arbeit des Strafverteidigers[1733] und dem Rollenverständnis der Verfahrensbeteiligten[1734]

1727 Die psychologische Forschung geht davon aus, dass nicht kognitive Fehler, sondern Faktoren wie Einstellung, Motivation, Emotionen und Rollenverhalten Einfluss auf die Richtigkeit von Entscheidungen haben, *P. Velten*, StraFO 2015, S. 354 (357, 362).

1728 Der Begriff „Psychologie des Strafverfahrens" taucht in keinem Stichwortverzeichnis aktueller Handbücher oder Kommentare zum Strafverfahrensrecht auf. Allenfalls Einzelthemen werden behandelt. Zur Bedeutung der Rechtspsychologie und Forensik: *H. Göppinger*, Kriminologie, § 3 Rn. 20 f.; *H. Kury/J. Obergfell-Fuchs*, Rechtspsychologie, S. 11, 13; *S. Niehaus/B. Englich/R. Volbert*, in: Kröber (Hrsg.), Handbuch der Forensischen Psychiatrie, S. 662. Ausführlich siehe *T. Bliesener/F. Lösel*, Entwicklung und Gegenstand der Rechtspsychologie, in: dies./Köhnken (Hrsg.), Lehrbuch der Rechtspsychologie, Bern 2014, S. 21 – 36.

1729 *K. Peters*, Strafprozeß[4], S. 49, 375; *ders.*, FS Mezger (1954), S. 477.

1730 Insbes. *R. Graßberger*, Psychologie des Strafverfahrens; *R. Eschelbach*, in: BeckOK-StPO, § 261; *S. Niehaus/B. Englich/R. Volbert*, in: Kröber (Hrsg.), Handbuch der Forensischen Psychiatrie, S. 662 – 688.

1731 Insbes. *G. Jansen*, Zeuge und Aussagepsychologie, S. 2 – 8, 16 f. zu Forschungsstand mit Literaturverweis.

1732 Insbes. *F. Arntzen*, Psychologie der Zeugenaussage; *R. Bender/A. Nack/W.-D. Treuer*, Tatsachenfeststellung, Teil 3: Vernehmungslehre.

1733 Insbes. *H. Dahs*, Handbuch des Strafverteidigers; *U. Sommer*, Effektive Strafverteidigung.

1734 Siehe Zusammenstellung soziologisch-psychologischer Studien zum Rollenverständnis bei *W. Krekeler*, StraFO 2001, S. 329 (330 – 336); *S. Niehaus/B. Englich/R. Volbert*, in: Kröber (Hrsg.), Handbuch der Forensischen Psychiatrie, S. 683 – 688; *P. Velten*, StraFO 2015, S. 354 (357 – 360). Vgl. *R. Gerhardt/H. M. Kepplinger/S. Geiß*, Mit Macht und Mitgefühl, Eine Befragung von Richtern zur Kunst der Urteilsfindung, in: FAZ, Nr. 136 vom 14. Juni 2012, S. 9.

ist zunehmend zu beobachten. Empirische Untersuchungen und Erklärungsansätze zu den Fehlerquellen im Strafverfahren sind in der Psychologie weit vorangeschritten. Unter dem Oberbegriff der Wahrnehmungs- und Urteilsfehler wird von kognitiver Dissonanz und Bestätigungsfehlern (etwa der Konservatismus-, Inertia- und Primacy-Effekt), Selbstüberschätzung, Kontrollillusion oder Konformitätsverhalten gesprochen[1735]; die von Peters identifizierten Fehlerquellen sind damit in den Kontext und die Sprache der Psychologie gestellt.

cc) Rollenproblematik

(1) Rollenverteilung

Dass die gesetzlich zugewiesene Prozessrolle unabhängig von individuellem Verhalten und Persönlichkeit das Verhalten und die Persönlichkeit des Prozesssubjekts beeinflusst, ist trivial: „Bald verleiht die Rolle Macht, bald gibt sie eine beherrschende Stellung, bald wiederum vollzieht sie sich in der Abwehr der Macht, bald ist sie mehr passiv"[1736]. In der Interaktion der Prozessbeteiligten zeige sich ein „Theater" von „Inszenierung und Rollenspiel"[1737].

Ausgangssituation ist die Hauptverhandlung: Auf der einen Seite stehe der Jurist in seiner Alltagssituation, auf der anderen Seite der Angeklagte oder Zeuge, der für ihn zumeist in eine Ausnahmesituation gestellt werde und als Laie eine fremde Welt betrete[1738]. So spielte bei einer großen Anzahl von Fehlurteilen das Prozessverhalten des Beschuldigten eine wichtige Rolle. Als Grund hierfür benannte Peters das „Nichtfertigwerden des Rechtsunterworfenen"[1739] mit dem Prozess: Überforderung mit der eigenen Verteidigung[1740] (versäumte Fristen, Unterlassen naheliegender Beweisanträge); unterschätztes Risiko einer Verurteilung, weil sich der Angeklagte unschuldig fühlt; ungeschickte Reaktionen und unüberlegtes, irrationales Verhalten („Drauflosreden", bewusst falsche Aussage); sowie nicht zuletzt Resignation, Passivität oder Hilfslosigkeit, weil der Betroffene das Prozessgeschehen nicht versteht oder mit seinem Vorbringen

---

1735 Im Einzelnen insbes. *U. Sommer*, Effektive Strafverteidigung, Kap. 3 A; zudem *C. Püschel*, StraFO 2015, S. 269 (277) und *P. Velten*, StraFO 2015, S. 354 – 365 mit Verweisen zu Forschungsarbeiten.

1736 *K. Peters*, GS H. Peters (1967), S. 891 (895).

1737 So *F. Herzog*, FS Hamm (2008), S. 203 (204, 206); dahingehend *K. Peters*, MschrKrim 1969, S. 41 (58), *ders.*, Strafprozeß^4, S. 405: „Bild der Masken".

1738 *K. Peters*, Fehlerquellen, Bd. 2, S. 229; *ders.*, FS Klug (1983), S. 539 (546).

1739 *K. Peters*, Untersuchung zum Fehlurteil, S. 17.

1740 So auch *P. Velten*, StraFO 2015, S. 354 (355).

nicht durchdringt und sich dadurch unverstanden fühlt[1741]. Dem Angeklagten fehle das Wissen über und die Erfahrungen mit dem Strafprozess[1742].

Wegen des dynamischen „Hin und Her" zwischen den Prozesssubjekten bestehe im Strafverfahren folglich auch ein kommunikatives Problem: rationales, abstraktes und formalisiertes Denken der Juristen treffe auf individuelle, emotionale Betroffenheit[1743]. Unter Verweis auf die richterliche Laienbeteiligung (§ 74 Abs. 2 GVG) und den Aspekt der sozialen Strafrechtspflege gab Peters zu bedenken, dass der Laie zur effektiven Wahrnehmung von Rechtsschutzmöglichkeiten in der Lage sein müsse, das Strafverfahren überhaupt zu verstehen. Der Jurist und der Gesetzgeber müssten sich um eine unkomplizierte Darstellung und Vereinfachung des Rechts bemühen[1744].

Die Atmosphäre in der Gerichtsverhandlung wird wesentlich vom Rollenverhältnis des verhandlungsleitenden Richters und dem Verhalten des Angeklagten geprägt. Daher komme es darauf an, ob der Richter sich machtvoll und über dem Angeklagten stehend präsentiert oder eine Haltung einnimmt, die eine Kommunikation auf Augenhöhe, Offenheit und Verständnis für die Belange und Nöte des Gegenübers zulässt[1745]. An den Richter sind hohe Anforderungen gestellt, als er nicht nur Repräsentant der Rechtsordnung ist und „der Sache der Justiz" zu dienen hat, sondern auch „der Sache des Einzelnen" gerecht werden müsse[1746]. Er hat insofern eine doppelt schwierige Aufgabe, weil „an ihn nicht nur juristische, sondern auch ethische und menschliche Anforderungen gestellt" werden[1747]. Die Tätigkeit des Richters hänge entscheidend von seiner Persönlichkeit ab, denn „Fähigkeit und Charakter, Selbstkritik und Vorsicht, Grundeinstellung, Voreingenommenheit und Weitsicht, kurz: alles, was uns Menschen antreibt, fließt in die Strafrechtspflege ein"[1748]. Peters' Untersuchungen, seine Berufserfahrungen und der Kontakt mit Betroffenen haben ihm gezeigt, dass der

---

1741 *K. Peters*, Untersuchung zum Fehlurteil, S. 17 f.; *ders.*, Fehlerquellen, Bd. 2, S. 34; *ders.*, FS Baumann (1992), S. 319 (321). Vgl. *P. Velten*, StraFO 2015, S. 354 (355).

1742 So auch *F. Herzog*, FS Hamm (2008), S. 203 (208); *S. Niehaus/B. Englich/R. Volbert*, in: Kröber (Hrsg.), Handbuch der Forensischen Psychiatrie, S. 682 f.

1743 *K. Peters*, FS Klug (1983), S. 539 (545).

1744 *K. Peters*, Die strafrechtsgestaltende Kraft, S. 36; *ders.*, Strafprozeß[4], S. 22 f. So auch *F. Bittmann*, NStZ 2016, S. 249 (252 f.). Vgl. bereits Kap. C. II. 1. d) cc) (3).

1745 *K. Peters*, FS Meyer (1990), S. 331 (342); vgl. *R. Bender/A. Nack/W.-D. Treuer*, Tatsachenfeststellung, Rn. 781 – 795 mit Hinweisen für mehr Verständlichkeit.

1746 *K. Peters*, FS Dünnebier (1982), S. 53 (74); vgl. *ders.*, FS Gallas (1973), S. 441 (456).

1747 *K. Peters*, GS Küchenhoff (1987), S. 457 (469).

1748 *K. Peters*, Richterrecht, in: Ausgewählte Schriften, S. 255.

Strafprozess (nicht selten) von Spannungen und Missverständnissen im Verhältnis zwischen Richter und Betroffenen geprägt sein können, weil gegenseitiges Verständnis fehlte.

(2) Rollenverknüpfung und Rollendenken

Mit „Rollenverknüpfung“ sind Handlungsmuster im Verhalten der Prozessbeteiligten umschrieben, die sich als Rollen- und Gruppendenken und als Identifizierung der Rolle anderer Prozessbeteiligter darstellen. Wegen der beruflichen und räumlichen Nähe beobachtete Peters vor allem zwischen Richtern und Staatsanwälten ein Gefühl der Einheit und des „Korpsgeists“, der das Prozessverhalten durch gegenseitige Angepasstheit und ein aufeinander „eingespielt-sein“ beeinflusse[1749]. Derartige Beeinflussungen konnten im Hinblick auf das vom Staatsanwalt geforderte und vom Richter ausgesprochene Strafmaß durch soziologische und psychologische Studien nachgewiesen werden[1750].

Die vom „Rollendenken“ ausgehende Gefahr sah Peters darin, dass sie zur Frontenbildung und Verfestigung gegensätzlicher Haltungen beitragen könne. Der Richter dürfe bei der Bewertung des Verhaltens des Angeklagten aber gerade nicht die Perspektive der eigenen Normalsituation zu Grunde legen und die Maßstäbe heranziehen, die er angesichts der eigenen sozialen Stellung an sich selbst stelle[1751]. Durch die Fehlerquellenuntersuchung sah sich Peters in seiner durch die Praxis gewonnenen Erfahrung bestätigt, wie die (Macht-)Position des Gerichts und die „Allianz“ mit den Strafverfolgungsbehörden zu Abwehrverhalten und Inschutznahme bei Kritik des anderen Rollenvertreters führen kann. So würden Einwände der Strafverteidigung vom Gericht überhaupt nicht geprüft, sondern „von vornherein als unziemlicher Angriff auf die Prozeßbeteiligten angesehen“; das hierum erschwere beispielsweise die Rüge oder das kritische Hinterfragen polizeilichen Verhaltens[1752].

Aus lernpsychologischer Sicht besteht ein Problem darin, dass der Richter in aller Regel weder eindeutig noch zeitnah erfährt, ob sein Urteil richtig oder falsch war. Daher wächst im Laufe der Berufstätigkeit die Überzeugung und das

---

1749 *K. Peters*, GS H. Peters (1967), S. 891 (901); siehe hierzu psychologische und soziologische Studien zum Rollenverständnis des Richters zusammengestellt bei *U. Sommer*, Effektive Strafverteidigung, Kap. 3 Rn. 244 ff.

1750 Siehe Zusammenstellung bei *S. Niehaus/B. Englich/R. Volbert*, in: Kröber (Hrsg.), Handbuch der Forensischen Psychiatrie, S. 683 – 688.

1751 *K. Peters*, GS H. Peters (1967), S. 891 (904).

1752 *K. Peters*, GS H. Peters (1967), S. 891 (898).

Selbstbewusstsein, (stets) richtig zu handeln[1753]. Auch die Rolle des Richters als Repräsentant der Rechtsordnung fördern eine Haltung der Selbstüberschätzung und Empfindlichkeit gegenüber Kritik[1754].

(3) Abblock-Verhalten

Mit dem Rollendenken verknüpfte Peters den von ihm geprägten Begriff des Abblockens. Gemeint ist eine Haltung der Verkürzung verfahrensrechtlich eingeräumter Verteidigungsmöglichkeiten und die fehlende Bereitschaft zum Anhören eines Begehrens[1755]. Zur Veranschaulichung der sich im Strafprozess ergebenen Spannungen sprach Peters von einem Wechselspiel: Auf die Aktion (Straftat) folge die Reaktion der Strafverfolgungsbehörden, die wiederum Gegenreaktion des Angeklagten und der Verteidigung auslöse[1756]. Angesichts des interaktiven Charakters des Strafprozesses können die dem Gericht entgegengebrachten Widerstände wiederum „zu einer Weckung richterlicher Gegenkräfte“[1757] führen.

Als Gründe für die Ablehnung von Anträgen des Angeklagten bzw. der Verteidigung oder eine enge Auslegung des Beweisantragsrechts würden die Argumente der Gewährleistung der Funktionsfähigkeit und des Schutzes der Strafjustiz vor Überlastung sowie Missbrauch von Verteidigungsrechten (Vorwurf der Prozessverschleppung) herangezogen werden. Dieses Abblock-Verhalten gehe zu Lasten des Angeklagten und erweitere den Handlungsspielraum des Gerichts[1758]. Peters kritisierte dahingehend eine sachwidrige Überdehnung dieser Abwehrargumentation sowie eine Überbetonung von Formalien bei der Begründung von Beweisanträgen und bei der Revisionsbegründung[1759]. „Das gespannte

1753 *P. Velten*, StraFO 2015, S. 354 (362); siehe *S. Niehaus/B. Englich/R. Volbert*, in: Kröber (Hrsg.), Handbuch der Forensischen Psychiatrie, S. 677.

1754 *P. Velten*, StraFO 2015, S. 354 (357).

1755 *K. Peters*, FS Dünnebier (1982), S. 53 (57); so auch *R. Eschelbach*, FS Stöckel (2010), S. 199 (202).

1756 *K. Peters*, GS Küchenhoff (1987), S. 457; vgl. *ders.*, FS Würtenberger (1977), S. 77 (86).

1757 *K. Peters*, Richterrecht, in: Ausgewählte Schriften, S. 254.

1758 *K. Peters*, Richterrecht, in: Ausgewählte Schriften, S. 254 f.; dahingehend auch *U. Sommer*, Effektive Strafverteidigung, Rn. 145, 1858, 1966.

1759 *K. Peters*, FS Dünnebier (1982), S. 53 (64 f.) mit zwei konkreten Bsp.; *ders.*, GS H. Kaufmann (1986), S. 913 (918 f.); kritisch hierzu auch *U. Eisenberg*, BeweisR, Rn. 303; *C. Roxin/B. Schünemann*, StrafverfahrensR, § 45 Rn. 9 f.; *U. Sommer*, Effektive Strafverteidigung, Rn. 2208.

Verhältnis zwischen Justiz und Verteidigung" zeige sich zudem in einer häufigen Verwerfung einer Revision als „offensichtlich unbegründet"[1760].

Da die Reichweite juristischer Handlungsspielräume in der Strafjustiz von den Grundvorstellungen, dem Rollenverständnis und einer gegenseitigen Einschätzung und Interessenabwägung abhänge[1761], kam es Peters entscheidend auf die Herstellung eines ausgeglichenen Verhältnisses zwischen den Zielen des Strafverfahrens (Wahrheit, Gerechtigkeit, Rechtsfrieden) und der Einzelfallgerechtigkeit an[1762]. Den Strafverfolgungsorganen muss bewusst sein, welche Folgen eine prinzipielle Abwehrhaltung gegenüber der Gegenseite haben kann. Für den Betroffenen könne sich der Strafprozess als das Rechtsgefühl zerstörender Vorgang darstellen, indem er sich (zu Recht oder Unrecht) ungerecht behandelt fühlt und das Urteil für ungerecht hält[1763] und dadurch nicht akzeptieren kann – „Justiz als Schicksal".

Daher warnte Peters auch davor, einen Menschen, der sich ungerecht behandelt fühlt, voreilig als Querulanten einzuordnen. Neben den sachlichen und persönlichen Umständen des Einzelfalls, sei zu bedenken, dass eine solche Stigmatisierung allzu leicht ein behördliches oder gerichtliches Versagen und Unrecht überdecken könne[1764]. Wie schon im Zeugen-Jehovas-Prozess wies Peters darauf hin, dass es darauf ankomme, mit welcher Grundhaltung unbequemen und in persönlicher Not geratenen Menschen begegnet werde. Eine Entschärfung der Problematik wäre häufig zu erreichen, „wenn die Inhaber der Gewalt den vor ihnen stehenden Menschen maßvoll, sachlich, ruhig und menschlich, eben ein wenig mit dem Hauch der Liebe, entgegentreten würden"[1765].

1760 *K. Peters*, FS Dünnebier (1982), S. 53 (67); vgl. *ders.*, Strafprozeß^{4}, S. 656; so auch *H.-H. Kühne*, StrafprozessR, Rn. 1087 – 1089, der § 349 II StPO als „Verfahrensguillotine" bezeichnet.

1761 *K. Peters*, FS Dünnebier (1982), S. 53 (57).

1762 So im Sinne von Peters *U. Sommer*, Effektive Strafverteidigung, Rn. 133: „Die StPO vertraut beim Austarieren der Verhaltensgrenzen im Kampf ums Recht auf Stil, Einsichtsfähigkeit und Respekt der Verfahrensbeteiligten untereinander".

1763 *K. Peters*, GS Küchenhoff (1987), S. 457 (457, 464), vgl. S. 465: „mit einem so feinen, tiefgehenden und wertvollen (Rechts-)Gefühl" sei pfleglich umzugehen.

1764 *K. Peters*, Kriminalistik 1984, S. 128; zustimmend *U. Eisenberg*, BeweisR, Rn. 1744a.

1765 *K. Peters*, GS Küchenhoff (1987), S. 457 (469). Vgl. Kap. C. I. 1. sowie Kap. C. I. 3. b). Im Beschluss des OLG Frankfurt a. M. vom 13. Aug. 2001 - 1 W 23/01 - wurde die Bezeichnung des Beklagten durch den Richter als „Querulanten" als richterlicher Ablehnungsgrund i.S.v. § 42 II ZPO bewertet.

Neben einem Überdenken der Grundhaltungen hielt Peters zu Gunsten der Stellung des Beschuldigten bzw. Angeklagten eine Stärkung des Strafverteidigers für notwendig. Als „Organ der Rechtspflege" müsse der Verteidiger sich behaupten und eine Organstellung[1766] einnehmen, die der Ethik und dem Recht verpflichtet sei und zugleich eine Machtposition im Strafprozess mit sich bringe[1767].

(4) Rollenvertauschung

Als „Rollenvertauschung" bezeichnete Peters einen Wechsel oder ein Vermischen von Prozessrollen. Deren Gefahr liege darin, dass Prozessbeteiligte die ihnen zugewiesene Rollenaufgaben und -funktionen nicht mehr erfüllen und verlassen[1768].

(a) Rolle des verdeckten Ermittlers

Eine Konstellation, in der die Rollenvertauschung relevant wird, ist der Einsatz von VLeuten. Da im Interesse einer effektiven Verbrechensbekämpfung und zum Schutz des verdeckten Ermittlers dessen Identität vor Gericht nicht enttarnt werden soll, stellt sich die Frage, ob und wie dessen Wissen zum Gegenstand der Beweisaufnahme gemacht werden kann[1769]. Auf Grundlage des von der Rechtsprechung entwickelten Stufenmodells[1770] haben der BGH und das BVerfG die Zulässigkeit der Einführung einer Aussage des verdeckten Ermittlers

---

1766 Die Beschreibung der Stellung des Verteidigers ist umstritten. Herrschend ist die Organtheorie, die in unterschiedlichen Formen vertreten wird (eingeschränkt und streng). Daneben gibt es Ansätze, die von einer verfassungsrechtlich-prozessualen Theorie (Prinzip fairen Strafverfahrens), Vertrags- oder Parteiinteressentheorie ausgehen, Zusammenstellung bei *C. Roxin/B. Schünemann*, StrafverfahrensR, § 19 Rn. 3 ff.

1767 *K. Peters*, Richterrecht, in: Ausgewählte Schriften, S. 259.

1768 *K. Peters*, GS H. Peters (1967), S. 891 (895 f.).

1769 Anzumerken ist, dass seit Peters' Auseinandersetzung mit der Problematik mit dem Gesetz zur Bekämpfung des illegalen Rauschgifthandels und anderer Erscheinungsformen der org. Kriminalität vom 22. Juli 1992, BGBl. I, S. 1302 in §§ 110a ff. StPO eine Rechtsgrundlage für das Handeln von verdeckten Ermittlern geschaffen wurde. Zudem wurden das Geheimhaltungsinteresse und die Zeugenschutzvorschriften zu Gunsten von V-Leuten erweitert. U.a. durch das Gesetz zum Schutz von Zeugen bei Vernehmungen im Strafverfahren und zur Verbesserung des Opferschutzes vom 8. Mai 1998, BGBl. I, S. 820 wurde die Videovernehmung eingeführt.

1770 Dazu *W. Beulke/S. Swoboda*, StrafprozessR, Rn. 427; *M. Bader*, in: KK-StPO, vor § 48 Rn. 74 - 77.

über Beweissurrogate bejaht[1771]; insbesondere die Ersetzung durch Aussage eines Kriminalbeamten über die Angaben des VManns ist in der Literatur auf Kritik gestoßen[1772].

In der Erstauflage des Lehrbuchs „Strafprozeß" hielt Peters die Vernehmung eines Beamten über die Aussage des V-Manns noch für zulässig[1773]. In der zweiten Auflage änderte er seine Meinung und schloss sich der Gegenposition an, weil eine derartige Vernehmung eine verbotene Rollenvertauschung sei. Wenn der sachunbeteiligte Ermittlungsbeamte zunächst die Prozessrolle eines Strafverfolgungsorgans einnehme, so werde er mit Vernehmung des V-Manns selbst zu einer Aussageperson[1774]. Damit werde aber entgegen des Grundsatzes der Unmittelbarkeit nach § 250 StPO ein mittelbarer statt sachnäherer Zeugenbeweis eingeführt[1775]. Soweit der Beamte auch die sachliche Richtigkeit der Angaben und vor allem die Glaubwürdigkeit des verdeckten Ermittlers beurteilen soll, gerate er sogar in die Rolle des Richters[1776]. Dadurch seien seine Aussagen der richterlichen Kontrolle und der Nachprüfbarkeit entzogen und das Recht auf Verteidigung und ein faires Verfahren (Art. 6 EMRK, Art. 2 Abs. 1 GG i.V.m. Art. 20 Abs. 3 GG) verletzt[1777]. Aus kriminalistischer Sicht ergäben sich erhebliche Beweisuntersicherheiten[1778].

1771 BVerfGE 57, 250; BGHSt 17, 382 (384 f.); 32, 115. Siehe hierzu *K. Tiedemann*, Die Verwertung des Wissens von V-Leuten im Strafverfahren, NJW 1984, S. 753 - 762.

1772 Siehe dazu *U. Eisenberg*, BeweisR, Rn. 1048 - 1053a; *H.-H. Kühne*, StrafprozessR, Rn. 923.

1773 *K. Peters*, Strafprozeß[1], S. 249.

1774 *K. Peters*, Strafprozeß[2], S. 254 f., 267; bereits *ders.*, in: Summum ius, summa iniuria, S. 191 (197 f.).

1775 A.A. die herrschende Meinung. Entsprechend der Systematik des § 250 StPO ist nicht erforderlich, dass das jeweils unmittelbarste und tatnächste Beweismittel benutzt wird. Verboten ist nur die Ersetzung eines Personalbeweises durch einen Sachbeweis, siehe *W. Beulke/S. Swoboda*, StrafprozessR, Rn. 422; *H. Diemer*, in: KK-StPO, § 250 Rn. 10 f. Beim Zugriff auf einen mittelbaren Beweis kann aber ein Verstoß gegen § 244 Abs. 2 StPO vorliegen, wenn der bestmöglichste Beweis nicht ausgeschöpft wurde, BGHSt 6, 209 (210); BVerfGE 57, 250 (277); *C. Roxin/B. Schünemann*, StrafverfahrensR, § 46 Rn. 33, so auch *K. Peters*, Strafprozeß[4], S. 317.

1776 *K. Peters*, Beweisverbote, 46. DJT, S. 108, 138; *ders.*, GS H. Peters (1967), S. 891 (896); zustimmend *U. Eisenberg*, BeweisR, Rn. 1033a.

1777 *K. Peters*, Strafprozeß[4], S. 318; vgl. EGMR-Rspr. zusammengestellt bei *H.-H. Kühne*, StrafprozessR, Rn. 923 f.

1778 *K. Peters*, Fehlerquellen, Bd. 2, S. 210.

Die Rechtsprechung hat die Probleme der eingeschränkten Überprüfungs- und Verteidigungsmöglichkeiten in der Beweiswürdigung zu lösen versucht. Da die Beweiskraft der Aussage des Zeugen vom Hörensagen über die Angaben des V-Manns gering sei, müsse der Beweiswert besonders kritisch überprüft werden und es bedürfe der Bestätigung der Aussage durch andere gewichtige Gesichtspunkte, sofern das Urteil sich auf die Aussage stützt[1779]. Peters lehnte diese Lösung ab. Er wendete sich zwar nicht grundsätzlich gegen die Vernehmung eines Zeugen vom Hörensagen, bemängelte aber die zu weite Handhabung. Unter engen Voraussetzungen werde der Zeuge vom Hörensagen erst dann zum tatnächsten Zeugen, wenn der Rückgriff auf den Originalzeugen unmöglich sei („unbekannt oder entfallen")[1780]. Den Einsatz verdeckter Ermittler hielt Peters im Interesse effektiver Verbrechensbekämpfung für unumgänglich. Allerdings beantworte diese kriminalpolitische Notwendigkeit nicht die Frage, ob die auf diese Weise gewonnenen Informationen in das Strafverfahren auch eingeführt werden dürfen. Nach Peters' Ansicht überwiegen die Nachteile, die der Sicherheit und Zuverlässigkeit der Rechtspflege drohen, nicht die Vorteile möglicher Verurteilungen[1781]. Da der Staatsschutz weniger von tatsächlichen Verurteilungen als der Kenntnis verfassungsfeindlicher Vorgänge abhänge, könnten die Erkenntnisse des V-Manns im *polizeilichen* Bereich zur Verbrechensbekämpfung genutzt werden. Ein *Strafverfahren* sei aber nur möglich, wo Beweise in rechtsstaatlich einwandfreier Weise beschafft werden können[1782].

1779 BGHSt 17, 382 (385 f.); 29, 109 (111 f.); BGH, NStZ 2004, S. 343 (345); BVerfGE 57, 250 (293 f.); BVerfG, NJW 2001, S. 2245 (2246). An diesen strengen Anforderungen, die der BGH in seiner Grundsatzentscheidung von 1962 zu „anonymen" Zeugenaussagen aufgestellt hat, hält auch die neuere Rechtsprechung fest, vgl. *R. Bender/A. Nack/W.-D. Treuer*, Tatsachenfeststellung, Rn. 1474 – 1479; *K. Geppert*, JURA 2004, S. 105 (111).

1780 *K. Peters*, Strafprozeß[4], S. 318.

1781 *K. Peters*, Beweisverbote, 46. DJT, S. 139.

1782 *K. Peters*, Strafprozeß[4], S. 318 f.; *ders.*, GS H. Kaufmann (1986), S. 913 (924). In der Abstimmung auf dem 46. DJT stimmte die Mehrheit dafür, dass die Ermittlungsergebnisse des V-Manns nur durch dessen eigene mündliche Zeugenausage in die Hauptverhandlung eingeführt werden dürften, *E. Koffka*, ZStW 81 (1969), S. 981 (982). Auch in der Literatur wird die Handhabung mit der V-Mann-Problematik nicht als befriedigend empfunden, obwohl mittels audiovisuellen Vernehmungen das Defizit in der Verteidigungsmöglichkeit reduziert werden kann und der Beweismaßstab besonders hoch anzusetzen ist, vgl. BGH, NStZ 2004, S. 345 (346); *R. Eschelbach*, StV 2000, S. 390 (397 f.); *C. Roxin/B. Schünemann*, StrafverfahrensR, § 46 Rn. 34;

(b) Beschuldigter und Zeugenrolle

Ein weiterer Fall des Rollentauschs, der so in der Literatur auch diskutiert wird, ist die Zuordnung der Beschuldigten- und Zeugenrolle bei einer Verfahrensverbindung oder -trennung (§§ 2, 4 StPO). Da der (Mit-)Beschuldigte nicht zugleich Zeuge in eigener Sache sein kann, ist umstritten, ob eine Verfahrenstrennung mit dem Ziel zulässig ist, den Mitbeschuldigten der einen Sache als Zeuge in der anderen auftreten zu lassen. Auf Grundlage eines formellen Beschuldigtenbegriffs, wonach die Mitbeschuldigteneigenschaft eines formalen Willensaktes der Strafverfolgungsbehörde bedarf[1783], bejahen Rechtsprechung und Teile der Literatur die Zulässigkeit eines solchen Vorgehens. Auch eine nur vorübergehende Abtrennung soll möglich sein, sofern sich die Vernehmung des Mitbeschuldigten auf eine Tat bezieht, die ihm nicht zur Last gelegt wird[1784].

Peters hielt das für unzulässig. Auf Grundlage eines engen, materiellen Beschuldigtenbegriffs[1785] dürfe die Rollenverteilung nicht der Kontrolle und dem Belieben der Strafverfolgungsorgane überlassen werden[1786]. An der rein sachlich begründeten Prozessrolle könne auch die Prozessgestaltung nichts ändern, sodass eine Verfahrenstrennung keinen Einfluss auf die Stellung des Beschuldigten habe: „Unter welchen Umständen der Mitbeschuldigte auch aussagt, er bleibt Beschuldigter“. Ein Rollenwechsel sei erst möglich, wenn der Mitbeschuldigte rechtkräftig verurteilt, freigesprochen oder das Verfahren gegen ihn eingestellt worden ist[1787]. Neben dem Gesichtspunkt, dass die Verfahrenstrennung in Gestalt einer gezielten Rollenvertauschung eine „unwürdige Manipulation“[1788] und

---

F.C. Schroeder/T. Verrel, StrafprozessR, § 29 Rn. 241; *U. Sommer*, Effektive Strafverteidigung, Rn. 751, 1647.

1783 BGH, NStZ 1987, S. 83; ders., NStZ 1997, 398; *U. Eisenberg*, BeweisR, Rn. 505, 928.

1784 BGHSt 10, 8 (11); 27, 139 (141); 38, 96 (98); BGH, NJW 1964, S. 1034; *V. Erb*, in: Löwe-Rosenberg, § 2 Rn. 23; *B. Schmitt*, in: Meyer-Goßner/ders., vor § 48 Rn. 22.

1785 Danach ergibt sich die Beschuldigtenrolle nicht aus dem Verfahrensstadium, sondern nach der Kenntnis der Strafverfolgungsbehörden von hinreichenden tatsächlichen Anhaltspunkten gegen eine konkrete Person. Mageblich ist, ob faktisch ein Tatverdacht besteht.

1786 *K. Peters*, Strafprozeß[4], S. 201, 346; so auch die Bedenken *U. Eisenberg*, BeweisR, Rn. 928; *R. Neuhaus*, StV 2015, S. 185 (187).

1787 *K. Peters*, Beweisverbote, 46. DJT, S. 136. So auch *U. Eisenberg*, BeweisR, Rn. 934; *T. Lenckner*, FS Peters (1974), S. 333 (336 f.). A.A. noch *K. Peters*, Strafprozeß[1], S. 268.

1788 So *C. Roxin/B. Schünemann*, StrafverfahrensR, § 26 Rn. 5. Zustimmend *H.-H. Kühne*, StrafprozessR, Rn. 803; vgl. *I. Ignor/C. Bertheau*, in: Löwe-Rosenberg, vor § 48 Rn. 36: „Manipulierter Rollentausch“; *M. Bader*, in: KKStPO, vor § 48 Rn. 9: „Ermessensmissbrauch“.

eine Umgehung der Beschuldigtenrechte[1789] darstellt, führte Peters auch prozesspsychologische Auswirkungen an. Zum einen werde durch die Rollenvertauschung die wahre Stellung des vormaligen Mitbeschuldigten verdunkelt; zum anderen bestehe die Gefahr, dass der Beschuldigte in der Zeugenrolle glaubwürdiger erscheine[1790].

Bedenklich ist Peters' Argumentation in Bezug auf den psychologischen Gesichtspunkt. Anerkannt ist, dass die verfahrensrechtliche Stellung der Auskunftsperson an sich keine Auswirkung auf den Beweiswert der Aussage hat[1791]. Allein dem Richter obliegt nach § 261 StPO die freie Beweiswürdigung nach persönlichem Gesamteindruck. Gerade von Peters wurde die verständige Beweiswürdigung durch den Richter immer wieder gefordert[1792]. Darüber hinaus spricht gegen den materiellen Beschuldigtenbegriff de lege lata, dass nach der gesetzlichen Wertung des § 60 Nr. 2 StPO die Zeugenfähigkeit nicht wegen eines bloßen Tatverdachts verneint werden kann. Mit dem Verbot der Vereidigung eines tatverdächtigen Zeugens geht das Gesetz davon aus, dass ein Tatbeteiligter, sofern er nicht in demselben Verfahren angeklagt ist, als Zeuge in Betracht kommen kann[1793]. Im Übrigen kann durch § 55 StPO dem Schutz vor Selbstbelastung trotz Rollenvertauschung genügend Rechnung getragen werden[1794]. Zur Vermeidung des Widerspruchs von gesetzlicher Wertung und effektiver Gewährleistung der Verteidigungsrechte des (Mit-)Beschuldigten wird in der Literatur dahingehend als vermittelnde Position ein formell-materieller Beschuldigtenbegriff vorgeschlagen[1795]. Die im Anschluss an das DJT-Gutachten von 1966

1789 So *U. Eisenberg*, BeweisR, Rn. 934; zustimmend *T. Lenckner*, FS Peters (1974), S. 333 (336 f.).

1790 *K. Peters*, Beweisverbote, 46. DJT, S. 137 f.; *ders.*, Fehlerquellen, Bd. 2, S. 49; *ders.*, GS H. Kaufmann (1986), S. 913 (922), so zeigten sich in der Fehlerquellenuntersuchung zahlreiche Fälle, wo der Beschuldigte falschen Aussagen des Mitbeschuldigten ausgesetzt war. Zustimmend *T. Lenckner*, FS Peters (1974), S. 333 (339).

1791 BGHSt 18, 238 (241).

1792 So auch kritisch *U. Eisenberg*, BeweisR, Rn. 936; deutlich *C. Schöneborn*, ZStW 86 (1974), S. 921 (929): Statt gewagter rechtlicher Interpretation sei hier eine aussagepsychologische Unterweisung insbes. des Vernehmungsrichters erforderlich.

1793 *B. Schmitt*, in: Meyer-Goßner/ders., § 60 Rn. 25, 28; *C. Schöneborn*, ZStW 86 (1974), S. 921 (927).

1794 *V. Erb*, in: Löwe-Rosenberg, § 2 Rn. 23.

1795 So *W. Beulke/S. Swoboda*, StrafprozessR, Rn. 185; *U. Eisenberg*, BeweisR, Rn. 931; *C. Roxin/B. Schünemann*, StrafverfahrensR, § 26 Rn. 5. Mit formalem Beginn des Ermittlungsverfahrens bedürfe der Betroffene nicht mehr als Zeuge im Verfahren gegen den Beschuldigten aussagen, wodurch die Verfahrensverbindung oder

geäußerte Hoffnung, dass Peters' Beitrag zu den Beweisverboten eine Wende beim Beschuldigtenbegriff und dem Problem der Rollenvertauschung bewirkt habe[1796], hat sich damit nur insofern erfüllt, als Peters' Überlegungen teils auch noch Gegenstand aktueller Diskussionen sind.

dd) Aussagepsychologie

Aus Peters' Untersuchungen ergibt sich der Befund, dass nicht wenige Verurteilungen auf Aussagen von „charakterlich zweifelhaften oder nachweislich nicht einwandfreien Zeugen" beruhten[1797]; so habe es ihn immer wieder verwundert „mit welcher Leichtigkeit sich die Strafrichter über verwickelte Aussageprobleme" hinwegsetzen[1798]. Denn neben den Fehlerquellen einer fehlerhaften oder nicht erschöpfenden Sachverhaltsermittlung spiele die Persönlichkeitserfassung eine wesentliche Rolle[1799]. Die Aussagepsychologie als Teil der Beweislehre zum Verständnis des personalen Beweises müsse zum Allgemeingut des Juristen gehören. Zwecks Rationalisierung der Würdigung von Beschuldigten-, Zeugen- und Sachverständigenaussagen müssten die Entstehung und Entwicklung von Aussagen im Strafverfahren nachvollzogen werden, um das Bewusstsein für die Anfälligkeiten von Zeugenaussagen zur Minderung von Fehlerquellen zu wecken[1800]. In der Literatur wird das Thema unter dem Gesichtspunkt der Würdigung der Zeugenaussage diskutiert, unter Verweis auf die Rezeption der Erkenntnisse und Methoden der Aussagepsychologie durch den BGH nicht selten mit der Bemerkung, dass der Tatrichter jede Aussage unter Berücksichtigung der Besonderheiten des Einzelfalls und der aussagepsychologischen Glaubwürdigkeitskriterien würdigen müsse[1801].

-trennung für die Beschuldigteneigenschaft bedeutungslos bleibe. Der Beschuldigte kann nur unter der Voraussetzung, dass das Verfahren gegen ihn beendet ist, zum Zeugen werden.

1796 *T. Lenckner*, FS Peters (1974), S. 333 (335).

1797 *K. Peters*, FS Baumann (1992), S. 319 (326); vgl. *ders.*, FS Olivecrona (1964), S. 532 (542).

1798 UA-T, 198/13, S. 56; so bereits *ders.*, DStR 1935, S. 145 (146). Dahingehend auch *G. Jansen*, Zeuge und Aussagepsychologie, Rn. 2.

1799 Vgl. Kap. C. III. 4. a) bb) sowie c) aa).

1800 *K. Peters*, FS Mezger (1954), S. 477 (497 f.); *ders.*, FS Gmür (1983), S. 311 (315); *ders.*, Strafprozeß[4], S. 377.

1801 *Y. Ott*, in: KK-StPO, § 261 Rn. 95, 126; *I. Ignor/C. Bertheau*, in: Löwe-Rosenberg, vor § 48 Rn. 20. Insofern ist etwa der Ansatz von Jansen einer systematischen Darstellung der Aussagepsychologie für Strafjuristen dem Befund geschuldet, dass bei der

(1) Aussage als Persönlichkeitsleistung

Peters betrachtete die Aussage eines Zeugen als Persönlichkeitsleistung, in der sich die Bereitschaft zur Wahrhaftigkeit als Ausdruck einer Grundhaltung zeigen müsse[1802]. „Wahrhaftigkeit ist Ausdruck der menschlichen Freiheit [...], sittlicher Wert und Ausdruck der Anerkennung sittlicher Werte. Die aus ihr erwachsene Aussage ist eine sittliche Leistung. Wie jede sittliche Leistung stelle sie an den Menschen Forderungen. Sie ruft das Verantwortungsbewusstsein wach“[1803]. Zur Beurteilung der „Einwandfreiheit“ einer Aussage knüpfte Peters an die Eigenschaften sowie die charakterliche und sittliche Haltung des Zeugen an. Wenn der Aussagende „ein sittlich hochstehender, ruhig und sachlich denkender, klarer Beobachtung und Wiedergabe fähiger, vorsichtiger und selbständiger Mensch“ sei, so spreche dies in der Regel für die Richtigkeit der Aussage[1804]. Dennoch bedürfe die Aussage selbst einer Überprüfung im Rahmen der gesamten Beweisaufnahme und -würdigung[1805]. Anhaltspunkte für den Tatrichter zur Einschätzung von Aussagefähigkeit und Glaubwürdigkeit bieten der Eindruck vom Zeugen, sein Aussageverhalten sowie die Persönlichkeitsstruktur, das Alter, die kognitiven und geistigen Fähigkeiten und die Lebenserfahrung[1806].

Diese von Peters beschriebenen Anforderungen an die Bewertung eines Zeugen und seiner Aussage haben sich in Bezug auf die sittlichen Anforderungen nicht durchgesetzt[1807]. Unterschied der BGH ursprünglich zwischen allgemeiner und spezieller Glaub*würdigkeit*[1808], so stellte das Gericht später klar, dass Gegenstand aussagepsychologischer Begutachtungen im Wesentlichen die Glaub*haftigkeit* des Aussageinhalts sei, und damit „nicht die Frage nach einer allgemeinen Glaubwürdigkeit des Untersuchten im Sinne einer dauerhaften

---

Zugänglichkeit des Themas für den Juristen noch Nachholbedarf bestehe, *G. Jansen*, Zeuge und Aussagepsychologie, Rn. 4.

1802 *K. Peters*, FS Würtenberger (1977), S. 77 (87); *ders.*, GS H. Kaufmann (1986), S. 913 (923).

1803 *K. Peters*, Fehlerquellen, Bd. 2, S. 54. Vgl. Kap. C. I. 1.

1804 *K. Peters*, Strafprozeß^4, S. 389.

1805 *K. Peters*, FS Baumann (1992), S. 319 (326).

1806 *G. M. Sander*, in: Löwe-Rosenberg, § 261 Rn. 81b mit Verweis auf Rspr.; vgl. *K. Peters*, Strafprozeß^4, § 44 III mit weitgehender Typisierung nach persönlichen, charakterlichen und soziologischen Merkmalen.

1807 Vgl. *K. Peters*, Fehlerquellen, Bd. 2, S. 54 f. Darin setzt er sich mit der Kritik an seinem Ansatz auseinander.

1808 BGH, StV 1994, S. 64; *K. Geppert*, JURA 2004, S. 105 (110).

personalen Eigenschaft"[1809]. Die personale, allgemeine Glaubwürdigkeit spiele eine nur sekundäre Rolle und lasse allenfalls begrenzte Schlüsse auf die Glaubwürdigkeit der Aussage zu[1810].

(2) Aussageanalyse

Nach einem gängigen Modell besteht eine Aussage aus Wahrnehmung, Erinnerung und Wiedergabe. Peters' Darstellung hierzu entspricht im Wesentlichen dem Forschungsstand[1811]. So betonte Peters, dass sich der Vernehmende der Lückenhaftigkeit des Wahrnehmungsvorgangs bewusst sein und Klarheit darüber haben müsse, was die Aussageperson überhaupt aufnehmen könne[1812]. Die Gedächtnisforschung, deren Entwicklung Peters mit Interesse verfolgte, geht davon aus, dass zutreffende Erinnerungen an ein Erlebnis eher die Ausnahme als die Regel sind[1813]. Hinsichtlich der Wiedergabe wies Peters auf das Problem der Lüge, des falschen Geständnisses und des Geständniswiderrufs hin[1814]. Zudem hingen Wiedergabefehler wesentlich mit dem Rollenverständnis und der Rollenverteilung, der Gerichtsatmosphäre und den Kommunikationsproblemen im Strafverfahren zusammen[1815].

Da eine Aussage auch eine Leistung des Aussageempfängers und seiner Vernehmungsfähigkeit sei[1816], hänge das Gelingen der Beweisaufnahme wesentlich von der Art und Weise der Zeugenvernehmung ab. Entscheidend sei, ob „der Richter die Prozesspsychologie, namentlich Vernehmungstechnik und -taktik beherrscht, und […] er die persönliche Fähigkeit besitzt, sachlich und menschlich richtig vorzugehen"[1817]. Ein Problem sah Peters beispielsweise in

---

1809 BGHSt 45, 164 (167); siehe *G. Jansen*, Zeuge und Aussagepsychologie, Rn. 45.

1810 *I. Ignor/C. Bertheau*, in: Löwe-Rosenberg, § 68a Rn. 8. Zur Entwicklung der aussagepsychologischen Forschung insofern *M. Aymans*, in: Kury/Obergfell-Fuchs (Hrsg.), Rechtspsychologie, S. 152 – 155.

1811 Vgl. *K. Peters*, Strafprozeß[4], S. 377 – 402; im Einzelnen etwa *R. Bender/A. Nack/W.-D. Treuer*, Tatsachenfeststellung, Teil 1: Glaubhaftigkeitslehre; *U. Eisenberg*, BeweisR, Rn. 1365 ff., 1374 ff.; *G. Jansen*, Zeuge und Aussagepsychologie, Rn. 455 ff.

1812 *K. Peters*, Strafprozeß[4], S. 377.

1813 *R. Eschelbach*, in: BeckOK-StPO, § 261 Rn. 3.4.

1814 Vgl. *K. Peters*, StV 1987, S. 375. Vgl. bereits Kap. B. V. 2. c) cc) (2) sowie Kap. C. III. 4. a) bb).

1815 Siehe Kap. C. III. 4. c) cc).

1816 *K. Peters*, Fehlerquellen, Bd. 2, S. 58; *ders.*, GS H. Kaufmann (1986), S. 913 (924).

1817 *K. Peters*, Fehlerquellen, Bd. 2, S. 229. Siehe bei *R. Bender/A. Nack/W.-D. Treuer*, Tatsachenfeststellung, Rn. 751 – 818 die 8 Regeln für den Vernehmer: Kontaktsuche,

der Vereinnahmung und Beherrschung des einen Prozesssubjekts durch ein anderes. Die Einwirkung des Vernehmenden auf den Vernommenen zeigt sich etwa darin, dass Zeugen häufig so antworten, wie es der Richter erwartet. Angesprochen sind damit das Problem von Suggestion und Ausübung von Druck während der Vernehmung[1818]. Da der Zeuge nicht selten eine prozessbeherrschende Stellung einnehme und für manchen die Möglichkeit der Selbstdarstellung biete[1819], könne umgekehrt aber auch die Beherrschung und Manipulation der Vernehmungsperson durch den Vernommenen zu „tragischen Fehlurteilen zu Ungunsten des Angeklagten führen. Das Problem der Macht und des Spiels des Zeugen im Verhältnis zur Vernehmungsperson" bedürfe daher eingehender Beachtung[1820]. So sei problematisch, dass dem Richter die Persönlichkeit des Zeugen häufig weitgehend unbekannt bleibe[1821]. Dabei müsse der Vernehmende „den Weg zu Zeugen und Sachverständigen finden, gleichgültig um welche Persönlichkeit es sich handelt"[1822].

Die Zuschreibung, die Würdigung des (Zeugen-)Beweises sei „ureigenste Aufgabe" des Tatrichters[1823], wies Peters als „inhaltsleere Floskel" zurück. Ureigenste Aufgabe des Richters sei das richtige und gerechte Urteil. Dies setze die Berücksichtigung der Erkenntnisse und Erfahrungen der Aussagepsychologie und Kriminalistik voraus. Richtig wäre der Satz daher nur bei entsprechender Ausbildung des Richters[1824]. Erster Schritt bei der Bewertung einer Aussage war für Peters die sittlich-ethische Überprüfung der Persönlichkeit des Aussagenden, d.h. dessen Aussagetüchtigkeit, -fähigkeit, Wahrheitsbereitschaft und allgemeine Glaubwürdigkeit[1825]. Sodann müsse die Entstehung, Entwicklung und Beeinflussung der Aussage im Hinblick auf Konstanz, Veränderungen, Lücken oder Widersprüche sowie die Motivation und der Rahmen der Aussage

---

Freundlichkeit, Interesse, Lob, Selbsteröffnung, Geduld, Verständlichkeit und Kompetenz.

1818 Siehe etwa *U. Eisenberg*, BeweisR, Rn. 1320; *R. Eschelbach*, in: BeckOK-StPO, § 261 Rn. 3.6; *G. Jansen*, Zeuge und Aussagepsychologie, Rn. 598 – 643.

1819 *K. Peters*, in: Handbuch der Psychologie, Bd. 11, S. 773 f.

1820 *K. Peters*, GS H. Peters (1967), S. 891 (900).

1821 *K. Peters*, GS H. Kaufmann (1986), S. 913 (921); vgl. *ders.*, EG Grünhut (1965), S. 129 (134).

1822 *K. Peters*, Fehlerquellen, Bd. 2, S. 229.

1823 Vgl. RGSt 61, 273; BGHSt 10, 208 (209); 29, 18 (20); 36, 286 (293); 39, 199 (200).

1824 *K. Peters*, Strafprozeß[4], S. 409; *ders.*, StV 1987, S. 375 (377); so auch *R. Eschelbach*, in: BeckOK-StPO, § 261 Rn. 3.3.; *ders.*, FS Stöckel (2010), S. 199 (202).

1825 *K. Peters*, Strafprozeß[4], S. 406. Siehe Kap. C. III. 4. c) dd) (1).

nachvollzogen und überprüft werden[1826]. Gehe es um mehrere Aussagen und/ oder Aussagepersonen, so müsse ihr Verhältnis im Hinblick auf das Gesamtgeschehen geprüft werden[1827]. Als letzten Schritt forderte Peters, dass die Aussage zum Beleg auf objektive Umstände und der nach der Sachlage zu erwartenden Verhaltensweisen untersucht wird. Fehlen objektive Umstände, mit denen aber zu rechnen gewesen wäre, so sei die Aussage als fragwürdig zu bewerten[1828]. Abgesehen von der Betonung der Glaubwürdigkeit der Persönlichkeit des Aussagenden werden Peters' Ansätze durchaus noch beachtet; die Kriterien zur Beurteilung der Glaubhaftigkeit von Zeugenaussagen sind aber wesentlich weiterentwickelt worden[1829].

ee) Sachverständigenbeweis

Auch das Gutachten des Sachverständigen stellte für Peters eine Persönlichkeitsleistung dar[1830]. Zwar stelle der Sachverständige sich wegen seiner fachlichen Kompetenzen und Erfahrungen als Beweismittel zur Verfügung; jedoch unterliege auch er bei der Begutachtung einer persönlichen Grundhaltung. Als Fehlerquelle habe sich insofern eine zu unkritische Hinzuziehung von Sachverständigen gezeigt, da sich das Gericht nicht der Fehlbarkeit von Sachverständigen bewusst gewesen sei[1831]. Obwohl der Sachverständigenbeweis eine wichtige Grundlage zur Objektivierung der Beweisführung ist, kann er die Ursache eines Fehlurteils sein, weshalb eine eingehende Kontrolle notwendig ist. Verbunden ist damit Peters' weitere Kritik, dass die Professionalisierung des Strafprozesses

---

1826 *K. Peters*, FS Schäfer (1980), S. 137 (143); *ders.*, Strafprozeß[4], S. 406 f.

1827 *K. Peters*, GS H. Kaufmann (1986), S. 913 (921 f.); so auch *U. Eisenberg*, BeweisR, Rn. 1456 f., 1486a.

1828 *K. Peters*, Strafprozeß[4], S. 408.

1829 Der BGH spricht von der Durchführung einer „Realkennzeichenanalyse", bei der, als Hinweise auf die Glaubhaftigkeit einer Aussage, auf aussageimmanente Qualitätsmerkmale zurückzugreifen sei, BGHSt 45, 164 (170). Kriterien in der Aussageanalyse sind die logische Konsistenz (Übereinstimmungen, Ergänzungen, Auslassungen, Widersprüche) und quantitativer Detailreichtum. Als spezielle Qualitätsmerkmale treten daneben etwa räumlich-zeitliche Verknüpfung, die Schilderung von Interaktionen, komplizierten Handlungsabläufen oder psychischen Vorgängen sowie deliktsspezifische Aussageelemente; siehe *M. Aymans*, in: Kury/Obergfell-Fuchs (Hrsg.), Rechtspsychologie, S. 161; *R. Bender/A. Nack/W.-D. Treuer*, Tatsachenfeststellung, Rn. 329, 371; *U. Eisenberg*, BeweisR, Rn. 1431.

1830 *K. Peters*, Strafprozeß[4], S. 400.

1831 *K. Peters*, Fehlerquellen, Bd. 2, S. 228; vgl. so auch BGHSt 8, 113 (118).

infolge fortschreitender Spezialisierung in naturwissenschaftlichen, technischen oder gerichtsmedizinischen Sachfragen zunehmend den Einfluss des Sachverständigen auf die Urteilsfindung steigere. „Aus der Rolle eines Beweismittels rückt der Sachverständige immer mehr in den Funktionsbereich des Richters", wodurch der Richter in faktischer Abhängigkeit zu einem fachlich überlegenen Gutachter gerate[1832]; begrifflich liege ein Fall einer Rollenvertauschung vor[1833]. Die Charakterisierung des Sachverständigen als „Richtergehilfen"[1834] lehnte Peters auch deshalb ab, weil verdunkelt werde, dass der Sachverständige nichts anderes als ein Beweismittel sei und die Verantwortung für die Entscheidung allein dem Richter obliege[1835].

Peters unterschied beim Sachverständigenbeweis drei wesentliche Fehlerquellen: (1.) Fehler in Gutachten, (2.) Fehler in der Bewertung und Erfassung des Gutachtens und (3.) Fehler in der Überprüfung des Gutachtens auf seine Richtigkeit.

(1.) Der Sachverständige muss zunächste sorgfältig im Hinblick auf Persönlichkeit und Sachkenntnis ausgesucht werden. Fehlerhaft sei das Gutachten, wenn der Sachverständige unrichtige oder veraltete Methoden anwendet[1836]. Gefährlich und zu einem unkritischen Umgang führe die Bestellung eines „Hausgutachters"[1837]. Der Begutachtung sei zudem eine klare und eindeutige Frage zu

---

1832 *K. Peters*, FS van der Ven (1972), S. 315 (317); so stellvertretend für viele *V.Erb*, ZStW 121 (2009), S. 882 (887 f.); vgl. *D. Krause*, in: Löwe-Rosenberg, vor § 72 Rn. 4 f., der in dieser Entwicklung keine Entmachtung des Gerichts sieht, sofern es seinen gesteigerten tatsächlichen und rechtlichen Anforderungen bei der Überzeugungsbildung im Hinblick auf den Sachverständigenbeweis gerecht wird.

1833 *K. Peters*, FS H. Peters (1967), S. 891 (896 f.); *ders.*, JR 1969, S. 232; *ders.*, Strafprozeß[4], S. 370.

1834 So BGHSt 3, 27 (28); 7, 238 (239); 9, 292, 293; 13, 1 (4); *Y. Ott*, in: KK-StPO, § 261 Rn. 113.

1835 *K. Peters*, in: Handbuch der Psychologie, Bd. 11, S. 770; *ders.*, Strafprozeß[4], S. 342; vgl. *B. Schmitt*, in: Meyer-Goßner/ders., Vor § 72 Rn. 8: Bezeichnung ist „ebenso richtig wie nicht ssagend".

1836 *K. Peters*, Fehlerquellen, Bd. 2, S. 168, 176; *ders.*, Strafprozeß[4], S. 349; vgl. *D. Krause*, in: Löwe-Rosenberg, § 73 Rn. 24.

1837 *K. Peters*, Fehlerquellen, Bd. 2, S. 169. So auch *U. Eisenberg*, BeweisR, Rn. 1529, 1538 und *V. Erb*, ZStW 121 (2009), S. 882 (894): Beeinflussung des Gutachtens durch die Erwartungshaltung des Auftraggebers; vgl. *H. Kury/J. Obergfell-Fuchs*, Rechtspsychologie, S. 111: „Rollenkonfusion des Gutachters oder Überidentifikation mit dem Auftraggeber".

Grunde zu legen[1838], der Gutachter müsse eine unvoreingenommene Rolle einnehmen, dürfe keine voreiligen Schlüsse ziehen und dürfe bloße Hypothesen nicht als gesicherte Ergebnisse darstellen[1839]. (2.) Schwierigkeiten bereiten auch die Bewertung und Umsetzung des Gutachtens in eine bestimmte Beweisstufe. Vom Gutachter erwogenen Hypothesen dürfe der Richter keine zu hohe Beweiskraft beimessen oder als Gewissheit behandeln[1840]. (3.) Wie die Zeugenaussage darf schließlich auch der Sachverständigenbeweis nicht unkritisch in die Beweisaufnahme eingeführt werden. So seien das begutachtete Material (insbesondere Vollständigkeit des Beurteilungsmaterials), die Methode sowie der Gang und der Inhalt der Tatsachengewinnung zu prüfen[1841]. Diese Kontrolle könne vom Richter nur geleistet werden, wenn er sich auf das Gutachten vorbereite und Kenntnisse im Umgang mit Fachgutachten habe. Das setze eine kriminalistische Aus- und Fortbildung voraus[1842]. § 78 StPO, der dem Richter die Leitung der Tätigkeit des Sachverständigen und damit die Kontrolle über die Einhaltung wissenschaftlicher Mindestanforderungen überlässt[1843], sei nur umzusetzen, wenn sich der Tatrichter mit der Aussagepsychologie befasst habe[1844]. Weil der Richter als Nichtfachmann komplexe Gutachten beurteilen muss, forderte Peters gesetzliche Vorgaben für ein ausgewogenes Verhältnis zwischen Richter und Gutachter[1845]. Erforderlich sei eine intensive Zusammenarbeit von Psychiatern und Juristen[1846]. Notwendig sei dafür eine Sammelstelle für Gutachten, die vor allem Material für die Klärung der Schuldfähigkeit zusammentragen könnte[1847].

1838 *K. Peters*, Fehlerquellen, Bd. 2, S. 165; so auch *D. Krause*, in: Löwe-Rosenberg, § 78 Rn. 4.

1839 *K. Peters*, Fehlerquellen, Bd. 2, S. 167 f.; vgl. *G. Jansen*, Zeuge und Aussagepsychologie, Rn. 139.

1840 *K. Peters*, Fehlerquellen, Bd. 2, S. 167, 172.

1841 *K. Peters*, Fehlerquellen, Bd. 2, S. 176; *ders.*, Strafprozeß^4, S. 364.

1842 *K. Peters*, Fehlerquellen, Bd. 2, S. 171; *ders.*, FS van der Ven (1972), S. 315 (318).

1843 Dazu *V. Erb*, ZStW 121 (2009), S. 882 (918).

1844 So im Sinne von Peters die Forderung von *G. Jansen*, Zeuge und Aussagepsychologie, Rn. 136.

1845 *K. Peters*, FS van der Ven (1972), S. 315 (318).

1846 Vgl. dazu die Verleihung der medizinischen Ehrendoktorwürde an Peters, Kap. B. VIII. 3.

1847 *K. Peters*, Persönlichkeitsbegutachtungen und Sachverständiger, in: Ausgewählte Schriften, S. 328; vgl. *ders.*, EG Grünhut (1965), S. 129 (147); *ders.*, Fehlerquellen, Bd. 2, S. 336.

d) *Beweiswürdigung*

Nach § 261 StPO entscheidet der Richter über das Ergebnis der Beweisaufnahme nach seiner freien, aus der Verhandlung geschöpften Überzeugung. Zusammen mit dem Amtsermittlungsgrundsatz bildet die freie Beweiswürdigung einen Grundpfeiler des Beweisrechts[1848]. Ihr liegt die Einsicht zu Grunde, dass sich die für das Strafverfahren maßgebliche Wirklichkeit nicht durch Erfahrungen oder allgemeingültige, abstrakte Regeln finden lasse, sondern nur durch eine Bewertung im Einzelfall[1849]. An die Stelle gesetzlicher Beweisregeln, die den Richter bis 1846 an normiertes Erfahrungswissen band, ist die freie Beweiswürdigung getreten[1850]. Als subjektiv gebundener Vorgang ist die freie Beweiswürdigung eine Quelle für Fehlurteile.

aa) *Maßstab*

Zur Vermeidung von Beliebigkeit, Willkür und Einseitigkeit wollte Peters nicht vom Begriff der „freien Beweiswürdigung", sondern von objektiv-subjektiver Beweiswürdigung sprechen[1851]. Dabei ging es ihm um eine Rationalisierung des Beweiswürdigungsvorgangs und den Ausgleich von Objektivität (Sachgebundenheit an allgemein gültige oder anerkannte Regeln) und Subjektivität (Gebundenheit an persönliche Maßstäbe)[1852]. Der subjektiven Überzeugung müsse ein objektives Fundament und eine objektive Bewertungsgrundlage zugeordnet werden, die sich auf die Erfahrungswissenschaften, insbesondere Kriminalistik und (Aussage-)Psychologie stützt[1853]. „Aus rechtsstaatlichen, aber auch menschlichen Gründen" sei „ein durchgearbeitetes System der Beweiswürdigung" erforderlich[1854]; es bedürfe „eines weiteren naturwissenschaftlichen Aufbaus der Beweislehre und einer strengen Kontrolle der Beurteilungsvorgänge"[1855]. Diese

---

1848 *K. Geppert*, JURA 2004, S. 105 f.; *G. M. Sander*, in: Löwe-Rosenberg, § 261 Rn. 2.

1849 *C. Roxin/B. Schünemann*, StrafverfahrensR, § 45 Rn. 42 f.

1850 Inbes. *W. Küper*, Historische Bemerkungen zur „freien Beweiswürdigung" im Strafprozeß, FG Peters (1984), S. 23 – 46.

1851 *K. Peters*, Strafprozeß^4, S. 298; vgl. *ders.*, Rechtsmittelsystem, 52. DJT, C44.

1852 *K. Peters*, Rechtsmittelsystem, 52. DJT, C43.

1853 *K. Peters*, FS Gmür (1983), S. 311 (315); *ders.*, GS H. Kaufmann (1986), S. 913 (925); so auch *R. Eschelbach*, in: BeckOK-StPO, § 261 Rn. 3.3; *M. Heghmanns*, Strafverfahren, Rn. 1046; vgl. *Y. Ott*, in: KK-StPO, § 261 Rn. 49, die von einem „objektiv-rationalen Unterbau" spricht.

1854 *K. Peters*, GS H. Kaufmann (1986), S. 913 (925).

1855 *K. Peters*, FS Baumann (1992), S. 319 (327).

in der Rechtswissenschaft erhobene Forderung nach einer Objektivierung und Verstärkung der revisionsrechtlichen Überprüfbarkeit der Beweiswürdigung hat letztlich Niederschlag in der Rechtsprechung des BVerfG gefunden[1856].

Den Vorgang der richterlichen Beweiswürdigung und Überzeugungsbildung unterschied Peters in einen objektiven und einen subjektiven Bestandteil[1857]. Daraus leitete er Grenzen der „freien" Beweiswürdigung ab. In Rückgriff auf den Ermessensbegriff in der Verwaltungswissenschaft verwies Peters insbesondere auf die Begrenzungen richterlicher Handlungsspielräume beim Umfang der Beweisaufnahme[1858]. In Übernahme der von der Rechtsprechung entwickelten Grundsätze wurden 1950 in § 244 Abs. 3 – 5 StPO das Beweisantragsrecht und die richterliche Aufklärungspflicht umfassend geregelt.

Grundlage, der im Urteilsspruch manifestierten „Überzeugung", muss ein bestimmter subjektiver Zuverlässigkeitsgrad sein, der mehr sein muss als bloßes Meinen, Glauben oder Vermuten, und den Peters an die Gewissheit des Richters über den Sachverhalt und die ihn begründenden Umstände knüpfte[1859]. Zu gewinnen sei der Grad subjektiven Überzeugtseins durch Zuordnung zu einer objektiven Bewertungsstufe, die in Abhängigkeit zu Gewicht und Wert kriminalistischer Erkenntnis und Erfahrung stehe[1860]. Auf der einen Seite stehen kriminalistische Regeln mit zwingendem Charakter: Auf Basis wissenschaftlicher Erkenntnisse stehen bestimmte Tatsachen fest, sodass dem Richter kein Raum für Feststellungen oder Wertungen bleibt[1861]. Auf der anderen Seite stehen kriminalistische Bewertungsgrundlagen, die nur auf eine Möglichkeit oder einen bestimmten Wahrscheinlichkeitsgrad hinweisen. Die hieraus gewonnenen

1856 BVerfG, NJW 2003, S. 2444 (2445): „Wenngleich die Beweiswürdigung von Gesetzes wegen „frei" […] ist, hat die obergerichtliche Rechtsprechung aus den wissenschaftlichen, insbesondere aus kriminalistischen, forensischen und aussagepsychologischen Untersuchungen gewonnene Erfahrungsregeln, Grundsätze für die Beweiswürdigung und ihre Darlegung in den Urteilsgründen entwickelt"; so auch BGH, NJW 2007, S. 384 (387); BGH StV 2011, S. 3.

1857 *K. Peters*, Rechtsmittelsystem, 52. DJT, C44 f.

1858 *K. Peters*, FS Schäfer (1980), S. 137 (148); *ders.*, FS Gmür (1983), S. 311 (318).

1859 *K. Peters*, in: Kriminologische Aktualität, S. 29; *ders.*, Rechtsmittelsystem, 52. DJT, C38; so auch *G. M. Sander*, in: Löwe-Rosenberg, § 261 Rn. 2; ähnlich *Y. Ott*, in: KK-StPO, § 261 Rn. 2; anders demgegenüber *H.H. Kühne*, StrafprozessR, Rn. 947 f., der die *an Sicherheit grenzende Wahrscheinlichkeit* für hinreichend hält.

1860 *K. Peters*, in: Kriminologische Aktualität, 1974, S. 30.

1861 *K. Peters*, Rechtsmittelsystem, 52. DJT, C50; *H.-H. Kühne*, StrafprozessR, Rn. 948; so auch BGHSt 10, 208 (211); 38, 320 (324).

Indizien müssen, um zu einem objektiv begründeten Gewissheitsurteil zu gelangen, zu einer Indizienkette zusammengeführt werden[1862]. Für Peters entscheidend war dabei die Berücksichtigung kriminalistischer Vorsichtsregeln.

bb) „Vorsichtsregeln"

Peters plädierte nicht für die Rückkehr zu starren Beweisregeln; angesichts typischer Fehlerquellen im Strafverfahren und seiner rechtsstaatlichen Absicherung sollten „Vorsichtsregeln" aber als Ausdruck allgemeingültiger, wissenschaftlicher Erfahrungssätze und als Warnzeichen beachtet werden[1863]. Es sei ein Gebot der Rechtssicherheit, dass vor allem dem Zeugenbeweis nur dann ein hoher Beweiswert beigemessen werde, wenn andere, bestätigende Umstände hinzutreten[1864]. Insbesondere dürften Aussagen, die von Zeugen in zweifelhafter Motivlage oder von „charakterlich nicht einwandfreien" Zeugen gemacht werden, nicht zur Grundlage des Gewissheitsurteils oder der Beweiswürdigung gemacht werden[1865]. Entsprechend dem allgemeinen Satz, dass der Zeugenbeweis das häufigste und zugleich schlechteste Beweismittel ist, erinnerte Peters an die Constitutio Criminalis Carolina von 1532, die für eine Verurteilung mindestens zwei oder drei „glaubhaftige gute" Zeugen forderte[1866]. Im Sinne einer negativen Beweisregel sei daher zur Bestätigung einer Aussage mindestens ein weiterer einwandfreier, glaubwürdiger Zeuge heranzuziehen[1867]. Eine weitere Grenze findet die Beweiswürdigung in den Grundrechten und der Menschenrechtskonvention: Eingriffsschranken sind das Recht auf ein faires Verfahren,

---

1862 *K. Peters*, Rechtsmittelsystem, 52. DJT, C50.

1863 *K. Peters*, in: Kriminologische Aktualität, S. 31; *ders.*, Rechtsmittelsystem, 52. DJT, C50. So auch *R. Eschelbach*, in: BeckOK-StPO, § 261 Rn. 51, der aber von einer missverständlichen Wortwahl spricht.

1864 *K. Peters*, in: Kriminologische Aktualität, S. 31.

1865 *K. Peters*, Fehlerquellen, Bd. 2, S. 218, darin die Feststellung, dass die Wiederaufnahmeverfahren die Skepsis, die gegenüber dem persönlichen Eindruck angebracht seien, bestätigt hätten. „Sehr unzuverlässige Zeugen können einen guten und sicheren Eindruck machen, während wahrhaftige Zeugen einen ungünstigen Eindruck hinterlassen. Der Eindruck besagt oftmals nichts über den Realwert einer Aussage".

1866 Vgl. Art. 67 CCC: Item so eym missethat zum wenigsten mit zweyen oder dreien glaubhafftigem gutem zeugen, die von eynem waren wissen sagen, bewiesen wirdt, darauff soll, nach gestalt der verhandlung mit peinlichen rechtem volnfarn vmd geurtheylt werden.

1867 *K. Peters*, Strafprozess[4], S. 406; *ders.*, FS Gmür (1983), S. 311 (321); *ders.*, FS Baumann (1992), S. 319 (327); vgl. *H.-H. Kühne*, StrafprozessR, Rn. 792.

die Unschuldsvermutung und das Allgemeine Persönlichkeitsrecht. Hieraus ergebe sich, dass der Beweiswürdigung und dem Urteil rechtsstaatlich abgesicherte Beweise zu Grunde liegen müssen[1868].

Die Beweiswürdigung müsse letztlich an „allgemeine Regeln“[1869] gebunden sein, zu denen die Beachtung der Gesetze der Logik (Schlüssigkeit und Widerspruchsfreiheit) und der Erfahrungssätze sowie eine erschöpfende Beweiswürdigung im Anschluss an eine umfassende Sachverhaltsaufklärung gehöre[1870]. Der Beweisvorgang müsse kontrolliert werden durch die Beurteilung des objektiven Beweiswerts, die Verknüpfung der vorhandenen Beweise und die Beachtung von Vorsichtsregeln[1871]. Um die Gebundenheit der Beweiswürdigung deutlich zu machen, plädierte Peters unter Verzicht auf die Worte „frei“ und „geschöpft“ für eine Umgestaltung von § 261 StPO: „Über das Ergebnis der Beweisaufnahme entscheidet das Gericht nach seiner aufgrund *kriminalistischer Erfahrungen und Erkenntnisse* aus dem Inbegriff der Verhandlung *gewonnenen* Überzeugung“[1872]. Mangelnde kriminalistische Kenntnis und Sachvorbereitung des Richters stelle die Wahrheitsfindung in Frage[1873]. Um dem Rollenproblem zu begegnen, ein Verständnis für die „andere Seite“ zu entwickeln und dem Verbundenheitsgefühl im Gerichtssaal entgegenzuwirken, schlug Peters zudem ein „System des Berufswechsels“ vor, insbesondere zwischen Richter- und Staatsanwaltschaft, optimalerweise ergänzt durch eine längere Tätigkeit des Richters als Strafverteidiger[1874].

5. Wiederaufnahme des Strafverfahrens

Peters‘ Forschungen zu den Fehlerquellen im Strafprozess sind nach wie vor aktuell. Auch wenn Peters‘ Ansichten zur Wiederaufnahme des Strafverfahrens sich nicht durchgesetzt haben, gehört er zu den einflussreichsten Vertretern dieses Rechtsgebiets[1875].

1868 *K. Peters*, FS Schäfer (1980), S. 137 (149 f.); *ders.*, FS Baumann (1992), S. 319 (326).

1869 So *Y. Ott*, in: KK-StPO, § 261 Rn. 45 als Überschrift.

1870 *K. Peters*, FS Baumann (1992), S. 319 (323 f.).

1871 *K. Peters*, in: Kriminologische Aktualität, S. 32.

1872 *K. Peters*, Rechtsmittelsystem, 52. DJT, C52; *ders.*, ArchKrim 1984, S. 1 (10); dahingehend der Beschluss auf dem 52. DJT, 1979, siehe Sitzungsbericht I, S. 189, 222; anders noch *ders.*, Fehlerquellen, Bd. 2, S. 309, wo Peters eine Änderung des § 261 StPO nicht für empfehlenswert hielt.

1873 *K. Peters*, ArchKrim 1984, S. 1 (9).

1874 *K. Peters*, Richterrecht, in: Ausgewählte Schriften, S. 255.

1875 Literatur, in der Peters‘ Einfluss auf das Wiederaufnahmerecht deutlich wird: *K. H. Gössel*, in: Löwe-Rosenberg, Vor § 359 Rn. 1; *S. Brinkmann*, Zum Anwendungsbereich

a) Grundlagen

Das Wiederaufnahmeverfahren dient „der Beseitigung rechtskräftiger Fehlentscheidungen, deren Bestand aus Gründen der Wahrheit, der Gerechtigkeit und der Rechtsbewährung unerträglich ist“[1876]. Das gesetzliche Konzept der §§ 359 ff. StPO sowie deren praktische Handhabung zeigen, dass der Korrektur fehlerhafter Urteile enge Grenzen gesetzt sind.

Peters‘ Überlegungen galten zunächst der nötigen Grundhaltung, der „inneren Reform“ im Umgang mit Wiederaufnahmeverfahren. Der Rechtskraftgedanke sei eine „heilige Kuh“ der Juristen, die einen „bequemen Ruheplatz“ sichere[1877]. Rechtssicherheit dürfe zu Lasten materieller Einzelfallgerechtigkeit jedoch nicht überbetont und zu einseitig gesehen werden[1878]. Zum anderen wendete sich Peters gegen die Einordnung des Wiederaufnahmeverfahrens als Rechtsbehelf, der nicht als weiteres Rechtsmittel der Korrektur von Fehlurteilen diene, sondern Ausnahmecharakter habe[1879]. So verwies er auf den historischen Gesetzgeber, der die Wiederaufnahme als Ersatz für eine fehlende Berufungsinstanz konzipiert hatte[1880]. Auch sei die Seltenheit des Verfahrens kein Argument für dessen Ausnahmestellung. Vielmehr müsse die Wiederaufnahme bei Vorliegen ihrer Voraussetzungen der Regelfall sein[1881]. Hinsichtlich dieser

---

der §§ 359 ff. StPO, S. 15 f.; insgesamt. *C. Arnemann*, Defizite der Wiederaufnahme. Zum Einfluss auf die Entwicklungen des Wiederaufnahmerechts in Japan siehe *H. Nose*, Fehlerquellen im japanischen Strafprozeß, in: FS K. Peters (1984), S. 399 ff.

1876 *K. Peters*, Strafprozeß[4], S. 688; so bspw. auch *C. Roxin/B. Schünemann*, StrafverfahrensR, § 57 Rn. 1.

1877 *K. Peters*, FS Gallas (1973), S. 441 (455); vgl. *R. Eschelbach*, FS Stöckel (2010), S. 199 (205): „Sabbat aller Prinzipien“.

1878 *K. Peters*, Die Reform, in: Ausgewählte Schriften, S. 522; *ders.*, Fehlerquellen, Bd. 3, S. 3: „Der Strafprozeß zielt auf seine inhaltliche und sachlich richtige Gestaltung ab“; vgl. dazu Kap. C. III. 3. b) aa).

1879 So aber die herrschende Ansicht *H.-H. Kühne*, StrafprozessR, Rn. 1106; *F. Loos*, in: AK-StPO, vor § 359 Rn. 1; *B. Schmitt*, in: Meyer-Goßner/ders., Vor § 359 Rn. 1 f.; *W. Schmidt*, in: KK-StPO, Vor § 359 Rn. 4 f.

1880 *K. Peters*, GS H. Kaufmann (1986), S. 912; so auch *R. Eschelbach*, in: KMR-StPO, § 368 Rn. 7; *H. Prantl*, StraFO 2015, S. 221; *K. Wasserburg*, Die Wiederaufnahme, S. 13. Dagegen unter Verweis auf die weitere Rechtsentwicklung etwa *P. Rieß*, NStZ 1994, S. 153 (154 f.). Zur historischen Entwicklung siehe *C. Arnemann*, Defizite der Wiederaufnahme, S. 169 – 185.

1881 *K. Peters*, in: Lüttger (Hrsg.), Strafprozeßreform, S. 112; dagegen *K. H. Gössel*, in: Löwe-Rosenberg, Vor § 359 Rn. 16.

Voraussetzungen, die nach gesetzlicher Wertung streng ausgestaltet und in der Praxis eng ausgelegt werden, plädierte Peters für eine Orientierung am Grundverfahren: An die Zulässigkeit und Begründetheit des Wiederaufnahmeantrages seien umso höhere Anforderungen zu stellen, je zuverlässiger das Grundurteil erscheine[1882].

Die Tatsache, dass es viele Fehlerquellen, aber nur wenige Wiederaufnahmeverfahren gibt und die Zahl erfolgloser Wiederaufnahmen hoch ist[1883], wird vielfach einer justiziellen Abwehrhaltung der Juristen zugeschrieben. Neben einer abneigenden Tendenz gegenüber der Wiederholung eines rechtskräftig abgeschlossenen Verfahrens werden Kritikempfindlichkeit, ein unerschütterlicher Glaube an die Richtigkeit einer Entscheidung sowie „Solidarisierungstendenzen" unter Justizjuristen als Ursachen benannt[1884] – vom Wiederaufnahmeantrag als „Majestätsbeleidigung" und von dessen Ablehnen „auf Biegen und Brechen" ist die Rede[1885]. Skepsis erwachse aber auch aus der richterlichen Berufserfahrung im Umgang mit Täuschungsversuchen im Rechtsbehelfsverfahren[1886] sowie aus mangelnder Vertrauenswürdigkeit oder Qualität der Strafverteidiger[1887].

Da ein Wiederaufnahmeverfahren unabhängig von der Haltung der Justiz vielfältigen rechtlichen und tatsächlichen Problemen ausgesetzt ist – insbesondere Zeit-, Kosten- und Arbeitsaufwand, der Schwierigkeit bei der Rekonstruktion und Nachholbarkeit der Beweisaufnahme –, stellte Peters klar, dass das Problem der Fehlurteile nicht vorrangig mit dem Instrument der Wiederaufnahme gelöst

---

1882 *K. Peters*, Die Reform, in: Ausgewählte Schriften, S. 522 f.

1883 So *H. Prantl*, StraFO 2015, S. 221 (222). Vgl. *C. Püschel*, StraFO 2015, S. 269 f., wonach nach Schätzungen jedes vierte Urteil ein Fehlurteil ist. Da verlässliche Daten fehlen, fordert er in Fortführung der Arbeit von Peters eine systematische Untersuchung zu den Fehlerquellen. Siehe dazu *B. Dunkel*, Fehlentscheidungen in der Justiz. Systematische Analyse von Wiederaufnahmeverfahren in Strafverfahren im Hinblick auf Häufigkeit und Risikofaktoren, Diss., Baden-Baden 2018; *T. Böhme*, Das strafgerichtliche Fehlurteil – Systemimmanenz oder vermeidbares Unrecht? Eine Untersuchung zu den Ursachen von Fehlurteilen und den Möglichkeiten ihrer Vermeidung, Diss., Baden-Baden 2018.

1884 *K. Peters*, FS Würtenberger (1977), S. 77 (84); so auch *R. Eschelbach*, FS Stöckel (2010), S. 199 (204 f.). Siehe dazu die Untersuchung *C. Arnemann*, Defizite der Wiederaufnahme, S. 270 f.

1885 *H. Prantl*, StraFO 2015, S. 221 (222); ähnlich drastisch *U. Sommer*, Effektive Strafverteidigung, Rn. 2264; vgl. *R. Eschelbach*, in: KMR-StPO, Vor § 359 Rn. 29, der von verschärfter Funktionslosigkeit des Wiederaufnahmerechts spricht.

1886 *K. Peters*, FS Dünnebier (1982), S. 53 (73).

1887 *K. Marxen/F. Tiemann*, Die Wiederaufnahme, Rn. 1.

werden kann. Als letztes Sicherungsventil im „justizinternen Korrektursystem" komme das Wiederaufnahmeverfahren zu spät[1888]. Das geeignete Mittel zur Absicherung der Richtigkeit eines Urteils und Vermeidung von Fehlurteilen sei ein sachgemäß und kriminalistisch einwandfrei durchgeführtes Grundverfahren[1889]. Der Rechtskraftgedanke müsse *alle* Beteiligten am Strafverfahren zu erschöpfender Sachverhaltsaufklärung zwingen[1890].

b) *Ursachen für das Scheitern von Wiederaufnahmeverfahren*

Wichtig war Peters die Hervorhebung, dass sich hinter Wiederaufnahmeanträgen menschliche Schicksale verbergen. Besonders auffällig ist ein häufiges Scheitern von Wiederaufnahmeverfahren bereits im Zulässigkeitsverfahren. Generalartig bestimmt der wichtigste Wiederaufnahmegrund zugunsten Verurteilter, dass beigebrachte neue Tatsachen oder Beweismittel *geeignet* sein müssen, einen Freispruch oder eine Bestrafung aus einem milderen Strafgesetz herbeizuführen (§ 359 Nr. 5 StPO). Unter Wahrung der Grenzen einer eingeschränkten Beweisantizipation[1891] muss im Rahmen der Geeignetheitsprüfung eine Beweiswürdigung ohne Beweisaufnahme abstrakt vorweggenommen werden[1892]. Nach Peters' Ansicht führt diese vorweggenommene Beweiswürdigung zu einer nicht zu billigenden Verschiebung der Sachentscheidung in die Zulässigkeit[1893]. Dadurch seien das dem Antragsteller zugesicherte Beweisverfahren abgeblockt und Verteidigungsrechte verkürzt. Die Wiederaufnahme des Verfahrens werde zum „Windei"[1894], dem Verurteilten sei de facto die Beweisaufnahme auferlegt[1895].

Eine häufige Ursache für das Scheitern von Wiederaufnahmen sei aber auch die mangelnde Vorbereitung; einen echten Fehler stelle insbesondere die unvollständige Beibringung von Wiederaufnahmegründen dar. Dahingehend müsse das Grundverfahren sorgfältig auf mangelhafte Aufklärung und Ausschöpfung

---

1888 So in Peters' Sinne *H. Prantl*, StraFO 2015, S. 221 (222).

1889 *K. Peters*, FS Gallas (1973), S. 441 (456); *ders.*, Rechtsmittelsystem, 52. DJT, C11.

1890 *K. Peters*, FS Gallas (1973), S. 441 (455).

1891 BGHSt 17, 303 (304); 39, 75 (85); *B. Schmitt*, in: Meyer-Goßner/ders., § 368 Rn. 9.

1892 *K. Peters*, Fehlerquellen, Bd. 2, S. 316; *ders.*, FS Gallas (1973), S. 441 (449).

1893 *K. Peters*, Fehlerquellen, Bd. 3, S. 135; so auch *R. Eschelbach*, FS Stöckel (2010), S. 199 (206); *F. Loos*, in: AK-StPO, § 368 Rn. 26. Zum umstrittenen Meinungsstand siehe *K. H. Gössel*, in: Löwe-Rosenberg, § 368 Rn. 24 f.

1894 *K. Peters*, FS Dünnebier (1982), S. 53 (72).

1895 *K. Peters*, Die Reform, in: Ausgewählte Schriften, S. 524.

der Beweisaufnahme und Beweismöglichkeiten überprüft werden. Notwendig sei auch die Prüfung, ob der Sachverhalt und die dem Grundurteil zu Grunde gelegten Gutachten dem aktuellen wissenschaftlichen Kenntnisstand entsprechen[1896]. Neben Geduld, Zeit und Beharrlichkeit erfordere die Wiederaufnahme genaue Aktenkenntnis und kriminalistische Sachkunde. „Nur kriminalistisch einwandfreie Arbeit ist geeignet, die ganz zweifellos vorhandene Abwehrhaltung der Justiz zu überwinden“[1897].

Problematisch sei auch der Umgang mit neuen Beweisen und Tatsachen im Wiederaufnahmeverfahren. Weil sie nicht selten nur isoliert einbezogen werden, mangele es an einer hinreichenden Gesamtwürdigung der alten und neuen Beweislage[1898]. Zur Beschränkung der Wiederaufnahme führe auch die enge Auslegung der maßgeblichen Begriffe[1899]. Besonders schwierig sei ein Wiederaufnahmeverfahren, das sich gegen die Beweiswürdigung im Grundurteil richtet. Oft könne die Beweiswürdigung nicht korrigiert werden, weil neu vorgetragene Tatsachen oder Beweismittel zu forsch abgeblockt würden und sich das Wiederaufnahmegericht nicht für befugt hielt, eine nicht haltbare Beweiswürdigung zu revidieren[1900].

c) Reformvorschläge

aa) Zulässigkeit

Vordringlich schlug Peters eine Lockerung der Zulässigkeitsvoraussetzungen und eine Verlagerung der Prüfung des Wiederaufnahmeantrags in die Begründetheit vor[1901]. Den Maßstab der Schlüssigkeit im Rahmen der Geeignetheitsprüfung[1902] lehnte Peters ab. Verstanden als bloßer Filter zur Aussonderung von

---

1896 *K. Peters*, FS Gallas (1973), S. 441 (452 f.).

1897 *K. Peters*, FS Gallas (1973), S. 441 (455). Zu den rechtlichen und tatsächlichen Problemen des Strafverteidigers siehe *G. Strate*, Der Verteidiger in der Wiederaufnahme, StV 1999, S. 228 ff.

1898 *K. Peters*, in: Lüttger (Hrsg.), Strafprozeßreform, S. 114; so auch *R. Eschelbach*, FS Stöckel (2010), S. 199 (206); *ders.*, in: KMR-StPO, § 368 Rn. 31.

1899 *K. Peters*, Die Reform, in: Ausgewählte Schriften, S. 525.

1900 *K. Peters*, Die Reform, in: Ausgewählte Schriften, S. 525; vgl. *ders.*, Rechtsmittelsystem, 52. DJT, C33: „Im Wiederaufnahmeverfahren […], der einem Vogel mit gestutzten Flügeln vergleichbar ist, können Beweiswürdigungsfehler nicht erfaßt werden“.

1901 Ausdrücklich dagegen *W. Schmidt*, in: KK-StPO, § 368 Rn. 11 f.

1902 Siehe Nachweise bei *R. Eschelbach*, in: KMR-StPO, § 368 Rn. 10.

eindeutig unhaltbaren und missbräuchlichen Anträgen, dürfe in der Zulässigkeit nur überprüft werden, ob die formalen Voraussetzungen erfüllt und die vorgebrachten Tatsachen oder Beweismittel allgemein erfolgsgeeignet seien[1903]. Die Eignung habe sich dabei an dem Beweisantragsrecht in analoger Anwendung zu orientieren[1904]: Nach § 244 Abs. 3 StPO ist ein Beweisantrag insbesondere dann ungeeignet, wenn die Beweiserhebung rechtlich unzulässig, sie nach anerkannten Erfahrungsregeln offenkundig überflüssig oder das Beweismittel für das Gericht unerreichbar ist. Dadurch würden von vornherein nur Wiederaufnahmen ohne Erfolgsaussichten ausgeschlossen werden[1905]. Ferner dürfe vom Verurteilten nur verlangt werden, dass sachdienliche neue Tatsachen oder Beweismittel angeboten und darlegt werden müssen[1906].

bb) Begriff der „Tatsache“

Obwohl § 359 Nr. 5 StPO eine Auffangfunktion hat, führt eine restriktive Handhabung der Vorschrift in der Praxis dazu, dass ein effektives Wiederaufnahmerecht letztlich nicht mehr besteht[1907]. Entscheidende Weichenstellung im Wiederaufnahmeverfahren hat die Auslegung des Begriffs der neuen „Tatsache“. Der weit verstandene Begriff der Tatsache erfasst alle dem Beweis zugänglichen vergangenen oder gegenwärtigen Vorgänge, Ereignisse, Gegebenheiten, Umstände, Eigenschaften und Zusammenhänge[1908]; Bewertungen und Rechtsauffassungen sind ausgeschlossen. Peters nahm zur näheren Systematisierung eine Differenzierung nach Sachverhaltstatsachen, Beweismitteltatsachen (z.B. Umstände der Glaubwürdigkeitsbeurteilung), wissenschaftlichen Tatsachen (gültige Denkgesetze und zwingende Regeln), Prozesstatsachen (z.B.

1903 *K. Peters*, Die Reform, in: Ausgewählte Schriften, S. 526; *ders.*, Fehlerquellen, Bd. 3, S. 137; ähnlich *R. Eschelbach*, in: KMR-StPO, § 368 Rn. 8, der eine „Grobsichtung“ befürwortet.

1904 *K. Peters*, Fehlerquellen, Bd. 3, S. 136; so auch *H. Frister*, in: SK-StPO, § 368 Rn. 11; gegen eine Analogie, aber für eine mittelbare und restriktive Anwendung *K. Marxen/F. Tiemann*, Die Wiederaufnahme, Rn. 232, 234; *B. Schmitt*, in: Meyer-Goßner/ders., § 368 Rn. 7; *K. H. Gössel*, in: Löwe-Rosenberg, § 368 Rn. 24; gänzlich ablehnend *W. Schmidt*, in: KK-StPO, § 368 Rn. 10.

1905 *K. Peters*, Strafprozeß[4], S. 682.

1906 *K. Peters*, Fehlerquellen, Bd. 3, S. 137.

1907 So *R. Eschelbach*, in: KMR-StPO, § 359 Rn. 4, 122.

1908 BGHSt 39, 75 (79 f.); *W. Beulke/S. Swoboda*, StrafprozessR, Rn. 586; *K. Marxen/F. Tiemann*, Die Wiederaufnahme, Rn. 122; *K. Peters*, Strafprozeß[4], S. 673 f.

Verjährung, Strafantrag) sowie Rechtstatsachen vor[1909]. Umstritten sind die beiden letztgenannten Tatsachentypen, insbesondere der von Peters eingeführte Begriff der Rechtstatsache[1910].

Da es für den zu Unrecht Verurteilten keinen Unterschied mache, ob das gegen ihn ergangene Urteil auf einer falschen Sachverhaltsfeststellung oder auf einem Rechtsfehler beruhe[1911], wollte Peters die Wiederaufnahme auf gravierende Rechtsfehler ausdehnen und so einen neuen Rechtsbehelf schaffen. „Rechtstatsache" umschreibt Peters als „Realität eines Rechtssatzes", die (wie eine Tatsache) Allgemeingültigkeit beansprucht. Hierzu gehören beispielsweise Verstöße gegen Beweismittelverbote, die Verbote des § 136a StPO, das (Nicht-)Bestehen einer Strafnorm und Verstöße gegen eindeutige gesetzliche Regelungen. Ist eine Rechtsregel oder -norm hingegen noch auslegungsbedürftig, liegt keine die Wiederaufnahme begründende Tatsache vor[1912]. Ebenfalls keine Rechtstatsachen sind Änderungen des angewendeten Gesetzes oder der Rechtsprechung[1913].

Nach herrschender Lehre kann der Wiederaufnahmeantrag weder mit Rechtstatsachen noch mit materiell-rechtlichen Fehlern begründet werden, selbst wenn sie offensichtlich sind[1914]. Neben der Unschärfe des Begriffs der Rechtstatsache und der Beschränkung auf „offensichtliche Rechtsfehler"[1915] werden Peters „Begriffserschleichung"[1916] und ein gesetzes- und systemwidriger Ansatz vorgeworfen, da sein Vorschlag auf eine Korrektur normativ fehlerhafter Rechtsanwendung hinauslaufe. Im Gegensatz zur Revision ist die Wiederaufnahme allein auf die Überprüfung des Grundurteils auf Tatsachenbasis und nicht auf rechtlicher Grundlage angelegt. Die Umformung der Wiederaufnahme in ein – wenn auch auf besondere Einzelfälle beschränktes – revisionsähnliches

---

1909 Siehe Übersicht *K. Peters*, Fehlerquellen, Bd. 3, S. 71; so auch *R. Eschelbach*, in: KMR-StPO, § 359 Rn. 127 ff.; *W. Schmidt*, in: KK-StPO, § 359 Rn. 17.

1910 Mehrheitlich wird die Prozesstatsache nicht anerkannt, da bloße Verfahrensfehler keine neuen Tatsachen hervorbringen, sofern sie keine Verfahrenseinstellung begründen so *R. Eschelbach*, in: KMR-StPO, § 359 Rn. 140 ff.; *K. H. Gössel*, in: Löwe-Rosenberg, § 359 Rn. 66; *B. Schmitt*, in: Meyer-Goßner/ders., § 359 Rn. 22.

1911 *J. Meyer*, ZRP 1993, S. 284; *K. Peters*, Fehlerquellen, Bd. 3, S. 63.

1912 *K. Peters*, Fehlerquellen, Bd. 3, S. 63 f.; *ders.*, Strafprozeß[4], S. 674.

1913 *K. Peters*, Fehlerquellen, Bd. 3, S. 66.

1914 BGHSt 39, 75 (79); *B. Schmitt*, in: Meyer-Goßner/ders., § 359 Rn. 24 f.

1915 *K. H. Gössel*, in: Löwe-Rosenberg, § 359 Rn. 77; *F. Loos*, in: AK-StPO, vor § 359 Rn. 7; *K. Marxen/F. Tiemann*, Die Wiederaufnahme, Rn. 174.

1916 *F. Loos*, in: AK-StPO, vor § 359 Rn. 7.

Überprüfungsverfahren oder in eine Nichtigkeitsbeschwerde sei systemwidrig[1917]. Zu verweisen sei im Übrigen auf die Wertung des § 79 Abs. 1 BVerfGG[1918].

Zu entgegen ist dieser Kritik, dass sie von einer scharfen Trennbarkeit von Tat- und Rechtsfragen ausgeht, obwohl die Revisionsgerichte selbst eine solche Trennung nicht immer konsequent durchführen[1919]. Als augenfällige Konstellation, in der ein falsches Urteil wegen der Begrenzung der Wiederaufnahme auf der Tatsachengrundlage bestehen bleiben muss, wurde von Peters der Fall benannt, dass ein Tatbestandsmerkmal bejaht wird, obwohl der betreffende Sachverhalt nicht vorliegt und der Wiederaufnahmeantrag als unzulässig verworfen wird, weil der Fehler als Rechtsfehler behandelt wird. Die Frage, ob Rechts- oder Sachverhaltsfragen berührt seien, müsse aber letztlich sekundär bleiben, wenn durch die (Nicht-)Anwendung einer Rechtsregel auf einen Sachverhalt die Rechtstatsache zur sachverhaltsbezogenen Tatsache i.S.d. § 359 Nr. 5 StPO werde[1920]. Anzumerken ist, dass eine Reform des Wiederaufnahmeverfahrens, trotz der allgemeinen Forderung nach einer Korrektur von gravierenden (materiell-rechtlichen) Rechtsfehlern, bisher erfolglos geblieben ist[1921].

1917 *K. H. Gössel*, in: Löwe-Rosenberg, § 359 Rn. 75, 77; *K. Marxen/F. Tiemann*, Die Wiederaufnahme, Rn. 174.; *P. Rieß*, NStZ 1994, S. 153 (158).

1918 *R. Eschelbach*, in: KMR-StPO, § 359 Rn. 148.

1919 *S. Brinkmann*, Zum Anwendungsbereich der §§ 359 ff. StPO, S. 234, hier auch eine ausführliche Verteidigung von Peters' Ansatz (S. 234 – 238, vgl. S. 272 das Fazit).

1920 *K. Peters*, Fehlerquellen, Bd. 3, S. 64.

1921 1996 präsentierte die SPD-Fraktion einen Gesetzentwurf zur Reform des Wiederaufnahmeverfahrens, der federführend von Peters' Doktoranden und Mitarbeiter Jürgen Meyer erarbeitet wurde. U.a. sah der Entwurf eine Rechtsvereinfachung durch Ersetzung der speziellen Wiederaufnahmegründe wegen Tatsachenfehlern durch einen allg. Wiederaufnahmegrund und die Einführung eines Wiederaufnahmegrunds bei Vorliegen offensichtlicher Rechtsfehler vor (BT-Drs. 13/3594, S. 2 f., 5 f.; vgl. bereits BT-Drs. 12/6219). Nach kontroversen Beratungen im Rechtsausschuss wurde lediglich der Vorschlag eines europarechtsharmonisiernden Wiederaufnahmegrunds aufgegriffen. Dahingehend wurde das Wiederaufnahmerecht durch Gesetz vom 9. Juli 1998, BGBl. I, S. 1802 durch § 359 Nr. 6 StPO (Wiederaufnahme bei festgestellter Verletzung der Menschenrechtskonvention) erweitert. Peters reagierte auf diese zumindest teilweise Erfüllung seiner Forderung nach einer Erweiterung der Wiederaufnahme mit Zustimmung und Freude, so *K. Tiedemann*, JZ 2000, S. 139 (140). Die jüngste Initiative zur Erweiterung der Wiederaufnahme stellt der Entwurf „Gesetz zur Herstellung materieller Gerechtigkeit" (BT-Drs. 19/30399) vom 8. Juni 2021 dar. Zur Reformentwicklungen siehe *H. Frister*, in: SK-StPO, Vor § 359 Rn. 29 f.; *K. H. Gössel*, in: Löwe-Rosenberg, Vor § 359 Rn. 188, 191 – 194.

cc) Beibringung neuer Beweise und Tatsachen

Da die Beibringung neuer Beweise und Tatsachen dem Verurteilten erhebliche Schwierigkeiten bereitet, forderte Peters die Mitwirkung der Staatsanwaltschaft bei den Vorermittlungen im Wiederaufnahmeverfahren[1922]. Normativ leitete er den Vorschlag aus § 160 Abs. 2 StPO[1923] her, wonach die Staatsanwaltschaft zur Ermittlung be- und entlastender Umstände verpflichtet ist[1924]. Im Übrigen plädierte Peters für die Bestellung eines Pflichtverteidigers[1925]; um die Stellung des Verurteilten im Wiederaufnahmeverfahren zu verbessern, wurde dieser Forderung 1974 entsprochen[1926]. Im Vergleich mit den Strafverfolgungsorganen sei der Verteidiger aber „ein Ermittlungsorgan ohne rechtliche Durchschlagskraft“[1927]. Peters forderte deshalb eine Erweiterung der Befugnisse dahin, dass der Verteidiger die Staatsanwaltschaft zu konkreten Ermittlungen veranlassen kann und bei Durchsuchungen anwesend ist. Dadurch würde das vom Strafverteidiger vorgebrachte Beweismaterial mehr Objektivität und Vertrauenswürdigkeit erlangen[1928].

dd) Zuständigkeit

Mit der Teilreform des Strafverfahrens im Jahr 1974, die u.a. durch Peters' Untersuchungen zu den Fehlerquellen inspiriert worden ist[1929], wurde die Übertragung des Wiederaufnahmeverfahrens auf ein anderes Gericht geregelt (§ 140a GVG). Die Erwartung, dass der Wechsel des Richters (§ 23 Abs. 2 StPO) und des Gerichts zu mehr Offenheit im Umgang mit Wiederaufnahmeanträgen führt[1930],

---

1922 *K. Peters*, Fehlerquellen, Bd. 2, S. 324; *ders.*, Die Reform, in: Ausgewählte Schriften, S. 526.

1923 So auch *K. H. Gössel*, in: Löwe-Rosenberg, § 364b Rn. 7; gegen die Anwendbarkeit der Vorschrift *K. Marxen/F. Tiemann*, Die Wiederaufnahme, Rn. 463; *W. Schmidt*, in: KK-StPO, § 364b Rn. 2.

1924 *K. Peters*, FS Gallas (1973), S. 441 (451 f.); *ders.*, Die Reform, in: Ausgewählte Schriften, S. 526.

1925 *K. Peters*, Fehlerquellen, Bd. 2, S. 323.

1926 Mit dem Ersten Gesetz zur Reform des Strafverfahrensrechts vom 9. Dez. 1974, BGBl. I, S. 3686 wurde in den §§ 364a, 364b StPO die Möglichkeit der Bestellung eines Verteidigers auch zur Vorbereitung einer Wiederaufnahme eingeführt.

1927 *K. Peters*, Fehlerquellen, Bd. 3, S. 115; zustimmend *K. H. Gössel*, in: Löwe-Rosenberg, § 364b Rn. 6; vgl. *C. Arnemann*, Defizite der Wiederaufnahme, S. 240.

1928 *K. Peters*, Fehlerquellen, Bd. 3, S. 116; kritisch zur Aufklärungslast des Strafverteidigers *R. Eschelbach*, in: KMR-StPO, § 364b Rn. 7.

1929 *H. Frister*, in: SK-StPO, Vor § 359 Rn. 29; *F. Loos*, in: AK-StPO, vor § 359 Rn. 37.

1930 *K. Peters*, Strafprozeß², S. 42; so auch *P. Rieß*, NStZ 1994, S. 153 (154)

hat sich nach Peters' Einschätzung allerdings nicht erfüllt. Angesichts einer unvermindert hohen Zahl schon im Zulassungsverfahren gescheiterter Wiederaufnahmen sah er weniger ein Problem in der möglichen Voreingenommenheit des Gerichts im Grundverfahren als in der allgemein ablehnenden Einstellung der Richterschaft gegenüber Wiederaufnahmen[1931]. Möglicherweise führe die Regelung sogar zu einer Erschwerung des Wiederaufnahmeverfahrens, weil der neue Richter keine Verantwortung für die Verurteilung trage[1932].

6. Abschließende Bemerkungen

Mit Peters' Namen sind sein Ansatz zu einer Strafprozessrechts- und Strafprozesslehre und vor allem die „Fehlerquellen im Strafprozeß" verbunden. Seine an der Rechtswirklichkeit orientierte und ganzheitliche Sicht ist noch heute wirksam, auch wenn seine Sichtweisen nicht immer richtig verstanden und ernst genommen würden[1933]. Peters' Forschungen zu den Ursachen von Fehlurteilen beanspruchen nach wie vor Gültigkeit und haben die Grundlage für neuere Entwicklungen in der Rechtstatsachenforschung und Rechtspsychologie (Aussagepsychologie) gelegt. Ein Gesamtsystem des Strafverfahrensrechts hat er nicht hinterlassen. Neue Erkenntnisse behandelte er in „eigenwilliger"[1934] Art und Weise, ohne sie in das juristische Gesamtsystem einzufügen.

Peters' teils heftige Kritik an Gesetzgebung, Rechtsprechung und Rechtspraxis mit der Tendenz zum Grundsätzlichen, zur Belehrung und Moralisierung, und Sätze wie „Es stimmt mit unseren Juristen hier etwas nicht"[1935], haben ihn teils in die Nähe der Querulanz rücken lassen. Auf den Vorwurf, seine Feststellungen seien aus Überheblichkeit erwachsen, er betreibe bloße „Richterschelte" und sei kritiksüchtig gegenüber der Rechtspflege[1936], hat er angemessen zu antworten gewusst.

1931 *K. Peters*, FS Dünnebier (1982), S. 53 (71).

1932 *K. Peters*, Strafprozeß[4], S. 48; so auch *R. Eschelbach*, FS Stöckel (2010), S. 199 (206).

1933 So *M. Heghmanns*, in: Hoeren (Hrsg.), Münsteraner Juraprofessoren, S. 115.

1934 So *E.-W. Hanack*, NJW 1983, S. 24.

1935 So *K. Peters*, FS Baumann (1992), S. 319 (320) in Bezug auf die ablehnende Haltung in der Strafjustiz, von Gnadenbehörden und Justizministerium gegenüber der Korrektur von selbst folgenschweren Fehlurteilen.

1936 Vgl. UA-T, 198/13, S. 92; *K. Peters*, Untersuchung zum Fehlurteil, S. 29; *ders.*, Der neue Strafprozeß, S. 49; *ders.*, Fehlerquellen, Bd. 1, S. V f.

Die Aufgabe der Wissenschaft sei die Mahnung und Warnung[1937]; die Aufgabe der Justiz sei die rechtlich und tatsächlich abgesicherte Wahrheits- und Gerechtigkeitsfindung[1938]. Die Darlegung von Gefährdungen der Strafrechtspflege und die Fehlerquellenanalyse solle die ohnehin schwere Aufgabe der Justiz nicht belasten oder gar lähmen. Für die Arbeit des Strafrichters könne es aber nur von Vorteil sein, wenn dieser den vollen Umfang der Schwierigkeiten seines Amtes sehe und „das Defizit der strafprozessualen und allgemein strafrechtlichen Ausbildung spürbar empfindet“[1939]. Dem Bemühen um eine Verbesserung der Rechtspflege habe die Erkenntnis zu folgen, dass „auch die eigene Arbeit und die eigenen Wertungen in der Gefahr des Fehlgehens“ stehen[1940]. Peters‘ betonte, dass die Fehlerquellenforschung und die daraus erwachsenen Forderungen insbesondere an Sachverhaltsfeststellung und Beweissicherung nicht der „Phantasie eines Fälle bildenden Theoretikers“[1941], den „theoretisch ausgedachten Denkmöglichkeiten“[1942] oder am Schreibtisch erfundenen Warnungen[1943] entsprungen, sondern in der strafgerichtlichen Praxis belegbar seien.

IV. Jugendstrafrecht

Peters‘ Beitrag zum Jugend(-straf-)recht nach 1945 knüpft unmittelbar an seine praktischen Erfahrungen als Jugendstaatsanwalt und seine Veröffentlichungen der 30er und 40er Jahre an. Zentral sind Peters‘ Überlegungen zu einer Entkriminalisierung des Jugendstrafrechts, die mit dem Begriff eines Jugendkonfliktrechts verbunden sind.

1. Ansatz

Peters stand dem Terminus Jugend*straf*recht – nach wie vor – skeptisch gegenüber, weshalb er lieber von Jugendrecht oder Jugendkonfliktrecht[1944] sprach.

1937 Vgl. *K. Peters*, Untersuchung zum Fehlurteil, S. 27: „Jedes einzelne Wiederaufnahmeverfahren ist Mahnung und Warnung“. Vgl. bereits Kap. C. III. 4.

1938 *K. Peters*, Fehlerquellen, Bd. 1, S. V f.; *ders.*, FS Dünnebier (1982), S. 53 (74).

1939 *K. Peters*, GS H. Kaufmann (1986), S. 913 (926); siehe auch *R. Eschelbach*, FS Stöckel (2010), S. 199 (201), der die Diskussion um die richterliche Berufsethik thematisiert.

1940 *K. Peters*, Fehlerquellen, Bd. 1, S. V f.; vgl. *ders.*, GS Meyer (1990), S. 331 (342): „Bewußtsein der menschlichen Irrtumsmöglichkeit“.

1941 *K. Peters*, FS Dünnebier (1982), S. 53 (62).

1942 *K. Peters*, FS Baumann (1992), S. 319 (322).

1943 *K. Peters*, Fehlerquellen, Bd. 2, S. 213.

1944 Vgl. bereits Kap. B. V. 2. c) ee), ausführlich zur Terminologie Kap. C. IV. 3. a).

Zum selbstständigen Rechtsgebiet des Jugendrechts zählte Peters alles, was innerhalb der Rechtsordnung für die Entwicklung, Förderung und den Schutz der Jugendlichen von Bedeutung ist. Jugendstrafrecht ist demnach neben dem Jugendfürsorge-, -pflege- und Erziehungsrecht ein Teil des Jugendrechts[1945].

Unter dieser Prämisse setzte Peters sich mit der geistigen, seelischen und sozialen Entwicklung von Jugendlichen, den Ursachen von Jugendkriminalität und den rechtlichen und pädagogischen Aufgabenfeldern auseinander. Seine Grundlagenforschung verknüpft Kriminologie und Strafvollzug mit außerjuristischen Wissenschaften (Psychologie, Soziologie und Pädagogik) und fußt auf Peters' christlichem Wertebild. Neben der Fortentwicklung des Jugendrechts ging es ihm darum, einen inneren Wandel in Gang zu setzen. Vor allem die Wissenschaft sah Peters in der Pflicht, die Impulse für eine Umstrukturierung des Jugendstrafrechts zu einem schlüssigen Erziehungskonzept zu geben und zu einer Jugendrechtslehre zusammenzuführen.

2. Jugendgerichtsgesetz von 1953

Im Entwurf von 1947 zu einem reformierten Jugendgerichtsgesetz[1946] hatte Peters eingearbeitet, was er bereits in der Kommentierung des JGG (1942, 1944) als vorzugswürdig befunden hatte. Kritik und eigene Forderungen formulierte er nun aber deutlicher. So verpackte Peters in seinem Entwurf alte Ideen in etwas andere Formulierungen und in eine andere, rechtsstaatliche Ausrichtung[1947].

Wie das JGG 1953[1948], so orientierte sich auch Peters am RJGG 1943. Dabei betonte er, dass es bei der Reform nicht nur darum gehen dürfe, zur Rechtslage vor 1933 zurückzukehren. Vielmehr müsse das Jugendstrafrecht weiterentwickelt werden und an den aktuellen Problemen orientiert sein[1949]. Statt einer nur äußeren Reform der bloßen Gesetzesanpassung sei vor allem der geistige Mentalitätswechsel, die „innere Reform" entscheidend[1950].

1945 *K. Peters*, Art. Jugendrecht, in: LdP II, 1953, Sp. 1017 f.; *ders.*, Strafprozeß[4], S. 593.

1946 *K. Peters*, Werdendes Jugendstrafrecht, S. 53 – 81.

1947 Vgl. *I. Müller*, Furchtbare Juristen, S. 285, 301, der wohl von „entnazifizierten Schrifttum" sprechen würde. Ein nach Ansicht der Verf. polemischer und ungerechtfertigter Vorwurf, denn Sprache ist Ausdruck des jeweiligen Zeitgeists, zumal es unabhängig von der sprachlichen Einkleidung stets den Inhalt zu würdigen gilt.

1948 Jugendgerichtsgesetz vom 4. Aug. 1953, BGBl. I, S. 735. Ausführlich zu Tendenzen und Entwicklung des JGG 1953 siehe *B. Kraft*, Tendenzen, S. 113 – 147.

1949 *K. Peters*, Werdendes Jugendstrafrecht, S. 5 f., 85. So auch BT-Drs. I/3264, S. 35.

1950 *K. Peters*, MschrKrim 1966, S. 49 (62).

In Peters' Entwurf und im JGG 1953 wurden zunächst diejenigen Normen entfernt, die vom Rassengedanken getragen waren (§ 1 Abs. 2 RJGG 1943) und zu einer Verschärfung („Auflockerung") des Jugendstrafrechts in Bezug auf die Altersgrenzen und die Anwendung des Erwachsenenstrafrechts geführt hatten (§§ 3 Abs. 2, 20 RJGG 1943). So lehnte Peters die Bestrafung von unter 14jährigen ausnahmslos ab und bezeichnete die betreffenden Regelungen in der NS-Zeit als „Übersteigerung" und „Überspannung des Strafgedankens"[1951]. Anders als 1943 wendete er sich auch gegen eine Flexibilisierung der Altersgrenzen zu Lasten Jugendlicher[1952]. Wie schon seit Mitte der 30er Jahre trat Peters in seinem Entwurf für die Erweiterung des JGG auf die Altersgruppe der 18 bis 21jährigen ein. Als bedeutender Schritt in der Entwicklung des Jugendstrafrechts wurden in der Novelle von 1953 die „Heranwachsenden" in den §§ 1, 105 JGG erstmals berücksichtigt. Die 1943 abgeschaffte Strafaussetzung zur Bewährung und die Bewährungshilfe wurden eingeführt. Eine wesentliche Klarstellung in Peters' Entwurf und im JGG 1953 lag in Anlehnung an das JGG 1923 in der Rückkehr zum Vorrang des Erziehungsgedankens durch Neuordnung der Paragraphen (erst Erziehungsmaßregeln und Zuchtmittel, dann Strafe) und Betonung des Grundsatzes der Subsidiarität der Strafe. Die Erläuterungen zum Verhältnis von Strafe und Erziehung sind mit dem, was Peters in den 30/40er Jahren geschrieben hatte, im Wesentlichen identisch. Ein Vergleich zwischen Peters' Entwurf, dem JGG 1953 und der Kommentierung der Jahre 1942/44 zeigt aber, dass Peters noch deutlicher für eine Subsidiarität der Strafe eintrat und andere Vorstellungen zum Verhältnis von JGG und StGB hatte. In der Monographie „Grundprobleme der Kriminalpädagogik" (1960) veränderte und konkretisierte er seinen Ansatz zur Umsetzung des Erziehungsgedankens.

3. Rechtsstaatsmodell vs. Wohlfahrtsmodell

In der Diskussion um die Konzeption des Jugendrechts begegnen sich zwei Modelle: Das duale Modell von Jugendstrafrecht und Jugendhilfe und das von einem einheitlichen Erziehungsrecht ausgehende Wohlfahrtsmodell[1953]. Auf der Grundlage der klassischen Schule hat sich der deutsche Gesetzgeber für ein Nebeneinander von verselbstständigtem JGG und JWG entschieden[1954]. Eine

1951 *K. Peters*, Werdendes Jugendstrafrecht, S. 10 f., 82.

1952 Vgl. Kap. B. V. 2. c) ee) (4).

1953 *S. Brehm*, Weiterentwicklung, S. 9; *F. Schaffstein/W. Beulke/S. Swoboda*, JugendstrafR, Rn. 96.

1954 1991 wurde das JWG durch das Kinder- und Jugendhilfegesetz im SGB VIII ersetzt.

Verknüpfung wurde mittels Personalunion von Vormundschafts- und Jugendrichter[1955], Mitwirkung des Jugendamts im Strafverfahren und Einfügung sozialpädagogischer Elemente in die Jugendgerichtsbarkeit angestrebt[1956].

Mit der Novelle des JGG 1953, die sich im Wesentlichen auf die Beseitigung der Auswüchse des RJGG 1943 beschränkt hatte, lebte unter der Initiative von überwiegend Praktikern in den 60/70er Jahre eine Reformdiskussion auf[1957]. War der Erlass des JGG 1953 noch von einer optimistischen Grundstimmung begleitet, zeigte sich zunehmend Unzufriedenheit im Hinblick auf die Praktikabilität des JGG[1958]. Ernüchtert bemerkte Peters 1962, dass die Durchsetzung des bereits im JGG 1923 angelegten Vorrangs der Erziehung vor der Strafe in der Realität weithin nicht geschehen sei[1959]. Einen wichtigen Reformimpuls setzte der Jugendgerichtstag 1965 in Münster, auf dem Peters das Referat „Die Grundlagen der Behandlung junger Rechtsbrecher"[1960] hielt. Darin trat Peters für das Einheitsmodell ein und prägte die Diskussion durch seine Begriffe eines „Jugendkonfliktrechts" und einer „inneren Reform"[1961].

a) *Jugendkonfliktrecht*

Für Peters war Jugendstrafrecht in erster Linie Erziehungsrecht. Um deutlich zu machen, dass es sich bei der Verfehlung des Jugendlichen primär um einen Konflikt mit seiner Umwelt und damit um einen „Konfliktvorgang von pädagogischer

---

1955 Durch das Gesetz über das Verfahren in Familiensachen und in den Angelegenheiten der freiwilligen Gerichtsbarkeit vom 17. Dez. 2008, BGBl. I, S. 2586 wurde das Vormundschafts- durch das Familiengericht ersetzt.

1956 *H. Ostendorf/K. Drenkhahn*, JugendstrafR, Rn. 22. Kritisch zur Ausgestaltung der Personalunion *K. Peters*, Art. Jugendstrafrecht, in: HdK 1966, S. 465 f.; *F. Schaffstein/W. Beulke/S. Swoboda*, JugendstrafR, Rn. 594 f.

1957 So wurde in der Gesetzesbegründung zum JGG 1953 die Fortsetzung und wissenschaftliche Erarbeitung des Gebiets des Jugendstrafrechts „in einem großen Rahmen" angekündigt, BT-Drs. I/3264, S. 35.

1958 *B. Kraft*, Tendenzen, S. 151, 187, 189 - 191.

1959 *K. Peters*, Der junge Mensch, S. 4. Eine Studie zum Selbstverständnis der Jugendrichter von 1982 bestätigte diesen Befund, *R. Pommerening*, MschrKrim 1982, S. 193 (195): Dominanz des strafrechtlichen Modells.

1960 Abgedruckt in Deutsche Vereinigung für Jugendgerichte und Jugendgerichtshilfen e.V. (Hrsg.), Bericht über die Verhandlungen des 13. Deutschen Jugendgerichtstages in Münster und MschrKrim 1966, S. 49 - 62.

1961 Vgl. *H. Jung*, JuS 1992, S. 186; *B.-R. Sonnen*, in: Diemer/Schatz/ders., JGG, § 1 Rn. 6, § 16 Rn. 9, § 17 Rn. 9.

Bedeutung"[1962] handelt, plädierte er für den Gebrauch des Begriffs „Jugendkonfliktrecht" – auch rezipiert als Jugendhilferecht. Dem Vorwurf, es handle hierbei um eine bloße Wortspielerei, setzte Peters eigene Begriffe entgegen, die die Besonderheiten von Jugenddelinquenz betonen und ein Programm für die Reaktion vorgeben sollten. Falsche Begriffe versperren den „Weg zu angemessenem, richtigem und notwendigem Reagieren"[1963], da sie Ausdruck von unrichtigen Vorstellungen sein können und die Gefahr bergen, dass der Unterschied wesensmäßig verschiedener Vorgänge verwischt werde[1964].

aa) Ausgangslage: Hineinwachsen des Jugendlichen in die Rechtsordnung

Das Erwachsenwerden ist durch biologisch-psychologische Umstände (Pubertät) und den sozialen Übergang vom ich-, familiär- und freundschaftsbezogenen Wirkbereich in das gesellschaftliche Zusammenleben gekennzeichnet. Peters betonte, dass die Sozialisation von Kindern und Jugendlichen und das Begreifen der Rechtsordnung und ihrer Wertungen – das Hineinwachsen in die Rechts- und Gesellschaftsordnung –, nicht als selbstverständlich betrachtet werden dürfe. Die Konflikte Jugendlicher dürften nicht „durch die Brille des Erwachsenen" gesehen werden[1965].

Strafrechtlicher Anknüpfungspunkt ist nach § 3 JGG die sittliche und geistige Entwicklungsreife des Jugendlichen, die zum Tatzeitpunkt positiv festgestellt werden muss. Neben der intellektuellen Fähigkeit zur Unterscheidung von Recht und Unrecht müsse die Reife des Jugendlichen auch im sittlich-ethischen

---

1962 *K. Peters*, MschrKrim 1966, S. 49 (51).

1963 *K. Peters*, MschrKrim 1966, S. 49 (53); vgl. *ders.*, Art. Kriminalität, in: Staatslexikon[7], Sp. 726 f.

1964 Ein Bsp. für eine von Begrifflichkeiten ausgehende Gefahr sah Peters bei „Erst- und Frühkriminalität" (so das Tagungsthema des 13. Jugendgerichtstages). So werde der Begriff induktiv aus den erwachsenen Rückfall- und Gewohnheitsverbrechern entwickelt, obwohl keinesfalls klar sei, dass dieses frühe Verhalten tatsächlich schon als Kriminalität bezeichnet werden könne. Die Gefahr einer voreiligen Verallgemeinerung liege auf der Hand. Auch warf Peters den Kriminalitätsstatistiken vor, dass sie durch Summierung der Zahlen von Erwachsenen-, Heranwachsenden- und Jugendstrafhandlungen wesensverschiedene Vorgänge zusammenfassen und einer falschen Betrachtung der Jugendtat Vorschub leisten, *K. Peters*, MschrKrim 1966, S. 49 (53 f.).

1965 *K. Peters*, in: „Das schwer erziehbare Kind", S. 66; *ders.*, FS Rosenfeld (1949), S. 215 (218); vgl. *B.-D. Rössner*, in: Meier/ders./Schöch, JugendstrafR, § 3 Rn. 39; *F. Schaffstein/W. Beulke/S. Swoboda*, JugendstrafR, Rn. 15, 19.

Wertebewusstsein, d.h. in seiner Gefühlswelt abgesichert sein[1966]. Denn entscheidend sei nicht die tatsächliche Kenntnis des Gesetzes („Unsere Gesetzesbücher sind eben keine Lesebücher"), sondern das Erleben und Empfinden der gesetzlich niedergelegten (sittlichen) Normen. Nur so könne der Einzelne zur Anerkenntnis und dem Ja zur Rechtsordnung gelangen[1967]. Die Anwendbarkeit des Strafrechts und Zulässigkeit des Strafens[1968] sei daher nur gerechtfertigt, wenn der Jugendliche zur Sozialreife fähig ist. Sozialreife bedingt neben der Fähigkeit zu Einsicht und Willensbildung[1969] (Erfahrung und objektive Haltung) vor allem das Werterleben der Gesellschafts- und Rechtsordnung.

(1) Fähigkeit zu Einsicht und Willensbildung

Angesichts des noch geringen Differenzierungs- und Abstraktionsvermögens von Jugendlichen unterschied Peters im Hinblick auf die Komplexität der Rechtsordnung in zwei Deliktgruppen. Delikte, die auf eine Person und den persönlichen Bereich eines anderen zielen (z.B. Körperverletzung), könne der Jugendliche ohne weiteres nachvollziehen und -empfinden. Bei unpersönlichen, die Person oder Rechtsordnung hingegen nicht direkt betreffenden Delikten, wie Fundunterschlagung oder Erschleichen von Leistungen, werde der junge Mensch mit einem ihm fernstehenden Bereich konfrontiert. Der Jugendliche mache sich hier über die Folgen für die Allgemeinheit keine größeren Gedanken. In diesem Bereich fehle ihm „das lebendige Gegenüber" und das (Zuwider-)Handeln erscheine weniger verwerflich[1970]. Schwierigkeiten beim Erwachsenwerden liegen zudem in der Beherrschung der Willens- und Triebkräfte. Neben der die Pubertät kennzeichnenden Haltung (Drang nach Abenteuer, Selbstentfaltung und -verwirklichung, jugendlicher Trotz und Widerspruch, Gefühlsschwankungen, Unsicherheit, Kurzschlusshandeln) bezog Peters auch Umwelteinflüsse

---

1966 *K. Peters*, Art. Jugendstrafrecht, in: HdK 1966, S. 460; *H. Ostendorf/K. Drenkhahn*, JugendstrafR, Rn. 36.

1967 *K. Peters*, FS Rosenfeld (1949), S. 215 (217); *ders.*, Art. Rechtserziehung, in: LdP III, 1954, Sp. 1053, 1055. Vgl. Kap. C. I. 2. b). Ähnlich *H. Ostendorf/K. Drenkhahn*, JugendstrafR, Rn. 37.

1968 Kap. C. I. 2. c) gg): Strafe als schwerwiegender sozialethischer und persönlichkeitsmindernder Vorwurf.

1969 *K. Peters*, RJGG 1944, S. 35 f. Vgl. etwa *W. Dallinger/K. Lackner*, JGG, § 3 Rn. 6 f. und *U. Eisenberg/R. Kölbel*, JGG, § 3 Rn. 9, die von Handlungs- oder Steuerungsfähigkeit sprechen.

1970 *K. Peters*, Handbuch der Psychologie, Bd. 11, S. 263, 266; so auch *D. Frehsee*, FS Schüler-Springorum (1993), S. 379 (391 f.).

(Verführbarkeit, Verlockungen, Langeweile, Unselbstständigkeit vor allem in der Gruppe, falsche Vorbilder) mit ein[1971].

(2) Werterleben

Das Erleben von Werten einer Rechtsordnung war für Peters entscheidend für die Entwicklung der Rechtshaltung. Denn das Hineinwachsen von Jugendlichen in die Rechtsordnung bedeute, „mit seiner ganzen Person innerhalb der Ordnung [zu] stehen, sich ihr verpflichtet und verbunden [zu] fühlen“[1972]. Die Ursachen „echter“ Jugendkriminalität jenseits von Bagatellstrafsachen und typischen, episodenhaften jugendlichen Entgleisungen, sah Peters im Fehlen des Werterlebens. Dessen Ursachen seien mangelnde Erlebnisfähigkeit, psychologische, pädagogische oder medizinische Probleme bei der Lebensgestaltung oder das Fehlen einer Wertevermittlung durch die Umwelt[1973]. Inhalt des Werterlebens sei (1.) die Achtung der Menschenwürde, der Persönlichkeit und des Lebens, die gerade dem Kind entgegengebracht werden müsse; (2.) das Erleben der sittlichen Ordnung, die sich vornehmlich aus der „sittlich geordneten“ Familie sowie in öffentlichen Schriften, Bildern und Äußerungen ergebe; sowie (3.) das Erleben der Ordnung des Eigentums[1974]. Da Peters diese drei Ordnungen mehr oder minder als gestört ansah, wertete er das Versagen des Jugendlichen als ein Spiegelbild des Versagens der für ihn Verantwortlichen, denen die Grundlagen für eine echte Wertvermittlung fehlen[1975].

Peters‘ eigentumsrechtliches Verständnis folgte der katholischen Sozialethik, die, angelehnt an das Konzept der sozialen Marktwirtschaft, einen Ausgleich zwischen Individualismus und Kollektivismus anstrebt. Basis bildet ein naturrechtlich begründetes Recht auf Eigentum, weshalb es als natürliches

1971 *K. Peters*, in: „Das schwer erziehbare Kind“, S. 62 – 64; *ders.*, FS Rosenfeld (1949), S. 215 (225 f.); vgl. *F. Schaffstein/W. Beulke/S. Swoboda*, JugendstrafR, Rn. 18.

1972 *K. Peters*, Kriminalpädagogik, S. 111.

1973 *K. Peters*, in: „Das schwer erziehbare Kind“, S. 64 f.; *ders.*, Kriminalpädagogik, S. 118 f. Dahingehend auch *D. Frehsee*, FS Schüler-Springorum (1993), S. 379 (389 – 391): „In der offenen, pluralistischen Gesellschaft ist nur wenig noch eindeutig, zumeist sind unterschiedliche Einstellungen, Haltungen, Meinungen möglich. Die Werte befinden sich im Wandel. Das Modernisierungsschlagwort heißt „Individualisierung“. Das Individuum ist zur zentralen und verantwortlichen Instanz der Lebensgestaltung geworden“. Zum Forschungsstand der Jugendkriminalitätsursachen siehe *F. Schaffstein/W. Beulke/S. Swoboda*, JugendstrafR, Rn. 21 – 26, 47 – 56.

1974 *K. Peters*, in: „Das schwer erziehbare Kind“, S. 65 f.

1975 *K. Peters*, FS Sauer (1949), S. 9 (11, 14). Siehe dazu Kap. C. II. 1. a), d) aa)

Recht zur Personenwürde, Persönlichkeitsentwicklung und Freiheit des Einzelnen gehöre[1976]. Eigentum sei damit Persönlichkeitsrecht, nicht Sachenrecht[1977]. Entsprechend dem Solidaritätsprinzip, das dem Privateigentum eine dem Gemeinwohl dienende Funktion zuordnet (Art. 14 Abs. 2 GG), wendete sich Peters gegen Besitz, der Ausdruck von Vergnügungssucht, Verschwendung und ungebundener „Befriedigung persönlicher Bedürfnisse" ist[1978]. Aufgabe des Einzelnen nach Maßgabe seiner sittlichen und materiellen Möglichkeiten, der Gesellschaft und des Staates sei die Schaffung einer „gerechten" und „naturgeforderten Eigentumsordnung"[1979], die den Anspruch eines jeden auf Eigentum erfülle. Eigentumslosigkeit bedeute Ausschluss aus der Ordnung. Wer außerhalb stehe, könne die Verbindlichkeit einer Ordnung jedoch nicht nachvollziehen und empfinden[1980].

bb) Folgerungen

Im Vergleich mit der Straftat eines Erwachsenen hat die Tat eines Jugendlichen eine völlig andere Bedeutung. In der Regel ist Jugenddelinquenz Ausdruck von Versagen und Verwahrlosung. Der Begriff des „Jugendkonfliktrechts" mache deutlich, dass die Kriminalstrafe nicht nur subsidiär, sondern ihr überhaupt keine das Jugendrecht kennzeichnende Bedeutung zukomme. Sofern die Strafe unter Erziehungsgesichtspunkten überhaupt geeignet und erforderlich ist, sei sie eine erzieherische Maßnahme[1981]. So dürfe der Fokus nicht auf den Sozialvorwurf und die darauf gerichtete Sanktion gelegt werden (straftatbestandsorientiertes Denken); vielmehr sei die Frage aufzuwerfen, welche Maßnahmen in Betracht kommen, um dem Jugendlichen über den Konflikt hinwegzuhelfen und ihn zur Sozialgebundenheit der Gesellschaftsordnung hinzuführen (Erziehungsgedanke)[1982]. Abgesehen von Tötungsdelikten müsse die Tat in den Hintergrund treten. Bei der Auswahl der Maßnahmen komme es vor allem auf die

---

1976 *Johannes XXIII*, Mater et magistra, Nr. 109; *W. Kerber*, Art. Eigentum, in: Staatslexikon[7], Sp. 169 f.

1977 *K. Peters*, FS Sauer (1949), S. 9 (15 f.).

1978 *K. Peters*, FS Sauer (1949), S. 9 (17).

1979 *K. Peters*, FS Sauer (1949), S. 9 (23 f.).

1980 *K. Peters*, FS Sauer (1949), S. 9 (17 f., 23).

1981 *K. Peters*, MschrKrim 1966, S. 49 (51); *ders.*, Der junge Mensch, S. 5.

1982 *K. Peters*, MschrKrim 1966, S. 49 (55). Zustimmend *H. Schüler-Springorum*, FS Dünnebier (1982), S. 649 (650).

Persönlichkeit des Jugendlichen an, sodass das Jugendstrafrecht – das hatte Peters schon in den 30er Jahren klargestellt[1983] – ein Täter- und Persönlichkeitsstrafrecht sei[1984].

b) Änderungsvorschläge

Zu einem „aufsehenerregenden Vorschlag“[1985], den Peters auf dem deutschen Jugendgerichtstag 1965 unterbreitet hatte, gehörte neben der Entkriminalisierung des Jugendstrafrechts durch Gebrauch des von ihm geprägten „Jugendkonfliktrechts“ die Forderung nach einer deutlichen Trennung von Jugendrecht und allgemeinem Strafrecht. An der Konzeption des JGG bemängelte Peters eine zu starke materielle und verfahrensrechtliche Verklammerung mit dem StGB[1986].

Da Peters den Standpunkt vertrat, dass der Vorrang des Erziehungsgedankens nur durch ein dem Jugenderziehungsrecht unterstellten Jugendstrafverfahren durchzusetzen sei[1987], wollte er durch Anhebung der Strafmündigkeitsgrenze die Gruppe der 14- und 15-jährigen aus dem JGG herausnehmen und dem JWG zuordnen. Zum Anwendungsbereich des JGG würden danach nur noch schwerwiegende Fälle jugendlicher Delinquenz und die Behandlung Heranwachsender gehören[1988]. Zur Begründung verwies Peters auf die geringe Zahl von Delinquenten unter 16 Jahren im Strafvollzug[1989]. Andererseits knüpfte er mit dieser Festlegung an die Verlängerung des schulpflichtigen Alters an. Zudem gab er zu bedenken, dass Altersgrenzen sich an den jeweiligen zeitgemäßen

---

1983 Dazu Kap. B. V. 2. a) dd) (1) und c) ee) (1).

1984 *K. Peters*, Art. Jugendstrafrecht, in: LdP II, 1953, Sp. 1028. Vgl. *W. Dallinger/K. Lackner*, JGG, § 5 Rn. 11, aber nur in Bezug auf die Rechtsfolgenbeurteilung; *F. Schaffstein/W. Beulke/S. Swoboda*, JugendstrafR, Rn. 3.

1985 *K. Szekessy*, Kinder als Verbrecher, in: Zeit Online vom 12. Nov. 1965 abrufbar unter http://www.zeit.de/1965/46/kinder-als-verbrecher-und-ratlose-lehrer-und-eltern (zuletzt aufgerufen Nov. 2021). Vgl. *W. Beulke*, GS Meyer (1990), S. 677 (685), der von „Meilenstein“ in der Entwicklung des Gedankens der Vereinheitlichung von Jugendhilfe und -strafrecht spricht; vgl. auch *C. Pfeiffer*, Kriminalprävention, S. 49 (Peters habe die Diskussion eröffnet) und *H. Schüler-Springorum*, FS Dünnebier (1982), S. 649 (Widerbelebung der traditionsreichen Diskussion über Strafe und Erziehung).

1986 *K. Peters*, Handbuch der Psychologie, Bd. 11, S. 283.

1987 *K. Peters*, Strafprozeß^4, S. 592.

1988 *K. Peters.*, Der junge Mensch, S. 4; *ders.*, Art. Jugendstrafrecht, in: LdP Ergänzungsbd., 1964, Sp. 371.

1989 *K. Peters*, Unsere Jugend 1965, S. 289 (295); *ders.*, Strafprozeß^4, S. 592.

Gegebenheiten orientieren müssten: Je komplexer gesellschaftliche und staatliche Strukturen seien, desto schwieriger und später vollziehe sich der Entwicklungsprozess des Jugendlichen zur Sozialverantwortlichkeit[1990].

Im Verfahrensrecht plädierte Peters für eine vorrangige Zuständigkeit des Vormundschaftsgerichts[1991]. Anknüpfungspunkt zur Überführung des Jugendstrafrechtsverfahrens in das vormundschaftliche Verfahren biete die Einschränkung des Strafverfolgungszwangs nach § 45 JGG[1992]. Die Anklage im Jugendstrafrechtsverfahren sollte in Umkehrung des § 53 JGG (Überweisung an das Vormundschafts- bzw. Familiengericht) von der Entscheidung des Vormundschaftsrichters abhängig gemacht werden[1993]. Die Zuordnung der Jugendgerichtspflege zum Amtsgericht hätte die Ersetzung der Großen Strafkammer beim Landgericht durch ein Großes Jugendschöffengericht zur Folge; der Jugendrichter würde vom Straf- zum Vormundschaftsrichter werden[1994].

Eine weitere Möglichkeit eines weniger formalen Verfahrens sei vor allem bei zu erwartender Zuchthausstrafe ein stärkerer Gebrauch des vereinfachten Jugendverfahrens[1995]. Da das Strafverfahren nach Ansicht Peters' ohnehin nicht pädagogischen Anforderungen entsprach, sollte es zu einer Hauptverhandlung nur in den Fällen kommen, in denen eine Jugendstrafe in Aussicht stehe[1996]. Mit Blick auf die von ihm grundsätzlich befürwortete Einbeziehung der Heranwachsenden in das Jugendstrafrecht mahnte Peters an, dass die Regelung nicht zu

---

1990 *K. Peters*, FS Rosenfeld (1949), S. 215 (218); so auch *D. Frehsee*, FS Schüler-Springorum (1993), S. 379 (388, 395); *R. G. Herz*, FS Schüler-Springorum (1993), S. 291 (303); vgl. *U. Eisenberg/R. Kölbel*, JGG, § 3 Rn. 9: Der Reifebegriff ist „eine sozio-kulturell abhängige Konvention".

1991 Mit dem Gesetz über das Verfahren in Familiensachen und in den Angelegenheiten der freiwilligen Gerichtsbarkeit vom 17. Dez. 2008, BGBl. I, S. 2586 wurde das Vormundschaftsgericht durch das Betreuungsgericht als Abteilung beim Amtsgericht ersetzt (§ 23c GVG).

1992 *K. Peters*, Kriminalpädagogik, S. 250, 330.

1993 *K. Peters*, Art. Jugendstrafrecht, in: HdK 1966, S. 456; *ders.*, Strafprozeß^4, S. 594.

1994 *K. Peters*, MschrKrim 1966, S. 49 (59, 61 f.). Vgl. § 27 JGG in Peters' Entwurf (Werdendes Jugendstrafrecht, S. 61 und S. 89 mit Verweis auf die befürwortete Regelung des § 21 JGG 1923); *ders.*, Art. Jugendstrafrecht, in: HdK 1966, S. 466. Vorsichtige Kritik bereits *ders.*, RJGG 1944, S. 91.

1995 *K. Peters*, Kriminalpädagogik, S. 250; bereits *ders.*, RJGG 1944, S. 143 f. So auch. *H.-J. Kerner*, in: Nörr (Hrsg.), 40 Jahre BRD, S. 347 (351).

1996 UA-T, 198/64: Vortrag „Strafe und Erziehung", 1955.

Lasten der Jugendlichen und zu einer noch stärkeren Hinwendung zum Erwachsenenstrafrecht führen dürfe[1997].

c) *Weitere Rechtsentwicklung*

Im Anschluss an Peters legte die Jugendrechtskommission der Arbeiterwohlfahrt 1970 ein Konzept für ein erweitertes Jugendhilferecht vor. Danach sollten das JWG und JGG zu einem Jugendhilfegesetz verbunden und der Strafgedanke zu Gunsten des Erziehungsgedankens eliminiert werden[1998]. Die vom Bundesministerium für Jugend, Familie und Gesundheit eingesetzte Expertenkommission konkretisierte diese Vorschläge im Diskussionsentwurf eines Jugendhilfegesetzes von 1973. Bereits im Referentenentwurf von 1974 wurde jedoch von einer Vereinheitlichung abgerückt, da sich theoretische als auch praktische Schwierigkeiten gezeigt hatten und der politische Konsens fehlte[1999]. Auf eine Große Anfrage der SPD zur Reform des Jugendgerichtsverfahrens von 1986 wurde der Heraufsetzung der Strafmündigkeitsgrenze eine klare Absage erteilt[2000]. Mit dem Jugendhilfegesetz von 1990[2001] wurde der Dualismus von Jugendhilfe- und Jugendstrafrecht endgültig zementiert[2002]. Forderungen zur Vereinheitlichung der beiden Rechtsgebiete sind seither weitgehend verstummt, zumal sich auch die kriminalpolitischen Grundannahmen veränderten[2003].

Auch Peters' Forderung nach Eigenständigkeit und deutlicher Abgrenzung gegenüber dem StGB setzte sich nicht durch. Durch Verweisung in das StGB nach §§ 1 Abs. 1, 2 Abs. 1 JGG[2004] ist festgelegt, dass es sich beim Jugendstrafrecht

---

1997 *K. Peters*, Art. Jugendstrafrecht, in: HdK 1966, S. 450; zustimmend *F. Schaffstein*, FS Schüler-Springorum (1993), S. 371 (377). Zur Diskussion und Kritik um § 105 JGG siehe *U. Eisenberg/R. Kölbel*, JGG, § 105 Rn. 6; *F. Schaffstein/W. Beulke/S. Swoboda*, JugendstrafR, Rn. 196.

1998 Arbeitswohlfahrt, Vorschläge für ein erweitertes Jugendhilferecht, S. 13.

1999 Siehe hierzu *S. Brehm*, Weiterentwicklung, S. 15, 35; *D. Frehsee*, FS Schüler-Springorum (1993), S. 379 (383); *B. Kraft*, Tendenzen, S. 193 f., 206 f.; *C. Pfeiffer*, Kriminalprävention, S. 50 f.

2000 BT-Drs. 10/6739, S. 28.

2001 Gesetz zur Neuordnung des Kinder- und Jugendhilferechts vom 26. Juni 1990, BGBl. I, S. 1163.

2002 *W. Bottke*, ZStW 95 (1983), S. 69 (75 f.); *F. Schaffstein/W. Beulke/S. Swoboda*, JugendstrafR, Rn. 111.

2003 *M. Walter*, GA 2002, S. 431 (436 f.). Vgl. Kap. C. IV. 4. a) und b).

2004 § 1 I JGG: Dieses Gesetz gilt, wenn ein Jugendlicher oder ein Heranwachsender eine Verfehlung begeht, die nach den *allgemeinen Vorschriften mit Strafe bedroht* ist. § 2 JGG 1953 bzw. § 2 I JGG: Die allgemeinen Vorschriften gelten nur, soweit in diesem

strukturell um ein Sonderrecht für Jugendliche und Heranwachsende handelt und nicht um ein verselbstständigtes Jugendkonfliktrecht[2005].

4. „Innere Reform"

In Ausschöpfung der weiten Ermessensspielräume, die das JGG der Jugendgerichtspflege zur Verfügung stellt, waren die 80er Jahre in Anlehnung an Peters durch eine „innere Reform" – zuweilen auch „Reform von unten" genannt – gekennzeichnet[2006]. Auf Basis der wissenschaftlichen Untersuchungen setzten sich Ansätze durch, die sich gegen schädliche Etikettierungen (Labeling Approach) und Stigmatisierungen durch staatliche Intervention wendeten[2007]. Galt bis dahin die kriminalpolitische Grundannahme, dass Jugendkriminalität auf einem Erziehungsdefizit beruhe, der mit jugendstrafrechtlichen Sanktionen ausgeglichen werden könne, zog die Sanktions- und Dunkelfeldforschung deren Wirksamkeit in Zweifel. Zu Schlagworten wurden Episodenhaftigkeit, Normalität und Ubiquität der Kriminalität. Wichtig war auch die Einsicht, dass nicht jede Straftat Ausdruck von Erziehungsproblemen und Erziehungsbedürftigkeit sein müsse[2008].

a) Diversion

Im Bemühen um eine Änderung der Sanktionspolitik entstand die sog. Diversionsbewegung. Gemeint ist damit ein Konzept zur Vermeidung staatlicher Intervention und „Stärkung der informellen Reaktionsmöglichkeiten von Jugendstaatsanwalt und Jugendrichter"[2009]. Mit Verweis auf die defizitäre

---

Gesetz nichts anderes bestimmt ist. Vgl. demgegenüber § 1 I JGG Peters' Entwurf: „Dieses Gesetz gilt, wenn ein Jugendlicher eine Verfehlung begeht, die *strafrechtlicher Ahndung unterliegt*. Auf eine Verfehlung eines jungen Menschen findet dieses Gesetz insoweit Anwendung, als es ausdrücklich bestimmt ist", *K. Peters*, Werdendes Jugendstrafrecht, S. 53. Vgl. *B. Kraft*, Tendenzen, S. 203 f.

2005 *W. Dallinger/K. Lackner*, JGG, § 2 Rn. 2; *F. Schaffstein/W. Beulke/S. Swoboda*, JugendstrafR, Rn. 1; *H. Osten-dorf/K. Drenkhahn*, JugendstrafR, Rn. 22; *B.-R. Sonnen*, in: Diemer/Schatz/ders., JGG, § 1 Rn. 1, § 2 Rn. 1.

2006 *H. Jung*, JuS 1992, S. 186; *F. Schaffstein*, FS Schüler-Springorum (1993), S. 371 (372 f.); *M. Walter*, GA 2002, S. 431 (436).

2007 *F. Schaffstein/W. Beulke/S. Swoboda*, JugendstrafR, Rn. 36, 731; anschaulich *M. Walter*, DRiZ 1998, S. 356.

2008 *S. Brehm*, Weiterentwicklung, S. 14 f., 16 f.; *R. G. Herz*, FS Schüler-Springorum (1993), S. 291 (292, 297).

2009 BT-Drs. 11/5829, S. 2.

Handhabung der Einstellungsmöglichkeiten nach §§ 45, 47 JGG wurden die Vorschriften 1990[2010] neu strukturiert und dem Gedanken der subsidiären Strafe unterstellt[2011]. Wesentlich ist auch die gesetzliche Verankerung ambulanter Maßnahmen, der Wiedergutmachung und des Täter-Opfer-Ausgleichs[2012].

Ungeachtet der neuen Begrifflichkeiten und der gesetzlichen Verankerung des Diversionskonzepts waren jedoch bereits das JGG von 1923, 1943 und 1953 vom Gedanken der Vermeidung stigmatisierender Effekte, Entlastung und Vereinfachung des Jugendstrafverfahrens geprägt[2013]. Wie Peters betonte und seine Kommentierungen zum JGG belegten, hat er schon als Jugendstaatsanwalt auf die Vermeidung strafrechtlicher Reaktion hingewirkt. Sowohl die Notwendigkeit einer Durchbrechung des Legalitätsprinzips („Grundsatz der Anklagefreiheit"[2014]) als auch die negativen Folgen eines Strafverfahrens seien zu beachten. Den Jugendarrest befürwortete Peters als Instrument, das dem Jugendlichen den „Makel" der Strafe erspare und einen mahnenden „Weckruf" bedeute[2015]. Insbesondere der Vorschlag zu einem vereinheitlichten Jugendhilferecht zielte auf eine Entkriminalisierung durch Heraufsetzung der Strafmündigkeitsgrenze[2016] und „Umlenkung" in ein familiengerichtliches Verfahren. Im Übrigen forderte Peters eine jugendgemäße Anwendung und Auslegung der Straftatbestände des StGB[2017].

2010 Erste Gesetz zur Änderung des Jugendgerichtsgesetzes vom 30. Aug. 1990, BGBl. I, S. 1853;

2011 BT-Drs. 11/5829, S. 13; *U. Eisenberg/R. Kölbel*, JGG, § 45 Rn. 6.

2012 Übersicht zu den Neuregelungen bei *H. Jung*, JuS 1992, S. 186 (188 f.); *M. Walter*, GA 2002, S. 431 (437 f.).

2013 *W. Heinz*, ZRP 1990, S. 7 (8).

2014 UA-T, 198/13, S. 45; *K. Peters*, RJGG 1944, S. 115, 117; *ders.*, Strafprozeß[4], S. 600.

2015 *K. Peters*, ZStW 60 (1941), S. 551 (553); *ders.*, RJGG 1944, S. 53, 55.

2016 Vgl. hierzu die Forderung nach einem 2. JGG-Änderungsgesetz bei *M. Walter*, GA 2002, S. 431 (438). Zur Strafmündigkeitsdiskussion siehe *D. Frehsee*, FS Schüler-Springorum (1993), S. 379 ff.; *F. Schaffstein*, FS Schüler-Springorum (1993), S. 371 – 378.

2017 Bereits *K. Peters*, RJGG 1944, S. 23, 116; *ders.*, Art. Jugendstrafrecht, in: HdK 1966, S. 459; so heute herrschende Meinung siehe *U. Eisenberg/R. Kölbel*, JGG, § 2 Rn. 20 f.; *H. Ostendorf/K. Drenkhahn*, JugendstrafR, Rn. 30; differenzierter *D. Rössner*, in: Meier/ders./Schöch, JugendstrafR, § 6 Rn. 2. Anders noch 1950 in *W. Dallinger/K. Lackner*, JGG, § 2 Rn. 5: Peters' Ansicht sei mit dem Gesetz unvereinbar und widerspreche dem Grundsatz der Einheit der Rechtsordnung.

b) Etikettierung und Normalität von Kriminalität

Den kriminalpolitischen Strömungen der 80er Jahre stand Peters skeptisch gegenüber. Den Ansatz, dass Kriminalität erst durch kriminalisierende Zuordnung entstehe und allein ein soziales Phänomen sei, lehnte er ab. Dieser Ansatz führe zur Sinnlosigkeit des Strafverfahrens und verdrehe die Realitäten, weil die Ursachen von (Jugend-)Kriminalität gerade nicht im Strafrecht oder in der Strafverfolgung begründet seien. Gleichwohl sei richtig zu hinterfragen, inwiefern das Strafverfahren als solches und die verhängten Maßnahmen weitere Kriminalität von Erwachsenen und Jugendlichen fördere[2018].

Auch die Vorstellung, Kriminalität gehöre zur Normalität, sah Peters kritisch. So wies er darauf hin, dass die Dunkelfeldforschung seit den 70/80er Jahren zu begrüßen, aber keinesfalls neu sei[2019]. Im Übrigen lehnte er den rein äußerlich auf Empirie gegründeten Ansatz für das Erwachsenenstrafrecht ab, da er die sittlich-ethische Fundierung des Strafrechts unberücksichtigt lasse. Auch wenn die Empirie einen wichtigen Beitrag zur Strafrechtswissenschaft leiste, könne das Wesen des Menschen und sein Verhalten nur unter Berücksichtigung geisteswissenschaftlicher und philosophischer Elemente (Menschenbild, „Ausgesetztsein dem Bösen und Verwirklichung des Guten") erfasst werden[2020]. Es sei „ein Grundirrtum zu glauben, philosophische und metaphysische Probleme der Kriminologie ausscheiden zu können"[2021]. Im Schlagwort der „Verbrechensnormalität" sah Peters einen Angriff auf das Strafrecht, der dessen Funktionieren und Wirksamkeit uni sono in Zweifel ziehe. Aus der Einsicht, dass Kriminalität eine Massenerscheinung ist, sei nicht die Konsequenz zu ziehen, dass das Strafverfahren ein insgesamt ungerechter, nicht objektiver Vorgang darstelle. Aus tatsächlichen, rechtlichen und ethischen Gründen seien die Strafverfolgungsmöglichkeiten begrenzt und das Strafverfahren habe fragmentarischen Charakter – keine Strafverfolgung um jeden Preis. Peters wollte allenfalls von einer „Normalität des Unrechttuns" sprechen, die sich im christlichen Sinne als „keiner ist ohne Sünde" übersetzen lasse. Dieser Satz sei als weiterer Teil der Realität der „Normalität des Rechttuns" gegenüber zu stellen[2022].

2018 *K. Peters*, Strafprozeß[4], S. 55.

2019 Insbes. verwies Peters auf die Arbeiten von Gustav Aschaffenburg, Verbrechen und seine Bekämpfung[3], Heidelberg 1923, und Franz Exner, Kriminologie, Berlin 1949.

2020 *K. Peters*, JR 1974, S. 230 (233). Vgl. bereits Kap. C. I. 2. c) ee).

2021 *K. Peters*, FS Lackner (1987), S. 951 (952).

2022 *K. Peters*, FS Lackner (1987), S. 951 (955 f.).

Anders verhält es sich mit Peters‘ Bewertung des Jugendstrafrechts. Da hier der Erziehungsgedanke im Vordergrund stehe, der junge Mensch erst in die Rechtsordnung hineinwachsen müsse und noch nicht die Verantwortungsreife des Erwachsenen habe, sei der Verstoß des Jugendlichen gegen eine Strafnorm in der Regel gerade typisch und episodenhaft. Daher sei zwar nicht von der Normalität der Jugendkriminalität, aber doch von der Normalität des Jugendkonflikts zu sprechen[2023].

5. Abschließende Bemerkungen

Obwohl das JGG auf dem Erziehungsgedanken fußt, wurde der Vorwurf erhoben, dass er im Ergebnis zu schlichter Vergeltungsstrafe und unter dem wohlmeinenden Vorzeichen der „Erziehungsideologie“ gegenüber rein strafrechtlicher Reaktion zu einer Verschlechterung und zusätzlichen Beeinträchtigung des Jugendlichen führe[2024]. Peters entgegnete hierauf, dass der Erziehungsgedanke solange nicht beiseitegeschoben und als gescheitert erklärt werden könne, als die Grundlagen und Voraussetzungen seiner Verwirklichung in der Strafrechtspflege überhaupt nicht geschaffen seien[2025]. Vor allem verwies er darauf, dass der Erziehungsgedanke nicht falsch verstanden werden dürfe. Ethisch fundiert beinhalte der Erziehungsgedanke die Fremderziehung zur Selbsterziehung[2026].

Angesichts der weiten Handlungs- und Ermessensspielräume der beteiligten Organe, lebe das Jugendstrafrecht von der Verantwortung und Persönlichkeit des Richters, Staatsanwalts, Strafverteidigers und der Jugendgerichtshilfe[2027]. Das Erziehungskonzept ist als Leitgedanke von unschätzbarem Wert für die Denkweise aller Beteiligten[2028]. Peters‘ Hoffnung galt der hinreichend fachlichen Ausbildung (pädagogische, jugendpsychologische, -psychiatrische und -soziologische Fähigkeiten, Kenntnisse und Erfahrungen) und menschlichen

---

2023 *K. Peters*, FS Lackner (1987), S. 951 (958); *ders.*, Art. Kriminalität, in: Staatslexikon[7], Sp. 726.

2024 *W. Beulke*, GS Meyer (1990), S. 677 (678, 685); *R. G. Herz*, FS Schüler-Springorum (1993), S. 291 (297); umfassende Darstellung zur Kritik siehe bei *F. Schaffstein/W. Beulke/S. Swoboda*, JugendstrafR, Rn. 123 – 137.

2025 UA-T, 198/64: Vortrag „Strafe und Erziehung“ von März 1955; *K. Peters*, in: HdS, Bd. III, S. 403.

2026 *K. Peters*, in: HdS, Bd. III, S. 404. Siehe dazu Kap. C. V. 2. c).

2027 *K. Peters*, Bericht über Berliner Tagung, S. 93. Vgl. *H.-J. Kerner*, in: Nörr (Hrsg.), S. 347 (352), der die Allgemeingültigkeit Peters‘ Aussage herausstellt.

2028 So *W. Beulke*, GS Meyer (1990), S. 677 (691).

Bildung der Beteiligten im Jugendstrafverfahren[2029]: „Das Jugendstrafrecht erfordert Menschen mit einer aus der Lebensmitte ausstrahlenden Kraft, mit einem Verständnis für die Nöte der Jugend, mit einem warmen Herzen und einer demütigen Hingabebereitschaft“[2030]. Auf ein solches Anforderungsprofil wies Peters schon in der Kommentierung zum JGG 1943 hin[2031].

Ob das Strafverfahren der Aufhellung des Persönlichkeitsbildes des Jugendlichen dient, hängt maßgeblich von dem Verständnis und der Ausbildung des Richters ab. Anhand von Fällen nicht erkannter Schuldunfähigkeit im Rahmen der Fehlerquellenuntersuchung konnte Peters zeigen, dass ein Jugendrichter ohne Kenntnisse in der Jugendpsychologie und -psychiatrie nur eingeschränkt in der Lage sei, eine Entscheidung insbesondere über die nach § 3 JGG festzustellende Verantwortungsreife zu treffen[2032]. Obwohl der Ausbildung in solch speziellen Bereichen Grenzen gesetzt sind, dürfe nicht übersehen werden, dass dem Jugendrichter wichtige Aufgaben bei der „Vorbereitung, Einleitung, Überwachung und Beendigung des pädagogischen Vorgangs zufallen“[2033]. Durch einen an der Täterpersönlichkeit ausgerichteten Rechtsfolgenausspruch wirke der Jugendrichter in der Hauptverhandlung zwar nicht selbst erzieherisch, stecke aber das Programm für die eigentliche erzieherische Einwirkung auf den Jugendlichen oder Heranwachsenden ab[2034].

Peters, der am Erziehungsbegriff festhielt und um dessen inhaltliche Ausgestaltung bemüht war, suchte mit dem Ansatz der Kriminalpädagogik den Erziehungsgedanken zu konkretisieren. Da dieser Ansatz grundsätzliche

2029 *K. Peters*, Der junge Mensch in der Strafrechtsreform, S. 12; *ders.*, Art. Jugendstrafrecht, in: HdK 1966, S. 467.

2030 *K. Peters*, Art. Jugendstrafrecht, in: LdP II, 1953, Sp. 1030.

2031 Siehe Kap. B. V. 2. c) ee) (6). Vgl. *F. Schaffstein/W. Beulke/S. Swoboda*, JugendstrafR, Rn. 571. Nach wie vor steht die als Soll-Vorschrift ausgestaltete Auswahl von Jugendrichtern und -staatsanwälten nach § 37 JGG („soll erzieherisch befähigt und in der Jugenderziehung erfahren sein“) in der Kritik, *U. Eisenberg/R. Kölbel*, JGG, Einleitung Rn. 21, § 37 Rn. 6 – 6d, 11 – 13; *H. Ostendorf/K. Drenkhahn*, JugendstrafR, Rn. 80; siehe *K. Peters*, Werdendes Jugendstrafrecht, S. 63 (§§ 31, 32, JGG Peters-Entwurf); *ders.*, Handbuch der Psychologie, Bd. XI, 1967, S. 640. Empirische Untersuchungen zu Selbstbild, Qualifikation und Ausbildung von Jugendstrafjustizjuristen haben gezeigt, wie sehr Anspruch und Realität auseinanderklaffen, hierzu *F. Streng*, „Richter und Erzieher zugleich“? Empirische Befunde zum professionellen Profil in der Jugendjustiz, ZIS 2015, S. 605 – 613.

2032 *K. Peters*, Handbuch der Psychologie, Bd. XI, 1967, S. 640.

2033 *K. Peters*, Kriminalpädagogik, S. 161 f.

2034 So *W. Beulke*, GS Meyer (1990), S. 677 (682).

Überlegungen betrifft, die nicht nur das Jugendstrafrecht und den Jugendstrafvollzug, sondern auch den Erwachsenenvollzug berühren, gilt es auf das Kapitel „Strafvollzugsrecht“ (V.) zu verweisen[2035].

V. Strafvollzug

Wie das Jugendstrafrecht stellt auch das Strafvollzugsrecht im Hinblick auf seine gesetzliche Normierung ein relativ neues Rechtsgebiet dar. Das Strafvollzugsgesetz des Bundes gibt es erst seit 1977[2036]. Im Bemühen um eine grundlegende Weiterentwicklung und Konzeption des Strafvollzugsrechts leistete Peters vor allem mit der Schrift „Grundprobleme der Kriminalpädagogik“ (1960), dem Festschriftenbeitrag „Die ethischen Voraussetzungen des Resozialisierungs- und Erziehungsvollzuges“ (1972) und seiner Mitgliedschaft in der Strafvollzugskommission einen Beitrag zur Strafvollzugswissenschaft. Sein Anliegen galt der Mitgestaltung am Konzept eines menschlicheren Strafvollzugs: „Der Strafvollzug muß Fehler des materiellen Rechtes bezahlen und zwar mit der Münze des lebenden Menschen. Der Strafvollzug ist für das materielle Strafrecht der Mahner, sich nicht im Gedanklichen zu verlieren und das unmittelbar Menschliche zu vergessen“[2037]. Peters war damit ein „echter Reformer“[2038] auf dem Weg zu einem Resozialisierungsvollzug.

2035 Peters‘ Ansatz der Erziehung hat sich weder im Jugendstrafrecht noch im Strafvollzugsrecht durchsetzen können. Seit Mitte der 90er Jahre ist im Jugendstrafrecht der Präventionsansatz vorherrschend, siehe dazu *H. Ostendorf/K. Drenkhahn*, JugendstrafR, Rn. 53. Die Ausrichtung der Individualprävention hat der Gesetzgeber mit Änderung des § 2 Abs. 1 JGG 2008 (Zweites Gesetz zur Änderung des Jugendgerichtsgesetzes vom 13. Dez. 2007, BGBl. I, S. 2894) gesetzlich verankert. Danach ist es das Ziel des Jugendstrafrechts, vor allem erneuten Straftaten eines Jugendlichen oder Heranwachsenden entgegenzuwirken. Der Weg zur Zielerreichung ist „vorrangig“ die Erziehung zum Legalverhalten.

2036 Mit Wegfall der konkurrierenden Gesetzgebungskompetenz des Bundes im Rahmen der Föderalismusreform 2006 bestehen seit 2016 in allen Bundesländern eigene Strafvollzugsgesetze.

2037 *K. Peters*, Wegweiser Heft 15 (1959), S. 1.

2038 *J. Baumann*, in: Kriminologische Aktualität, S. 26; so auch UA-M, 207/74: Goldenes Doktorjubiläum, Laudatio Wessels, S. 4 f.

1. Ausgangslage

Grundlegend für den heutigen Strafvollzug sind die Entwicklung der Freiheitsstrafe zu einer regelmäßig verhängten Sanktion sowie die Einrichtung von Strafanstalten, die den Freiheitsentzug nicht nur am Vergeltungsgedanken, sondern auch an der Idee des Besserungsvollzugs (Erziehung zu Arbeit, Ordnung und einem gesetzmäßigen Leben) ausrichteten[2039]. Unter dem Einfluss humanistischer Strömungen setzte mit dem beginnenden 19. Jahrhundert eine Erneuerung des Vollzugswesens ein, die einem geordneten, hygienisch einwandfreien und humanen Vollzug galt. Hieran schloss sich im Anschluss an die „moderne Schule" von Liszts die Epoche eines behandelnden Strafvollzugs an[2040].

a) Rechtslage seit 1871 und Große Strafrechtsreform

Obwohl seit 1871 ein reichseinheitliches System freiheitsentziehender Sanktionen geschaffen wurde, enthielt das StGB nur wenige Bestimmungen zur Gestaltung des Strafvollzugs, sodass auf landesrechtliche Vorschriften zurückgegriffen werden musste. Übereinstimmend mit Reformvorstellungen der Weimarer Zeit wurden insbesondere in den von den Ländern vereinbarten Reichsratsgrundsätzen von 1923 der Erziehungs- und Besserungsgedanke verankert und der Stufenvollzug eingeführt[2041]. In der NS-Zeit wurden diese Grundsätze zu Gunsten eines Vergeltungs- und Abschreckungsvollzugs in den Hintergrund gedrängt[2042]. Nach 1945 wurde die Umerziehung und Rehabilitierung der Verurteilten als Aufgabe definiert[2043] und damit zur Weimarer Tendenz der Humanisierung des Strafvollzugs zurückgekehrt[2044].

Die Vollzugsreform begann mit den Arbeiten zur Großen Strafrechtsreform ab 1953. Obwohl die unvollständigen und uneinheitlichen Rechtsgrundlagen

---

2039 Ausführlich hierzu *K. Laubenthal*, Strafvollzug, Rn. 91 – 104; *N. A. Leyendecker*, (Re-)Sozialisierung, S. 42 – 49; *T. Vormbaum*, Strafrechtsgeschichte, S. 107 – 113.

2040 *K. Peters*, Kriminalpädagogik, S. 53.

2041 *H.-D. Schwind*, in: ders./Blau, Strafvollzug, S. 15 f. Hierzu *H.-D. Quedenfeld*, Der Strafvollzug, S. 11 – 15; *T. Vormbaum*, Strafrechtsgeschichte, S. 182 f. Stufenvollzug bedeutet, dass der Vollzug bei guter Führung und Arbeitsleistung gelockert werden kann (Einzelhaft, gemeinsame Haft, vorläufige Entlassung).

2042 BT-Drs. 7/918, S. 39. Ausführlich hierzu *H.-D. Quedenfeld*, Der Strafvollzug, S. 20 – 41, 60 – 93.

2043 Direktive Nr. 19 vom 12. Nov. 1945, Amtsbl. des Kontrollrats in Deutschland Nr. 3 vom 31. Jan. 1946, S. 46.

2044 *G. Kaiser*, in: ders./Schöch, Strafvollzug, § 2 Rn. 60.

immer wieder Gegenstand kriminalpolitischer Reformbestrebungen waren, scheiterten die Bemühungen um eine gesetzliche Regelung des Strafvollzugs[2045]. Entgegen der Kritik in Wissenschaft und Praxis lief die Reform des Strafvollzugs nicht parallel zur Reform des Strafrechts[2046]. Weil mit dem Scheitern des E 1962 auch die Vorarbeiten zum Strafvollzug zum Erliegen kamen, vereinbarten die Länder Ende 1961 eine einheitliche Vollzugsordnung[2047]. Maßgeblich für die weitere Entwicklung wurde der AE 1966. Weil eine Reform des materiellen Rechts ohne gleichzeitige Strafvollzugsreform „nur Stückwerk“[2048] sei, forderte dieser die Aufnahme vollzugsrechtlicher Bestimmungen im StGB[2049]. Im Sonderausschuss für die Strafrechtsreform wurde der Vorschlag allerdings als überflüssig abgelehnt[2050]. Grundlage für den Strafvollzug blieb so das Sanktionssystem des StGB, das sich wiederum am AE 1966 orientierte[2051].

b) *Kriminalpolitischer Wandel*

Neben den durch das Erste und Zweite Strafrechtsreformgesetz geschaffenen Vorgaben spielte für die Entstehung des Strafvollzugsgesetzes die kriminalpolitische Grundstimmung eine Rolle. Trotz Priorisierung des Strafrechts bestand in den 60/70er Jahren eine für den Strafvollzug günstige Aufbruchsstimmung. Befördert durch Justizskandale, einen Rückgang der Gefangenenzahlen sowie eine aufstrebende Strafvollzugswissenschaft, die durch Untersuchungen zur Sanktionsforschung die beklagenswerten Zustände im Vollzug offenlegte, galten die Reformanstrengungen der Verwirklichung des Resozialisierungsgedankens und einer einheitlichen Rechtsgrundlage[2052]. Diskussionsforum auf internationaler Ebene war der Erste Kongreß der Vereinten Nationen über Verbrechensverhütung und Behandlung Straffälliger 1955, auf dem Mindestgrundsätze für

---

2045 Vgl. BT-Drs. 7/918, S. 38 f.

2046 Siehe dazu *G. Kaiser*, in: ders./Schöch, Strafvollzug, § 2 Rn. 64 f. Vgl. Kap. C. II. 2. c) bb).

2047 Vereinbarung zwischen den Landesjustizverwaltungen der Länder über die Dienst- und Vollzugsordnung (für Strafvollzug) vom 1. Dez. 1961, JMBl. 1962, S. 41.

2048 AE-StVollzG, 1973, S. 3.

2049 AE StGB AT, 1966, S. 75, 77 (§§ 37 – 39 AE). Vgl. *K. Peters*, in: ders./Lang-Hinrichsen, S. 23: „Das Strafrecht müßte sich zu klaren Behandlungsgrundsätzen bekennen“.

2050 BT-Drs. V/4095, S. 20.

2051 Siehe Kap. C. II. 1. b) aa) (2) und bb).

2052 *G. Kaiser*, in: ders./Schöch, Strafvollzug, § 2 Rn. 51, 53, 68; *H. Müller-Dietz*, StrafvollzugsR, S. 40 f.

die Behandlung Gefangener verabschiedet wurden[2053]. An diesem Kongreß nahm Peters als Mitglied der Delegation des Bundesjustizministeriums teil. Ausdruck des Bedeutungswandels war die durch den Bundesjustizminister im Oktober 1967 einberufene Strafvollzugskommission zu deren Mitgliedern Karl Peters gehörte. 1971 legte die Kommission ihren Entwurf (KE 1971) dem Justizministerium vor, der die Grundlage des 1972 verabschiedeten Regierungsentwurfs (RE 1972) bildete. Neben dem Referat über „Die kurze Freiheitsstrafe"[2054] lieferte Peters im Rahmen der Tagungen der Strafvollzugskommission einen „Diskussionsbeitrag zu dem Problem der Einführung der Einheitsstrafe"[2055].

c) Rechtsstellung der Strafgefangenen

Zum Hauptziel der Vollzugsreform gehörte neben der Beseitigung objektiver Mängel (unzureichende Anstaltsbauten, überbelegte Zellen, gering qualifiziertes Personal[2056]) und der Schaffung einer einheitlichen Rechtsgrundlage die Verrechtlichung der Stellung von Strafgefangenen – das war auch Peters' besonderes Anliegen. Mangels gesetzlicher Regelung galten als Rechtsgrundlage für Maßnahmen gegen Strafgefangene der Anstaltszweck und das besondere Gewaltverhältnis. Als Ausdruck vordemokratischer Vorstellungen waren in besonderen Gewaltverhältnissen die Grundrechte nur eingeschränkt anwendbar. Weil der Strafgefangene in einem Sonderverhältnis stehe, in dem er von einem allgemein gesellschaftlichen Verhältnis in den staatlichen Bereich gewechselt sei, gelte für ihn nicht der Vorbehalt des Gesetzes[2057]; aufgegeben wurde diese Lehre erst im Strafgefangenen-Urteil von 1972[2058]. Dem Gesetzgeber gab das BVerfG zum Erlass einer Rechtsgrundlage für Strafvollzugsmaßnahmen eine Frist auf, die bis Ende 1976 verlängert wurde.

Peters' Standpunkt zu diesem Urteil war deutlich: In Kritik von Form, Inhalt und Argumentation hielt er die Entscheidung „nicht nur für unrichtig, sondern auch für verhängnisvoll"[2059]. Peters bemängelte, dass eine solch

---

2053 Vgl. Kap. B. VI. 3. b). Ausführlich hierzu *N. A. Leyendecker*, (Re-)Sozialisierung, S. 54 f.; *K. Peters*, Kriminalpädagogik, S. 201 – 207.

2054 Siehe Kap. C. II. 1. b) aa) (2), bb).

2055 *K. Peters*, in: Bd. V, Tagungsbericht der Strafvollzugskommission, 1969, S. 129 – 135.

2056 *G. Kaiser*, in: ders./Schöch, Strafvollzug, § 2 Rn. 49.

2057 *F. Hufen*, Staatsrecht II, § 9 Rn. 3.

2058 BVerfG, Urteil vom 14. März 1972 - 2 BvR 41/71 = BVerfGE 33, 1. Das BVerfG stellte klar, dass Grundrechte auch im besonderen Gewaltverhältnis anwendbar sind und Grundrechtseingriffe nur auf gesetzlicher Grundlage gerechtfertigt werden können.

2059 *K. Peters*, JR 1972, S. 489 (493).

richtungsweisende Entscheidung zur Rechtsstellung von Strafgefangenen von der Rechtsprechung statt vom Gesetzgeber getroffen wurde[2060]. Damit verbindet sich sein weiterer Kritikpunkt, dass im Urteil eine Lösung vorgegeben worden sei, die die strafvollzugsrechtlichen Ausgestaltungsmöglichkeiten beschränkt haben. Nicht nachvollziehbar sei, dass das BVerfG ohne Weiteres das Fehlen einer Rechtsgrundlage für Maßnahmen im Vollzug annimmt, ohne die zur Verfügung stehenden Eingriffsgrundlagen zu diskutieren[2061]. Als problematisch bewertete Peters auch, dass das BVerfG das Ziel des Strafvollzugs allein an der Maxime der Sicherung und Ordnung des Vollzugs ausgerichtet habe[2062].

2. Kriminalpädagogik

Peters' Vorstellungen zur Gestaltung des Strafvollzugs waren eng mit der Kriminalpädagogik verbunden.

a) Begriff und Einordnung

Als Wissenszweig der Kriminologie hat die Kriminalpädagogik die „Behandlung des gewordenen oder werdenden Rechtsbrechers in pädagogischer Weise zum Inhalt“[2063]. Gegenstand ist die Hilfe und Förderung des Einzelnen, der durch strafbares Verhalten in seiner Persönlichkeit bedroht oder beeinträchtigt ist. Durch erzieherische Maßnahmen, die Peters nicht allein auf den Strafvollzug beschränken wollte, soll dem Menschen ein Weg zurück in die Legalität und Moralität gezeigt werden. Der Wertungsharmonie von rechtlicher und sittlicher Ordnung entsprechend ging es ihm um die innere Anerkennung der sittlich verwurzelten Ordnung[2064]. Thematisch ist die Kriminalpädagogik zwischen Pädagogik und Erziehungswissenschaften, (Jugend-)Strafrecht und Strafvollzugsrecht einzuordnen. Bezugspunkte liefern neben diesen normativen Komponenten die Human- und Sozialwissenschaften (Psychologie, Psychiatrie, Soziologie) sowie

---

2060 *K. Peters*, JR 1972, S. 489 (490).

2061 Vgl. *K. Peters*, JR 1972, S. 489 (490 f.). Zur str. Frage der Existens einer einheitlichen Regelungen siehe *H.D. Quedenfeld*, Der Strafvollzug, S. 11 f., 32; *G. Kaiser*, in: ders./ Schöch, Strafvollzug, § 2 Rn. 59.

2062 *K. Peters*, JR 1972, S. 489 (491 f.). Siehe hierzu Kap. C. V. 3.

2063 *K. Peters*, Kriminalpädagogik, S. 34.

2064 *K. Peters*, Kriminalpädagogik, S. 14, 18; *ders.*, Art. Kriminalpädagogik, in: LdP III, 1954, Sp. 73 f. bzw. LdP II, 1970, S. 490. Vgl. Kap. C. I. 2. b) sowie Kap. C. V. 3. a) und c).

die Ethik. Zu verstehen ist die Kriminalpädagogik als eine Methode der Erziehung und Besserung vor allem im Strafvollzug.

Unter „Erziehung" verstand Peters eine Vermittlung von Werten[2065], bei der es um ein zukunfts-, wert- und zielgerichtetes Bemühen um die Persönlichkeitsentfaltung des Einzelnen geht. Dem Einzelnen soll die Befähigung und Bereitschaft vermittelt werden „ein Leben entsprechend der dem Menschen allgemein gegebenen Ordnung" zu führen, sodass Erziehung ein Hinführen zu einer individuell und sozial geordneten Lebensgestaltung und damit zu Verantwortung und Freiheit bedeute[2066].

Entgegen der Zuschreibung kann Peters nicht als Begründer der Kriminalpädagogik bezeichnet werden[2067]. Tendenzen zu einem humaneren und am Ideal der Resozialisierung ausgerichteten Strafvollzug gab es bereits in der Weimarer Zeit. Hier sind auf die Kriminalpädagogik Johann Heinrich Pestalozzis (1930) und das kriminalpädagogische Engagement der im Strafvollzug tätigen Praktiker wie Wilhelm Mollenhauer und Albert Krebs[2068] zu verweisen. Vor dem Hintergrund der Wiederbelebung des Humanisierungsgedankens nach 1945 und der Großen Strafrechtsreform stellen die Abhandlungen zur Kriminalpädagogik von Peters, Joachim Hellmer[2069] und Gustav Nass[2070] eine zeitgemäße Abwandlung des Ansatzes dar. Bemängelt wird, dass diesen Arbeiten eine empirische Fundierung fehle[2071]. Peters kam es letztlich weniger auf eine fundierte Methode, als um die Darlegung eines ethischen und durch praktische Erfahrungen fundierten pädagogischen Programms an.

2065 *K. Peters*, FS Heinitz (1972), S. 501 (513), Peters wehrte sich dahingehend gegen den Begriff „Lernen", da er wertneutral sei und nicht die Verbindlichkeit des Dargebotenen deutlich mache.

2066 *K. Peters*, Kriminalpädagogik, S. 104, 130; *ders.*, Art. Jugendstrafrecht, in: HdK 1966, S. 458; vgl. bereits *ders.*, RJGG 1944, S. 64. Ähnlich *G. Nass*, in: Kluge (Hrsg.), Kriminalpädagogik Bd. 1, S. 135.

2067 So aber *K. Tiedemann*, NJW 1998, S. 2956; *K. Wasserburg*, StV 1999, S. 176.

2068 Mit beiden war Peters bekannt. Über Krebs sagte Peters, dass er seine Lebensarbeit hoch schätze und sein praktisches und wissenschaftliches Bemühen, dass im Dienste am Menschen stand, seine eigenen juristischen Vorstellungen mitgeprägt hätten, UA-T, 198/26: Begegnungen mit Albert Krebs.

2069 *J. Hellmer*, Kriminalpädagogik. Eine Einführung in ihre Probleme, Berlin 1959.

2070 *G. Nass*, Der Mensch und die Kriminalität. Bd. 3: Kriminalpädagogik, 1959.

2071 So *G. Blau*, in: Schwind/ders., Strafvollzug, S. 19.

b) Kriminalpädagogik vs. Resozialisierung

Der Begriff der „Kriminalpädagogik" hat sich in der Strafrechtswissenschaft nicht durchgesetzt. Synonyme sind Resozialisierung, Behandlungsvollzug oder kriminalpräventive Sozialarbeit[2072]. Der Grund mag in einer strafrechtlichen Interpretation liegen, wonach es in erster Linie auf die Zielmaxime der Legalbewährung des Strafgefangenen ankommt[2073]. Peters legte seinem vollzugsrechtlichen Verständnis dagegen eine vornehmlich pädagogische Interpretation zu Grunde. Da er die Begriffe der Besserung und Erziehung als außerjuristische, der strafrechtlichen Definition entzogen auffasste, hielt er eine „wirklich" bessernde und erziehende Behandlung von Jugendlichen und Strafgefangenen nur auf der Grundlage von Ethik und Pädagogik für möglich[2074]. Mit Bedauern stellte Peters fest, dass seine Monographie zur Kriminalpädagogik zwar von Praktikern im Strafvollzug und Pädagogen zur Kenntnis genommen, von Juristen aber so gut wie nicht wahrgenommen worden sei[2075].

Indem „Besserung" weitgehend durch „Resozialisierung" ersetzt wurde, ist zugleich der sachlich eng verbundene Begriff der Erziehung verdrängt worden[2076]. Bestätigt wird dieser Befund durch die in den 70/80er Jahren geübte Grundsatzkritik an der „Erziehungs- und Behandlungsideologie" im Jugendstraf- und Strafvollzugsrecht und die Ablehnung des Vergeltungsdenkens der klassischen Strafzwecklehre. Der Hochphase der Bemühungen um die Resozialisierung folgte allerdings eine Phase der Ernüchterung, weil Untersuchungen zur Wirksamkeit der Behandlungskonzepte wenig Positives geliefert und zu einem generellen infrage stellen des Behandlungsansatzes geführt hatten („nothing works"). In den Mittelpunkt der Kriminalpolitik rückten seit den 80er

---

2072 Zum Begriff siehe *U. Eisenberg*, GS Meyer (1990), S. 699 f. Peters selbst sprach auch von Resozialisierung bzw. Resozialisation, *K. Peters*, Art. Kriminalpädagogik, in: LdP II, 1970, S. 490.

2073 *W. Beulke*, GS Meyer (1990), S. 677 (679 f.), der aber für einen differenzierten Ansatz (Trennung zwischen Auswahl und Vollzug der Sanktionen) plädiert. Zum pädagogischen und strafrechtlichen Interpretationsversuch und dessen Chancen und Gefahren siehe *S. Brehm*, Fragen der Weiterentwicklung, S. 48 – 56; siehe auch *U. Eisenberg*, GS Meyer (1990), S. 699 (709 f.); *ders.*, JGG, § 2 Rn. 5 f.; *C. Pfeiffer*, Kriminalprävention, S. 58 f.

2074 *K. Peters*, Kriminalpädagogik, S. 1 f.; *ders.*, Art. Jugendstrafrecht, in: HdK 1966, S. 458.

2075 UA-T, 198/20, S. 14.

2076 Vgl. *K. Peters*, FS Heinitz (1972), S. 501 (503); so auch *H. Schöch*, in: Kaiser/ders., Strafvollzug, § 6 Rn. 13.

Jahren Opfer- und Wiedergutmachungsgesichtspunkte[2077]. Da „Besserung“ und „Erziehung“ außerhalb des Maßregelsystems und des Jugendstrafrechts durch den Resozialisierungsbegriff ersetzt worden sind, ist auch der „Kriminalpädagogik“ nur wenig Raum geblieben. Anzumerken ist, dass der Begriff der „Resozialisierung“ allerdings keiner eindeutigen Konzeption folgt. So finden sich unter dem Resozialisierungsbegriff unterschiedliche, teils widersprechende Ziele[2078]. Gesprochen wird daher auch von Primär-, Ersatzsozialisation oder Sozialisierung[2079]. Gemeinsam ist den verschiedenen Ansätzen aber eine „Zielperspektive mit Gestaltungsvarianten“[2080], die in der spezialpräventiven Ausrichtung liege[2081].

c) *„Fremderziehung zur Selbsterziehung“*

Um „die Einheit des kriminalpädagogischen Bemühens“ sichtbar zu machen, bezog Peters nicht nur Kinder, Jugendliche und Heranwachsende, sondern auch Erwachsene in die Kriminalpädagogik ein[2082]. Da dem Erwachsenenstrafrecht die Einflussnahme auf die Willensbildung und Entscheidungsfähigkeit nicht fremd sei, sei das Gebiet der Kriminalpädagogik berührt, wo es um Hilfe „zur Selbstbestimmung durch Fremdbestimmung“ gehe[2083]. Angesichts der Abkehr vom klassischen Strafrechtsdenken wandelte sich die Sichtweise ab Mitte des 20. Jahrhunderts.

Mit der Anwendbarkeit des Besserungs- und Erziehungsgedankens auf Erwachsene hatte sich auch das BVerfG zu beschäftigen. Im Jugendhilfe-Urteil von 1967 befasste es sich u.a. mit der Verfassungsmäßigkeit der Bestimmungen des Bundessozialhilfegesetzes über die „Hilfe für Gefährdete“, die das 18. Lebensjahr vollendet haben. So ließ § 73 Abs. 2 und Abs. 3 BSHG a.F. bei

---

2077 Zur weiteren Entwicklung der Wirkungsforschung und Zweifeln an der „nothing works“-These siehe *M. Lindemann*, in: AK-StVollzG, Teil II Vor § 2 LandesR Rn. 7 – 10.

2078 *T. Lenckner*, FS Tübinger Juristenfakultät (1977), S. 239 (244); *W. Naucke*, Tendenzen, S. 34 f.

2079 *H. Müller-Dietz*, StrafvollzugsR, S. 78; *K. Peters*, Kriminalpädagogik, S. 111 f.; *H. Schüler-Springorum*, Strafvollzug im Übergang, S. 158 f. Vgl. BVerfGE 35, 202 (235).

2080 *K. Laubenthal*, Strafvollzug, Rn. 140; vgl. *H. Schüler-Springorum*, Strafvollzug im Übergang, S. 157.

2081 *F. Neubacher*, in: Laubenthal/Nestler/ders./Verrel, StVollzG, B Rn. 41.

2082 *K. Peters*, Kriminalpädagogik, S. 11; *ders.*, Art. Kriminalpädagogik, in: LdP III, 1954, Sp. 72.

2083 *K. Peters*, Der neue Strafprozeß, S. 60.

Verwahrlosung den gerichtlich angeordneten Zwangsaufenthalt in eine geeignete Anstalt zu. Bezweckt war, den Gefährdeten zu einem geregelten Leben hinzuführen, ihn an regelmäßige Arbeit zu gewöhnen und auf Dauer sesshaft zu machen[2084]. Weil es nicht die Aufgabe des Staates sei, seine Bürger zu bessern, erklärte das BVerfG die zwangsweise Anstaltsunterbringung eines Erwachsenen für verfassungswidrig, sofern dies weder dem Schutz der Allgemeinheit noch des Betroffenen diene. Da der Zweck der Besserung als gewichtiger Grund für die Freiheitsentziehung nicht ausreiche, taste die Norm das Grundrecht auf Freiheit in seinem Wesensgehalt an[2085]. Zwangserziehung, die den Persönlichkeitskern eines Erwachsenen betrifft, sei mit Art. 1 Abs. 1 GG nicht vereinbar. Der Gedanke der (Eigen-)Verantwortlichkeit habe in den Vordergrund zu treten[2086].

Weil der Bürger in der Einheit seiner rechtlichen und sittlichen Pflichten gesehen werden müsse – Recht erfordert die innere Anteilnahme und dürfe nicht als bloße Zwangsordnung angesehen werden –, lehnte Peters die Entscheidung des BVerfG ab. Der Gedanke der sozialen Hilfe komme zu kurz[2087] und es werde ein einseitiger Freiheitsbegriff gewählt, der Besserung als Zwangsvorgang erscheinen lasse. Dadurch werde jedoch verkannt, dass eine auf Besserung gerichtete Behandlung eine von außen gewährte Gelegenheit zur Selbstformung sei[2088]. Für Peters war der Erziehungsgedanke auch bei Erwachsenen aus den Strafzwecken herleitbar und mit der Verfassung vereinbar.

Bei Kindern, Jugendlichen und Heranwachsenden bestehe ein grundsätzliches Erziehungsbedürfnis, weil sie beim „Hineinwachsen in die Rechtsordnung" hilfebedürftig seien. Mit zunehmendem Alter werde die Erziehung allmählich zur Selbsterziehung. Mit der Volljährigkeit – der Erlangung der sittlichen und rechtlichen Selbstverantwortung – werde die „autoritative" Fremderziehung durch die Garantie der Freiheit und Selbstbestimmung ersetzt[2089]. Eine Begrenzung findet das Selbstbestimmungsrecht allerdings dort, „wo sich der Mangel der Selbsterziehung in einer die Rechtsordnung erheblich antastenden Weise offenbart. Mangelnde Selbsterziehung bedeutet eine Gefährdung des gesellschaftlichen Zusammenlebens. […] Da der Täter in der Eigenerziehung versagt hat oder

2084 BVerfG, Urteil vom 18. Juli 1967 = BVerfGE 22, 180 (219).
2085 BVerfGE 22, 180 (219 f.).
2086 *A. Eser*, FS K. Peters (1974), S. 505 (509 f.).
2087 Hierzu insbes. *K. Peters*, Der Strafprozeß in der Fortentwicklung, S. 15 f.
2088 *K. Peters*, Art. Kriminalpädagogik, in: LdP II, 1970, S. 491; *ders.*, FS Heinitz (1972), S. 501 (509).
2089 *K. Peters*, Kriminalpädagogik, S. 104 f.

doch mit ihr nicht fertig geworden ist, ist die autoritative Fremderziehung die seinem Verhalten entsprechende Antwort. Der Erziehungsgedanke wird von der Vergeltung aufgenommen und vom Strafgedanken mit umfaßt“[2090]. Erziehung sei aber weder bei jeder Tat noch bei jedem Täter angezeigt; ihre Anwendung richte sich nach den Umständen des Einzelfalls und setze Erziehungsnotwendigkeit und -angemessenheit voraus[2091].

In der Vermittlung von Werten zur Ermöglichung einer geordneten Lebensgestaltung sah Peters eine Behandlungsmethode zur Besserung und Erziehung, um die „positiven Kräfte“ des Einzelnen zu entwickeln und wachzurufen. Unter Beachtung des Subsidiaritätsprinzips sei die Erziehung stets als Fremderziehung zur Selbsterziehung zu verstehen, wodurch sich das Spannungsverhältnis von Zwang und Freiheit auflöse. Es gehe um Hilfe zur Entfaltung eigener Persönlichkeit und Freiheit und damit um mehr als ein Hinführen zu legalem Verhalten[2092]. Erziehung müsse von Freiwilligkeit und Bereitschaft zur Selbsterziehung geprägt sein[2093]. Übersehen werden dürfe aber keinesfalls, dass in der konkreten Erziehungsmaßnahme ein Eingriff in Freiheitsrechte des Einzelnen liegen könne[2094].

Entgegenzuhalten ist Peters‘ Kritik am Jugendhilfe-Urteil, dass in der Entscheidung des BVerfG kein Verbot der Besserung, sondern lediglich eine Schranke für Freiheitsentziehungen umschrieben wurde[2095]. Zu berücksichtigen ist auch die weitere höchstrichterliche Rechtsprechung. Im Lebach-Urteil von 1973 hat das BVerfG erstmals von einem Anspruch auf Resozialisierung gesprochen, der sich aus Art. 2 Abs. 1 GG i.V.m. Art. 1 Abs. 1 GG und dem Sozialstaatsprinzip als Verpflichtung der Allgemeinheit zur Förderung der Wiedereingliederung Gefangener ergibt[2096]. 1975 stellte das BVerfG klar, dass das Bemühen um die Wiedereingliederung des Strafgefangenen nicht nur Ansprüche begründe, sondern unter Umständen auch grundrechtsbeschränkende Maßnahmen rechtfertige, „die erforderlich sind, um die inneren Voraussetzungen für eine spätere straffreie Lebensführung des Gefangenen zu fördern“[2097]. Im Strafgefangenen-Urteil von 1977 sprach das BVerfG auch dem zu lebenslanger Freiheitsstrafe Verurteilten einen Resozialisierungsanspruch zu. „Schon

---

2090 *K. Peters*, Kriminalpädagogik, S. 106 f.
2091 *K. Peters*, Kriminalpädagogik, S. 102.
2092 *K. Peters*, MschrKrim 1966, S. 49 (56); *ders.*, Der junge Mensch, S. 3 f.
2093 *K. Peters*, Kriminalpädagogik, S. 132, 134. Siehe dazu Kap. C. V. 4. a).
2094 *K. Peters*, Kriminalpädagogik, S. 341.
2095 So auch *H. Schöch*, in: Kaiser/ders., Strafvollzug, § 6 Rn. 16.
2096 BVerfGE 35, 202 (235 f.).
2097 BVerfGE 40, 276 (284 f.).

bisher war der Strafvollzug [...] nicht mehr reiner „Verwahrvollzug", sondern es wurde ein auf die Resozialisierung [...] hin ausgerichteter „Behandlungsvollzug" angestrebt"[2098].

3. Diskussion um das Strafvollzugsziel

Mit dem Ansatz der Fremderziehung zur Selbsterziehung und Peters' Kriminalpädagogik verbindet sich die Diskussion um die Ziele des Strafvollzuges. Im Kern geht es um die Frage, wie der Staat auf den straffällig gewordenen Bürger einwirken darf: Ist er darauf beschränkt den Bürger zu legalem Verhalten zu zwingen oder darf der Strafvollzug eine moralische Besserung anstreben.

Als Beispiel für den Wandel des Begriffs der Besserung hin zur Resozialisierung und dem sich darin widerspiegelnden Ansatz nannte Peters die 1953 eingeführte Strafaussetzung zur Bewährung. In der ursprünglichen Fassung bestimmte § 23 Abs. 1 StGB a.F., dass das Gericht die Vollstreckung einer Gefängnisstrafe aussetzen kann, damit der Verurteilte *durch gute Führung* Straferlass erlangen kann. Seit dem Zweiten Strafrechtsreformgesetz regelt § 56 Abs. 1 StGB, dass die Strafe zur Bewährung auszusetzen ist, wenn zu erwarten ist, dass der Verurteilte sich schon die Verurteilung zur Warnung dienen lassen und künftig auch ohne die Einwirkung des Strafvollzugs *keine Straftaten mehr begehen* wird. Peters sah in dieser Umformulierung einen Substanzverlust. Indem allein an das äußere (Wohl-) Verhalten angeknüpft und das Unterlassen einer strafbaren Handlung für ausreichend erachtet werde, verzichte die Rechtsordnung darauf, ein positives Tun als Ausgleich für früheres Versagen zu fordern[2099]. Indem das Strafrecht der Sichtbarmachung der sittlich-ethischen Grundlagen diene, verfolge es aber auch einen positiven Ansatz[2100]. Vom straffällig Gewordenen sei eine rechtmäßige und geordnete Lebensführung, ein „verbindliches Hineinstellen zurück in den Kreis der Gesellschaft" zu verlangen[2101].

Peters forderte dahingehend die Festlegung positiver Wertmaßstäbe, die nicht bloß in einer Minimalforderung bestehen dürften. Als Hauptziel der strafrechtlichen Behandlung nannte Peters vor allem die durch Gefangenen*erziehung* zu

2098 BVerfGE 45, 187 (238 f.). Zur Folge hatte die Entscheidung 1982 die Einfügung der §§ 57a, b StGB (Aussetzung des Strafrestes bei lebenslanger Freiheitsstrafe); vgl. bereits *K. Peters*, Kriminalpädagogik, S. 203.

2099 *K. Peters*, FS Heinitz (1972), S. 501 (505).

2100 Siehe dazu Kap. C. I. 2. c).

2101 *K. Peters*, FS Heinitz (1972), S. 501 (506).

bewirkende Resozialisierung[2102]; als Strafziel forderte er, dass „einem sozialbereiten und sozialfähigen Menschen das Tor“ geöffnet werde[2103]. Erforderlich sei dazu eine Individualisierung des Strafrechts – wie sie Peters mit Neufassung des StGB 1975 und Erlass des Strafvollzugsgesetzes 1977 im Wesentlichen als erfüllt sah[2104].

Im Sinne Peters‘ Forderung hieß es in den 1969 von der Strafvollzugskommission formulierten Grundsätzen: „Der Vollzug ist so zu gestalten, daß der Verurteilte fähig wird, ein gesetzmäßiges Leben zu führen und zu sozialer Verantwortung zu finden“[2105]. Da im Kreis der Vollzugskommission aber der Ruf nach einem schlichten Gesetzesstil ohne „gefühlsmäßigen Pathos“ laut geworden war[2106], setzte sich diese Formulierung nicht durch. So stehe im Mittelpunkt des Vollzugs die Vermeidung künftiger Straftaten durch (Ersatz-)Sozialisation des straffällig Gewordenen; alles, was über den Appell der Legalitätshaltung gehe, gehöre nicht in das Vollzugsgesetz[2107]. Der Kommissionsentwurf beschränkte sich dahingehend auf die Festlegung auf das Minimalziel eines „Lebens ohne Straftaten“, was weniger als ein „gesetzmäßiges Leben“ aber mehr als ein bloß „straffreies Leben“ sei[2108].

Im Regierungsentwurf von 1972, der in Aufbau, Systematik und den inhaltlichen Grundzügen dem Kommissionsentwurf folgte, wurde in Anlehnung an das StGB die Festlegung von Vollzugsziel und -aufgabe vermieden. Im Sinne einer Zielvorgabe sah der RE 1972 lediglich vor, dass „die Vollzugsbehörden zu einer auf eine künftige straffreie Lebensführung gerichteten Behandlung jedes Gefangenen“ verpflichten und ermächtigen sollen[2109]. Verzichtet wurde auch auf die gesetzliche Festlegung einer Behandlungsmethode, da Wissenschaft und Vollzugspraxis der nötige Raum zur Fortentwicklung gegeben werden sollte[2110].

2102 *K. Peters*, Art. Kriminalpädagogik, in: LdP II, 1970, S. 490 bzw. vgl. LdP III, 1954, Sp. 1028.

2103 *K. Peters*, in: HdS, Bd. III, 1962, S. 402.

2104 *K. Peters*, Kriminalpädagogik, S. 135; *ders.*, FS Heinitz (1972), S. 501.

2105 Bd. VI, Tagungsbericht der Strafvollzugskommission, 1969, S. 174.

2106 So *T. Würtenberger*, in: Bd. VI, Tagungsbericht der Strafvollzugskommission, 1969, S. 74.

2107 *T. Würtenberger*, in: a.a.O., S. 80, 89 f.

2108 Bd. XI, Tagungsbericht der Strafvollzugskommission, 1971, S. 9.

2109 BT-Drs. 7/918, S. 44; vgl. *H. Müller-Dietz*, StrafvollzugsR, S. 69.

2110 BT-Drs. 7/918, S. 41. Erhebliche Abstriche am ursprünglichen Reformkonzept erfuhr der RE 1972 gegenüber dem KE 1971 wegen des finanzpolitischen Widerstands der Länder: Die Regelung zur Einführung eines Arbeitsentgelts und die Einbeziehung

Als „wissenschaftlich begründete Alternative“ zum Regierungsentwurf[2111] legten auch die sog. Alternativprofessoren 1973 einen Entwurf vor. Als „Ziel des Vollzuges“ bestimmte § 2 Abs.1 AE-StVollzG die Förderung der Wiedereingliederung des Täters. Insbesondere wendete sich der Entwurf damit gegen die „bedenkliche Klausel“ der Führung eines Lebens ohne Straftaten *in sozialer Verantwortung*. Die Alternativprofessoren sahen hierin einen Verstoß gegen das Übermaßverbot und eine unzulässige Vermischung von Legalität und Moralität[2112]. Aus dem Verurteilten sei im staatlichen Strafvollzug kein „tadelfreier Bürger“ zu machen[2113].

Am 1. Januar 1977 trat das Strafvollzugsgesetz in Kraft[2114]. Alleiniges Vollzugs*ziel* ist nach § 2 S. 1 StVollzG die soziale (Re-)Integration des Gefangenen. Entgegen dem Kommissions- und Regierungsentwurf wurde nicht die Bezeichnung „Behandlungsziel“ gewählt. Beabsichtigt war damit eine Priorisierung gegenüber den Zielen der Vergeltung, Sühne und des Schutzes der Allgemeinheit[2115]. Als sekundäre Vollzugs*aufgabe* wurde daneben in § 2 S. 2 StVollzG der Schutz der Allgemeinheit vor weiteren Straftaten festgelegt. Nach der Konzeption des StVollzG und in ständiger Rechtsprechung des BVerfG ist beim Vollzug der Freiheitsstrafe das Ziel der Resozialisierung gegenüber anderen Vollzugsaufgaben vorrangig[2116].

Das in § 2 S. 1 StVollzG definierte Vollzugsziel kritisierte Peters als „inhaltsleeren Torso“ und Verkürzung des Resozialisierungsgedankens[2117]. Weil es im Strafvollzug um die Besserung und Erziehung, Hilfe und Förderung gehe, müsse

---

der Strafgefangenen in die Sozial- und Arbeitslosenversicherung entfielen, dazu *G. Kaiser*, in: ders./Schöch, Strafvollzug, § 2 Rn. 69, 72.

2111 AE-StVollzG, 1973, S. 3; *J. Baumann*, in: ders. (Hrsg.), Die Reform des Strafvollzuges, S. 7. Kennzeichen des Entwurfs waren konkrete Vorgaben zu Behandlungsziel und -methoden mit organisatorischen und personellen Folgerungen, siehe *G. Kaiser*, in: ders./Schöch, Strafvollzug, § 2 Rn. 68; *H. Müller-Dietz*, StrafvollzugsR, S. 55 f.

2112 AE-StVollzG, 1973, S. 55.

2113 AE StGB AT, 1966, S. 75.

2114 Gesetz über den Vollzug der Freiheitsstrafe und der freiheitsentziehenden Maßregeln der Besserung und Sicherung vom 16. März 1976, BGBl. I 1976, S. 581.

2115 BT-Drs. 7/918, S. 44; BT-Drs. 7/3998, S. 5 f.; *F. Neubacher*, in: Laubenthal/Nestler/ders./Verrel, StVollzG, A Rn. 10. Ende der 1980er Jahre wurden Überlegungen angestellt, ob die „Schwere der Schuld“ als Kriterium in das Strafvollzugsgesetz aufzunehmen seien. Anknüpfung lieferte BVerfGE 64, 261 (1. Leitsatz).

2116 BVerfGE 98, 169 (200 f.); dahingehend auch *K. Peters*, JR 1978, S. 177 (179).

2117 *K. Peters*, FS Heinitz (1972), S. 501 (507); *ders.*, JR 1975, S. 402 (403).

die Behandlung des Einzelnen auf seine ganze Persönlichkeit abzielen. Wie es in der ursprünglichen Regelung zur Strafaussetzung zur Bewährung und im ursprünglichen Grundsatz der Kommission zum Vollzugsziel zum Ausdruck gekommen sei, müsse der Strafvollzug sowohl auf die zukünftige Straffreiheit als auch auf die positive, sittlich fundierte Vermittlung von Werten abzielen[2118]. Künftige Straffreiheit könne nur gesichert werden, „wenn der Gefangene eine innere Beziehung zu Gesetz und Ordnung" finde, denn „eine Gesellschaft besteht aus mehr als nur sich straffrei führender Menschen. Sie lebt aus der Gemeinsamkeit ihrer Glieder in Recht und Ordnung"[2119]. Für vorzugswürdig hielt Peters daher auch den Erziehungs- statt Behandlungsbegriff, weil mit „Erziehung" neben der äußeren Behandlungsbeziehung auch eine persönliche Verbindung zwischen den Beteiligten betont werde[2120]. Dem Vorwurf, dass der Vollzug durch diese Forderungen überfordert und idealisiert werde, entgegnete Peters, dass aus pädagogischer Sicht das maximale Ziel, nämlich die Gewinnung einer geistig-sittlichen Grundhaltung, klar gesetzt werden müsse, um zumindest ein Teilziel (geordnete, normkonforme Lebensführung) zu erreichen[2121].

Für Peters' Ansatz spricht, dass mit der Beschränkung des Vollzugsziels auf Legalverhalten ohne sittlichen Unterbau eine dauerhafte Stabilisierung des Verhaltens des straffällig Gewordenen nicht erreicht werden könne. Es bestehe die Gefahr, dass äußere Legalitätshaltung und innere Wertüberzeugung in Widerspruch zueinander geraten. Zum anderen werde eine solche Zielsetzung dem Resozialisierungsgedanken insofern nicht gerecht, als mit (Re-)Sozialisation gerade auch die Vermittlung zur Befähigung eigener Selbstformung und steuerung gemeint sei[2122]. Andererseits dürfe der Staat „keine moralische Besserungsanstalt" sein[2123]. Peters' Sittlichkeit, die von religiös-weltanschaulichen Überzeugungen durchdrungen sei, stehe der gesellschaftliche Wertpluralismus entgegen, wonach es zur Entfaltungsfreiheit jedes Einzelnen gehören müsse, sittliche Überzeugungen frei zu bilden, für sie zu leben und zu streiten. Den Preis, den ein auf selbstverantwortliche Bürger gerichtetes freiheitliches Gemeinwesen zu zahlen bereit sein muss, müsse der Verzicht auf Effizienz sein[2124]. Peters'

2118 *K. Peters*, FS Heinitz (1972), S. 501 (507); *ders.*, JR 1975, S. 402 (403).
2119 *K. Peters*, in: Häberle/Weissgerber/ders./Pfeffer/Naumann (Hrsg.), S. 90.
2120 *K. Peters*, Kriminalpädagogik, S. 209.
2121 *K. Peters*, FS Heinitz (1972), S. 501 (507).
2122 So *A. Eser*, FS Peters (1974), S. 505 (512); vgl. *H. Schöch*, in: Kaiser/ders., Strafvollzug, § 5 Rn. 8, 12.
2123 *T. Lenckner*, FS Tübinger Juristenfakultät (1977), S. 239 (246).
2124 So *A. Eser*, FS Peters (1974), S. 505 (518).

Ansatz stehe in der Gefahr der Gesinnungsnötigung[2125]. Wünschenswert wäre letztlich ein Mittelweg „zwischen der Anerziehung eines äußerlich legalen Haltungsstils und der Ausprägung bestimmter Sittlichkeitsinhalte“[2126].

4. Ausgestaltung des Behandlungsvollzugs

Anders als Peters‘ Vorstellungen zur Zielsetzung des Strafvollzugs haben seine Überlegungen zur konkreten Ausgestaltung des Vollzugs durchaus Eingang in das StVollzG gefunden[2127].

a) Behandlungsgrundsatz der Kooperation und Aktivität

Entscheidend war für Peters zunächst die Hervorhebung der Bedeutung von menschlichen Beziehungen. So beruhe eine pädagogische Behandlung „auf der Ich-Du-Beziehung mit ihrer menschlichen Wechselwirkung der gegenseitigen Kräfteausstrahlung“[2128]. Grundlage dieser Interaktion müsse die Kooperation und der Dialog sein. Die Behandlung müsse durch gegenseitiges Zuhören, Verständnis und Achtung geprägt sein[2129]. Wichtig sei auch das Anerkennen einer Autorität: „Autorität bedeutet das Gebundensein an den anderen, das Anerkennen des anderen als lenkenden und leitenden Kraft, [...] das vertrauensvolle Folgen“[2130]. Da Erziehung Fremderziehung zur Selbsterziehung bedeute[2131], dürfen nicht Zwang, sondern Freiwilligkeit und Bereitschaft zur Selbsterziehung prägend sein. „Erziehung verlangt Aktivität“ und setze die Mitarbeit des

---

2125 *A. Eser*, FS Peters (1974), S. 505 (513, 515 f.).

2126 *T. Lenckner*, FS Tübinger Juristenfakultät (1977), S. 239 (246); *A. Eser*, FS Peters (1974), S. 505 (516).

2127 Vgl. UA-M, 207/74: Goldenes Doktorjubiläum, Laudatio Wessels, S. 5: „Seine umfassende Sachkunde und sein Erfahrungsschatz haben in diesem Reformwerk ihren vielfältigen Niederschlag gefunden, mag das Gesetz in seiner endgültigen Fassung vielleicht auch nicht in allen Punkten seinen eigenen Vorstellungen entsprechen“.

2128 *K. Peters*, Kriminalpädagogik, S. 160; *ders.*, FS Heinitz (1972), S. 501 (510).

2129 *K. Peters*, MSchrKrim 1966, S. 49 (58 f.). So etwa auch *U. Eisenberg*, GS Meyer (1990), S. 699 (700 f.); *ders.*, JGG, § 5 Rn. 13; ähnlich *R.-P. Calliess/H. Müller-Dietz*, StVollzG, § 4 Rn. 4, 6.

2130 *K. Peters*, FS Rosenfeld (1949), S. 215 (216). Bereits Kap. C. II. 1. d) aa) zur Kritik an der ‘68er-Bewegung.

2131 Siehe Kap. C. V. 2. c).

Betroffenen und ggf. seiner Angehörigen voraus[2132]. Erziehung und Resozialisierung erfordern, dass dem Probanden das Bewusstsein dafür vermittelt werde, dass er „nicht als frei schwebendes Wesen lebt“, sondern unter Bindungen stehe, weshalb die Fähigkeiten geweckt werden müssen, diese Bindungen und die Gemeinschaft als Ganzes als Wert zu erleben[2133]. Eine wichtige Konkretisierung des Behandlungsgrundsatzes der Aktivität findet sich in § 4 Abs. 1 StVollzG: Danach wirkt der Gefangene bei der Gestaltung seiner Behandlung mit (S.1) und seine Bereitschaft hierzu ist zu wecken und zu fördern (S. 2). Ausgestaltet ist diese Regelung allerdings nicht als Recht oder Pflicht, sondern als Mitwirkungsnotwendigkeit, da der Strafgefangene nicht zum bloßen Objekt des Behandlungsvollzugs gemacht werden dürfe[2134]. Im Sinne von Peters wurden damit den Gesichtspunkten der Freiwilligkeit und Bereitschaft des Gefangenen zur Mitarbeit im Strafvollzug Ausdruck verliehen.

Um den Strafgefangenen von einer passiven zu einer aktiven Rolle zu führen, forderte Peters auch eine entsprechende Gestaltung des Vollzugslebens, das nicht einer aufgezwungenen, sondern einer natürlichen Lebensweise entsprechen müsse. So müsse eine Situation geschaffen werden, in der die Mitwirkung und die rechtzeitige Anpassung an das gesellschaftliche Leben gewährleistet werden könne[2135]. Umgesetzt wurde diese Forderung in den Mindestgrundsätzen für die Vollzugsgestaltung des Angleichungs-, Gegensteuerungs- und Eingliederungsgrundsatzes (§ 3 StVollzG)[2136].

b) Vollzugsplan: Klassifizierung und Individualisierung

Um die Behandlung der Persönlichkeit des Gefangenen entsprechend auszugestalten, forderte Peters die Erstellung eines Vollzugsplans, der unter Mitwirkung

2132 *K. Peters*, MSchrKrim 1966, S. 49 (57); vgl. *ders.*, Kriminalpädagogik, S. 134. Ähnlich *H. Schüler-Springorum*, FS Maihofer (1988), S. 505 (515), der vom „Prinzip Aktivierung“ als Anreiz zu einer Hilfe zur Selbsthilfe sprach.

2133 *K. Peters*, FS Heinitz (1972), S. 501 (514). Vgl. Kap. C. IV. 3. a) aa) (2) „Hineinwachsen in die Rechtsordnung“.

2134 BT-Drs. 7/3998, S. 6; vgl. *F. Neubacher*, in: Laubenthal/Nestler/ders./Verrel, StVollzG, B Rn. 73.

2135 *K. Peters*, in: Häberle/Weissgerber/ders./Pfeffer/Naumann (Hrsg.), S. 91.

2136 Nach § 3 Abs. 1 StVollzG „soll“ das Leben im Vollzug „den allgemeinen Lebensverhältnissen so weit als möglich anzugleichen“ werden. Nach § 3 Abs. 2 StVollzG ist „Schädlichen Folgen des Freiheitsentzuges [...] entgegenzuwirken“. Nach § 3 Abs. 3 StVollzG ist der Vollzug so zu gestalten, „daß er dem Gefangenen hilft, sich in das Leben in Freiheit einzugliedern“.

aller Beteiligten das Vollzugsziel individuell konkretisiert[2137]. In Ausgestaltung eines „individualgerichteten Vollzuges" seien an den Strafgefangenen hohe Anforderungen zu stellen, die ihn dazu zwingen, den Vollzug nicht nur zu erdulden, sondern aktive Mitarbeit zu leisten, beispielsweise durch Regelungen zu Arbeit oder beruflicher Fort- und Ausbildung[2138]. Mit § 7 Abs. 2 StVollzG hat der Gesetzgeber diese Forderung realisiert und Minimalanforderungen an den Inhalt des Vollzugsplans festgelegt[2139]. Grundlage für den Vollzugsplan bildet der Vorgang der Klassifizierung und Individualisierung.

Gegenstand der Klassifizierung ist die Eingruppierung von Rechtsbrechern und die Zuordnung in eine Vollzugsart. Als Vollzugsformen im weiteren Sinne unterschied Peters gestuft nach Tat und Täterpersönlichkeit zwischen Mahnvollzug (großer Bereich der kürzeren Freiheitsstrafen) und Sicherungsvollzug (kleiner Bereich der längeren Freiheitsstrafen und gefährliche Verbrechen mit mittlerem Strafmaß). Einen Zwischenbereich bilde der Erziehungsvollzug (vor allem Freiheitsstrafen von 6 Monaten bis 4 Jahren), bei dem eine auf die Zukunft gerichtete Behandlung und Förderung angestrebt werden müsse und die gemeinsame Arbeit an der „Persönlichkeitsformung" des Strafgefangenen im Mittelpunkt stehe[2140]. Peters wollte den Strafvollzug damit nur dort auf die Erziehung ausrichten, wo es auf Grund sachlicher und persönlicher Umstände geboten ist und Erziehungsfähig- und -bedürftigkeit überhaupt vorliegen. Bei jugendlichen und heranwachsenden Tätern sei die Erziehung in der Regel immer die angemessene und zweckmäßige Antwort auf den Rechtsbruch; bei erwachsenen Tätern müsse der Erziehungsvollzug durch Klassifizierung begründet werden[2141]. Zur näheren Ausgestaltung eines derartigen „Klassifizierungs- und Differenzierungssystems" forderte Peters die Einrichtung einer zentralen wissenschaftlichen Beobachtungsstelle[2142]. Zur Sicherstellung einer kriminologischen und praxisorientierten Bedarfsforschung sieht in diesem Sinne § 166 StVollzG die Einrichtung eines kriminologischen Dienstes vor[2143].

Wie durch §§ 6, 7 Abs. 1 StVollzG klargestellt, wird der Vollzugsplan auf Grundlage der Behandlungsuntersuchung erstellt, die – wie auch Peters

2137 UA-T, 198/68: Pädagogische Grundprobleme des Strafvollzuges, 1965, S. 2.
2138 *K. Peters*, in: Häberle/Weissgerber/ders./Pfeffer/Naumann (Hrsg.), S. 98.
2139 Vgl. *K. Laubenthal*, Strafvollzug, Rn. 323.
2140 *K. Peters*, Kriminalpädagogik, S. 195, 197 f.
2141 *K. Peters*, Kriminalpädagogik, S. 341.
2142 *K. Peters*, Kriminalpädagogik, S. 245; *ders.*, in: Häberle/Weissgerber/ders./Pfeffer/Naumann (Hrsg.), S. 98.
2143 Vgl. BT-Drs. 7/918, S. 98; BT-Drs. 7/3998, S. 47 f.

forderte – der Individualisierung des Vollzugs durch eine umfassende Persönlichkeitserforschung dient[2144]. Abgesehen von der Auswahl der konkreten Erziehungsmaßnahme sei hierbei die Bewertung des Probanden als für erzieherische Behandlung ansprechbar und dessen grundsätzliche Erziehungsfähig und bedürftigkeit entscheidend. Zu erfolgen habe dies auf Grundlage eines kriminologisch klassifizierten Systems[2145].

c) *Erziehungsvorgang und Erziehungsbeteiligte*

Ein pädagogischer, auf Förderung und Hilfe ausgerichteter Strafvollzug könne nur in einer entsprechenden Vollzugsatmosphäre gelingen, die vor allem von der Grundhaltung der Vollzugsbeamten abhängig sei[2146]. Entscheidend sei, dass der Behandlungsvollzug von einem positiven Ansatz geprägt werde. Als allgemein gültige Regeln für den Erziehungsvorgang forderte Peters insbesondere eine gerechte Behandlung, d.h. sachliches, gleichmäßiges, geduldiges und unvoreingenommenes Verhalten, Wahrhaftigkeit und ein Überzeugtsein für das Ziel, Achtung und Respekt für das Gegenüber sowie eine realistische und persönlichkeitsadäquate Herangehensweise[2147].

Der Erzieher – vor allem in Person des Richters, des Strafvollzugsbeamten und des Bewährungshelfers – müsse entsprechend des hochgesteckten Ziels selbst im ständigen Ringen um die eigene Persönlichkeitsentfaltung und Freiheit und damit auf einem sittlichen Fundament stehen[2148]. Ernstliches erzieherisches Bemühen ist für Peters als Christ ohne eigene sittlich-religiöse Fundierung nicht denkbar[2149]. Die Eigenschaften, die er dem Erzieher als notwendig zuschreibt sind: Realitätssinn, gesunder Menschenverstand und -kenntnis, Taktgefühl, Rechtschaffenheit, Einfühlungsvermögen, Hilfsbereitschaft, Selbstbeherrschung, Geduld, Wärme sowie innere Geschlossenheit[2150].

2144 *K. Peters*, Kriminalpädagogik, S. 207.

2145 *K. Peters*, Kriminalpädagogik, S. 128, zur konkreten Klassifizierung siehe S. 229 – 246.

2146 *K. Peters*, Wegweiser Heft 15 (1959), S. 14.

2147 Vgl. *K. Peters*, Kriminalpädagogik, S. 135 – 137, 139, 145 f.

2148 *K. Peters*, Kriminalpädagogik, S. 129, 131.

2149 Insbes. *K. Peters*, FS Lohmeyer (1951), S. 274 (290 – 293).

2150 *K. Peters*, Kriminalpädagogik, S. 129; *ders.*, Kongreß „Das schwererziehbare Kind", S. 66.

5. Abschließende Bemerkungen

Peters wurde von Juristen ein idealisiertes Menschenbild vorgeworfen[2151]. Über den Erfolg des erzieherischen und behandelnden Vollzugs machte er sich jedoch keine Illusionen. Entscheidend war für ihn die Haltung gegenüber dem straffällig gewordenen Menschen. Nicht von ungefähr unterstrich Peters im Schlusswort seiner „Kriminalpädagogik", dass die Kriminalpädagogik hohe Anforderungen an alle am Strafverfahren Beteiligten stelle und als Ausdruck „echter menschlicher Beziehungen" Mitmenschlichkeit und Nächstenliebe verlange[2152].

2151 *G. Blau*, in: Kluge (Hrsg.), Kriminalpädagogik Bd. 1, S. 127 f.

2152 *K. Peters*, Kriminalpädagogik, S. 343; so auch *ders.*, Justiz als Schicksal, S. 214.

D. Zusammenfassende Betrachtungen zum Leben und Wirken von Karl Peters

I. Juristenausbildung und Berufsethik

Die hinreichende Sachausbildung sowie Persönlichkeitsbildung des Juristen war für Karl Peters ein (berufs-)ethisches Gebot[2153]: „Juristische Berufsethik ist nicht ein bloßes Zierstück der Ausbildung, sondern ein wesentliches Kerngebiet"[2154]. Als Rechtslehrer, Wissenschaftler und Praktiker folgte er dem Grundsatz, dass (Straf-)Recht „von Menschen angewendet, getragen und glaubwürdig dargestellt" werden müsse[2155], weshalb der Jurist neben der juristischen auch der philosophischen, ethischen und (staats-)politischen Bildung bedürfe[2156]. Die Aufgabe des Richters bestehe nicht nur in der Beurteilung eines Lebenssachverhalts auf Grundlage des Gesetzes, sondern in einem Urteil über einen gesamten Vorgang und den vermeintlichen Rechtsbrecher. „Man möchte daher meinen, dass der Strafjurist in der Menschenkunde und [...] Verbrechenskunde [...] ausgebildet wäre"[2157]. Angesichts der Anforderungen der Strafrechtspflege, vor allem an den (Jugend-)Strafrichter und Staatsanwalt, bewertete Peters die Juristenausbildung an der Universität und im Referendariat als unzulänglich. Den angehenden Juristen sah Peters in der Pflicht, sich mit „den allgemeinen geistigen" und vorrechtlichen Problemen und Gegebenheiten des (Straf-)Rechts zu befassen. Nur in der Auseinandersetzung mit Theologie, Ethik, Philosophie, Geschichte und Soziologie werde deutlich, dass vom Juristen mehr zu fordern sei als bloße Rechtsanwendung „im luftleeren Raum"; das positive Recht stelle eine Ordnung gemeinschaftlichen, friedlichen Zusammenlebens dar, in der

---

2153 Dazu insbes. Kap. B. II. 2.: Humanistisches Bildungsideal; Kap. B. V. 2. d) cc) (6): Anforderungsprofil des Jugendstaatsanwalts; Kap. C. II. 1. d) cc) (5): Strafrechtsreform, Anforderungsprofil an Juristen; Kap. C. III. 1. a), b) und 4. a) aa), c) bb) (1): Begriff „Strafprozeß", Bedeutung der Kriminalistik, Funktion der praktischen Strafprozesslehre in der juristischen (Selbst-)Kontrolle und Erziehung; Kap. C. IV. 5.: fachliche Ausbildung und menschliche Bildung der im Strafverfahren Beteiligten; Kap. C. V. 4. C): Erziehungsbeteiligte im Strafvollzug.

2154 *K. Peters*, FS Würtenberger (1977), S. 77 (89).

2155 *K. Peters*, FS Würtenberger (1977), S. 77 (89).

2156 UA-T, 198/13, S. 130; *K. Peters*, Die strafrechtsgestaltende Kraft, S. 43; *ders.*, GS Meyer (1990), S. 331 (342).

2157 *K. Peters*, Grenzen des strafrichterlichen Ermessens, 41. DJT, S. 40.

wesentliche Wertungen einer Gesellschaft zum Ausdruck kommen[2158]. Die Kritik, dass im Studium angesichts der Ausrichtung auf das Staatsexamen überwiegend rein juristische Vorlesungen und Übungen im Mittelpunkt stehen und zu Lasten des Anspruchs von Universalität und Weitsicht die sog. Grundlagenfächer in den Hintergrund treten, gehört zu einem vieldiskutierten Topos um die Reform der Juristenausbildung[2159].

Peters bemängelte eine Verschulung der universitären Ausbildung durch ausschließlich fallorientierte Übungen mit vorgegebenem Sachverhalt und das viele Klausurenschreiben, das „dumm" mache: „Es bringt das Denken in ein enges Schema, beeinträchtigt die Freiheit der Gedanken und macht aus einem Studenten einen Schüler"[2160]. Wenig schmeichelhaft umschrieb er die strafjuristische Ausbildung als ein „Hinführen zum juristischen Kreuzworträtsel"[2161] und Erziehung zum „Rechtstechniker"[2162]. Die Juristenausbildung sei auf die Anwendung abstrakter Regelungen angelegt, leide aber an einer einseitigen, vorwiegend rechtsdogmatischen Ausrichtung, der Verzweigung und ständigen Erweiterung des strafrechtlichen Stoffes; zuweilen würden Fälle mehr vom abgefragten Rechtsproblem und ausgeklügelten Rechtsfragen als vom täglichen Leben her erstellt werden[2163]. Der junge Jurist werde in das „rechtliche Konstruieren" hineingeführt, ohne sich Gedanken darüber machen zu müssen, dass die Ermittlung des Sachverhalts eine Hauptaufgabe der Praxis sei – dieses Versäumnis könne auch im Referendariat nicht mehr beseitigt werden[2164]. Zudem werde durch das Operieren mit „A und B" oder fingierten Namen nicht deutlich, dass

---

2158 *K. Peters*, Grenzen des strafrichterlichen Ermessens, 41. DJT, S. 40 f.; dahingehend auch *E.-W. Böckenförde*, Vom Ethos der Juristen, S. 35.

2159 Siehe dazu *E.-W. Böckenförde*, Juristenausbildung auf dem Weg ins Abseits?, JZ 1997, S. 317 ff.; *F. Hufen*, Perspektiven des rechtswissenschaftlichen Studiums, ZDRW 2013, S. 5 ff.; *W. Kramer*, Juristenausbilung – Plädoyer für eine innere Reform unter Beibehaltung des äußeren Rahmens, MdR 1998, S. 1013 ff.; *B. Rüthers*, Wozu auch noch Methodenlehre? Die Grundlagenlücken im Jurastudium, JuS 2011, S. 865 ff.

2160 UA-T, 198/13, S. 81. Vgl. Kap. B. VII. 2. a).

2161 UA-T, 198/28: Referat vom 22. Okt. 1987; *K. Peters*, FS Baumann (1992), S. 319 (327).

2162 UA-T, 198/13, S. 81.

2163 *K. Peters*, Fehlerquellen Bd. 2, S. 331, 334; *ders.*, Strafprozeß^4, S. 298. Siehe dazu Kap. C. III. 3. c).

2164 *K. Peters*, ArchKrim 1984, S. 1 (4); *ders.*, FS Baumann (1992), S. 319 (327); vgl. bereits *ders.*, Zeugenlüge und Prozeßausgang, S. 311; dahingehend auch *U. Eisenberg*, Kriminologie, § 1 Rn. 20 – 23, § 27 Rn. 63.

es die Strafrechtspraxis mit Menschen aus Fleisch und Blut zu tun habe: „Wie man auch immer den Fall in der Übung entscheidet, es tut keinem weh“[2165].

Die Aufteilung „Allgemeiner und Besonderer Teil“ und das Übergewicht materiell-strafrechtlicher Vorlesungen begründe die Gefahr, dass das Strafrecht zu „blutentleert“ und abstrakt dargestellt und ein falsches Bild über das Funktionieren des materiellen Rechts, das erst im Strafprozess sein Leben finde, vermittelt werde[2166]. Dem angehenden Juristen müsse verdeutlicht werden, „daß es sich in der Rechtswissenschaft nicht um ein hochschwebendes abstraktes Gebilde handelt, sondern daß sie erdnah und sachverhaltsbezogen ist“[2167].

Dazu gehört eine Ausbildung, die neben dem materiellen Strafrecht auch das Strafprozess- und -vollzugsrecht angemessen vermittelt. Andererseits bedarf es der Einbeziehung der (außer-)juristischen (Hilfs-)Wissenschaften (von Peters „Realien“ genannt), wozu vor allem Kriminalistik, Kriminologie und Psychologie gehören[2168]. Schon im Studium müsse eine Grundausbildung in diesen Bereichen erfolgen, die im Referendariat weitergeführt und durch Weiter- und Fortbildungen für die in der Praxis tätigen Strafjuristen ausgebaut und vertieft werde. Die Wahlfächer (heute Schwerpunkte) böten zwar die Möglichkeit der Spezialisierung in einzelnen Bereichen, erfassten aber nur einen Teil der Studenten. Dem Argument, dass die Aneignung der für die Praxis nötigen Fähigkeiten und Kenntnisse durch Berufserfahrung und Weiterbildungen zu erfolgen habe, entgegnete Peters, dass eine fehlende Grundausbildung nicht ohne Weiteres nachgeholt werden könne[2169].

Für die universitäre Ausbildung forderte Peters, dass die Zahl der wöchentlichen Semesterstunden für die strafrechtliche Hauptvorlesung insbesondere zu Lasten des Strafrechts Besonderer Teil reduziert werden sollten. Neben ergänzenden Übungen zu den Kernvorlesungen Strafrecht und Strafverfahren sollten einführende Vorlesungen zu Kriminologie, Kriminalistik (Beweisrecht und Lehre von der Aussagepsychologie) und Strafvollzug treten[2170]. Für

---

2165 *K. Peters*, FS Baumann (1992), S. 319 (327).

2166 UA-T, 198/13, S. 80; vgl. *K. Peters*, FS Welzel (1974), S. 415 (416). Siehe Kap. C. II. 1. d) bb). Kap. C. III. 3. a).

2167 *K. Peters*, FS Kern (1968), S. 335.

2168 *K. Peters*, Grenzen des strafrichterlichen Ermessens, 41. DJT, S. 41; *ders.*, FS Dünnebier (1982), S. 53 (59); *ders.*, Strafprozeß[4], S. 7, 408 f. Im Einzelnen siehe dazu Kap. C. III. 4.

2169 *K. Peters*, FS Würtenberger (1977), S. 77 (88); *ders.*, Art. Strafzumessung, in: HdK Ergänzungsbd. 1979, S. 271.

2170 *K. Peters*, Fehlerquellen Bd. 2, S. 333 f., vgl. Peters‘ Stundenplanübersicht: Strafrecht (4 Std.), Strafverfahren (3 Std.), Strafvollzug (1 Std.), Kriminologie und Kriminalistik

die Referendarausbildung schlug Peters jeweils eine Spezialisierung im Zivil-, Verwaltungs- und Strafrecht vor. Für den Strafjuristen beispielsweise würde nach kurzer zivil- und verwaltungsrechtlicher Ausbildung eine intensive Ausbildung bei den Strafgerichten und der Staatsanwaltschaft, im Strafvollzug, beim Rechtsanwalt und im Sozial- und Gesundheitswesen folgen[2171]. Grundlage dieser Vorschläge war Peters' eigene Juristenausbildung sowie die Gestaltung der eigenen Lehre, die wesentlich durch seine praktische Tätigkeit beeinflusst war[2172].

II. Bilanz

Karl Peters zeichnete sich durch eine ethisch fundierte, im christlichen Humanismus wurzelnde Lebenshaltung aus. Seine Lebensmaxime galt der Nächstenliebe, Mitmenschlichkeit und Menschenwürde. Als Christ sah er es als Auftrag an, die Gebundenheit des Einzelnen und der Gesellschaft an christliche Werte herauszustellen, wie sie in den Grundprinzipien der Personalität, Solidarität und Subsidiarität der katholischen Soziallehre sowie im Grundgesetz ihren Ausdruck finden. Peters besaß einen ausgeprägten Gerechtigkeitssinn, der aus seiner humanistisch-religiösen Grundhaltung entsprungen war und durch das Erleben des Nationalsozialismus und der wissenschaftlichen Auseinandersetzung mit der Fehlbarkeit juristischer Entscheidungen geschärft wurde. Seine Arbeiten beeindrucken durch die Ganzheitlichkeit seines Denkens. Die Betrachtung des Rechts in seiner Verbindung von Theorie und Praxis (von Sollen und Sein), von materiellem und formellem Recht sowie in der Verknüpfung und Integration mit außerjuristischen Wissenschaften ist Peters' Anspruch geschuldet, dem Menschen gerecht werden.

Geprägt durch das katholische Elternhaus erlebte Karl Peters seine Kindheit noch in der Kaiserzeit, seine Jugend in der Weimarer Republik und den Beginn seiner beruflichen Karriere als Strafjurist und Strafrechtswissenschaftler in der Zeit des Nationalsozialismus. Begeistert von der Idee der Volksgemeinschaft und eines durchsetzungsstarken Staates, sympathisierte Peters anfänglich mit den Nationalsozialisten, ohne die Vorboten und Gefahren eines totalitären Systems zu erkennen. Das Maß an politischer Weitsicht und Sensibilität besaß er zu dieser Zeit noch nicht. Angesichts der Unrechtstaten des NS-Regimes versuchte

(je 2 Std.), Einführungsübung (1 Std.), Hauptübung zum Strafrecht und Strafprozessrecht (2. Std.).

2171 *K. Peters*, Fehlerquellen Bd. 2, S. 332; *ders.*, GS Kaufmann (1986), S. 913 (926).

2172 Dazu Kap. B. III. 1. und 2, Kap. B. IV. 2. d), Kap. B. VI. 2. sowie Kap. B. VII. 2. a).

Peters seine Fehleinschätzungen zu korrigieren, indem er aus der SA austrat und gemeinnützige Aufgaben in Ersatzorganisationen übernahm. Der „unumgängliche“ Parteieintritt in die NSDAP ließ sich aus seiner Sicht nicht mehr zurückführen – zumindest nicht unter Inkaufnahme erwartbarer Konsequenzen für das private und berufliche Leben. Peters‘ zumindest innere Abkehr vom System veranlasste ihn nicht (wie den Bruder Hans Peters) zu aktivem Widerstand. Seine Bekundungen waren nie politisch motiviert. Sein Bekenntnis zum Christentum trug er stets deutlich nach außen, indem er sich mit konfessionell und einstellungsmäßig Gleichgesinnten umgab.

Peters hatte in zeitlicher Hinsicht Glück. Die Grundlagen für eine Tätigkeit in der Strafjustizpflege und an der Universität waren bereits vor der „Machtergreifung“ der Nationalsozialisten gelegt. Allerdings wurde Peters als streng gläubiger Katholik als Unsicherheitsfaktor eingestuft, was vor allem seine Karriere als Hochschulprofessor verzögerte – aber nicht gänzlich verhinderte. Mit seiner wissenschaftlichen und praktischen Spezialisierung auf das Jugendstrafrecht konnte er sich in eine Nische zurückziehen, die weniger politisch dominiert war. In der kriegsbedingten Radikalisierungsphase war Peters nicht mehr als Staatsanwalt tätig. Auf diese Weise blieb ihm offensichtlich erspart, an „Bluturteilen“[2173] beteiligt gewesen zu sein. Indem Peters das geltende Recht respektierte, machte er sich gleichwohl zum Funktionsträger des Staates. Er blieb dem Recht als dessen Verwalter treu und war demnach kein „Partisan der Gerechtigkeit. [...] Der normale Jurist lebt nicht nur in seiner Zeit und in seiner Welt, sondern dient ihrer Erhaltung, wie das Recht ihrer Erhaltung dient“[2174]. Handlungsfreiräume nutzte er, um zu sachgerechten, d.h. tat- und täterentsprechenden Ergebnissen zu gelangen, und um damit ein aktives Schuldigwerden seiner eigenen Person zu vermeiden.

Ein Vergleich Peters‘ Schriften aus der Zeit vor 1945 und danach zeigt, dass sich seine Grundansichten nicht verändert haben. War Peters‘ Ansatz während der NS-Zeit von einem dem Zeitgeist entsprechenden kollektivistischen Gemeinschaftsdenken geprägt, war ihm auch nach 1945 ein gemeinwohlorientiertes, dem Solidaritätsprinzip verpflichtetes Denken immanent. So waren seine anfänglichen Erwartungen an den Nationalsozialismus neben der Hoffnung nach einem durchsetzungsstarken Staat vor allem mit dem Aspekt des Sozialen verbunden – „Überwindung des Klassengegensatzes und Hebung der sozialen Verhältnisse“, Wunsch nach „sozialer Stabilität“ und einem „lebensnahen

---

2173 *K. Peters*, Eichmann-Prozess, in: Eckart-Jahrbuch 1961, S. 244; vgl. Kap. B. V. 7.
2174 *B. Schlink*, Erkundigungen, S. 39 f.

Recht“[2175]. Dem Staat und der (Volks-)Gemeinschaft hatte Peters aber nie einen absoluten und überhöhten Bedeutungsgehalt beigemessen. Seine Maxime galt der Wertungsharmonie von Recht und Moral und dem Anerkennen einer allgemein verbindlichen und dem Menschen entzogenen sittlichen Ordnung – „Recht ist, was gerecht ist, was sittlich ist. Über der Rechtsordnung steht die sittliche Ordnung“, so Peters 1937[2176]. Vor allem im Jugendstrafrecht wendete sich Peters gegen eine Überbetonung des kollektivistischen Denkens und trat für einen individualistischen Ansatz ein. Für ihn war stets entscheidend, dass das Recht dem Rechtsanwender genügend Spielraum lassen müsse, um zu einzelfall- und sachgerechten Entscheidungen gelangen zu können; Peters nahm damit eine Wertung in Kauf, die teils zu Lasten von Rechtssicherheit und gesetzlichen Wertungen ging[2177].

Peters‘ Bekundungen nach 1945 änderten sich mit Blick auf seine offen und zurückhaltungslos nach außen getragenen Lebensmaximen (Nächstenliebe, Menschlichkeit und Menschenwürde). Möglicherweise mag dies Ausdruck für Peters‘ empfundene Mitschuld und sein inneres Bedürfnis zur Wiedergutmachung gewesen sein. Mit dem Weggang aus der sowjetischen Besatzungszone fand Peters nach Kriegsende in Westdeutschland (spätere Bundesrepublik) als im Entnazifizierungsverfahren „Entlasteter“ die Basis seines Wirkens und Schaffens.

Peters‘ Forschungsarbeiten sind durch eine ethische Fundierung und einen pragmatischen Ansatz gekennzeichnet. Den Anspruch, dass sich seine Ideen in die juristische Systematik und Dogmatik stets widerspruchslos einfügen ließen, hatte er nicht. Vielmehr ist er als Mahner in grundsätzlichen Fragen und Initiator für Denkanstöße zu würdigen. Im Bestreben, am Alten und Bewährten festzuhalten, gleichzeitig aber auch einem an gesellschaftlichen und individuellen Bedürfnissen angepasstes Strafrecht zu gestalten, hielt Peters für die Weiterentwicklung des Strafrechts weniger die gesetzgeberische Aktivität als das Überzeugtsein für Ideen und die Fortentwicklung der grundsätzlichen Haltung auf Grundlage von wissenschaftlichen Erkenntnissen und praktischen Erfahrungen

---

2175 UA-G, PA 429, Bd. 6: Bericht über meine politische Betätigung, S. 1; UA-T, 198/13, S. 104. Siehe Kap. B. V. 2. a) bb), cc), b) bb), Kap. B. V. 6. a) aa).

2176 *K. Peters*, ZStW 56 (1937), S. 34 (56), Kap. B. V. 2. a) dd) (2). Vgl. Kap. C. I. 2.

2177 Siehe etwa Peters‘ Position zum Tatbegriff (Kap. B. V. 4. b) bb), insbes. Kap. C. III. 3. b)), zum Schwangerschaftsabbruch (Kap. C. II. 2. a) cc): „Differenzierungstheorie“), zur V-Mann-Problematik und der Beschuldigten- und Zeugenrolle (Kap. C. III. 4. c) cc) (4)), zum Wiederaufnahmerecht (Kap. C. III. 5. c)).

und Notwendigkeiten für das Entscheidende – die „innere Reform". Auf dieser Grundlage und auf Basis seines Erfahrungswissens und seiner empirischen Untersuchungen beteiligte sich Peters an der Reform und Weiterentwicklung des Straf-, Strafprozess-, Jugendstraf- und Strafvollzugsrechts.

In der Diskussion um die Große Strafrechtsreform mahnte Peters die Grundlagen des Strafrechts an, die in ihrer Verbindlichkeit von sittlicher Ordnung und vorrechtlichen Gegebenheiten zu liegen hätten. Wertvorstellungen und Normen, die dem menschlichen Zusammenleben zu Grunde liegen, sah Peters weniger der Autonomie des Individuums als dem Gemeinwohl verpflichtet. Der Anerkenntnis des Einzelnen als freien, sozialen und sittlich-verantwortungsvollen Bürger müsse der Anspruch nach möglichster Wertungsharmonie von Recht und Moral folgen. Als sittlichen Kernbereich begriff Peters die Unantastbarkeit der Schöpfungsordnung und die Achtung des Lebens. Dem Strafrecht komme eine gemeinschafts- und sittenbildende Funktion zu. Um der Autorität des Rechts Überzeugungskraft zu verleihen, erhob er die Beschränkung des Strafrechts zu einer Hauptforderung. Durch die Verbindung von Theorie und Praxis, von materiellem und formellem Recht galt seine Arbeit der umfassenden, ganzheitlichen Entwicklung des Strafrechts, in der die Anforderungen und zur Verfügung stehenden Ressourcen des materiellen Rechts gleichermaßen wie die des Strafprozess- und Strafvollzugsrechts Berücksichtigung finden. Peters sprach dem Strafprozess damit auch eine strafrechtsgestaltende Kraft zu. Die Basis seiner Überlegungen war ein konservatives, klassisches (Straf-)Rechtsverständnis: Strafzweck der vergeltenden Vereinigungstheorie, täterorientiertes Straf- und Strafverfahrensrecht, Erziehungsgedanke im Jugendstraf- und Strafvollzugsrecht, ein Staat, der den Bürger nicht nur zur Legalität auffordert, sondern ihn auch in seiner Moralität anspricht und so von ihm ein inneres „Ja" zur Rechtsordnung anstrebt.

Peters gehörte zu den Mitgestaltern der Kriminalpädagogik. Unter der Leitidee einer „inneren Reform" trat er für eine Individualisierung der Strafrechtspflege im Umgang mit jugendlichen und erwachsenen Straftätern ein, die er mit dem Begriff der Kriminalpädagogik umschrieb. Prägend für das Jugendstraf- und Strafvollzugsrecht habe der Erziehungs- und Besserungsgedanke im Sinne von Hilfe zu sein. Diese Hilfe solle nicht primär den Charakter des Zwangs in sich tragen, sondern wurde von Peters besonders auch im Erwachsenenvollzug als Fremdhilfe zur Selbsthilfe bezeichnet, für dessen Gelingen Freiwilligkeit, Bereitschaft zur Mitwirkung und Gegenseitigkeit bestimmend seien. Auch wenn sich seine hochgreifenden Vorstellungen zum Strafvollzugsziel angesichts einer liberalen Grundhaltung nicht durchzusetzen vermochten, waren Peters‘ Vorstellungen zur Ausgestaltung des Behandlungsvollzugs zeitgemäß und finden ihre Entsprechung in der Gesetzgebung des 1977 erlassenen Strafvollzugsgesetzes.

Peters‘ Konzept eines einheitlichen Jugendkonfliktrechts, bei dem der Strafgedanke zu Gunsten eines erzieherischen Vorgangs in den Hintergrund treten und zu einer weitreichenden Entkriminalisierung und Verlagerung auf einen sozialen, eher außerjuristischen Bereich führen sollte, belebte den Forschungsdiskurs seiner Zeit. Für das geltende JGG ist gleichwohl das strafrechtliche Modell dominierend geblieben, bei dem das Jugendstrafrecht ein Sonderrecht und kein eigenständiges Konfliktrecht gegenüber dem StGB darstellt.

Den Schwerpunkt Peters‘ Schaffenskraft bildete das Strafverfahrensrecht. In Erarbeitung einer Strafprozesslehre widmete er sich in Anknüpfung an die empirische Untersuchung aus seiner Zeit als Staatsanwalt („Zeugenlüge und Prozeßausgang“, 1939) ab 1962 im Rahmen der von ihm begründeten Tübinger Forschungsstelle der Fehlerquellenanalyse. Dabei entwickelte Peters angesichts der von ihm zutage geförderten Mängel und Unzulänglichkeiten in der Strafjustizpflege ein überaus starkes Gespür für die Nöte des beschuldigten und angeklagten Bürgers im Strafverfahren. Sein Anspruch galt nicht der Rundum-Kritik an der Strafjustiz, sondern ihrer Verbesserung und Qualifizierung. Seine systematische Aufarbeitung von Fehlerquellen im Strafprozess ist bis heute in der Beweislehre und im Wiederaufnahmerecht einflussreich, indem seine Erkenntnisse die Basis und den Impuls für weitere Entwicklungen geben.

Angesichts der vielfältigen und schwierigen Aufgaben insbesondere des Strafrichters lieferte er eine an den Prozessrealitäten orientierte Bestandsaufnahme. Als Teil der beschreibenden Strafprozesslehre betrieb Peters Rechtstatsachenforschung; durch die Integration der Rechtssoziologie und Rechtspsychologie in die Strafrechtswissenschaft eröffnete er einen neuen Blick auf das Rollenverhalten und Selbstverständnis der am Strafverfahren Beteiligten. Darin liegt das Moderne von Peters‘ Ansatz. Unter Zugrundelegung des Strafprozesses als einen kontinuierlich, sich interaktiv entwickelnden Vorgang stellte Peters das subjektive Moment in der Rechtsfindung heraus (die Gebundenheit an eigene Erfahrungen, Grundhaltung, Einstellungen, Fähigkeiten und den Charakter), um durch Benennung und Analyse vermeidbarer Fehlerquellen zu einer Rationalisierung und Objektivierung des polizeilichen, staatsanwaltschaftlichen und vor allem richterlichen Bewertungs- und Entscheidungsprozesses beizutragen. Als wesentliche Fehlerquellen im Strafprozess identifizierte er die Fehler- und Lückenhaftigkeit im Ermittlungsverfahren und das Außerachtlassen prozesspsychologischer Gesichtspunkte. Seine Forderung galt der Richtigkeit der Sachverhaltsfeststellung und der Erfassung eines jeden Angeklagten im Gesamtkontext seiner Wirklichkeit (Gesamtheit der Persönlichkeit-, Lebens- und Gesellschaftsbedingungen). Hierzu forderte er die konsequente und kompetente Einbeziehung anderer wissenschaftlicher Disziplinen (Kriminalistik, Soziologie, Psychologie, Pädagogik, Medizin) und mahnte deren Einbeziehung in die Aus- und Weiterbildung aller an der Rechtspflege Beteiligten an; der Strafjurist bedürfe der umfassenden Rechts-, Sach- und Persönlichkeits(-aus-)bildung. Diese Mahnung gilt es auch heute mehr denn je in die Praxis umzusetzen: in der Ausbildung an der Universität und im Referendariat wie auch in der Weiterbildung von Richtern, Staatsanwälten und Strafverteidigern.

Den moralischen Anspruch zur Nächstenliebe als Christ und Menschenfreund ernst nehmend, fühlte sich Peters in Erkenntnis des Satzes, dass „das Fehlurteil zuungunsten des Verurteilten menschliches Leid“[2178] mit sich bringe, dem zu Unrecht, oder zumindest auf nicht rechtsstaatlich abgesicherter Art und Weise angeklagten und verurteilten Menschen verpflichtet. Die Verbesserung der Rechtspflege im Interesse von Wahrheitsfindung, Einzelfallgerechtigkeit und Rechtsstaatlichkeit sowie die Verteidigung des tatsächlich oder vermeintlich durch die Justiz zu Unrecht Behandelten machte er zu seiner Aufgabe. Strafjustiz als Ausdruck staatlich legitimierter und kontrollierter Gewalt auf das Menschliche zurückzuführen – „Justiz als Schicksal. Ein Plädoyer für „die andere Seite““ – wird zu seinem Lebenswerk.

Hierbei kann Peters nur beigepflichtet werden: Seinem werteorienteriten und praktischen Anspruch sollte jeder Jurist gerecht werden wollen. Bereits mit der Studienwahl und dem Studium sollten sich künftige Juristen in Peters‘ Sinne über menschliche Verantwortung und Bürde bewusst sein. Juristen sollten insofern nicht nur eine fachliche, sondern auch menschliche Eignung und persönliches Engagement mitbringen und erlangen. So wie Peters eine fachübergreifende Wissensaneignung, praktische Qualifizierung und Weiterbildung für unerlässlich anmahnte, forderte er auch klare humanistische Wertvorstellungen. Eine nur auf die Rechtstechnik verschriebene Ausübung des Berufs reicht nicht aus. Die Vergewisserung der ethischen und rechtlichen Grundlagen, die unerlässlich sind für ein möglichst gerechtes Strafrechtssystem, sollte in der Aus- und Weiterbildung von Juristen mehr Beachtung finden.

2178 *K. Peters*, Art. Strafzumessung, in: HdK Ergänzungsbd. 1979, S. 262.

Karl Peters war als Jurist ungewöhnlich, außergewöhnlich in seinem Anspruch an sich selbst und unermüdlich in dem Bestreben, Gerechtigkeit und Wahrheit im Dienste des einzelnen Menschen zum Recht zu verhelfen. Peters‘ Lehre aus der Geschichte, insbesondere aus seiner eigenen Lebensgeschichte, die Rechtsordnung nicht nur formal zu betrachten, sondern mit Herz und Verstand bei der Sache zu sein, entspricht lebendigem Diskurs.

Anhang

Doktoranden

Arens, Alfred	Die künstliche Befruchtung im geltenden und künftigen deutschen Strafrecht, 1957.
Baumann, Jürgen	Die Narcoanalyse, 1950.
Beckel, Albrecht	Mittelbare Täterschaft, wenn der Tatmittler selbst Täter ist? Ein Beitrag zur subjektiven Täterlehre, 1952.
Becker, Gertrud	Die Rechtsstellung der Eltern während des Strafvollzuges an Minderjährigen, 1950.
Becker, Wilhelm	Bewährung der Bewährungshilfe, 1961.
Bennhold, Martin	Absicht bei Verfassungsgefährdung: Ein Beitrag zur Auslegung der Staatsgefährdungstatbestände, 1966.
Berkenheide, Josef	Die Grenzen der anwaltlichen Strafverteidigung, 1952.
Blühdorn, Jürgen	Beiträge zur Entwicklung und Pflege der Gefängniswissenschaft an den deutschen Universitäten seit Anfang des 19. Jahrhunderts, 1963.
Bödecker, Gisbert	Strafrechtliche Verantwortlichkeit Dritter bei Verkehrsdelikten betrunkener Kraftfahrer, 1963.
Brandt-Janczyk, Ursula	Richterliche Befangenheit durch Vorbefassung im Wiederaufnahmeverfahren, 1978.
Bröcker, Hans	Bestechungskriminalität, 1956.
Demski, Maria	Die Stellung des Richters bei der Anordnung der Bewährungsaussetzung nach den §§ 23, 24, 24a StGB, 1955.
Drees, Hans	Die Fortentwicklung der Notstandslehre durch die „Euthanasie"-Prozesse, 1954.
Depenbrock, Johannes	Erwachsenen-Strafvollzug: Die rechtlichen Grundlagen des Erwachsenen-Strafvollzuges und ihre Auswirkungen auf die Arbeit, das Wahlrecht und den Rechtsschutz des Strafgefangenen, 1960.

Elibol, Ercüment	Die Vermutung der Unschuld im deutschen und türkischen Strafverfahren, 1965.
Ehnes, Herbert	Die rechtlichen Grundlagen der Psychotherapie im Erwachsenen-Strafvollzug, 1965.
Elbers, Ernst	Der Erfolg als Strafzumessungsproblem, 1958.
Endemann, Klaus	Der sogenannte Anstellungsbetrug nach geltendem und zukünftigem Recht, 1963.
Engelhardt, Volker	Zur Struktur der Bestechungstatbestände. Eine systematische Untersuchung auf soziologischer, gestaltungsgeschichtlicher und rechtsvergleichender Grundlage, 1963.
Filthaut, Werner	Der Freispruch bei Unzucht mit Kindern (§ 176 Abs. I Ziff. 3 StGB), 1962.
Foth, Heinrich[2179]	Reines Prozeßrecht: Grundzüge einer Theorie, dargestellt am Begriff der Prozeßhandlung und an den prozessualen Wertungen. Zugleich eine Untersuchung über die Methode einer allgemeinen Prozeßrechtslehre unter Berücksichtigung des Zivil-, Straf- und Verwaltungsprozesses, 1953.
Gnad, Hartmut	Grundtatbestand des Raubes, 1970.
Haddenhorst, Wilhelm[2180]	Die Einwirkung der Verfahrensrüge auf die tatsächlichen Feststellungen im Strafverfahren. Eine Untersuchung anhand der höchstrichterlichen Rechtsprechung eines Jahres, 1971.
Hartstang, Gerhard	Die Wohnungsnot in ihrer Bedeutung für die Jugendkriminalität und Jugendverwahrlosung, 1949.

2179 **Heinrich Foth** (*17. Juli 1923, †15. Aug. 2014): Nach Kriegsteilnahme Studium der Rechtswissenschaften und Promotion (1953) in Münster. Ablegung des Ersten, aber nicht des Zweiten Staatsexamens. Von April 1955 – Sept. 1962 wiss. Assistent am Institut für Strafprozeßrecht und Strafvollzug. Daneben Tätigkeit an der Univ. als Lehrbeauftragter. Mit dem Weggang Peters' folgte Foth nach Tübingen, wo er für Peters als Lehrstuhlassistent tätig war und an der Fehlerquellenuntersuchung mitarbeitete. Danach Mitarbeiter im Ökumenischen Archiv in Soest unter der Leitung von Friedrich Siegmund-Schultze.

2180 **Wilhelm Haddenhorst** (*28. Juni 1940, †15. Nov. 1992): Jurastudium in Tübingen und Erlangen. Wiss. Hilfskraft und Assistent an Peters' Forschungsstelle. Promotion 1970. Seit 1971 als Rechtsanwalt tätig. Gründungsmitglied und Vorsitzender des Deutschen Strafverteidiger e.V.

Hecker, Martin	Das Verbot rückwirkender Strafgesetze im amerikanischen Recht, 1971.
Hellmann, Josef	Die Bindung des Strafrichters an Straf-, Zivil- und Verwaltungsgerichtsurteile, 1956.
Hempfling, Helmut	Die Tatsachen in der Rechtsprechung der Revisionsgerichte in Strafsachen, 1956.
Hengst, Werner	Der Schutz der Arbeitskraft im deutschen Strafrecht, 1954.
Hildebrandt, Jürgen	Neuartige Auslegungsfragen im Strafrecht und Strafverfahrensrecht, 1966.
Hoefermann, Ernst-Jürgen	Die Auslagenerstattung beim Freispruch mangels Beweises und die Menschenrechtskonvention, 1966.
Horstmann, Fred	Der menschliche Körper als Beweismittel im Strafverfahren, 1953.
Humborg, Franz-Egon	Die Vorstrafenerörterung in der Hauptverhandlung unter besonderer Berücksichtigung der Rehabilitation, 1964.
Jokubka, Petras	Diebstahlskriminalität der Jugendlichen in Münster/Westfalen Stadt und Land in den Jahren 1945 bis 1947, 1949.
Kellermann, Hugo	Probleme des gesetzlichen Richters: Unter besonderer Berücksichtigung der großen Strafverfahren, 1971.
Kiwit, Walter	Fehlurteile im Strafrecht. Entstehung, Gesetzmäßigkeiten und Möglichkeiten zur Vermeidung. Untersucht an Wiederaufnahmeverfahren im Oberlandesgerichtsbezirk Hamm aus der Zeit vom 1950 – 1958, 1964.
Klein, Franz	Das Recht des Pflegekindverhältnisses unter besonderer Berücksichtigung des Elternrechts, 1949.
Kleinkowski, Helga	Das Arbeitshaus in theoretischer und praktischer Sicht – unter Berücksichtigung des Arbeitshauses in Nordrhein-Westfalen, 1961.
Klüber, Franz[2181]	Die Willensfreiheit als Grundproblem der strafrechtlichen Schuldlehre, 1951.

2181 **Franz Klüber** (*1913, †1989): u.a. Studium der Rechtswissenschaften. Promotion 1951. 1951 – 1958 Assistent am Institut für Christliche Sozialwissenschaften in Münster. Prof. für kath. Soziallehre an der Univ. Regensburg.

Köster, Berthold	Greisenkriminalität und strafrechtliche Zurechnung, 1958.
Kröger, Gerhard	Der gesetzliche Richter und die „besondere Bedeutung" des Falles i.S. des § 24 I Nr. 2, 3 GVG, 1961.
Kruse, Wilfried	Das Wesen der freiwilligen Gerichtsbarkeit und die Unabhängigkeit des Richters, 1964.
Küper, Wilfried[2182]	Die Richteridee der Strafprozeßordnung und ihre geschichtlichen Grundlagen, 1967.
Kußmann, Manfred	Der Rechtsschutz des Strafgefangenen nach den § 23 – 30 EGGVG, 1963.
Leifert, Peter	Das Züchtigungsrecht des Lehrers, zugleich eine kriminologische Untersuchung, 1961.
Linghoff, Karl	Das Rauchen Jugendlicher in seinen Beziehungen zur Kriminalität und Verwahrlosung, 1952.
Lohmann, Klaus-Hermann	Einzelprobleme des Beweises, 1957.
Lüdemann, Gerhard	Die Vermutungen im Strafrecht, 1955.
Mertens, Franz	Der Tätertyp im Strafrecht: Ein Beitrag zur zur strafrechtlichen Täter- und Methodenlehre, 1956.
Meyer, Jürgen[2183]	Dialektik im Strafprozeß. Eine Untersuchung der Spannungen im Strafprozeß unter besonderer Berücksichtigung der dialektischen Gewinnung der Strafurteile im Kräftefeld der Schlußanträge, 1965.

2182 **Wilfried Küper** (*1. Mai 1937, †10. Aug. 2020): Studium der Rechtswissenschaften in Münster, München und Frankfurt a. M. Promotion 1965. Wiss. Assistent in Münster. Habil. 1973 (bei Stree). 1974 Prof. an Univ. Münster, Ruf 1976 nach Heidelberg an den Lehrstuhl für Strafrecht, Strafprozessrecht und Rechtsphilosophie.

2183 **Jürgen Meyer** (*26. März 1936): Studium der Rechtswissenschaften in Münster und Berlin. Promotion 1963 und Wiss. Mitarbeiter bei Peters. 1967 Wissenschaftler am Max-Planck-Institut in Freiburg. Seit 1971 als Rechtsanwalt tätig. Habil. zum Thema der Wiederaufnahmereform (1975). 1981 a.o. Prof. an der Univ. Freiburg für deutsches und ausländisches Straf- und Strafprozessrecht sowie Kriminologie. Seit 1970 Mitglied SPD. 1990 – 2002 MdB.

Meyer, Klaus[2184]	Strafaussetzung, Bewährung und Bewährungshilfe. Ein Beitrag zur kriminal-politischen Situation der Strafaussetzung zur Bewährung in der Bundesrepublik und Westberlin, 1963.
Michaelis, Paul	Die Tötung oder Körperverletzung von Kindern bei Straßenverkehrsunfällen, 1960.
Müller, Herbert	Fehlerhafte prozessuale Willenserklärungen des Beschuldigten. Zugleich ein Beitrag zum Problem des Schutzes des rechtsunkundigen Beschuldigten im Strafverfahren, 1965.
Nordhaus, Heinz	Die Rückerstattung von Bewährungsleistungen nach Freispruch im Wiederaufnahmeverfahren, 1967.
Önder, Ayhan	Die Voruntersuchung im türkischen Strafverfahrensrecht, verglichen mit den entsprechenden Regelungen im deutschen Recht, 1955.
Otto, Günter	Die Widerrechtlichkeit und Strafbarkeit wissenschaftlicher Leichenobduktionen, 1955.
Paasch, Fritz Rudolf	Grundprobleme der Viktimologie, 1964.
Paunovic, Vlastimir	Die Verfahrensgarantien des Art. 6 der Europäischen Konvention zum Schutz der Menschenrechte und Grundfreiheiten im deutschen Strafverfahrensrecht, 1956.
Quedenfeld, Hans-Dietrich[2185]	Der Strafvollzug in der Gesetzgebung des Reiches, des Bundes und der Länder: eine Untersuchung über die normative Grundlage des Strafvollzugs, 1971.
Rumberg, Egon[2186]	Die Rassenschande, 1937.

2184 **Klaus Meyer:** Als Assistent am Institut für Kriminologie in Münster (Sept. 1962 – Sept. 1963) lag sein Schwerpunkt auf dem Strafvollzug. Nach dem Assessorexamen Leiter der Jugendanstalt in Siegburg. Als Ministerialrat arbeitete er später im BJM und leitete dort das Referat für Strafvollzugsrecht, wo er auf Peters in dessen Funktion als Mitglied der 1967 eingesetzten amtlichen Strafvollzugskommission traf.

2185 **Hans-Dietrich Quedenfeld**: Jurastudium in Tübingen und Köln. Wiss. Assistent an Peters' Forschungsstelle. Promotion 1970. Seit 1973 als Rechtsanwalt tätig. Seit 1998 Fachanwalt für Strafrecht.

2186 **Egon Rumberg** (*22. Mai 1914). 1933 – 1936 Studium der Rechtswissenschaften in Innsbruck, Köln und Berlin. 1956 Eintritt in das Bundesverteidigungsministerium,

Schmidt-Mende, Franz	Die Rechtskraftbescheinigung im Strafverfahren, 1965.
Schwarzmann, Hans-Ulrich	Der Einfluß der Rechtsprechung des Bundesverfassungsgerichts auf die Gesetzgebung im Strafprozeß- und Gerichtsverfassungsrecht, 1968.
Schwieters, Josef	Karl David August Röder. Ein biographischer Beitrag zur Geschichte des Strafvollzugs des 19. Jahrhunderts, 1964.
Siever, Ernst	Das Verhältnis der wahldeutigen Feststellung zu dem Grundsatz „in dubio pro reo", 1950.
Storz, Karl-Alfred	Die Rechtsprechung des Obersten Gerichtshofs für die Britische Zone in Strafsachen, 1969.
Sturzenhecker, Werner	Die Dauer der Untersuchungshaft. Kritische Erörterungen und Reformvorschläge zur Abkürzung der langen Haftdauer, 1955.
Tiedemann, Klaus[2187]	Die Rechtsstellung des Strafgefangenen nach französischem und deutschem Verfassungsrecht, 1963.
Thies, Reinhard	Die Zuständigkeit des Bundes und der Länder zur gesetzlichen Regelung des Zeugnisverweigerungsrechtes der Presse, 1969.
Tölle, Franz	Der kriminologische Gehalt der falschen Anschuldigung: Eine kriminologische Studie unter besonderer Berücksichtigung der falschen Anschuldigung im Landgerichtsbezirk Münster/Westfalen 1945 - 1954, 1958.
Vedder, Ulrich	Schußwaffengebrauch bei der Verbrechensverfolgung, 1959.

wo er zum Ministerialdirektor und Leiter der Haushaltsabteilung befördert wurde. 1973 vorzeitige Versetzung in den Ruhestand „aus gesundheitlichen Gründen". Anlass war wohl die Berichterstattung über den Inhalt seiner Doktorarbeit, die bei Einstellungs- und Beförderungsfragen vorher nicht thematisiert worden war, Register, Berufliches, in: Der Spiegel, Nr. 33, 1973, S. 108; Bonner Kulisse, in: Die Zeit 33/1973, abrufbar unter: http://www.zeit.de/1973/33/bonner-kulisse/seite-2 (Stand: Febr. 2018).

2187 **Klaus Tiedemann** (*1. April 1938, †22. Juli 2018): Studium der Rechtswissenschaft in Göttingen, Freiburg und Münster. Erstes Staatsexamen 1961. Zweites Staatsexamen 1966. Diss. 1963. Nach Habil. 1969 Ruf nach Gießen auf den Lehrstuhl für Strafrecht. 1973 bis zur Emeritierung 2003 Inhaber des Lehrstuhls für Strafrecht, Strafprozeßrecht und Kriminologie an der Univ. Freiburg und Direktor des Instituts für Kriminologie und Wirtschaftsstrafrecht.

Voßschulte, Alfred	Die strafrechtliche Stellung der Halberwachsenen in den USA, 1953.
Walther, Edelbert	„Verwirkung" von Verfahrensrügen? Ein Beitrag zum strafprozessualen Revisionsrecht, 1960.
Weber, Franz	Die Ursachen der außergewöhnlichen Freispruchsquoten – Eine kriminalistische Untersuchung, 1956.
Will, Wilhelm	Das Hineinwachsen des Jugendlichen in die Strafrechtsordnung, 1950.
Wimber, Paul	Entwicklung, Wesen und Bedeutung des § 49a des Strafgesetzbuches, 1957.
Wirsdorf, Wilhelm	Die kriminologische Bedeutung von Abzahlungsgeschäften, 1958.
Zimmermann, Franz	Das Gewissen im Recht, besonders in der Rechtsprechung des Bundesgerichtshofes zum Verbotsirrtum, 1954.

Habilitanden

Baumann, Jürgen[2188]	Der strafrechtliche Schutz bei den Sicherungsrechten des modernen Wirtschaftsverkehrs. Zugleich ein Beitrag zur Lehre von der Abhängigkeit des Strafrechts vom Zivilrecht, 1965.
Tiedemann, Klaus	Tatbestandsfunktionen im Nebenstrafrecht, 1969.

2188 **Jürgen Baumann** (*22. Juni 1922, †26. Nov. 2003): 1940 Wehrdienst mit anschließender Kriegsgefangenschaft. 1946 – 1949 Jurastudium in Münster. Diss. 1950. 1952 Erstes Staatsexamen. 1953 Anwaltszulassung. Habil. 1956. 1959 bis zur Emeritierung 1988 Prof. in Tübingen. 1960 Lehrbuch des Strafrechts AT, fortgeführt bis zur 11. Aufl. (2003). FDP-Mitglied, u.a. stellvertretender Vorsitzender des Bundesfachausschusses für Rechts- und Innenpolitik. 1967 neben Claus Roxin und Werner Maihofer Autor des AE. 1976 – 1978 Justizsenator in Berlin.

Bibliographie[2189]

Monographien

1.) *Wesen und Stellung der neben dem Volkshause stehenden Kammern im parlamentarischen Mehrkammersystem, zugleich Diss. Münster 1926, Münster 1927.
2.) *Die kriminalpolitische Stellung des Strafrichters bei der Bestimmung der Strafrechtsfolge, zugleich Habil. Köln 1931, Berlin 1932.
3.) *Zeugenlüge und Prozeßausgang, Bonn 1939.
4.) *Jugendgerichtsgesetz vom 16. Februar 1923, mit ergänzenden Gesetzen, Verordnungen und Verwaltungsvorschriften auf dem Gebiet des Jugendstrafrechts, Berlin 1942.
5.) *Reichsjugendgerichtsgesetz vom 6. November 1943 mit ergänzenden Gesetzen, Verordnungen und Verwaltungsvorschriften auf dem Gebiet des Jugendstrafrechts, Berlin 1944.
6.) *Werdendes Jugendstrafrecht: Gedanken, Entwurf und Begründung zur Neugestaltung des Jugendgerichtsgesetzes, Bonn 1947.
7.) Das Recht des unehelichen Kindes, Bonn 1947.
8.) *Strafprozeß, 1. Auflage, Heidelberg 1952; 2. Auflage, Heidelberg 1966; 3. Auflage, Heidelberg 1981; 4. Auflage, Heidelberg 1985.
9.) *Grundprobleme der Kriminalpädagogik, Berlin 1960.
10.) *Die Strafrechtsgestaltende Kraft des Strafprozesses: Antrittsvorlesung an der Universität Tübingen, Tübingen 1963.
11.) *Die Problematik der Todesstrafe in der Bundesrepublik Deutschland, Coimbra 1967.
12.) *Untersuchungen zum Fehlurteil im Strafprozeß, Vortrag gehalten vor der Berliner Juristischen Gesellschaft am 2. Dezember 1966, Schriftenreihe der juristischen Gesellschaft Heft 29, Berlin 1967.
13.) *Der Strafprozeß in der Fortentwicklung. Zugleich Nachtrag zur 2. Auflage (1966) des Lehrbuchs „Strafprozeß", Karlsruhe 1970.
14.) *Fehlerquellen im Strafprozeß. Eine Untersuchung der Wiederaufnahmeverfahren in der Bundesrepublik Deutschland, 1. Band – Einführung und Dokumentation, Karlsruhe 1970, 2. Band – Systematische Untersuchungen

2189 Die in der Arbeit zugleich auch verwertete Literatur ist durch * kenntlich gemacht. Die Bibliographie erhebt keinen Anspruch auf Vollständigkeit. Literatur- und Buchbesprechungen wurden nicht aufgenommen.

und Folgerungen, Karlsruhe 1972, 3. Band – Wiederaufnahmerecht, Karlsruhe 1974.
15.) *Der neue Strafprozeß, Darstellung und Würdigung, Karlsruhe 1975.
16.) *Justiz als Schicksal. Ein Plädoyer für "die andere Seite", Berlin 1979.

Beiträge in Festschriften

1.) *Einheitsstrafe bei Verbrechensmehrheit, in: Probleme der Strafrechtserneuerung, Festschrift für Eduard Kohlrausch zum 70. Geburtstage dargebracht, Frankfurt a. M. 1944, S. 199 – 225.
2.) *Der Jugendliche und die Autorität des Gesetzes, in: Festschrift für Ernst Heinrich Rosenfeld zu seinem 80. Geburtstag am 14. August 1949, Berlin 1949, S. 215 – 231.
3.) *Das Begreifen der Eigentumsordnung als kriminalpolitisches Problem, in: Festschrift für Wilhelm Sauer zu seinem 70. Geburtstag am 24. Juni 1949, Berlin 1949, S. 9 – 25.
4.) *Das Gewissen des Richters und das Gesetz, in: Gegenwartsprobleme des Rechts. Beiträge zum Staats-, Völker- und Kirchenrecht sowie zur Rechtsphilosophie, Band I, Godehard Josef Ebers zur Vollendung seines 70. Lebensjahrs gewidmet von seinen Freunden und Schülern, Paderborn 1950, S. 23 – 42 [zit.: FS Ebers].
5.) *Die religiösen Kräfte in der Jugendfürsorge, in: In memoriam Ernst Lohmeyer, Stuttgart 1951, S. 274 – 293.
6.) Kann § 3 RJGG auf Halberwachsene und Jungerwachsene entsprechende Anwendung finden?, in: Festgabe für Wilhelm Polligkeit, Berlin 1951, S. 150 f.
7.) *Ein Beitrag zum Fehlurteil, Erfahrungen aus einem Lehrerprozeß, in: Festschrift für Edmund Mezger zum 70. Geburtstag 15.10.1953, München 1954, S. 477 – 501.
8.) Die verspätete Absetzung des Strafurteils im Strafverfahren, in: Festschrift für Hellmuth von Weber zum 70. Geburtstag, Bonn 1963, S. 374 – 387.
9.) *Freie Beweiswürdigung und Justizirrtum, in: Festschrift für Karl Olivecrona, med Hyllning för framstående gärning som forskare och lärare i rättsventenskapens tjänst, Stockholm 1964, S. 532 – 551.
10.) *Die Schwierigkeiten bei der Feststellung abnormer Zustände im Strafverfahren – Ein Beitrag zum Wiederaufnahmeverfahren, in: Erinnerungsgabe für Max Grünhut (1893-1964), Marburg 1965, S. 129 – 148.

11.) *Überzeugungstäter und Gewissenstäter, in: Beiträge zur gesamten Strafrechtswissenschaft, Festschrift für Hellmuth Mayer zum 70. Geburtstag am 1. Mai 1965, Berlin 1966, S. 257 – 280.
12.) Schuldspruch durch das Revisionsgericht bei Freispruch in der Tatsacheninstanz, in: Studien zur Strafrechtswissenschaft, Festschrift für Ulrich Stock zum 70. Geburtstag am 8. Mai 1966, Würzburg 1966, S. 197 – 216.
13.) *Strafprozeßlehre. Zugleich ein Beitrag zur Rollenproblematik im Strafprozeß, in: Gedächtnisschrift für Hans Peters, Berlin 1967, S. 891 – 906.
14.) *Beiträge zum Wiederaufnahmerecht. Zulässigkeitsprobleme, in: Tübinger Festschrift für Eduard Kern, Tübingen 1968, S. 335 – 361.
15.) *Die Begrenzung des Strafrechts bei zivilrechtlichen Verhältnissen als materiellrechtliches und prozessuales Problem, in: Festschrift für Eberhard Schmidt zum 70. Geburtstag, Göttingen 1971, S. 488 – 510.
16.) *Abschließende Bemerkungen zu den Zeugen-Jehovas-Prozessen, in: Festschrift für Karl Engisch zum 70. Geburtstag, Frankfurt am Main 1969, S. 468 – 489.
17.) *Ethischen Voraussetzungen des Resozialisierungs- und Erziehungsvollzuges, in: Festschrift für Ernst Heinitz zum 70. Geburtstag am 1. Januar 1972, Berlin 1972, S. 501 – 516.
18.) *Strafprozeßlehre im System des Strafprozeßrechts, in: Festschrift für Reinhart Maurach zum 70. Geburtstag, Karlsruhe 1972, S. 453 – 467.
19.) *Strafprozeß im Wandel, in: Festschrift für Josephus Johannes Maria van der Ven, 1972, S. 315 – 324.
20.) *Gescheiterte Wiederaufnahmeverfahren, in: Festschrift für Wilhelm Gallas zum 70. Geburtstag am 22. Juli 1973, Berlin 1973, S. 441 – 457.
21.) *Strafprozess und Tatsachenforschung. Ein Beitrag zum Verhältnis von Rechtswissenschaft und Soziologie, in: Grundfragen der gesamten Strafrechtswissenschaft, Festschrift für Heinrich Henkel zum 70. Geburtstag am 12. September 1973, Berlin 1974, S. 253 – 271.
22.) *Sozialadäquanz und Legalitätsprinzip, in: Festschrift für Hans Welzel zum 70. Geburtstag am 25. März 1974, Berlin 1974, S. 415 – 429.
23.) *Bleibende Grundlage im Wandel des Jugendstrafrechts, in: Festschrift für Friedrich Schaffstein zum 70. Geburtstag am 28. Juli 1975, Göttingen 1975, S. 381 – 394.
24.) *Die ethischen Grundlagen des Strafprozesses, in: Kultur – Kriminalität – Strafrecht, Festschrift für Thomas Würtenberger zum 70. Geburtstag am 7.10.1977, Berlin 1977, S. 77 – 90.

25.) *Die Persönlichkeitsforschung im Strafverfahren, in: Gedächtnisschrift für Horst Schröder, München 1978, S. 425 – 438.
26.) *Der Wandel im Revisionsrecht, in: Festschrift für Karl Schäfer zum 80. Geburtstag am 11. Dezember 1979, Berlin 1980, S. 137 – 153.
27.) *Justizgewährungspflicht und Abblocken von Verteidigungsvorbringen, in: Festschrift für Hanns Dünnebier zum 75. Geburtstag am 12. Juni 1982, Berlin 1982, S. 53 – 74.
28.) *Gespräch und Briefwechsel. Zur Methode der Tatsachenerkenntnis in der Strafprozesslehre, in: Festschrift für Ulrich Klug zum 70. Geburtstag, Köln 1983, S. 539 – 547.
29.) *„Übergänge" im Strafprozess. Dargestellt am Grundsatz der freien Beweiswürdigung, in: Festschrift für Rudolf Gmür zum 70. Geburtstag, 28. Juli 1983, Bielefeld 1983, S. 311 – 322.
30.) *Die Stellung des Arztes in dem forensisch-psychiatrischen Krankenhaus, in: Strafverfahren im Rechtsstaat, Festschrift für Theodor Kleinknecht zum 75. Geburtstag am 18. August 1985, München 1985, S. 341 – 353.
31.) *Fehlerquellen und Rechtsanwendung im Strafprozeß, in: Gedächtnisschrift für Hilde Kaufmann, Berlin 1986, S. 913 – 927.
32.) *Gedanken zur "Normalität des Verbrechens". Ein Beitrag zur Ethik des Strafverfahrens, in: Festschrift für Karl Lackner zum 70. Geburtstag am 18. Februar 1987, Berlin 1987, S. 951 – 963.
33.) *Reaktion und Wechselspiel. Zur Problematik des Begriffs „Querulant" aus strafprozessualer Sicht, in: Recht und Rechtsbesinnung, Gedächtnisschrift für Günther Küchenhoff (1907 – 1983), Berlin 1987, S. 457 – 469.
34.) *Die Tat: Fundament kriminologischer Forschung. Das Dilemma des Fehlurteils, in: Kriminalität. Persönlichkeit, Lebensgeschichte und Verhalten, in: Festschrift für Hans Göppinger zum 70. Geburtstag, Berlin 1990, S. 443 – 452.
35.) *„Gericht" und „Richter" – Institution und Persönlichkeit, in: Gedächtnisschrift für Karlheinz Meyer, Berlin 1990, S. 331 – 343.
36.) *Gedenken und Gedanken. Zur Problematik der Urteilsfindung, in: Festschrift für Jürgen Baumann zum 70. Geburtstag, 22. Juni 1992, Bielefeld 1992, S. 319 – 327.
37.) *Der Wandel des Gewissensbegriffs. Erinnerungen und Überlegungen, in: Beiträge zur Rechtswissenschaft, Festschrift für Walter Stree und Johannes Wessels zum 70. Geburtstag, Heidelberg 1993, S. 3 – 10.

38.) Regelungsproblem bei der Nachzahlung von Rentenversicherungsbeiträgen, in: Festschrift für Otto Ernst Krasney zum 65. Geburtstag am 16. Dezember 1997, München 1997, S. 335 – 354.

Beiträge in Sammelbänden

1.) *Recht und Sittlichkeit, Erscheinungsort und -jahr unbekannt, zit. aus: Küper Wilfried/Wasserburg, Klaus (Hrsg.), Karl Peters, Strafrechtspflege und Menschlichkeit, Ausgewählte Schriften, Heidelberg 1988, S. 17 – 29 [zit.: Recht und Sittlichkeit, in: Ausgewählte Schriften].

2.) *Liebe und Gerechtigkeit, in: Karl Borgmann (Hrsg.), Anruf und Zeugnis der Liebe, Beiträge zur Situation der Caritasarbeit, Regensburg 1948, S. 38 – 56, zit. aus: Küper Wilfried/Wasserburg, Klaus (Hrsg.), Karl Peters, Strafrechtspflege und Menschlichkeit, Ausgewählte Schriften, Heidelberg 1988, S. 3 – 16 [zit.: Liebe und Gerechtigkeit, in: Ausgewählte Schriften].

3.) *Das Hineinwachsen des Jugendlichen in das Gesetz, in: Kongreßleitung „Das schwer erziehbare Kind" (Hrsg.), „Das schwer erziehbare Kind", Kongreßvorträge, Düsseldorf 1952, S. 59 – 66.

4.) Die tragenden Gedanken des Jugendstrafrechts, in: Internationaler Kongreß für Jugendstrafrecht, Salzburg 1952, S. 77 – 92.

5.) *Die Abtreibung in der Schau des Juristen, in: Baumeister, Walter/Smets, Rudolf (Hrsg.), Das Lebensrecht des Ungeborenen, die Schwangerschaftsunterbrechung im Lichte der Medizin, des Rechts und des christlichen Sittengesetzes, Mainz 1955, S. 37 – 61.

6.) Jugendrecht, in: Hilker, Franz (Hrsg.), Pädagogik im Bild, Freiburg 1956, S. 454 – 462.

7.) *Grundfragen der Strafrechtsreform, in: Peters, Karl/Lang-Hinrichsen, Dietrich (Hrsg.), Grundfragen der Strafrechtsreform, Schriftenreihe der Arbeitsgemeinschaft katholisch-sozialer Bildungswerke in der Bundesrepublik Deutschland, Paderborn 1959, S. 13 – 52.

8.) *Probleme der Atomaufrüstung, in: Atomare Kampfmittel und christliche Ethik, Diskussionsbeiträge deutscher Katholiken, München 1960, S. 53 – 61 [ursprünglich abgedruckt in: Hochland 51 (1958/59), S. 12 – 25].

9.) Grundsätzliches über Erziehung und Strafe, in: Würtenberger, Thomas, Kriminologie und Vollzug der Freiheitsstrafe, X. Internationaler Lehrgang in Freiburg/Br. 2.8. Oktober 1960, veranstaltet von der Internationalen Gesellschaft für Kriminologie, Stuttgart 1961, S. 62 – 71.

10.) *Gedanken eines Juristen zum Eichmann-Prozess, in: Ihlenfeld, Kurt (Hrsg.), Eckart-Jahrbuch 1961, Witten 1961, S. 229 – 251.

11.) *Individualgerechtigkeit und Allgemeininteresse im Strafprozeß, in: Summum ius summa iniuria, Individualgerechtigkeit und der Schutz allgemeiner Werte im Rechtsleben, Ringvorlesung gehalten von Mitgliedern der Tübinger Juristenfakultät im Rahmen des Dies akademicus Wintersemester 1962/63, Tübingen 1963, S. 191 – 204.
12.) *Die Umgestaltung des Strafgesetzes, 1933-1945, in: Flitner, Andreas (Hrsg.), Deutsches Geistesleben und Nationalsozialismus, Eine Vortragsreihe der Universität Tübingen, Tübingen 1965, S. 160 – 177.
13.) *Glaube und Strafrecht, in: Görres-Gesellschaft (Hrsg.), Gedanken zur Strafrechtsreform, Vorträge von Ernst Heinitz, Thomas Würtenberger, Karl Peters, Gedanken zur Strafrechtsreform, Paderborn 1965, S. 39 – 56.
14.) *Die kurze Freiheitsstrafe, Grundsatzreferat (Thesen und Vorschläge), gehalten auf der ersten Arbeitstagung der Strafvollzugskommission, in: Bundesministerium der Justiz (Hrsg.), Band I, Tagungsbericht der Strafvollzugskommission, Bonn 1967, S. 58 – 62.
15.) Der straffällige Bürger, in: Vorstand der SPD (Hrsg.), Der Bürger und das Recht, Rechtspolitischer Kongreß der SPD am 26. und 27. März 1965 in Heidelberg, Bonn 1967, S. 187 - 201.
16.) *Zur Problematik der freien Beweiswürdigung, in: Kriminologische Aktualität VIII. Zur Verleihung der Beccaria-Medaille 1973, Hamburg 1974, S. 29 – 34.
17.) *Die Strafrechtsreform, in: Häberle, Otmar/Weissgerber, Hans/Peters, Karl/Pfeffer, Hans/Naumann, Kurt, Zum Thema: Reformen in Strafrecht und Strafvollzug, Stuttgart 1971, S. 85 – 106.
18.) *Die Reform des Wiederaufnahmerechts, in: Lüttger, Hans (Hrsg.), Probleme der Strafprozeßreform, Berlin-New York 1975, S. 107 - 129 [zit.: Strafprozeßreform].
19.) *Franz Exner (1881 – 1947), in: Elsener, Ferdinand (Hrsg.), Lebensbilder zur Geschichte der Tübinger Juristenfakultät, aus Anlaß des 500jährigen Bestehens der Fakultät, Tübingen 1977, S. 153 – 164.
20.) Beschleunigung des Strafverfahrens und die Grenzen der Verfahrensbeschleunigung, in: Schreiber, Hans (Hrsg.), Strafprozeß und Reform, Neuwied-Darmstadt 1979, S. 82 - 122.
21.) *Richterrecht – Verteidigerrecht – Rechtsfortbildung, in: Küper, Wilfried/Wasserburg, Klaus (Hrsg.), Karl Peters, Strafrechtspflege und Menschlichkeit, Ausgewählte Schriften, Heidelberg 1988, S. 252 – 261 [zit.: Richterrecht, in: Ausgewählte Schriften].
22.) *Die Reform des Wiederaufnahmerechts, in: Küper, Wilfried/Wasserburg, Klaus (Hrsg.), Karl Peters, Strafrechtspflege und Menschlichkeit,

Ausgewählte Schriften, Heidelberg 1988, S. 519 – 529 [zit.: Die Reform, in: Ausgewählte Schriften].

Aufsätze in juristischen Zeitschriften

1.) *Nationalsozialismus und Strafrecht, in: JW 1933, S. 1561 – 1564.
2.) *Aufgabe der Rechtsanwendung im Strafrecht, in: DR 1933, S. 178 – 180.
3.) *Verwarnung mit Strafvorbehalt, in: DStR 1934, S. 310 – 317.
4.) *Die falsche Aussage und ihre Bekämpfung, in: DStR 1935, S. 145 – 153.
5.) *Vorschläge zum Jugendstrafrecht, in: ZBl.JR 1935, S. 37 – 46.
6.) *Zur Neuordnung des Strafverfahrens. Eine kritische Stellungnahme zu den Vorschlägen der Abhandlungen über das kommende Strafverfahren im „Deutschen Strafrecht" 1935, Heft 8-11, in: ZStW 56 (1937), S. 34 – 68.
7.) *Die Behandlung der Halberwachsenen im kommenden Strafrecht. Ein Beitrag zu Strafrechtsreform, in: ZStW 56 (1937), S. 495 – 522.
8.) *Tat-, Rechts- und Ermessensfragen in der Revisionsinstanz, in: ZStW 57 (1938), S. 52 – 88.
9.) *Die unbestimmte Verurteilung im Jugendstrafrecht, in: ZStW 58 (1939), S. 567 – 594.
10.) *Das gesunde Volksempfingen, in: DStR 1938, S. 337 – 350.
11.) *Die Jugendarrestverordnung, in: ZStW 60 (1941), S. 551 – 566.
12.) *Erfahrungen mit dem Jugendarrest, in: MschKrimBiol 1942, S. 173 – 182.
13.) *Die Aufgaben und Ziele des Jugendstrafrechts, in: Der Deutsche Verwaltungsbeamte 1942, S. 170 – 173.
14.) Das neue Jugendgerichtsgesetz (Verfahrensrechtlicher Teil), in: ZAkdR 1944, S. 35 – 39.
15.) *Zur Lehre von den persönlichen Strafausschließungsgründen, in: JR 1949, S. 496 – 500.
16.) *Narcoanalyse?, in: JR 1950, S. 47.
17.) *Der Begriff des Unzüchtigen in § 184 Abs. 1 StGB, in: JR 1950, S. 97 – 100.
18.) *Die Tötung von Menschen in Notsituationen, in: JR 1950, S. 742 – 746.
19.) *Zur Erneuerung des Strafvollzuges, in: JR 1951, S. 752 f.
20.) Aktaufnahmen von Kindern und Jugendlichen. Insbesondere ein Beitrag zu dem Begriff des Unzüchtigen bei den Sittlichkeitsdelikten, in: JZ 1953, S. 207 – 212.
21.) Zentralismus im Strafverfahren, in: JZ 1954, S. 182 – 184.
22.) *Kuppelei bei Verlobten, in: FamRZ 1954, S. 96 – 99.
23.) *Erster Kongreß der Vereinten Nationen, in: JZ 1955, S. 714.

24.) *Die Parallelität von Prozeß- und Sachentscheidungen, in: ZStW 68 (1956), S. 374 – 398.
25.) Heinrich Drost, in: JZ 1956, S. 230.
26.) Il rispetto della persona umana nello procedura penale, in: Justitia Bd. IX (1956), S. 305 – 315.
27.) Zuständigkeitsabgrenzung der Jugend- und Erwachsenengerichte, in: NJW 1956, S. 492 – 494.
28.) Mehrere Schüsse bei einer Tötung, in: GA 1958, S. 97 – 107.
29.) *Wilhelm Sauer als Kriminologe, in: MschrKrim 1959, S. 65 – 67.
30.) Observations sur les peines le liberté de courte durée, in: Foundation Internationale Pénale et Pénitentiaire, Cyle d'Etudes de Strasbourg, Heft I (Rapport Préparatoires), 1960, S. 189 – 205.
31.) *Probleme der deutschen Strafrechtsreform, in: SchwZStrW 77 (1961), S. 162 – 181.
32.) *Wilhelm Sauer †, in: JR 1962, S. 213 f.
33.) Le droit des détenus dans la République Féderale d'Allemagne, in: revue de Science Criminelle et de Droit pénal comparé, 1962, S. 485 – 488.
34.) *Beschränkung der Tatbestände im Besonderen Teil, in: ZStW 76 (1966), S. 470 – 505.
35.) *Die Grundlagen der Behandlung junger Rechtsbrecher, in: MschrKrim 1966, S. 49 – 62.
36.) *Bemerkungen zur Rechtsprechung der Oberlandesgerichte zur Wehrersatzdienstverweigerung aus Gewissensgründen, in: JZ 1966, S. 457 – 461.
37.) *Der Zeitfaktor im Strafrecht, in: Studium generale Bd. 19 (1966), S. 731 – 736.
38.) *Sexualstrafrecht – Gedanken zum Alternativ-Entwurf, in: MschrKrim 1969, S. 41 – 46.
39.) Die Aufgabe des Gerichts bei der Anwendung der Strafen, in: ZStW 81 (1969), S. 63 – 83.
40.) *Folgerungen aus der Auswertung von Wiederaufnahmeverfahren für die Bearbeitung von Kapitalsachen, in: Kriminalistik 1970, S. 425 – 431.
41.) Le rôle du tribunal dans l'application et la détermination des peines, in: revue Internationale de Droit Pénal, 1970, S. 385 – 408.
42.) *Freiheit und Gebundenheit des Strafgefangenen, in: JR 1972, S. 489 – 493.
43.) *Zur Entwicklung der deutschen kriminologischen Wissenschaft, in: JR 1974, S. 230 – 234.
44.) *Seelsorge und Strafvollzug, in: JR 1975, S. 402 – 407.

45.) *Eine Antwort auf Undeutsch: Die Verwertbarkeit von willkürlichen Ausdruckserscheinungen in der Aussagewürdigung, in: ZStW 87 (1975), S. 663 – 679.
46.) *Der Auftrag des Gesetzgebers an die Strafvollstreckungskammer, in: GA 1977, S. 97 – 110.
47.) Die Tätigkeit der Strafvollstreckungskammer unter besonderer Berücksichtigung von § 109 StVollzG, in: JR 1977, S. 397 – 401.
48.) *Beurlaubung von zu lebenslanger Freiheitsstrafe Verurteilter, in: JR 1978, S. 177 – 180.
49.) *Wilhelm Sauer zum 100. Geburtstag, in: JR 1979, S. 221.
50.) *Änderung des Rechts der Verfassungsbeschwerde? Eine strafprozessuale Betrachtung, in: JR 1980, S. 265 – 268.
51.) *Die Problematik der vorläufigen Einstellung nach § 154 Abs. 2 StPO, in: StV 1981, S. 411 f.
52.) *Kriminalistik und Strafrechtspflege, in: ArchKrim 1984, S. 1 – 11.
53.) *Allzuleicht eigenes Versagen überdeckt. Zum Kurzbeitrag: Zur Beurteilung der Querulanten, in: Kriminalistik 1984, S. 128.
54.) Verhindertes Fehlurteil, in: Kriminalistik 1986, S. 216.

Aufsätze in sonstigen Zeitschriften und Heftreihen

1.) Caritas und Strafrecht, in: Caritas 1947, S. 73 – 75.
2.) Abtreibung, in: Die Kirche in der Welt 1. Lfg. 1947, S. 71 – 74.
3.) Christentum und Strafrecht, in: Die Kirche in der Welt 1. Jahrgang 1947/48, S. 215 – 222.
4.) *Recht und Liebe, in Jugendwohl 1948, S. 2 – 6.
5.) Die Kriminalität und Verwahrlosung der Waisen und Halbwaisen, in: Jugendwohl 1948, S. 48 – 53.
6.) § 218 – nach wie vor aktuell?, in: Michael 1949 Nr. 6.
7.) Adoption und religiöse Kindererziehung, in: Jugendwohl 1949, S. 17 – 19.
8.) Die Formulierung eines Arbeitserziehungsgesetzes, in: Jugendwohl 1949, S. 61.
9.) Die Pflicht des Staates, die religiöse Kindererziehung sicherzustellen, in: Jugendwohl 1949, S. 106 – 109.
10.) Professor Dr. Heinrich Többen, in: Jugendwohl 1949, S. 272.
11.) *Gegenwärtiger Stand der Jugendgerichtsbarkeit in Westdeutschland, in: Stand und Neuordnung der Jugendgerichtsbarkeit, 1949, S. 90 – 106.

12.) Der Jugendstaatsanwalt, in: Unsere Jugend Heft V, S. 7 - 11.
13.) Zum Berliner Entwurf eines Halberwachsenengesetzes, in: Unsere Jugend 1949, S. 17 f.
14.) Bewährungsfrist vor dem Urteil, in: Unsere Jugend 1950, S. 89 - 93.
15.) Die soziale Reifung des Jugendlichen, in: Jugendwohl 1951, S. 66 - 72.
16.) Die Krisis des Strafrechts, in: Caritas 1951, S. 212 - 219.
17.) Bewährungshilfe bei Halberwachsenen und Erwachsenen, in: Unsere Jugend 1951, S. 99 - 102.
18.) Der ehrenamtliche Helfer, in: Soziale Arbeit 1952, S. 392 - 396.
19.) Die Rechtslage bei Ausführung oder Unterlassung der Schwangerschaftsunterbrechung oder Perforation der Frucht, in: Münch. Med. Wochenschrift 1952, Sp. 514.
20.) Jugend und Recht, in: Praxis für Kinderpsychologie und Kinderpsychiatrie 1953, S. 81 - 84.
21.) Vorschläge zum Jugendstrafrecht, in: Zentralblatt für Jugendrecht und Jugendwohlfahrt 1953, S. 37 - 46.
22.) Ein hartes Gesetz?, in: Jugendwohl 1953, S. 218 - 224.
23.) *Der christliche Sinn der Strafe, in: Der Wegweiser Heft 2 (1954).
24.) Strafrechtsreform und Strafvollzug, in: Der Wegweiser Heft 15 (1954).
25.) Strafrecht, in: Aufgaben deutscher Forschung Bd. I (1956), S. 294 - 302.
26.) *Betrachtungen zur Strafrechtsreform, Sonderveröffentlichung der „Caritas“, Mai 1956.
27.) *Gedanken zur Kriminalstrafe, in: Stimmen der Zeit 160 (1957), S. 21 - 27.
28.) Verwahrlosung und Straffälligkeit Jugendlicher in der industriellen Gesellschaft, in: Nachrichtendienst des Deutschen Vereins für Öffentliche und Private Fürsorge (NDV), Heft 7/8, 1956, S. 205 - 225.
29.) Probleme des Jugendschutzes, in: Schriftenreihe für Oberbeamte der Polizei Heft 304 (1956), S. 25 - 30.
30.) Einige Bemerkungen zum Beistand des Jugendgerichtsgesetzes, in: Jugendwohl 1956, S. 401 - 403.
31.) *Die Abtreibung im deutschen Strafrecht, in: Arzt und Christ 1957, S. 25 - 30.
32.) Die Bewährungshilfe im Wandel der kriminalpolitischen Auffassungen, in: Bewährungshilfe 4 (1957/1958), S. 133 - 142.
33.) *Gustav von Mann, in: Jugendwohl 1958, S. 300.
34.) *Für und wider die Todesstrafe, in: Caritas 1959, S. 201 - 216.

35.) Das Lebensrecht der Ungeborenen, in: Julius Dorneich, Ehe und Familie Heft VII des Wörterbuchs der Politik 1959, S. 522 - 527.
36.) *Strafrechtsreform und Strafvollzug, in: Wegweiser Heft 15 (1959).
37.) *Zur ethischen Begründung der Todesstrafe, in: Theologische Revue 1960, Sp. 243 - 248.
38.) Abtreibungen, in: Volkswartbund, Aktuelle Zeitbild, 1961, S. 7 - 10.
39.) *Schuld und Sühne. Ein Beitrag zur Strafrechtsreform, in: Hochland 54 (1962), S. 193 - 204.
40.) Die kriminologische Ausbildung der Strafjuristen, in: Die Neue Polizei Jg. 16 (1962), S. 10 f.
41.) *Künstliche Insemination-Sterilisation-Empfängnisverhütung, in: Offene Fragen zwischen Ärzten und Juristen, Heft 20 der Katholischen Akademie in Bayern 1962, S. 127 - 144.
42.) Der junge Mensch in der Strafrechtsreform, in: Mitteilungen der Arbeitsgemeinschaft für Jugendpflege und Jugendfürsorge, Mitglied der Internationalen Vereinigung für Jugendhilfe, 36 (1962), S. 2 - 7.
43.) Das Recht auf Leben ist unteilbar, in: Der gemeinsame Weg, Information des Ringes politischer Jugend, Landesausschuß Baden-Württemberg Jg 13 (1963) Heft 6, S. 4 f.
44.) Zwangsbefugnisse nach § 81a StPO, in: Blutalkohol Bd. 2 (1964), S. 241 - 243.
45.) *Gedanken zur Strafrechtsreform, in: 80. Deutschen Katholikentag „Wandelt Euch durch ein neues Denken!“, Stuttgart 1964, S. 22 - 24.
46.) Strafvollzug als Verpflichtung und Aufgabe, in: Der Vollzugsdienst Jg 11 (1964), S. 2 - 9.
47.) Das Problem der Resozialisierung, dargestellt am Problem der Arbeitsentlohnung im Strafvollzug, in: Der Wanderer 1966, S. 33 - 38.
48.) *Aufgabe und Gestalt der Gerichtshilfe, in: Bewährungshilfe 13 (1966), S. 151 - 163.
49.) Strafrechtserneuerung und Strafvollzug, in: Unser Dienst Jg. 15 (1967), S. 126 - 137.
50.) Die Berücksichtigung des Schutzgedankens in den Entwürfen eines Strafgesetzbuches, in: Schriftenreihe des Deutschen Vereins für Öffentliche und Private Fürsorge Bd. 245 (1970), S. 487 - 503.
51.) Praxis der Strafzumessung und Sanktionen, in: Kriminologische Gegenwartsfragen Heft 10 (1972), S. 52 - 67.
52.) Recht und Beratung, in: Jugendwohl 1976, S. 281 - 285.

Lexikon-, Handbuch- und Handwörterbuchartikel

1.) Handwörterbuch der Kriminologie
- *Art. Jugendstrafrecht, Bd. I, 2. Auflage 1966, S. 455 - 472.
- Art. Fehlurteil, Ergänzungsbd. zur 2. Auflage 1979, S. 259 - 272.
- *Art. Polizeiwidrigkeit, Bd. II, 1. Auflage 1935/1936, S. 380 - 386.
- *Art. Strafzumessung, Bd. II, 1. Auflage 1935/1936, S. 737 - 746.
- *Art. Strafzumessung, Ergänzungsbd. zur 2. Auflage 1979, S. 132 - 142.
- Art. Untersuchungshaft, Bd. II, 1. Auflage 1935/1936, S. 850 - 864.

2.) Staatslexikon (Görres-Gesellschaft zur Pflege der Wissenschaft)
- Art. Eid, Bd. 3, 7. Auflage 1987, Sp. 1055 - 1060.
- Art. Ehre und Ehrschutz, Bd. 2, 6. Auflage 1958, Sp. 1048 - 1053.
- *Art. Kriminalistik, Bd. 3, 6. Auflage 1960, Sp. 139 - 143.
- *Art. Kriminalität, Bd. 3, 6. Auflage 1960, Sp. 144 - 150; 7. Auflage 1987, Sp. 726 - 731.
- *Art. Schuld, Bd. 6, 6. Auflage 1961, Sp. 1150 - 1154.
- Art. Strafe, Bd. 7, 6. Auflage 1962, Sp. 730 - 735.
- Art. Strafgerichtsbarkeit, Bd. 7, 6. Auflage 1962, Sp. 736 - 739.
- Art. Strafvollzug, Bd. 7, 6. Auflage 1962, Sp. 779 - 785.
- Art. Strafzumessung, Bd. 7, 6. Auflage 1962, Sp. 785 - 789.

3.) Lexikon der Pädagogik
- Art. Freiheitsstrafe, Bd. I (1953), Sp. 123 - 124.
- *Art. Jugendrecht, Bd. II (1953), Sp. 1017 - 1019.
- *Art. Jugendstrafrecht, Bd. II (1953), Sp. 1026 - 1030.
- *Art. Jugendstrafrecht, Bd. V (1964), Sp. 371 - 372.
- *Art. Kriminalpädagogik, Bd. III (1954), Sp. 72 - 76.
- *Art. Kriminalpädagogik, Neue Ausgabe Bd. II (1970), S. 490 - 491.
- *Art. Rechtserziehung, Bd. III (1954), Sp. 1053 - 1056.

4.) Lexikon für Theologie und Kirche
- *Art. Homosexualität, Bd. V, 2. Auflage1961, Sp. 469 - 470.
- Art. Strafrecht, Bd. IX, 2. Auflage 1964, Sp. 1100 - 1101.

5.) Handbuch der Psychologie
- *Die Beurteilung der Verantwortungsreife, Bd. 11: Forensische Psychologie (1967), S. 260 - 295.
- *Die prozeßrechtliche Stellung des psychologischen Sachverständigen, Bd. 11: Forensische Psychologie (1967), S. 768 - 800.

6.) Sonstiges
- *Das Hineinwachsen des Jugendlichen in der Rechtsordnung, in: Handbuch der Sozialerziehung Bd. III, 1964, S. 361 – 373.
- Reform des Strafrechts und des Strafvollzugs im Hinblick auf die Rééducation, in: Handbuch der Sozialerziehung, Bd. III: Praxis der Sozialerziehung bei gestörten Beziehungen, 1964, S. 402 – 412.
- Zur Theorie der Kriminalstrafe in pädagogischer Sicht, in: Handbücher des Willmann-Instituts, Freiburg 1967, S. 375 – 404.
- Art. Eid, in: Historisches Wörterbuch der Philosophie, Bd. 2, 1971, Sp. 328 f.

Gutachten für den Deutschen Juristentag

1.) *In welcher Weise empfiehlt es sich, die Grenzen des strafrechtlichen Ermessens im künftigen Strafgesetzbuch zu regeln?, Gutachten für den 41. Deutschen Juristentag (Berlin 1955), Band I, 2. Halbband, Berlin 1955, S. 1 – 56 [zit.: Grenzen des strafrichterlichen Ermessens, 41. DJT].
2.) *Rehabilitierung Strafauffälliger, Referat für den 42. Deutschen Juristentag (Düsseldorf 1957), Band II Sitzungsberichte, Tübingen 1959, G3 – G30 [zit.: Rehabilitierung Straffälliger, 42. DJT].
3.) *Beweisverbote im deutschen Strafverfahren, Gutachten für den 46. Deutschen Juristentag (Essen 1966), Band I, Teil 3 A, München-Berlin 1966, S. 91 – 163 [zit.: Beweisverbote, 46. DJT].
4.) *Empfiehlt es sich, das Rechtsmittelsystem in Strafsachen, insbesondere durch Einführung eines Einheitsrechtsmittels grundlegend zu ändern?, Gutachten für den 52. Deutschen Juristentag (Wiesbaden 1978), München 1978, C6 – C101 [zit.: Rechtsmittelsystem, 52. DJT].

Zeitungsartikel

1.) Der Eid der Hilde Scheller im Berliner Krantzprozeß, in: Münsterischer Anzeiger 1929 Nr. 204.
2.) *Der Weg zum neuen Strafrecht, in: Kölnische Zeitung 1934, Teil 1: Nr. 615 (5. Dezember), Teil 2: Nr. 649 (23. Dezember), Teil 3: Nr. 655 (29. Dezember).
3.) Staatsanwaltschaft und Polizei, in: Mittelrheinische Landeszeitung 1937 Nr. 11.
4.) Schießen oder nicht schießen?, in: Westfälische Nachrichten Nr. 272 vom 23.11.1954.
5.) Der „Lügendetektor“, in: Westfälische Nachrichten Nr. 291 vom 14.12.1956.

6.) Gedanken zur Reform der Untersuchungshaft, in: Rheinische Post Nr. 155 vom 8. Juli 1964.

Entscheidungs- und Urteilsbesprechungen

JZ: 1972, S. 83 – 86, 515 – 521.
JR: 1969, S. 232 – 234; 1973, S. 341 – 344, 471 f.; 1974, S. 120 – 122, 248 f., 250 f., 252, 253 – 255, 258; 1975, S. 34, 74, 166, 205; 1976, S. 31, 76, 519; 1977, S. 82, 296, 495; 1978, S. 83, 173, 547; 1979, S. 40, 81, 82, 161, 381, 389; 1980, S. 168, 520; 1981, S. 304; 1983, S. 163.
NJW 1974, S. 34.
NStZ: 1983, S. 275; 1986, S. 283.
StV: 1984, S. 406; 1987, S. 375 – 377.

Quellenverzeichnis

Mündliche Quellen

Interview mit Diethild Peters vom 15. Mai 2014 in Olsberg; vom 25. Juli 2016 in Düsseldorf.
Interview mit Hans-Dietrich Quedenfeld vom 27. Juli 2016 in Stuttgart; vom 28. Juli 2016 in Tübingen.
Interview mit Klaus Wasserburg vom 26. Juni 2014 in Mainz; vom 26. Juli 2016 in Mainz.

Gedruckte Quellen

Handbuch der Justizverwaltung, herausgegeben vom Reichsjustizministerium, Berlin 1942.
Jahresbericht der Görres-Gesellschaft zur Pflege der Wissenschaft im katholischen Deutschland für das Jahr 1907, Köln 1908.
Lageberichte Rheinischer Gestapostellen, Band I: 1934, bearbeitet von Anselm Faust, Bernd Rusinek, Burkhard Dietz, Düsseldorf 2012.
Vorlesungsverzeichnis der Westfälischen Wilhelms-Universität 1902 ff.

Bundesarchiv Berlin (BA Berlin)

Justizministerium:
R/3001/51590 (Personalakte Ernst Best); R/3001/52877 (Personalakte Franz Brüggemann); R/3001/58587 (Personalakte Johannes Hackstein); R/3001/64386 (Personalakte Franz Kother); R/3001/66717 (Personalakte Heinrich Lingemann); R/3001/67892 (Personalakte Franz Mecker); R/3001/68028 (Personalakte Werner Meißner); R/3001/70561 (Personalakte Karl Peters); R/3001/71084 (Personalakte Matthias Porten); R/3001/77494 (Personalakte Hermann Stiehl); R/3001/78263 f. (Personalakte Karl Thissen); R/3001/105810 (Ermittlungsverfahren gegen Werner Beinhauer); R/3001/125047 (Ermittlungsverfahren gegen Alfons Maria Wachsmann); R/3001/179559 (Anklageschrift und Urteil Fall Wachsmann)

Kultusministerium:
R/4901/13273 (Personalakte Hans Peters); R/4901/23943 (Personalakte Karl Peters); R/4901/25380 (Personalakte Erich Schinnerer); R/4901-V/104098

NS-Rechtswahrerbund:
NS/16/112; NS/16/115

Partei-Kanzlei-Korrespondenz:
R/9361-V/13745; R/9361-V/20468; R/9361-V/34368; R/9361-V/104098

Sonstiges:
VBS 307/8200002274 (Brief der NSDAP, Gauleitung Köln-Aachen, Kampfzeitung des Gaues „Westdeutscher Beobachter"); DS B 0037; DY 55/V287/280 (Anklageschrift und Urteil im Verfahren gegen Alfons Maria Wachsmann); ZC 15118/III (Gnadengesuch Alfons Maria Wachsmann)

Geheimes Staatsarchiv Preußischer Kulturbesitz (GStA)

I. HA Rep. 76 (Kultusministerium):
I Sekt. 31, Lit. P Nr. 46 (Akte des Gerichtsassessors Franz Peters); IX Nr. 323, Bd. 1 (Diverse Dienst- und Personalakte von Hans Peters); Va Nr. 10563 (Akte betreffend Privatdozenten und Habilitationsordnung Köln, 1919 – 1934); Va Nr. 10620 (Akte betreffend Anstellung Universität Münster 1842 – 1938)

Landesarchiv NRW – Abteilung Rheinland (LAV NRW R)

Personalakten:
BrPe Nr. 1376 (Otto Osterkamp); BrPe Nr. 1592 (Karl Wirtz); BrPe Nr. 2606 (Anton Werner Fehr); BrPe Nr. 6240 (Ludwig Job); BrPe Nr. 8935 (Johannes Hackstein); BrPe Nr. 11917 (Hans Klodt)
NWPe Nr. 692 (Otto Osterkamp); NWPe Nr. 3055 (Karl Peters); NWPe Nr. 3672 (Karl Düntzer); NW-Pe Nr. 3716 (Franz Hagemann)

Entnazifizierungsakten:
NW 252 Nr. 730 (Paul Windhausen); NW 1037-BIII Nr. 3370 (Alfred Hofstadt); NW 1039P1248 (Karl Peters); NW 1048-40 Nr. 287 (Hermann Lewerenz); NW 1048-40 Nr. 392 (Adolf Trenckmann); NW 1048-40 Nr. 401 (Josef Morschbach); NW 1049 Nr. 18463 (Heinrich Lingemann); NW 1049 Nr. 43600 (Richard Hoffstadt); NW 1079 Nr. 1446 (Franz Mecker); 1000-EUE-7625 (Paul Windhausen)

Sonstiges:
NW 144 Nr. 406 (betrifft Prof. Dr. Karl Peters); NW 377 Nr. 5872 (Strafanträge des LG-Direktors Dr. Georg Heukamp gegen Rechtsanwalt und Notar Dr. Reinhold Bruns und Professor/OLG-Rat Prof. Dr. Karl Peters (1962 – 1963)

Gerichtsakten:
Ger. Rep. 11 Nr. 1811 (Einarbeitung der Beamten in das kommende Strafrecht); Ger. Rep. 21 Nr. 266; Ger. Rep. 28 Nr. 540; Ger. Rep. 112 Nr. 18251 (Verfahren gegen Heinz Raessel); Ger. Rep. 112 Nr. 18252 (Verfahren gegen Adolf Deroussaux); Ger. Rep. 112 Nr. 18255 (Verfahren gegen Rudolf Bahr); Ger. Rep. 112 Nr. 18264 (Verfahren gegen August Wagner und Theo Emmerich); Ger. Rep. 112 Nr. 18268 (Verfahren gegen Rudolf Claeßens); Ger. Rep. 145 Nr. 257 (Generalakten der Staatsanwaltschaft beim OLG Köln, betreffend Besetzung der Staatsanwaltschaft Köln, 1931 – Mai 1933); Ger. Rep. 145 Nr. 258 (Generalakten der Staatsanwaltschaft beim OLG Köln, betreffend Besetzung der Staatsanwaltschaft Köln, 1933); Ger. Rep. 145 Nr. 259 (Generalakten der Staatsanwaltschaft beim OLG Köln, betreffend Besetzung der Staatsanwaltschaft Köln, 1934 – 1935); Ger. Rep. 145 Nr. 260 (Generalakten der Staatsanwaltschaft beim OLG Köln, betreffend Besetzung der Staatsanwaltschaft Köln, 1935); Ger. Rep. 255 Nr. 174; Ger. Rep. 449 Nr. 85 (Kriminalpolitik, 1937 – 1945)

Landesarchiv NRW – Abteilung Westfalen (LAV NRW W)

Schulkollegium Münster Personalakte:
A Nr. P 154 (Diverse Personal- und Dienstakten über Franz Peters, darin: PDA über Referendar Franz Peters; PDA über Referendar Dr. iur. Franz Peters (OLG zu Breslau); PDA über Gerichtsassessor Franz Peters (LG Breslau); Oberpräsidium der Rheinprovinz betr. den Regierungsrat Dr. Peters, Franz: Akte betr. Oberregierungsrat Dr. Peters, Franz (königliches Provinzialschulkollegium Münster); Akte Clara Peters

Universitätsarchiv: Ernst-Moritz-Arndt-Universität Greifswald (UA-G)

Juristische Fakultät:
Jur. Fak. 95 (Wehrmachtsbetreuung der Jungakademiker, M-Z); Jur. Fak. 121 (Publikationstätigkeit und Druckschriftensammlung der Fakultät); Jur. Fak. 150; Jur. Fak. 394 (Besetzung des Lehrstuhls und Vergabe der Professur für Straf- und Prozeßrecht); Jur. Diss. 3782 (Promotionsakte Hans-Joachim Gurgel)

Kurator:
K 255 (Das Juristisches Seminar, Bd. 3: 1912 – 1948)

Personalakten:
PA 429 (Karl Peters, Bd. 1 – 6)

Rektor:
R 1031 (Entnazifizierung); R 5977

Universitätsarchiv: Humboldt-Universität zu Berlin (UA-HU)

PA – nach 1945 (Personalakte Hans Peters)

Jur. Fak nach 1945, Sig. 14 (Teil zu Hans Peters und Eduard Kohlrausch)

NS-Dozentenschaft Z-DI/793 (Hans Peters)

Universitätsarchiv: Friedrich-Schiller-Universität Jena (UA-J)

Bestand D: Signatur 2242 (Personalakten des Thüringischen Volksbildungsministeriums in Weimar über Karl Peters)

Bestand K: Signatur 393 (Rechts- und Wirtschaftswissenschaftliche Fakultät der Thüringischen Landesuniversität Jena, Akten betreffend Berufungen, Ernennungen, Habilitationen, Lehraufträge, 1937 – 1939)

Universitätsarchiv: Universität zu Köln (UA-K)

Zugang 598: Nr. 247 (Habilitationsverfahren, Privatdozent Karl Peters)

Zugang 604: Nr. 161 – 184 (Dozenten-Konten SoSe 1932 – WS 1942/43)

Zugang 3260: Nr. 42 (Gutachten von K. Peters zur Dissertation von Rumberg, Egon)

Universitätsarchiv: Westfälische Wilhelms-Universität Münster (UA-M)

Bestand 4: Rektor, Sachakten
Nr. 175 (Akten des Universitätskuratoriums)

Bestand 10: Kurator, Personalakten
Nr. 4576 (Josef Lukas)

Bestand 30: Rechts- und Staatswissenschaftliche Fakultät, Sachakten
Nr. 57 (Entnazifizierung); Nr. 72 (Kommission bzw. Prüfungsamt für die erste juristische Prüfung beim Oberlandesgericht Hamm, Band 1, 1902 - 1930); Nr. 117 (Prüfungs- und Studienordnung für Rechtswissenschaft, Bd. 2); Nr. 151 (Beratungen, Entwürfe zur Promotionsordnung und Promotionsverfahren, Bd. 2); Nr. 333 (Nachfolge Rosenfeld (Sauer), Nachfolge Sauer (Peters))

Bestand 33: Rechts- und Staatswissenschaftliche Fakultät, Promotionsakten
Nr. 762 (Karl Peters)

Bestand 207: Personaldossiers der Pressestelle
Nr. 74 (über Karl Peters)

Universitätsarchiv: Eberhard Karls Universität Tübingen (UA-T)

Bestand 168: Forschungsstelle für Strafprozess
Nr. 11 (Seminare); Nr. 29 (Korrespondenz der Forschungsstelle)

Bestand 198: Karl Peters (1904-1998), Nachlass zu Lebzeiten, 1927 - 1996 (von Peters verfasste Texte und gesammelte Dokumente)
Nr. 5 (Aufzeichnungen über Arthur Wegner); Nr. 13 (Manuskript „Aus meinem Leben. Euer Vater und Großvater."); Nr. 20 (Abschiedsvorlesung am 10. Februar 1972: „Vom Abitur zur Emeritierung. Ein Gang durch 50 Jahre"); Nr. 22 (Zeitungsausschnitte); Nr. 23 (Zeitungsausschnitte); Nr. 26 (Begegnung mit Krebs); Nr. 28 (Vorträge, darin Referat vom 22. Okt. 1987); Nr. 29 (Gedanken zu verschiedenen persönlichen Themen, darin: Das religiöse Leben; Das Vergehen von Mächten, 11. Dez. 1991; Mitarbeiter, verfasst zwischen Nov. 1990 und Jan. 1991; Wie ich zu Grabbe kam; Wilfried Küper, 1986; Aufzeichnung von August 1985; Notizen); Nr. 30 (Vorträge, darin: Rechtserneuerung 1945); Nr. 32 (Interdisziplinäres forensisch-psychiatrisches Kolloquium an der Universität Münster); Nr. 35; Nr. 37; Nr. 41 (Mitgliedskarte der Gesellschaft für die gesamte Kriminologie); Nr. 45 (Ehrenmitglied des DAV); Nr. 56 (Entnazifizierung); Nr. 64 (Vorträge, 1933 - 1955, darin: „Recht und Sittlichkeit", 14.03.1944; „Der göttliche Ursprung des Rechts", 12.07.1954; „Was heißt Naturrecht?", 1954; „Der Sinn des Strafrechts", 29.12.1954); Nr. 68 (Vorträge, darin: Pädagogische Grundprobleme des Strafvollzugs)

Literaturverzeichnis[2190]

Vor 1945

Bockelmann, Paul, Literaturbericht, Karl Peters, Zeugenlügen und Prozeßausgang, in: ZStW 60 (1941), S. 640 - 643.

Clostermann, Ludwig, Das Wagnis des Jugendrichters, in: DJ 1942, S. 542.

Dahm, Georg, Der Staatsanwalt im neuen Strafverfahren, in: DStR 1935, S. 257 - 267.

Dahm, Georg/Eckhardt, Ernst/Höhn, Reinhard/Ritterbusch, Paul/Siebert, Wolfang, Leitsätze über die Stellung und Aufgabe des Richters, in: DJZ 1936, Sp. 179 f.

Dohna, Graf Alexander zu, Grenzen der Idealkonkurrenz, in: ZStW 62 (1941), S. 131 - 138.

Exner, Franz, Richter, Staatsanwalt und Beschuldigter im Strafprozeß des neuen Staates, Teil I, in: ZStW 54 (1935), S. 1 - 14.

Freisler, Roland, Deutsches Rechtsleben 1935 und 1936. Ein Rückblick und ein Ausblick, in: DJ 1936, S. 90 - 97.

Gallas, Wilhelm, Literaturbericht, Karl Peters, die Kriminalpolitische Stellung des Strafrichters bei der Bestimmung der Strafrechtsfolgen, in: ZStW 54 (1935), S. 764 - 767.

Henkel, Heinrich, Der Parteigedanke im Strafverfahren, in: DStR 1935, S. 129 - 145.

Jung, Walter, Die Deutsche Staatsanwaltschaft, Gedanken zum 1. April 1935, in: DJ 1935, S. 473 - 475.

Jung, Walter, Die Staatsanwaltschaft als Anklagebehörde, in: DJ 1942, S. 94 - 97.

Kasper, Gerhard, Die Deutsche Hochschulverwaltung, Sammlung der das Hochschulwesen betreffenden Gesetze, Verordnungen und Erlasse, Band 1: 1942/43, Berlin 1943.

Kohlrausch, Eduard, Für das Jugendgericht. Gedanken über das künftige Jugendstrafrecht, in: ZStW 56 (1937), S. 459 - 484.

Krug, Karl/Schäfer, Karl/Stolzenburg, Friedrich Wilhelm, Strafrechtliche Verwaltungsvorschriften. Eine Sammlung der vom Reichsminister der Justiz

---

2190 Weiterführende Literatur wird in der Fußnote mit jeweils vollständiger Angabe der Fundstelle angeführt.

erlassenen Verwaltungsvorschriften und wichtigen Einzelerlasse auf dem Gebiet des Strafrechts und des Strafverfahrens, 3. Auflage, Berlin 1943.

Kümmerlein, Heinz, Bücherbesprechung zu: Jugendgerichtsgesetz vom 16. Februar 1923, in: DJ, Ausgabe Nr. 20 vom 15. Mai 1942, S. 334.

Kümmerlein, Heinz, Reichjugendgerichtsgesetz vom 6. November 1943 mit den ergänzenden Rechts- und Verwaltungsvorschriften auf dem Gebiet des Jugendstrafrechts, Jugendhilferechts und des strafrechtlichen Jugendschutzes, Textausgabe mit kurzen Erläuterungen, Berlin 1944.

Lange, Richard, Strafe und Erziehung im Jugendstrafrecht, in: Probleme der Rechtserneuerung, Festschrift für Eduard Kohlrausch zum 70. Geburtstag, Berlin 1944, S. 44 – 74.

Mezger, Edmund, Das neue Strafrecht und die Strafrechtswissenschaft, in: DJZ 1936, S. 602 – 607.

Palandt, Otto, Der Werdegang des jungen Juristen im nationalsozialistischen Staat, in: DJ 1935, S. 586 – 589.

Peters, Hans, Grenzen der kommunalen Selbstverwaltung in Preußen. Ein Beitrag zur Lehre vom Verhältnis der Gemeinden zu Staat und Reich, Berlin-Heidelberg 1926.

Rumberg, Egon, Die Rassenschande, zugleich Diss. Köln 1937, Düsseldorf 1937.

Schaffstein, Friedrich, Strafe und Erziehung im künftigen Jugendstrafrecht, in: DR 1936, S. 64 – 68.

Schaffstein, Friedrich, Die Erneuerung des Jugendstrafrechts, Berlin 1937.

Schmitt, Carl, Staat, Bewegung, Volk. Die Dreigliederung der politischen Einheit, Hamburg 1933.

Schmitt, Carl, Der Führer schützt das Recht, in: DJZ 1934, S. 945 – 950.

Siebert, Wolfang, Grundgedanken und Aufbau des deutschen Jugendrechts, in: DR 1941, S. 737 – 743.

Siegert, Karl, Richter, Staatsanwalt und Beschuldigter im Strafprozeß des neuen Staates, Teil II, in: ZStW 54 (1935), S. 14 – 35.

von Savigny, Friedrich Carl, Vom Berufe unserer Zeit für Gesetzgebung und Rechtswissenschaft, Heidelberg 1814.

von Liszt, Franz, Der Zweckgedanke im Strafrecht, in: ZStW 3 (1883), S. 1 – 47.

von Liszt, Franz, Ueber den Einfluss der soziologischen und anthropologischen Forschungen auf die Grundbegriffe des Strafrechts (1893), in: Strafrechtliche Aufsätze und Vorträge, Band 2: 1892 bis 1904, Nachdruck, Berlin 2011, S. 75 – 93.

Weinmann, Artur, Die Preußische Ausbildungsordnung für Juristen vom 11. August 1923, Textausgabe mit Erläuterungen, 2. Auflage, Berlin 1927.

Welzel, Hans, Studien zum System des Strafrechts, in: ZStW 58 (1939), S. 491 – 566.

Zimmerl, Leopold, Zur Auslegung des § 2 StGB, in: Gegenwartsfragen der Strafrechtswissenschaft, Festschrift zum 60. Geburtstag von Graf W. von Gleispach, Berlin-Leipzig 1936, S. 173 – 187.

Nach 1945

Arbeiterwohlfahrt Bundesverband e.V. (Hrsg.), Vorschläge für ein erweitertes Jugendhilferecht. Denkschrift der Arbeiterwohlfahrt zur Reform und Vereinheitlichung von Jugendwohlfahrtsgesetz und Jugendgerichtsgesetz, Bonn 1970.

Adam, Uwe Dietrich, Hochschule und Nationalsozialismus. Die Universität Tübingen im Dritten Reich, Tübingen 1977.

Albrecht, Peters-Alexis, Erosionen des rechtsstaatlichen Strafrechts, in: KritV 1993, S. 163 – 182.

Andreas-Friedrich, Ruth, Der Schattenmann. Tagebuchaufzeichnungen 1938 – 1945, 2. Auflage, Berlin 1977.

Angermund, Ralph, Deutsche Richterschaft 1919 – 1945. Krisenerfahrung, Illusion, politische Rechtsprechung, Frankfurt a. M. 1990.

Anzenbacher, Arno, Christliche Sozialethik, Paderborn-München-Wien-Zürich 1998.

Arndt, Adolf, Anmerkung zu BVerfG, Beschluss vom 4.10.1965 - 1 BvR 112/63, in: NJW 1965, S. 2195 f.

Arnemann, Carolin, Defizite der Wiederaufnahme in Strafsachen. Bestandsaufnahme und Reformvorschläge auf der Grundlage einer empirischen Untersuchung, zugleich Diss. Augsburg 2018, Berlin 2019.

Arntzen, Friedrich, Psychologie der Zeugenaussage, System der Glaubhaftigkeitsmerkmale, 5. Auflage, München 2011.

Aymans, Monika, Begutachtung der Glaubhaftigkeit, in: Kury, Helmut/Obergfell-Fuchs, Joachim (Hrsg.), Rechtspsychologie: Forensische Grundlagen und Begutachtung, Ein Lehrbuch für Studium und Praxis, Stuttgart 2012, S. 151 – 173.

Bachof, Otto, Die »Entnazifizierung«, in: Flitner, Andreas (Hrsg.), Deutsches Geistesleben und Nationalsozialismus, Eine Vortragsreihe der Universität Tübingen mit einem Nachwort von Hermann Diem, Tübingen 1965, S. 195 – 216.

Bader, Karl Siegfried, Literatur, Peters, Karl: Strafprozeß. Ein Lehrbuch, 1952, in: JZ 1953, S. 63.

Bajohr, Frank/Wildt, Michael, Einleitung, in: dies. (Hrsg.), Volksgemeinschaft. Neue Forschungen zur Gesellschaft des Nationalsozialismus, Frankfurt a. M. 2009, S. 7 – 23.

Bauer, Wolfram, Der prozessuale Tatbegriff, in: NStZ 2003, S. 174 – 179.

Baumann, Jürgen, Kleine Streitschriften zur Strafrechtsreform: 10 Beiträge, Bielefeld 1965.

Baumann, Jürgen, Ethische Bindung des Bürgers durch das Strafrecht?, in: MschrKrim 1969, S. 158 – 164.

Baumann, Jürgen, Das Abtreibungsverbot des § 218 StGB, in: ders. (Hrsg.), Das Abtreibungsverbot des § 218 StGB, eine Vorschrift, die mehr schadet als nützt, Neuwied-Berlin 1971, S. 29 – 45.

Baumann, Jürgen, Über die notwendigen Veränderungen im Bereich des Vermögensschutzes, in: JZ 1972, S. 1 – 6.

Baumann, Jürgen, Laudatio auf Karl Peters, in: Kriminologische Aktualität VIII. Zur Verleihung der Beccaria-Medaille 1973, Hamburg 1974, S. 21 – 27.

Baumann, Jürgen, Die Reform des Strafvollzuges: Programm nach den Vorstellungen des Alternativ-Entwurfes zu einem Strafvollzugsgesetz, München 1974.

Baumann, Jürgen/Weber, Ulrich, Strafrecht: Allgemeiner Teil. Ein Lehrbuch, 9. Auflage, Bielefeld 1985 [zit.: StrafR AT].

Baumann, Jürgen, Karl Peters zum 85. Geburtstag, NJS 1989, S. 210 – 211.

Baumann, Jürgen, Die Große Reform im Strafrecht. Eine nicht unkritische Würdigung, in: Nörr, Wolfgang Nörr (Hrsg.), 40 Jahre Bundesrepublik Deutschland, 40 Jahre Rechtsentwicklung, Ringvorlesung der Juristischen Fakultät der Universität Tübingen 1989, Tübingen 1990, S. 293 – 324.

Beck'scher Online-Kommentar StPO mit RiStBV und MiStra, 36. Edition, Stand 01.01.2020 [zit.: Bearbeiter, in: BeckOK-StPO].

Bender, Rolf, Der Irrtum ist der größte Feind der Wahrheitsfindung vor Gericht, Bericht über die Durchführung eines Wirklichkeitsexperimentes im Rahmen der Aus- und Fortbildung von Juristen in den Sparten »Aussage- und Vernehmungspsychologie«, in: StV 1982, S. 484 – 486.

Bender, Rolf/Nack, Armin/Treuer, Wolf-Dieter, Tatsachenfeststellung vor Gericht, Glaubwürdigkeits- und Beweislehre, Vernehmungslehre, bearbeitet von Robert Häcker/Volker Schwarz/Wolf-Dieter Treuer, 4. Auflage, München 2014.

Beulke, Werner, Brauchen wir eine Wende im Jugendstrafrecht?, in: Gedächtnisschrift für Karlheinz Meyer, Berlin 1990, S. 677 – 697.

Beulke, Werner/Swoboda, Sabine, Strafprozessrecht, 14. Auflage, Heidelberg 2018.

Bialas, Wolfgang, Nationalsozialistische Ethik und Moral, in: ders./Fritze, Lothar (Hrsg.), Ideologie und Moral im Nationalsozialismus, Göttingen 2014, S. 23 – 63.

Bittmann, Folker, Wider ein Strafrecht als alltäglicher Begleiter, in: NStZ 2016, S. 249 – 255.

Blasius, Rainer, Kommentar „Geteilter Widerstand, in: FAZ, Nr. 165 vom 19. Juli 2014, S. 1.

Blau, Günter, Aufgaben und Grenzen der Kriminalpädagogik (1969), in: Kluge, Karl-J. (Hrsg.), Kriminalpädagogik, Band 1: Basisprobleme der Kriminalpädagogik, Darmstadt 1977, S. 117 – 132.

Böckenförde, Ernst-Wolfgang, Geschichte der Rechts- und Staatsphilosophie: Antike und Mittelalter, 2. Auflage, Tübingen 2006.

Böckenförde, Ernst-Wolfgang, Vom Ethos des Juristen, Berlin 2010.

Bödeker, Hans Erich, Biographie. Annäherungen an den gegenwärtigen Forschungs- und Diskussionsstand, in: ders. (Hrsg.), Biographie Schreiben, Göttingen 2003, S. 9 – 65.

Booms, Hans/Morsey, Rudolf (Hrsg.), Handbücher zur Geschichte des Parlamentarismus und der politischen Parteien, Band 3: Biographisches Handbuch für das preussische Abgeordnetenhaus 1867 – 1918, Düsseldorf 1988.

Börker, Rudolf, Über hundert Jahre Staatsanwaltschaft im einstigen Preußen, insbesondere in Berlin, in: JR 1953, S. 237 – 240.

Bottke, Wilfried, Zur Ideologie und Teleologie des Jugendstrafverfahrens, in: ZStW 95 (1983), S. 69 – 103.

Brand, Jürgen, „Es ist verboten, alt zu sein", in: Eckert, Jörg (Hrsg.), Der praktische Nutzen der Rechtsgeschichte, Hans Hattenhauer zum 8. September 2001, Heidelberg 2003, S. 63 – 72.

Brehm, Susi, Fragen der Weiterentwicklung des jugendkriminalrechtlichen Rechtsfolgensystems. Überlegungen im Lichte neuerer kriminologischer Forschung und internationaler kriminalpolitischer Vorgaben, zugleich Diss. Köln 2008, Berlin 2009.

Brinkmann, Sara, Zum Anwendungsbereich der §§ 359 ff. StPO, Möglichkeiten und Grenzen der Fehlerkorrektur über das strafrechtliche Wiederaufnahmeverfahren, zugleich Diss. Düsseldorf 2016, Berlin 2017.

Broszat, Martin, Zur Perversion der Strafjustiz im Dritten Reich, in: VjZ 1958, S. 390 – 405.

Busch, Tim, Die deutsche Strafrechtsreform. Ein Rückblick auf die sechs Reformen des Deutschen Strafrechts (1969 – 1998), zugleich Diss. Kiel 2004, Baden-Baden 2005.

Buschmann, Arno, Nationalsozialistische Weltanschauung und Gesetzgebung 1933 – 1945, Band II: Dokumentation einer Entwicklung, Wien-New York 2000.

Calliess, Rolf-Peters/Müller-Dietz, Heinz, Strafvollzugsgesetz, Gesetz über den Vollzug der Freiheitsstrafe und der freiheitsentziehenden Maßregeln der Besserung und Sicherung mit ergänzenden Bestimmungen, 11. Auflage, München 2008.

Casper, Matthias, Ein Friese in Münster: Harry Westermann (1909-1986), in: Hoeren, Thomas (Hrsg.), Münsteraner Juraprofessoren, Münster 2014, S. 162 – 200.

Conrad, Hermann, Deutsche Rechtsgeschichte, ein Lehrbuch, Band 1: Frühzeit und Mittelalter, Karlsruhe 1962.

Dahs, Hans, Handbuch des Strafverteidigers, 8. Auflage, Köln 2015.

Dallinger, Wilhelm/Lackner, Karl, Jugendgerichtsgesetz mit den ergänzenden Rechts- und Verwaltungsvorschriften des Bundes und der Länder, Kommentar, München-Berlin 1955.

Däumichen, Nadine, Erich Molitor – Mitbegründer der neueren Arbeitsrechtswissenschaft. Arbeitsverhältnis und Arbeitsvertrag zu Zeiten der Weimarer Verfassung und des Dritten Reichs, zugleich Diss. Leipzig 2010, Berlin 2012.

Deckers, Rüdiger, Fehlervermeidung bei Staatsanwaltschaft und Polizei, in: StraFo 2015, S. 265 – 268.

Dethlefs, Silvia, 1815 bis 1918. Das Gymnasium Paulinum im 19. Jahrhundert, in: Lassalle, Günter (Hrsg.), 1200 Jahre Paulinum in Münster, Gymnasium Paulinum, Münster 1997, S. 99 – 122.

de Vries, Hinrich, Einführung in die Kriminalistik für die Strafrechtspraxis, Stuttgart 2015 [zit.: Kriminalistik].

Diemer, Herbert/Schatz, Holger/Sonnen, Bernd-Rüdeger, Jugendgerichtsgesetz mit Jugendstrafvollzugsgesetzen, Kommentar, 7. Auflage, Heidelberg 2015.

Dietmar, Carl, Köln in der NS-Zeit. Die Serie aus dem Kölner Stadt-Anzeiger, Köln 2013.

Dipper, Christof, Geschichtswissenschaft und Rechtsgeschichte, in: ZNR 27 (2005), S. 272 – 286.

Dreher, Eduard, Die Neuregelung des Sexualstrafrechts eine geglückte Reform?, in: JR 1974, S. 45 – 57.

Dürig, Günter, Art. 103 III GG und die „Zeugen Jehovas“. Zur Mehrfachbestrafung der Ersatzdienstverweigerer aus Gewissensgründen, in: JZ 1967, S. 426 – 431.

Eberle, Henrik, Die Martin-Luther-Universität in der Zeit des Nationalsozialismus 1933-1945, Halle 2002.

Eberle, Henrik, „Ein wertvolles Instrument". Die Universität Greifswald im Nationalsozialismus, Köln-Weimar-Wien 2015.

Eisenberg, Ulrich, Aspekte des Verhältnisses zwischen „Kriminalpädagogik" und Strafrechtspraxis, in: Gedächtnisschrift für Karlheinz Meyer, Berlin 1990, S. 699 – 714.

Eisenberg, Ulrich, Kriminologie, 6. Auflage, München 2005.

Eisenberg, Ulrich, Beweisrecht der StPO, Spezialkommentar, 10. Auflage, München 2017.

Eisenberg, Ulrich/Kölbel, Ralf, Jugendgerichtsgesetz, 21. Auflage, München 2020.

Eisenhardt, Ulrich, Deutsche Rechtsgeschichte, 7. Auflage, München 2019.

Engisch, Karl, Karl Peters und der Ermessensbegriff, in: Einheit und Vielfalt des Strafrechts, Festschrift für Karl Peters zum 70. Geburtstag, Tübingen 1974, S. 15 – 40.

Erb, Volker, Die Abhängigkeit des Richters vom Sachverständigen, in: ZStW 121 (2009), S. 882 – 918.

Eschelbach, Ralf, Rechtsfragen zum Einsatz von V-Leuten, in: StV 2000, S. 390 – 398.

Eschelbach, Ralf, Wiederaufnahmefragen, in: Strafrechtspraxis und Reform, Festschrift für Heinz Stöckel zum 70. Geburtstag, Berlin 2010, S. 199 – 224.

Eser, Albin, Resozialisierung in der Krise? Gedanken zum Sozialisationsziel des Strafvollzugs, in: Einheit und Vielfalt des Strafrechts, Festschrift für Karl Peters zum 70. Geburtstag, Tübingen 1974, S. 505 – 518.

Eser, Albin/Koch, Hans-Georg, Schwangerschaftsabbruch im internationalen Vergleich, rechtliche Regelungen, soziale Rahmenbedingungen, empirische Grunddaten, Teil 1: Europa, Baden-Baden 1988.

Eser, Albin, Hundert Jahre deutscher Strafgesetzgebung, Rückblick und Tendenzen, in: Rechtsstaat und Menschenwürde, Festschrift für Werner Maihofer zum 70. Geburtstag, Frankfurt a. M. 1998, S. 109 – 134.

Euler, Friedrich Wilhelm, Hans Peters (1896 – 1966), in: Moltke-Stiftung Berlin (Hrsg.), Moltke Almanach, Band 1: Die Herkunft der Mitglieder des Kreisauer Kreises, Berlin 1984, S. 90 – 94.

Feest, Johannes/Lesting, Wolfgang/Lindemann, Michael (Hrsg.), Strafvollzugsgesetze, Kommentar, 7. Auflage, Köln 2017 [zit.: *Bearbeiter*, in: AK-StVollzG].

Felz, Sebastian, Recht zwischen Wissenschaft und Politik. Die Rechts- und Staatswissenschaftliche Fakultät der Universität Münster 1902 bis 1952, zugleich Diss. Münster 2015, Münster 2016.

Felz, Sebastian, Im Geiste der Wissenschaft, Die Münsterschen Rechtswissenschaftler von der Weimarer Republik bis in die frühe Bundesrepublik, in: Thamer, Hans-Ulrich/Droste, Daniel/Happ, Sabine (Hrsg.), Die Universität Münster im Nationalsozialismus, Kontinuitäten und Brüche zwischen 1920 und 1960, Band 2, Münster 2012, S. 347 – 411.

Fiedler, Herbert, Eindrücke zur Diskussion im Anschluß an die Referate auf der Strafrechtslehrertagung 1965 in Freiburg, in: ZStW 77 (1965), S. 506 – 511.

Fischer, Gerhard, Antifaschistisches Erbe – Mythos oder Auftrag? Lehren aus dem Widerstand von Christen in Deutschland, Berlin 1986.

Frei, Norbert, Der Führerstaat. Nationalsozialistische Herrschaft 1933 bis 1945, München 2013.

Frehsee, Detlev, Strafreife – Reife des Jugendlichen oder Reife der Gesellschaft, in: Festschrift für Horst Schüler-Springorum zum 65. Geburtstag, Köln 1993, S. 379 – 395.

Freund, Georg, Materiellrechtliche und prozessuale Fragen des gesamten Strafrechtssystems. Gedanken aus Anlass des „Marburger Strafrechtsgesprächs 2004“, in: GA 2005, S. 321 – 338.

Friesenhahn, Ernst, Nachruf auf Hans Peters, in: Gedächtnisschrift Hans Peters, Berlin-Heidelberg-New York 1967, S. 1 – 7.

Frisch, Wolfgang, Voraussetzungen und Grenzen staatlichen Strafens, in: NStZ 2016, S. 16 – 25.

Gante, Michael, § 218 in der Diskussion. Meinungs- und Willensbildung 1945-1976, Düsseldorf 1991.

Gauck, Joachim, Verlierer siegen auch – Wir sind für unsere Vergangenheit nicht verantwortlich, nur für den Umgang mit ihr: Aus der Geschichte lässt sich lernen, dass Besserwissen nicht hilft, Bessermachen aber schon, Auszüge aus der Rede des Bundespräsidenten zur Eröffnung des Historikertages in Göttingen, in: FAZ, Nr. 223 vom 25. September 2014, S. 12.

Geppert, Klaus, Der Grundsatz der freien Beweiswürdigung (§ 261 StPO), in: JURA 2004, S. 105 – 113.

Gollwitzer, Walter, Buchbesprechungen, Peters, K., Strafprozeß, 3. Auflage 1981, in: JR 1982, S. 438 f.

Göppinger, Hans, Kriminologie, herausgegeben von Michael Bock, 6. Auflage, München 2008.

Graßberger, Roland, Psychologie des Strafverfahrens, 2. Auflage, Wien-New York 1968.

Gribbohm, Günter, Richter und Strafrechtspflege im Dritten Reich, in: Albrecht, Dietmar/Clausen, Holger (Hrsg.), Justiz und Drittes Reich, Sankelmark 1984.

Gribbohm, Günter, Nationalsozialismus und Strafrechtspraxis – Versuch einer Bilanz, in: NJW 1988, S. 2842 – 2849.

Gribbohm, Günter, Buchbesprechungen, Strafprozeß. Ein Lehrbuch von Karl Peters, 4. Auflage 1985, in: NJW 1986, S. 1740.

Gruber, Hubert, Katholische Kirche und Nationalsozialismus 1930 – 1945. Ein Bericht in Quellen, Paderborn-München-Wien-Zürich 2006.

Gruchmann, Lothar, Justiz im Dritten Reich 1933 – 1940. Anpassung und Unterwerfung in der Ära Gürtner, 2. Auflage, München 1990.

Grüttner, Michael, Wissenschaft, in: Wolfgang Benz (Hrsg.), Enzyklopädie des Nationalsozialismus, 5. Auflage, München 2007, S. 143 – 165.

Grüttner, Michael, Hochschulpolitik zwischen Gau und Reich, in: John, Jürgen/ Möller, Horst/Schaarschmidt, Thomas (Hrsg.), Die NS-Gaue, Regionale Mittelinstanzen im zentralistischen „Führerstaat“, Schriftenreihe der Vierteljahreshefte für Zeitgeschichte Sondernummer, München 2007, S. 177 – 193.

Grüttner, Michael, Die „Säuberung“ der Universitäten: Entlassungen und Relegationen aus rassistischen und politischen Gründen, in: Scholtyseck, Joachim/ Studt, Christoph (Hrsg.), Universitäten und Studenten im Dritten Reich. Bejahung, Anpassung, Widerstand, XIX. Königswinterer Tagung vom 17.-19. Februar 2006, Berlin 2008, S. 23 – 39.

Grüttner, Michael, Das Dritte Reich, Gebhardt Handbuch der deutschen Geschichte, Band 19, 10. Auflage, Berlin 2014.

Haacke, Wilmont, Hagemann, Walter, in: NDB, Historische Kommission bei der Bayerischen Akademie der Wissenschaften (Hrsg.), Band 7 (1966), S. 468 f. [Onlinefassung].

Hachtmann, Rüdiger, Sauckel, Fritz, in: NDB, Historische Kommission bei der Bayerischen Akademie der Wissenschaften (Hrsg.), Band 22 (2005), S. 448 f. [Onlinefassung].

Hachtmann, Rüdiger, Die Kaiser-Wilhelm-Gesellschaft, in: VjZ 2008, S. 19 – 52.

Haffner, Sebastian, Geschichte eines Deutschen, Die Erinnerungen 1914 – 1933, München 2002.

Hamm, Rainer, Eigentum im Wandel der Zeit. Eigentumsschutz durch Strafrecht und Entkriminalisierung im Bereich der Eigentums- und Vermögensdelikte, in: KritV 1993, S. 213 – 226.

Hanack, Ernst-Walter, Die Straftaten gegen die Sittlichkeit im Entwurf 1962 (§§ 204-231 E 1962), in: ZStW 77 (1965), S. 398 – 469.

Hanack, Ernst-Walter, Karl Peters, Strafprozeß. Ein Lehrbuch, 3. Auflage, Heidelberg 1981, in: NJW 1983, S. 24.

Harr, Ingo, Zur Sozialstruktur und Mitgliederentwicklung der NSDAP, in: Benz, Wolfgang (Hrsg.), Wie wurde man Parteigenosse? Die NSDAP und ihre Mitglieder, Frankfurt a. M. 2009, S. 60 – 73.

Hassemer, Winfried, Kennzeichen und Krisen des modernen Strafrechts, in: ZRP 1992, S. 378 – 383.

Hassemer, Winfried, Art. Schuld, in: Staatslexikon, Recht – Wirtschaft – Gesellschaft, herausgegeben von der Görres-Gesellschaft, Band 4, 7. Auflage, Freiburg-Basel-Wien 1988, Sp. 1063 – 1067.

Hassemer, Winfried, Kriminologie im Strafverfahren, in: Grundfragen staatlichen Strafens, Festschrift für Heinz Müller-Dietz zum 70. Geburtstag, München 2011, S. 261 – 270.

Hassemer, Winfried/Neumann, Ulrich/Saliger, Frank, Einführung in die Rechtsphilosophie und Rechtstheorie der Gegenwart, 9. Auflage, Heidelberg 2016 [zit.: Rechtsphilosophie].

Hartung, Fritz, Literaturbericht, Strafprozeß. Ein Lehrbuch, von Prof. Dr. Karl Peters, Karlsruhe 1952, in: ZStW 68 (1956), S. 467 f.

Heghmanns, Michael, Im Streit für die Gerechtigkeit: Der Strafprozessrechtler Karl Peters (1904-1998), in: Hoeren, Thomas (Hrsg.), Münsteraner Juraprofessoren, Münster 2014, S. 112 – 129.

Heghmanns, Michael, Strafverfahren. Strafrecht für alle Semester, Grund- und Examenswissen kritisch vertieft, Berlin-Heidelberg 2014.

Heinz, Wolfgang, Diversion im Jugendstrafverfahren, in: ZRP 1990, S. 7 – 11.

Helwig, Richard, Der Ultima-Ratio-Satz im Strafrecht – ein Scheinriese der Verfassung, in: DRiZ 2017, S. 92 – 97.

Hendel, Joachim/Hoßfeld, Uwe/John, Jürgen/Lemuth, Oliver/Stutz, Rüdiger (Bearb.), Wege der Wissenschaft im Nationalsozialismus, Dokumente zur Universität Jena, 1933 – 1945, Quellen und Beiträge zur Geschichte der Universität Jena, Band 7, Stuttgart 2007.

Henkel, Heinrich, Strafverfahrensrecht. Ein Lehrbuch, 2. Auflage, Stuttgart 1968.

Hensle, Michael, Strafrecht zum Schutz der „Inneren Front“: Politisches (Kriegssonder)Straf-recht vor den Sondergerichten, in: Justizministerium des Landes NRW (Hrsg.), „*...eifrigster Diener und Schützer des Rechts, des nationalsozialistischen Rechts...*“. Nationalsozialistische Sondergerichtsbarkeit. Ein Tagungsband, Düsseldorf 2007, S. 33 – 46.

Herberhold, Franz, A. M. Wachsmann. Ein Opfer des Faschismus. Leben und Tod des Greifswalder Pfarrers Dr. Alfons Maria Wachsmann, hingerichtet am 21. Februar 1944, Leipzig 1963.

Herbers, Matthias, Organisation im Krieg. Die Justizverwaltung im Oberlandesgerichtsbezirk Köln 1939 – 1945, zugleich Diss. Köln 2010, Tübingen 2012 [zit.: OLG-Bezirk Köln].

Herbert, Ulrich, Best: biographische Studie über Radikalismus, Weltanschauung und Vernunft 1903 – 1989, zugleich Habil. Hagen 1992, 5. Auflage, Bonn 2011.

Herbert, Ulrich, Geschichte Deutschlands im 20. Jahrhundert, München 2014.

Herz, Ruth G., Eine Jugend in Deutschland? Anmerkungen zum Diskurs über den Erziehungsgedanken im Jugendstrafrecht, in: Festschrift für Horst Schüler-Springorum zum 65. Geburtstag, Köln 1993, S. 291 – 306.

Herzog, Fritz, Bloß nicht aus der Rolle fallen, in: Festschrift für Rainer Hamm zum 65. Geburtstag am 24. Februar 2008, Berlin 2008, S. 203 – 209.

Hildebrand, Klaus, Universitäten im „Dritten Reich“ – Eine historische Betrachtung, in: Scholtyseck, Joachim/Studt, Christoph (Hrsg.), Universitäten und Studenten im Dritten Reich. Bejahung, Anpassung, Widerstand, XIX. Königswinterer Tagung vom 17.-19. Februar 2006, Berlin 2008, S. 13 – 20.

Hilgendorf, Eric, Die deutsche Strafrechtsentwicklung 1975 - 2000 – Reformen im Besonderen Teil und neue Herausforderungen, in: Vormbaum, Thomas/Welp, Jürgen (Hrsg.), Das Strafgesetzbuch: Sammlung der Änderungsgesetze und Neubekanntmachungen, Supplement Band 1: 130 Jahre Strafgesetzgebung – eine Bilanz, Baden-Baden 2004, S. 258 – 380.

Hillenkamp, Thomas, Strafrecht ohne Willensfreiheit? Eine Antwort auf die Hirnforschung, in: JZ 2005, S. 313 – 320.

Hirsch, Hans Joachim, Zum Spannungsverhältnis zwischen Theorie und Praxis im Strafrecht, in: Festschrift für Herbert Tröndle zum 70. Geburtstag am 24. August 1989, Berlin-New York 1989, S. 19 – 40.

Hirsch, Hans Joachim, 25 Jahre Entwicklung des Strafrechts, in: 25 Jahre Rechtsentwicklung in Deutschland – 25 Jahre Juristische Fakultät der Universität Regensburg, München 1993, S. 35 – 56.

Hirsch, Martin/Majer, Diemut/Meinck, Jürgen, Recht, Verwaltung und Justiz im Nationalsozialismus. Ausgewählte Schriften, Gesetze und Gerichtsentscheidungen von 1933 bis 1945 mit ausführlichen Erläuterungen und Kommentierungen, 2. Auflage, Baden-Baden 1997.

Hollerbach, Alexander, Beiträge zur Katholizismusforschung und neueren Wissenschaftsgeschichte, Paderborn-Wien-Zürich 2004.

Hötzel, Yvonne, Debatten um die Todesstrafe in der Bundesrepublik Deutschland von 1949 bis 1990, zugleich Diss. Hagen 2009, Berlin 2010.

Isele, Georg, Erich Molitor 70 Jahre alt, in: NJW 1956, S. 1709 f.

Jacobmeyer, Wolfgang, 1918 bis 1945, Das Gymnasium Paulinum vom Beginn der Weimarer Republik bis zum Ende des Zweiten Weltkrieges, in: Lassalle, Günter (Hrsg.), 1200 Jahre Paulinum in Münster, Gymnasium Paulinum, Münster 1997, S. 123 – 144.

Jahn, Matthias, Rezension von Minor E. Salas, Kritik des strafprozessualen Denkens. Rechtstheoretische Grundlagen einer (realistischen) Theorie des Strafverfahrens, in: GA 2006, S. 542 – 544.

Jahn, Matthias/Brodowski, Dominik, Krise und Neuaufbau eines strafverfahrensrechtlichen Ultima Ratio-Prinzips, in: JZ 2016, S. 969 – 980.

Jansen, Gabriele, Zeuge und Aussagepsychologie, 2. Auflage, Heidelberg 2012.

Jescheck, Hans-Heinrich/Weigend, Thomas, Lehrbuch des Strafrechts, Allgemeiner Teil, 5. Auflage, Berlin 1996 [zit.: StrafR AT].

Jesse, Eckhard, Diktaturen in Deutschland. Diagnosen und Analysen, Baden-Baden 2008.

Joecks, Wolfgang (Hrsg.), Münchener Kommentar zum Strafgesetzbuch, Band 1: §§ 1-37 StGB, 3. Auflage, München 2017, Band 2: §§ 38-79b StGB, 3. Auflage, München 2016, Band 3: §§ 80-184j StGB, 3. Auflage, München 2017 [zit.: *Bearbeiter*, in: MüKo, StGB].

Johannes XXIII, Papst, Mater et magistra, Die Sozialenzyklika, über die jüngsten Entwicklungen des gesellschaftlichen Lebens und seine Gestaltung im Licht der christlichen Lehre, Freiburg 1961.

Johe, Werner, Die gleichgeschaltete Justiz. Organisation des Rechtswesens und Politisierung der Rechtsprechung 1933 – 1945 dargestellt am Beispiel des Oberlandesgerichtsbezirks Hamburg, Hamburg 1983.

Jung, Heike, Zur Reform des Jugendstrafrechts – eine Zwischenbilanz, in: JuS 1992, S. 186 – 192.

Kaiser, Günther, Die Fortentwicklung der Methoden und Mittel des Strafrechts, in: ZStW 86 (1974), S. 349 – 375.

Kaiser, Günther/Schöch, Heinz, Strafvollzug, 5. Auflage, Heidelberg 2002.

Karlauf, Thomas, Grundfragen biographischen Schreibens: Anlage der Arbeit – am Beispiel einer Biographie Stefan Georges, in: Klein, Christian (Hrsg.), Handbuch Biographie: Methoden, Traditionen, Theorie, Stuttgart 2009, S. 428 – 433.

Karlsruher Kommentar zur Strafprozessordnung mit GVG, EGGVG und EMRK, herausgegeben von Rolf Hannich, 8. Auflage, München 2019 [zit.: *Bearbeiter*, in: KK-StPO].

Karpen, Ulrich, Peters, Hans Carl Maria Alfons, in: NDB, Historische Kommission bei der Bayerischen Akademie der Wissenschaften (Hrsg.), Band 20 (2001), S. 240 f. [Onlinefassung].

Kasper, Walter, Art. Freiheit, in: Staatslexikon, Recht – Wirtschaft – Gesellschaft, herausgegeben von der Görres-Gesellschaft, Band 2, 7. Auflage, Freiburg-Basel-Wien 1986, Sp. 713 – 718.

Kasseckert, Christian, Straftheorien im Dritten Reich: Entwicklung des Strafgedankens im Dritten Reich, zugleich Diss. Würzburg 2009, Berlin 2009.

Kaufmann, Armin, Die Dogmatik im Alternativentwurf, in: ZStW 80 (1968), S. 34 – 53.

Kaufmann, Arthur, Bemerkungen zur Reform des § 218 StGB aus rechtsphilosophischer Sicht, in: Baumann, Jürgen (Hrsg.), Das Abtreibungsverbot des § 218 StGB, eine Vorschrift, die mehr schadet als nützt, Neuwied-Berlin 1971, S. 46 – 56.

Kaufmann, Arthur, Das Schuldprinzip. Eine strafrechtlich-philosophische Untersuchung, 2. Auflage, Heidelberg 1976.

Kaufmann, Arthur, Art. Moral, in: Staatslexikon, Recht – Wirtschaft – Gesellschaft, herausgegeben von der Görres-Gesellschaft, Band 3, 7. Auflage, Freiburg-Basel-Wien 1987, Sp. 1219 – 1227.

Kaufmann, Arthur, Über Gerechtigkeit. Dreißig Kapitel praxisorientierter Rechtsphilosophie, Köln-Berlin-Bonn-München 1993.

Kerber, Walter, Art. Eigentum, in: Staatslexikon, Recht – Wirtschaft – Gesellschaft, herausgegeben von der Görres-Gesellschaft, Band 2, 7. Auflage, Freiburg-Basel-Wien 1986, Sp. 166 – 171.

Kerner, Hans-Jürgen, Jugendkriminalrecht als „Vorreiter" der Strafrechtsreform? Überlegungen zu 40 Jahren Rechtsentwicklung in Rechtsprechung, Lehre und Kriminalpolitik, in: Nörr, Kurt Wolfgang (Hrsg.), 40 Jahre Bundesrepublik Deutschland, 40 Jahre Rechtsentwicklung, Ringvorlesung der Juristischen Fakultät der Universität Tübingen 1989, Tübingen 1990, S. 347 – 379.

Kershaw, Ian, Der NS-Staat. Geschichtsinterpretationen und Kontroversen im Überblick, 5. Auflage, Hamburg 2015.

Kielmansegg, Peter Graf, Lange Schatten. Vom Umgang der Deutschen mit der nationalsozialistischen Vergangenheit, Berlin 1989.

Kiesow, Rainer Maria, Rechtswissenschaft – was ist das?, in: JZ 2000, S. 585 – 591.

Klefisch, Theodor, Die nat.-soz. Euthanasie im Blickfeld der Rechtsprechung und Rechtslehre, in: MDR 1950, S. 258 – 265.

Kleibert, Kristin, Die Juristische Fakultät der Humboldt-Universität zu Berlin im Umbruch. Die Jahre 1948 bis 1951, zugleich Diss. Berlin 2010, Berlin 2010 [zit.: Die Jur. Fak. der HU].

Klein, Adolf, Hundert Jahre Akten – hundert Jahre Fakten. Das Landgericht Köln ab 1879, in: ders./Rennen, Günter (Hrsg.), Justitia Coloniensis: Landgericht und Amtsgericht Köln erzählen ihre Geschichte(n), Köln 1981, S. 89 – 193.

Klein, Christian, Einleitung: Biographik zwischen Theorie und Praxis. Versuch einer Bestandsaufnahm, in: ders. (Hrsg.), Grundlagen der Biographik. Theorie und Praxis des biographischen Schreibens, Stuttgart 2002, S. 1 – 22.

Kleinberger, Aharon, Gab es eine nationalsozialistische Hochschulpolitik?, in: Heinemann, Manfred (Hrsg.), Erziehung und Schulung im Dritten Reich, Teil 2: Hochschule, Erwachsenenbildung, Stuttgart 1980, S. 9 – 11.

Kleinknecht, Otto, „Im Sturm der Zeiten", Aus den Erinnerungen eines württembergischen Staatsanwalts 1929 bis 1949, Ubstadt-Weiher 2016.

Kleinknecht, Theodor/Müller, Hermann/Reitberger, Leonhard, Kommentar zur Strafprozessordnung, herausgegeben von Bernd v. Heintschel-Heinegg und Jan Bockemühl, Loseblattsammlung, 74. Lieferung Stand November 2017 [zit.: *Bearbeiter*, in: KMR-StPO].

Koffka, Else, Tagungsbericht, Beweisverbot im Strafprozeß (Verhandlungen des 46. Deutschen Juristentages), in: ZStW 81 (1969), S. 981 f.

Königseder, Angelika, Das Ende der NSDAP. Die Entnazifizierung, in: Benz, Wolfgang (Hrsg.), Wie wurde man Parteigenosse? Die NSDAP und ihre Mitglieder, Frankfurt a. M. 2009, S. 151 – 166.

Kraft, Bettina, Tendenzen in der Entwicklung des Jugendstrafrechts seit der Jugendgerichtsbewegung, zugleich Diss. Göttingen 2002, Frankfurt a. M. 2004.

Kramer, Bernhard, Heimliche Tonbandaufnahmen im Strafprozeß, in: NJW 1990, S. 1760 – 1764.

Krekeler, Wilhelm, Psychologie des Strafverfahrens, in: StraFo 2001, S. 329 – 341.

Krey, Volker, Deutsches Strafverfahrensrecht, Band 1: Grundlagen, Verfahrensbeteiligte, Gang des Strafverfahrens, Verfahrensprinzipien, strafprozessuale Grundrechtseingriffe, Stuttgart 2006.

Krey, Volker/Esser, Robert, Deutsches Strafrecht Allgemeiner Teil, Studienbuch in systematisch-induktiver Darstellung, 6. Auflage, Stuttgart 2016 [zit.: StrafR AT].

Kroeschell, Karl, In memoriam. Erich Molitor, in: ZRG GA 80 (1963), S. 594 – 598.

Kroeschell, Karl, Deutsche Rechtsgeschichte, Band 1: Bis 1250, 13. Auflage, Köln-Weimar-Köln 2008.

Kühl, Kristian, Fünf Kapitel aus dem Buch über (Straf-)Recht und Moral, in: Streitbare Strafrechtswissenschaft, Festschrift für Bernd Schünemann zum 70. Geburtstag am 1. November 2014, Berlin 2014, S. 157 – 169.

Kühne, Hans-Heiner, Strafprozessrecht, Eine systematische Darstellung des deutschen und europäischen Strafverfahrensrechts, 9. Auflage, Heidelberg 2015.

Kury, Helmut/Obergfell-Fuchs, Joachim, Rechtspsychologie: Forensische Grundlagen und Begutachtung, Ein Lehrbuch für Studium und Praxis, Stuttgart 2012.

Lassalle, Günter, Lexikon, in: ders. (Hrsg.), 1200 Jahre Paulinum in Münster. Gymnasium Paulinum, Münster 1997.

Laubenthal, Klaus, Strafvollzug, 7. Auflage, Berlin-Heidelberg 2015.

Laubenthal, Klaus/Nestler, Nina/Neubacher, Frank/Verrel, Torsten, Strafvollzugsgesetze, 12. Auflage, München 2015 [zit.: StVollzG].

Laufs, Adolf, Rechtsentwicklungen in Deutschland, 6. Auflage, Berlin 2006.

Laum, Dieter/Pamp, Rüdiger, Das Oberlandesgericht Köln und seine Bezirke im Nationalsozialismus, in: Laum, Dieter/Klein, Adolf/Strauch, Dieter (Hrsg.), Rheinische Justiz: Geschichte und Gegenwart. 175 Jahre Oberlandesgericht Köln, Köln 1994, S. 625 – 673.

Leipziger Kommentar, Strafgesetzbuch, Band 1: Einleitung, §§ 1 – 31, 11. Auflage, Berlin 2003, Band 2: §§ 32 – 55, 12. Auflage Berlin 2006 [zit.: *Bearbeiter*, in: Leipziger Kommentar].

Lenckner, Theodor, Mitbeschuldigter und Zeuge, in: Einheit und Vielfalt des Strafrechts, Festschrift für Karl Peters zum 70. Geburtstag, Tübingen 1974, S. 333 – 348.

Lenckner, Theodor, Strafgesetzgebung in Vergangenheit und Gegenwart, in: Tradition und Fortschritt im Recht, Festschrift gewidmet der Tübinger Juristenfakultät zu ihrem 500jährigen Bestehen, Tübingen 1977, S. 239 – 261.

Lepsius, Oliver, u.a., Bayreuther Manifest zu Recht und Moral, in: Spektrum, Universität Bayreuth, 1/2014, S. 42 – 45.

Leyendecker, Natalie Andrea, (Re-)Sozialisierung und Verfassungsrecht, zugleich Diss. Bayreuth 2001, Berlin 2002.

Lieberwirth, Rolf, Geschichte der Juristischen Fakultät der Universität Halle-Wittenberg nach 1945, Fakten und Erinnerungen, Köln-München 2008.

Lilla, Joachim, Leitende Verwaltungsbeamte und Funktionsträger in Westfalen und Lippe (1918-1945/46). Biographisches Handbuch, Münster 2004.

Löffelsender, Michael, Strafjustiz an der Heimatfront. Die strafrechtliche Verfolgung von Frauen und Jugendlichen im Oberlandesgerichtsbezirk Köln 1939 – 1945, zugleich Diss. Köln 2011, Tübingen 2012.

Loschelder, Wolfgang, Hans Peters (1896-1966), in: Klein, Eckart/Saar, Stefan Chr./Schulze, Carola (Hrsg.), Zwischen Rechtstaat und Diktatur. Deutsche Juristen im 20. Jahrhundert, Frankfurt a. M. 2006, S. 63 – 84.

Losemann, Volker, Zur Konzeption des NS-Dozentenlagers, in: Heinemann, Manfred (Hrsg.), Erziehung und Schulung im Dritten Reich, Teil 2: Hochschule, Erwachsenenbildung, Stuttgart 1980, S. 87 – 106.

Löwe, Ewald/Rosenberg, Werner, Die Strafprozeßordnung und das Gerichtsverfassungsgesetz, Großkommentar, Band 1: Einleitung, §§ 1-47, 27. Auflage, Berlin 2016, Band 2: §§ 48-93, 27. Auflage, Berlin 2018, Band 5: §§ 151-212b, 26. Auflage, Berlin 2008, Band 6/Teil 2: §§ 256-295, 26. Auflage, Berlin 2013 Band 8: §§ 374-488, 26. Auflage Berlin 2009 [zit.: *Bearbeiter*, in: Löwe-Rosenberg].

Maier, Hans, Nationalsozialistische Hochschulpolitik, in: Die deutsche Universität im Dritten Reich. Eine Vortragsreihe der Universität München, München 1966, S. 71 – 102.

Maihofer, Werner, Die Reform des Besonderen Teils des Strafrechts, in: Die deutsche Strafrechtsreform, zehn Beiträge, herausgegeben von Leonhard Reinisch, München 1967, S. 72 – 88.

Manthe, Barbara, Richter in der nationalsozialistischen Kriegsgesellschaft. Beruflicher und privater Alltag von Richtern des Oberlandesgerichtsbezirks Köln, 1939 – 1945, zugleich Diss. Köln 2011, Tübingen 2013.

Marxen, Klaus, Der Kampf gegen das liberale Strafrecht. Eine Studie zum Antiliberalismus in der Strafrechtswissenschaft der zwanziger und dreißiger Jahre, zugleich Diss. Frankfurt a. M. 1974, Berlin 1975.

Marxen, Klaus, Der prozessuale Tatbegriff in der neueren Rechtsprechung, in: StV 1985, S. 472 – 477.

Marxen, Klaus/Schlüter, Holger, Terror und „Normalität". Urteile des nationalsozialistischen Volksgerichtshof 1934 – 1945: Eine Dokumentation, herausgegeben vom Justizministerium des Landes NRW, Düsseldorf 2004.

Marxen, Klaus/Tiemann, Frank, Die Wiederaufnahme in Strafsachen, 3. Auflage, Heidelberg 2014.

Matthiesen, Helge, Greifswald in Vorpommern. Konservatives Milieu im Kaiserreich, in Demokratie und Diktatur 1900 – 1990, Düsseldorf 2000.

Matzerath, Horst, Öffentliche Mobilisierung in Köln. Nationalsozialistische Propaganda als Herrschaftsinstrument, in: Dülffer, Jost/Szöllösi-Janze, Margit (Hrsg.), Schlagschatten auf das „braune Köln". Die NS-Zeit und danach, Köln 2010, S. 27 – 42.

Maunz, Theodor/Dürig, Günter (Hrsg.), Grundgesetz, Kommentar, Loseblattsammlung, Stand Januar 1976.

Maurach, Reinhart/Zipf, Heinz, Strafrecht, Allgemeiner Teil: Ein Lehrbuch. 1. Grundlehren des Strafrechts und Aufbau der Straftat, 8. Auflage, Heidelberg-München 1992 [zit.: StrafR AT].

Mayer, Hellmuth, Strafrechtsreform für heute und morgen, Berlin 1962.

Mertens, Lothar, Einige Anmerkungen zur NS-Wissenschafts- und Forschungspolitik, in: vom Bruch, Rüdiger/Kaderas, Brigitte (Hrsg.), Wissenschaften und Wissenschaftspolitik, Bestandsaufnahmen zu Formationen, Brüchen und Kontinuitäten im Deutschland des 20. Jahrhunderts, Stuttgart 2002, S. 225 – 240.

Meier, Bernd-Dieter/Rössner, Dieter/Schöch, Heinz, Jugendstrafrecht, 3. Auflage, München 2013.

Menger, Christian-Friedrich, Die Geschichte der Rechts- und Staatswissenschaftlichen Fakultät, in: Dollinger, Heinz (Hrsg.), Die Universität Münster 1780 – 1980, Münster 1980, S. 269 – 275.

Messner, Johannes, Das Naturrecht, Handbuch der Gesellschaftsethik, Staatsethik und Wirtschaftsethik, 1. Auflage, Innsbruck 1950.

Meyer-Goßner, Lutz/Schmitt, Bertram, Strafprozessordnung, Gerichtsverfassungsgesetz und Nebengesetzen und ergänzende Bestimmungen, 62. Auflage, München 2019.

Meyer, Jürgen, Der „Fall Ossietzky" – auch eine Sache des Gesetzgebers, in: ZRP 1993, S. 284 – 290.

Michaelis, Karl, Die Universität Münster 1945 – 1955: Ihr Wiederaufbau im Zusammenhang mit der Entwicklung ihrer Verfassung, Münster 1988.

Mikat, Paul, Hans Peters, in: Jahres- und Tagungsbericht der Görres-Gesellschaft 1966, Köln 1967, S. 48 – 58.

Mitteis, Heinrich, Vom Lebenswert der Rechtsgeschichte, Weimar 1947.

Mitteis, Heinrich/Lieberich, Heinz, Deutsche Rechtsgeschichte. Ein Studienbuch, 19. Auflage, München 1992.

Mommsen, Hans, Beamtentum im Dritten Reich. Mit ausgewählten Quellen zur nationalsozialistischen Beamtenpolitik, Stuttgart 1966.

Mommsen, Hans, Forschungskontroversen zum Nationalsozialismus, in: APuZ 14-15/2007, S. 14 – 21.

Morsey, Rudolf, Hans Peters (1896 – 1966), Präsident der Görres-Gesellschaft, in: Buchstab, Günter/Kaff, Brigitte/Kleinmann, Hans-Otto (Hrsg.), Christliche Demokraten gegen Hitler. Aus der Verfolgung und Widerstand zur Union, Freiburg-Basel-Wien 2004, S. 392 – 396.

Müller, Ingo, Furchtbare Juristen, Die unbewältigte Vergangenheit der deutschen Justiz, 7. Auflage, Berlin 2014.

Müller-Dietz, Heinz, Gewissensfreiheit und Strafrecht, in: Einheit und Vielfalt des Strafrechts, Festschrift für Karl Peters zum 70. Geburtstag, Tübingen 1974, S. 91 - 108.

Müller-Dietz, Heinz, Strafvollzugsrecht, 2. Auflage, Berlin 1978.

Mütter, Bernd/Meyer, Robert, Meister, Aloys, in: NDB, Historische Kommission bei der Bayerischen Akademie der Wissenschaften (Hrsg.), Band 16 (1990), S. 723 f. [Onlinefassung].

Nass, Gustav, Möglichkeiten und Grenzen der Kriminalpädagogik (1959), in: Kluge, Karl-J. (Hrsg.), Kriminalpädagogik, Band 1: Basisprobleme der Kriminalpädagogik, Darmstadt 1977, S. 133 - 157.

Nationalrat der nationalen Front des demokratischen Deutschlands. Dokumentationszentrum der staatlichen Archivverwaltung der DDR (Hrsg.), Braunbuch. Kriegs- und Naziverbrecher in der Bundesrepublik, Berlin (Ost) 1965 [zit.: DDR Braunbuch].

Naucke, Wolfgang, Tendenzen in der Strafrechtswicklung, Karlsruhe 1975.

Naucke, Wolfgang, Über die Zerbrechlichkeit des rechtsstaatlichen Strafrechts, Materialien zur neueren Strafrechtsgeschichte, Baden-Baden 2000 [zit.: Zerbrechlichkeit].

Neuhaus, Ralf, Anmerkung zu BGH Urt. v. 16.3.1989 - 4 StR 60/89, in: StV 1990, S. 342 - 344.

Neuhaus, Ralf/Artkämper, Heiko, Kriminaltechnik und Beweisführung im Strafverfahren, München 2014.

Neuhaus, Ralf, Fehlerquellen im Ermittlungsverfahren aus Sicht der Verteidigung, in: StV 2015, S. 185 - 194.

Neumann, Ulrich, Materiale und prozedurale Gerechtigkeit im Strafverfahren, in: ZStW 101 (1989), S. 52 - 74.

Niehaus, Susanne/Englich, Birte/Volbert Renate, Psychologie des Strafverfahrens, in: Kröber Hans-Ludwig/Dölling, Dieter/Leygraf, Norbert/Sass, Henning (Hrsg.), Handbuch der Forensischen Psychiatrie, Band 4: Kriminologie und Forensische Psychiatrie, Heidelberg 2009, S. 662 - 688.

Niermann, Hans-Eckhard, Die Durchsetzung politischer und politisierter Strafjustiz im Dritten Reich. Ihre Entwicklung aufgezeigt am Beispiel des OLG-Bezirks Hamm, in: Justizministerium des Landes NRW (Hrsg.), Juristische Zeitgeschichte, Band 3: Strafjustiz im Dritten Reich, Düsseldorf 1995, S. 1 - 390.

Noll, Peters, Diskussionsvotum an der Strafrechtslehrertagung vom 21. bis 23. Mai 1964 in Hamburg, in: ZStW 76 (1964), S. 707 - 716.

Nolzen, Armin, Die NS-Gaue – Gauverwaltung und Gau-Porträts, in: John, Jürgen/Möller, Horst/Schaarschmidt, Thomas (Hrsg.), Die NS-Gaue, Regionale Mittelinstanzen im zentralistischen „Führerstaat", Schriftenreihe der Vierteljahreshefte für Zeitgeschichte Sondernummer, München 2007, S. 199 – 217.

Nolzen, Armin, Inklusion und Exklusion im „Dritten Reich". Das Beispiel der NSDAP, in: Bajohr, Frank/Wildt, Michael (Hrsg.), Volksgemeinschaft. Neue Forschungen zur Gesellschaft des Nationalsozialismus, Frankfurt a. M. 2009, S. 60 – 77.

Oehler, Dietrich, Die Achtung vor dem Leben und die Notstandshandlung, in: JR 1951, S. 489 – 495.

Opitz, Jörn, Die Rechts- und Wirtschaftswissenschaftliche Fakultät der Universität Jena und ihr Lehrkörper im „Dritten Reich", in: Hoßfeld, Uwe/John, Jürgen/Lemuth, Oliver/Stutz, Rüdiger (Hrsg.), „Im Dienst an Volk und Vaterland". Die Jenaer Universität in der NS-Zeit, Köln-Weimar-Wien 2005, S. 191 – 241.

Ostendorf, Heribert/Drenkhahn, Kirstin, Jugendstrafrecht, 9. Auflage, Baden-Baden 2017.

Pascher, Josef, Das Dritte Reich erlebt an drei deutschen Universitäten, in: Kuhn, Helmut (Hrsg.), Die deutsche Universität im Dritten Reich, München 1966, S. 45 – 69.

Peters, Hans, Zwischen Gestern und Morgen. Betrachtungen zur heutigen Kulturlage, Berlin 1946.

Pfeiffer, Christian, Kriminalprävention im Jugendgerichtsverfahren, Jugendrichterliches Handeln vor dem Hintergrund des Brücke-Projekts, 2. Auflage, Köln-Berlin-Bonn-München 1989.

Pommerening, Roswitha, Das Selbstbild der deutschen Jugendrichter, in: MschrKrim 1982, S. 193 – 199.

Prantl, Heribert, Statement bei den 8. Petersberger Tagen der AG Strafrecht „Fehlerquellen im Strafprozess – Ursachen und Lösungen", in: StraFO 2015, S. 221 f.

Preiser, Friedrich, Wie weit sollte das Sittlichkeitsstrafrecht reformiert werden?, in: ZStW 82 (1970), S. 655 – 674.

Püschel, Christof, Fehlerquellen in der Sphäre von Staatsanwaltschaft und Polizei, in: StraFO 2015, S. 269 – 278.

Quedenfeld, Hans-Dietrich, Der Strafvollzug in der Gesetzgebung des Reiches, des Bundes und der Länder, eine Untersuchung über die normative Grundlage des Strafvollzugs, zugleich Diss. Tübingen 1970, Tübingen 1971.

Ramm, Thilo, Die Justiz und das „Dritte Reich" – das „Dritte Reich" und die Justiz. Positionen und Perspektiven – Probleme und Lösungen, in: Pauli,

Gerhard/Vormbaum, Thomas (Hrsg.), Justiz und Nationalsozialismus – Kontinuität und Diskontinuität. Fachtagung in der Justizakademie des Landes NRW, Recklinghausen, am 19. und 20. November 2001, S. 17 – 65.

Raßloff, Steffen, Fritz Sauckel: Hitlers „Muster-Gauleiter" und „Sklavenhalter", 3. Auflage, Erfurt 2008.

Rautenberg, Mathias, Politische Herrschaft – Ressourcenkonstellationen – Anspruch akademischer Freiheit, in: Alvermann, Dirk (Hrsg.), „…Die letzten Schranken fallen lassen". Studien zur Universität Greifswald im Nationalsozialismus, Köln-Weimar-Wien 2015, S. 15 – 40.

Regge, Jürgen/Schubert, Werner (Hrsg.), Quellen zur Reform des Straf- und Strafprozeßrechts, Abt. 2, NS-Zeit (1933 – 1939) – Strafgesetzbuch, Band 1: Entwürfe eines Strafgesetzbuchs, Teil 1, Berlin 1988.

Rehbein, Klaus, In memoriam Karl Peters, in: MschrKrim 1998, S. 377 – 380.

Reihe Alternativkommentare, Gesamtherausgeber Rudolf Wassermann, Kommentar zur Strafprozeßordnung, Band 3: §§ 276-477, Berlin 1996 [zit.: *Bearbeiter*, in: AK-StPO].

Respondek, Peter, Der Wiederaufbau der Universität Münster in den Jahren 1945 – 1952 auf dem Hintergrund der britischen Besatzungspolitik, zugleich Diss. Münster 1992, Münster 1992.

Richter II, Christian, Professor Dr. jur. Dr. phil. h.c. Karl Peters – Strafverteidiger ehren ihren Lehrer, Mentor und Freund –, in: Strafverteidigung und Strafprozeß, Festgabe für Ludwig Koch, Heidelberg 1989, S. 299 – 309.

Rieß, Peter, Möglichkeiten und Grenzen einer Reform des Rechts der Wiederaufnahme im Strafverfahren, in: NStZ 1994, S. 153 – 159.

Roerkohl, Anne, Hungerblockade und Heimatfront. Die kommunale Lebensmittelversorgung in Westfalen während des Ersten Weltkrieges, Stuttgart 1991.

Rogall, Klaus, Beweiserhebungs- und Beweiswertungsverbote im Spannungsverhältnis zwischen den Garantien des Rechtsstaates und der effektiven Bekämpfung von Kriminalität und Terrorismus, in: JZ 2008, S. 818 – 830.

Roth, Thomas, „Verbrechensbekämpfung" und soziale Ausgrenzung im nationalsozialistischen Köln. Kriminalpolizei, Strafjustiz und abweichendes Verhalten zwischen Machtübernahme und Kriegsende, Köln 2010.

Roth, Thomas, „Volksschädlinge". Zur Konstruktion und Verfolgung von „Plünderungen" durch die nationalsozialistische Justiz in Köln, in: Dülffer, Jost/Szöllösi-Janze, Margit (Hrsg.), Schlagschatten auf das „braune Köln". Die NS-Zeit und danach, Köln 2010, S. 131 – 156.

Roxin, Claus, Strafrecht Allgemeiner Teil, Band 1: Grundlagen. Der Aufbau der Verbrechenslehre, 4. Auflage, München 2006 [zit.: StrafR AT].

Roxin, Claus/Schünemann, Bernd, Strafverfahrensrecht. Ein Studienbuch, 29. Auflage, München 2017.

Rückert, Joachim, Das „gesunde Volksempfinden“ – eine Erbschaft Savignys?, in: ZRG GA 103 (1986), S. 199 – 247.

Rückert, Joachim, Abbau und Aufbau der Rechtswissenschaft nach 1945, in: NJW 1995, S. 1251 – 1258.

Rudolph, Hermann, Mehr als Stagnation und Revolte. Zur politischen Kultur der sechziger Jahre, in: Broszat, Martin (Hrsg.), Zäsuren nach 1945, Essays zur Periodisierung der deutschen Nachkriegsgeschichte, München 1990, S. 141 – 151.

Rüping, Hinrich, Strafjustiz im Führerstaat, in: GA 1984, S. 297 – 307.

Rüping, Hinrich/Jerouschek, Günter, Grundriss der Strafrechtsgeschichte, 6. Auflage, München 2011.

Rüthers, Bernd, Hatte die Rechtsperversion in den deutschen Diktaturen ein Gesicht?, in: JZ 2007, S. 556 – 564.

Rüthers, Bernd/Fischer, Christian/Birk, Axel, Rechtstheorie mit Juristischer Methodenlehre, 10. Auflage, München 2018.

Sauer, Wilhelm, Grundlagen des Prozeßrechts, 2. Auflage, Aalen 1970.

Schady, Jan, Die Praxis des Jugendstrafrechts in der Weimarer Republik. Die Umsetzung des Jugendgerichtsgesetzes von 1923 im Spiegel der Statistiken und Akten, Baden-Baden 2003.

Schaffstein, Friedrich, Die Jugendkriminalität in der industriellen Wohlstandsgesellschaft, in: MschKrim 48 (1965), S. 53 – 67.

Schaffstein, Friedrich, Strafmündigkeit ab 16 Jahren?, in: Festschrift für Horst Schüler-Springorum zum 65. Geburtstag, Köln 1993, S. 371 – 378.

Schaffstein, Friedrich/Beulke, Werner/Swoboda, Sabine, Jugendstrafrecht. Eine systematische Darstellung, 15. Auflage, Stuttgart 2014.

Scheffler, Uwe, Das Reformzeitalter 1953 - 1975, in: Vormbaum, Thomas/Welp, Jürgen (Hrsg.), Das Strafgesetzbuch: Sammlung der Änderungsgesetze und Neubekanntmachungen, Supplement Band 1: 130 Jahre Strafgesetzgebung – eine Bilanz, Baden-Baden 2004, S. 174 – 257.

Schlink, Bernhard, Erkundungen zu Geschichte, Moral, Recht und Glauben, Zürich 2015.

Schlosser, Hans, Molitor, Erich, in: NDB, Historische Kommission bei der Bayerischen Akademie der Wissenschaften (Hrsg.), Band 17 (1994), S. 726 f. [Onlinefassung].

Schlothauer, Reinhold, Buchbesprechung. Karl Peters, Strafprozeß, 3. Auflage 1981, in: StV 1984, S. 532 f.

Schmerbach, Folker, Das „Gemeinschaftslager Hanns Kerrl“ für Referendare in Jütebog 1933 – 1939, zugleich Diss. Berlin 2007, Tübingen 2008.

Schmidt, Eberhard, Kriminalpolitische und strafrechtsdogmatische Probleme in der deutschen Strafrechtsreform, in: ZStW 69 (1957), S. 359 – 396.

Schmidt, Eberhard, Lehrkommentar zur Strafprozeßordnung und zum Gerichtsverfassungsgesetz, Teil I: Die rechtstheoretischen und die rechtspolitischen Grundlagen des Strafverfahrensrechts, 2. Auflage, Göttingen 1964.

Schmidt, Eberhard, Einführung in die Geschichte der deutschen Strafrechtspflege, 3. Auflage, Göttingen 1965 [zit.: Strafrechtspflege].

Schnarr, Karl Heinz, Einführung der Einheitsstrafe, Referat und Vortrag sowie Auszug aus dem Abschlußbericht der Kommission zur Reform des strafrechtlichen Sanktionenrechts, in: Hettinger, Michael (Hrsg.), Reform des Sanktionenrechts, Band 2: Baden-Baden 2001.

Schneider, Michael, Politischer Widerstand? Dissens im Alltag des Dritten Reichs. Zur Finissage der Ausstellung „Die Last der ungesagten Worte. Die Tagebücher Friedrich Kellners 1938/39 bis 1945“, Bonn 2010.

Schöneborn, Christian, Das Problem der Rollenvertauschung und des Zeugnisverweigerungsrechts bei mehreren Mitbeschuldigten in vergleichender Betrachtung, in: ZStW 86 (1974), S. 921 – 936.

Schönke, Adolf/Schröder, Horst (Hrsg.), Strafgesetzbuch, Kommentar, 29. Auflage, 2014 bzw. 30. Auflage, München 2019 [zit.: *Bearbeiter*, in: Schönke/Schröder, StGB].

Schorn, Hubert, Die Gesetzgebung des Nationalsozialismus als Mittel der Machtpolitik, Frankfurt a. M. 1963.

Schreiber, Hans-Ludwig, Verfahrensrecht und Verfahrenswirklichkeit, in: ZStW 88 (1976), S. 117 – 161.

Schroeder, Friedrich Christian/Verrel, Torsten, Strafprozessrecht, 7. Auflage, München 2017.

Schröder, Rainer, Rechtsgeschichte der Nachkriegszeit, in: JuS 1993, S. 617 – 627.

Schröder, Rainer, »… aber im Zivilrecht sind die Richter standhaft geblieben!«. Die Urteile des OLG Celle aus dem Dritten Reich, Baden-Baden 1998 [zit.: Die Urteile des OLG Celle].

Schüler-Springorum, Horst, Strafvollzug im Übergang, Studien zum Stand der Vollzugsrechtslehre, Göttingen 1969.

Schüler-Springorum, Horst, Zur aktuellen Diskussion über Strafe und Erziehung in der deutschen Jugendgerichtsbarkeit, in: Festschrift für Hanns Dünnebier zum 75. Geburtstag am 12. Juni 1982, Berlin 1982, S. 649 – 659.

Schüler-Springorum, Horst, Die Resozialisierung des normalen erwachsenen Straftäters – eine Skizze, in: Rechtsstaat und Menschenwürde, Festschrift für Werner Maihofer zum 70. Geburtstag, Frankfurt a. M. 1998, S. 503 – 515.

Schumacher, Ulrich, Staatsanwaltschaft und Gericht im Dritten Reich: zur Veränderung der Kompetenzverteilung im Strafverfahren unter Berücksichtigung der Entwicklung in der Weimarer Republik und in der Bundesrepublik, zugleich Diss. Bremen 1985, Köln 1985.

Schwind, Hans-Dieter/Blau, Günter, Strafvollzug in der Praxis. Eine Einführung in die Probleme und Realitäten des Strafvollzuges und der Entlassenenhilfe, 2. Auflage, Berlin-New York 1988.

Sellert, Wolfgang, Nationalsozialistische Ideologie und der Versuch zu einer Reform des Strafprozeßrechts im Dritten Reich, in: Niedersächsische Landeszentrale für politische Bildung (Hrsg.), Justiz und Nationalsozialismus, Hannover 1985 S. 59 – 97.

Senn, Marcel, Kulturgeschichte und Rechtsstudium, in: Das Recht im kulturgeschichtlichen Wandel, Festschrift für Karlheinz Burmeister zur Emeritierung, Konstanz 2002, S. 341 – 354.

Senn, Marcel, Rechtsgeschichte – ein kulturhistorischer Grundriss, mit Bildern, Schemen, Register, Biographien und Chronologie, 4. Auflage, Zürich 2007.

Senninger, Gerhard, Glaubenszeugen oder Versager? Katholische Kirche und Nationalsozialismus. Fakten – Kritik- Würdigung, St. Ottilien 2003.

Simon, Dieter, Die Verantwortung des Juristen heute, Schriftenreihe der Juristischen Studiengesellschaft, Hannover 1992.

SK-StPO, Systematischer Kommentar zur Strafprozessordnung, Mit GVG und EMRK, herausgegeben von Jürgen Wolter, Band V: §§ 246a-295 StPO, 5. Auflage, Köln 2016, Band VII: §§ 333-373a StPO, 5. Auflage, Köln 2018.

Söderqvist, Thomas, Wissenschaftsgeschichte à la Plutarch Biographie über Wissenschaftler als tugendethische Gattung, in: Bödeker, Hans Erich (Hrsg.), Biographie Schreiben, Göttingen 2003, S. 285 – 326.

Sommer, Ulrich, Effektive Strafverteidigung, Recht – Psychologie – Überzeugungsarbeit der Verteidigung, 3. Auflage, Köln 2016.

Soukup, Uwe, Ich bin nun mal Deutscher. Sebastian Haffner. Eine Biografie, Berlin 2001.

Steveling, Lieselotte, Juristen in Münster: Ein Beitrag zur Geschichte der Rechts- und Staatswissenschaftlichen Fakultät der Westfälischen Wilhelms-Universität Münster/Westfalen, zugleich Diss. Münster 1998, Münster 1999.

Stolleis, Michael, Vorurteile und Werturteile der rechtshistorischen Forschung zum Nationalsozialismus, in: ders./Simon, Dieter, NS-Recht in historischer Perspektive, München 1981, S. 13 – 51.

Stolleis, Michael, „Perversion des Rechtsdenkens" im Nationalsozialismus, in: RuP 1983, S. 1 – 4.

Stolleis Michael, Vom Nutzen der Historie vor 1806, in: JuS 1989, S. 871 – 875.

Stolleis, Michael, Rechtsgeschichte als Kunstprodukt: zur Entbehrlichkeit von „Begriff" und „Tatsache", Vortrag gehalten am 10. Juli 1997, Baden-Baden 1997.

Stolleis, Michael, Rechtsgeschichte schreiben: Rekonstruktion, Erzählung, Fiktion, Basel 2008.

Stolleis, Michael, Art. Methode der Rechtsgeschichte, in: Cordes, Albrecht/ Stammler, Wolfgang (Hrsg.), HRG, Band 3, 2. Auflage, Berlin 2016, Sp. 1475 – 1483.

Stolleis, Michael, Art. Nationalsozialistisches Recht, in: Cordes, Albrecht/Stammler, Wolfgang (Hrsg.), HRG, Band 3, 2. Auflage, Berlin 2016, Sp. 1806 – 1824.

Stratenwerth, Günter, Die Definitionen im Allgemeinen Teil des Entwurfs 1962, in: ZStW 76 (1964), S. 669 – 706.

Szöllössi-Janze, Margit, Fritz Haber 1868 – 1934. Eine Biographie, München 1998.

Szöllösi-Janze, Margit, Biographie, in: Stefan Jordan (Hrsg.), Lexikon Geschichtswissenschaft, hundert Grundbegriffe, Stuttgart 2007, S. 44 – 48.

Sunnus, Michael, Der NS-Rechtswahrerbund (1928 – 1945). Zur Geschichte der nationalsozialistischen Juristenorganisation, zugleich Diss. Frankfurt a. M. 1989, Frankfurt a. M. 1990 [zit.: Der NSRB].

Tiedemann, Klaus, Die Fortentwicklung der Methoden und Mittel des Strafrechts unter besonderer Berücksichtigung der Entwicklung der Strafgesetzgebung, in: ZStW 86 (1974), S. 303 – 348.

Tiedemann, Klaus, Die Auslegung des Strafprozeßrechts, in: Wahrheit und Gerechtigkeit im Strafverfahren, Festgabe für Karl Peters aus Anlaß seines 80. Geburtstages, Heidelberg 1984, S. 139 – 149.

Tiedemann, Klaus, Karl Peters †, in: NJW 1998, S. 2956 f.

Tiedemann, Klaus, Der Strafprozeß im Denken von Karl Peters, in: JZ 2000, S. 139 – 145.

Tröndle, Herbert, Buchbesprechungen, Strafprozeß. Ein Lehrbuch von Prof. Dr. Karl Peters, 2. Auflage 1966, in: NJW 1966, S. 1910.

Tröndle, Herbert, Einheit und Vielfalt des Strafrechts, in: JR 1974, S. 221 – 230.

Tröndle, Herbert, Art. Schwangerschaftsabbruch, in: Staatslexikon, Recht – Wirtschaft – Gesellschaft, herausgegeben von der Görres-Gesellschaft, Band 4, 7. Auflage, Freiburg-Basel-Wien 1988, Sp. 1107 – 1111.

Trunk, Volker, Klaus B.: Wie lang ist lebenslang? Von den Schwierigkeiten, den 1972 wegen zweifachen Mordes Verurteilten in die Freiheit zu entlassen – Noch heute Zweifel an der Schuld, in: Frankfurter Rundschau vom 31. Dezember 1998, S. 30.

Velten, Petra, Fehlerquellen im Hauptverfahren, in: StraFO 2015, S. 354 – 365.

Veltzke, Veit, Rheinland und Westfalen: „Reichslande" im wilhelminischen Kaiserreich (1888 – 1918), in: Mölich, Georg/ders./Walter, Bernd (Hrsg.), Rheinland, Westfalen und Preußen. Eine Beziehungsgeschichte, Münster 2011, S. 209 – 288.

Vogler, Theo, Möglichkeiten und Wege einer Entkriminalisierung, in: ZStW 90 (1978) S. 132 – 172.

Vollnhals, Clemens, Entnazifizierung. Politische Säuberung und Rehabilitierung in den vier Besetzungszonen 1945 – 1949, München 1991.

von Behren, Dirk, Die Geschichte des § 218 StGB, Tübingen 2004.

von Hippel, Fritz, Die Perversion von Rechtsordnungen, Tübingen 1955.

von Trott zu Solz, Levin, Hans Peters und der Kreisauer Kreis: Staatslehre im Widerstand, zugleich Diss. Hamburg 1995, Paderborn-München-Wien-Zürich 1997.

Vorholz, Irene, Die Rechts- und Staatswissenschaftliche Fakultät der Ernst-Moritz-Arndt-Universität Greifwald. Von der Novemberrevolution 1918 bis zur Neukonstituierung der Fakultät 1992, zugleich Diss. Greifswald 1999, Berlin 1999 [zit.: Greifswald].

Vorländer, Herwart, Die NSV. Darstellung und Dokumentation einer nationalsozialistischen Organisation, Boppard am Rhein 1988.

Vormbaum, Thomas, Juristen-Leben, in: Beiträge zur Rechtswissenschaft, Festschrift für Walter Stree und Johannes Wessels zum 70. Geburtstag, Heidelberg 1993, S. 1247 - 1262.

Vormbaum, Thomas, Juristische Zeitgeschichte: Darstellung und Deutungen, Band 1, Berlin 2011.

Vormbaum, Thomas, Einführung in die moderne Strafrechtsgeschichte, 3. Auflage, Berlin 2015 [zit.: Strafrechtsgeschichte].

Walter, Michael, „New York" und „broken windows": Zeit zum Umdenken im Jugendstrafrecht, in: DRiZ 1998, S. 354 – 360.

Walter, Michael, Das Jugendkriminalrecht in der öffentlichen Diskussion: Fortentwicklung oder Kursänderung zum Erwachsenenstrafrecht?, in: GA 2002, S. 431 – 454.

Wasserburg, Klaus, Die Wiederaufnahme des Strafverfahrens, Ein Handbuch unter besonderer Berücksichtigung der Aufgaben des Verteidigers, Stuttgart 1983.

Wasserburg, Klaus, Nachruf. Erinnerung an Prof. Dr. Karl Peters, in: StV 1999, S. 176 – 179.

Weber, Ulrich, Nachruf Karl Peters †, in: JZ 1998, S. 892 f.

Weigel, Björn, „Märzgefallene“ und Aufnahmestopp im Frühjahr 1933, in: Benz, Wolfgang (Hrsg.), Wie wurde man Parteigenosse? Die NSDAP und ihre Mitglieder, Frankfurt a. M. 2009, S. 91 – 109.

Welzel, Hans, Zum Notstandsproblem, in: ZStW 63 (1951), S. 47 – 56.

Welzel, Hans, Das Deutsche Strafrecht. Eine systematische Darstellung, 11. Auflage, Berlin 1969 [zit.: Das dt. StrafR].

Wendt, Hans, Als Hindenburg zum Ersatzkaiser avancierte, in: Pörtner, Rudolf (Hrsg.), Kindheit im Kaiserreich. Erinnerungen an vergangene Zeiten, Düsseldorf 1998, S. 75 – 183.

Wenzel, Mario, Die NSDAP, ihre Gliederungen und angeschlossenen Verbände, in: Benz, Wolfgang (Hrsg.), Wie wurde man Parteigenosse? Die NSDAP und ihre Mitglieder, Frankfurt a. M. 2009, S. 19 – 38.

Werle, Gerhard, Justiz-Strafrecht und polizeiliche Verbrechensbekämpfung im Dritten Reich, Berlin-New York 1989.

Wessels, Johannes/Beulke, Werner Strafrecht Allgemeiner Teil, 34. Auflage, Heidelberg 2004 [zit.: StrafR AT].

Wieacker, Franz, Art. Methode der Rechtsgeschichte, in: Erler, Adalbert/Kaufmann, Ekkehard (Hrsg.), HRG, Band 3, 1. Auflage, Berlin 1984, Sp. 518 – 526.

Wiedemann, Thomas, Walter Hagemann. Aufstieg und Fall eines politisch ambitionierten Journalisten und Publizistikwissenschaftlers, Köln 2012.

Wille, Manfred, Entnazifizierung in der Sowjetischen Besatzungszone Deutschlands 1945–48, Magdeburg 1993.

Willoweit, Dietmar, Deutsche Verfassungsgeschichte. Vom Frankenreich bis zur Wiedervereinigung Deutschlands. Ein Studienbuch mit einer Zeittafel und einem Kartenanhang, 8. Auflage, München 2019.

Wolf, Gerhard, Befreiung des Strafrechts vom nationalsozialistischen Denken?, in: JuS 1996, S. 189 – 195.

Wolff, Jörg, Jugendliche vor Gericht im Dritten Reich. Nationalsozialistische Jugendstrafrechtspolitik und Justizalltag, München 1992.

Wolgast, Eike, Die Wahrnehmung des Dritten Reiches in der unmittelbaren Nachkriegszeit (1945/46), zugleich Diss. Heidelberg 2001, Heidelberg 2001.

Wolter, Jürgen, Tatidentität und Tatumgestaltung im Strafprozeß – Zur Begründung eines normativ-funktionalen Tatbegriffs –, in: GA 1986, S. 143 – 176.

Wolter, Jürgen, Zur Theorie und Systematik des Strafprozeßrechts. Nachschau und Ausblick, in: ders. (Hrsg.), Zur Theorie und Systematik des Strafprozeßrechts, Neuwied 1995, S. 267 - 281.

Wolter, Jürgen, Kriminalpolitik und Strafprozessrechtssystem, in: Festschrift für Claus Roxin zum 70. Geburtstag am 15. Mai 2001, Berlin-New York 2001, S. 1141 - 1171.

www.ingramcontent.com/pod-product-compliance
Ingram Content Group UK Ltd.
Pitfield, Milton Keynes, MK11 3LW, UK
UKHW022106051026
15623UKWH00003B/711

9 783631 853849